恩施县地名志

Enshi Xian Diming Zhi

恩施市地方志编纂委员会
恩施市地名志修订委员会 编

方志出版社
Publishing House of Local Records

图书在版编目（CIP）数据

恩施县地名志/恩施市地方志编纂委员会，恩施市地名志修订委员会编. --北京：方志出版社，2016.11
ISBN 978-7-5144-2204-7

Ⅰ.①恩… Ⅱ.①恩… ②恩…Ⅲ.①地名—恩施 Ⅳ.①K926.34

中国版本图书馆CIP数据核字（2016）第280486号

恩施县地名志

编　　者： 恩施市地方志编纂委员会 恩施市地名志修订委员会
责任编辑： 李志瑜

出 版 人： 冀祥德
出 版 者： 方志出版社
地址 北京市朝阳区潘家园东里9号（国家方志馆4层）
邮编 100021
网址 http://www.fzph.org
发　　行： 方志出版社发行中心
电话（010）67110500
经　　销： 各地新华书店
印　　刷： 恩施市雨田印务有限公司

开　　本： 787×1092　　1/16
印　　张： 26
字　　数： 1115千字
版　　次： 2016年11月第1版　　2016年11月第1次印刷
印　　数： 0001～2000册

ISBN 978-7-5144-2204-7　　**定价：** 360.00元

图　例

街区	主要公路
地区行署	一般公路
县人民政府	省界
镇　公社	县界
居委会　大队	公社界　场界
政府职能部门　村庄	城墙
企事业单位	土堤
国营场　分场	围墙
纪念碑　墓	水管　水池
山峰　山隘	水渠　堤岸
山洞	河流
水电站	地下河段
排灌站	水库　堰塘
气象站	时令河
泉	桥梁
	水闸

内容简介

本书收集恩施县各类标准地名近8000条，约110万字。书中有各类地名的历史沿革及含义，有县、社、集镇、重要人工建筑、企事业单位，名胜古迹等方面的概况。书中附有县、社标准地名图25幅，古县图、古城图、抗日战争时期的恩施县地图各1幅，有关地名方面的照片120多幅。为了便于查阅，书中附有词目笔画索引，能快速查找。此书是研究恩施县地名方面的重要资料，可供党、政、军机关及各专业部门参考。

恩施市地方志编纂委员会

恩市办文〔2013〕62 号

监　　修　向前进

主　　任　李国庆

副 主 任　郑晓斌　胡平江　万雪峰　黄秀武　黎昔品　邵永政　张献宏（女）
　　　　　崔显琦　刘道远　张思楚

委　　员　肖极峰　周海枝　陈光平　王金传　吴建宇　刘　斌　邱　凌　李雪明
　　　　　邓辉建　王荣华　郎艳辉　戴　平　何克伦　兰远辉　赵明权　尤连才
　　　　　吴志伟　李晓玲（女）　蒋世文　谭大会　李在寅　杨昌福　吴先锋
　　　　　张　云　黄　兴　官伟立　万亨东　陈　宁　沈维珩　李胜荣　黄世吉
　　　　　杨　穆　朱诗星　赵树锋　滕松柏　李拔权　雷友科　魏顺军　汪业民
　　　　　段海涛　舒业树　丁　娟（女）　徐贵尧（女）　洪　云　袁芹武　田天龙
　　　　　胡祖华　易发斌　荣万福　李世斌　周　勇　尹国民　丁清传　覃登春
　　　　　冉景钊　伍功勋　周庆丰　朱显龙　于祥楷　查忠铭　李　琼　朱诗斌
　　　　　杨　帆　李文静（女）　崔　谊（女）　王胜江　刘纪兴　王永照　潘贤勇
　　　　　黎在彦

办公室主任　张思楚（兼）

副 主 任　戴　平（兼）　何克伦（兼）　兰远辉（兼）　赵明权（兼）

2013 年 8 月 12 日

恩施市地方志编纂委员会（修订）

恩市办文〔2016〕11号

监　　修　向前进

主　　任　苏　勇

副 主 任　郑晓斌　张渊平　李　君　杨局成　黎昔品　董　高　邵永政

张献宏（女）　崔显琦

委　　员　刘天宝　徐　卫　李明国　吴　萍　肖极峰　陈立辉　刘　斌　邱　凌

陈　斌　张　云　石国伟　王玉玲（女）　李正文　向极怀　李晓玲（女）

张思楚　陈启富　谭大会　李在寅　杨昌福　周雁飞（女）　黄　兴　胡　兵

万亨东　陈　宁　沈维珩　刘　彬　汪业民　黄贵森　胡祖华　赵树峰

滕松柏　张　玲　魏顺军　官伟立　龙世俊　杨　帆　丁　娟（女）

徐贵尧（女）刘永坤　田天龙　周　勇　陈光平　荣万福　吴秀忠　曾　伟

吴先锋　尹国民　冉景钊　伍功勋　潘　超　朱显龙　唐洪波　查忠铭

李　琼　朱诗斌　谭　贤　丁清传　陈丹轶　崔　谊（女）　王胜江

覃登春　明　渊　王永照　潘贤勇　张泽武

办公室主任　张思楚（兼）

副 主 任　戴　平（兼）　何克伦（兼）　兰远辉（兼）　赵明权（兼）

2016年3月25日

恩施市地名志修订委员会成员名单

恩市办文〔2014〕35号

监　　修　向前进
主　　任　李国庆
副 主 任　郑晓斌　张渊平　杨局成　黄秀武　黎昔品　邵永政　张献宏（女）
　　　　　崔显琦
委　　员　刘天宝　刘道远　李明国　雷友科　肖极峰　石国伟　王玉玲（女）
　　　　　刘　斌　邱　凌　邓辉建　李雪明　刘建林　李晓玲（女）　万亨东
　　　　　李在寅　杨昌福　吴先锋　张　云　黄　兴　陈　宁　蒋世文　沈维珩
　　　　　李胜荣　黄世吉　黄贵森　朱诗星　赵树峰　滕松柏　官伟立　李拔权
　　　　　魏顺军　汪业民　龙世俊　丁　娟（女）　徐贵尧（女）　袁芹武　胡祖华
　　　　　陈光平　荣万福　胡　兵　谭大会　吴志伟　伍功勋　查忠铭　向文政
　　　　　李　琼　张思楚
办公室主任　张思楚（兼）
副 主 任　兰远辉（兼）　吴乾淘（女，兼）

2014年8月4日

恩施市地名志修订委员会成员名单（调整）

恩市办文〔2016〕11号

监　　修　向前进
主　　任　苏　勇
副 主 任　郑晓斌　张渊平　杨局成　黎昔品　董　高　邵永政　张献宏（女）
　　　　　崔显琦
委　　员　刘天宝　徐　卫　李明国　吴　萍（女）　肖极峰　刘　斌　邱　凌　陈　斌

张　云　石国伟　王玉玲（女）　李正文　向极怀　李晓玲（女）　万亨东
李在寅　杨昌福　周雁飞（女）　黄　兴　胡　兵　陈　宁　陈启富　沈维珩
刘　彬　汪业民　黄贵森　胡祖华　赵树峰　滕松柏　张　玲　魏顺军
官伟立　龙世俊　丁　娟（女）　徐贵尧（女）　周　勇　陈光平　荣万福
曾　伟　谭大会　伍功勋　李　琼　朱诗斌　张思楚

办公室主任　张思楚（兼）

副　主　任　兰远辉（兼）　邓敬婷（女，兼）

2016 年 3 月 25 日

《恩施县地名志》修订编辑部成员名单

恩市史志文（2016）6 号

主　　编　张思楚　市档案局（馆）长史志办公室主任
黄　兴　市民政局局长

副 主 编　戴　平　市档案局（馆）副局（馆）长史志办公室副主任
何克伦　市档案局（馆）副局（馆）长史志办公室副主任
兰远辉　市档案局（馆）副局（馆）长史志办公室副主任
赵明权　市党史总编审
邓敬婷（女）　市民政局副局长

编　　务　刘武成　黄泽桃（女）　李诚红（女）　何　群（女）　张　进（女）
刘龙凤（女）　熊　璞（女）　沈江鸿　姚懿予（女）　陈万勇　陈　静（女）
袁庆玲（女）　王　涛　张爱梅（女）

文本录入　黄　勇

文本校对　兰远辉

终审定稿　张思楚

2016 年 4 月 1 日

再版序言

《恩施县地名志》首版于1983年，全书总80万字，详录恩施地名沿革，综括恩施历史变迁，从一个侧面记载了恩施的风雨沧桑，历史巨变，是恩施史志文化以及地名文化的优秀专著。

首版以来的三十三年，正是恩施由边远奔向前沿、由封闭奔向开放的三十三年。恩施历经县改市、（公）社改区、区改乡、乡镇合并以及村组合并等多次机构改革，部分地名对应范围、方位变更，部分地名消失，部分地名新生。修订再版《恩施县地名志》势在必行。

这三十三年，也是恩施由贫穷奔向小康，由落后奔向文明的三十三年。恩施紧随国家改革开放步伐，抢抓国家深入实施脱贫攻坚，新一轮西部大开发等重大战略机遇，不断突出产业升级，推进创新发展；突出城乡统筹，推进协调发展；突出生态文明，推进绿色发展；突出载体建设，推进开放发展；突出精准脱贫，推进共享发展，全市经济、政治、文化、社会、生态文明建设全面进步，人民生活水平全面提升。经济社会的新发展，带动了地名文化的新发展，丰富完善地名文化自当与时俱进，修订再版《恩施县地名志》正逢其时。

适值第二次全国地名普查，恩施市地方志编纂委员会、恩施市地名志修订委员组织人员日夜相继，辛勤笔耕，谨慎损益，使再版的《恩施县地名志》更趋翔实准确、全面客观。全书以词目笔画索引，实录恩施县（市）地名 8000 余条，简明流畅地记述了地名源流，全面系统地记录了恩施县（市）地理概貌、山水风光、名胜古迹、民俗风情及县（市）公社、集镇乡村等主要经济社会情况，选用地名图片及相关历史图片近150幅，以精准真实的图文，尽显恩施山水形胜、悠久历史和经济民情，使之成为当前恩施最具专业性、最具实用性的地名史志。

《恩施县地名志》的再版，荟萃了恩施地源文化。于恩施人民，是留住记忆、留住乡愁的依托；于社会学者，是研究历史地理、经济文化、民俗风情等学科、领域的史据；于政府部门，是加强地名管理、进行建设发展的参考。

修志是为了更好地用志。《恩施县地名志》铭记着恩施的沧桑、发展和巨变，让我们以志为鉴、励精图治，建设文明繁荣的新恩施；让我们以志为师，奋发进取，共创恩施幸福美好的明天。

2016年8月30日

（作者苏勇系中共恩施市委副书记、恩施市人民政府市长）

前　言

《恩施县地名志》是恩施县第一部地名专著，是记载恩施县地名的起源、含义、演变、转译、读音以及命名、更名的历史资料，它包括政治、经济、文化、教育、卫生、交通、水电、名胜、古迹、集镇、自然村、自然实体、革命纪念地、人工建筑、土地面积、人口和经济区划等方面的基本资料。它全面地展现了恩施县的地理概貌、山乡风光，具有搜集广泛，内容翔实，记载详明等特点。可作为党、政、军领导机关及各专业部门了解和研究恩施县的历史和现状方面的参考工具书，亦是图书馆、档案馆、博物馆等部门收藏的珍品。

一、这次地名普查工作，是遵照国务院〔1979〕305号文件精神，从1980年10月中旬开始，到1981年11月中旬经省、地有关单位验收结束野外普查工作。这次普查以1∶5万地形图为基础，按照地名普查的有关规定，对各类地名进行了普查和规范化处理。

在地名普查的基础上，我们收集了恩施县各类标准地名8000条，撰写了县、社、集镇、主要人工建筑、企事业单位、名胜古迹等方面的概况，绘制了县、社、镇地名图25幅；复制了古县图、古城图、抗日战争时期的县地图；拍摄了有关地名照片100多幅；搜集整理了各种地名文件，编纂了这本《恩施县地名志》。

二、本书文字上的编排，插图、地名图的设计、绘制，都以阐明地名特征为目的。地名图中的行政区划未作实地勘测，不能作为划界依据。

三、我县进行地名普查时，恩施市尚未成立，本书的基本资料除人口和照片资料外，一律截至1982年4月30日。1982年10月18日，经省、地、县、市有关部门研究决定：仍以恩施市成立前的状况，作为编纂《恩施县地名志》的基础。因此，施南镇、红庙公社等行政区划，仍收集在本书范围内。这对考察历史沿革的本来面目有一定的参考价值。

四、本书内土地面积采用我县第二次土壤普查成果，其中耕地面积与统计部门的数据略有出入；基本人口采用全国第三次人口普查资料。其他有关数据以1982年6月18日县统计局提供的统计资料为准。

五、海拔高度一律以国家规定的黄海高程系统为准。方位采用十六方位制，距离一般以1／5万地形图上量取的水平直线距离为准，因此与行走里程不相吻合。

六、本书的编辑出版，受到县委、县人大常委会、县政府的重视。县委书记郭同新、县长胡元春、县人大常委会主任柳昌权等领导同志参加了初稿审定会议。恩施县、市分设后，县地名领导小组组长由柳昌权同志担任。县政府办公室副主任廖品三同志自始至终参与了本书的编审工作。

七、本书涉及的知识面广，由于编者水平所限，错误缺点在所难免，敬请读者批评指正。

恩施县地名办公室

凡　例

一、本书以辞条式和地名图以及地名照片来反映和解释恩施县各类标准地名的存在、位置、沿革及含义。

二、在编排次序上以县城为中心位置，先排施南镇，然后按县行政区划图上的方位，以公社为单位从左至右、从上至下排列，行政单位列完后，编排企事业单位及专业部门，人工建筑、古迹、游览地、纪念地、自然地理实体、附录等篇目。

三、国营农、林场圃的地名，均附在所处的公社地名图上，未单独绘制地名图。

四、每条词目均用黑等线体排印，以示醒目，大队名称另用【　　】符号突出。词目后面注汉语拼音为标准读音，按中国文字改革委员会和国家测绘总局制定的《中国地名汉语拼音字母拼写法》拼写。例如**【让水坝大队】**ràng shuǐ bà dà duì　312户，1399人，驻大石包，板桥集镇东北1.3公里。……

大石包　dà shí bāo　　10人，大队驻地。……

大坡　dà pō　　10人，大石包东北2.8公里。……

五、公社和公社集镇以县城为方位，大队及大队驻地以公社集镇为方位，自然村以大队驻地为方位。为了简化，大部分辞条均省略“位于”二字。如“位于大石包东北2.8公里”，省略为“大石包东北2.8公里”，依此类推。

六、本书用字以《新华字典》和《现代汉语词典》的首字为准。如“挂榜岩”不用“掛”字，“舞阳坝”不能写成“午陽壩”等。个别方言用字注有当地读音，如埫(tǎng)表示四周较高，中间低洼的平地；矿石的矿(kuàng)方言读guàng等。本地称松树为“枞树”(cóng shù)；称柏树为“香树”；称石灰岩溶洞为“天坑”；石窑公社一带称低地为“窝盔”(wō kuī)。有些生僻字、自造字是原1/5万地形图上的，经普查后仍然保留，如 硈硈石(qià qià shí)在1/50000地形图的H-49-63-乙图幅中。

七、原来山乡地名多用“湾”字，经标准化处理，应改为“塆”才对，故本书一律用“塆”，而不用“湾”。

八、以姓氏和地形命名的，或者一看地名便可顾名思义的，均未加解释。如“张家塆”“山梁子”“彭家垭口”等。

九、该县土家族占一定比例，土家族有语言而无文字，土家族地名是少数民族文化的一部分。有的是纯土语，有的是土语加汉语，例“车、折、者”土家语为水(河)意，如“车坝”作河坝解释；“李爸沟”中的“李”字土语为“老虎”，“李爸”为公老虎；“梭步垭”中的“梭步”，土语为“三个”的意思，即作3个垭解释。如“撒纳河”意为接起来的河，“车落洞”即“落水洞”之意。还有些土语如“啊盖章”“撒子步”“把龙羽”“下米多”“多布弄”等，尚未译出。

十、本书列有词目索引表，供读者查找方便之用。在标准化处理中，我们只对行政区划地名作了标准化处理。因此，恩施县尚有 859 个自然村和自然实体重名，未作处理。词目索引中同一名称的均一一列出，后面用所在的公社、大队、类别、页次一一标出。如：

大窝埫·龙马　　135

大窝埫·白杨坪　　114

大窝埫·太阳　　75

若同一公社有两个以上地名相同时，公社后面加大队以示区别。如：

大坪·屯堡·大坪　　174

大坪·屯堡·杨家山　　176

…………

所有自然村在类别栏中均省略不注，其他类别都简略加注。文中所有村称谓，均为自然村。

恩施县历史沿革表

夏 商	为荆、梁二州的交界地区
周	为巴国界，战国时期属楚巫郡地
秦	属黔中郡
汉	属南郡巫县南境，隶荆州
三国	吴永安三年（260），为沙渠县，隶荆州。恩施始建县
晋	太康元年（280），沙渠县改属晋之建平郡
宋、齐	袭之
北周	建德二年（573），沙渠县境内置施州及清江郡治所，分沙渠部分地为乌飞、盐水二县，乌飞属施州，盐水置亭州及资田郡
隋	开皇初，废清江、资田二郡，改乌飞县为开夷县。开皇五年（585），改沙渠县为清江县，隶荆州总管。义宁二年（618），废清江郡，复置施州，领清江、开夷二县
唐	武德初置江州，盐水县属之。武德四年（621），废盐水县，入清江县。唐贞观元年（627），清江县属江南道。麟德一年（664），废开夷县入清江县，清江县为施州治所所在地。唐开元二十一年（733），清江县属黔中道。天宝元年（742），改施州为清化郡
五代	属蜀
宋	属施州，隶夔州路
元	至元十五年（1278），隶夔州路总管府。至元二十二年（1285），并清江入州，属四川行省
明	洪武初裁施州。洪武十四年（1381），恩施县隶施州卫军民指挥使司，属四川都司，后改湖广都司
清	清朝初年，依循明制，属湖北荆州府。雍正六年（1728）裁施州卫，改为恩施县，隶属归州。雍正十三年（1735），恩施县隶属施南府。乾隆元年（1736），以原境设恩施县为附郭首县
中华民国	民国元年（1912）废府存县，属湖北省直管。民国四年（1915），属荆南道。民国十五年（1926），归施鹤道，为施鹤道治所。民国十六年（1927），废道存县，翌年，设鄂西行政区，为行政区治所。民国二十一年（1932），归湖北省第十行政督察区管辖。民国二十五年（1936），改第十行政督察区为第七行政督察区，为附郭县。抗日战争时期，武汉沦陷，湖北省政府迁恩施近8年，恩施成为湖北省临时省会
中华人民共和国时期	1949年10月1日，中华人民共和国诞生。11月6日，恩施县解放，7日，县人民政府成立，为恩施地区行政公署所在地。1981年11月，国务院批准设立恩施市（县级），1982年4月30日，恩施市正式成立

1981年恩施县基本情况统计表

单位：个、平方公里、亩

公社（镇）名称	管理区	自然镇	生产大队	生产小队	总面积	耕地面积	其中		户数	人口	自然村
							水田	旱田			
施南镇	–	1	4	37	14.04	3883	400	3483	12675	57300	43
板桥	4	1	14	143	174.68	27980	6	27974	3114	14427	302
太阳	5	1	31	256	186.21	44861	4330	40531	5328	24368	293
崔家坝	9	2	44	318	227.92	55880	5640	50240	8597	38593	391
白杨坪	6	1	32	258	152.45	43902	7280	36622	7482	34669	310
大山顶	–	1	7	24	64.99	11158	–	11158	983	4509	62
龙马	5	1	24	197	159.43	40783	4258	36525	4115	19557	270
沐抚	5	1	20	195	146	40451	6940	33511	5553	24454	188
熊家	5	1	23	205	106.54	33034	5850	27184	5084	24086	224
屯堡	4	1	27	180	141.72	47224	11805	35439	6155	28554	269
龙凤	5	1	28	264	140.41	42144	8548	33596	8086	36825	255
红庙	5	1	24	246	136.65	36596	21218	15378	7987	34562	195
沙地	8	3	33	299	195.82	54491	7580	46911	7833	34589	400
罗针	3	1	18	136	117.57	24087	5150	18937	3107	14425	175
七里	5	1	23	255	122.11	35890	11121	24769	6603	30948	264
三岔	8	1	22	268	204.10	40330	2590	37740	6544	30213	287
新塘	6	2	33	257	220.15	59160	11318	47847	6556	30390	259
红土	6	1	33	254	122.86	45901	4750	41151	6619	28713	186
白果	9	2	36	265	335.23	56072	11612	44460	6059	28074	264
双河	5	1	18	160	169.25	33451	3228	30223	3577	16202	205
芭蕉	5	1	31	259	159.72	48201	18242	29959	7095	33475	314
干溪	4	1	19	199	116.34	29932	11747	18185	4783	22007	232
石窑	3	1	18	128	109.32	21502	46	21456	2693	13500	189
盛家坝	7	3	40	297	357.10	71179	22780	48399	7169	33166	385
场圃	–	–	–	–	133.89	9480	1032	8448	–	–	71
总计	122	31	602	5100	4033	957592	187471	770121	143777	658164	6033

注：1.场圃人口统计在所在公社内。2.施南镇辖8个街区，置居民委员会。

目录与索引

目　录

索 引 首 字 目 录

一 画

二 画(1～3)

三 画(3～19)

四 画(19～30)

五 画（30～40）

六 画（40～51）

七 画（51～63）

八 画(63～74)

九 画(75～86)

十 画(86～96)

十一画（96～103）

十二画（103～110）

十三画（110～114）

十四画（114～118）

十五画（118～120）

十六画（120～121）

十七画

十八画

二十画

二十三画

二十四画

三　画

三

下

木

车

戈

见

牛

龙

七 画

沈

宋

岭

岳

峁

狗

庞

店

鱼

闹

破

盐

铁

图一 恩施城概貌　　黎志祥 摄

图二　恩施县人民政府　　　　全　平　摄

图三　新建的土家族苗族自治州办公楼　　　　黎志祥　摄

图四　　新建在六角亭的县招待所　　　　　　　　黎志祥　摄

图五　位于大十街的恩施商场　　黎志祥　摄

图六
六十年代的清江桥
曹华 摄

图七
八十年代的清江桥
黎志祥 摄

魏泉如 摄

图八　山城夜景　　全平摄

图九　宽敞的飞机场停机坪　　方维先摄

图十三　新建的恩施航空站候机楼　　　李世华 **摄**

图十四　跨越高桥河（古名麒麟溪）上的南门大桥

魏泉如　**摄**

图十　清江东岸的恩施城一角

图十一　新落成的民族影剧院　　全平　摄

图十二　恩施工人影剧院　　李世华　摄

图十五

地处恩施县西北方的高山集镇——板桥

全平 摄

图十六

与四川省奉节县毗邻的太阳河集镇

蔡学让 摄

图十七

太阳公社水电站

蔡学让 摄

图十八　位于太阳公社境内的川鄂两省共同修建的友谊桥　蔡学让　摄

图十九　历史悠久的崔家坝集镇　全　平　摄

图二十

鸡鹊水集镇

全　平　摄

图二十一

大山顶公社驻地——提厂

全平摄

图二十二

全省重点畜牧基地大山顶公社饲养的良种牛西门塔尔

黎志祥摄

图二十三

龙马集镇

全平摄

图二十四

二高山集镇——沐抚

全平摄

图二十五

白杨坪集镇

全平摄

图二十六

白杨坪集镇钟鼓楼水塔

李世华摄

图二十七　熊家岩集镇　全平摄

图二十八　熊家公社新建的桥头坝电站　全平摄

图二十九　坐落在清江边的屯堡集镇　李世华摄

图三十

恩施县最大的集镇——龙凤坝鸟瞰

全平 摄

图三十一

新落成的龙凤电影院

全平 摄

图三十二

坐落在龙凤坝集镇的县化肥厂

全平 摄

图三十三

沙子地集镇

全平摄

图三十四←

红庙集镇

全平摄

图三十五↓

汉鱼公路旁的锣

针田集镇一角

全平摄

图三十六

七里坪集镇

全 平 摄

图三十七 三岔口集镇 孙有成 摄

图三十八 新塘集镇 胡 华 摄

行政区划与自然村

恩施地区概况

EN SHI DI QU GAI KUANG

恩施地区位于湖北省西南部。西、北与四川省交界，南和南偏东与湖南省接壤，东邻宜昌地区兴山、秭归、长阳、五峰4县，东北角连神农架林区。地跨108° 21′ ~110° 38′，东经北纬29° 07′ ~1° 28′ 。区境南北长260公里，东西宽220公里。地区行署驻恩施市舞阳坝，东沿汉(口)—渔(泉口)公路634公里抵省会武汉，直线距离470公里。

地区辖恩施、建始、巴东、利川、宣恩、咸丰6个县，来凤、鹤峰2个土家族自治县和恩施市。截至1981年年末（下列各类数据资料，未注明时间者均同)，全区共有8个县辖镇，其中恩施县施南镇于1982年5月改设为恩施市，156个人民公社，2988个生产大队，29279个生产队。总人口323.13万人，其中农业302.33万人，非农业20.80万人；城镇人口15.64万人。总面积23963.17平方公里，耕地面积460.28万亩，其中水田117.11万亩，旱地343.17万亩。

该区是以土家族、苗族为主的少数民族聚居地。据1982年人口普查统计，土家族106.9万人，苗族17.7万人，侗族2.11万人，加其他少数民族人口，占全区总人口的39.29%。土家族是巴人的一支后裔， 最早聚居在这里，有独立的语言，有本民族的风俗习惯，但被历代反动统治阶级歧视，始终没有承认这个古老民族。新中国成立后，在中国共产党的民族政策指引下，经多次调查和专题研究，1956年才确认了土家为单一民族。经国务院批准，1980 年，来凤、鹤峰两县分别成立了土家族自治县。

土家族有语言、没文字。据初步调查，土家语属汉藏语系藏缅语族。与汉语结构不同，谓语宾语倒置，定语宾语倒置。土家自称“贝锦卡”，即本地人的意思。后来汉族进入这个地区，“土家”开始属于他称，以后逐渐变为自称，汉族称“客家”。现在，全地区土家族都通用汉语，仍保留了一些独特的风俗习惯。过春节比汉族提前一天，月大是腊月二十九，月小是腊月二十八，土家衣着、器具等与文化生活，都有本民族的特色。过去每年冬季，土家女儿由七岁至十二岁学编织腰带上的图案花，在婚前一年，女儿一般不上山劳动，在家里织土花铺盖。土家被面“西兰卡普”，是著名的手工艺品，花纹织有满天星、狗脚迹、四十八钩等几十种，美观耐用。土家人能歌善舞，有丰富多彩的民歌，有动作优美的舞蹈，还有本民族的曲艺、戏剧、神话、传说、民间故事、童话寓言等。流传较广的有跳丧舞、摆手舞，至今有的山寨还保留着早年的摆手堂。

土家语言已近消失，现仅有少数老人会讲一些土家语。但在全区许多沿用的地名，是用土家语命名的。如“革勒车”“锁泥湖”等为音译，“革勒车”现是来凤的一个大队名称，这里有两条溪水相汇，两溪沿途山势险恶，水流湍急，遇到山洪暴发，往往造成水灾。“革”是土家语“可怕”的意思，“勒”是语助词“的”，“车”是水的意思，“革勒车”译成汉语是“可怕的水”。再如“白虎堂”“唐崖司”等村名，是以土家的信仰、姓氏和土司建制的称说与意义而汉化了的地名。“白虎堂”反映了土家族敬奉祖先，信仰白虎，相传巴人的祖先为廪君，《后汉书·南蛮西南夷列传》中载：“廪君死，魂魄世为白虎，巴氏以虎歃人血，遂以人祠焉。”早年在土家人聚居地建有白虎堂以祀之。此外，在全区一些地名中还有巴语的残留，巴语与土家语有相似之处。巴语称老虎为“李父”，土家语称老虎为“李”。鹤峰的“李虎坡”和恩施的“李爸沟”这两个地名，过去都是老虎多的地方，“李虎”系“李父”的变音，“李爸”系土家语音，即公老虎的意思。

春秋时代(前 770-前 476)，全区为巴子国地。战国(前 475-前 221)，属楚巫郡；秦(前 221-前 206)，属南郡与黔中郡；汉(前 206-220)，属南郡与武陵郡；三国(蜀至吴 221-280)，先属蜀后属吴；晋(自 265 亡魏-420)，属荆州建平郡(辖八县)的巫、信陵、建始、沙渠四县；南北朝一宋(420-479)、齐(479- 502)，属荆州建平郡(治巫山，辖今巴东县北部)、荆州、沙渠县(治所在今恩施市)；梁(502-557)，属信陵郡(辖今巴东县)沙渠县；北周(557-581)，属信州(治白帝城)秭归郡乐乡县(县治在今巴东县东瀼口以西，北宋寇准为县令，始移今治地)、邺州(今建始县棉花坝)军屯郡(治建始)建始县，施州(治沙渠)清江郡(治沙渠)沙渠县与乌飞县；隋(581-618)，属巴东郡(治奉节、辖今巴东县地)、清江郡(治盐水)清江县(开皇五年，改沙渠县为清江县)、开夷县(北周时称乌飞县)和建始县；唐(618-907)，属归州(治白帝城，辖今巴东县地)、施州(治清江)清江县、建始县；五代(907-960)，仍为施州，先后为前蜀、后蜀所据；宋(960-1279)，属荆州北路的归州(领秭归、巴东、兴山县)、夔州路的施州清江县、建始县、以及荆州南路的辰州(治沅陵、辖今来凤、咸丰县部分地)，当时全区内少数民族建立的州还有：富州(明为散毛宣抚司，位于今来凤县境)、保顺州(位于今宣恩县李家河，明为忠建宣抚司)、顺州(明为忠洞安抚司)、高州(明为高罗安抚司)；元(1279 灭南宋-1368)，属湖广行省的归州(治秭归，领秭归、巴东、兴山县)、四川行省的夔州路施州(至元22年并清江县入州，州领建始一县)，南部少数民族聚居地区属土司辖区。土司建制《元史》记载不全，据《中国历史地理图集》标示标注，当时有龙潭安抚司，唐崖所，大奴管勾司(至正二十一年为忠孝军民府)，木冊安抚司，忠建都元帅府(宋为保顺州)散毛府、万溪洞司，容美洞宣抚司、沿边溪洞招讨司(元至正二年改为施南宣抚司)，师壁洞安抚司等，元末为农民起义军明玉珍所据，后来属明。明(1368-1644)，属湖广布政司施州卫。领军民千户所一(即大田千户所)、宣抚司三(施南、散毛、忠建)、安抚司八(东乡、忠路、金洞、忠孝、龙潭、大旺、高罗、忠岗)、长官司八(摇把、上爱茶、下爱茶、建南、忠孝、木冊、唐崖)、蛮夷司五(镇远、隆奉、东流、蜡壁、西萍)、以及容美土司。建始县属四川布政司夔州府。清(自1644年入关，至1911年)雍正十三年(1735)改土归流，置施南府，辖恩施县和增设的宣恩、来凤、咸丰，利川四县。乾隆元年将四川夔州建始县划归施南府，为6县之治。巴东县属湖北布政司宜昌府。鹤峰由容美土司改设鹤峰州(辖长乐县)，属宜昌府。中华民国(1912-1949)，元年废府立道存县，属湖北省。民国四年(1915)设荆南道，仍为6县之治。民国十五年(1926)改为施鹤道，将鹤峰县划入为7县之治，民国十六年(1927)废道，改设鄂西行政区，民国二十一年(1932)改为第十行政督察区，将巴东县划入为8县之治，民国二十五年(1946)改为第七行政督察区。1949年10月1日中华人民共和国成立后，建立湖北省人民政府恩施专区专员公署，辖八个县，1968年改为恩施地区革命委员会，1979年改为恩施地区行政公署。

恩施地区是老苏区，各族人民具有光荣的革命传统。第一次国内革命战争时期，在湖北党组织董必武等同志的领导下，为了发动广大群众支援北伐战争，党派回了恩施地区在武汉、宜昌求学的共产党员和共青团员20余人，到各县开展早期革命活动。从1926年至1927年春，国民党县党部或筹委会相继成立，共产党员和共青团员在这些机构中成为中坚力量，同时在来凤、咸丰、恩施、宣恩、建始、巴东六个县成立了农民协会，有些县还组织了农民自卫队、妇女协会和商民协会，全区发展共产党员近百名。在党的领导下，1926年夏，巴东县平阳坝发动了反“复验红契”的斗争，取得重大胜利。来凤组织农民武装，由共产党员张昌歧带领，一举攻占县城，处决了血债累累的大土豪劣绅张佑新。其他县也先后开展了打倒贪官污吏、斗争土豪劣绅的活动。直到1927年7月，武汉国共分裂的消息传来，地方反动势力猖狂反扑，封建军阀得以复辟，革命遭受严重挫折。

第二次国内革命战争时期，恩施地区是湘鄂西革命根据地和湘鄂川黔根据地的组成部分。以巴东为中心的巴归兴苏区和以鹤峰为中心的湘鄂边苏区，是湘鄂西革命根据地的重要区域，革命活动遍及全区8个县。自1927年党的“八七”会议后，全区共产党员和共青团员，于同年9月在咸丰龙潭司集会，讨论了中共湖北省委制定的《湖北省秋收暴动计划》，分析了当地形势，成立了中共施鹤临时部委。巴东于翌年春，由黄大鹏、张华甫等同志组织武装暴动，打进县城，杀了县长，举行了有名的“杀官夺印”，成立了巴东县人民委员会，不久又成立了巴归兴人民委员会，在巴东江北5个区、30个乡建立了苏维埃政权。1928年2月，党中央派贺龙、周逸群等同志到湘鄂边，组建革命根据地，发展工农革命军。开始湘鄂边曾遇数次挫折，跳出敌人包围之后，10月至12月上旬，工农革命军在鹤峰堰垭进行整军，当时只有91人，72条枪。继而由贺龙率部在短短一个月时间里，转战了全区7个县，部队发展到400余人。这段时间，在宣恩晓关收编了乾文统的“联英会”100余人；在咸丰黑洞(即今黄金洞)与施鹤临时部委书记杨维藩取得联系，收编了这一带部分“神兵”；奇袭了利川汪家营，处决了当地神兵的反动头子李长清；攻破建始城，杀了县长陆祖赀；在鹤峰邬阳关，收编了陈连振、陈宗瑜的神兵，改编为“中国工农革命军特科大队”，于1929年1月以特科大队为前导，第一次解放鹤峰城，建立了县苏维埃政权。2月，工农革命军在鹤峰的梅坪杜家村，进行了具有历史意义的整编，成立了中国工农红军第四军。此后，贺龙率红军在湘鄂边不断发动游击战争，扩大苏区范围，发展地方武装，先后建立了巴建鹤、恩宣鹤、桑慈鹤边防司令部3个，独立团3个，游击队、赤卫队100余支，红军队伍也有很大发展。1934年10月后，全区又打开了湘鄂川黔边区的新局面，宣恩、咸丰、来凤成为湘鄂川黔苏区的组成部分。从1928年至1935年间，红军和游击队在全区历经大小战斗 1000 余次，歼敌正规军和反动团防达 10万人之多，根据地和游击区占全区总面积的90%以上，投身革命的总人数9.7万余人，其中参加红军1.01万余人，参加游击队、赤卫队1.44万余人，为革命牺牲12960人。红军长征的前夕，还在咸丰忠堡和宣恩板栗园打了两个大胜仗：1935年6月，红二、六军团主力在忠堡伏击敌人，全歼敌四十一师师部和一个旅，活捉了纵队司令兼师长张振汉。继忠堡大捷后，又在板栗园全歼国民党的精锐部队八十五师，师长谢彬被迫自杀。在第二次国内革命战争时期，党在全区建立过施鹤临时部委、湘鄂边特委、巴东、鹤峰2个县委、10个区委、40个基层支部和党小组，发展党员800多名。苏区范围包括巴东长江以北，清江以南地区，鹤峰全县，建姑南部，恩施、宣恩的东部，来凤东南部及咸丰、利川的部分地区，先后建立了巴归兴、巴长、巴鹤建五、鹤桑石五长5个联县苏维埃政府，巴东、鹤峰、建始、恩施、宣恩5个县苏维埃政府，区、乡苏维埃政权近300个。在苏区绝大部分地方，进行了打土豪分田地的土地革命斗争。

抗日战争时期，我党为了加强国统地区的抗日救亡工作，1938年年初至1940年年底，在全区重建了党组织，党员发展到1432人，设在恩施的鄂西特委，辖巴兴归宜工委，巴东、恩施、建始、咸丰、来凤、利川6个县委，8个区委，1个总支，72个支部，5个直属党小组。由于国民党消极抗日，积极反共，地下党遭到破坏，党员从1940年至1945年，先后被捕入狱约400人。鄂西特委书记何功伟、妇女部部长刘惠馨因叛徒出卖，同时被捕后，在狱中与敌斗争，坚贞不屈，英勇就义。

解放战争时期，1947年2月，张才千、李人林率江南纵队突围后进入全区，转战鹤峰、建始、恩施、宣恩、咸丰、来凤，经10余次战斗，歼击了湖北省保安团邱士贵部、国民党乡保武装，给人民带来了解放的希望。活跃在利川建南、文斗一带的利石万游击队，从1947年坚持抗丁、抗粮斗争，直到人民解放军发动鄂西南战役，于1949年11月6日全区获得解放。

恩施地区属鄂西南山地，由巫山、武陵山、大娄山等山脉组成。全区南、北高，中间稍低，地势由西南向东北倾斜，海拔一般在1000米上下。部分高山(1200米以上)，山顶平广，具有高原性山地的特点。低山(800米以下)及二高山的沿河流域地带，常构成山间小盆地，其中较大者有恩施盆地、建始盆地、利川盆地、来凤盆地、鹤峰盆地等，是粮食主要产区。全区石灰岩分布普遍，构成的溶蚀洼地、溶洞和伏流比较多。地区北部系巫山山脉南缘分支，呈北东向，在恩施的板桥、大山顶，建始的细沙、茶园、封竹，巴东的枣子、税家、绿葱坡一带，海拔均在1500米~2000米，总体地势高，为长江和清江的恩施地区分水岭；西部系大娄山脉的余延部分，在利川齐岳山一带向北东分布，平均海拔 1500 米，主峰高 1895.1 米；东南部和中部系武陵山脉北缘分支，呈北东或北东东向展布，在鹤峰下坪一带，主峰高 2095.6 米。在宣恩椿木营一带，主峰高 2014 米，为清江和溇水、酉水的分水岭东北角还有大巴山脉，与“华中第一高峰”之称的神农架相连。巴东北部的大窝坑，为全区最高点，海拔 3032 米。全区最低点亦在巴东东部红庙岭的长江边，海拔只 66.8 米。

长江切穿巫山，横贯巴东，形成壮丽的长江三峡，境内流长 38 公里，为著名峡区的中段，它不仅是湖北通往四川的水路交通孔道，而且是恩施地区的物资吞吐咽喉。除长江外，全区主要河流有清江、溇水、酉水、郁江、贡水(中建河)、唐崖河 6 条，加上有水利价值的大小支流，共 60 多条。这些河流总长 1100 多公里，水能蕴藏量 280 万千瓦，可供开发利用的 138 万千瓦，适于发电灌溉和流放木材。由于河床狭窄，比降较大，不利航运，只有部分河段可通木船。横贯地区中部的清江，发源于利川都亭山(经伏流过齐岳山于龙洞沟出露地面)，从西向东流经利川、恩施、建始、巴东 4 县及宜昌地区长阳、宜都 2 县，在宜都县城北注入长江。清江全长 423 公里，总落差 1430 米,流域面积 16742 平方公里,河口多年平均流量为 464 立方米／秒,是长江中游在湖北仅次于汉水的第二大支流。清江为全区最大干流，境内干长 309 公里，南北支流众多，流域面积约占区境二分之一。贡水、马水河、野三河是清江的主要支流，流域面积分别在 1000 平方公里～2000 平方公里。地区西南部的郁江、唐崖河，属乌江水系，郁江在利川流程 86.5 公里,唐崖河在利川流程 25 公里及在咸丰流程 88 公里。这两条河均由东北向西南流往四川，分别在彭水县城北和酉阳县龚滩注入乌江，因是迂回西流于鄂川，有“倒流三千八百里”

之说。地区南部和东南部的酉水、溇水，属洞庭湖水系，酉水在宣恩流程120余公里，在来凤流程89公里，由东北向西南流经四川酉阳，折转湖南注入沅水；溇水在鹤峰流程148公里，由西北向东南流往湖南慈利，注入澧水。

全区为沉积岩广泛分布的地区，地层出露较为齐全，从元古界至新生界均有分布。上元古界中、下部的板溪群为一套浅变质的千枚岩和板岩，上部(相当于震旦系)由一套碎屑岩(包括砾岩、砂岩及粉砂岩等)、冰碛岩(包括含砾泥岩及沙砾岩等)及碳酸盐岩(包括灰岩、白云岩等)所组成，其中上震旦系陡山沱组是重要的含磷层位，主要分布在鹤峰走马坪一带。下古生界以浅海相碳酸盐岩沉积为主，向上则为碎屑岩沉积，主要分布在鹤峰、咸丰、宣恩、来凤等县，常构成背斜的轴部或翼部。上古生界包括泥盆系、石炭系、二叠系，各县均有出露，常沿向斜轴部或翼部分布，其中泥盆系下统普遍缺失，中上统为砂页岩及泥灰岩，常含赤铁矿层；石炭系下统及上统一般缺失，中统主要为碳酸盐岩；二叠系以海相碳酸盐岩为主，下统栖霞组底部及上统吴家坪组下部为过渡相含煤岩系沉积，是全区两个重要的含煤层位。中生界包括三叠系，侏罗系及白垩系，主要分布在巴东、利川、建始、恩施等县，多构成向斜的翼部或轴部，三叠系中，下统为浅海相碳酸盐岩，向上过渡为海陆交互相砂页岩，上统局部出露，侏罗系中、下统为一套内陆河湖相碎屑岩沉积，其下部常为含煤岩系，也是全区的一个含煤层位，上统一般缺失；白垩系发育不全，其上部为一套内陆河湖相碎屑岩沉积。新生界包括第三系和第四系。前者常与白垩系一起组成“红色岩系”，主要分布在恩施、建始、来凤等盆地内，后者为冲击层、残积一坡积层、冰川泥砾及冰川堆积等，主要分布在河谷、山坡及山麓地带。

由于沉积岩发育，沉积矿产较为丰富。金属、非金属及燃料矿产均有分布。金属方面：从黑色到有色、从稀有分散元素到放射性金属都有发现，唯一般规模较小，品位较低，工业价值不大。但在黑色金属矿产中，全区铁矿资源颇为丰富，主要分布在建始、恩施及宣恩等地，为高磷鲕状赤铁矿石，因脱磷问题未能很好解决，尚未开发利用；钒矿在鹤峰走马坪一带有较广泛的分布；锰矿在来凤卯洞等地有所发现。有色金属矿产种类较多，铜矿有含铜砂岩型和碳酸盐岩型两种类型，前者主要分布于恩施、利川等地，后者分布于咸丰、鹤峰、建始等地；铅锌矿主要分布于建始、宣恩、咸丰等地。钼矿和镍矿分布于鹤峰走马坪；汞矿主要分布于咸丰、宣恩等地；锑矿见于鹤峰阳河；金矿分布于鹤峰走马坪一带；铝土矿主要分布于恩施、建始、咸丰等地。此外，恩施、宣恩等地还发现有硒、铀等稀有分散元素及放射性金属矿产。

非金属方面：磷矿资源较丰富，鹤峰走马坪一带的湘鄂磷矿，是我国重要的磷矿产地之一，远景规模较大。近年各地在志留系砂页岩中还发现了很多小型磷矿点；磺矿分布也较普遍，多产于煤系地层中；盐矿产于利川建南一带，属卤水矿床，含钾岩石主要分布在咸丰、利川、恩施等地，石膏在来凤、利川、巴东等地均有发现；重晶石主要分布在咸丰、来凤等地，冶金辅助原料中的耐火黏土主要分布在恩施、建始等地；铁钒土分布于咸丰、宣恩等地、萤石矿见于利川、咸丰、来凤等地；熔炼水晶主要分布在巴东、恩施等地；白云岩分布甚广，几乎普及全区。作为建筑材料的石灰岩、石英砂岩等在全区也有较广泛的分布。燃料矿产：煤是全区的主要矿产之一，除石煤外，主要产煤层位有下二叠统马鞍煤系、上二叠统吴家坪煤系及下侏罗统香溪煤系，其中香溪煤系发育较差，仅分布于巴东、利川一带；马鞍煤系主要发育在建始、巴东、恩施、宣恩等地；吴家坪煤系发育较好，是全区主要的含煤岩系，各县均有分布，尤以建始、利川为好，以无烟煤为主，部分为烟煤，可供炼焦使用。天然气主要分布于利川建南一带。

恩施地区属副热带大陆性季风气候。由于地形复杂，对气候影响很大，垂直变化有明显的差异。与同纬度的平原相比，具有夏凉、冬暖(低山河谷尤为显著)，云雾多，日照少，雨量充沛，湿度较大，低山风小等特点。

气温：全年平均气温，低山16℃左右，二高山13℃左右，高山8℃左右。1月平均值4.9℃，极端最低气温出现在1977年1月30日，普遍降雪，为零下14.8℃。7月平均值27.2℃，极端最高气温出现在1959年8月22日，为41.2℃。全年≥10℃的积温，低山5193.4℃，二高山3870.2℃，高山2225.2℃。

降水量：全区为全国暴雨中心的组成部分。大部分地区年平均降水量在1440毫米左右。西南部包括宣恩东部、鹤峰(除东北角)为最大降水区，年降水量1800毫米以上，最高值达2218.5毫米；北部中间地带包括利川东北角、恩施、建始北部、巴东中部的部分地区为次大降水区，年降水量在1800毫米左右，最高值达2187毫米；巴东东部，南部及建始南部、恩施东南角为少雨区，年降水量1200毫米以下，咸丰西南部雨量也较少，为1200毫米左右。在五六月的初夏期，雨日较多，雨量充沛，在七八月盛夏期，有时暴雨成灾，有时久晴不雨。

日照：由于山区云、雾、雨天多，故日照少。全区为全省日照时数量最少之地，年平均日照数为1339.3小时，全区日照时数的地理分布，有从东北向西南递减的趋势：巴东最高，年平均日照时数为1613.4小时，宣恩最低，年平均日照时数为1155.6小时，其余各县年平均日照时数在1222.9小时~1538.1小时。霜期短(无霜期低山330天左右)，初霜日一般比江汉平原迟10天以上，终霜日则要早几天。

几种主要灾害性天气：①大暴雨。全区降水量大的区域，也是暴雨较多的区域，日降水量≥100毫米的大暴雨，往往引起山洪暴发，在4~9月均有出现，以7月次数居多。②伏旱。对秋收作物后期生长的影响大，俗称“卡脖子旱”。1959年至1966年和1968年至1972年，连续出现伏旱，其他年份也间断地出现过伏旱。在1959年至1966年，伏旱日30天以上的大旱年有2年，伏旱日20~29天的中旱年有2年，伏旱日10~19天的小旱年有4年。③冰雹。全区是全省降雹次数最多的地方，一般以春季为多。巴东江北由泉口经罗溪、火峰到江南的楠木园、税家一带，是一条冰雹路径，几乎年年降雹，1976年4月22日发生一次百年罕见的冰雹灾，安居、税家两公社降了冰砖，一般积冰6寸厚，个别地方达4尺厚。1978年4月15日全区受到一次范围较广的冰雹袭击，波及恩施、利川、鹤峰、建始、宣恩5县的30个公社、253个大队、1689个生产队，粮食受灾面积11.5万余亩，其中重灾6万余亩。

据地区土壤普查试点县(恩施)的普查结果：共有9个土类，140个土种。土壤垂直分布一般是海拔800米以下为黄壤，是粮食主产地，也适合多种经济作物的生长；800~1500米为黄棕壤，是旱粮生产地，适合发展林业、生漆、木梓等经济林木和部分中药材的生长；1500米以上为棕壤，主要适合中药材生产和发展用材林。另外，紫色土、石灰土、潮土、水稻土分布较广，在海拔1400米以上的山洼地出现有草甸土、沼泽土。全区土壤的有机质和氮素中等偏高，缺磷普遍，酸性面积大，过酸过碱面积小。养分一般以村集为圆心，由高而低呈同心圆分布。有机质、全氮随海拔升高而增加，且林地比耕地高。

在山区建设方针的指导下，全区粮食和多种经济生产发展得较快。粮食主产玉米、水稻、薯类、小麦，也产豆类、小米、高粱、荞麦等小杂粮。为了改善农业生产条件，改造山区旧貌，至1979年止，全区建成基本农田185.3万亩(主要是保土、保肥、保水的“三保”田)，占耕地面积40.2%，其中坡改梯77.6万亩，平整土地33.19万亩，兴修水利和控制水量3.8亿立方米，比1949年(控制水量不足0.5亿方)增加了6倍多。建有中型水库4座，小(一)型水库40座(枢纽、干渠全部竣工的19座)，小(二)型水库180座，塘堰11297口，引水渠18216条，全长11701公里，电灌站、机灌站、水轮泵站共379处。1981年全区农田有效灌溉面积95.21万亩，使旱涝保收面积达148.91万亩。同时，建成小水电站370处，装机495台，装机容量86465千瓦。有146个公社(占公社总数的93.5%)，9920个生产队(占生产队总数的34%)通电。

农业机械全区购置大、中型拖拉机1442台、3.23万马力，小型及手扶拖拉机966台、1.15万马力，农用动力机械13569台，15.64万马力，农副产品加工机械23750台，农用汽车259辆。

全区粮食生产1981年与1976年相比，产量由18.18亿斤上升到23.54亿斤，每年递增5.3%，创历史最高水平，比1949年的7.9亿斤增长1.96倍。农业集体收入由1976年的2.75亿元上升到4.23亿元，每年递增9%。

林业：全区地域辽阔，气候温和，雨量充沛，树种繁多，是湖北老林区。全区林业用地2176万亩，人均7.3亩，占土地总面积的60%以上。新中国成立以来，除民用材外，为国家提供商品材近400万立方米，上交量约占全省三分之一。据1976年全区林业普查，树种成片成林，生长得好的有40多个主要品种，低山有马尾松、杉木、柏木、泡桐、椿树、栎类、樟、楠、楠木、油桐、油茶、棕树、茶叶、油橄榄、乌桕(木梓)、杜仲、柑橘等；二高山有杉木、水杉、柳杉、马尾松、油松、檫木、马挂木、栎类、楠竹、斑竹、油茶，漆树、棕树、茶叶、黄柏等；高山有油松、柳杉、华山松、落叶松(引进)、桦木、山杨、马挂木、栎类、厚朴、漆树等。稀有珍贵树种有：水杉、珙桐、银杏、黄杉，金钱松、红桧、白楠、白花泡桐、巴东木连等十余种。全区现有林面积1369万亩，其中用材林880万亩，经济林183万亩。森林覆盖率由1975年的35.5%，到1980年上升为37.84%。历年人工造林保存面积500多万亩，飞播造林保存面积123万亩。现有活立木量1510万立方米。经济林由1978年前的2.1亿株上升到3.15亿株，人平由72株增加到115株。生漆年产量近8000担，利川毛坝和咸丰小村的“坝漆”，名冠全球，历史悠久，油桐子年产量23.9万担，桐油收购量占全省30%以上，来凤卯洞的“金丝”桐油，曾荣获国务院奖旗。各种水果年产量23.3万担，其中柑橘4.8万多担，改良桔种占74%，巴东柑(橙子)产量高质量好，被誉为“锦橙”。

由于山大林深，山溪纵横，境内野生动物繁多。有虎、豹、熊、野猪、野羊、豺狼、狐狸、麂、獐、獾、刺猬、锦鸡，野鸡、野兔、飞狐以及多种蛇类、鸟类、猴类，还有水獭、娃娃鱼(大鲵)、螃螃(棘胸蛙)等等。

畜牧业：1981年，全区大牲畜年末存栏35.26万头，户平0.52头，其中，耕牛34.63万头，骡马等6361头。牲猪年内出栏103.05万头，户平1.43头，比1976年增长1.2倍；年末存栏160.84万头，户平2.23头。山羊年末存栏33.24万只，户均0.5只。牲畜除引进部分良种外，地方优良品种有湖川山地猪和鄂西黑猪，耐粗食，增重快，与引进良种杂交的第一代，有明显的杂交优势。巴东的无角山羊，又名“狗头羊”，出肉率高，板皮质量居全国第二位。恩施大山顶(平均海拔1600米)牧业基地的草场建设，由国家投资飞播牧草5000亩，如今草原上牛羊成群，引进的耕牛优良品种—西本杂交一代牛，生长健壮。

油菜、烟叶、茶叶、药材等，1981年全区产量高于往年。油菜籽产量63.32万担。烟叶产量54.55万担，其中白肋烟为全国重点产区之一，种植面积10.62万亩，产量32.88万担，烟质出口价高于其他地区均价的30%左右；烤烟种植面积8.79万亩，产量20.45万担，占全省三分之一以上，品质近似“云烟”。茶叶23.24万亩，产量5.3万担，为解放初期的7.6倍。其中红茶产量3.23万担，是“宜红茶”产地之一。鹤峰、恩施两个重点产茶县，产量占全区54%。鹤峰“容美”茶、恩施“玉绿”茶名列前茅。全区中草药资源丰富，据药检部门普查，中草药共1000多个品种，民间常用的480多个品种，国家收购的200多个品种。天麻、灵芝等野生转家生的有40多个品种。黄连产量居全国第二位，年产4836担；党参年产3276担，恩施板桥公社的“板党”，驰名中外；当归年产3274担，恩施石窑公社的“窑归”，素享盛誉。

恩施地区工业自新中国成立以来，基本从无到有，已渐具规模。全区工业企业单位782个，其中全民所有制工业207个，集体所有制工业575个。有冶金、电力、煤炭、化学、机械、建材、森工、纺织、缝纫、皮革、造纸、印刷、食品、卷烟、粮油和国药加工等项工业。1981年总产值达2.27亿元，比1976年的1.18亿元，每年递增14%，比解放初期增长近30倍。轻工业产值占工业总产值的比重，由1978年的44%上升到65%。恩施漆器、来凤藤器、利川石雕已远销国内外，建始大曲酒名列全省首位。

全区交通建设发展迅速，运输条件大有改善。新中国成立前只有巴(东)—石(门坎)、咸(丰) —来(凤)两条公路，共长396公里，仅连通巴东、建始、恩施、咸丰、来凤5县。新中国成立以来，兴建公路干线6条、848公里，改造原干线2条、388公里，建修县公路33条、1660公里，公社公路208条2301公里。1981年，干、支线总长5000余公里，通车里程为4785公里。多系泥结碎石路面，一般都能晴雨通车。除县县通车外，通车的公社占98%，通车的大队占42.1%。主要干线有汉(口)—渔(泉口)公路，即川(四川重庆)—汉(口)公路湖北境段，贯通巴东、建始、恩施、利川；巴石公路贯通巴东、建始、恩施、宣恩、咸丰；恩(施)—鹤(峰)公路贯通恩施、宣恩、鹤峰；宜(都)—来(凤)公路贯通宜都、五峰、鹤峰、来凤。全区已形成以恩施为中心的公路交通网，1981年，客运量达409万人，21915万公里。货运量达74万吨，11547万吨公里，其中水运10万吨，3409万吨公里。中国民航客机武昌至恩施线，也有固定班次。

1981年全区商业机构(不含个体商)5484个，从业人员23833人，其中全民所有制机构4305个，职工21854人，集体所有制机构235个，职工929人，合营、代销店944个，1050人。商业零售机构及代销店3360个，8451人，年零售额34972万元。社会商品零售总额3.98多亿元，比1976年的2.15多亿元，增加54%。尤其在放宽政策，搞活经济的方针指导下，集市贸易成交额达4235万元，比1976年的960万元，增长4.4倍。国营商业的农副产品收购机构1195个，职工5173人，1981年收购总额18926万元，为国家提供的主要农副产品：粮食22682万斤，食用植物油2041万斤，猪26.17万头，羊2.48万头，鲜蛋31425担，茶叶42033担，白肋烟325200担，烤烟

214045担，棕片16582担，生漆6990担，皮木梓油33702担，牛皮35500张，山羊皮13.17万张，桐油613万斤，中药材1531万元，干鲜果198万元，等等。

新中国成立以来，全区文化、教育、卫生事业大发展。1981年，有艺术团体9个，文化馆11个，图书馆9个，博物馆2个，电影发行公司9个，电影院、影剧院10个，农村、工矿电影放映队327个，公社文化站111个。县广播站和公社放大室174个，大队广播室231个，广播喇叭普及率生产大队占80.4%，生产队占68.4%，入户占49.8%。各县还建立了电视差转站，城镇和部分农村可收看到电视。全区学校调整后，1981年，大专学校有恩施医专、恩施师专、恩施农校高农班，在校学生1203人，教职工443人；中专学校有恩施地区工校、农校、财校、林校、农机学校各1所，地、县卫校、护校8所，师范8所，在校学生3037人，教职工1785人；技工学校有地区工业、交通、商业、供销、建筑等5所，在校学生900余人，教职工近200人。普通中学有初中809所(处)、学生12338人，高中70所(处)、学生25306人，教职工合计12141人，其中专任教师8986人。来凤、鹤峰还各有1所民族中学，学生801人。小学有3926所，学生500853人，教职工23496人，其中专任教师20131人。7岁至11岁学龄儿童总数425476人，其中农村410677人，已入学数398596人，占94.5%，其中农村384001人，占94.34%。此外，县、公社还办有农业中学23所、工农业余中学3所，以及为培训中小学教师而举办的地区教师进修学院，县、社教师进修学校共12所。各类学校与解放初期相比，普通中学增长近100倍，小学增长约150倍。解放初期不仅没有大专，而且普通中学只有初中8所、学生1506人，高中1所、学生225人。当时除恩施设有中专1所、高中1所和初中4所之外，各县没有高中。1981 年，各级各类卫生机构 377 个，拥有病床 5331 张，工作人员 10130 人，其中卫生技术人员 8574 人。县以上医院 17 个，含综合医院 12 个、中医医院 3 个、传染病院 1 个、精神病院 1 个；公社卫生院 161 个，含中心卫生院 28 个。门诊部、卫生所 151 个，以及卫生防疫站、妇幼保健所、结核病防治所、麻风病防治所、药品检验所等 37 个。基本改变了过去缺医少药的状况，提高了人民健康水平，促进了计划生育。

恩施地区的纪念地主要有新中国成立后，各族人民为了缅怀先烈，发扬革命传统，鹤峰、巴东、恩施、来凤、宣恩、咸丰、建始等县，修建了烈士陵园或革命纪念碑。鹤峰满山红烈士陵园，安葬着红军将领段德昌、王炳南以及贺英同志。巴东县烈士陵园，安葬着红三军教导第二师师长黄大鹏(土家族)、营长罗玉卿、巴归兴县委书记廖景坤、巴归兴县人民委员会主席宋宏墀、以及在巴东万仙洞殉难的红军伤员 200 多名烈士的遗骸。恩施五峰山烈士陵园，安葬着鄂西特委书记何功伟、特委妇女部部长刘惠馨与在新中国成立后积劳成疾而病故的恩施专署专员周敬学、石源等 4 烈士。重要的革命旧址有鹤峰五里公社洪家村，系中共湘鄂边特委机关旧址。在解放战争中，1947 年 2 月，江南纵队在司令员张才千等同志率领下，挺进鄂西，在鹤峰六峰公社下洞坪，全歼扼守在左阁寺的敌军 500 多人。为纪念这次战斗，解放后在当地山麓建修了“左阁寺战斗纪念碑”。巴东金果坪公社驻地附近的金果坪，方圆 4 平方公里，是贺龙同志领导的红三军枪炮局、保卫局旧址，红三军在湘鄂西活动时，曾 9 次来到这里，但不幸的是，由于党内“左”倾路线的危害，段德昌同志及红军干部多人，于 1933 年在金果坪遇害。解放后，段德昌同志遗骸迁葬于鹤峰满山红烈士陵园，其殉难处——金果坪江家村，仍为群众祭奠怀念之地。

恩施地区春秋时代的巴人遗迹、遗物较多。利川县城西 39 公里处的都亭山，相传巴国将军蔓子葬身于此山，据《华阳国志》记载：“巴蔓子，周之季世，巴国乱，蔓子为将军，请师于楚，许以三城。乱平，楚使请城。蔓子曰：藉楚之灵，克绥祸乱，诚许是三城，将吾头往，城不可得也。乃自刎，以头授楚。楚王念其忠烈，以上卿之礼，葬其头于荆山之阳，巴国葬其身于都亭山。”恩施县城东南 1 公里处有巴公山，据同治《恩施县志》记载：“昔有巴国大柵王世葬于此，历年虽多，累累可辨。”故名巴公山。山边有条溪流，名为巴公溪。巴东长江两岸是战国时期巴楚的古战场，出土的青铜器有巴式钺、巴氏剑与巴人乐器虎钮錞于。建始景阳公社、三里公社及利川县等地，都出土有虎钮錞于。利川建南公社的“七孔子”崖壁上，还有巴人的岩坑墓。土司遗址遗物较具规模的有咸丰尖山公社唐崖司土司城，遗址占地 1500 余亩，司城当时计有 3 街 18 巷 36 院。残存的古建筑有司城牌楼、张王庙的石人、石马和土王坟墓等，已列为省重点文物保护单位。还有宣恩长潭公社的东乡安抚司的土司衙门、椒园公社的施南土司“覃皇住宅”等。利川县城北 1 公里处，有摩崖题刻“太平塘”的碑碣，为元末农民起义军徐寿辉部属所留的遗迹，至今已 600 多年的历史，系省文物保护单位。

恩施地区境内过去的寺观、石塔较多，至今保存完好的有建始望坪的石柱观，古名蟠龙朝真观。此观建在一石山顶端，山形如柱，故名石柱观。石柱周长 223 米，高 51 米，屹立在方圆约 3 平方公里的平坝之中，观宇由大殿、中厅组成，大殿为四层六角楼亭，据碑文记载，石柱观建造于嘉靖年间(1552–1556)，是建始“八景”之最。来凤、宣恩交界处西水东岸的仙佛寺，依石壁建寺阁 3 层，摩崖凿龛 3 个，高约 7 米，宽约 5 米，有大佛 3 尊(其中北端 1 尊为 1948 年添凿)，坐于莲台之上，高约5米半。南端有小石窟群，凿小佛19尊，高约1米多。整个大小石窟全长35米，佛像生动，各具神态。寺阁上倚绝壁，下临深潭，古木参天，绿荫蔽日。每逢皓月当空，影映佛潭，凭栏观赏，景色更佳。据《来凤县志》记载，仙佛寺石窟摩壁造像，建凿于东晋咸康乙未元年(公元335年)。新中国成立后，列为省第一批保护的文物古迹。较大的石塔有恩施县城东约1公里的龙首山上，清道光十二年（1832）建的7层八方形“连珠塔”。建始县城东南1公里的鳌背山上，建有5层八棱形“建阳宝塔”，相传宋时建造。宣恩县城南3.5公里的明珠山上，清同治九年（1870）建的7层六棱形“凌云塔”。利川南坪公社驻地东南面，清道光七年（1827）建的7层六方形“凌云塔”等。

湖北省恩施地区地名领导小组办公室

1983年6月

恩 施 县 概 况

EN SHI XIAN GAI KUANG

恩施县位于鄂西南山区，地处清江上游。东、东北与建始县接壤；南和宣恩县相连；西与利川县为邻；北挨四川奉节县界；东南与鹤峰县相交；西南和咸丰县共界。全县南北长 90.15 公里，东西宽 86.5 公里。实处北纬 29° 50′ ～30° 39′ ，东经 109° 04′ ～109° 58′ 。自恩施城东沿汉(口)—鱼(泉口)公路 684 公里可达省会武汉市；由巴(东)—石(门坎)公路向北 195 公里直通恩施地区的物资吞吐港——巴东县城。

全县辖 23 个公社 1 个镇，602 个生产大队，5100 个生产队，12 个国营农、林、牧、渔、药场。经 1980 年土壤普查核定，全县总面积 4033 平方公里，其中耕地面积 957592 亩，（水田面积 187471 亩，旱地 770121 亩，自留地 45481 亩，多种经济用地 96350 亩），林地 4343526 亩，养殖面积 1589 亩，放牧面积 2515982 亩。总户数 143777 户，658164 人。少数民族有 174554 人，占总人口的 31.2％。少数民族中，土家族有 164820 人，占总人口的 29.46％，还有侗、苗等 8 个民族。全县农业人口 585927 人，非农业人口 68697 人，施南镇人口 57300 人。

恩施县驻地施南镇设有恩施地区行政公署以及县、镇两级人民政府，系全区政治、经济和文化的中心。

据清同治年《恩施县志 · 地理志》和《施南府志 · 地理志》等书

记载：恩施上古时期为廪君国地，春秋为巴子国，战国属楚巫郡，秦属黔中郡，汉属南郡，三国属吴，晋属建平郡的沙渠县，后周为施州清江郡，隋义宁初为施州清江县，唐属江南道，宋、元属清江县。清朝前，其隶属名称迭易无常。据同治《恩施县志》：“明设施州卫，雍正六年称施县，雍正七年改恩施县。”恩施之意即皇帝恩赐于施县，故名恩施。从元至清初四百余年皆系土司制。雍正十三年“改土归流”，（即废除“土司制”，实行“流官制”）废忠孝安抚司设置施南府，辖六县，隶属湖广总督。民国初废府存县，县隶属各省。民国四年（1915）设荆南道，民国十五年（1926）改为施鹤道，民国十六年（1927）设鄂西行政区，民国二十一年（1932）为湖北省第十行政督察区，民国二十五年（1946）改为第七区。1939 年武汉沦陷，国民党省政府迁至恩施有 6 年之久。1949 年 11 月 6 日恩施解放后设立县人民政府，1968 年 1 月 22 日改称恩施县革命委员会，1981 年 1 月仍称恩施县人民政府，至今沿用。

明朝兴里甲制，县下面分里，里下面分甲。1934 年以前恩施县下辖 5 个区，区下面设联保、保、甲机构，全县共 48 个联保，368 个保，3851 个甲。1939 年前又划成 4 个区，共 41 个联保，472 个保，4445 个甲。1939 年将 4 个区裁撤，改为 32 个乡。1952 年按县人民政府文件，分成 15 个区、1 个镇，1958 年变区、镇为 14 个公社，1961 年至 1962 年改社为区，区下设公社，公社下设管理区，1975 年撤区并社，变成现在的 23 个公社、1 个镇。

恩施县有着悠久的历史文化，古代巴国对恩施的开发起了一定作用。城南二里原有巴栅王墓 1 座，巴公溪便由此而得名。近年来清江沿岸发现早期的虎钮、錞于、编钟、钲等巴人乐器。在城附近有汉玺、汉 盉 等文物出土。城西南 1 公里处有施王屯遗址。城东约 5 公里有通天洞，其内有宋人碑刻。道光十二年(1832)，在城东约1公里的龙首山上，建有7级八方连珠塔。城东北5公里的岩坎上有一龙洞，清澈的泉水声振数里，抗日战争时国民党六战区司令陈诚在此修建过别墅，蒋介石也住过，是一游览胜地。城东约7公里有椅子山(即柳州城)，南宋开庆初(1259)，郡守谢昌元移州于此，遗址和宋人碑刻尚存。唐代著名诗人李白流放夜郎时，曾到恩施，在城北碧波峰上把酒问月。人们为了纪念他，于南诏天启七年(846)，建问月亭于碧波峰上，民国十八年(1929)被毁，但有碑文留存。城内鳌脊山上有嘉庆三年(1798)修的文昌祠。城东北有解放后开辟的风景地凤凰山。城北9公里的峡口大桥，碧波峡影，一桥飞渡，使人心旷神怡。自古以来人们就流传着“东有五峰朝阳，南有活龙奔江，西有青狮白象，北有悬崖挂榜”的佳话。

恩施县各族人民具有光荣的革命传统。据《恩施县志》记载：明正德年间(1506-1521)新塘戎角村村民对统治者不满，举行起义，后被镇压下去。嘉庆元年(1796)白莲教首领覃加辉、林之华带人到恩施崔家坝等地，受到农民的支持，打得清兵丢盔卸甲，白莲教的势力曾发展到石窑、沙地、鸦鹊一带。光绪三十年(1904)沙地向燮堂对法国传教士为非作歹的罪行无比愤怒，带领群众捣教堂杀神父，威震全省。1924年国共合作时期，省党部曾派人来恩施发展工农革命运动。1929年到1933年，贺龙、周逸群等同志领导的工农红军来到石灰窑、双河桥、红土、新塘一带，打土豪分田地，建立了8个区苏维埃，32个乡苏维埃，组织了赤卫队、游击队，发展了土地革命。1933年4月在石窑中坪成立省苏维埃，6月在红土上坝黄敬堂家成立县苏维埃，抗日时期，我党在五峰山成立鄂西特委。书记何功伟，副书记兼组织部部长马识途(现任四川省人大常委会副主任)，妇女部长刘惠馨等，领导恩施人民与国民党反动派进行了不屈不挠的斗争，并成立了恩施县委，发展建立了10个党支部，4个党小组。由于叛徒的出卖，1941年11月18日何、刘二烈士被捕后牺牲。解放后，为了纪念革命先烈，恩施人民将何、刘二烈士遗骨移到五峰山上，建立了烈士陵园。

恩施县境内多为山地，平均海拔800米左右。海拔800米以下的低山占30%，800米～1200米的二高山占36.8%，1200米以上的高山占 33.2%。县境内有齐岳山、武陵山、巫山余脉，且有清江自西向东横贯而过，大小溪流汇集清江成羽状，致使全县山脉一般呈东北西南走向，山岭尖薄，顺河沟谷蜿蜒伸展，河谷多成深峡，多急流瀑布；又由于石灰岩分布很广，溶洞溶洼密布，造成伏流断涧，奇峰异景，山峦起伏的复杂地形。全县为“七分半山，半分水，两分田”。县城西北沐抚、大山顶一带为高山地带，海拔1400米～2000米之间，全县最高峰在大山顶的石门子，为2078米。县城东南石窑、双河等公社为高山地带，海拔在1200米～1900米之间，太山庙药材场的麻山高1981.3米。这两片高山地带水草茂盛，适宜发展林牧业。县城东北向西南为平槽丘陵地带，长约60公里，海拔约420米(县城) ～900米。但东北也有，高1710.5米的高垭，在1310米的天池山设有电视发射台，西南的天上坪也有高1607.5米的山头。以施南镇为中心，包括红庙、龙凤、芭蕉等公社的部分地区是一个局部陷落盆地，为第三系至白垩系上统东湖群砂岩。在海拔500米以下，是恩施县粮食生产区，适宜发展双季稻、小麦、茶叶和水果、桐木梓等。沿清江两岸地势较低，气候温和，是重要的农耕区。全县最低点在清江出县境处的绵羊口，海拔262米。

长江支流清江发源利川县齐岳山龙洞沟，从恩施县沐抚公社入境

(入境时海拔高 830 米)流经沐抚、屯堡、锣针、龙凤、红庙、施南、七里、干溪、三岔、沙地、新塘、红土 12 个公社 (镇), 流程达 127 公里, 河床平均宽约 90 米, 深 1.5 米, 纵坡为 4.5‰左右。在县城 1980 年 8 月 4 日实测洪水流量为 3820 公方/秒, 洪水位达 416.23 米, 淹没了施南镇胜利街一带, 造成重大水灾。1960 年 6 月 5 日最枯流量为 3.18 公方/秒, 流程落差 568 米, 水力资源理论蕴藏量为 17 万千瓦。目前在清江干流上建成水电站的有龙王塘(设计 3750 千瓦, 已装 3750 千瓦), 大龙潭(设计 360 千瓦, 已装 360 千瓦)两座水电站, 只占水力资源的 2.4%。在恩施县境内的河段不能通航, 只有小型木船摆渡来往行人。施南镇上游虽有广兴厂、化肥厂、化工厂、造纸厂、磷肥厂等厂矿, 但一般对废水都进行过处理, 故对清江污染未超过国家标准。

恩施县马尾沟、伍家河、太阳河、巴溪河、板桥河、带河、龙桥河、干名溪等均汇入清江, 只马鹿河流入外省。这些河流都是坡陡水急, 水源稳定, 便于开发利用, 对全县水利电力建设提供了丰富的资源。

恩施县有高山峻岭, 作为天然屏障, 使气候夏凉冬温, 雨水充沛, 风力弱, 一般四季分明, 只有高山冬长无夏, 春秋相连, 气候特点是垂直变化大。年平均气温低山为 16.4℃, 高山为 7.8℃, 1 月平均气温 0℃, 极端最低气温为-14.8℃(1977 年 1 月 30 日), 7 月平均气温为 35.1℃, 极端最高气温 41.2℃(1959 年 8 月 22 日)。冰雹、寒潮、暴雨为主要灾害性天气。活动积温≥10℃的在 5000℃以上。年平均降水量低山 1424.8 毫米, 高山 1894 毫米, 暴雨集中在 5~9 月, 占全年降水量的 66.1%, 日最大降水量低山 181.2 毫米, 高山 192 毫米。低山霜冻只有 7~47 天, 海拔每上升 100 米, 无霜期少 4~6 天。

1979年7月，恩施县开展了土壤普查试点工作，查出全县有9个土类，140个土种。土壤垂直分布规律明显，海拔800米以下为黄壤，占总面积的22.1%，为粮食主产地，又适合多种经济生长；800米~1500米为黄棕壤，占总面积的55.9%，是旱粮主产地，也适合生漆、木梓生长；1500米以上为棕壤，占总面积的18.9%，适合中药材生长；另外紫色土、石灰土、潮土、水稻土也分布较广，海拔1400米以上山洼地出现了草甸土、沼泽土。全县土壤有机质和氮素中等偏高，缺磷普遍，酸性面积大，过酸过碱面积小，养分一般以村集为圆心，由高而低呈同心圆分布；有机质、全氮随海拔升高而增加，且林地比耕地高。按照国家土地分级标准，宜农作物生长的二、三、四级地占22%，宜林、牧、特的六、七级地占70%左右。经过土壤普查，摸清了土地资源，同时为农业区划提供了参考资料。

在县委和县政府的领导下，工农业生产均有很大发展，从无到有，从小到大，逐步形成了"五小工业"体系和以旱粮为优势，多种经济全面发展的山区农业体系。全民所有制的煤、水泥、电力、茶叶、化工、化肥、机械、轻纺、印刷、玻璃等厂矿企业计41个，集体所有制厂矿企业161个。省属广兴厂、地区水电设备厂、电机厂、纸厂、轴承厂、制药厂、火柴厂等20多个厂矿企业也在施南镇。1981年，全县工业总产值为3348万元。各种产品达101种，其中年产原煤5.9万吨，化肥2345吨，水泥9353吨。县橡胶厂生产的胶球鞋年产11.6万双，适合农村需要，在省内外都有一定销路。

恩施县以农业为主，1981年农业总产值为7273.69万元，占工农业总产值的68%。主要农作物有玉米、稻谷、红苕、洋芋，还有小麦、黄豆、豌豆、胡豆、油菜等。1981年粮食总产41783.79万斤，全县生产队总收入5522.79万元，社员人平90元。该县气候、土壤适合茶叶、药材生长，故全县有56850亩茶园，产茶11557担，其中“玉露”“宜红茶”驰名中外；板桥的党参，根长圆柱形，泥鳅头，菊花心，表面糙米色(淡棕黄色)，断面呈白色或黄白色，味甜，能补中益气，在国内外享有“板党”声誉。石窑的当归，俗称“窑归”，名扬中外。它具有圆柱形的根，下支有支根，表面呈浅黄棕色，有纵向皱纹等特点。除此以外，还有黄连、茯苓、天麻、贝母等百多个药材品种。野生天麻能人工种植，名贵人参也可栽种，省农科院药物研究所设在恩施县双河公社长岭岗。全县年产药材4000担，其中当归1460担，党参1819担。这一切说明恩施县药材生产别具一格，恩施县药材种植历史甚久，《恩施县志》上有“种药吟”作过记载。水果有桃子、梨子、葡萄、红枣、柿子等20多个品种，年产41088担。1977年1月30日寒潮使恩施县柑橘冻死70万株，面积达8500亩，至今产量未恢复到原有水平。三峡地带是全国水果区，恩施县也在区划之列。恩施县面积广阔，属全省第六个大县，但森林覆盖率只占32.7%左右。恩施县属华中地区宝贵森林植物区之一，珍贵稀有树种有称之为考古活化石的水杉、银杏、金钱松，有世界驰名的观赏树珙桐；有国家重点保护树种穗花杉等。白果公社见天坝有棵胸径为1.2米，高30米的金钱松。全县有5个国营林场，共有林地面积135824亩，是湖北省的杉木林基地。全县木材蓄积量达877.5万立方米，年伐量11273立方米。恩施县生漆分布较广，有7万多亩，在经济林中占22.2%，年产1178担。有驰名中外，畅销日本和东南亚各地的“坝漆”，主产于盛家坝、白果2个公社。牲畜种类有猪、牛、羊、马、骡、驴等，优良牛种有秦川牛、西门塔尔、抗旱王。猪有中型约克夏和东乡猪，1981年末，牲猪存栏数为298800头，山羊41528只。野生动物有獐、鹿、水獭、豹、狐狸、獾、九节狸、毛狗等。鱼有鲤鱼、青鱼、草鱼等，年产39.17吨，恩施县山地溪沟里出产螃蟒(棘胸蛙)，畅销国内外。

全县已建小(一)(二)型水库40座，蓄水1781万立方米；地区在恩施县锣针公社境内修建的车坝一级水库，库容量为5970万立方米。堰塘有1635口，蓄水量达746万立方米，渠道引水1881万立方米。有效灌溉面积13.1万亩，旱涝保收28.4万亩，稳产高产10.6万亩。人畜饮水也有较大改善，公社集镇大部分解决了吃水问题。全县已建电站70处，安装95台机组，容量达12954千瓦，年发电1669万千瓦时，高压线路长996.3公里，低压线路长3177公里，各公社集镇全部安上了电灯，通电生产队1773个，占28%。全县拥有机电排灌设备176台，22664马力。农业机械总动力37273马力，拖拉机513台，8086马力。插秧机、收割机、农用汽车等10种设备1951台件。

恩施县红庙、白果、盛家坝等公社有储量很大的铅、锌、铜矿，双河、三岔、龙凤等公社有钒矿，屯堡公社有厚度在1.2米~1.8米的铝土矿，石窑、红土等公社有厚度1米以上的陶瓷土，全县的铁矿藏量在1亿吨以上。恩施县有19个公社产煤，一般厚度在0.4米~0.7米，县太阳煤厂的无烟块煤为恩施县工业提供了优质燃料。红土的工业用煤储量在1000万吨以上。在西北和东南方的二叠纪地层，有厚度在2.8米~3.9米的硫磺矿，平均含量在30%左右，磷矿呈块状分布在锣针、白杨坪等公社，一般含量在14%左右。

解放前，恩施县只有一条狭窄的巴石公路(巴东至四川黔江石门坎公路)通巴东、咸丰，在恩施县境内仅68.4公里(县志记载)，交通极为不便，如今修起了恩万(恩施至万县)，恩鹤(恩施至鹤峰)，白奉(恩施白杨坪至四川省奉节县)，恩大(恩施至大集场)，恩沐(恩施至沐抚)，汉渔(汉口至四川与湖北利川交界地渔泉口)等主要干线，使

23个公社1个镇全部通车，并有60%的大队通车，初步形成了以县城为中心的交通网。全县公路总长1168.3公里，通车里程中国家养护的614.9公里。大中桥梁97座，长3409米。修通简易公路190多条。有民用汽车800辆，其他机动车1100辆，每年运输5000万吨/公里，计22.4万吨物资。另外地直单位有好几个车队均驻施南镇，给全县交通运输提供了方便。目前定点定时客车四通八达，所有公社均通客车。还有县城至龙凤坝、高桥坝、黄泥坝等路线的公共汽车，大大方便了群众。邮电事业随着交通的改善加快了发展速度，现有邮电局(所)28处，县城直达公社的邮路33条，长5298公里，通讯杆路长1539公里，基本上做到了公社集镇能看到当天的《恩施报》，生产队的邮件畅通无阻。

全县商业、财政、供销、外贸、粮食等都有很大发展，由此组成的购销网和机构1084个5641人。1981年商品零售额8594万元，全县财政收入1144万元。随着市场开放，个体小商贩和传统手工艺大有发展。社员加工的农副产品和手工产品直接上市，大大活跃了市场，价廉物美的藤木器，吸引了不少过往旅客。农村实行生产责任制以来，社员收入逐步提高，高档商品在农村需要量急剧增加，银行的私人存款与日俱增，彻底改变了往年那种吃饭靠供应，用钱靠救济和贷款的贫穷状况。

解放30多年来，恩施县文教卫生事业蓬勃发展，全县现有学校913所(98%设在农村)，1035个班，在校学生13.8万人，有教师6181人，有师范学校和教师进修学校各1所，高中18所，初中131所，小学787所。地区医专、师专、农校、工校、卫校等十几所专业学校也设在施南镇。专业剧团2个(地区1个)，全县有文艺工作人员196人，剧场2座(地区1座)，可容2000人。电影院3座(地区1座)，共2158个座位。农村电影队84个，简易电影院3座，每年放映万多场。地区影剧院、工人影剧院、展览馆、博物馆、图书馆、文化馆、书店，也设在县城。除此以外，县里也有书店、文化馆、图书馆、广播站，公社还有文化站、广播放大站。文化单位收集整理了多种民间文艺如傩戏、南戏、灯戏、竹琴、三才板等23种。南戏“三下河南”列入了中央编的戏剧集里，灯戏“雪山放羊”也是全省传统剧目。全县85个卫生机构中，有职工1652人，县城、公社有医院，管理区有卫生所，大队有卫生室。还有妇幼保健所、药品检验所、卫校、防疫站、麻风病院、计划生育办公室等机构。地区人民医院、精神病院、传染病院等医疗机构设在县城。在县里26个医院中有病床1609张，大大地提高了全县人民的健康水平，起到了良好的防病、治病效果。在卫生部门的具体指导工作下，恩施县计划生育开展较好，出生率已降到8.6‰左右。

坐落在清江两岸的施南镇，从古到今一直是县城。解放前城区以清江西岸的山城为主，城内有鳌脊山、象牙山和部分颓垣，分东、南、西、北门，至今西门、南门的古城门尚存。低矮的木瓦屋，狭窄的石板街巷，昏暗的灯盏，肮脏不堪的臭水沟，受着疾病和饥寒交迫威胁的人们，这便是旧社会落后山城的写照。如今施南镇面貌焕然一新，由清江、红江两座大桥连接的舞阳坝、土桥坝、小渡船，一栋栋高楼平地而起，公共汽车和自行车流在宽敞的柏油马路上奔驰不停。城区街道扩建到几里路外的小渡船(工业区)、土桥坝(文教区)，城镇面积增加到四五倍，城镇人口由几千人增加到近6万人。陆路交通以施南镇为中心，伸向四面八方；航空班机通往省会，人们只需1个小时便可到武汉。一个现代水平的县级城镇，已在鄂西南山区，初具雏形。

施 南 镇 概 况

SHI NAN ZHEN GAI KUANG

施南镇位于湖北省西南部，东距省会武汉市684公里，海拔420米，为恩施地、县、镇党政机关所在地，历来是全区政治、经济、文化和交通的中心。

施南镇坐落在风光秀丽的清江两岸，群山环抱，清江自北向南纵贯全镇。这里地势开阔，城区基本上是一个局部陷落盆地，城内最高点是象牙山(海拔465米)，南北走向的河谷平坝长5.5公里，东西宽3.5公里，东与七里公社交界，南、北、西三面与红庙公社接壤，全镇总面积1 4平方公里，共辖8街（置居民委员会）和书院、窑塆、五峰山、飞机4个蔬菜大队。37个生产队，43个自然村。耕地面积3883亩，其中水田400亩，茶园954亩，柑橘、果园841亩，养殖面积319亩，总户数12675户，总人口57300人(菜农8223人)，以汉族、土家族居多，此外还有苗族、回族、满族等。

施南镇名称由施南府演变而来。据《恩施县志》载："东晋末，桓元子诞窜蛮中，自称施王，筑城临施水，号施王，子孙袭王至后周保定初年始平之，以其地置施州，乃施王屯余地。"此事距今已有1400多年的历史。到了元朝，建立了土司制度，在今宣恩县城关驻有一大土司，恩施城亦归所辖。因土司居于施王屯的南面，故得名"施南土司"，从此历史上就有了"施南"之称。在清雍正十三年(1735)实行"改土归流"，废除了有400年历史的土司制度，实行"流官"制，并增设施南府于恩施县。1911年辛亥革命成功，废府存县，1934年在城关设镇公所，直到1949年11月恩施解放，1950年成立了恩施县城关镇人民政府。1981年9月经恩施地区行署批准，更名为施南镇人民政府。

施南镇历史悠久，开发甚早，土家族的先辈世世代代在此定居，斩草落业，繁衍生息。据《恩施县志·卷一》记载："恩施倚郭早在商周，为禹贡荆梁二州之域，春秋为巴国界……"后周平定施王屯置施州，又名亭州，隋改清江县，宋设夔州路，附郭象牙山下。到宋开庆初年（1259）迁城至椅子山(今柳州城)。在宋咸淳二年(1266)又迁城于现址，明朝洪武四年(1381)改土筑城墙为砖石城墙。到了清代城墙几经修缮更为完整(现仅存西、南两城门)。施南镇是鄂西南山区的一座历史名城，现存古遗址和古建筑不少。施王屯(又名蛮王寨)，位于施南镇以西2公里，现属红庙公社瓦店子大队所辖。当时以三面环山，一面临水的撮箕形山体，作为天然城墙。其山如刀削，向临水面倾斜，易守难攻，地形险要，面积约30余亩，近年来曾出土瓷片、陶片、铁箭等文物，原搭过寨棚的基脚窝仍依稀可辨，遗址尚存。据《施南府志》《恩施县志》载，唐代著名诗人李白流放夜郎时，曾经路过此地，在城北碧波峰上，写下了传诵千古的《把酒问月诗》(赠故人贾淳)。后人为纪念他，建问月亭于碧波峰上。明朝天启七年(1627)又重建，民国十八年（1929）被毁，但有碑文留存。清朝道光十二年(1832)在城东五峰山(古名连珠山)顶建有1座七级石塔，因塔建在连珠山而得名连珠塔。步螺旋石阶至塔顶，俯瞰全镇，山城美景，尽收眼底。城内鳌脊山上清嘉庆三年(1798)建的文昌祠(又名文昌宫)，保存较为完整，古香古色，飞檐重阁，雄伟壮规。(连珠塔，文昌宫现都列为地、县重点保护文物)。施南镇山清水秀，风景优美，民间传诵着"东有五峰朝阳，南有活龙奔江，西有青狮白象，北有悬崖挂榜"

的佳话。此外城郊凤凰山的英姿，龙洞、天桥的奇景，大龙潭的自然风光，都令人流连忘返，心驰神往。

施南镇有着光荣的革命斗争史。早在1926年第一次国共合作时期，省党部派出国民党“左”派朱光钦和青年团员徐伯坚到此开展工作，发展工农革命运动，打击土豪劣绅，领导群众建立了“农民协会”“商民协会”“妇女会”等组织。抗日战争爆发，武汉沦陷，国民党湖北省政府于1939年迁至施南镇，驻土桥坝一带，设有四大厅，八大处。党在恩施建施鹤特委，1939年7月撤销改为两个中心县委(恩施、建始)。1939年年底改建鄂西特委，由何功伟同志任书记，马识途同志任副书记兼组织部部长，刘惠馨同志任妇女部部长，特委机关设在现洗脚溪大队四生产队的易家塆，镇东门开设的“生活书店”是当时党的地下联络点。在大堰沟设有秘密印刷所，1941年1月27日，由于叛徒的出卖，何功伟、刘惠馨同志不幸被捕，囚禁在方家坝集中营，同年11月16日，何、刘两位同志在村坊五道涧光荣牺牲，现安葬于五峰山烈士陵园。1941年1月，皖南事变后，新四军军长叶挺同志被国民党押解到恩施山城，在西门外风吹垭软禁了2年，后山塆一带，至今还流传着叶挺将军许多感人肺腑的故事。

施南镇自明朝改砖石城墙，清雍正设施南府后，人户逐渐增多，城垣逐步完善，到解放前夕已发展成为鄂西南山区的一个重镇，有大小商店300余家。城有东、南、西、北四门，集市贸易以大十街和小十街为中心，主要街道有5条，另有北门外、二南门外和后街3条街道，路宽4米～10米，石板路面，房屋均为土木结构，具有古朴的地方特色。全镇略成一个有1平方多公里的方城。

解放后，施南镇面貌焕然一新，城镇建设和工农业文教卫生事业都有了很大的发展。镇区建筑面积由原来的1平方公里增加到5.3平方公里，现有大小街巷50余条，主街有舞阳大街、解放路、航空路等，使全镇自然分成舞阳、老城、小渡船、土桥坝4个区片。舞阳片，一街所辖，位于施南镇的东南部，分布有147个企事业单位。以舞阳坝为中心，舞阳大街与东风大道纵横交错。舞阳大街东北至西南走向，长1公里，宽14米，舞阳坝是施南镇的商业中心和最大的集贸市场区，在这个区域内驻有恩施地委、地区行政公署首脑机关。在舞阳大街的两旁，分立有恩施药店、地区林业局、舞阳商场、地区邮电局、恩施旅社、地区展览馆以及恩施客车站、行署招待所、东风照相馆、地区银行、百货副食大楼、东方红电影院、新华书店等单位，高楼大厦，栉比鳞次，人行道上桉树梧桐树枝繁叶茂，宽阔的大街上人来人往，一片繁华。集贸市场上，每日上市的肉类、蔬菜、水果及各种土特产品上百种，最突出的土特产品有茶叶、藤竹制品(藤椅、藤包等)。

雄伟壮丽的清江大桥将老城片与舞阳片连成一体，老城片位于镇的西南部，驻有恩施县和施南镇人民政府以及县直各机关，分属于二街、三街、四街、五街、六街管辖。老城内大街小巷纵横交错，东西相接，南通北达。中心为大十街，因解放路与中山路、和平街垂直交叉成十字路，故名。解放路由南向北纵贯，从前进服装社起经割肝坡到六角亭直至南门，全长860米，宽8米。割肝坡两旁房屋依地势高低而建，木房、钢筋混凝土楼交错其间，大多为老式样的民房。街西象牙山上矗立有中国人民解放战争革命烈士纪念碑，碑体高11米，正面镌刻着“中国人民解放战争革命烈士纪念碑”15个金色大字，在字的下方还刻有纪念碑文。纪念碑周围花草林木葱郁，并置放着石桌石凳，四周围有雕花栏杆，现已成为人们瞻仰留影的好地方。在纪念碑的南面是县灯光球场、清江电影院，东面是文化馆、图书馆、县文工团，为县城人民体育、文化活动的主要场所。大十街为一片区，长60米，宽25米，路两旁主要分布有副食、服装、银行、商场、百纺等单位。从大十街到小十街是老城片的商业中心和集市贸易区，尤以早市最为热闹。此外，老城片还有胜利街、西后街、四维街、人民路、林家巷，六角亭、柿子坝，驻有镇人民政府、地区文工团、新华书店、大十商场、县人民医院、镇中医院、棉织厂、皮革厂、塑料厂、红光机械厂、镇办综合厂、大十五金厂、藤椅社、车刻社、纸盒厂等。

土桥片，七街所辖。位于施南镇的东北部，距舞阳坝东北约 1.5 公里。巴(东)一石(门坎)公路自北向南穿过，与公路成“日”字形，有一条 360 米长，4 米宽的街道，混凝土路面，房屋大多为木质结构，青瓦屋面，宽阶沿，适于摆摊设点。土桥坝的集市闻名全县，它具有乡村集市的特点，每逢农历双日赶集，其集市上人头济济，水泄不通，上市的农副产品多种多样，成交额居全县之首。土桥坝不仅集市远近闻名，而且还是施南镇的文教区。在土桥坝周围几个小山岗上，分布有恩施一中、恩施师范专科学校、恩施地区财贸学校、工业学校、林业学校、农业学校、供销商业技校、土桥坝高中等。

清江河的西岸，宽平的飞机场南北延伸约 1.8 公里。在飞机场的北端，是八街所辖的小渡船片。小渡船片是施南镇的工业区，一座座厂房平地而起，烟囱如林，机声隆隆。主要工厂有广兴厂、水电设备厂、造纸厂、电机厂、轴承厂、工具厂，林业车队、公路总段、汽车修配厂、通用机械厂、陶瓷厂等。跨越清江两岸的红江大桥，将小渡船片连接起来，也是施南镇通往外地的咽喉。

施南镇的镇办工业，从无到有，发展较快。现已有五金、钟表修配、竹藤器加工，能生产各类皮鞋、粗细棕绳、大小毛刷、铁筛、蓄电池、硫酸、蚊香等产品。此外办有豆作、面条、弹花、车塑等加工社，年总产值达 444.97 万元(1981 年)。生产的地方产品毛刷、软木砖、藤椅、藤包等产品畅销外地，深受用户的欢迎。

施南镇的农业，以生产蔬菜、水果、茶叶为主，有蔬菜面积 3297 亩，所产蔬菜基本上能供应城镇的需要。镇东的五峰山，人称花果山，梨、桃、苹果树成林，柑橘成片。此外五峰玉露茶还远销到国内外。

过去的施南镇交通非常落后，历史上记载自夏商以来都是舟车所不至的地方，解放前也仅仅只有 1 条狭窄的巴（东）一石（门坎）公路通过该镇。解放后修建了通往利川、来凤、咸丰、鹤峰、汉口和四川省万县、奉节等主要公路干线和县境内 23 个公社的支线公路。施南镇已成为全地区公路交通的枢纽。东有汉（口）一渔（泉口）公路与省城武汉市相连，西可达四川万县，南通宣恩、咸丰、鹤峰、来凤和湖南的龙山等地，北至建始、巴东和四川省的奉节县。施南镇内还有行驶 3 条路线的公共汽车，大大方便了群众，真是交通方便，四通八达。民航班机每日往返于恩施与武汉。此外清江上木船短途运输、摆渡行人，在丰水月份可放木排至长江岸边的宜都县城。

施南镇文教卫生事业发展较快。现有大中小学 17 所，其中县镇属中小学 44 所，教职工 900 多人，在校学生 16600 多人。

该镇还有文化馆、图书馆、工人影剧院、博物馆、展览馆、广播站，电视转播台、地县文工团、影剧院、电影院、体育场等文化体育场所，大大丰富了人民群众体育文化生活。在卫生事业方面，解放前只有一家医院，几家私人中药店，现已有医院、卫生院、防疫站等医疗卫生机构，有医务人员 587 人。地区和县人民医院，医疗设备较为完善，医疗技术水平高，可治疗各种常见病，提高了人民的健康水平。

施南镇行政区划、居民点名称

舞阳大街 Wǔ yáng dà jiē 清江河东岸，因处舞阳坝区片内，故名。西起恩施药店，东止恩施县二中闸塘，全长约1公里。门牌编号1-208号，属一街管辖。此街为解放后逐步建成，宽12米，柏油路面，两旁附有人行道，栽植有梧桐、樟树、水杉。房屋一般为2～5层砖粉结构的楼房和少量木瓦屋。驻有恩施药店、恩施汽车分局客运站、地区林业局、地区招待所、县舞阳商场、地区行政公署、地区展览馆、地区中级人民法院、施南镇一街、地区人民医院等单位。

大十街 Dà shí jiē 恩施县老城片的中心，距施南镇人民政府西北约30米。

大十街为一区片名，南北长60米，宽25米。其街路纵横交错，东西相接，南通北达。东连中山路经施南镇人民政府、小十街、县人民医院可达清江东门渡口；西接和平街可到施南镇第五街，清江电影院等单位；南北走向的解放路南通六角亭，县政府直至南门外与巴(东)一石(门坎)公路相交，北可达地区文工团、胜利街、小渡船、舞阳坝。

解放路与和平街垂直交叉的十字路口，群众俗称大十街。隶属施南镇第四街所辖。

解放前大十街已成为城市民集居之地，也是恩施城集市贸易区。解放后大十街发生了很大的变化，在其周围相继建有施南镇人民政府、大十商场、副食、百货、针织、服装门市部、县五金公司、县银行、大十五金厂、县副食品公司、施南镇中医院以及针绣服装社等30余个企事业单位。大十街是老城内的交通要道，市内舞阳坝至高桥坝和三孔桥至六角亭公共汽车均在此设站。

小渡船 Xiǎo dù chuán 位于施南镇西北角，巴(东)一石(门坎)公路由北向南横穿区片中心，系施南镇八街管辖。

小渡船，又名“小渡口”。在未建红江桥前，此处设有人渡，小木船往返摆渡过江的客人，故得名小渡船。1967年红江大桥建成后，渡口即废，但小渡船之名一直沿用。

小渡船西北高，东南低，是一低平的大坝。东西宽850多米，南北长2200多米，总面积约2平方公里。主要街道大庆路、拱桥路、航空路、工农路彼此相连贯通，是恩施城通往建始、巴东及恩施县屯堡、沐抚等公社的必经之地，驻有厂矿企事业单位30多个，人口5000多。

小渡船经过30多年的建设，工厂厂房拔地而起，商业门市相对而立，使之成为施南镇内又一闹市区，大庆路是小渡船的主要街道，东起红江桥头连通航空路，西接恩(施)—沐(抚)公路，全长500米，宽7米，水泥路面。该路两旁有广兴机械厂、地区电机厂、小渡船商场、县红江小学等单位。商场前是集市贸易区。电子工业部管辖的广兴厂，生产军工产品。

航空路因紧靠恩施机场，故名。其南北长2.3公里，宽7米，渣油路面，是小渡船通往城内的主要干线。公共汽车往返开通，交通方便，路两旁分布有地区车辆监理所、县消防中队、县农业局、工人影剧院、地区中医院、公共汽车公司、县供销社、县粮食局、恩施民航站、县红光轻工厂、地区造纸厂及地区林业车队。

工农路位于小渡船以西，北连大庆路，东西接航空路，使大庆路、航空路、工农路相贯通，形成一环形公路。工农路长1公里，宽7米，泥石路面。周围分布有地区工具厂、地区水电设备厂、县畜牧局、地区水电工程团、地区新华印刷厂、军分区教导队、地区轴承厂、县汽车运输公司，各厂之间均被蔬菜地及荒地围住。

小渡船原址，现架有雄伟的红江大桥。大桥长160米，宽7米，高21米，人行道各宽 1.2 米，为单孔石砌拱形桥，孔径 100 米，是当时我国石拱桥建造史上的一座较大的单跨度桥梁。过大桥到清江东岸，便是拱桥路。右侧桥头下是地区公路段机械工程队，左岸有县通用机械厂，其次是郊区农村社队，山丘起伏、农田交错，一派田园风光。

六角亭 Liù jiǎo tíng 位于施南镇解放路与公园街相交的街口处，西由公园街可达西城门，南经解放路与南门相连。其旧地称分水岭，是恩施城内最高的街区，海拔 450 米。

据《恩施县志》记：明代建谯楼于分水岭，年久朽废。清同治乙丑年(1865)建鼓楼于原址，作鸣鼓报时之用。下以泥石作壕，备兵战用。其地命名为鼓楼街。抗日战争前，曾一度被用作民众教育馆。1939 年，日机炸毁鼓楼。1941 年国民党驻城军工于原地建石造八角形城防地堡，四面设枪眼，内筑旱井，常驻兵 1 个排。1946 年改地堡为亭，亭高 6 米，呈六角形。亭内望板有国民党党徽。亭基为两台：一台高 1.5 米，二台高 1 米，外围条石，里面填土，内为环径，外置盆景。亭下外围镶有直径 15 米的圆形石墩，高 0.1 米，内置花草。此亭仅东向一面有门，下设石阶 5 级，以供出入。因亭有 6 个角，故取名六角亭。

1962 年，六角亭塌废，仍留亭基为花台，1971 年为整顿市容，将亭基拆除，铺平为沥青路面，其坪地面积达 320 平方米，成为老城内集市贸易区之一。各种小吃，鲜菜担，杂货摊分布檐下，县招待所大楼高耸在旁，周围还设有百货、副食、布匹等门市部，均冠以六角亭之名。六角亭是县党、政、军机关驻地，也是城内主要交通要道，每日有数十趟公共汽车来往于此。

施南镇一街居民委员会 Shī nán zhèn yī jiē jū mín wěi yuán huì 该居委会范围东到地区鱼种场，西至清江大桥，南与五峰山大队交界，北至地区畜牧场，共辖五条街(沿江路、舞阳大街、新建街、官坡街、东风大道)、七条巷(新建一、二、三巷，舞阳一、二、三、四巷)。有街办企业 6 个，街区内驻有地、县、镇单位 146 个，共有人口 14560 人，其中居民 1960 人。解放初属七里乡 14 保。1957 年成立城关镇第一街街公所。1958 年为万宝人民公社第一管理区，1961 年改为城关镇第一街居委会。1968 年改为城关镇第一街革命领导小组。1980 年 10 月改为城关镇第一街居委会，1981 年改称施南镇一街居民委员会。

沿江路 Yán jiāng lù 此路南北走向，南起飞机大队二生产队，北至地区奶牛场止，位于清江东岸，长 1 公里，宽 4 米，泥石路面，沿途驻有清江旅社、县交通中队等单位，有居民 28 户，89 人。因此路沿清江河岸修筑，故名。

舞阳一巷 Wǔ yáng yī xiàng 东西走向，东起地区水电局，西接舞阳大街，长 400 米，宽 10 米，柏油路面，可通行车辆。门牌号 1-42 号，住居民 38 户，123 人。1973 年编门牌号时命名舞阳一巷。

舞阳二巷 Wǔ yáng èr xiàng 东西走向，东接舞阳大街，西交东风大道，长 500 米，宽 3 米，三合土路面。门牌号 1-38 号，住有居民 16 户，49 人。此巷位于舞阳坝，按由南向北序列编为舞阳二巷，1973 年命名。

舞阳三巷 Wǔ yáng sān xiàng 此巷南北走向，北起地区体育场，南至官坡桥头，长 2000 米，宽 2 米，泥土路面，门牌号 1-32 号，住有居民 46 户，187 人。此巷位于舞阳坝，1973 年编门牌号时，按由南向北序列，命名为舞阳三巷。

舞阳四巷 Wǔ yáng sì xiàng 东西走向，东至恩施地区医学专科学校，西抵恩施县石油煤建公司与舞阳大街相通，长 500

米，宽5米，泥石路面，可通汽车，门牌编号1-52号，住有居民49户，154人。此巷位于舞阳坝，1973年编门牌号时命名为舞阳四巷。

新建街 Xīn jiàn jiē 南北走向，北通舞阳大街，南至飞机大队二生产队，长200米，宽5米，三合土路面。住有居民50户，154人，门牌号1-47号。此小街解放前为荒地，住有几户周姓，称周家坡。解放后住户增多，形成一条街，为便于户口管理，1954年命名新建街。

官坡街 Guān pō jiē 东西走向，官坡桥头至小垭口，街面坡陡，石梯台阶，全长200米，宽3米，泥石、石板路面，住有居民66户，206人。门牌号1-59号。此街在解放前是施(恩)—宜(昌)大道的必经之处。各代钦命施州大员，来自宜(昌)—施(恩)大道到衙(署)接任时，由地方官宦、名儒、绅士在此街迎官接诏，故名为官坡街。

施南镇二街居民委员会 Shī nán zhèn èr jiē jū mín wěi yuán huì 驻地胜利街51号，该居委会范围北起地区车辆监理所，南至人民剧院，辖四条街(胜利街、挂榜岩路、清江路、后山塆路)，二巷(塘井塆巷、胜利巷)，共837户，2508人。街区内驻有恩施地区供电所、恩施地区汽车运输局和街办服务行业等单位。1950年为城关镇胜利街，1951年成立二街街公所。1954年民主建政时改称居委会，1954年改为二街街政府，1958年为万宝人民公社第二管理区。1961年又恢复街政府，1968年改为二街革命领导小组。1980年10月又改称城关镇二街居委会，1981年改称施南镇二街居民委员。

胜利街 Shèng lì jiē 南北走向，南起地区文工团(人民剧院)，北抵清江桥西第一孔下与清江路相接。全长500米，宽4米，门牌号1-126号，住有居民735户，2462人，街区内驻有恩施地区供电所、施南镇第三小学等单位。此街位于北门城外，惯称北门外，因1945年抗战胜利命名为胜利街，名称沿用。

后山塆路 Hòu shān wān lù 此路是一条自北向南绕城而过的公路。北至地区车辆监理所，南抵南门大桥，全长3公里，宽7米，柏油路面，其地段分别为二街、五街、六街、书院大队管辖。路段内驻有地区交通局、地区长途线务站、县食品冷冻厂、施南镇针织、软木厂，地、县药材仓库等单位。后山塆路位于回龙山的西坡脚，东坡脚为街道，人们将西坡脚山沟称为后山塆。1973年为便于户籍管理，取名为后山塆路。

挂榜岩路 Guà bǎng yán lù 南北走向，南起汽车运输管理局，北止地区车辆监理所，长600米，宽7米，柏油路面，门牌编号1-69号，住有居民291户，1069人，驻有地区汽车运输局等单位。此路位于挂榜岩东面山脚下，故名。

清江路 Qing jiāng lù 南北走向，南起三街搬运站，北抵县林业局，长900米，宽7米，柏油路面，通汽车。门牌号1-43号，住有居民107户，388人。驻有地区汽车修配厂、县林业局、县农机局等单位。解放前，从清江桥西端第一孔下向北至县林业局止的，一段称半边街，向南的一段处在胜利街东面，统称北门河坝。1945年后相继在此建设机关和居民住房。1973年全地段翻修，半边街居民迁居塘井塆巷。因此路沿清江河岸修筑，1980年命名清江路。

施南镇三街居民委员会 Shī nán zhèn sān jiē jū mín wěi yuán huì 驻四维街14号，该居委会范围东至中山路头东门河坝，西至大十街，南至柿子坝，北至胜利街、清江路相交处，共725户，2019人。辖三条街(四维街、中山路、人民路)，九条巷(薛家巷、三义宫巷、林家巷、井塆巷、柿子坝巷、沙井巷、东城边巷、菜市场巷、人民二巷)。街区内驻有县医院、县百纺公司、县交通局、施南镇人民政府等单位。1950年为城关镇第三街街公所，驻三义宫。1958年属万宝人民公社第二管理区辖。1961年恢复城关镇第三街街政府。1968年改称第三街革命领导小组。1980年10月改为施南镇三街居民委员会。

四维街 Sì wéi jiē　南北走向，南至房产管理所，北接清江路，宽6米，全长400米，柏油路面，通行汽车，门牌号1-62号，共有居民260户，792人，驻有县交通局、县食品、百纺公司、县建筑等单位，此街解放前叫珠市街，又叫三步二道桥和灯笼桥。1954年命名四维路，1978年编门牌号又改称四维街。

人民路 Rén mín lù　东西走向，东接四维街，西抵后山垮路，长约1公里，宽7米，沙石路面，通行汽车，门牌号1-42号(1-14号三街辖、15-32号四街辖、33-42号五街辖)，居民25户，91人。驻有地区文工团、县邮电、水电、物资、商业局等单位。1973年编门牌号时命名为人民路。

中山路 Zhōng shān lù　东西走向，东至清江河边，西至大十街与解放路相通，宽6米，长400米，柏油路面，门牌号1-86，共有居民258户，823人。驻有施南镇人民政府、县人民医院等单位。解放前名为东门街。1954年为纪念孙中山先生，命名中山路。

三义宫〔巷〕 Sān yì gōng　东西走向，东抵中山路岁西与四维街相通，巷宽3米，长300米，系三合土路面。门牌号1-38，共有居民97户，353人。驻有县无线电厂等单位。早年，该巷修有一庙，庙里供有三国时刘、关、张三人塑像，借取刘、关、张桃园三结义之意，命名为三义宫。

薛家巷 Xuē jiā xiàng　南北走向，北至中山路口，南接书院大队。宽2米，长200米，三合土路面，门牌号1-62，共有居民166户，579人，驻有县卫生局。解放前，此巷住户多为薛姓，故名。

柿子坝〔巷〕 Shì zǐ bà　东西走向，东临清江河，西与井垮巷相通，北至四维路口，长250米，宽3米，三合土路面。门牌号1-48，住有居民96户，480人。早年,此坝长有很多柿子树，故名柿子坝，解放后形成居民点，其名沿用。

施南镇四街居民委员会 Shī nán zhèn sì jiē jū mín wěi yuán huì 驻解放路77号，该居委会区域，东至三街、县建筑公司，西至张家巷与县体委，南至南门城门口，北至地区文工团。辖两条路、四条巷，居民583户，1570人。街区内驻有地、县、镇企事业单位60个，街办企业6个。1951年为城关镇四街街公所。1958年为万宝人民公社第三管理区，1961年为城关镇四街居委会，1968年为第四街革命领导小组，1980年10月改为四街居民委员会，1981年9月更名为施南镇四街居民委员会。

解放路 Jiě fàng lù　南北走向，从前进服装厂起至南门洞口止，长1公里，宽6米，柏油路面，通行各种车辆，是恩施城内主要街道，门牌号1-179号，居民835户，1787人。此路南段为鼓楼街，北段为大十街，中段为割肝坡街，1943年因蒋介石到恩施路过，命名为中正街。解放后，1951年更名为解放路。

张家巷 Zhāng jiā xiàng　呈南北向，南接解放路，北至玄妙观，长200米，宽5米，碎石路面。门牌号1-13，居民28户，90人。此巷以往住户多为张姓，故名。

施南镇五街居民委员会 Shī nán zhèn wǔ jiē jū mín wěi yuán huì　驻和平街58号，该居委会区域，东南与解放路相连，西北与书院大队相交。辖四条街:和平街、西城街、西正街、公园街。一条巷：人民一巷。共554户，1596人。街区内驻有恩施县党政领导机关。该居委会1951年为城关镇五街街公所。1958年为万宝人民公社第三管理区辖。1961年改为城关镇五街居委会。

1968 年为五街革命领导小组。1980 年改为五街居民委员会。1981 年更名为施南镇五街居民委员会。

和平街 Hé píng jiē 东西走向，东接解放路，西抵县电影管理站。长 450 米，宽 3 米，三合土路面。门牌号 1-69，共有居民 227 户，773 人。驻有县工业局、县电影管理站、县建设银行、五街居委会等单位。此街位于老县城西部，处热闹市区背后，故称西后街。1951 年抗美援朝时，更名为和平街。

公园街 Gōng yuán jiē 东西走向，东起六角亭接解放路，西至西门城门洞口止，长 300 米、宽 6 米，柏油路和三合土路面，可通汽车。门牌号 1-40，180 户，733 人。驻有县委、县人民政府、县人大常委会等单位。此街是原建鼓楼的旧址，抗日战争前叫鼓楼街，抗战时鼓楼拆毁后，因街北侧原建有中山公园，故名公园街。

人民一巷 Rén mín yī xiàng 南北走向，南通和平街，北接人民路，长 250 米，宽 4 米，三合土路面。门牌号 1-21 号，居民 184 户，804 人。此巷解放前是乱坟岗，俗称万人坑。解放后为东方红大队蔬菜地，1965 年建成居民点，称新街。后因其为人民路的分巷，1973 年改称人民一巷。

西城街〔巷〕 Xī chéng jiē 东西走向，东接和平街，西至西城门洞口，长 300 米，宽 3 米，三合土路面，门牌号 1—51 号，居民 159 户，535 人。此街位于老城西部，1950 年前北段称西后城街，南段称西城边巷，1951 年合并，统称西城街。

西正街〔巷〕 Xī zhèng jiē 南北走向，南至西门城门洞口，北至洗马池巷，长 70 米，宽 5 米，三合土路面，门牌号 1-27 号，居民 70 户，239 人。此街(巷)正对西门城门洞，故名西正街。

施南镇六街居民委员会 Shī nán zhèn liù jiē jū mín wěi yuán huì

驻城乡街 46 号。该居委会区域东临清江河，南接书院大队，北抵南门洞口，居民 526 户，1808 人。辖一条街：城乡街，二条巷：学田巷，断龙山路。街区内驻有地区水泥厂、酒厂、八一面粉厂、县外贸局等单位。该居委会 1951 年属城关镇第四街公所管。1958 年属万宝人民公社第三管理区。1961 年成立六街居委会，为城关镇辖。1968 年改称六街革命领导小组。1980 年 10 月恢复六街居民委员会，属施南镇辖。

城乡街 Chéng xiāng jiē 此街从南门城门洞口至南门大桥，大致呈南北向，长 300 米，宽 4 米，碎石混凝土路面，门牌号 1-100 号，居民 219 户，763 人。驻有县公安局、六街居委会等单位。因街处老城南门外，是乡村农民进城必经之路，1950 年命名为城乡街。

学田巷 Xué tián xiàng 东西走向，东接城乡街，西抵后山塆路。长 200 米，宽 2 米，门牌号 1-27 号，泥石路面。居民 76 户，258 人。此地原为大片农田，清朝时，当地豪绅将这片田献出作为办学之用，故称学田。解放后，逐渐形成居民点，1951 年编门牌号时取名为学田巷。

断龙山路〔巷〕 Duàn lóng shān lù 东西走向，东起南门大桥，西抵新生汽车修配厂，长 400 米，宽 7 米，泥石路面，通汽车。门牌号 1-25 号，居民 67 户，271 人。驻有恩施新生汽车修配厂等单位。解放前此地叫断龙山，1951 年编门牌号时命名为断龙山路。

施南镇七街居民委员会 Shī nán zhèn qī jiē jū mín wěi yuán huì

驻土桥街 28 号。所辖范围西北以龙洞河为界，东南接窑塆大队。辖二条街：土桥路、土桥街，一条巷：段家塆。居民 390 户，1000 人。街区内驻有地区制药厂、水泥制品厂、公路总段、县农机公司及街办企业等单位。该居委会 1953 年前属一街辖。1953 年成立七街街公所，属城关镇辖。1958年属万宝人民公社第一管理区辖。1961年改为七街居委会。1968年为七街革命领导小组。1980年10月恢复七街居民委员会，属施南镇辖。

土桥街 Tǔ qiáo jiē 东西走向，东西均与土桥路相通，长300米，宽4米，混凝土路面，门牌号1-102号，居民150户，300人。驻有七街居委会等单位。早年，此地只有三户人家开饭店，曾称店子坪。解放后，工商业、居民逐渐增多，形成街道，此街纵贯土桥坝，故名土桥街。

土桥路 Tǔ qiáo lù 南北走向，巴石公路从此通过。东起地区木材厂，西接舞阳大街，长约2公里，宽7米，柏油路面，通行各种汽车。门牌号1-118号，居民约500人。驻有地区鱼种场、地质队、养路总段、县农机公司等企事业单位。此路1954年命名为正马路。后因路横穿土桥坝，于1978年更名为土桥路。

段家塆〔巷〕 Duàn jiā wān 此巷自东端地质队出口处向西绕地区制药厂、水泥制品厂至地区鱼种场止，长约500米，宽4米广黄沙泥路面，能通汽车。门牌号1-26号，居民60户，140人。解放前，此山塆住户段姓多，故称段家塆，解放后自然形成一街巷，名称沿用。

施南镇八街居民委员会 Shī nán zhèn bā jiē jū mín wěi yuán huì 其区域：东抵清江河西岸，北至红江大桥西头，南与二街居委会相邻，西与红庙公社交界。主要街道有三条，驻有广兴厂、地区气象局、造纸厂、县汽车运输公司等50多个厂矿企业，是恩施县主要工业区。该居委会1966年前属二街居委会辖，1966年成立城关镇八街居委会，1968年改为八街革命领导小组。1980年10月恢复八街居民委员会，属施南镇辖。

航空路 Háng kōng lù 南北走向，南接挂榜岩，北抵红江桥头，长2公里，宽7米，柏油路面。两旁驻有地区中医院、工人影剧院、航空站、公共汽车公司、气象局，林业车队、县消防队、砖瓦厂等单位。居民105户，373人。此路紧靠飞机场西侧，于1970年命名航空路。

大庆路 Dà qìng lù 东西走向，东抵红江桥头，西至广兴机械厂止，长500米，宽7米，水泥路面，通汽车，居民582户，2155人。驻有地区电机厂等7个厂矿单位。此路两旁厂矿多，于1970年命名大庆路。

工农路 Gōng nóng lù 南北走向，从县汽车运输公司至广兴厂家属区，长1公里，宽7米，碎石路面，通汽车。居民373户，1227人。驻有地区轴承厂、新华印刷厂、农机厂、县畜牧局等11个单位。此路两旁均为工厂和蔬菜生产队，于1970年命名工农路。

【飞机大队】 Fēi jī dà duì 驻航空路中段，位于施南镇人民政府北2.3公里，辖7个生产队，11个自然村，351户，1309人，耕地面积521亩，其中果园120亩，茶园21亩，有鱼塘30口，以种蔬菜为主，全年蔬菜任务200万斤，总收入2.8万元。该大队1976年下半年成立，由红庙公社原红农大队五、六、七生产队和原城关所辖东方红大队一、二、三生产队组成，因其大队与飞机场毗邻，命名飞机大队。

邓家塆 Dèng jiā wān 30人，大队驻地西北740米处。

李家峁 Lǐ jiā mǎo 30人，大队驻地西北560米处。

椿树槽 Chūn shù cáo 40人，大队驻地西北670米。村处山槽，很早前长有较多的椿树，故名。

竹林塆 Zhú lín wān 10人，大队驻地西840米。村处山塆，原有成片慈竹，故名。

三坟峁 Sān fén mǎo 30人，大队驻地西北450米。村后山峁上有3座坟墓，故名。

新堰 Xīn yàn 30人，大队驻地西南

400 米。解放前该村有两丘水田，后改为堰塘，故名。

朱家坪 Zhū jiā píng　20 人，大队驻地西南 560 米处。

金家塝 Jīn jiā bǎng　55 人，大队驻地西南 550 米。

五斗塆 Wǔ dòu wān　30 人，大队驻地西南 600 米处。此村塆原有两丘水田，只产 5 斗谷子，故名。

西家口 Xī jiā kǒu　30 人，大队驻地南 50 米。此地原有一庙，庙门朝西，且附近居住有数户人家，故名西家口。

马家塆 Mǎ jiā wān　10 人，大队驻地南 1 公里处。

【窑塆大队】 Yáo wān dà duì　驻窑塆，位于施南镇人民政府东北 2.8 公里。原名胜利大队，1981 年 9 月 1 日按当地地名更名为窑塆大队。辖 9 个生产队，7 个自然村，1535 人，耕地面积 675 亩，其中水田 64 亩，以蔬菜生产为主，年产 290 万斤，总收入 310 万元左右。

窑场坡 Yáo chǎng pō　280 人，窑塆西南 400 米，解放前，此村坡上是烧石灰的场地，故名。

桐子塆 Tóng zǐ wān　30 人，位于施南镇人民政府东北 2.8 公里，此村坡上早年盛产桐子，故名。

老鹰坝 Lǎo yīng bà　120 人，窑塆南 700 米。村处平坝，传说常有老鹰栖息，故名。1938 年抗日战争时期，国民党省政府曾迁居此地。

江家塆 Jiāng jiā wān　140 人，窑塆南 600 米。

下窑塆 Xià y o wān　141 人，窑塆北 345 米。此塆解放前是烧石灰的窑场，且比窑塆地势低，故名。

垭口上 Yà kǒu shàng　34 人，窑塆南 640 米。村处山垭口上，故名。

上窑塆 Shàng yáo wān　169 人，窑塆西南 1.2 公里。处下窑塆之上，故名。

【五峰山大队】 Wǔ fēng shān dà duì　驻森林宫，位于施南镇政府东南 900 米。原名灯塔大队，1981 年 9 月 1 日按所属地片更名为五峰山大队。辖 13 个生产队，20 个自然村，507 户，2293 人。耕地面积 1328 亩，其中蔬菜地 760 亩，茶、果园 568 亩。主产蔬菜，特产茶叶、梨等。

森林宫 Sēn lín gōng　198 人，施南镇人民政府东南 900 米，大队驻地。此地森林茂密，树冠高大，形如宫殿一般，故名。

大垭口 Dà yà kǒu　175 人，森林宫东北 900 米。村处一较大的山垭口上，故名。

戴家巷 Dài jiā xiàng　100 人，森林宫东北 950 米处。

窝塃 Wō tǎng　178 人，森林宫东北 600 米。村处一窝塃边，故名。

关刀坪 Guān dāo píng　20 人，森林宫东 500 米。此村坪地，形似一种兵器——大砍刀，当地俗称关刀，故名。

垮岩沟 Kuǎ yán gōu　163 人，森林宫东 650 米。该村地势低洼，每逢暴雨，水土流失，经常冲塆田坎，故名。

青树子 Qīng shù zǐ　167 人，森林宫东 800 米。该村原长有 1 棵大青桐树，故名。

枞树坡 Cōng shù pō　17 人，森林宫西南 740 米。村处坡上，长过很多大枞(松)树，故名。

榨坊槽 Zhà fáng cáo　107 人，森林宫东南 500 米。村处山槽，解放前建有油榨坊，故名。

方家塝 Fāng jiā bǎng　42 人，森林宫东南 840 米。

王家峁子 Wáng jiā mǎo zǐ　25 人，森林宫西南 840 米。

邱家峁 Qiū jiā mǎo　221 人，森林宫西南 700 米。

刘家槽 Liú jiā cáo　40 人，森林宫

南偏东500米处.

榨坊坡 Zhà fáng pō 9人，森林宫东南800米。此村坡余氏开过榨坊，故名。

白鹤塆 Bái hè wān 149人，森林宫西南750米。此村塆地形似白鹤，故名。

王家遍 Wáng jiā biàn 200人，森林宫南640米处。

泡桐树峁子 Pào tóng shù mǎo zǐ 20人，森林宫西南720米。村处山峁上，长过很多泡桐树，故名。

宝塔槽 Bǎo tǎ cáo 18人，森林宫南840米。此村槽上方，建有连珠塔，故名。

王家槽 Wáng jiā cáo 152人，森林宫西南900米处。

园门口 Yuán mén kǒu 232人，森林宫南800米。该村解放前是大地主的放马场，为不使马乱跑，在此修有一个园门，故名。

易家槽 Yì jiā cáo （废村），森林宫南940米处。

五峰山大队园艺场 Wǔ fēng shān dà duì yuán yì chǎng 森林宫东南950米。面积约400平方米，场员4人，主要生产柑橘、茉莉花、蔬菜等。1968年建立，取名为灯塔大队园艺场，1981年9月1日按大队名称更名为五峰山大队园艺场。

【书院大队】 Shū yuàn dà duì

驻书院，位于施南镇人民政府西南850米处。原名东方红大队。1981年9月1日按所属地片更名为书院大队。辖8个生产队，6个自然村465户，1704人，耕地面积815亩，其中水田119亩，主产蔬菜，特产茶叶等。

张家老屋 Zhāng jiā lǎo wū 30人，书院北1.9公里处。

大岩塆 Dà yán wān 57人，书院北偏西1.8公里。此村塆内有一大红砂岩，故名。

岩洞门口 Yán dòng mén kǒu 10人，书院北1.8公里。该地有一大岩洞，村居洞前，故名。

杨家梁子 Yáng jiā liáng zǐ 12人，书院北1.7公里处。

风吹垭 Fēng chuī yà 231人，书院西北770米处。村处山垭旁，一年四季山垭上凉风飒飒，故名。

施南镇蓄电池厂 Shī nán zhèn xù diàn chí chǎng 驻后山塆路，该厂于1970年开办，名为恩施县城关镇二街机械配件厂，驻胜利街。1973年改为城关镇二街蓄电池厂。1977年改为恩施县城关镇蓄电池厂。1980年迁至后山塆路，1981年9月改为施南镇蓄电池厂，属恩施县施南镇辖，职工30人，下设办公室、车间各1个,主要生产电瓶极片。

施南镇软木厂 Shī nán zhèn ruǎn mù chǎng 位于后山塆路15号，该厂前身是恩施城关硫酸厂，始建于1973年。隶属施南镇辖。

该厂占地面积1000平方米，有职工66人，原生产粗、精硫酸，年产600余吨。1973年3月改建软木厂，1980年5月正式投产。现有粉碎、碳化、包装3个车间。主要生产软木砖，原料为栓皮，用于房屋建筑，隔音隔热，吸音冷藏等。现年产2000立方米，总产值达50万元，产品质量达到国家部颁标准，产品行销省内外各有关部门。

施南镇三孔桥小学 Shī nán zhèn sān kǒng qiáo xiǎo xué 驻三孔桥，1964年建校，名为土桥小学分校，1969年改为四一中小学，1975年改为城关三孔桥小学，1977年改为城关镇三孔桥中小学，1981年改为施南镇三孔桥小学，隶属施南镇辖。有教职工19人，学生427人，10个班，系全日制小学。

施南镇土桥小学 Shī nán zhèn tǔ qiáo xiǎo xué 驻土桥坝。该校址解放前是赖氏宗祠，系私塾学堂。1949年建校，名七里坪小学，1951年改为城关四小，1958

年2月改为师范附属小学，1961年改为恩施师范附属土桥坝小学，1969年改为地质十一队五七小学，1972年改为城关土桥坝小学，1981年改为施南镇土桥小学，隶属施南镇辖。全校12个班，学生560人，教职工22人，系全日制小学。

施南镇舞阳中学 Shī nán zhèn wǔ yang zhōng xué 驻舞阳三巷13号，该校1964年始建，原名舞阳附小分校，1978年9月改称舞阳中学，隶属施南镇辖。全校14个班，学生693人，教职工36人。学校占地面积5000平方米，系全日制学校。

施南镇五峰山中小学 Shī nán zhèn wǔ fēng shān zhōng xiǎo xué 驻五峰山，位于五峰山电视差转站东坡半腰。该校1951年始建，原名五峰山小学，1970年改为五峰山中小学，属施南镇辖。全校16个班，其中初中5个班，共有学生604人，有教职工33人。

施南镇书院中学 Shī nán zhèn shū yuàn zhōng xué 驻书院，位于南门大桥北200米处。该校1965年始建，命名恩施县城关镇第二民办中学，1970年改为恩施县城关东方红中学，1981年改为施南镇书院中学，隶属施南镇辖。全校占地面积15亩，设12个班，其中高中1个班。学生600名，教职工34人，另设有1所分校。系全日制学校。

国务院批转国家测绘总局等部门关于成立中国地名委员会的请示报告

(1977 年 7 月 9 日)

地名是国内各族人民之间和国际交往的工具。地名的称呼和书写是否正确和统一，地名问题的处理是否恰当，关系到国家主权和民族团结，对军事、外交、新闻、出版、邮电、交通、测绘、文教等各项工作都有影响，是一项政治性很强的工作。新中国成立以来，我国政府和有关部门就地名工作发布过许多指示和规定，根据这些指示和规定，各地有关部门对本地区历史上沿袭下来的汉语地名和少数民族语各地进行了清理，对一些带有大国沙文主义、大汉族主义、封建主义和帝国主义侵略色彩的地名，作了必要的更改。现在的主要问题是：我国西部、东北部、东南沿海等地区至今还残存不少外来地名，有损国家尊严，我国边远地区、远海岛屿、领海水下地理要素和无人居住地区的许多自然地理名称缺乏管理；有些地名存在着重名、多名、一名多写、一名多译、音译不准、用字不当等问题；在对外使用罗马字母拼写我国地名方面，目前仍沿用“威妥玛式”等外来拼法，同一地名在不同语种中常常拼法不一，存在着混乱现象，尚未实现周总理在 1958 年《汉语拼音方案》公布所做的“可以在对外文件书报中音译中国的人名、地名”的指示。另外，在用汉字译写国外地名方面，也存在一名多译，音译不准等问题。

为了加强对地名工作的管理，和有利于参加联合国有关地名国际标准化方面的活动，迫切需要建立一个机构，统一研究解决地名存在的问题。因此，我们建议：

一、在国务院领导下，成立一个由国家测绘总局、公安部、外交部、中国文字改革委员会、新华社、邮电部、交通部、铁道部、中央统战部、中国科学院、广播事业局、国家出版局和总参测绘局等各有关部门领导同志参加的中国地名委员会，主任委员由国家测绘总局领导同志担任，副主任委员由公安部、外交部、中国文字改革委员会和新华社的领导同志担任。

二、中国地名委员会的职责是根据党和政府的有关规定，负责制定国内地名的命名、更改原则，制定国内外地名译写标准化原则，组织调查、搜集、整理、审定、储存国内外地名资料，编制出版各种地名书刊和参加有关的国际交往。

中国地名委员会下设一个有 8 人编制的办公室，由国家测绘总局代管，负责处理委员会的日常工作。

三、各省、市、自治区地名工作机构设置，请各省、市、自治区革命委员会确定。可由当地有关部门组成省、市、自治区地名领导小组，也可指定有关部门兼管，在业务上接受中国地名委员会的指导，负责管理本地区地名工作。

(摘自国务院国发〔1977〕79 号文件)

板 桥 公 社 概 况

BAN QIAO G0NG SHE GAI KUANG

板桥公社位于恩施县城西北边陲，东与四川省奉节县龙桥公社接壤，南与大山顶公社、恩施县国营大山顶药材场为邻，西连国营前山林场，北与四川省奉节县太和公社交界，东西长约21公里，南北宽17公里。公社驻地板桥集，位于县城北偏西41公里。

解放初，该社属十二区(沐抚)辖的9个村。1953年设沐抚区，划归沐抚管辖；1975年改为沐抚公社辖，设板桥管理区。1961年仍属沐抚区辖，1975年撤区并社时，将大木、烂池小公社的星火、华光、青年、风光4个大队和新田小公社的一、二、三大队划归板桥，组成板桥公社。

该社辖13个大队，1个农科站，143个生产队。共有302个自然村，3114户，14427人，其中农业人口14077人，土家族占12.84%。总面积约174.68平方公里。耕地面积27980亩，其中旱地27974亩。全境地势偏高，均在1700米以上，只有中间为一“人”字形的槽地，槽地一般高1400米左右。最高点是西部的单家坪梁子，海拔2060米，最低点是东南西部的鹿院坪，海拔1170米。高山面积占总面积的99.3%。海拔1500米以上占83.6%。境内高山峻岭，纵横交错，坡地槽坝分布其间。发源于四川省奉节县的刘廖河，流经新田、中坝2个大队。发源于境内的麻塆河，常年流量1.5立方米/秒。公社发电站建在该河中段，装机容量 500 千瓦，使全社 80% 的大队用上了电灯。公社中部建有新开渠，南北纵贯老板桥、板桥、蒿坝、横店子大队，全长约 11 公里，减轻了山洪对山间坪槽地的威胁。

该社地处高山，气候特点是风雾大，雨雪多，春秋相连，基本无夏，冬季寒冷，年平均气温 12℃，最热月 7 月，平均气温 21℃，最冷月 1 月，平均气温 2℃，无霜期 4～9 月约 175 天。年降雨量为 1402.9 毫米。

板桥是恩施县药材产区之一，药材种植历史悠久。《施南府志》上记载："……板桥蒿坝百余家，大半药师兼药户，刀耕火耨笑人忙，抛却农书翻药谱，雪后点种子匀排，云叶燕时芽渐吐，自然蔓长与藤抽，三年不用占晴雨……。"可见古人对种植药材积累了丰富的经验。解放后，板桥公社因地制宜，发挥本地优势，在粮食生产自给的前提下，积极发展药材生产及其他多种经济。1981 年粮食总产达 712.33 万斤。产党参 1040 担，还向国家提供了大量的天麻、黄连等药材。此地出产的党参，根条细嫩，肉质饱满，品质优良，是滋阴补阳的好药品，驰名中外，远销东南亚各国，誉称"板党"。

板桥公社文教、卫生、交通事业发展较快，全社办有小学 30 所，中学 4 所，在校学生达 3074 人，其中小学生 2420 人。设有公社卫生院 1 所，大队医务室 11 所，医务人员 50 人。

该社境内矿产资源丰富，蕴藏有大量的磷矿、硫磺矿、煤矿等。山上生长有华山松、柳杉及阔叶林木，野生动物有獐、麂、兔、野羊等。1976 年修通了大山顶至板桥的公路，改善了交通运输条件，加速了城乡物资交流。客车隔日 1 班通往此地。此外还修通了板桥至新田，通大木的简易公路，向北有公路直达四川奉节县城。

公社驻地——板桥集镇，居住 600 人，有一条长 150 米，宽 6 米，呈南北走向的直街，历来为川鄂两省边界人民的集市贸易场所。逢农历二、五、八赶场，出售的农副产品有大米、玉米、面条、猪羊肉、烟叶、药材等，市场活跃，物资丰富。该集镇对发展川鄂两省边界上的经济、文化起了一定的作用。目前已是板桥公社政治、经济、文化的中心。

参考资料

一、什么叫地名？

对地名的解释，从各种不同角度出发，有很多的解释：有的说，地名，顾名思义，是地的名称。“地名”即人们根据主观认识对客观存在的单个的地理实体逐一赋予的称呼。有的说，山有名，海有名，江有名，河有名，我们居住的城市、街道、村镇都各有其名，所有这些都叫地名。有的说，地名是人们为了区别地理环境中不同位置上的场地而共同约定的一种语言代号。还有很多种大同小异的解释。总之不外乎是说明人类生存在地理环境中，人们为了认识、利用和改造周围的地理环境，需要对生存有直接或间接关系的每一“单个”地理实体(即地理环境中的地貌、地物)赋予一定的名称组成地理环境的名别因素。使每一“单个”地理实体得以区分，以达到认识、利用和改造周围地理环境，创造自己生存最好的环境，比如说当今人们生存的地理环境逐渐向月球和其它星球扩大，月球及其他星球上也就有了“地名”，所以可以这么说：“地名是星球表面具有指示特定方位和地域范围的任何自然的和人工的地理实体的名称，都可被视为地名。”当前国务院发布的“关于地名命名、更名的暂行规定”中“第四条本规定适用于地理实体名称、居民地名称、行政区划名称和各专业部门使用的台站港场名称”。这几类名称就是地名。

二、什么叫地名标准化？

对地名标准化也有各种大同小异的解释，一种是，地名标准化就是每一个地名以一种写法为标准，革除多种写法的混乱。另一种是，我国地名标准化，就是要求一个地名不仅要没有不健康的含义，而且还要有一种法定的书写形式和标准的(或正确的)读音。还有种是，地名的标准化，可以概括为三句话，即法定的书写，标准的读音，健康的含意。地名的标准化更重要的是要有统一而准确的写法和读法。尤其要注意解决一地多名、一名多地和用字混乱的问题。我们的理解，地名标准化就是通过地名普查，使地名达到正音正字，含义健康，位置正确，来源查清，一地一名合规定，履行法定的批准手续。这与上面所述的不同之处，就是增加了地名的位置应正确地标在地图上，因为一个地名如果没有位置，就谈不上成为地名了，而地名位置的得以实现，就必须标在有地理坐标的地图上，所以地名标准化还应有地名图；履行法定的批准手续，也是地名标准化的一个重要因素。我们认为目前对地名标准化的解释还是应按照王大钧同志讲的，“什么叫地名标准化?一个地名的读音和书字要符合正音和正字的规定，含义健康，命名、更名履行法定的批准手续，这就是地名标准化。

板桥公社行政区划、居民点名称

板桥集镇 Bǎn qiáo jí zhèn 位于恩施县城西北41公里，紧靠四川省奉节县境，是四川奉节入施的隘口和门户之一，海拔1380米。

200多年前，在板桥河上建有一座木板凉桥，名青龙桥。当地张、薛、刘、李、郑五姓人，在桥南端建一小街，亦农亦商，形成集市贸易。因此地建有一座木板凉桥，当地人取名板桥。后因地方偏僻，生意不好，又在南面3公里处兴建一小街，而这里同样有一木板桥，故沿用板桥之名。

板桥集镇总面积约150亩，居住40余户，600人，其中农业人口250人。解放前为恩施县第四区板桥乡驻地。解放初为恩施县十二区板桥乡驻地；1952年为恩施县十二区板桥乡驻地，1958年为沐抚板桥公社驻地，1975年撤区并社后，仍为板桥公社驻地。

该集镇有一条南北走向的直街，街两旁为木质结构的青瓦房屋，亮柱飞檐。街长150余米，宽6米，中间为泥石路面，两旁为条石镶嵌。1975年撤区并社后容貌大变，新建的公社管委会机关大楼、公安派出所、林业站、食品所、拖拉机站、副食品加工厂依次排列。供销社、广播站、邮电局楼房相对而立。旅社、银行、财税所、信用社排列在街道左侧中心。板桥中学、医院、兽医站等单位坐落街的正面，集镇之西建有小水塔一座，解决了人畜饮水的问题。高山集镇也安装了电灯。公路穿街而过，颇有山乡集镇的特色。

集镇南面的缓坡边，耸立着革命烈士纪念碑，为纪念解放初清匪时牺牲的烈士而建。

昔日交通闭塞，运输全靠人背骡驮；今日公路四通八达，向南有大(山顶)—板(桥)。公路与恩(施)—沐(抚)公路相通可直达恩施，逢双日客车往返于此。向北有公路与四川奉节相通。向西和西南有至新田和大木的公路，交通条件大大改观。

公社卫生院医疗设备较齐全，医务人员有12人，设有8张病床。集镇上开设了照相馆，设立了文化站，办有1所完全中学，有初中班6个，高中班4个，学生400名，教职工30人。

板桥集镇历来是川鄂两省边界人民物资交流、互通有无的主要场所。农历二、五、八为场期。场上出售的农副产品有大米、玉米、洋芋、生漆、贝母、厚朴、党参等。此地出产的党参，品质优良，滋阴补阳，驰名中外，远销东南亚各国，誉称“板党”。

今日的板桥集镇，兴旺发达，已成为板桥公社政治、经济、文化、交通的中心。

【让水坝大队】 Ràng shuǐ bà dà duì 312户，1399人，驻大石包，板桥集镇东北1.3公里。原名烽火大队，1981年9月1日按地片名更名为让水坝大队。辖20个生产队，27个自然村，耕地面积3035亩，其中水田6亩。主产苞谷、洋芋，特产党参、白肋烟。

大石包 Dà shí bāo 10人，大队驻地，板桥东北1.3公里。村旁有一大岩头，故名。

大坡 Dà pō 10人，大石包东北2.8公里。村处大山坡，故名。

冉家槽 Rǎn jiā cáo 30人，大石包东北2.9公里。

口子上 Kǒu zǐ shàng 60人，大石包东北4公里。村处张家槽的进口处，故名。

胡家包 Hú jiā bāo 10人。大石包东北2公里。

分水岭 Fēn shuǐ ling 10人，大石包北1.8公里。村处山坳分水岭下，故名。

陈家坪 Chén jiā píng 20人，大石包东北2.6公里。

苗子村 Miáo zǐ cūn 20人，大石包北方1.5公里。相传嘉庆二年(1797)此处住过白莲教，他们使用的武器多是红缨枪，当地称为“苗子”，故名。

徐家塆 Xú jiā wān 10人，大石包东北1.8公里。

胡家塆 Hú jiā wān 30人，大石包东北2公里。

董家窝坑 Dǒng jiā wō kēng 20人，大石包东北3.5公里。

半边埫 Bàn biān tǎng 80人，大石包东北3公里。村处埫地，文、邹两姓各占一半，故名。

张家塆 Zhāng jiā wān 50人，大石包北800米。

李家窝坑 Lǐ jiā wō kēng 30人，大石包东北3.2公里。

洋禾遍 Yáng hé biàn 130人，大石包东北800米。村处山坡，盛产洋禾，故名。

横槽 Héng cáo 60人，大石包东北2.8公里。村处横向山槽，故名。

倒塆 Dào wān 20人，大石包西北1公里。村处山塆，倒向，故名。

二台坪 èr tái píng 10人，大石包西北1.4公里。村处山坡的第二台地上，故名。

彭家塆 Péng jiā wān 10人，大石包西1.7公里。

罗家槽 Luó jiā cáo 20人，大石包西1公里。

蛤蟆口 Há ma kǒu 50人，大石包东9C0米.村处山口，蛤蟆较多，故名。

向家窝坑 Xiàng jiā wō kēng 40人，大石包东1.8公里。

鄢家塆 Yān jiā wān 60人，位于大石包西南750米。

刘家坡 Liú jiā pō 120人，大石包东南1.25公里。

蛤蟆口长槽 Há má kǒu cháng cáo 130人，大石包东南2.8公里。村处山槽，靠近蛤蟆口，故名。

彭家槽 Péng jiā cáo 50人，大石包东南2.1公里。

堰塘槽 Yàn táng cáo 20人，大石包东南2.1公里。村处槽地，有一口堰塘，故名。

【老板桥大队】 Lǎo bǎn qiáo dà duì 197户，913人，驻龙桥坪，板桥集镇西南1.5公里。原名照耀大队，1981年9月1日按地片名更名为老板桥大队。辖8个生产队，23个自然村，耕地面积1481亩。产玉米、马铃薯，特产党参、白肋烟。

龙桥坪 Lóng qiáo píng 60人，大队驻地，板桥西南1.5公里。村处坪地，修桥时曾挖出一块像龙的石头,故名。

三岔槽 Sān chà cáo 20人，龙桥坪西北1.4公里。村处山槽，有3条岔路，故名。

小塆槽 Xiǎo wān cáo 10人，龙桥坪西北600米。

刘家塆 Liú jiā wān 80人，龙桥坪东北700米。

马家坡 Mǎ jiā pō 10人，龙桥坪东北450米。

狭口 Xiá kǒu 10人，龙桥坪西北1.9公里。此地狭窄，村处槽口，故名。

白果树 Bái guǒ shù 30人，龙桥坪东北1公里。村内长有1棵大白果树，故名。

青岩塆 Qīng yán wān 30人，龙桥坪西2.3公里。村处山塆，一片青岩石，故名。

窑塆 Yáo wān 10人，龙桥坪西3公

里。村处山垮，曾建过炭窑，故名。

响水洞 Xiǎng shuǐ dòng 30 人，龙桥坪东南 350 米。村中有一山洞，水声如吼，故名。

老板桥 Lǎo bǎn qiáo 150 人，龙桥坪西南 600 米。村内有 1 座古老的木板桥，故名。

唐家塆 Táng jiā wān 20 人，龙桥坪东南 400 米。

台子上 Tái zi shàng 30 人，龙桥坪西南 1.1 公里。村处台地，故名。

党参塆 Dǎng shēn wān 10 人，龙桥坪西南 500 米。村处山塆，盛产党参，故名。

丁家屋场 Dīng jiā wū chǎng 10 人，龙桥坪东南 850 米。村中有一大屋场，丁氏居住，故名。

向东坪 Xiàng dōng píng 20 人，龙桥坪西南 1.6 公里。村处坪地，面向东，故名。

土河塆 Tǔ hé wān 20 人，龙桥坪西南 1.1 公里。村处山塆，有 1 条土河，故名。

阳坡 Yáng pō 60 人，龙桥坪东南 1.4 公里。村处山坡，朝阳，故名。

周家塆 Zhōu jiā wān 20 人，龙桥坪南 1.4 公里。

施家槽 Shī jiā cáo 60 人，龙桥坪西南 1.8 公里。

康家槽 Kāng jiā cáo 10 人，龙桥坪南 2 公里。

朝阳坪 Zhāo yáng píng 10 人，龙桥坪东南 2.4 公里。村处坪地，朝阳，故名。

【线杨坝大队】 Xiàn yáng bà dà duì 219 户，1042 人，驻线杨坝，板桥集镇东南 4.8 公里。原名青春大队，1981 年 9 月 1 日按其驻地名称更名为线杨坝大队。辖 14 个生产队，13 个自然村，耕地面积 2237 亩。主产玉米、马铃薯，特产党参。

线杨坝 Xiàn yáng bà 90 人，大队驻地，板桥集镇东南 4.8 公里。村处坪坝，长有 1 棵大垂柳树，当地叫线杨树，故名。

过路水井 Guò lù shuǐ jǐng 90 人，线杨坝西北 1.5 公里。村路旁有 1 口水井，故名。

龚家坡 Gōng jiā pō 10 人，线杨坝西北 1.9 公里。

穿水垱 Chuān shuǐ tǎng 60 人，线杨坝西北 750 米。村处垱地，有一出水洞，当地称穿水，故名。

代家槽 Dài jiā cáo 50 人，线杨坝东北 1.5 公里.

向家塆 Xiàng jiā wān 20 人，线杨坝西北 1.5 公里。

漆坪 Qī píng 60 人，线杨坝西北 600 米。村处坪地，原生长有 1 棵大漆树，故名。

山王庙 Shān wáng miào 30 人，线杨坝西北 500 米。村中原有 2 座庙，供有山大王神像，故名。

郭家坡 Guō jiā pō 10 人，线杨坝东北 750 米。

李家塆 Lǐ jiā wān 10 人，线杨坝西 2.2 公里。

高坎子坪 Gāo kǎn zi píng 30 人，线杨坝西 1.8 公里。村处坪地，有一高坝坎子，故名。

郭家坪 Guō jiā píng 50 人，线杨坝西 900 米。

杨家塆 Yáng jiā wān 40 人，线杨坝东南 600 米。

沙坪 Shā píng 30 人，线杨坝西南 1.5 公里。村处坪地，淤沙很多，故名。

台子塆 Tái zi wān 40 人，线杨坝东南 600 米。村处山塆台地上，故名。

黑塆垭口 Hēi wān yà kǒu 10 人，线杨坝西南 2.5 公里。村处山塆，蔽荫，故名。

廖家坡 Liào jiā pō 10 人，线杨坝西南 1.5 公里。

出水槽 Chū shuǐ cáo 50 人，线杨坝东南 1.5 公里。

方家塆 Fāng jiā wān 50 人，线杨坝东南 1.2 公里。

【蒿坝大队】 Hāo bà dà duì 314 户，1411 人，驻长心槽，板桥集镇南 2.4 公里。原名雄心大队，1981 年 9 月 1 日按地片名更名为蒿坝大队。辖 14 个生产队，13 个自然村，耕地面积 2659 亩。主产玉米、马铃薯，特产党参、核桃、生漆。

长心槽 Cháng xīn cáo 160 人，大队驻地，板桥集镇南 2.4 公里。村处山坡狭槽，故名。

罗家包 Luó jiā bāo 10 人，长心槽东北 2.3 公里。

大天坑 Dà tiān kēng 60 人，长心槽东北 2.5 公里。村中有一大天坑，故名。

茅埫 Máo tǎng 50 人，长心槽东北 2.6 公里。村处埫地，原长满茅草，故名。

黄家塆 Huáng jiā wān 50 人，长心槽东 2 公里。

洞坪 Dòng píng 60 人，长心槽东 2.4 公里。村处坪地，有一大洞，故名。

杨家岩上 yáng jiā yán shàng 50 人，长心槽东南 900 米。

莫家屋场 Mò jiā wū chǎng 80 人，长心槽西南 1 公里。

杉树塆 Shān shù wān 80 人，长心槽东南 1.1 公里。村处山塆，杉树茂密，故名。

清凉洞 Qīng liáng dòng 50 人，长心槽南 2 公里。村内有一出水洞，水清凉爽口，故名。

蒿坝 Hāo bà 40 人，长心槽南 1.8 公里。村处坪坝，长满蒿草，故名。

上塆 Shàng wān 40 人，长心槽南 2.25 公里。村处山塆，蒿坝上方，故名。

三块石 Sān kuài shí 30 人，长心槽南 3 公里。村中有 3 块整齐的岩石，故名。

【老鸹石大队】 Lǎo guā shí dà duì 158 户，854 人，驻老鸹石，板桥集镇西南 6 公里。原名光辉大队，1981 年 9 月 1 日按驻地名称更名为老鸹石大队。辖 8 个生产队，28 个自然村，耕地面积 1550 亩。主产玉米、薯类，特产党参。

老鸹石 Lǎo guā shí 30 人，大队驻地，板桥集镇西南 6 公里。村内有一岩石，形似老鸹，故名。

周家坡 Zhōu jiā pō 10 人，老鸹石东北 2.5 公里。

涂家塆 Tú jiā wān 70 人，老鸹石东北 2.8 公里。

碑坪 Bēi píng 30 人，老鸹石东北 2.6 公里。村处坪地，埋有石碑，故名。

岩子坪 Yán zǐ píng 20 人，老鸹石东北 2.2 公里。村处坪地，岩石子甚多，故名。

油竹槽 Yóu zhú cáo 10 人，老鸹石东北 2.9 公里。村处槽地，产油竹，故名。

团坪 Tuán píng 60 人，老鸹石东北 1.5 公里。村处坪地，呈圆形，故名。

洞碗坡 Dòng wǎn pō 10 人，老鸹石东北 1.3 公里。村处坡地，有一出水洞，人们用碗舀水吃，故名。

庙槽 Miào cáo 10 人，老鸹石东北 3.2 公里。村处槽地，建过庙宇，故名。

毛人河 Máo rén hé 90 人，老鸹石东北 1 公里。村处河边，传说有毛人(猿猴)栖息,故名。

垭口上 Yà kǒu shàng 30 人，老鸹石东北 1.8 公里。村处山垭口，故名。

纪家槽 Jì jiā cáo 10 人，老鸹石东北 2.6 公里。

小窝坑 Xiǎo wō kēng 老鸹石东 3.2 公里。村处窝坑，面积较小，故名。

苦草坪 Kǔ cǎo píng 30人，老鸹石东2.5公里。村处坪地，长满苦草，故名。

薛家坪 Xuē jiā píng 20人，老鸹石东1.8公里。

邬家槽 Wū jiā píng 10人，老鸹石东2.9公里。

油菜包 Yóu cài bāo 40人，老鸹石西250米，村处山包，周围田地多种植油菜，故名。

邹家窝坑 Zōu jiā wō kēng 10人，老鸹石东1.3公里。

孔树坪 kǒng shù píng 40人，老鸹石西南300米。村处坪地，有棵大树，人们见树干上有鸟啄的树孔，就叫它孔树，故名。

苦荞塆 Kǔ qiáo wān 20人，老鸹石东南900米。村处山塆，种植过苦荞，故名。

燕子洞 Yàn zi dòng 10人，老鸹石东1.8公里。村中有个山洞，春来多燕子窝，故名。

店子坪 Diàn zǐ píng 50人，老鸹石西南1.3公里。村处坪地，设过客店，故名。

西阳槽 Xī yang cáo 10人，老鸹石西南900米。村处狭槽地，太阳偏西才见阳，故名。

岩洞垭口 Yán dòng yà kǒu 10人，老鸹石东南1.2公里。村处山垭口，有一岩洞，故名。

沙坪 Shā píng 20人，老鸹石西南1.5公里。村处低坪地，多淤沙，故名。

防风洞 Fáng fēng dòng 20人，老鸹石西南2公里。村中有一山洞，四周长满防风草，故名。

大火山 Dà huǒ shān 10人，老鸹石南1.5公里。此地原系一片大森林，后烧荒开垦成农田，故名。

廖家坡 Liào jiā pō 10人，老鸹石西南2.4公里。

【龙坪大队】 Lóng píng Dà Duì，1044人，驻龙洞坪，板桥集镇东南7公里。原名星火大队，1981年9月1日按驻地更名为龙坪大队。辖8个生产队，17个自然村，耕地面积2153亩。主产玉米、薯类，特产有党参、白肋烟。

龙洞坪 Lóng dòng píng 70人，大队驻地，板桥集镇东南7公里。村处坪地，旁有一山洞，传说曾有龙栖居，故名。

淹水塃 Yān shuǐ tǎng 40人，龙洞坪东北1.3公里。村处塃地，常遭水淹，故名。

小烂池子 Xiǎo làn chí zǐ 50人，龙洞坪西北1.2公里。村内办过纸厂，修有一打纸浆用的池子，故名。

贵家坡 Guì jiā pō 20人，龙洞坪北偏西900米。

骡马店 Luó mǎ diàn 30人，龙洞坪东北800米。村处路边，原开过骡马店，故名。

土墙塆 Tǔ qiáng wān 90人，龙洞坪东北1.41公里。村处山塆，有几栋土墙屋，故名。

胡家塆 Hú jiā wān 50人，龙洞坪东北850米。

贺家塆 Hè jiā wān 10人，龙洞坪西南1公里。

卷槽塆 Juǎn cáo wān 10人，龙洞坪东南900米。村处塆槽，人称卷槽，故名。

安乐堂 An lè táng 50人，龙洞坪西南1.8公里。村中建过庙，名安乐堂，村名借用。

楸树塆 Qiū shù wān 10人，龙洞坪南偏西650米。村处山塆，长有很多楸树，故名。

石梯子 Shí tī zi 20人，龙洞坪南900米。村处坡地，有一段石梯路，故名。

樟树塆 Zhāng shù wān 110人，龙洞坪西南2.5公里。村处山塆，原长有1棵大樟树，故名。

水井塆 Shuǐ jǐng wān 30人，龙洞坪西南3.6公里。村处山塆，有一水井，故名。

贺家塆 Hè jiā wān 50人，龙洞坪西南2.9公里。

老屋场 Lǎo wū chǎng 20人，龙洞坪南偏东1.6公里。村中有栋房屋，年代长久，故名。

姜家槽 Jiāng jiā cáo 20人，龙洞坪西南3.7公里。

【穿洞子大队】 Chuān dòng zǐ dà duì 232户，1077人，驻八个垛，板桥集镇东南6.3公里。原名星火大队，1981年9月1日按地片名更名为穿洞子大队。辖8个生产队,23个自然村，耕地面积1760亩。主产玉米、马铃薯，特产白肋烟，党参。

八个垛 Bā gè duǒ 40人,大队驻地，板桥东南6.3公里。站在村中，一眼可见8个山垛，故名。

严家埫 Yán jiā tǎng 90人，八个垛北2.6公里。

高架坡 Gāo jià pō 110人，八个垛北偏东2.6公里。村处山坡高处，故名。

谢家槽 Xiè jiā cáo 36人，八个垛东北2.5公里。

阴槽 Yīn cáo 20人,八个垛东北2.2公里。村处槽地，背阴，故名。

黑塆 Hēi wān 10人,八个垛东北2.4公里。村处山塆,过去森林覆盖,少见阳光,故名。

杨家坪 Yáng jiā píng 50人，八个垛西北2.4公里。

瓦厂槽 Wǎ chǎng cáo 20人，八个垛北偏东1.9公里。村处坪地，办过瓦厂，故名。

阴桥 Yīn qiáo 50人，八个垛西北2.2公里。田间有一阴沟，沟下流水，沟上种地，故名。

许家岩 Xǔ jiā yán 30人，八个垛西北1.9公里。

桥头上 Qiáo tóu shàng 20人。八个垛东北3.2公里。村处小桥头，故名。

唐家坪 Táng jiā píng 30人，八个垛西北2公里。

杨家埫 Yáng jiā tǎng 20人，八个垛西北1.4公里。

栾家槽 Luán jiā cáo 30人，八个垛西北2.5公里。

寨塆 Zhài wān 20人，八个垛西北1.1公里。村处山塆，修过寨子，故名。

姜家坡 Jiāng jiā pō 20人，八个垛西北2公里。

长槽 Cháng cáo 100人，八个垛西北1.3公里。村处一长槽内，故名。

大烂池子 Dà làn chí zi 60人,八个垛东北1.4公里。此村办过纸厂，修有一打纸浆用的池子，故名。

马鹿槽 Mǎ lù cáo 70人，八个垛偏北2.7公里。村处坪地，早先野鹿、野马成群，故名。

小山包 Xiǎo shān bāo 20人，八个垛西偏北2.4公里。村处小山包，故名。

张家槽 Zhāng jiā cáo 20人，八个垛西北600米。

撮箕坪 Cuō jī píng 10人，八个垛西1.5公里。村处坪地，形似撮箕，故名。

半头槽 bàn tóu cáo 110人，八个垛西南2.7公里。村处槽地，原为代、王两家各一半，故名。

【横店子农科站】 Héng diàn zǐ nóng kē zhàn 100户，504人，驻横店子，板桥集镇南5.7公里。原名板桥公社农科站，1981年9月1日按驻地名称命名横店子农科站。辖5个生产队，4个自然村，耕地面积703亩。主产玉米、薯类，特产党参。

横店子 Héng diàn zǐ 100人，农科站驻地，板桥集镇南5.7公里。村处路旁，开过客店,呈东北至西南走向，当地人称横向，故名。

东方槽 Dōng fāng cáo 100人，横店子东南900米。村处槽地,在横店子以东，故名。

马家槽 Mǎ jiā cáo 100人，横店子东南1公里。

横槽 Héng cáo 10人,，横店子东南1.3公里。村处槽地，横向，故名。

龙洞坝 Lóng dòng bà （片村），横店子西南方,面积800亩,包括横店子自然村。此片村东面山上有1个洞，传说，山洪暴发游出了1条龙，故名。

【大木大队】 Dà Mù Dà Duì 308户,1336人,驻许家槽,板桥集镇西南6.25公里。原名风光大队，1981年9月1日按地片名称更名为大木大队。辖14个生产队,20个自然村,耕地面积2618亩。主产玉米、薯类，特产党参、白肋烟、当归。

许家槽 Xǔ jiā cáo 20人，大队驻地，板桥集镇西南6.25公里。

阴垮 Yīn wān 10人，许家槽东北2.7公里。村处山垮，蔽荫，故名。

横槽 Héng cáo 20人，许家槽东北2.5公里。村处槽地，横向，故名。

杨四庙 Yáng sì miào 10人，许家槽东北2.4公里。村中建过庙，庙内供着杨四将军像，故名。

太平槽 Tài píng cáo 10人，许家槽西北2公里。村处槽地，传说过去是躲避打仗之处，故名。

朝东槽 Cháo dōng cáo 20人，许家槽东北2公里。村处槽地，槽口朝东，故名。

老木城 Lǎo mù chéng 80人，许家槽西北1.7公里。相传三国时，刘备带兵在此扎过营，修有很多木屋，故名。

纸厂垮 Zhǐ chǎng wān 70人，许家槽东北2.4公里。村处山垮，办过纸厂，故名。

刘五坪 Liú wǔ píng 50人，许家槽西北2.4公里。

朱家槽 Zhū jiā cáo 10人，许家槽东北1.8公里。

半边槽 Bàn biān cáo 10人，许家槽东北1公里。村处槽地，原为王、陈两户各占一半，故名。

小槽 Xiǎo cáo 50人，许家槽西北1.3公里。村处槽地，面积较小，故名。

狮子岩 Shī zi yán 100人，许家槽东北2.1公里。村北有一岩石，形似狮子头，故名。

挑水洞 Tiāo shuǐ dòng 100人，许家槽东北1.7公里。村旁有一出水洞。人们常到洞内挑水吃，故名。

双水井 Shuāng shuǐ jǐng 50人，许家槽西2.4公里。村正中有两个水井，故名。

管家窝埫 Guǎn jiā wō tǎng 30人，许家槽西南1公里。

江家槽 Jiāng jiā cáo 10人，许家槽东南1.1公里。

土河坝 Tǔ hé bà 90人，许家槽东南1.1公里。村处坪坝，有条土河沟，故名。

大木埫 Dà mù tǎng 70人，许家槽南1.25,公里。村处埫地，长有许多大杂木树，故名。

金家大槽 Jīn jiā dà cáo 100人，许家槽西南1.75公里。

【大树大队】 Dà shù dà duì 122户，578人，驻大树子，板桥集镇8公里。原名星火大队，1981年9月1日按驻地名称更名为大树大队。辖5个生产队,14个自然村，耕地面积296亩。主产玉米、马铃薯，特产党参。

大树子 Dà shù zǐ 50人,大队驻地，板桥集镇东南8公里。村中有一高大的檫树，人称大树子，故名。

硝洞垮 Xiāo dòng wān 50人，大树

子东北950米，村中有一山洞，产硝，故名。

大窝坑 Dà wō kēng 10人，东北1.2公里。村处窝坑，面积较大，故名。

椿木槽 Chūn mù cáo 40人，大树子东北1.4公里。村处槽地，原长有一大椿树，故名。

石板沟 Shí bǎn gōu 20人，大树子西北500米。村中有条石板沟，故名。

南槽 Nán cáo 50人，大树子西偏北1.3公里。村处山槽，向南延伸，故名。

岩蜂塆 Yán fēng tǎng 70人，大树子西南800米。村处塆地，岩蜂(土蜂)甚多，故名。

锦鸡毛 Jǐn jī máo 110人，大树子西南1.8公里。山上原有很多锦鸡，人们常捡到美丽的羽毛，故名。

窝蓬子 Wō péng zǐ 30人，大树子南700米。村处窝塆，原有间蓬子屋，故名。

小槽洞 Xiǎo cáo dòng 10人，大树子西南2.4公里。村处槽地，有一小山洞，故名。

干坪 Gān píng 50人，大树子西南1.7公里。村处坪地，干旱缺水，故名。

刘家塆 liú jiā tǎng 10人，大树子西南2.2公里。

岩堖上 Yán nǎo shàng 10人，大树子西南2公里。村处山岩顶上，人称岩堖上，故名。

马心槽 Mǎ xīn cáo 90人，大树子西南2.9公里。

【新田大队】 Xīn tián dà duì 1360人，驻姚家坪，板桥集镇西南10.2公里。原名新田管理区一队，1975年改为新田大队。辖14个生产队，50个自然村，耕地面积3015亩。主产玉米、薯类，特产党参。

姚家坪 Yáo jiā píng 30人，大队驻地，板桥集镇西南10.2公里。

马家槽 Mǎ jiā cáo 10人，姚家坪北2.6公里。

黄柏塆 Huáng bǎi tǎng 10人，姚家坪北2.5公里。村处塆地，原长有一黄柏树，故名。

谢家坡 Xiè jiā pō 10人，姚家坪西北2.7公里。

笋子塆 Sǔn zi tǎng 20人，姚家坪东北2.6公里。村处塆地，盛产竹笋，故名。

核桃塆 Hé táo tǎng 10人，姚家坪北2.1公里。村处塆地，核桃树多，故名。

老房子 Lǎo fáng zi 20人，姚家坪东北2.4公里。此地有一瓦屋，是村中最老的屋子，故名。

大屋里 Dà wū lǐ 20人，姚家坪西北2.2公里。村内有栋大屋，故名。

灰包塆 Huī bāo wān 10人，姚家坪西北2.5公里。村处山塆，该地土壤，当地称灰包土，故名。

响水洞 Xiǎng shuǐ dòng 10人，姚家坪北1.8公里。村中有一出水洞，水声宏大，故名。

小槽 Xiǎo cáo 30人，姚家坪东北2.2公里。村处山槽，东邻金家大槽，相对，故名。

上鸭子坪 Shàng yā zǐ píng 10人，姚家坪西北2.2公里。村处坪地，喂过鸭子，居于下鸭子坪上，故名。

雷家槽 Léi jiā cáo 10人，姚家坪东北1.5公里。

下鸭子坪 Xià yā zi píng 10人，姚家坪西北1.7公里。村处坪地，喂过鸭子，因居于上鸭子坪下，故名。

齐家槽 Qí jiā cáo 20人，姚家坪北1公里。

猫子口 Māo zǐ kǒu 10人，姚家坪西北5公里。村处山口，常有野猫出入，故名。

柳家坡 Liǔ jiā pō 10人，姚家坪西北900米。

瓦屋里 Wǎ wū lǐ 30人，姚家坪东北1公里。村内早先有栋大瓦屋，故名。

青龙塆 Qīng lóng wān 20人，姚家坪西北1.1公里。村处山塆，传说有青龙，故名。

王家坡 Wáng jiā pō 20人，姚家坪西北800米。

水井塆 Shuǐ jǐng wān 30人，姚家坪东北900米。村处山塆，有眼水井，故名。

龚家坡 Gōng jiā pō 10人，姚家坪东北2.3公里。

大屋 Dà wū 30人，姚家坪东1.7公里。早先村中有栋大屋，故名。

黎家坡 Lí jiā pō 10人，姚家坪西750米。

花屋 Huā wū 40人，姚家坪东1.2公里。村中原有间房屋的白粉墙上，画有花纹图案，故名。

口子上 Kǒu zǐ shàng 20人，姚家坪东2.1公里。村中红岩槽出口上方，故名。

焦家槽 Jiāo jiā cáo 10人，姚家坪东南500米。

陈家垭口 Chén jiā yà kǒu 10人，姚家坪东南1.3公里。

红岩槽 Hóng yán cáo 20人，姚家坪东3.2公里。村处槽地，山体为红砂岩，故名。

张家塆 Zhāng jiā wān 10人，姚家坪东南400米。

肖家垭口 Xiāo jiā yà kǒu 10人，姚家坪东南2公里。

代家荒 Dài jiā huāng 20人，姚家坪东南1.6公里。传说，早先有代家在此居住，后迁居，田地荒废，故名。

余家槽 Yú jiā cáo 10人，姚家坪东南1.4公里。

塆槽 Wān cáo 10人，姚家坪西南1公里。村处塆槽内，故名。

瓦岗寨 Wǎ gang zhài 50人，姚家坪东南2.5公里。村三面环山，像一寨子，原在此开过瓦场，故名。

冉家塆 Rǎn jiā wān 10人，姚家坪东南1.8公里。

石家梁 Shí jiā liáng 10人，姚家坪东南2.75公里。

龙洞槽 Lóng dòng cáo 40人，姚家坪东南2.6公里。村处槽地，有一山洞，传说曾有龙，故名。

长塆 Cháng wān 70人，姚家坪东南1.7公里。村处于一长山塆，故名。

水窝坑 Shuǐ wō kēng 10人，姚家坪东南2.3公里。村内有一窝坑，常年积水，故名。

杨春景 Yáng chūn jǐng 10人，姚家坪东南2.3公里。村中最早落户的人名杨春景，村名借用。村中有一水井，故又名凉水井。

三岔塘 Sān chà tǎng 20人多姚家坪东南3公里。村处塘地，有3个岔塘，故名。

万家槽 Wàn jiā cáo 10人，姚家坪东南2.9公里。

骑马垭口 Qí mǎ yà kǒu 10人，姚家坪东南3.3公里。村处垭口，山形似马，农户住于山脊上，故名。

太平山 Tài píng shān 30人，姚家坪东南3.8公里。村中曾是难民躲避灾难的地方，故名。

杉树坪 Shān shù píng 10人，姚家坪东南3.7公里。村处坪地，杉树茂盛，故名。

尹家槽 Yǐn jiā cáo 10人，姚家坪南3.3公里。

洋禾塘 Yáng hé tǎng 20人，姚家坪东南395公里。村处塘地，盛产洋禾，故名。

堰塘坪 Yàn táng píng 10人，姚家坪东南3.9公里。村处坪地，有口堰塘，故名。

朝阳坡 Cháo yang pō 10人，姚家坪东南4公里。村处坡地，向阳，故名。

【三埫大队】 Sān shǎng dà duì 274户，1191人，驻王家坪，板桥集镇南9.2公里。原名华光大队，1981年9月1日按地片名更名为三埫大队。辖14个生产队，15个自然村，耕地面积2552亩，主产玉米、马铃薯，特产党参。

王家坪 Wáng jiā píng 180人，大队驻地，位于板桥集镇南9.2公里。

弯河 Wān hé 150人，王家坪东北2公里。村边有条弯弯的小河，故名。

徐家坪 Xú jiā píng 90人，王家坪东北1.8公里。

狮子口 Shī zi kǒu 20人，王家坪东北1.6公里。村口有一岩石，形似狮子，故名。

新屋场 Xīn wū chǎng 70人，王家坪西北900米。村中在解放后因建有新屋，故名。

淹水埫 Yān shuǐ tǎng 10人，王家坪东3.8公里。村处埫地，常遭水淹，故名。

简家槽 Jiǎn jiā cáo 150人，王家坪东南1.7公里。

三埫槽 Sān tǎng cáo 170人，王家坪西南900米。村处槽地，有3个窝埫，故名。

尹家台 Yǐn jiā tái 100人，王家坪西南1.7公里。

河坝里 Hé bà lǐ 150人，王家坪东南2.8公里。村处河边一坪坝中，故名。

徐家坡 Xú jiā pō 10人，王家坪东南3.9公里。

岩堖上 Yán nǎo shàng 10人，王家坪西南1.9公里。村处山岩顶，故名。

尹家大槽 Yǐn jiā dà cáo 20人，王家坪东南2.9公里。

小槽 Xiǎo cáo 10人，王家坪东南2.4公里。村处小山槽，故名。

八角坡 Bā jiǎo pō 居住50人，王家坪西南2.1公里。村处坡地，八角香树甚多，故名。

【中坝大队】 Zhōng bà dà duì 235户，1065人，驻下坝，板桥集镇西南13.3公里。原名新田二大队，1975年按地片名改为中坝大队。辖12个生产队，48个自然村，耕地面积2536亩。主产玉米、薯类，特产党参。

下坝 Xià bà 150人，大队驻地，位于板桥集镇西南13.3公里。村处长坝下方，故名。

单家坪 Shàn jiā píng 10人，下坝北3.9公里。

干沟塆 Gān gōu wān 10人，下坝北3.5公里。村处山塆干沟边，故名。

二坪 Er píng 10人，下坝北3.4公里。村处第二台坪地，故名。

石板坪 Shí bǎn píng 10人，下坝北3.2公里。村处坪地，岩石板较多，故名。

九根树 Jiǔ gēn shù 10人，下坝北2.9公里。村中长有9根古松树，故名。

头坪 Tóu píng 10人，下坝东北3公里。村处二坪前，故名。

朝阳坪 Cháo yang píng 10人，下坝北2.8公里。村处坪地，向阳，故名。

小长坪 Xiǎo cháng píng 20人，下坝北2.7公里。村处小坪地，狭长，故名。

刘家台 Liú jiā tái 10人，下坝北2.5公里。

倒埫槽 Dào tǎng cáo 10人，下坝:北21公里。村处埫槽，倒向，故名。

龙家坪 Lóng jiā píng 10人，下坝东北2.5公里。

大坡上 Dà pō shàng 10人，下坝北

偏东 2 公里。村处大坡地，故名。

淹水塂 Yān shuǐ tǎng 10 人，下坝东北 2.1 公里。村处塂地，常淹水，故名。

山羊坪 Shān yang píng 10 人，下坝西北 1.8 公里。村处坪地，是放山羊的好地方，故名。

后槽 Hòu cáo 10 人，下坝东北 1.6 公里。村处槽地，中坝后面，故名。

老塆 Lǎo wān 10 人，下坝东北 1.9 公里。村处山塆，过去是一片老林，故名。

上坝 Shàng bà 10 人，下坝东北 2.4 公里。村处坪坝，居上方，故名。

新田 Xīn tián 10 人，下坝东北 1.3 公里。人们最早开垦的田块，故名。

高坎子 Gāo kǎn zi 30 人，下坝东北 2.1 公里。村处高岩坎上，故名。

锅底盔 Guō dǐ kuī 20 人，下坝东北 2 公里。村子地形似锅底，故名。

干河沟 Gàn hé gōu 10 人，下坝西北 1.3 公里。村内有条干河沟，故名。

长五间 Cháng wǔ jiān 20 人，下坝西北 1.5 公里。村内有一长形房屋，共 5 间，故名。

白龙潭 Bái lóng tán 20 人，下坝西北 1.3 公里。村内有一水塘，相传有条白龙，故名。

学堂塆 Xué tang wān 10 人，下坝东北 900 米。村处山塆，原办过学堂，故名。

中坝 Zhōng bà 20 人，下坝东北 1.2 公里。村处坪坝，居上、下坝之间，故名。

朱家塆 Zhū jiā wān 10 人，下坝北 500 米。

猴子坪 Hóu zi píng 30 人，下坝西北 1.2 公里。村处坪地，有猴子出没，故名。

阴河坎上 Yīn hé kǎn shàng 20 人，下坝东北 1.2 公里。村处石坎上，下有阴河，故名。

周家塆 Zhōu jiā wān 30 人，下坝东 1.3 公里。

塆里 Wān lǐ 40 人，下坝西 1.9 公里。村处大山塆内，故名。

严家河 Yán jiā hé 10 人，下坝东 2.2 公里。村邻严家河，故名。

梁家塆 Liáng jiā wān 20 人，下坝东南 850 米。

大拐上 Dà guǎi shàng 10 人，大坝东 2.4 公里。村处大路拐弯上，故名。

皮家塆 Pí jiā wān 10 人，下坝东南 1.2 公里。

獐山寨 Zhāng shān zhài 20 人，下坝东南 2.1 公里。此村三面环山，当地称寨子，山上常有獐子出没，故名。

海螺井 Hǎi luó jǐng 10 人，下坝东南 2.7 公里。村中有一水井，传说出过海螺，故名。

六股田 Liù gǔ tián 10 人，下坝东南 2 公里。传说早年有夫妻二人在此落居，后生 6 子，长大后分家，将田分成 6 股，故名。

矿子塂 Kuàng zǐ tǎng 10 人，下坝东南 3 公里。村处塂地，硫磺矿丰富，故名。

白岩塆 Bái yán wān 0 人，下坝东南 3.6 公里。村处山塆，全是白岩石，故名。

卫家塆 Wèi jiā wān 10 人，下坝东南 4.25 公里。

【鹿院坪大队】 Lù yuàn píng Dà duì 71 户，319 人，驻河坪，板桥集镇西南 13.8 公里。原名洛阳大队，1981 年 9 月 1 日按地片名更名为鹿院坪大队。辖 3 个生产队，7 个自然村，耕地面积 280 亩。主产玉米、马铃薯，盛产魔芋。

河坪 Hé píng 20 人，大队驻地，板桥集镇西南 13.8 公里。村处坪地的中间河边，故名。

穆家坡 Mù jiā pō 10人，河坪西北1.4公里。

九老台 Jiǔ lǎo tái 10人，河坪西850米。村处台地，有一叫九老头的老人居住，故名。

鹿院坪 Lù yuàn píng 20人，河坪东北200米。村处坪地，像一大院，传说常有鹿来此村，故名。

周家大屋 Zhōu jiā dà wū 170人，河坪东南550米。村中周姓人家，建有1栋大屋，故名。

五坪 Wǔ píng 130人，河坪南550米。村处坪地，排列为五，故名。

板桥公社林场 Bǎn qiáo gōng shè lín chǎng 板桥集镇北500米。1979年建场，16人，营林51亩。

板桥公社拖拉机站 Bǎn qiáo gōng shè tuō lā jī zhàn 驻板桥集镇，1975年设立，有拖拉机7台。

板桥公社水电站 Bǎn qiáo gōng shè shuǐ diàn zhàn 板桥集镇西南9.1公里。1980年建成，职工36人，装机容量500千瓦。

板桥公社硫磺厂 Bǎn qiáo gōng shè liú huáng chǎng 板桥集镇西南14.1公里。1975年建厂，职工286人。

浅说地名志的性质

我国有编纂地方志的悠久历史，编纂地名志则是近几年的事。它的出现是历史发展的产物。由于它出世不久，人们对它的性质和具有的特征，它与地方志和其他地名典籍的区别，都有着认识的必要。

地名志是地方志的一种，是一部专志，这是它的性质。地名是自然现象和社会现象的综合反映。地名志对一个区域内的地名进行分门别类的记载。必然反映了一个区域的自然现象和社会现象，这与地方志是相一致的，因此它属于地方志的范畴。地名志以地名为对象，详细地记载一个区域的地名，所以它是一部专志。

地名志是一部记载一个区域地名的专志，因此要求在编写时应该紧紧围绕地名这一中心，并把与地名有密切联系的历史、地理、政治、经济和文化等方面内容反映出来。

地名志与其他地名典籍既有联系，又有独到之处。地名词典是以词条的形式，系统地介绍标准名称、位置、名称的来历（含义和沿革），以及当地的自然地理、社会历史和经济文化状况，力求准确和全面地反映各类重要地名的丰富内容。是一部标准化的具有较高科学水平的常备地名工具书。这些方面地名志也同样要求具备，与其的差别就在于取舍地名的尺度不同。地名志不但收集了地名词典所收集的各类重要地名，而且还较为广泛地收集了一个区域内的其他各类较为重要的地名，是一部比地名词典更为完整、详备的典籍。当然地名志也不是一个区域内的地名都要收集在录，而是经过一定的选择。至于地名录只是将一个区域内的地名辑录成册，内容较之地名志简单，与地名志的最大差别就在于没有志的内容，志是地名志的主体，地名录恰恰缺少这一主体。

太 阳 公 社 概 况

TAI YANG GONG SHE GAI KUANG

太阳公社位于恩施县城东北部，东南邻白杨坪公社，东北与建始杨泗庙公社接壤，西南及南部与龙马和龙凤公社接界，西北与四川省奉节县兴隆公社仅一山之隔。公社机关设在太阳河集镇，故名太阳公社。

该社下辖5个管理区，30个生产大队，256个生产队，1个林场，293个自然村。总面积186.21平方公里，有耕地44861亩，基中水田4330亩，林地136919亩。有5328户，24386人，其中农业人口23330人，该社许多村民是在洪武年间前后由江汉平原和四川等地迁居而来。土家族占4.58%。

解放前，太阳公社属恩施县第四区太阳乡。解放初为恩施县第九区（杉木）管，1952年为第十区（太阳）管，1956年属白杨区管，1957年仍为太阳区，1958年为太阳人民公社，1961年为太阳区，1975年撤区并社为太阳人民公社。

太阳公社地处崇山峻岭之中，其地势西高东低，平均海拔900米左右，最高点在公社北偏东的板壁岩，海拔为2030米；最低点在南偏东的找龙坝河边，海拔520米。社境内耸立着海拔1910米的石乳关，1754米的鸡笼寨和1124米的金峰山、羊角山、云台观等主要大山。是一个低山占9%，二高山占52.1%，高山占38.9%的公社，其气候寒冷潮湿，春夏多雨，冬季雪冻时间长。1月平均气温3℃；盛夏的7月平均气温25℃，全年无霜期230天，年日照量1272小时，常年降雨量1274毫米，土壤多为青沙泥土，中性偏酸。

公社境内，最大河流为太阳河。发源于县百户垮林场海拔1500米的牛鼻子，经舌头嘴、太阳河集镇到白杨坪公社的鹿子渡，在境内长17.5公里。公社境内有麻园垮河和犁耙沟河汇集进来，使该河平均流量达1.0立方米/秒，平均深0.5米，宽25米。此河落差大，流量稳定，给全公社提供了丰富的水利资源。其水力蕴藏量在3000千瓦以上。已开发695千瓦电力，解决了太阳河集镇、县太阳煤厂、公社煤厂、四川奉节二磺厂以及公社8个大队的照明和生产用电。修有水库3座计50万立方米、堰塘30口。

该社地大物博，资源丰富，在连绵起伏的群山，沟壑纵横的谷地生长有杉、松林、珍贵的水杉、耐寒的柳杉，速生的泡桐、椿树到处皆有。享有盛名的猕猴桃，食味可口的香菌以及名贵的中药材天麻、白三七等，均有一定的产量，据有关部门勘探，煤的蕴藏量达100万吨，年开采量1万吨，质量居恩施县之首。粮食作物主产玉米，其次为稻谷与薯类。1981年粮食总产1640.22万斤，比解放初增长3倍多。土特产以生漆、黄连、烟叶、苧麻、茶叶、桐木油为主。特别是近年发展的生漆，产量高，质量好，年产量200余担，已成为恩施县生漆主产地之一。

今日的太阳公社，全年总收入已达262.31万元，其中农业收入214.67万元，占总收入的81.9%。

公社在发展工矿企业方面有一定成绩，现办起了硫磺厂、煤厂、手工业社和3座小型水力发电站(装机容量695千瓦)，其总产值达28万元。

新中国成立以来，文教卫生事业也有较大地发展，全社现有高中

1所，初中、小学共37所，教职员282人，在校学生4950人。比解放初增长19倍。解放前只有1家私人诊所，现在除设备较齐全的1所公社医院外，还有29个大队卫生所，共有国家、集体医生52名，病床15张。为丰富人民的文化生活，还相继办起了文化站、广播站、电影队。

太阳公社地处恩施县北部，与川东接壤，乃是川鄂两省的门户之一。过去仅有1 条人行山道，交通极为不便。自1958年修筑了白杨至奉节县的公路干线后，交通才有改善。该公路自公社南面的梭布埡的大塆入境到北方的石乳关出境，境内长33.3公里。还修起了通往各大队的4条支线公路与白奉公路相通。每日有恩施至太阳河，恩施至奉节的客车往返，交通方便。公社拥有各种机动车辆15辆，改变了过去肩挑背驮的落后状况，加速了城乡物资交流，促进了工农业生产。

公社驻地——太阳河集镇，自白奉公路到县城74公里，居住2200人左右。该镇坐落在太阳河两岸，有新老街道2条。老街长280米，宽5米，呈丁字形。新街沿白奉公路布设，主要社直机关新修的砖石和钢筋混凝土结构的楼房分布于两旁。长380米，宽10米以上。新街在太阳河北岸，呈一字形，友谊桥将新老街道连接起来。每逢农历一、四、七为农贸集日，川鄂两省的人民踊跃前来交换各自的农产品，使物资交流市场繁荣。太阳河集镇已成为太阳公社政治、经济、文化、交通的中心。

太阳公社行政区划、居民点名称

太阳河集镇 Tài yáng hé jí zhèn 位于恩施县城北 37.5 公里，海拔 750 米。集镇处麻园河与太阳河交汇处，地形狭窄，有“太阳河碗大个窝，出门就爬坡”之说。明朝洪武年间，此地人烟稀少，树木丛生，连河沟也被覆盖，人们就在山谷河沿建窑烧炭，故得名“炭窑河”，后年长月久，人们便谐称为“太阳河”。

太阳河集镇在清朝时开始形成，解放初才发展到拥有 180 人的小集，街旁木质结构的楼房毗邻相接。杂货店、饭铺、骡马店、染行等错落间杂，农历三、五、九集日，比较热闹。解放前隶属恩施县第四区太阳乡驻地，1938 年只 20 户人家，农历二、五、八为集日。解放初为恩施县第十区太阳乡，1958 年为太阳人民公社驻地，1961 年为太阳区驻地，1975 年撤区并社后，为太阳公社驻地。

现集镇辖区面积约 0.1 平方公里，总人口 2200 人，其中农业人口 1285 人。有新老街两条，太阳河南岸为老街，北岸为新街。老街狭窄，约 5 米宽，长约 280 米，呈丁字形，石板泥土路面，低矮的木瓦房分布在街两旁。解放以来，在老街上相继修建了供销社、邮电所、银行等单位。1958 年白(杨坪)—奉(节)公路通车后，从友谊桥向西北岸公路两旁(也就是太阳河北岸)，先后搬迁和新建了砖石及钢筋混凝土构造的公社机关、电影院、拖拉机站、搬运站、卫生院、银行、林业站、财政所、旅社等单位。形成了 1 条长 380 米，宽 10 米以上的新型乡镇街道，街道两旁的柳杉和梧桐似一条绿带由南向北延伸。东北角河岸坐落着太阳高中，白奉公路上的友谊桥纵跨太阳河南北两岸，雄伟壮观。新建在桥南头的百货商店，更是新颖美观，给山乡集镇增添了光彩。每逢农历一、四、七为集日，川鄂两省的乡民背挑着各种农副土特产品汇聚此地，互通有无，进行物资交换，木、竹制品沿街可见，烟叶、茶叶、核桃、板栗等土特产品，琳琅满目，呈现出社会主义山村小集镇的繁荣景象。

【太阳河大队】 Tài yáng hé dà duì 207 户，868 人，驻太阳河集镇。太阳河北 300 米。原名红卫大队，1981 年 9 月 1 日按大队驻地更名为太阳河大队。辖 10 个生产队，10 个自然村，耕地面积 1384 亩，其中水田 97 亩。主产玉米、薯类、水稻，特产生漆。

上麻园塆 Shàng má yuán wān 30 人，太阳河北 1.9 公里。此塆有块麻园，村处麻园上方，故名。

下麻园塆 Xià má yuán wān 5 人，太阳河北 1.2 公里。村处麻园下方，故名。

金竹园 Jīn zhú yuán 53 人，太阳河西北 1.3 公里。村中金竹成片，故名。

关口上 Guān kǒu shàng 83 人，太阳河北 500 米。村处山隘口上方，故名。

大拐 Dà guǎi 25 人，太阳河西南 750 米。村处大弯处，俗称大拐，故名。

倒角塆 Dǎo jiǎo wān 70 人，太阳河南 1.5 公里。村处 180 度转弯道路处，故名。

城墙岩 Chéng qiáng yán 68 人，太阳河西南 2.5 公里。此岩似城墙，故名。

灯盏窝 Dēng zhǎn wō 20 人，太阳河西南 2.1 公里。此村地形似灯盏窝，故名。

向家坡 Xiàng jiā pō 60人，太阳河西南3.4公里。

杜家塆 Dù jiā wān 70人，太阳河西南4公里。

【放马场大队】 Fàng mǎ chǎng dà duì 242户，1080人，驻放马场，位于太阳河集镇西北3.4公里。原名建峰大队，1981年9月1日更名为放马场大队。辖9个生产队，6个自然村。耕地面积1810亩，其中水田340亩。主产水稻、玉米、薯类，特产生漆。

放马场 Fàng mǎ chǎng 30人，大队驻地，位于太阳河集镇西北3.4公里。此地原为放马的场所，故名。

道路塆 Dào lù wān 81人，放马场东北2.25公里。此村有条大道，沿山塆延伸，故名。

天鹅池 Tiān é chí 15人，放马场西北1.6公里。村中有座山梁似天鹅，侧面有口水池，故名。

骡马店 Luó mǎ diàn 22人，放马场东北500米。村中原开过骡马店，故名。

下塆 Xià wān 150人，放马场东偏南400米。村处山塆，居放马场下，故名。

茅店子 Máo diàn zǐ 50人，放马场西南1.4公里。此村原是茅草坡，后设过客店，故名。

【白果树坪大队】 Bái guǒ shù píng dà duì 183户，783人，驻白果树坪。位于太阳河集镇西北2.8公里。原名红阳大队。1981年9月1日按驻地更名为白果树坪大队。辖7个生产队，7个自然村，耕地面积1339亩，其中水田149亩，主产玉米、薯类，特产生漆。

白果树坪 Bái guǒ shù píng 106人，大队驻地，位于太阳河集镇西北2.5公里。村处坪地，有棵大白果树，故名。

乱石窖 Luàn shí jiào 77人，白果树坪西北750米。此地原乱石成坑，故名。

板板桥 Bǎn bǎn qiáo 80人，白果树坪东北750米。村中有座木板桥，故名。

三里荒 Sān lǐ huāng 56人，白果树坪西南1.1公里。此地原为荒坡，大约有3里长，故名。

庙垭口 Miào yà kǒu 133人，白果树坪东南1.3公里。村中山垭口原建有庙，故名。

蜡烛顶 Là zhú dǐng 20人，白果树坪西南1.3公里。村内有对石柱似蜡烛，故名。

上坪 Shàng píng 10人，白果树坪南1.3公里。村居白果树坪上方，故名。

【李爸沟大队】 Lǐ bà gōu dà duì 156户，719人，驻李爸沟，位于太阳河集镇东北2.2公里。原名高丰大队，1981年9月1日更名为李爸沟大队。辖8个生产队，7个自然村，耕地面积1450亩，其中水田97亩，主产水稻、玉米、薯类，产煤、生漆。

李爸沟 Lǐ bà gōu 70人，大队驻地，位于太阳河集镇东北2.2公里。“李爸”土家语，意为公老虎，李爸沟即公老虎沟。

菜子坪 Cài zǐ píng 90人，李爸沟西北450米。此坪盛产油菜，故名。

二台坪 Er tái píng 100人，李爸沟东1.4公里。村处鸡笼寨山脚下第二坪台上，故名。

陈家塆 Chén jiā wān 40人，李爸沟东南1.3公里。

下李爸沟 Xià lǐ bà gōu 60人，李爸沟南1.2公里。地处李爸沟下方，故名。

两河口 Liǎng hé kǒu 150人，李爸沟南2公里。村处太阳河与李爸沟的汇合口，故名。

【安营大队】 An yíng dà duì 88户，381人，驻安营，位于太阳河西北4.4

公里。原名绿化大队，1981年9月1日更名为安营大队。辖7个生产队，8个自然村，耕地面积799亩，其中水田49亩。主产玉米、薯类，特产生漆、木材。

安营 An yíng 15人，大队驻地，位于太阳河西北4.4公里。曾有部队在此安营扎寨，故名。

沙坡 Shā pō 30人，安营北900米。村处沙坡地，故名。

余家塆 Yú jiā wān 75人，安营西北750米。

陈家坡 Chén jiā pō 30人，安营北1.4公里。

包上 Bāo shàng 20人，安营西北1公里。村处山包上，故名。

毛家坪 Máo jiā píng 80人，安营东南850米。

燕儿窝 Yàn ér wō 20人，安营南400米。村处窝坑，形如燕窝，故名。

崔家坡 Cuī jiā pō 30人，安营东南1.4公里。

【双河岭大队】 Shuāng hé ling dà duì 193户，835人，驻双河岭，位于太阳河集镇西3.2公里。原名五星大队，1981年9月1日更名为双河岭大队。辖11个生产队，14个自然村，耕地面积1690亩，其中水田222亩。主产玉米、薯类，特产生漆、木材。

双河岭 Shuāng hé lǐng 30人，大队驻地，位于太阳河集镇西3.2公里。此山岭位于两河之间，故名。

老屋场 Lǎo wū chǎng 77人，双河岭西北550米。村中有栋老屋场，故名。

八角庙 Bā jiǎo miào 59人，双河岭东北1.1公里。村中原有座八角庙，故名。

涧塆 Jiàn wān 90人，双河岭西北750米。村处山塆，有条涧沟，故名。

茶园坡 Chá yuán pō 64人，双河岭西南1.2公里。此坡上茶树多，故名。

谌家梁子 Chén jiā liáng zǐ 50人，双河岭西南600米。

土洞子 Tǔ dòng zǐ 62人，双河岭东南600米。村旁有个土洞，藏过土猪，故名。

瓦厂 Wǎ chǎng 40人，双河岭西南650米。村中建过瓦厂，故名。

张家坡 Zhāng jiā pō 50人，双河岭东南550米。

磨齿沟 Mó chǐ gōu 40人，双河岭西南900米。村中有很多小沟，形似磨齿，故名。

唐家塆 Táng jiā wān 30人，双河岭东南1.3公里。

崩坎塆 Bēng kǎn wān 45人，双河岭南1公里。此塆常年崩土、垮山，故名。

杉树林子 Shān shù lín zi 20人，双河岭南偏西1.5公里。

许家坡 Xǔ jiā pō 30人，双河岭东南1.5公里。

郭家坡 Guō jiā pō 108人，奴河岭南1.4公里。

【曾家塆大队】 Zēng jiā wān dà duì 175户，786人，驻曾家塆，位于太阳河西6公里。原名胜利大队，1981年9月1日更名为曾家塆大队。辖14个生产队，14个自然村，耕地面积1162亩，其中水田152亩。主产玉米、薯类，特产生漆。

曾家塆 Zēng jiā wān 50人，大队驻地，位于太阳河集镇西6公里。

谢家包 Xiè jiā bāo 120人，曾家塆北1.2公里。

肖家塆 Xiāo jiā wān 80人，曾家塆西北1.3公里。

舌头咀 Shé tóu zuǐ 10人，曾家塆东北1.2公里。村头有座山头形似嘴舌，故名。

姚家塆 Yáo jiā wān 60人，曾家塆西800米。

老店子 Lǎo diàn zǐ 96人，曾家塆东北600米。村中开过客店，故名。

曾家老屋 Zēng jiā lǎo wū 57人，曾家塆南300米。

铁厂 Tiě chǎng 61人，曾家塆西南1.1公里。村中办过铁厂。

阳坡 Yáng pō 75人，曾家塆西南1.5公里。此坡当阳，故名。

曹家沟 Cáo jiā gōu 53人，曾家塆东南1.1公里。

牛脑壳包 Niú nǎo ké bāo 50人，曾家塆南800米。村内有座山，形似牛头，故名。

牛鼻子塆 Niú bí zi wān 60人，曾家塆西南1.7公里。村处山塆，形似牛鼻，故名。

下枫香坪 Xià fēng xiāng píng 56，人，曾家塆东南1.1公里。村处宝塔山下坪地中，有棵大枫香树，故名。

贺家坡 Hè jiā pō 33人，曾家塆西南1.8公里。

【官坝农科站】 Guān bà nóng kē zhàn 108户，464人，驻官坝，位于太阳河集镇西南1.2公里。原名太阳公社农科站，1981年9月1日更名为官坝农科站。辖5个生产队，5个自然村，耕地面积613亩，其中水田224亩，主产玉米、水稻、薯类，特产生漆。

官坝 Guān bà 89人，农科站驻地，位于太阳河集镇西南1.2公里。此坝早年有人为争水打过官司，故名。

段家梁子 Duàn jiā liáng zi 20人，官坝西北1公里。

大树包 Dà shù bāo 97人，官坝东北350米。村内山包上原有棵大油杉树，故名。

中坝 Zhōng bà 95人，官坝东北350米。村居坝正中，故名。

火烧桥 Huǒ shāo qiáo 80人，官坝西750米。村中有座木桥曾被火烧过，故名。

斑竹园 Bān zhú yuán 90人，官坝西1.2公里。村中斑竹多，故名。

【头茶园大队】 Tóu chá yuán dà duì 192户，908人，驻磨齿沟，位于太阳河集镇东南2公里。原名红旗大队，辖11个生产队，12个自然村。耕地面积2027亩，其中水田220亩。主产玉米、薯类，特产茶叶、生漆。

磨齿沟 Mó chǐ gōu 140人，大队驻地，位于太阳河集镇东南2公里。村内有条弯曲的河沟，形似磨齿，故名。

鸡笼寨 Jī lóng zhài 29人，磨齿沟东北2.6公里。村旁山头形似鸡笼，故名。

大槽 Dà cáo 41人，磨齿沟东北1.8公里。村处大山槽内，故名。

谌家垭口 Chén jiā yà kǒu 50人，磨齿沟西北1公里。

坐基塆 Zuò jī wān 50人，磨齿沟东北600米。村处山塆，建屋的地基多，故名。

头茶园 Tóu chá yuán 260人，磨齿沟东北900米。此村盛产茶叶，尤以头茶闻名，故名。

闹鱼溪 Nào yú xī 170人，磨齿沟西北500米。村中有条小溪，人们常闹鱼吃，故名。

二茶园 Er chá yuán 100人，磨齿沟东北2公里。村处头茶园后，故名。

板棚沟 Bǎn péng gōu 65人，磨齿沟东400米。此沟似打谷子的板棚一样，故名。

郑家槽 Zhèng jiā cáo 88人，磨齿沟东南650米。

头道水 Tóu dào shuǐ 磨齿沟南偏西400米。

雷家坡 Léi jiā pō 40人，磨齿沟东南2.4公里。

寨子坡 Zhài zi pō 40人，磨齿70

太阳公社沟东南500米。村处坡地，传说山顶土匪扎过寨子，故名。

庞家河 Páng jiā hé 39人，磨齿沟东南1.5公里。

【黄土包大队】 Huáng tǔ bāo dà duì 174户，776人，驻黄土包，位于太阳河集镇东南1.7公里。原名东方红大队，1981年9月1日更名为黄土包大队。辖8个生产队，7个自然村，耕地面积2024亩，其中水田224亩。主产水稻、玉米、薯类，特产生漆。

黄土包 Huáng tǔ bāo 232人，大队驻地，位于太阳河集镇东南1.7公里。村处黄土包下，故名。

玉皇庙 Yù huáng miào 119人，黄土包北1.2公里。村中原建有玉皇庙，故名。

万家坪 Wàn jiā píng 131人，黄土包西北1公里。

大厢 Dà xiāng 60人，黄土包东北600米。村中有块大厢田，故名。

许家垭口 Xǔ jiā yà kǒu 76人，黄土包西南1.4公里。

石桥子 Shí qiáo zi 62人，黄土包东南400米。村中原有座石板桥，故名。

茶园 Chá yuán 100人，黄土包东南1.6公里。村中茶树多，故名。

【大块大队】 Dà kuài dà duì 218户，971人，驻穿洞子，位于太阳河集镇东南6.6公里。原名云丰大队，1981年9月1日更名为大块大队。辖7个生产队，9个自然村，耕地面积1979亩，其中水田283亩，主产玉米、薯类，特产生漆、茶叶。

穿洞子 Chuān dòng zi 93人，大队驻地，位于太阳河集镇东南6.6公里。村中有个穿洞子，故名。

凉水阡 Liáng shuǐ qiān 80人，穿洞子西北1.5公里。村中有个凉水洞，故名。

半河 Bàn hé 132人，穿洞子西北620米。村处河流中段，故名。

大块林场 Dà kuài lín chǎng 102人，穿洞子西北1.3公里。此林场在大块大队内，故名。

板场 Bǎn chǎng 172,人，穿洞子西1.8公里。村中有块大石板，作晒场用，故名。

台子上 Tái zi shàng 102人，穿洞子西偏南1.3公里。

大块 Dà kuài 202人，穿洞子西南800米。村中有块大水田，故名。

狮子坡 Shī zi pō 83人，穿洞子南偏东650米。村处坡地，有块岩石似狮子，故名。

洼岩 Wā yán 67人，穿洞子东南2公里。村中有块倾斜的岩壁，故名。

【稀坪大队】 Xī píng dà duì 146户，664人，驻深沟，位于太阳河集镇东南3.8公里。原名光明大队，1981年9月1日更名为稀坪大队。辖10个生产队，9个自然村，耕地面积1089亩，其中水田203亩。主产玉米、水稻、薯类，特产生漆、木材。

深沟 Shēn gōu 89人，大队驻地，位于太阳河集镇东南3.8公里。村中有条深沟，故名。

礁桩 Jiāo zhuāng 63人，深沟西北1公里。村中有根大礁石桩，故名。

箩筐岩 Luó kuāng yán 97人，深沟西偏北1.1公里。村四周是岩，形似箩筐，故名。

桥塆 Qiáo wān 31人，深沟北500米。此塆内有座木桥，故名。

大坪 Dà píng 185人，深沟东北1公里。村中有块大坪地，故名。

斋公槽 Zhāi gōng cáo 26人，深沟东偏北600米。此槽中原建有庙，和尚吃斋，故名。

通槽 Tōng cáo 30人，深沟东南1.3公里。此山槽畅通，故名。

稀坪 Xī píng 80人，深沟南900米。

此坪常年积水，故名。

灯草坪 Dēng cǎo píng 20 人多深沟东南 1.4 公里。此坪长灯草，故名。

【宝塔岩大队】 Bǎo tǎ yán dà duì 143 户，650 人多驻宝塔岩，位于太阳河集镇西南 5.1 公里。原名合心大队，1981 年 9 月 1 日更名为宝塔岩大队。辖 8 个生产队，9 个自然村，耕地面积 1747 亩，其中水田 11 亩。主产玉米、薯类，特产生漆飞木材。

宝塔岩 Bǎo tǎ yán 40 人，大队驻地，位于太阳河集镇西南 5.1 公里。村中有座 10 米高的石岩柱，形似宝塔，故名。

枫香坪 Fēng xiāng píng 40 人，宝塔岩北偏西 400 米。此坪中原有棵大枫香树，故名。

锅厂塆 Guō chǎng wān 80,人，宝塔岩东 1.5 公里。此塆办过锅厂，故名。

虎口峡 Hǔ kǒu xiá 100 人，宝塔岩西 1.7 公里。此峡谷似虎口，故名。

双河桥 Shuāng hé qiáo 50 人，宝塔岩东南 1.5 公里。此桥架在两河汇合处，故名。

牛胡子垭口 Niú hú zi yà kǒu 80 人，宝塔岩南 1.5 公里。村处垭口，长满寸金草，似牛胡子，故名。

三岔溪 Sān chà xī 80 人，宝塔岩西南 2.1 公里。村中有条溪水分三岔，故名。

沈家塆 Shěn jiā wān 30 人，宝塔岩西偏南 2.4 公里。

姚家垴 Yáo jiā nǎo 30 人，宝塔岩南 2.4 公里。

【苦草塘大队】 Kǔ cǎo táng dà duì 199 户，931 人，驻苦草塘，位于太阳河集镇东南 3.8 公里。原名幸福大队，1981 年 9 月 1 日更名为苦草塘大队。辖 10 个生产队，10 个自然村，耕地面积 1727 亩，其中水田 78 亩，主产玉米、薯类，特产生漆、木材。

苦草塘 Kǔ cǎo táng 210 人，大队驻地，位于太阳河集镇东南 3.8 公里。村中有个淹水塘，长满苦草，故名。

马林光 Mǎ lín guāng 39 人，苦草塘北 1.1 公里。村中有棵大马林光树，故名。

黑槽 Hēi cáo 120 人，苦草塘西北 1.3 公里。此槽蔽荫，故名。

马鞍子 Mǎ ān zǐ 50 人，苦草塘东偏北 750 米。此村地形似马鞍，故名。

六筋山 Liù jīn shān 65 人，苦草塘西偏北 650 米。村中有 6 条小山岭，像 6 条筋，故名。

郭家坡 Guō jiā pō 70 人，苦草塘东南 950 米。

偏崖子 Piān yá zǐ 54 人，苦草塘西南 1.1 公里。村中有壁悬崖，向外倾斜，故名。

三个桩 Sān gè zhuāng 89 人，苦草塘东南 1.8 公里。村中有 3 个天然石桩子，故名。

谭家屋场 Tán jiā wū chǎng 82 人，苦草塘南偏西 900 米。

肖家坡 Xiāo jiā pō 88 人，苦草塘南 1.5 公里。

【中河大队】 Zhōng hé dà duì 99 户，476 人，驻小沟，位于太阳河集镇西南 8.5 公里。原名和平大队，1981 年 9 月 1 日更名为中河大队。辖 8 个生产队，9 个自然村，耕地面积 1020 亩。主产薯类、玉米，特产生漆。

小沟 Xiǎo gōu 70 人，大队驻地，位于太阳河集镇西南 8.5 公里。村内有条小沟，故名。

谢家店子 Xiè jiā diàn zǐ 37 人，小沟北偏东 2.6 公里。

磨盘垭口 Mò pán yà kǒu 80 人，小沟东北 2 公里。此垭口似磨盘，故名。

白塆 Bái wān 40 人，小沟东北太阳公社 1.9 公里。此塆为白姓居住，故名。

中河 Zhōng hé 80人，小沟北偏东1公里。村处小河中段，故名。

百户塆 Bǎi hù wān 40人，小沟西北800米。此塆原住有百户人家，故名。

黄家坡 Huáng jiā pō 32人，小沟东北1公里。

风柳溪 Fēng liǔ xī 80人，小沟南1公里。溪边原有棵柳树，后被风吹倒，故名。

铧头嘴 Huá tóu zuǐ 24人，小沟南偏东1.4公里，村中有座山头似铧梨尖，故名。

【小溪源大队】 Xiǎo xī yuán dà duì 121户，578人，驻小溪源，位于太阳河集镇南4.1公里。原名五一大队，1981年9月1日更名为小溪源大队。辖10个生产队，10个自然村，耕地面积1309亩，其中水田15亩。主产玉米、薯类，特产生漆、木材。

小溪源 Xiǎo xī yuán 75人，大队驻地，位于太阳河集镇南4.1公里。村处小溪的发源地，故名。

向家垭口 Xiàng jiā yà kǒu 48人，小溪源北偏西2.1公里。

刘家塆 Liú jiā wān 42人，小溪源北1.6公里。

摆布塘 Bǎi bù táng 70人，小溪源西北600米。村中有口水塘，传说原水为红色，人们将布拿到此塘来摆洗染色，故名。

覃家山 Qín jiā shān 21人，小溪源西北1.1公里。

砂坑 Shā kēng 18人，小溪源西1.6公里。村中有个大砂坑，故名。

黄家岩上 Huáng jiā yán shàng 12人，小溪源西南1.1公里。

张家大坪 Zhāng jiā dà píng 40人，小溪源南700米。

干溪河 Gàn xī hé 27人，小溪源西南1.5公里。此溪河常年干涸，故名。

凉桥 Liáng qiáo 50人，小溪源南1.1公里。村中有座凉桥，故名。

【羊角山大队】 Yáng jiǎo shān dà duì 114户，497人，驻羊角山，位于太阳河集镇东南6.5公里。原名宝丰大队，1981年9月1日更名为羊角山大队。辖7个生产队，5个自然村，耕地面积862亩，其中水田93亩。主产玉米、薯类，特产生漆。

羊角山 Yáng jiǎo shān 210人，大队驻地，位于太阳河集镇东南6.5公里。村中有两座山峰似对山羊角，故名。

凉水井 Liáng shuǐ jǐng 66人，羊角山东北1公里。村中有口凉水井，故名。

窝坑 Wō kēng 47人，羊角山西850米。村中有个窝坑，故名。

胡家坡 Hú jiā pō 30人，羊角山西南1.3公里。

【梭布垭大队】 Suō bù yà dà duì 263户，1210人，驻梭布垭，位于太阳河集镇东南8.7公里。原名裕丰大队，1981年9月1日更名为梭布垭大队。辖11个生产队，9个自然村，耕地面积1999亩，其中水田258亩。主产水稻、玉米、薯类，特产茶叶、白肋烟。

梭布垭 Suō bù yà 140人，大队驻地，位于太阳河集镇东南8.7公里。“梭布”土家语是“三个”的意思，“梭布垭”，即是3个垭口。

柏树槽 Bǎi shù cáo 75人，梭布垭北偏西1.4公里。此槽中有棵大柏树，故名。

气孔槽 Qì kǒng cáo 108人，梭布垭西北1.5公里。此槽中有个山洞，常年冒气，故名。

梨儿坪 Lí ér píng 178人，梭布垭北偏西600米。坪中原有棵大梨树，故名。

新母田 Xīn mǔ tián 162人，梭布垭东北800米。传说村中有块田是用一只母鸡换来的，故叫鸡母田，后新开了许多田，而改称新母田。

茶场 Chá chǎng 5人，梭布垭西南800米。村中办有茶场，故名。

枪杆岭 Qiāng gǎn lǐng 91人，梭布垭南偏东600米。此山岭形似枪杆，故名。

长沙坝 Cháng shā bà 322人，梭布垭西南1.6公里。此坝为泥沙长年淤积而成，故名。

五家沟 Wǔ jiā gōu 114人，梭布垭南偏西1.4公里。村处山沟，原有百家人居住，故名。

【后坪大队】 Hòu píng dà duì 139户，640人，住长瓦屋，位于太阳河集镇南偏西6.1公里。原名友谊大队，1981年9月1日更名为后坪大队。辖10个生产队，13个自然村，耕地面积1456亩。主产玉米薯类，特产生漆、烟叶。

长瓦屋 Cháng wǎ wū 30人，大队驻地，位于太阳河集镇南偏西6.1公里。村中有栋长形瓦屋，故名。

袁家窝坑 Yuán jiā wō kēng 40人，长瓦屋西北2.2公里。

鹿奔池 Lù bēn chí 21人，长瓦屋西北2公里。传说村中原有口水池，常有小鹿奔向池边饮水，故名。

黄家塆 Huáng jiā wān 21人9长瓦屋西北1.2公里。

范家塆 Fàn jiā wān 15人，长瓦屋西北1.7公里。

竹园塆 Zhú yuán wān 25人，长瓦屋西北700米。村处山塆，竹子多，故名。

朝阳坡 Cháo yáng pō 27人，长瓦屋东北800米。此坡朝阳，故名。

茶树坡 Chá shù pō 12人，长瓦屋东1.1公里。此坡茶树多，故名。

后坪槽 Hòu píng cáo 25人，长瓦屋西1公里。村处山槽后面，故名。

七星坪 Qī xīng píng 40人，长瓦屋东南900米。此坪周围有7座山，似天上7颗姊妹星，故名。

铧角塆 Huá jiǎo wān 20人，长瓦屋东南1.5公里。此塆形似铧犁头，故名。

瓦厂 Wǎ chǎng 18人，长瓦屋南偏西600米。村中办过瓦厂，故名。

邹家梁子 Zōu jiā liáng zǐ 20人，长瓦屋东南1.1公里。

【横槽大队】 Héng cáo dà duì 133户，626人，驻横槽，位于太阳河集镇西南7.6公里。原名永丰大队，1981年9月1日更名为横槽大队。辖8个生产队，12个自然村，耕地面积1515亩。主产玉米、薯类，特产生漆、木材。

横槽 Héng cáo 24人，大队驻地位于太阳河集镇西南7.6公里。此槽处戴外槽和椿木槽中间，故名。

响水 Xiǎng shuǐ 20人，横槽北1.7公里。村中有个小瀑布，流水响声大，故名。

冯家垭口 Féng jiā yà kǒu 10人，横槽西北1.3公里。

张家塆 Zhāng jiā wān 30人，横槽西北700米。

肖家坪 Xiāo jiā píng 37人，横槽西1公里。

椿木槽 Chūn mù cáo 110人，横槽东南1公里。此槽中有几棵大椿树，故名。

戴外槽 Dài wài cáo 44人，横槽西南1.4公里。此槽居椿木槽外，黄姓居住，故名。

安家垴 An jiā nǎo 029人，横槽西南1.2公里。1958年公社在此办场，人们来此安家，故名。

大水井 Dà shuǐ jǐng 50人，横槽南偏东1.5公里。村中有口大水井，故名。

鄢家坪 Yān jiā píng 40人，横槽南1.6公里。

潘家坪 Pān jiā píng 40人，横槽

太阳公社西南 1.7 公里。

杉木村 Shā mù cūn 69 人，横槽南偏东 2.3 公里。村中杉木树多，故名。

【茅湖埫大队】 Máo hú shǎng dà duì 196 户，917 人，驻茅湖埫，位于太阳河集镇南 7.7 公里。原名永红大队，1981 年 9 月 1 日更名为茅湖埫大队。辖 10 个生产队，15 个自然村，耕地面积 2023 亩，其中水田 78 亩。主产玉米、薯类，特产生漆。

茅湖埫 Máo hú tǎng 20 人，大队驻地，位于太阳河集镇南 7.7 公里。此埫形如小湖，长满茅草，故名。

小谷田 Xiǎo gǔ tián 26 人，茅湖埫东北 3 公里。村中有块田产小谷，故名。

蓼叶埫 Liǎo yè tǎng 90 人，茅湖埫东北 2.5 公里。此埫边蓼叶多，故名。

马家塆 Mǎ jiā wān 92 人，茅湖埫东北 1.8 公里。

下槽 Xià cáo 51 人，茅湖埫东北 2.5 公里，村处猫儿洲槽下端，故名。

上槽 Shàng cáo 107 人，茅湖埫东北 1.7 公里。村处猫儿洲槽上端，故名。

许家垭口 Xǔ jiā yà kǒu 40 人，茅湖埫北 700 米。

青树槽 Qīng shù cáo 53 人，茅湖埫东北 1.1 公里。此槽中原长有青枫树，故名。

店子上 Diàn zǐ shàng 73 人，茅湖埫东北 600 米。此村开过店子，故名。

祖坟包 Zǔ fén bāo 46 人，茅湖埫东南 1.8 公里。此山包上坟包多，故名。

燕家屋场 Yàn jiā wū chǎng 40 人，茅湖埫东 800 米。

赵家坪 Zhào jiā píng 76 人，茅湖埫西偏南 700 米。

郭家窝坑 Guō jiā wō kēng 35 人，茅湖埫西南 1.2 公里。

杆子岭 Gān zi lǐng 14 人，茅湖埫南偏西 600 米。此山岭像根树杆子，故名。

【马水大队】 Mǎ shuǐ dà duì 114 户，532 人，驻马水河，位于太阳河集镇东南 8.2 公里。原名民丰大队，1981 年 9 月 1 日更名为马水大队。辖 6 个生产队，3 个自然村，耕地面积 916 亩，其中水田 168 亩。主产玉米、水稻、薯类，特产木梓。

马水河 Mǎ shuǐ hé 280 人，大队驻地，位于太阳河集镇东南 8.2 公里。传说有金马、银马从金峰山下河来饮水，故名。

阴坡 Yīn pō 47 人，马水河东偏北 1.3 公里。此坡蔽荫，故名。

楠树坪 Nán shù píng 220 人，马水河东北 250 米。此坪上原长有楠木树，故名。

【秋谷坪大队】 Qiū gǔ píng dà duì 166 户，761 人，驻秋谷坪，位于太阳河集镇南偏西 8.5 公里。原名丰富大队，1981 年 9 月 1 日更名为秋谷坪大队。辖 11 个生产队，11 个自然村，耕地面积 2156 亩，其中水田 15 亩。主产玉米、薯类，特产生漆、白肋烟。

秋谷坪 Qiū gǔ píng 65 人，大队驻地，位于太阳河集镇南偏西 8.5 公里。四川人迁居此坪，首种粟谷，故名粟谷坪，后惯称秋谷坪。

北坡 Běi pō 82 人，秋谷坪北偏西 1 公里。此坡靠北向，故名。

戴家坡 Dài jiā pō 47 人，秋谷坪东北 1.1 公里。

姜池 Jiāng chí 54 人，秋谷坪东北 1.8 公里。村中有片乱石，形状似生姜，另有口水池，故名。

铁厂坝 Tiě chǎng bà 69 人，秋谷坪东北 700 米。此坝办过铁厂，故名。

胡家塆 Hú jiā wān 25 人，秋谷坪西北 600 米。

横梁子 Héng liáng zǐ 23 人，秋谷坪西 1 公里。此山梁横拦在秋谷坪槽口上，故名。

大窝垱 Dà wō tǎng 40人，秋谷坪西南650米。此地有个大窝垱，故名。

荣家大坪 Róng jiā dà píng 50人，秋谷坪东南600米。

杨家垭口 Yáng jiā yà kǒu 12人，秋谷坪东南1公里。

南坡 Nán pō 50人，秋谷坪南偏西900米。此坡位于村南，故名。

【金峰大队】 Jīn fēng dà duì 165户，752人，驻麻塆洞，位于太阳河集镇南偏东9.3公里。原名金星大队，1981年9月1日更名为金峰大队。辖9个生产队，10个自然村，耕地面积1318亩，其中水田155亩。主产玉米、水稻、薯类，特产木梓、生漆。

麻塆洞 Má wān dòng 20人，大队驻地，位于太阳河集镇南偏东9.3公里。此地有个麻灰色的山洞，故名。

瓦厂坪 Wǎ chǎng píng 14人，麻塆洞北1.1公里。此坪办过瓦厂，故名。

店子 Diàn zǐ 麻塆洞北偏西1公里。村中开过店子，故名。

大塆 Dà wān 20人，麻塆洞北700米。村处大山塆，故名。

庙坪 Miào píng 10人，麻塆洞东北900米。此坪中建过庙，故名。

冉家塆 Rǎn jiā wān 20人，麻塆洞西北750米。

尹家畈 Yǐn jiā fàn 20人，麻塆洞西1.2公里。

田家塆 Tián jiā wān 40人，麻塆洞东偏南750米。

田家老屋 Tián jiā lǎo wū 24人，麻塆洞东南1.2公里。

【石龙大队】 Shí lóng dà duì 108户，494人，驻刘三垭口，位于太阳河集镇南9.6公里。原名红星大队，1981年9月1日更名为石龙大队。辖8个生产队，10个自然村，耕地面积1429亩，其中水田47亩，主产玉米、薯类，特产漆、木材。

刘三垭口 Liú sān yà kǒu 15人，大队驻地，位于太阳河集镇南9.6公里。

二台子 Er tái zi 14人，刘三垭口东北2.7公里。村处坪地第二台上，故名。

易家骡马店 Yì jiā luó mǎ diàn 30人，刘三垭口东北1.7公里。

肖家槽 Xiāo jiā cáo 15人，刘三垭口西北750米。

大坡 Dà pō 12人，刘三垭口东北1公里。村处大坡地，故名。

杨家槽 Yáng jiā cáo 21人，刘三垭口西偏南700米。

石鼻龙 Shí bí lóng 80人，刘三垭口南700米。村中有块石头似龙的鼻子，故名。

杨家塆 Yáng jiā wān 20人，刘三垭口西南1.4公里。

平山子 Píng shān zǐ 25人，刘三垭口西南2.3公里。此村山脊较平，故名。

马家屋场 Mǎ jiā wū chǎng 20人，刘三垭口西南2.7公里。

【干树垭大队】 Gān shù yà dà duì 202户，886人，驻干树垭，位于太阳河集镇南10.5公里。原名群力大队，1981年9月1日更名为干树垭大队。辖14个生产队，14个自然村，耕地面积1419亩，其中水田238亩。主产玉米、水稻、薯类，特产桐、木油、茶叶、白肋烟。

干树垭 Gān shù yà 120人，大队驻地，位于太阳河集镇南10.5公里。此山垭原有根大枯树干，故名。

王家坡 Wáng jiā pō 25人，干树垭东北2.1公里。

岩上 Yán shàng 37人，干树垭东北1.4公里。村处岩坎上，故名。

沙子岭 Shā zi lǐng 50人，干树垭东北1.7公里。此山岭上沙子多，故名。

胡家坡 Hú jiā pō 44人，平树垭东北2.5公里。

狮子岩 Shī zi yán 25人，干树垭北500米。村中有壁岩，形似狮子，故名。

火烧屋基 Huǒ shāo wū jī 43人，干树垭东北2公里。此村失过火，故名。

高台坝 Gāo tái bà 人，干树垭东北800米。村处高台地，故名。

草坪 Cǎo píng 27人，干树垭东北300米。此坪原是茅草地，故名。

连家大坪 Lián jiā dà píng 27人，干树垭东北300米。

鲜鱼溪 Xiān yú xī 40人，干树垭东1.6公里。村中有条小溪，产的鱼味鲜可口，故名。

梨子坪 Lí zǐ píng 15人，干树垭东南1.1公里。此坪中梨子树多，故名。

官家塆 Guān jiā wān 70人，干树垭东南1.4公里。

张家垭口 Zhāng jiā yà kǒu 10人，干树垭东南1.8公里。

【马鹿池大队】 Mǎ lù chí dà duì 333户，1610人，驻大坪，位于太阳河集镇东11.3公里。原名先锋大队，1981年9月1日更名为马鹿池大队。辖17个生产队，17个自然村，耕地面积2238亩，其中水田318亩。主产玉米、水稻、薯类，特产桐、木梓、茶叶、白肋烟。

大坪 Dà píng 29人，大队驻地，位于太阳河集镇南偏东11.3公里。村处大坪地中，故名。

戏楼坡 Xì lóu pō 17人，大坪东北1.2公里。此坡上原搭过戏楼，故名。

洋禾塝 Yáng hé tǎng 30人，大坪西北1.1公里。此塆盛产洋禾，故名。

上马台 Shàng mǎ tái 大坪东北1公里。村旁有个台子，象上马的台子，故名。

二台子 Er tái zi 30人，东北650米。村中有二块台地，故名。

大坝河 Dà bà hé 20人，大坪北800米。村处河边，有块大坝，故名。

招蜂岩 Zhāo fēng yán 87人，大坪北550米。此岩上蜂子窝多，故名。

河口上 Hé kǒu shàng 14人，大坪西北1.1公里。村处大坝河口处，故名。

马鹿池 Mǎ lù chí 18人，大坪东北500米。村中有口水池多传说有人见一马一鹿到池边饮水，故名。

石磙塆 Shí gǔn wān 35人，大坪西北200米。村处山塆，传说有人在田中挖出过石磙，故名。

向家坡 Xiàng jiā pō 50人，大坪西1.2公里。

堰塘坪 Yàn táng píng 10人，大坪东800米。村处坪地，有口堰塘，故名。

肖家坡 Xiāo jiā pō 65人，大坪西南550米。

溜沙塆 Liū shā wān 30人，大坪东南700米。此塆坡大，沙石子常往下溜，故名。

大屋基 Dà wū jī 20人，大坪南偏东450米。村中有栋屋的屋基很大，故名。

彭家垭口 Péng jiā yà kǒu 25人，大坪西南1.1公里。

喻家包 Yù jiā bāo 29人，大坪南1.1公里。

【汇河大队】 Huì hé dà duì 231户，1021人，驻汇水，位于太阳河集镇南1.5公里。1958年取名汇河大队。辖14个生产队，14个自然村，耕地面积2894亩，其中水田464亩，主产玉米、水稻、薯类，特产桐、木梓、茶叶。

汇水 Huì shuǐ 90人，大队驻位于太阳河集镇南11.5公里。村处干树垭龙潭塆两河汇合处，故名。

欧家塆 Ou jiā wān 30人，汇水北1.2公里。

马家坡 Mǎ jiā pō 26人，汇水东北1公里。

响水沟 Xiǎng shuǐ gōu 59人，汇水东北1公里。沟中流水响声大，故名。

郭家坡 Guō jiā pō 10人，汇水西北800米。

欧家屋场 Ou jiā wū chǎng 24人，汇水北350米。

倒塆 Dào wān 45人，汇水东北1.1公里。村处倒角塆，故名。

猫子槽 Māo zǐ cáo 27人，汇水西北700米。村处槽地，形似猫子，故名。

头股 Tóu gǔ 48人，汇水西1公里。此村有座山分成8股，杨姓得头股，故名。

青树林 Qīng shù lín 42人，汇水西南600米。此地青树成林，故名。

瓦屋场 Wǎ wū chǎng 27人，汇水西南1.7公里。村中有块瓦屋基地，故名。

庙坪 Miào píng 50人，汇水西南2.2公里。此坪中建过庙，故名。

窝坑 Wō kēng 15人，汇水西南2.1公里。村中有个大窝坑，故名。

【楠木大队】 Nán mù dà duì 125户，578人，驻楠木桥，位于太阳河集镇南12.5公里。1958年取名楠木大队。辖8个生产队，8个自然村，耕地面积900亩，其中水田820亩，主产水稻、玉米，特产苧麻、棕片、桐油。

楠木桥 Nán mù qiáo 52人，大队驻地，位于太阳河集镇南12.5公里。村中有座用楠木搭成的桥，故名。

黄家塆 Huáng jiā wān 30人，楠木桥北偏东1公里。

曾家塆 Zēng jiā wān 44人，楠木桥东北1公里。

李家塆 Lǐ jiā wān L5人，楠木桥北600米。

徐家屋场 Xú jiā wū chǎng 10人，10人，楠木桥北650米。

碑垭 Bēi yà 11人，楠木桥东南500米。

三磴岩 Sān dèng yán 30人，楠木桥东南700米。村中有3个岩石磴，故名。

【柿子坪大队】 Shì zi píng dà duì 122户，562人，驻柿子坪，位于太阳河集镇南12.7公里。原名前锋大队，1981年9月1日更名为柿子坪大队。辖7个生产队，7个自然村，耕地面积855亩，其中水田54亩。主产玉米、薯类，特产苧麻、桐油。

柿子坪 Shì zi píng 60人，大队驻地，位于太阳河集镇南12.7公里。此坪中柿子树多，故名。

甘家槽 Gān jiā cáo 30人，柿子坪北300米。

越家坡 Yuè jiā pō 24人，柿子坪东800米。

曾家垭口 Zēng jiā yà kǒu 25人，柿子坪西南700米。

王大沟 Wáng dà gōu 53人，柿子坪东南1公里。

风箱垭 Fēng xiāng yà 21人，柿子坪南1公里。村处山垭，吹风声似拉风箱，故名。

黑山子 Hēi shān zǐ 28人，柿子坪东南1.6公里。此地原为大森林，山林黑密，故名。

【云台观林场】 Yún tái guàn lín Chǎng 太阳河集镇东南7公里。1978年建场，辖5个自然村，80户，362人，耕地面积609亩，造林面积3000亩，以杉树、松树、漆树为主。

大坪 Dà píng 太阳河集镇东南7公里。106人，村处大坪坝中，故名。

猴子岩 Hóu zi yán 42人，大坪西

1.6 公里。村旁岩壁原常有猴子攀缘，故名。

云台观 Yún tái guān 59 人，大坪东 1.9 公里。村中建过庙，名云台观，村名沿用，故名。

灯草池 Dēng cǎo chí 6 人，大坪西南 1 公里。村中有块烂泥地，长满灯草，故名。

花栎包 Huā lì bāo 103 人，大坪东南 800 米。村中山包上长满了花栎树，故名。

太阳公社硫磺厂 Tài yáng gōng shè liú huáng chǎng 太阳河集镇北 2.8 公里。1975 年建厂，职工 68 人。

太阳公社电站 Tài yáng gōng shè diàn zhàn 在白奉(恩施白杨坪至四川奉节县城)公路 30.24 公里旁的板板桥，建有 1 座目前我县最高水头的电站，因属太阳公社修建并在其境内，故称太阳公社电站，也称太阳河一级水电站。该电站海拔约 890 米。它的南方 2.4 公里是太阳集镇。板板桥旁是白奉公路的回头曲线，来往车辆和行人均可欣赏电站的雄姿美景。

该公社原在公社驻地下游 3 公里处，修过太阳三级水电站，后因工程量大而停工。为了统筹规划，贯彻先易后难的小水电建设原则，1978 年 3 月，在县水电局的具体勘测设计下，太阳公社组织 200 多人的专班，修建该水电站，经过一年多的努力，于 1979 年“五一”节发电。

此电站建在太阳河的支流麻园塆河中游，为引水式电站。渠道长 1500 米，宽 0.7 米，高 0.9 米多在板板桥的岩坎上修有长 35 米，宽 12 米，深 2.8 米的压力前池。此前池居高临下，经常溢水，从悬崖落下，形成瀑布。自前池有两根 440 米长，直径为 300 毫米的钢管直通电站厂房。其厂房建筑在两条小溪河的汇合处，为长 12 米宽 8 米的木瓦结构，周围有两道防洪墙。本电站水头为 213 米，引用 0.24 立方米/秒流量，设计装机容量为 320×2 千瓦，实际装机容量为 320 千瓦和 250 千瓦各 1 台。

该发电站年发电量为 92.5 万度，产值 6 万元以上。

崔 家 坝 公 社 概 况

CUI JIA BA G0NG SHE GAI KUANG

崔家坝公社位于恩施县城东北部,汉(口)渔—(泉口)公路纵贯全境。东与建始县花坪公社接壤,南与沙地公社相连,西与熊家、白杨坪公社和建始县猫坪公社毗邻,北与建始三里、红岩公社交界。

全社下辖香炉、腰牌、白岩、云台、公龙、茅田、滚龙、焦桩、铺房9个管理区,44个大队,318个生产队,391个自然村,2个集镇,1个茶场。8597户,38593人,其中农业人口37027人。土家族占大多数。多数是300年前从山东、湘西、川东迁居此地。

全社总面积227.92平方公里,其中耕地55880亩(水田5640亩,旱地50240亩)。林业用地100117亩。

崔家坝公社在解放前属第一区辖,解放初期为第八区,下辖鸦鹊、崔家坝的23个乡。1958年改名为鸦鹊公社,社址从鸦鹊水迁到崔家坝。1961年更名为鸦鹊区,下设9个小公社。1975年撤区并社时改为鸦鹊公社,1981年8月,恩施地区行署行文,将鸦鹊公社以其驻地更名为崔家坝公社。

崔家坝公社分低山、二高山和高山三级地带,其中低山占总面积的28.4%,二高山占45.7%,高山占25.9%。平均海拔900米。最低点在芭蕉园大队王家塆河边,海拔402.2米,最高点在扬杈水大队的高垭,海拔1710.5米。整个地形东高西低,社境中部从中村大队的百步梯至向家塆大队为一长槽地形，长约40华里，是崔家坝公社主要旱粮产区，汉渔公路从长槽内穿过。土壤主要是黄壤、紫红色土和黑沙土。

全社气候温和，雨水丰富，年平均气温14.87℃，1月平均气温2.7℃，7月平均气温24℃，无霜期240天，年降水量1352毫米，相对湿度79.8％。

南里渡河(上游称马水河)是公社境内较大的河流。源出建始县，从马水河经大上河地段，进入本社境，流经马家坡，洞门、田竹园、公龙坝、白果、洋伞坝、焦桩、九步梯、尹家坪、张家台子、芭蕉园11个大队，在沙地公社两河口汇入清江，由于河床较低，灌溉作用不大，但水利资源十分丰富。其他小河有庆潭口、窑湾河、洋鱼沟等，能灌溉部分耕地。全社人民利用这些水利资源修建了庆潭口、龙潭坪等九座水电站(其中队办电站四座)，装机容量为899千瓦，90％的大队已通电。

该公社土质、气候，适宜农作物的生长。国民经济以农为主，主产玉米、洋芋、小麦、红苕和水稻。1981年粮食总产3154万斤，全社总收入512.31万元。

全社人民历来有种植油菜的习惯，栽培历史悠久，并积累了一套创高产的宝贵经验。1981年产油菜籽176万斤，居恩施地区第一位，向国家贡献菜油209000斤。

工业方面，主要是农机维修和农具制造。公社办有硫磺厂、茶场、畜牧场、建筑队、汽车队、拖拉机站、农具厂、搬运站、缝纫社等10多个企事业单位，年产值58万元，占全社总收入的11.3%。

文教卫生事业发展较快。解放初期，全社只有小学2所，学生300人，教职工20人，现已发展到高中1所，初中9所，小学36所，在校学生 9074 人，教职工 474 人。解放初期，只有两家个体诊所，现有公社医院 1 所，医务人员 34 人，病床 20 张，还有 1 所分院，8 个医疗点，29 个医务室，国家集体医务人员 88 人，赤脚医生 53 人。

公社驻地在崔家坝集镇，该镇原是崔姓最早定居，故得名崔家坝。地处汉渔公路线上，交通极为方便。集镇上设有供销社、粮油所、食品所、邮电局、财政所、银行、广播站、企管站等 20 个社直和企事业单位。公社机关内，修有一座能容纳 1500 人的电影院，文化生活十分活跃。崔家坝已成为恩施县东北部最大集镇和该公社政治、经济、文化、交通的中心。

地名古诗

通天洞

（一）

明·沈庆

胜日寻芳迹，山中洞府宽。
碧桃千树古，流水一溪寒。
火伏丹应结，云凝龙筒蟠。
登天知有路，即此跨青鸾。

（二）

刘子厉

一窍中通小有天，旁开门户揖群仙。
金丹合就悬钟乳，玉粒收成废石田。
残榻欲醒卢氏梦。断碑犹记至元年。
游来拟作寻源客，洞中桃花莫浪传。

崔家坝公社行政区划、居民点名称

崔家坝集镇 Cuī jiā bà jí zhèn 位于恩施县城东北46公里，汉(口)—渔(泉口)公路562公里的东西两侧，北距红岩寺集镇7.5公里，南经汉渔公路去鸦鹊水集镇12公里。海拔880米，系崔家坝公社驻地。

崔家坝东望大山坡，西有起伏的小山峦环抱，地处南北走向的槽地，中间有一宽阔的平坝，此地开发前是茅蜡烛丛生的淹水坝，名茅草岗。明洪武二年(1369)，崔熙月从山东迁居到此，辛勤耕耘，安家落业，故名崔家坝。

民国元年(1911)，崔家坝设立团首，管辖沙子地、鸦鹊水、麦子垴和建始县的三里坝的二龙塆。后又设立团总，下设团防，辖八个保董，无印章。民国三十年(1941)后，改设联保办公处。民国三十二年(1943)撤联保改设乡，有经济股、文化股、警卫股。民国三十八年(1949)，又设立联保办公处和乡公所。解放前夕，设恩施县警察局崔家坝派出所，有所长1人和巡检3人，警士百余人。

崔家坝集镇历史上就缺水，清光绪七年(1881)集资修建白宫池，引来庆潭口之水，供人畜饮用(今仍存)。1966年由区委领导修建了1口容水5000方的蓄水池，基本满足了集镇居民的生活用水。

解放前，崔家坝乡属恩施县第一区辖，1938年只100户人家，以生产手杖、油扇闻名，逢农历双日赶集。解放初为恩施县第八区崔坝镇。1958年以后为鸦鹊区和公社驻地；1975年撤区并社后为鸦鹊公社驻地；1981年9月鸦鹊公社以其驻地更名为崔家坝公社。

崔家坝集镇南北长1000米，东西宽200米，总面积0.2平方公里。现居1530人，其中非农业人口1362人。土家族占很大比例。集镇中心有新、老街3条，两条较长的街道呈南北走向并行排列。东为新街，道宽10米，是汉渔公路的一段；西为老街，道宽4米，可行拖拉机。在老街西北部，又有1条向西伸出的小街，因解放前设立过衙门而得名衙门巷，宽3.5米。3条街道均系碎石泥结路面，总长1.5公里。老街多为旧式的木板房屋，主要居住村民，只有公社教育站、广播放大站、人武部设在老街，新街是20世纪60年代后逐渐形成的，以砖石结构的房屋为主。1975年以来，集镇建设速度有较大的发展，公社党政机关和供销社、邮电所、财政所、食品所、缝纫社、旅社、电影院、学校、医院、农具厂、拖拉机站等单位的楼房分布在街道两旁，现在有自来水和电灯，使集镇更加兴旺繁荣。

1976年和1977年，集镇先后发生两次火灾。群众财产受到了严重损失，在党和政府的领导下，克服了重重困难，很快重建了家园。

崔家坝历来是恩施通往宜昌、巴东等地的要地，集市贸易一直很繁荣，曾有小汉口之称。1964年，红岩寺至沙子地的公路修通后，崔家坝的交通有了改善。1979年，汉渔公路通车，更使崔家坝处于主干公路线上，交通极为便利，每天，上百辆汽车经过该镇，还有4班10次客车在此停靠，进出的物资已全由汽车运输。农历三、六、九的集日里，街道被挤得水泄不通。上市的土特，农、副产品主要有茶叶、葵花、桐油及大米、玉米、肉类等。

今天的崔家坝，南接恩施城，北通巴东，东可达宜昌、武汉市，已成为恩施县东北部最大的集镇和土特产的集散地，也是崔家坝公社政治、经济、文化、交通的中心。

【崔坝大队】 Cuī bà dà duì 355户，1369人，驻崔家坝集镇，位于汉(口)—鱼(泉口)公路562公里处。原名灯塔大队，1981年9月1日按其驻地名更名为崔坝大队。辖8个生产队，1个自然村，耕地面积690亩。主产玉米、薯类。

蚂蟥井 Mǎ huáng jǐng 33人，位于崔家坝东700米处。该村有口水井，在井的南、北面各有1条山脉，形似蚂蟥，山头正对水井，故名。

【三堰坝大队】 Sān yàn bà dà duì 321户，1447人，驻郭家坡，位于崔家坝西北3.7公里处。原名红光大队，1981年9月1日按所辖自然村名更名为三堰坝大队。辖11个生产队，12个自然村，耕地面积2392亩，其中水田662亩。主产玉米、薯类、水稻，特产桐子、木梓、茶叶。

郭家坡 Guō jiā pō 136人，位于崔家坝西北3.7公里处，大队驻地。

樟梅溪 Zhāng méi xī 202人，郭家坡西北1.8公里处。村处溪边，原长有棵大樟树和酸梅树，故名。

下光田 Xià guāng tián 102人，郭家坡北偏西1.1公里处。村处光田片村下半部，故名。

上光田 Shàng guāng tián 85人，郭家坡东北1公里处。村处光田片村上部，故名。

白布溪 Bái bù xī 156人，郭家坡西偏北1.1公里处。村处溪边，溪水从该地流过时，由于坡度大，形成的瀑布像白布一样，故名。

谭家坡 Tán jiā pō 59人，郭家坡西850米处。

天窝池 Tiān wō chí 45人，郭家坡东南1公里处。该村有个天然窝坑，坑内有水，故名。

三堰坝 Sān yàn bà 155人，郭家坡西南700米处。村处平坝中，南、西面各有1条堰沟，故名。

李大坡 Lǐ dà pō 37人，郭家坡东南800米处。

农会上 Nóng huì shàng 67人，郭家坡东南900米处。土改时，此村设有农会，故名。

石垭 Shí yà 119人，郭家坡东南1.6公里处。相传，清光绪年间，此村有个谭兴道考学填写籍贯时，认为填写石膏洞不光彩，就填成“石垭”，从此成为地名。

庙梁子 Miào liáng zǐ 102人，郭家坡东南2公里处。此村后山梁上建有座小庙，故名。

光田 Guāng tián (片村)，位于郭家坡西北1.5公里处，包括上、下光田两个自然村，有耕地面积480亩，主产玉米、薯类，另有山林约480亩。此地原为公田，在道光年间下冰雹时，把房屋和树木全部毁坏了，只剩下田土，故名。

【中村大队】 Zhōng cūn dà duì 330户，1466人，驻三尖角，位于崔家坝东北3.3公里处。1958年按所辖自然村命名为中村大队。辖9个生产队，19个自然村，耕地面积1773亩，其中水田213亩，主产玉米、薯类、水稻，特产生漆。

三尖角 Sān jiān jiǎo 113人，位于崔家坝东北3.3公里处，大队驻地。此村有块田形状为三角形，故名。

罗家塆 Luó jiā wān 50人，三尖角东北1.2公里处。

邓家塆 Dèng jiā wān 29人，三尖角东北1.1公里处。

曹家塆 Cáo jiā wān 30人，三尖角北750米处。

夹耳沟 Jiá ěr gōu 114人，三尖角西北500米处。此村边有条水沟，形似耳朵，夹在两山梁之间，故名。

百步梯 Bǎi bù tī 50人，三尖角东北750米处。村旁大路有120步石阶梯，故名。

长堰塝 Cháng yàn tǎng 34人，三

尖角东北1公里处。此村塆内有条堰沟从中间穿过，故名。

莫家梁子 Mò jiā liáng zǐ 46人，三尖角西偏北850米处。

姚家塆 Yáo jiā wān 60人，三尖角东800米处。

对穿垭 Duì chuān yà 14人，三尖角东1.2公里处。该村南北各有1个山包，中间为山垭，来往行人必须经过此地，故名。

掌柜垭 Zhǎng guì yà 37人，三尖角西南950米处。相传，有人用盖了死人脸的土纸，盖在一根蒿枝上，到了晚上这根蒿枝变成了鬼，故称此地为长(zhǎng)鬼垭，后讹称为掌柜垭。

上杨桥 Shàng yáng qiáo 50人，三尖角南偏东300米处。该村附近有条水沟，沟边横长一根杨柳树，来往行人过沟时必须以树为桥，故名。

小偏岩 Xiǎo piān yán 50人，三尖角东南1.2公里处。村西山脚下有壁较小的偏岩，故名。

张家台子 Zhāng jiā tái zi 40人，三尖角西南1.2公里处。

响包塆 Xiǎng bāo wān 80人，三尖角东南1.1公里处。此村塆内有座石包，中间有个洞孔，来往行人用嘴吹时，发出响声，故名。

中村 Zhōng cūn 130人，三尖角西南1.2公里处。传说，有个叫崔现朋的迁居此地，取名中村，故名。

猫儿垭 Māo ér yà 100人，三尖角西南2.1公里处。村处山垭，有块山石形似猫儿，故名。

赵家槽 Zhào jiā cáo 60人，三尖角西南2.1公里处。

响水沟 Xiǎng shuǐ gōu 61人，三尖角西南1.8公里处。此村有股出水，水从山沟流出，发出较大的响声，故名。

【香炉坝大队】 Xiāng lú bà dà duì 311户，1372人，驻香炉坝，位于崔家坝集镇北偏西1.7公里处。原名照耀大队，1981年9月1日按其驻地各更名为香炉坝大队。辖8个生产队、8个自然村，耕地面积1520亩，其中水田621亩。主产水稻、玉米、薯类。

香炉坝 Xiāng lú bà 206人，位于崔家坝集镇西北1.7公里处，大队驻地。村处平坝，坝东侧有座山，形似香炉，故名。

正坝 Zhèng bà 130人，香炉坝北偏东1公里处。村处平坝正中，故名。

向家岭 Xiàng jiā lǐng 204人，香炉坝东北1.1公里处。

金家塆 Jīn jiā wān 170人，香炉坝东北1公里处。

吕家坝 Lǚ jiā bà 130人，香炉坝东北700米处。

钉耙沟 Dīng pá gōu 98人，香炉坝西北850米处。此村南、北两方有5条小沟，排列似钉耙形状，故名。

亭子屋 Tíng zǐ wū 90人，香炉坝西南650米处。民国年间，任山东滕县县长徐子尚家住此地，并修建有亭子屋，故名。

查家塆 Zhā jiā wān 140人，香炉坝西南950米处。

【马家坡大队】 Mǎ jiā pō dà duì 189户，959人，驻马家坡，位于崔家坝集镇西偏北5.7公里处。原名高潮大队，1981年9月1日按其驻地名更名为马家坡大队。辖8个生产队、8个自然村，耕地面积1060亩，其中水田394亩，主产玉米、薯类、水稻，特产桐子、木梓、茶叶。

马家坡 Mǎ jiā pō 100人，崔家坝集镇西偏北5.7公里处，大队驻地。

枣树塆 Zǎo shù tǎng 97人，马家坡东北250米处。此村塆原长有几棵大枣树，故名。

马家屋场 Mǎ jiā wū chǎng 31人，马东坡东北300米处。

干丘包 Gān qiū bāo 105 人，马家坡西南 750 米处。此村旁有座山包，山上的田，因得不到水灌溉而长期干旱，故名。

任家塆 Rèn jiā wān 35 人，马家坡东南 750 米处。

青龙台 Qīng lóng tái 105 人，马家坡西南 850 米处。村处台地，有座山梁形似 1 条青龙，故名。

三溪口 Sān xī kǒu 187 人，马家坡东南 850 米处。村处 3 条小溪汇合处附近，故名。

桥上 Qiáo shàng 135 人，马家坡东南 1.8 公里处。村旁小溪上架有人行石板板，故名。

【洞门大队】 Dòng mén dà duì 201 户，897 人，驻张家坡，位于崔家坝西偏北 7.1 公里处。1975 年命名为洞门大队。辖 8 个生产队，7 个自然村，耕地面积 1479 亩，其中水田 409 亩。主产玉米、薯类、水稻，特产桐子、木梓。

张家坡 Zhāng jiā pō 46 人，位于崔家坝集镇西偏北 71.1 公里处，大队驻地。

向家坡 Xiàng jiā pō 41 人，张家坡北 500 米处。

螺蛳塆 Luó sī wān 37 人，张家坡西南 400 米处。此村塆处半山腰，地形似螺蛳状，故名。

洞门口 Dòng mén kǒu 54 人，张家坡西南 1.2 公里处。村处山洞门边，故名。

小碑垭 Xiǎo bēi yà 60 人，张家坡南偏东 550 米处。此村后小山垭上，曾立有一指路碑，故名。

向家沟 Xiàng jiā gōu 78 人，张家坡东南 1.6 公里处。

青竹坝 Qīng zhú bà 41 人，张家坡东南 1.5 公里处。村处平坝，早年坝中长有青青的斑竹和慈竹，故名。

【獐虎山大队】 Zhāng hǔ shān dà duì 357 户，1571 人，驻大坪。位于崔家坝集镇西北 2.8 公里处。原名新建大队，1981 年 9 月 1 日按所辖自然村更名为獐虎山大队。辖 11 个生产队，12 个自然村，耕地面积 2480 亩，其中水田 617 亩。主产玉米、薯类、水稻，特产桐子、木梓。

大坪 Dà píng 14 人，位于崔家坝集镇西北 2.8 公里处，大队驻地。村处一较大的坪地上，故名。

芭蕉园 Bā jiāo yuán 57 人，大坪北偏西 1.2 公里处。清朝末年有个叫崔志远的在此居住，房子周围长着很多芭蕉树，故名。

张家坡 Zhāng jiā pō 177 人，大坪北偏西 750 米处。

瓦屋场 Wǎ wū chǎng 45 人，大坪西北 1 公里处。民国年间，吕耳钊在此地开过瓦厂，后来人们在此修建瓦屋，故名。

陈家塆 Chén jiā wān 77 人，大坪东北 300 米处。

大块田 Dà kuài tián 60 人，大坪东 700 米处。该村有块大田，故名。

青布岭 Qīng bù lǐng 80 人，大坪西 1.3 公里处。村处山岭，最早是郭姓居住，后来姓任的用几匹青布换得此地，故名。

徐家坡 Xú jiā pō 134 人，大坪西 1.5 公里处。

周家塆 Zhōu jiā wān 75 人，大坪东南 1 公里处。

青树塆 Qīng shù wān 60 人，大坪东南 1.7 公里处。村处山塆，很早以前，塆里长有几根大青树(水红树)，故名。

獐虎山 Zhāng hǔ shān 120 人，大坪南 850 米处。早年，此村山上森林茂密，常出现獐子和老虎，故名。

李家塆 Lǐ jiā wān 46 人，大坪东南 1.6 公里处。

【水窝塃大队】 Shuǐ wō tǎng dà duì 204户，898人，驻水窝塃，位于崔家坝集镇东偏北2.5公里处。原名光芒大队，1981年9月1日按其驻地名更名为水窝塃大队。辖10个生产队，10个自然村，耕地面积1217亩，主产玉米、薯类，特产生漆。

水窝塃 Shuǐ wō tǎng 60人，位于崔家坝集镇东偏北2.5公里处，大队驻地。该村塃西侧有个常年不干的水坑，故名。

响角塆 Xiǎng jiǎo wān 82人，水窝塃东北850米处。此村塆路边有一似牛角的穿洞，风吹时发出响声，故名。

牛背山 Niú bèi shān 18人，水窝塃东北1.1公里处。此村后有座山，形似牛背，故名。

长瓦屋 Cháng wǎ wū 14人，水窝塃东北700米处。该村有栋坐东朝西一连7间的长瓦房，故名。

金子洞 Jīn zi dòng 25人，水窝塃西北1.3公里处。村处金子洞边，故名。

小槽 Xiǎo cáo 60人，水窝塃西偏北1.6公里处。村处小山槽中，故名。

板岩槽 Bǎn yán cáo 20人，水窝塃西偏北750米处。此村后有块形似板壁的岩山，山下是槽，故名。

柴家坡 Chái jiā pō 7人，水窝塃南500米处。

小红岩寺 Xiǎo hóng yán sì 130，人，位于水窝塃西南900米处。民国年间，该村后的山垭上修有小庙（土改时被毁），垭口北侧有悬岩，颜色浅红，故名。

后山塆 Hòu shān wān 90人，位于水窝塃西南1.8公里处。村处前山坡背后的山塆中，故名。

【马跑山大队】 Mǎ pǎo shān dà duì 221户，1049人，驻鄢家塆，位于崔家坝集镇东偏南4.5公里处。原名胜利大队，1981年9月1日按所属自然村更名为马跑山大队。辖11生产队，13个自然村，耕地面积1781亩，主产玉米、薯类，特产贝母、生漆。

鄢家塆 Yān jiā wān 80人，位于崔家坝集镇东偏南4.5公里处，大队驻地。

朱家坪 Zhū jiā píng 39人，鄢家塆北偏东1.2公里处。

朱家垭子 Zhū jiā yà zǐ 30人，鄢家塆西北1.5公里处。

大塃塆 Dà tǎng wān 20人，鄢家塆西北1公里处。村处多弯，有个大塃，故名。

河沟 Hé gōu 20人，鄢家塆西北1.5公里处。此村有条小溪沟，故名。

出水洞 Chū shuǐ dòng 55人，鄢家步弯东偏北1公里处。此村北面有个出水洞，故名。

二台子 Er tái zi 20人，鄢家塆西1.7公里处。村处山塆第二个坪台上，故名。

彭家屋场 Péng jiā wū chǎng 50人，鄢家塆东南800米处。

板厂 Bǎn chǎng 60人，鄢家塆西南1.6公里处。相传，此地曾开设过木板加工厂，故名。

姚家塆 Yáo jiā wān 78人，鄢家塆南650米处。

岩口子 Yán kǒu zi 17人，鄢家塆西南1.1公里处。在两座大山间有条狭长的槽地，象岩石裂的口子，故名。

朝阳坪 Cháo yáng píng 57人，鄢家塆东南1.5公里处。此村坪地势向阳，日照时间长，故名。

四槽坪 Sì cáo píng 90人，鄢家塆南偏东2.2公里处。村处4个分叉的山槽形成的平坝中，故名。

马跑山 Mǎ pǎo shān （片村），位于崔家坝集镇东4.25公里处。包括13个自然村，有耕地面积1430亩，荒田5000亩，主产玉米、薯类，特产生漆、核桃。据传说，原来朱家老祖宗来此地开荒时，骑着马沿山跑了3天，故名。

【田竹园大队】 Tián Zhú yuán dà duì 113户，477人，驻张家槽，位于崔家坝集镇西偏南7.3公里处。原名曙光大队，1981年9月1日按所辖自然村更名为田竹园大队。辖4个生产队，4个自然村，耕地面积976亩，其中水田154亩，主产玉米、薯类、水稻，特产桐子、木梓、茶叶。

张家槽 Zhāng jiā cáo 60人，位于崔家坝集镇西偏南7.3公里处，大队驻地。

蓼叶笏 Liǎo yè hù 60人，张家槽西北800米处。此地长有蓼竹，做成小竹板，用作书写，故名。

余家塆 Yú jiā wān 36人，张家槽西北1.4公里处。

田竹园 Tián zhú yuán 37人，张家槽西1.2公里处，因田边长有竹林，故名。

【桅子岭农科站】 Wéi zi lǐng nóng kē zhàn 172户，757人，驻桅子岭，位于崔家坝集镇西南1.1公里处。原名鸦鹊公社农科站，1981年9月1日按其驻地名更名为桅子岭农科站。辖3个生产队，6个自然村，耕地面积690亩，主产玉米、薯类、油菜。

桅子岭 Wéi zǐ lǐng 39人，位于崔家坝集镇西南1.1公里处，农科站驻地。传说清朝乾隆年间，白莲教造反路过此地，被清兵围歼，当时得名“围贼岭”，后讹称为“桅子岭”。

张家塆 Zhāng jiā wān 129人，桅子岭东北650米处。

白鹤塆 Bái hè wān 92人，桅子岭西北650米处。此塆内原有片楠竹，据传有对白鹤常在竹园内栖息，故名。

树林塆 Shù lín wān 85人，桅子岭东500米处。早年，此塆长有很多大杉树，故名。

水龙潭 Shuǐ long tán 172人，桅子岭西南550米处。该村附近有个大窝坑，坑内有水，传说是藏龙之地，故名。

庆潭口 Qìng tán kǒu 227人，桅子岭南偏东800米处。此村旁有口小清水潭，因地处峡谷出口处，故名清潭口，后讹称为“庆潭口”。

【沙子岭大队】 Shā zi lǐng dà duì 89户，340人，驻侯家塆，位于崔家坝集镇西南6.3公里处。原名曙光大队，1981年9月1日按所辖自然村更名为沙子岭大队，辖4个生产队，4个自然村，耕地面积750亩，其中水田160亩。主产薯类、玉米、水稻，特产桐子、木梓，还产木材。

侯家塆 Hóu jiā wān 45人，位于崔家坝集镇西南6.3公里处，大队驻地。

台子上 Tái zi shàng 18人，侯家塆西北1公里处。村处山腰平台上，故名。

贺家塆 Hè jiā wān 91人，侯家塆西北600米处。

响埫坪 Xiǎng tǎng píng 25人，侯家塆东南850米处。此村开阔平坦，有个窝埫较蔽阳，俗称响亮，故名。

【水田坝大队】 Shuǐ tián bà dà duì 204户，954人，驻水田坝，位于崔家坝集镇西南3.8公里处。原名永兴大队，1981年9月1日按其驻地名更名为水田坝大队。辖9个生产队，6个自然村，耕地面积1262亩，其中水田396亩。主产玉米、薯类、水稻，特产茶叶。

水田坝 Shuǐ tián bà 196人，位于崔家坝集镇西南3.8公里处，大队驻地。村处大坝水田附近，故名。

斑竹园 Bān zhú yuán 80人，水田坝北偏东1公里处。村中原有块斑竹林，故名。

水灌田 Shuǐ guàn tián 215人，水田坝西北1.5公里处。该村后坡顶上有股出水，可灌溉下方的水田，故名。

熊家塆 Xióng jiā wān 38人，水田坝东北850米。

山根下 Shān gēn xià 207人，水田坝西北900米处。村处水田坝北侧山脚下，故名。

巴茅水 Bā máo shuǐ 180人，水田坝西偏南1.4公里处。该村谭姓居住的屋后有股出水，水边有蔸巴茅草，故名。

【公龙坝大队】Gōng long bà dà duì 220户，995人，驻张桑田，位于崔家坝集镇西南7.3公里处。原名前进大队，1981年9月1日按所辖自然村更名为公龙坝大队。辖8个生产队，7个自然村，耕地面积1470亩，其中水田309亩。主产玉米、薯类、水稻，特产桐子、木梓和少量茶叶。

张桑田 Zhāng sāng tián 252人，位于崔家坝集镇西南7.3公里处，大队驻地。早年，此村有片桑树林，张氏最早来此落户，故名。

新屋场 Xīn wū chǎng 90人，张桑田北850米处。该村有栋房屋是在旧屋场基础上新修建的，故名。

阳坡 Yáng pō 50人，张桑田西北2.3公里处。村处山坡向阳，故名。

竹园槽 Zhú yuán cáo 38人，张桑田北450米处。村处山槽，竹子较多，故名。

爬上雨 Pá shàng yǔ 117人，张桑田西北1.2公里处。来此村必须经过一段陡岩，从前有位秀才，刚爬上陡岩就下了一阵大暴雨，他脱口而出："爬上就雨"故名。

公龙坝 Gōng lóng bà 78人，张桑田西南950米处。此地河沟两边岩上各有1洞，人们称为公龙洞和母龙洞，公龙洞前有块大坝，故名。

地田庙 Dì tián miào 77人，张桑田西南1.2公里处。村中原建有地田庙，故名。

【腰牌大队】 Yāo pái dà duì 250户，1085人，驻大天坑，位于崔家坝集镇西南2.8公里处。原名幸福大队，1981年9月1日按所辖自然村更名为腰牌大队。辖6个生产队，9个自然村，耕地面积1319亩，其中水田59亩。主产玉米、薯类、油菜。

大天坑 Dà tiān kēng 114人，崔家坝集镇西南2.8公里处，大队驻地。该村附近有个大天坑，故名。

陈家塆 Chén jiā wān 16人，天坑西北1.1公里处。

淹水垱 Yān shuǐ tǎng 100人，大天坑西北1.9公里处。该村原有个大窝垱，经常被水淹，故名。

谭家塆 Tán jiā wān 60人，大天坑西北1公里处。

苏家包 Sū jiā bāo 182人，大天坑东北700米处。

黄粮水 Huáng liáng shuǐ 9人，大天坑西北1公里处。此村原是施南府设的土司衙门，凡田地买卖需向衙门交粮纳税兑取契约，俗称还粮税，后讹称黄粮水，故名。

帽匠塆 Mào jiàng wān 116人，大天坑西北1.4公里处。清朝末年，此村塆出了位颇有名气的做草帽的匠人，故名。

腰牌 yāopái198人，大天坑西南750米处。相传，早年此村设有土司衙门，被白莲教起义军摧毁，他们撤走时佩带在身上的腰牌失落了，被有权势的人用它来示众，故名。

窑窝坑 Yáo wō kēng 8人，大天坑东南650米处。很早以前，曾用此窝坑里的土烧过砖瓦，故名。

【白果大队】 Bái guǒ dà duì 186户，832人，驻瓦屋场，位于崔家坝集镇西南10.1公里处。1961年按所辖自然村名命名为白果大队。辖8个生产队，11个自然村，耕地面积1619亩，其中水田293亩。主产玉米、薯类、水稻，特产桐子、木梓。

瓦屋场 Wǎ wū chǎng 65人，位于崔家坝集镇西南10.1公里处，大队驻地。此地原建有瓦厂，盖有瓦屋，故名。

小河口 Xiǎo hé kǒu 25人，瓦屋场北偏东700米处。村处小河山口，故名。

白果坝 Bái guǒ bà 48人，瓦屋场东北750米处。此村坝长有几棵大白果树，故名。

寒辛坡 Hán xīn pō 12人，瓦屋场东北1.1公里处。村处山坡，田是由何姓人家于寒冬腊月时辛苦开垦出来的，故名。

招宝园 Zhāo bǎo yuán 45人，瓦屋场东偏南1公里处。清朝年间，此村有个秀才，说自己居住的地脉很好，既出人，又出财，为招宝之地，故名。

九根树 Jiǔ gēn shù 56人，瓦屋场南偏东350米处。此村原有9根大树长在一处地方，故名。

四家田 Sì jiā tián 42人，瓦屋场西南850米处。此村为谭姓等4家居住，附近的田原属4家所有，故名。

彭家坡 Péng jiā pō 27人，瓦屋场东南800米处。

张家屋场 Zhāng jiā wū chǎng 35人，瓦屋场南偏东1.2公里处。

肖家坪 Xiāo jiā ping 54人，瓦屋场西南1.6公里处。

朱家槽 Zhū jiā cáo 22人，瓦屋场东南1.5公里处。

【社垱大队】 Shè tǎng dà duì 201户，947人，驻孟家梁子，位于崔家坝集镇西南5.8公里处。原名齐心大队，1981年9月1日按新辖自然村名更名为社垱大队。辖7个生产队，5个自然村，耕地面积1282亩，其中水田272亩。主产玉米、薯类、水稻，特产桐子、木梓。

孟家梁子 Mèng jiā liáng zǐ 60人，位于崔家坝集镇西南5.8公里处，大队驻地。

桥头山 Qiáo tóu shān 55人，孟家梁子北750米处。村处山梁上，原有座小桥，故名。

社垱坪 Shè tǎng ping 98人，孟家梁子西北700米处。此村垱中长有稞稀有树，当地人称为社树，故名。

大坪 Dà píng 180人，孟家梁子南500米处，村处大坪中，故名。

王家屋场 Wáng jiā wū chǎng 52人，孟家梁子西南1公里处。

【新垱坪大队】 Xīn tǎng píng dà duì 320户，1439人，驻黄石板，位于崔家坝集镇西南6公里处。原名红旗大队，1981年9月1日按所辖自然村更名为新垱坪大队。辖12个生产队，12个自然村，耕地面积1665亩。主产玉米、薯类，特产生漆。

黄石板 Huáng shí bǎn 80人，位于崔家坝集镇西南6公里处，大队驻地。该村有块长方形石板，呈黄颜色，故名。

侯家塆 Hóu jiā wān 45人，黄石板东北1.9公里处。

张家塆 Zhāng jiā wān 44人，黄石板北1.7公里处。

马踏塆 Mǎ tà wān 51人，黄石板东北750米处。相传，在此村前小河塆边曾有人骑在马上练武射箭，故名。

斑竹园 Bān zhú yuán 61人，黄石板东北750米处。很早前，此村长有一片斑竹，故名。

绿荫垱 Lǜ yīn tǎng 70人，黄石板西偏南1.2公里处。该村旁垱中原来绿树成荫，可以避暑乘凉，故名。

石栏坝 Shí lán bà 19人，黄石板西南1.5公里处。相传，洪武二年(1369)，此村常被水淹，人们筑了一道石坝挡水，故名。

新垱坪 Xīn tǎng ping 166人，黄石板西南13公里处，村处垱中坪。清朝新设过衙门，故名。

石垭合 Shí yà hé 19人，黄石板西南2公里处。村旁有两独立的小山包，中间山垭由2个山石合成，故名。

官印塝 Guān yìn tǎng 21人，黄石板西南2.8公里处。村处塝中，塝似官印，故名。

水罐子 Shuǐ guan zǐ 58人，黄石板西南3公里处。村西侧有一水潭，形似罐子，故名。

面水槽 Miàn shuǐ cáo 61人，黄石板西南3公里处。村处槽中，每逢下雨，两面山水流于槽田表面，故名。

【施家梁子大队】 Shī jiā liáng zǐ dà duì 131户，634人，驻施家梁子，位于崔家坝集镇西南9.4公里处。原名五一大队，1981年9月1日按其驻地名更名为施家梁子大队。辖5个生产队，5个自然村，耕地面积1126亩，其中水田14亩。主产玉米、薯类、水稻，特产木梓。

施家梁子 Shī jiā liáng zǐ 65人，位于崔家坝集镇西南9.4公里处，大队驻地。

红沙坡 Hóng shā pō 49人，施家梁子北偏西900米处。村处山坡，土质为红沙，故名。

天星桥 Tiān xīng qiáo 15人，施家梁子西北350米处。村旁有条小路，从旁看去似座天然桥，故名。

姚家屋场 Yáo jiā wū chǎng 40人，施家梁子西900米处。

白龙沟 Bái long gōu 40人，施家梁子西南1.2公里处。此村沟旁有个岩洞，传说洞内有条白龙曾变成马偷吃麦子，故名。

【刘家河大队】 Liú jiā hé dà duì 209户，938人，位于崔家坝集镇南偏东14.4公里处，驻刘家河。1958年按其驻地名命名为刘家河大队。辖11个生产队，9个自然村，耕地面积1632亩。主产玉米、薯类，特产生漆，出产硫磺和煤。

刘家河 Liú jiā hé 18人，位于崔家坝集镇南偏东14.4公里处，大队驻地。

羊耳山 Yáng ěr shān 52人，刘家河西北2.2公里处。此村后山峰形似羊耳，故名。

下天包 Xià tiān bāo 40人，刘家河北1.6公里处。村处天包山下方(北)，故名。

天包山 Tiān bāo shān 13人，刘家河东北1.1公里处。因村后山包很高，故名。

偏岩子 Piān yán zǐ 70人，刘家河东北600米处。该村后有壁岩向西北偏，故名。

李家塆 Lǐ jiā wān 70人，刘家河西南900米处。

柴家岭 Chái jiā lǐng 14人，刘家河西南1.6公里处。村处山岭，木柴多，故名。

大竹园 Dà zhú yuán 70人，刘家河东南1.5公里处。此村附近，斑竹、水竹成片成块，故名。

上火峰口 Shàng huǒ fēng kǒu 68人，刘家河东南2.5公里处。该村位于沙地公社鹤峰口大队之上，原称上鹤峰口，后讹称为上火峰口。

【分水岭大队】 Fēn shuǐ lǐng dà du ì90户，384人，驻阳河塝，位于崔家坝集镇南偏西4.5公里处。1958年命名为分水岭大队。辖5个生产队，8个自然村，耕地面积1084亩，主产玉米、薯类、特产生漆、药材。

阳河塝 Yáng hé tǎng 954人，位于崔家坝集镇南偏西4.5公里处，大队驻地。此村地形向阳，有条小河流经，故名。

大岩边 Dà yán biān 35人，阳河塝北偏东750米处。村处大岩石边，故名。

陈家塆 Chén jiā wān 45人，阳河塝西北1.5公里处。

邵家坡 Shào jiā pō 20人，阳河塝

西北1.1公里处。

岩坎上 Yán kǎn shàng 15人，阳河塝东北650米处。村处岩上，故名。

庙塝 Miào tǎng 13人，阳河塝西南600米处。此村塝原是崔家坝万寿宫和三义宫两庙的公田，故名。

邹家坡 Zōu jiā pō 10人，阳河塝西南900米处。

凉水井 Liáng shuǐ jǐng 10人，阳河塝南偏东900米处。村中有凉水井，故名。

【大地龙大队】 Dà dì long dà duì 207户，943人，驻青草塝，位于崔家坝集镇西南9公里处。原名东升大队，1981年9月1日按所属自然村名更名为大地龙大队。辖8个生产队，8个自然村，耕地面积975亩，其中水田60亩。主产玉米、薯类、水稻，特产桐子、木梓。

青草塝 Qīng cǎo tǎng 36人，位于崔家坝集镇西南9公里处，大队驻地。早年，此村塆中长有很多青草，故名。

橡树塆 Xiàng shù wān 62人，青草岁淌东北1.5公里处。早年，此村塆中橡子树很多，故名。

骑龙坝 Qí long bà 127人，青草塝东北1.5公里处。村北方有座白龙山，南面有座人山，两山间由一坝相连，称人山牵白龙，有骑上之意，故名。

蕨粑塆 Jué bā wān 34人，青草塝东北850米处。相传，早年此山塆中蕨根很多，人用蕨根做成蕨粑食用，故名。

大地龙 Dà dì long 136人，青草塝东北850米处。此村有股泉水流入天坑，古人称此水为玉带水，据传有龙出于此水中，因未出当地范围，当地称地龙，因面积大，故名。

龙竹坝 Lóng zhú bà 182人，青草塝西南650米处。此村坝原有种紫竹，其蔸似龙头，人们又称龙竹，故名。

打蕨井 Dǎ jué jǐng 52人，青草塝东南1.2公里处。该村有口水井，人们在山里挖蕨以后，就在此井洗净，捶打过滤成粉，故名。

杨柳池 Yáng liǔ chí 127人，青草塝东南700米处。此村原有口大池塘，周围长有几棵杨柳树，故名。

【贺家村大队】 Hè jiā cūn dà duì 184户，812人，驻响盆水，位于崔家坝集镇西南6.1公里处。原名云峰大队，1981年9月1日按所辖自然村名更名为贺家村大队。辖7个生产队，10个自然村，耕地面积1114亩，其中水田7亩，主产玉米、薯类，特产生漆。

响盆水 Xiǎng pén shuǐ 35人，位于崔家坝西南6.1公里处，大队驻地。靠近此村南侧山脚下，有个大天坑，坑口似盆形，坑内常年发出流水响声，故名。

岔河沟 Chà hé gōu 79人，响盆水东北1.7公里处。此村边为两小河的分岔处，故名。

贺家村 Hè jiā cūn 80人，响盆水东北1公里处。

胡家梁子 Hú jiā liáng zǐ 5人，响盆水东北1.1公里处。

槽坊 Cáo fāng 9人，响盆水西北1.1公里处。村中原开过酿酒槽坊，故名。

刘家塆 Liú jiā wān 37人，响盆水东偏南1公里处。

羊角水 Yáng jiǎo shuǐ 33人，响盆水西南800米处。村处山梁，两边各有条岔水沟，形似羊角，故名。

四方井 sì fāng jǐng 23人，响盆水西南1.5公里处。该村有口水井呈四方形，故名。

吴家包 Wú jiā bāo 62人，响盆水西南2.2公里处。

垭子上 Yà zǐ shàng 12人，响盆水西南2.2公里处。村处山垭上，故名。

【洋伞坝大队】 Yáng sǎn bà dà duì 168户，785人，驻下竹园，位于崔家坝集

镇西南 11.7 公里处。原名前锋大队，1981 年 9 月 1 日按所辖自然村更名为洋伞坝大队。辖 8 个生产队，7 个自然村，耕地面积 1498 亩，其中水田 272 亩。主产玉米、薯类、水稻,特产茶叶、桐子、木梓。

下竹园 Xià zhú yuán 60 人，位于崔家坝西南 11.7 公里处，大队驻地。此村下方长有一片竹子，故名。

河口 Hé kǒu 40 人，下竹园西北 1.9 公里处。该村处两条小河交叉口附近，故名。

付家坡 Fù jiā pō 43 人，下竹园东北 1.1 公里处。

洋伞坝 Yáng sǎn bà 123 人，下竹园西北 1.1 公里处。此村山坡上原有几棵大漆树，形状似撑着的洋伞(雨伞)，山坡下是块平坝，故名。

付家沟 Fù jiā gōu 41 人，下竹园东北 350 米处。

崔家屋场 Cuī jiā wū chǎng 38 人，下竹园东南 1 公里处。

大窝坑 Dà wō kēng 50 人，下够园东南 800 米处。村处大窝坑旁，故名。

【云台大队】 Yún tái dà duì 驻易家垭，位于崔家坝集镇西南 6.9 公里处。原名红星大队，1975 年按当地庙宇云台观更名为云台大队。辖 6 个生产队，6 个自然村，105 户，495 人。耕地面积 893 亩。主产玉米、薯类，特产生漆、贝母。

易家垭 Yì jiā yà 55 人，位于崔家坝集镇西南 6.9 公里处，大队驻地。

曾家坡 Zēng jiā pō 26 人，易家垭东北 1.6 公里处。

云台观 Yún tái guàn 55 人，易家垭东偏北 1.3 公里处。相传，此村边山头上常年有乌云笼罩着，民国十一年（1922）在这个小山头修建了庙，乌云才散开，故名。

大窝坑 Dà wō kēng 47 人，易家垭东 400 米处。村处大窝坑中，故名。

樟树包 Zhāng shù bāo 33 人，易家垭西南 700 米处。此村后山包上原长有 2 棵大樟树，故名。

穿过洞 Chuān guò dòng 91 人，易家垭南偏西 1 公里处。此村附近有个对穿的山洞，故名。

【焦桩大队】 Jiāo zhuāng dà duì 驻凉水井，位于崔家坝集镇西南 12.8 公里处。原名东方红大队，1981 年 9 月 1 日按所属自然村更名为焦桩大队。辖 8 个生产队，9 个自然村，176 户，783 人，耕地面积 1951 亩，其中水田 181 亩。主产玉米、薯类、水稻、油菜，特产桐子、木梓、茶叶。

凉水井 Liáng shuǐ jǐng 90 人，位于崔家坝西南 12.8 公里处，大队驻地。该村边有口凉水井，故名。

王家塆 Wáng jiā wān 64 人，凉水井西北 1.5 公里处。

马道子 Mǎ dào zǐ 65 人，凉水井西北 850 米处。村处山梁平台上，过去有人在此地骑马练武，故名。

马家塆 Mǎ jiā wān 48 人，凉水井西北 13 公里处。

枷档塆 Jiā dàng wān 98 人，凉水井东北 500 米处。村处山塆，形似牛身上的枷档，故名。

青树林 Qīng shù lín 40 人，凉水井西 450 米。此村边原长有很多常青树(柏树)，故名。

焦桩 Jiāo zhuāng 12 人，凉水井东南 700 米处。该村原有 2 根泡桐树被雷击后，只剩两截烧焦的树桩，故名。

南里渡 Nán lǐ dù 90 人，凉水井西南 1.2 公里处。村处南里渡河边，故名。

聂家塆 Niè jiā wān 30 人，凉水井东南 1.2 公里处。

【谌家垭大队】 Chén jiā yà dà duì 驻天主堂，位于崔家坝集镇西南 11.5 公里处。原名茶场，后为民主大队，1981 年 9 月 1 日按所辖自然村名更名为谌家垭大队。辖 5 个生产队，5 个自然村，92 户，418 人，耕地面积1805亩，其中水田21亩。主产玉米、薯类、油菜，特产桐子、木梓。

天主堂 Tiān zhǔ tang 47人，位于崔家坝集镇西南11.5公里处，大队驻地。因此村原有座天主教堂而得名。

橡子岭 Xiàng zi lǐng 45人，天主堂东北950米处。村处山岭上，原长有很多橡子树，故名。

汤家塆 Tāng jiā wān 21人，天主堂西北750米处。

谌家垭 Chén jiā yà 8人，天主堂东北700米处。

黎家塆 Lí jiā wān 23人，天主堂西900米处。

【鸦鹊水大队】 Yā què shuǐ dà duì 驻鸦鹊水集镇，位于崔家坝集镇西南10.5公里处。原名中心大队，1981年9月1日按其驻地名更名为鸦鹊水大队。辖5个生产队，6个自然村，162户，675人，耕地面积641亩，其中水田8亩。主产玉米、薯类等，特产生漆。

鸦鹊水集镇 Yā què shuǐ jí zhèn 位于恩施县城东北34公里，北距崔家坝集镇12公里，海拔880米，隶属崔家坝公社。

在鸦鹊水西北方的谌家垭，有一泉水，名垭泉水。原集镇附近有48个水井，经常干涸，集镇上的人要到很远的地方去挑水吃。因此，流传着“走到鸦鹊水，见他娘的鬼，吃碗苞谷饭，找不到漱口水”民谣，从中可知此地缺水的程度。在严重缺水的鸦鹊水，唯有垭泉水细水长流，当地方言将垭泉水叫成了鸦鹊水，这里称喜鹊为鸦鹊，人们便将集镇也称鸦鹊水，以盼早日改变缺水的状况。

鸦鹊水原来无街，集贸市场设在今尖龙坪大队的蓼叶台。清光绪初，张、林、周、杨等姓落居鸦鹊水，开始个体经营小杂货、土特产品，逐步扩大成集镇，到解放前夕，已具一定规模的集市贸易。《旋南府志》《恩施县志》曾将鸦鹊水列为恩施县东乡20集场之一。

鸦鹊水集镇东西为槽地，南北靠大山。长150米，宽60米，总面积约120余亩。集镇中心有一东西走向的直街，长约150米，街道宽6米。西段系石板路面，东段为沙石路面。集镇的地形两端高，中间低，人们常说鸦鹊水为船形地，并以滚龙坝和鸦鹊水两地合作对联一首：“两只鸦鹊，飞往南里，歇在双树；一条滚龙，窜至东河，游走四川。”

鸦鹊水居140户，387人，其中非农业人口38人。解放前，属恩施县第一区鸦鹊乡所辖。1938年时有80户人家，逢单日赶场。解放后两次为鸦鹊区驻地。1958年，区公所迁到崔家坝后，这里又设置滚龙小公社和滚龙管理区。集镇的西半部是老街，房屋多用木板组装，沿缓坡建筑，街道用石板砌成阶梯，由东向西直上。1969年3月，老街发生火灾，大火将老街烧得仅剩下十几栋房屋。在党和人民政府的关怀下，集镇的人们用两年时间就恢复了原来的房屋，重建了家园。

火灾后，供销社、邮电所、医院、管理区、食品站等单位，相继移至集镇东部的公路两边，建成了一条新街，并接通了老街连成一体。集贸市场也从老街迁到了粮油所至供销社一带的新街上，农历一、四、七的集日，赶集的人群川流不息，车辆来往奔驰。上市的农副产品繁多，小货摊接连不断，赶集人数常在2000人左右。

1951年，鸦鹊水开始设立贸易公司，逐步发展成现在的百货、杂货、收购、纺织、食品、生资6个门市部。解放初，只有1所小学，有学生120名，现已扩大成为初中6个班、小学5个班、有学生569名，教职工29人的全日制中小学。卫生事业由1955年的诊所发展成卫生分院，设立了诊断室、治疗室、中西药房、住院室，有医务人员10人，病床10张。1972年，建立了广播放大站。1981年，修建了露天电影院，大大的丰富了人民群众的文化生活。

解放前，这里是恩施通往巴东、宜昌的

必经之地，但无公路，交通不便。1964年，沙子地至鸦鹊水的公路修通后，横贯本镇，交通状况有所改观。1979年，汉(口)—渔(泉口)公路胜利竣工，与鸦沙公路在本镇北部相交。更使本镇处于交通十分便利的位置，每天约有100多辆汽车经过这里，并设立了客车停靠点，每日有6班14次客车在此停靠。

为了解决焦桩管理区、大地龙大队大部分农田的灌溉用水和鸦鹊水集镇人民的饮水，原鸦鹊区委在1972年秋，组织2900人，在集镇东北方的洋鱼沟修建引水工程。用1年零5个月的时间，修起了1条长4197米，宽1米，深1.2米的水渠。水渠修成后，将洋鱼沟的水引到了鸦鹊水集镇，从根本上改变了鸦鹊水有史以来严重缺水的面貌。面对这巨大的变化，集镇上的人们和途经此地的行人又欢天喜地的唱起了新的歌谣："走到鸦鹊水，风景实在美，吃的大米饭，喝的自来水。"

锈水垱　Xiù shuǐ tǎng　66人，鸦鹊水东北1.1公里处。此村垱有股锈水流出，故名。

卢家槽　Lú jiā cáo　32人，鸦鹊水东北250米处。

天池坡　Tiān chí pō　8人，鸦鹊水东1.1公里处。此村后坡上有口天然水池，人们说是天生成的，故名。

大衙门　Dà yá mén　115人，鸦鹊水东南1.2公里处。此村旁大路边栽满了柏树，树枝互相交叉似以前的大衙门一样，故名。

五子坝　Wǔ zǐ bà　31人，鸦鹊水南300米处。清朝年间，此村坝由向家5个儿子居住，故名。

樟树槽　Zhāng shù cáo　(废村)，鸦鹊水东南750米处。此村槽内长有1棵大樟树，故名。

【龙潭坪大队】Lóng tán ping dà duì　驻窑坪，位于崔家坝集镇南偏西7.4公里处。原名火花大队，1981年9月1日按所辖自然村更名为龙潭坪大队。辖8个生产队，10个自然村，耕地面积1440亩。主产玉米、薯类等，产硫磺、煤。

窑坪　Yáo ping　76人，位于崔家坝集镇南偏西7.4公里处，大队驻地。此村坪原有座瓦窑，故名。

张家塆　Zhāng jiā wān　69人，窑坪东北1.2公里。

三块坡　Sān kuài pō　25人，窑坪东北1.8公里。此村有3块坡度较大的田，故名。

把戏坪　Bǎ xì ping　41人，窑坪东北850米。早年在此村坪玩过把戏(杂耍)，故名。

碾盘槽　Niǎn pán cáo　13人，窑坪东北1.2公里。此村有条土槽形似碾盘，故名。

台子上　Tái zǐ shàng　20人，窑坪西1.3公里。村处台地上，故名。

谭家坪　Tán jiā píng　89人，窑坪西650米。

龙潭　Lóng tán　66人，窑坪西南1.7公里。传说此村水潭内有龙，故名。

姜家槽　Jiāng jiā cáo　30人，窑坪西南1.6公里处。

大垭门　Dà Yà mén　44人，窑坪西南2.2公里。村后山垭形似大门，故名。

阳坡　Yàng pō　(片村)，崔家坝集镇西南6.8公里。包括台子上、把戏坪、张家塆3个村，耕地559亩，山林600亩。有煤、硫磺。此村坡地势向阳，故名。

阴坡　Yīn pō　(片村)，崔家坝集镇南7.5公里，包括大垭门、姜家槽、谭家坪，窑坪、三块坡、碾盘槽5个自然村，耕地面积713亩，林地面积1000亩，主产玉米、薯类，特产生漆。村处山坡，晒不到太阳，故名。

【尖山大队】　Jiān shān dà duì　驻口子上，位于崔家坝集镇北偏西7.6公里，

1958年命名。辖5个生产队，14个自然村，101户，483人，耕地面积928亩。主产玉米、薯类，特产生漆、药材。

口子上 Kǒu zi shàng 52人，位于崔家坝集镇北偏西7.5公里处，大队驻地。村处长槽口，故名。

马家槽 Mǎ jiā cáo 20人，口子上东北900米。

火盘溪 Huǒ pán xī 36人，口子上东北1.7公里。此村地形似盘子，低洼，炎热似火烤，村边又有条小溪，故名。

西流水 Xī liú shuǐ 15人，口子上西南15米处。此村水井的水向西流，故名。

黄柏槽 Huáng bái cáo 20人，口子上西南700米处。村处山槽，原有棵大黄柏树，故名。

黑槽 Hēi cáo 20人，口子上西南1.3公里处。村处狭槽中，光线不足，故名。

金竹园 Jīn zhú yuán 31人，口子上南偏东1公里处。此村原长有成片金竹，故名。

青林包 Qīng lín bāo 30人，口子上西南1.6公里处。村后山包上有片常青树林，故名。

窝坑 Wō kēng 25人，口子上东南1.5公里处。村处窝坑中，故名。

尖山子 Jiān shān zǐ 25人，口子上西南2公里处。村后有座尖山包，故名。

白果村 Bái guǒ cūn 64人，口子上东南1.6公里处。此村有棵大白果树，故名。

西晒坡 Xī shài pō 12人，口子上西南1.8公里处。此村后山坡当西晒，故名。

中岭 Zhōng lǐng 10人，口子上南偏西，1.6公里处。村处中间的山岭上，故名。

包子上 Bāo zi shàng 5人，口子上西南1.9公里处。村处山包顶的坪中，故名。

【九步梯大队】 Jiǔ bù tī dà duì 驻洞塆，位于崔家坝集镇西南13公里处。原名红星大队，1981年9月1日按所辖自然村名更名为九步梯大队。辖8个生产队，11个自然村，162户，787人。耕地面积1106亩，其中水田33亩。主产玉米、薯类，特产桐子、木梓、生漆。

洞塆 Dòng wān 48人，位于崔家坝集镇西南13公里处，大队驻地。村处山塆，有个出水洞，故名。

聂家垱 Niè jiā tǎng 20人，洞塆西北750米处。

白家槽 Bái jiā cáo 47人，洞塆西北1.4公里处。

刘家屋场 Liú jiā wū chǎng 35人，洞塆东北900米处。

庙槽 Miào cáo 25人，洞塆东750米处。村处山槽，原有座庙，故名。

鸦鹊沟 Yā què gōu 44人，洞塆西偏北2.4公里处。村处小沟边，形似鸦鹊，故名。

界牌岭 Jiè pái lǐng 57人，洞塆西南700米处。清朝末年，此村岭上曾立过界牌，故名。

椿木槽 Chūn mù cáo 70人，洞塆南600米处。村处山槽，以前椿树多，故名。

九步梯 Jiǔ bù tī 35人，洞塆西南1.2公里处旷村旁路边有壁陡岩，凿有9步石阶，故名。

曾家塆 Zēng jiā wān 31人，洞塆东南850米处。

朱家岩 Zhū jiā yán 35人，洞塆南偏东1.2公里处。

【滚龙坝大队】 Gǔn lóng bà dà duì 驻茅坎山，位于崔家坝集镇西南10.2公里处。原名红日大队，1981年9月1日按所辖片村名更名为滚龙坝大队。辖6个生产队，5 个自然村，207 户，889 人。耕地面积 1009 亩，其中水田 136 亩。主产玉米、薯类、油菜、水稻。

茅坎山 Máo kǎn shān 529 人，位于崔家坝集镇西南 10.2 公里处。此村原是片茅草荒坡，故名。

上磙坝 Shàng gǔn bà 33 人，茅坎山西北 1.1 公里处。此村坝上方有个石磙，故名。

大屋场 Dà wū chǎng 212 人，茅坎山北偏西 400 米处。该村有座大屋场，故名。

白果垱 Bái guǒ tǎng 154 人，茅坎山西南 600 米。此村端长有棵大白果树，故名。

五峰山 Wǔ fēng shān 80 人，茅坎山西南 1.7 公里处。此村后从南到北有 5 个山峰，故名。

滚龙坝 Gǔn lóng bà （片村），位于鸦鹊水集镇东南 2.38 公里处。地形平坦，开阔，包括 5 个生产队，4 个自然村，主产玉米、薯类、油菜。从春景流下来的东河，水浑呈黄色，人们称为黄龙，从洋渔沟流下的水清，人们称为青龙，两条溪水如滚龙汇流入天坑，两河中间为平坝，故名。

【卖铧沟大队】 Mài huá gōu dà duì 驻长槽，位于崔家坝集镇西南 9.8 公里处。原名高照大队，1981 年 9 月 1 日按所辖自然村名更名为卖铧沟大队。辖 6 个生产队，12 个自然村，119 户，584 人，耕地面积 928 亩。主产玉米、薯类，特产生漆、药材。

长槽 Cháng cáo 100 人，位于崔家坝集镇西南 9.8 公里处，大队驻地。村处长形山槽中，故名。

铜盆水 Tóng pén shuǐ 22 人，长槽北偏西 600 米处。此村，水井形似铜盆，故名。

朱家老屋 Zhū jiā lǎo wū 46 人，长槽东北 800 米处。

黑沟头 Hēi gōu tóu 槽西北 500 米处。此沟两旁原来树木较多，光线暗，称黑沟；村处此沟的源头处，故名。

麻坑 Má kēng 49 人，长槽东 350 米处。村处窝坑，原长有很多火麻，故名。

花楸园 Huā qiū yuán 20 人，长槽东 1 公里处。此村边原长有成片的花楸树，故名。

外坡 Wài pō 7 人，长槽西南 1.6 公里处。村处山梁外面坡上，故名。

三岔口 Sān chà kǒu 14 人，长槽西南 1.1 公里处。村处 3 个岔槽出口处，故名。

天坑槽 Tiān kēng cáo 20 人，长槽南 550 米处。村处山槽，有个天坑，故名。

瘦大块 Shòu dà kuài 18 人，长槽西南 850 米处。此村有块大田，土质贫瘦，故名。

卖铧沟 Mài huá gōu 17 人，长槽东南 900 米处。很早以前此村沟就有人铸铧犁卖，故名。

水井头 Shuǐ jǐng tóu 35 人，长槽西南 1.8 公里处。村处水井的源头处，故名。

【严家坪大队】 Yán jiā ping dà duì 驻严家坪，位子崔家坝集镇西南 14.8 公里处。原名国光大队，1981 年 9 月 1 日按其驻地名更名为严家坪大队。辖 10 个生产队，13 个自然村，204 户，868 人，耕地面积 1583 亩。主产玉米、薯类，特产桐子、木梓。

严家坪 Yán jiā píng 45 人，位于崔家坝集镇西南 14.8 公里处，大队驻地。

龙尖山 Lóng jiān shān 16 人，严家坪西北 1.8 公里处。该村后山尖，形似龙，故名。

铁关寨 Tiě guān zhài 14 人，严家坪西北 2.1 公里处。此村地势险要，易守难攻，像铁打的关口，故名。

白果坝 Bái guǒ bà 101 人，严家坪

西北1公里处。此村坝长有几棵白果树，故名。

长槽塆 Cháng cáo wān 41人，严家坪西北1.7公里处，此村塆形似长槽，故名。

石板水 Shí bǎn shuǐ 49人，严家坪西北450米处。村旁小山脚石板缝中，常有涌泉，故名。

朱家塆 Zhū jiā wān 31人，严家坪东北550米处。

汪家塆 Wāng jiā wān 31人，严家坪西2.3公里处。

罗家槽 Luó jiā cáo 8人，严家坪西800米处。

黄柏埫 Huáng bái tǎng 22人，严家坪东南1.1公里处。此村埫上原长有棵黄柏树，故名。

礓礤井 Jiāng chā jǐng 36人，严家坪西南650米处，有口水井，挑水时要上几步石阶梯，故名。

谭家坪 Tán jiā ping 47人，严东坪西南1.4公里处。

祠堂坡 Cí táng pō 50人，严家坪东南750米处。此村坡原有座祠堂，故名。

【向家塆大队】 Xiàng jiā wān dà duì 驻向家塆，位于崔家坝集镇西南12.5公里处。原名永进大队，1981年9月1日按其驻地名更名为向家塆大队。辖6个生产队，11个自然村，155户，665人，耕地面积988亩。主产玉米、薯类、油菜，特产生漆。

向家塆 Xiàng jiā wān 80人，位于崔家坝集镇西南12.5公里处，大队驻地。

圆门 Yuán mén 70人，向家塆北1.6公里处。该村曾有栋大屋，大门为圆形，鸦鹊通往沙地的人行大路从此门过，故名。

高家坝 Gāo jiā bà 92人，向家塆北偏西1.5公里处。

杨家包 Yáng jiā bāo 115人，向家塆东北1.1公里处。

魏家塆 Wèi jiā wān 140人，向家塆西北1.3公里处。

金竹园 Jīn zhú yuán 75人，向家塆西偏北1.5公里处。此村早年长有成片金竹，故名。

张家塆 Zhāng jiā wān 84人，向家塆西偏北500米处。

漆木垭 Qī mù yà 20人，向家塆南偏西600米处。此村后山垭上原长有大片漆树，故名。

二台山 Er tái shān 70人，向家塆西南900米处，此地有两缓坡台阶，村处第二台上，故名。

张家瓦厂 Zhāng jiā wǎ chǎng 20人，向家塆南1.2公里处。

里头槽 Lǐ tóu cáo 55人，向家塆南偏西1.4公里处。村处二台山里面山槽中，故名。

【茅田坪大队】 Máo tián ping dà duì 驻下村，位于崔家坝集镇南偏西10公里处。原名明星大队，1981年9月1日按所辖自然村更名为茅田坪大队。辖6个生产队，8个自然村，147户，657人，耕地面积1394亩，其中水田42亩，主产玉米、薯类，特产生漆。

下村 Xià cūn 97人，位于崔家坝集镇南偏西10公里处，大队驻地。村处小河沟下方，故名。

丁家塆 Dīng jiā wān 21人，下村西北1.5公里处。

上村 Shàng cūn 77人，下村西1.4公里处。村处小河沟上方，故名。

中村 Zhōng cūn 58人，下村西650米处。村处上、下村中间地带，故名。

张家塆 Zhāng jiā wān 40人，下村东南1公里处。

王家坪 Wáng jiā píng 52人，下村东南600米处。

范家梁子 Fàn jiā liáng zǐ 40人，下村东南1.6公里处。

麦田坡 Mài tián pō 30人，下村西南1公里处。村处山坡，早年种过麦子，故名。

茅田坡 Máo tián pō （片村），位于下村南，面积约1平方公里。包括上村、下村、中村、王家坪4个自然村，主产玉米、洋芋。此村坪早年长有茅蜡烛草，故名。

【马田大队】 Mǎ tián dà duì 驻下马田，位于崔家坝集镇东南10.2公里。原名鲜花大队，1975年更名为马田大队。辖4个生产队，6个自然村，99户，442人，耕地面积661亩，其中水田84亩。主产玉米、薯类、水稻，特产生漆，产煤、硫磺。

下马田 Xià mǎ tián 11人，位于崔家坝集镇东南10.2公里处，大队驻地。此地有壁岩形似马头，岩对面为农田，村处马头下方，故名。

庙坪 Miào ping 73人，下马田西北950米处。此村坪后山包上曾建有座庙，故名。

上马田 Shàng mǎ tián 154人，下马田西北850米处。此地有壁岩形似马头，岩对面为农田，村处马头上方，故名。

月亮岩 Yuè liàng yán 12人，下马田西南650米处。此村后有壁岩形似月亮，故名。

毕家坪 Bì jiā ping 103人，下马田东南450米处。

石梯子 Shí tī zi 22人，下马田南700米处。此村边有条长石阶梯，故名。

马田 Mǎ tián （片村），位于崔家坝集镇南10公里处，面积0.8平方公里，包括上马田、下马田两个自然村。主产玉米、薯类，矿藏有硫磺、煤。此地有壁白岩，形似马头，在白岩对岸有块农田，故名。

【五垭坪大队】 Wǔ yà ping dà duì 驻岩蜜窝，位于崔家坝集镇西南11公里处。原名光明大队，1981年9月1日按所辖自然村名更名为五垭坪大队。辖5个生产队，8个自然村，91户，370人，耕地面积587亩，主产玉米、薯类，特产生漆。

岩蜜窝 Yán mì wō 49人，位于崔家坝集镇西南11公里处，大队驻地。此村边有壁岩，传说原来有蜜蜂窝，故名。

涂家坪 Tú jiā ping 31人，岩蜜窝东北700米处。

水井龙 Shuǐ jǐng long 40人，岩蜜窝西北450米处。此村有个出水洞，流水似龙，洞门口砌有水井，故名。

油榨坊 Yóu zhà fāng 43人，岩蜜窝西北900米处。此村很早前开设油榨坊，故名。

五垭坪 Wǔ yà ping 39人，岩蜜窝东北250米处。此村坪周围有5个山垭，故名。

朱家屋场 Zhū jiā wū chǎng 20人，岩蜜窝西南1公里处。

朱家塆 Zhū jiā wān 20人，岩蜜窝东南1公里处。

山尖龙 Shān jiān lóng 41人，岩蜜窝西南1.9公里处。此村周围有3个尖山脚下原有座土地庙，上面画有龙，故名。

【张家台子大队】 Zhāng jiā tái zi dà duì 驻陈家榨坊，位于崔家坝集镇西南15.8公里处。原名绿花大队，1981年9月1日按所辖自然村名更名为张家台子大队。辖6个生产队，12个自然村，179户，795人，耕地面积917亩。主产玉米、薯类，特产桐子、木梓。

陈家榨坊 Chén jiā zhà fāng 65人，位于崔家坝集镇西南15.8公里处，大队驻地。

姚家塆 Yáo jiā wān 30人，陈家榨坊西北1.2公里处。

谭家塆 Tán jiā wān 55人，陈家榨坊西北1公里处。

陈家塆 Chén jiā wān 陈家榨坊西北1.9公里处。

朱家塆 Zhū jiā wān 39人，陈家榨坊东北650米处。

淹水塂 Yān shuǐ tǎng 30人，陈家榨坊西北800米处。村处塂地，地势低，每逢下雨就积水，故名。

严家塆 Yán jiā wān 60人，陈家榨坊东1.1公里处。

汤家塆 Táng jiā wān 45人，陈家榨坊东南400米处。

天坑槽 Tiān kēng cáo 17人，陈家榨坊西南600米处。村处山槽，有一大天坑，故名。

李家塆 Lǐ jiā wān 32人，陈家榨坊东南1.2公里处。

黄家塆 Huáng jiā wān 50人，陈家榨坊东南1.1公里处。

张家台子 Zhāng jiā tái zi 110人，陈家榨坊西南1公里处。

【铺子房大队】 Pù zi fang dà duì 驻杨家包，位于崔家坝集镇西南15公里处。原名鲜花大队，1981年9月1日按所属自然村名更名为铺子房大队。辖6个生产队，7个自然村，134户，617人，耕地面积880亩。主产玉米、薯类，特产桐子、木梓。

杨家包 Yáng jiā bāo 53人，位于崔家坝集镇西南15公里，大队驻地。

苏家塆 Sū jiā wān 62人，杨家包西北1.5公里处。

铺子房 Pù zi fang 144人，杨家包北1公里处。解放前此村开过店铺，故名。

偏南坡 Piān nán pō 77人，杨家包东北450米处。村处山坡，坡向偏南，故名。

十谣村 Shí yáo cūn 134人，杨家包西南850米处。解放前，有户外地人来此定居，买了此地，招了10家佃户，为了扩大势力范围，叫10家佃户在外面谣传此地为村，故名。

茅沟井 Máo gōu jǐng 11人，杨家包西南1.3公里处。山水顺溪沟流入茅草坡下的井内，故名。

何家塆 Hé jiā wān 77人，杨家包西南1.1公里处。

【尖龙坪大队】 Jiān lóng ping dà duì 主驻尖龙坪，位于崔家坝集镇西南17.3公里处，原名春景大队，1981年9月1日按其驻地名更名为尖龙坪大队。辖8个生产队，14个自然村，206户，937人，耕地面积1048亩。主产玉米、薯类、油菜，特产生漆。

尖龙坪 Jiān lóng ping 140人，位于崔家坝集镇西南17.3公里处，大队驻地。村处山尖似龙下面的坪地，故名。

野猫洞 Yě māo dòng 22人，尖龙坪东北1.8公里处。此村有个溶洞，经常有野猫出人，故名。

洞伏猪 Dòng fú zhū 89人，尖龙坪西北1.8公里处。此村有个岩洞，顶部的岩石似头猪伏卧，故名。

白果塂 Bái guǒ tǎng 110人，尖龙坪东北1.8公里处。村处塂中，并有棵大白果树，故名。

草坝塆 Cǎo bà wān 29人，尖龙坪北800米处。早年此塆内是一坝野草，故名。

彭家大山 Péng jiā dà shān 41人，尖龙坪西北1.1公里处。

铺子上 Pù zi shàng 101人，尖龙坪西北700米处。早年，该村大路边设有店铺，故名。

大园子 Dà yuán zi 45人，尖龙坪东北600米处。此村有块大菜园子，故名。

肖家塆 Xiāo jiā wān 47人，尖龙坪西北750米。

中间屋 Zhōng jiān wū 140人，尖龙坪东北350米处。在许多房屋中间有栋大屋，故名。

纸厂 Zhǐ chǎng 45人，尖龙坪南300米处。此村很早以前办过纸厂。

蓼叶台 Liǎo yè tái 25人，尖龙坪西

南 1.4 公里处。村处台地，村附近原长有很多蓼叶，故名。

土地岭 Tǔ dì lǐng 7 人，尖龙坪南 750 米处。此村后山岭上建过土地庙，故名。

三字垛 Sān zì duǒ 19 人，尖龙坪西南 1.5 公里处。该村修有 1 栋 3 间石墙屋，3 个墙垛排列似 3 字，故名。

【芭蕉园大队】 Bā jiāo yuán dà duì 驻谢家塆，位于崔家坝集镇西南 17.2 公里处，原名红花大队，1981 年 9 月 1 日按所辖自然村名更名为芭蕉园大队。辖 11 个生产队，13 个自然村，265 户，1264 人，耕地面积 1424 亩。主产玉米、薯类，特产桐子、木梓、生漆。

谢家塆 Xiè jiā wān 39 人，位于崔家坝集镇西南 17.2 公里处，大队驻地。

三岔溪 Sān chà xī 18 人，谢家塆西北 1.5 公里处。此村周围有 3 个岔槽，中间有条小溪，故名。

斑鸠水 Bān jiū shuǐ 104 人，谢家塆北偏西 1.2 公里处。该村边有座独立山包，形似斑鸠，包下有口水井，故名。

牛蹄坝 Niú tí bà 172 人，谢家塆西北 650 米处。该村坝有个天坑，形似牛蹄，故名。

大鱼泉 Dà yú quán 153 人，谢家塆西北 1.4 公里处。此村有股较大的泉出鱼，故名。

芭蕉园 Bā jiāo yuán 35 人，谢家塆南偏西 350 米处。此村原长有成片的芭蕉树，故名。

祖坟岭 Zǔ fén lǐng 130 人，谢家塆东南 1.1 公里处。此村后山岭上是片祖坟地，故名。

吴家塆 Wú jiā wān 24 人，谢家塆西南 1 公里处。

许家塆 Xǔ jiā wān 90 人，谢家塆东南 1 公里处。

宋家塆 Sòng jiā wān 120 人，谢家塆西南 1.5 公里处。

董家塆 Dǒng jiā wān 110 人，谢家塆南偏东 1.4 公里处。

王家塆 Wáng jiā wān 40 人，谢家塆西南 1.8 公里处。

严家塆 Yán jiā wān 30 人，谢家塆西南 1.75 公里处。

【车河大队】 Chē hé dà duì 驻小河，位于崔家坝集镇南 13.2 公里处。原叫明月大队。1981 年 9 月 1 日按所辖自然村名更名为车河大队。辖 5 个生产队，9 个自然村，128 户，650 人，耕地面积 1022 亩，其中水田 42 亩。主产玉米、薯类、油菜，特产生漆，还产木材。

小河 xiǎo hé 75 人，位于崔家坝集镇西南 13.2 公里处，大队驻地。村处小河边，故名。

大树塆 Dà shù wān 40 人，小河东北 1.9 公里处。此村塆过去长有很多大树，故名。

崔家坪 Cuī jiā píng 82 人，小河东北 1.2 公里。

上小河 Shàng xiǎo hé 88 人，小河北 500 米处。村处小河上方，故名。

下小河 Xià xiǎo hé 33 人，小河南 600 米处。村处小河下方，故名。

沙塃 Shā tǎng 15 人，小河西南 900 米处。村处塃地，土壤含沙多，故名。

长槽 Cháng cáo 35 人，小河西南 1.4 公里处。村处长山槽中，故名。

车河 Chē hé 30 人，小河西南 850 米。光绪年间，在下小河建过纸厂，利用水车冲造纸原料，故名。

下坝 Xià bà 82 人，小河西南 1.1 公里处。村处小河下游的平坝中，故名。

【扬杈水大队】 Yáng chā shuǐ dà duì 驻扬杈水，位于崔家坝集镇南 12.5 公里处。原名燎原大队，1981 年 9 月 1 日按所属自然村名更名为扬杈水大队。辖 6 个生产队，9 个自然村，101 户，427 人，耕地面积 1045

亩。主产玉米、薯类，特产烤烟、生漆、药材。

扬杈水 Yáng chā shuǐ 40人，位于崔家坝集镇南12.5公里处。

李家塆 Lǐ jiā wān 55人，位于扬杈水西北1.5公里处。

西晒坡 Xī shài pō 54人，位于扬杈水西北2.2公里处。村处山坡，当西晒，故名。

姚家坡 Yáo jiā pō 35人，扬杈水西北1.6公里处。

马虎岭 Mǎ hǔ lǐng 8人，扬杈水西北2.2公里处，此村后山岭形似马，过去常有老虎出现，故名。

核桃坪 Hé táo ping 30人，扬杈水东北700米处。村处坪地，核桃树较多，故名。

冷风槽 Lěng fēng cáo 14人，扬杈水西北1.6公里处。村处山槽，冬季槽中西北风大，故名。

代家塆 Dài jiā wān 30人，扬杈水西北1公里处。

石门坎 shí mén kǎn 15人，扬杈水东北400米处。村处山槽，槽中有块岩石形似门坎，故名。

崔家坝公社畜牧良种场 Cuī jiā bà gōng shè xù mù liáng zhǒng chǎng 崔家坝集镇北偏西2公里。1975年建场，职工12人，耕地40亩，要饲养牲畜良种。

崔家坝公社前山坡林场 Cuī jiā bà gōng shè qián shān pō lín chǎng 崔家坝集镇东南1.5公里。1976年建场，110人，总面积3500亩，其中耕地100亩，造林2560亩。

崔家坝公社巴茅水茶场 Cuī jiā bà gōng shè bā máo shuǐ chá chǎng 崔家坝集镇西南4.5公里。1975年建场，16人，茶园1000亩。

崔家坝公社马田磺厂 Cuī jiā bà gōng shè mǎ tián huáng chǎng 崔家坝集镇南10.7公里。1974年建厂，职工150人，主产硫磺，其次有煤、硫酸铵。

崔家坝公社窑塆河电站 Cuī jiā bà gōng shè yáo wān hé diàn zhàn 崔家坝集镇西南3.7公里。1979年建成，装机容量125千瓦。

崔家坝公社梯耳岩电站 Cuī jiā bà gōng shè tī ěr yán diàn zhàn 崔家坝集镇南9.5公里。1978年建成，6人，装机容量125千瓦。

崔家坝高中 Cuī jiā bà gāo zhōng 崔家坝集镇南1.7公里，1961建校，名恩施县第七中学，1981年改为现名。有教职工38人，设有初、高中班各6个。

五岭连珠

庞一德

一曲清江漫陆离，山开五指垒牟尼。

羁人计日珠江去，说著连珠泪一垂。

连珠岭

商盘

城东五峰并峙，状若连珠，为郡治八景之一。明童昶有诗，而形容未备，补赋是篇，为兹山写照，刻画圭角，殊伤大雅也。

历历五星垂，累累八音贯。占象臾区优，典乐后夔赞。兹山灵秀钟，割取朵云攛。为属非为独，相连不相断。十眉虽未全，一握已堪算。数奇那得偶，卦萃安能涣。挟将群岳来，蔚为众峰冠。有邻德不孤，如珠光可玩。神羊髯自垂，老蚌胎谁判。骊容造次探，鹊以等闲弹。一云悬大宝，辉煌彻昏旦。又云现牟尼，色空惊变幻。得因象网寻，投或太阿按。是石还是珠，聚讼成疑案。待叩妙明师，真假片言断。

摘自《恩施县志.卷十一·艺文志》

白 杨 坪 公 社 概 况

BAI YÁNG PING G0NG SHE GAI KUÁNG

白杨坪公社位于恩施县城的东北部，东与本县崔家坝公社和建始县苗坪公社隔河相望，南接熊家公社，西邻太阳、龙凤公社，北挨建始县苗坪公社。公社驻地白杨坪集镇，位于巴(东)—石(门坎)公路164公里处，距恩施县城40公里。

解放前为恩施县第一区管辖。解放初期为第二区(龙凤区)管辖，下面有鲁竹、熊家、响板、三义、鸭塘等10个乡。1955年为第二区(白杨区)，下辖19个乡，1956年并为13个乡。1958年秋成立白杨人民公社，将原13个乡改为管理区。1961年恢复区社制，将13个管理区又改为13个小公社。1975年8月撤区并社时将白杨区划分为白杨、熊家2个公社。白杨公社辖白杨、麂渡、九根、康家、鸭塘、三义6个管理区。1981年以其驻地白杨坪改名为白杨坪公社。现辖31个大队，1个农科站，1个林场，共258个生产队，310个自然村。共有7482户，总人34669人(农业人口33563人)，土家族占5.44%。

白杨坪公社东西长19.5公里，南北宽14.4公里，总面积152.45平方公里，其中耕地面积43902亩(水田7280亩)。低山占70.9%，二高山占29.1%，西北、东南偏高，中间低。最高点阴坡海拔1211米，最低点南里渡海拔430米。山顶起伏不大，地势较平缓。地质为石灰岩、红砂岩、页岩，多溶洞伏流。东、北、西三面有河，并为悬崖峭壁。太阳河自北向东南境通过，公社大部分地区缺水，农田以旱地为主，主要土壤有黄泥土、黄筋土、紫色土、火连渣等。

该公社气候温和，四季分明，年平均气温 16.1℃。冬季(1 月)平均温度 5℃，夏季（7 月)平均温度 26℃，无霜期 266 天左右，全年降雨量 1323 毫米，夏季雨水多于冬季，年平均相对湿度 80%。公社有 2 条较大的绕边界流过的河流，一条太阳河穿过鹿子渡绕东南边境流过，在境内长约 18 公里，成为恩施县与建始县的界河。另一条发源于太阳公社伍家沟，上游称白马塘河，下游称找龙坝河，在社境内长 10 公里。其余溪沟、伏流甚多。为抗旱保丰收，兴建了库容为 90 万立方米的石桥子水库。此外分别在鹿子渡、白马塘、找龙坝建了 3 座水力发电站，装机容量为 172 千瓦，解决了 11 个大队及社直机关、企事业单位生产和生活用电。为了解决白杨坪集镇居民的生活用水，于 1979 年 10 月建成了钟鼓楼水塔，蓄水量达 10000 立方米，从 7 公里外的青岭沟引流清泉水，满足了镇上机关、居民的生活用水。

白杨坪公社的经济以农业为主，而农作物又以旱粮为主，主产玉米、小麦，其次有水稻、红苕、洋芋、油菜及其他杂粮。1981 年粮食总产 2475.9 万斤，油菜籽 173 万斤。农业总产值 221 万元，占全社总收入的 70%。此外公社境内的气候、土壤等自然条件，极利于油桐、乌桕、白肋烟等经济作物的生长，是恩施县桐、木油的主要产区。经济作物总收入达 39 万元，占全社总收入的 13%；牧业收入 34 万元，占总收入的 10%。其次社办有建筑队、农具厂、拖拉机站、煤厂、石灰厂，年产值 24 万元，占总收入的 7%。

该公社地处交通要道，巴(东)—石(门坎)公路纵贯南北，白(杨坪)—奉(节)公路由石桥子向西北伸展，此外简易公路四通八达，全长约 65 公里，有 82% 的大队通了车。随着生产的发展，生产力也逐步提高，农业机械日益增多，全公社农业机械总动力已达 1626 马力，有汽车2台，中、小型拖拉机33辆。农用动力机械柴油机52台，836马力；电动机18台，126马力，还有各种加工机械。

文教卫生事业发展较快。公社现有文化站、电影放映队、广播站和小型影院1个，经常开展群众性文化娱乐活动，大大丰富了人们的文化生活。解放初期，全公社只有1所完小，学生180人，教员9人，现发展到有中、小学40所，高中1所，教职工428人，在校学生8657人，比解放初期增加了48倍。公社有卫生院1所，病床23张，有22个大队医务室，专业医务人员45人，赤脚医生33人，比解放初期增加了19.5倍。

公社驻地白杨坪集镇，已有280余年的历史。现集镇中心在巴(东)—石(门坎)公路南面坎下200米，设有公社管委机关、税务所、银行、供销百货、副食等部门，公路旁建有邮电局、旅社、客运站、百货生资门市部、拖拉机站、食品站等单位。现集镇上共居住有1595人，其中农业人口520人，总面积0.21平方公里，每逢农历三、六、九为赶集日，其市场活跃，上市品种丰富。

白杨坪公社行政区划、居民点名称

白杨坪集镇 Bái yáng píng jí zhèn 位于恩施县城东北 30.3 公里。巴(东)—石（门坎)公路 164 公里南 200 米，海拔 715 米。系白杨坪公社驻地。

据传，在清朝雍正年间，有江西刘、王二姓和荆州革、程二姓人家来此垦荒落业时，见此坪上生长着很多粗大的白杨树，故取名白杨坪。

白杨坪集镇形成已有 280 余年的历史，现老街基本保持原状，解放前白杨坪原属恩施第一区管辖，设有乡政府，集上建有“义正宫”“万寿宫”“青龙观”“城隍庙”“文昌宫”5 座大型建筑物(现大部分已无存)，居民房屋均为石基木柱结构的四合天井。街道为东西走向，长约 750 米，宽处 6.8 米，一般宽为 2.8 米，泥石路面。街上的居民多善于经商，解放前镇上有铜、铁、银匠铺，栈房、盐号、布匹、百货等 50 余家，1938 年时，有 160 多户人家，为百日场期，集市颇具规模。市场上人们贩卖桐油、木油、贝母、土布、水果、川盐洋布、百货等日用品。随着巴(东)—石(门坎)公路的通车(1937)，白杨坪集市更加兴旺。

解放初属二区白杨乡驻地，1955 年为白杨区公所驻地，以后一直为区、社机关驻地。白杨坪集镇居住有 1595 余人，其中农业人口 520 人，总面积 0.21 平方公里。公社机关在镇的中心，南面有税务所、银行，对面有百货、副食、旅社、电影队等单位。在镇北的一座圆形山包上，原建有一小亭楼，挂有钟鼓，名为钟鼓楼。1979 年，在钟鼓楼山顶上修筑了 1 座容量为 1 万立方米的水塔，取名钟鼓楼水塔，从 7 公里外的清岭沟引来了清泉水，解决了镇上居民吃水的困难。镇西头有棵粗大的红豆树，亭亭玉立，形如伞状，人称凉伞树。它生长在一座怪石嶙峋的小山顶上，高约 15 米，胸围 3.7 米，上分四枝，树冠达 50 平方米，绿树青山，浑然一体，真使人佩服它顽强的生命力。在钟鼓楼的西边山脚下有白杨坪中小学，粮管所和粮油加工厂。公社银行门前有一简易公路与巴（东）—石(门坎)公路相连，两边分设有水电管理站、种子站和卫生院。白杨坪集镇现有个体工商户 45 家，每逢农历三、六、九赶场，赶场的人达 3000 多。各种农副产品上市丰富，市场活跃，生意兴隆，主要出售的农副产品有大米、洋芋、玉米、茶叶、烟叶、桐油、猪羊肉、禽蛋及时令水果等。成交额达 5000 元左右(不包括国营)。

沿巴(东) —石(门坎)公路 164 公里两旁新建了邮电局、旅社、货运站、百货生资门市部以及兽医站、道班、拖拉机站、食品站、白杨高中等单位，日趋形成一新的街道。公路旁绿树成荫，公路上车水马龙，呈现出一派新景象。

【白杨坪大队】 Bái yáng píng dà duì 驻白杨坪集镇。恩施县城东北 30 公里，原名白杨大队，1981 年 9 月 1 日按驻地名更名为白杨坪大队。辖 8 个生产队，8 个自然村。304 户，1293 人。耕地面积 1510 亩，其中水田 200 亩。主产玉米、小麦、水稻，特产桐子、木梓。

朱家台子 Zhū jiā tái zǐ 19 人，白杨坪东 700 米。

周家拐 Zhōu jiā guǎi 25 人，白杨坪西南 1.2 公里。

兰场 Lán chǎng 45 人，白杨坪南 500 米，原名竹园坝，清朝末年种植兰子，提取染料，故名。

邹家槽 Zōu jiā cáo 27 人，白杨坪东南 650 米。

堰塆 Yàn wān 32 人，白杨坪西南 1.2 公里。村处山塆，原有口堰塘，故名。

倒吊子 Dào diào zǐ 128 人，白杨坪西南 1.6 公里，此村有个朝天洞，洞内石壁上有一个形似砂吊子的石笋倒吊着，故名。

张家槽 Zhāng jiā cáo 30 人，白杨坪西南 2.4 公里。

朱家坪 Zhū jiā píng 50 人，白杨坪西南 2 公里。

倒吊子 Dào diào zǐ （片村），白杨坪西南 1.5 公里。包括堰塆、倒吊子、朱家坪、张家槽 4 个自然村。

【大塆大队】 dà wān dà duì 驻大塆，白杨坪西北方，白(杨坪) —奉(节)公路 12.5 公里处，原名建新大队，1981 年 9 月 1 日按驻地名更名为大塆大队。辖 9 个生产队，8 个自然村。225 户，1087 人。耕地面积 1304 亩，其中水田 240 亩。主产玉米、薯类、水稻，特产桐子、茶叶。

大塆 Dà wān 240 人，大队驻地，白杨坪西北 8.1 公里。村处较大的山塆，故名。

口上 Kǒu shàng 158 人，大塆北 400 米。该村北处悬崖断口，是大塆出口之地，故名。

周塘坡 Zhōu táng pō 100 人，大塆东北 500 米。此村山坡处有口水塘，周姓人家居住于此，故名。

塆里 Wān lǐ 147 人，大塆西北 350 米，该村人户多居于塆内，故名。

岩脑壳上 yán nǎo ké shàng 83 人，大塆东南 500 米，该村居于黄家岩顶上，故名。

陈家包 Chén jiā bāo 92 人，大塆西南 650 米。

何家塆 Hé jiā wān 107 人，大塆西南 900 米。

青树包 Qīng shù bāo 94 人，大塆东南 1.3 公里。该村山包上原有根大青㭴树，故名。

【鹿子渡大队】 Jǐ zǐ dù dà duì 驻洞子溪，白杨坪西北 7 公里。原名鸿建大队，1981 年 9 月 1 日更名为鹿子渡大队，辖 16 个生产队，16 个自然村。573 户，2719 人。耕地面积 3577 亩，其中水田 1675 亩。主产玉米、小麦、水稻，特产生漆、桐子。

洞子溪 Dòng zǐ xī 226 人，大队驻地，白杨坪西北 7 公里，从西晒坡脚下洞子里涌出一股水，形成溪沟，故名。

安子营 An zǐ yíng 85 人，洞子溪西北 1.2 公里，传说从前八大王部队开往四川时，在此安营扎寨，故名。

官渡河 Guān dù hé 115 人，洞子溪西北 1.1 公里，古代人在此村的河上修木桥，完工时有官人从桥上过河，故名。

郑家塆 Zhèng jiā wān 60 人，洞子溪东北 950 米。

桃树坪 Táo shù píng 50 人，洞子溪西北 700 米。原坪中桃树多，故名。

刘家坪 Liú jiā píng 463 人，洞子溪东北 600 米。

斑竹园 Bān zhú yuán 56 人，洞子溪西北 1.2 公里。从前盛产斑竹，故名。

蔡家岩 Cài jiā yán 200 人，洞子溪西 1.5 公里。

西晒坡 Xī shài pō 70 人，洞子溪东偏南 1 公里。太阳偏西时才晒到此坡，故名。

豌豆坝 Wān dòu bà 28 人，洞子溪西南 550 米，该村有块台地，面积约 10 亩，形似豌豆角，故名。

牛困塘 Niú kùn táng 132 人，洞子溪东南 1.3 公里。原有口自然形成的小水塘，水牛常困在塘中，故名。

弓箭塆 Gōng jiàn wān 121 人，洞子溪西南 1.5 公里。该塆地形似弓箭，故名。

白脊山 Bái jǐ shān 201人，洞子溪西南1公里。村处半山坡，山脊是白色的火石渣，故名。

大沙坝 Dà shā bà 132人，洞子溪东南800米。该村有块大坪坝，沙质土壤，故名。

指凤头 Zhǐ fèng tóu 131人，洞子溪东南1.3公里。此村地形象手指，指向河对岸的凤凰山头，故名。

五个楼 Wǔ gè lóu 45人，洞子溪东南1.8公里。村处河边，有一水潭约有5层楼深，故名。

麂子渡 Jǐ zǐ dù （片村），白杨坪西北方，面积约6000亩，包括安子营、官渡河、斑竹园、桃树坪、豌豆坝、刘家坪、郑家塆、洞子溪、西晒坝、指凤头、大沙坝、五个楼12个自然村。据传，很早以前，有人看见麂子从此地渡过河，故名。

【张庙大队】 Zhāng miào dà duì 驻坟前坝，白杨坪西北5.7公里。原名建福大队，1981年9月1日更名为张庙大队。辖7个生产队，7个自然村。244户，1086人。耕地面积1173亩，其中水田441亩。主产水稻、玉米，磷矿量较丰富。

坟前坝 Fén qián bà 208人，大队驻地，白杨坪西北5.7公里。此坟前有坝水田，故名。

长坝 Cháng bà 143人，坟前坝北750米。此村沿河有1公里长的水田坝子，故名。

张爷庙 Zhāng yé miào 115人，坟前坝西1.1公里。此村原建有张飞庙，当地群众称张爷庙，故名。

猴栗树 Hóu lì shù 70人，坟前坝西600米。此村有根猴栗树，故名。

大竹园 Dà zhú yuán 166人，坟前坝东南600米。此村生长着许多竹子，形成竹园，故名。

大坪 Dà píng 60人，坟前坝东南1.4公里处。此村有块较大的坪坝田，故名。

石笋坪 Shí sǔn píng 47人，坟前坝东南2.1公里。此坪有根独立石笋，故名。

【九根树大队】 Jiǔ gēn shù dà duì 驻九根树，白杨坪西北6公里。原名富裕大队，1981年9月1日按驻地名更名为九根树大队。辖14个生产队，15个自然村。405户，1811人。耕地面积2606亩，其中水田595亩。主产水稻、玉米、薯类，特产桐子、生漆。

九根树 Jiǔ gēn shù 217人，大队驻地，白杨坪西北6公里。此地原有根杉树蔸上新生9根大杉树，故名。

冒沙地 Mào shā dì 112人，九根树北1.2公里。此地有个出水洞冒沙，故名。

土地垭 Tǔ dì yā 127人，九根树东北1.1公里。此村山垭处建有1座土地庙，故名。

长槽 Cháng cáo 100人，九根树西北700米。此村有1公里长的槽田，故名。

枪杆岭 Qiāng gǎn lǐng 15人，九根树西北1.3公里。此村山岭形似一杆枪，故名。

张家榨坊 Zhāng jiā zhà fáng 133人，九根树东北900米。

小塆 Xiǎo wān 170人，九根树西南1.1公里。村处小山塆之中，故名。

槽口 Cáo kǒu 95人，九根树西南500米。村处3个山槽的交叉口，故名。

大坪 Dà píng 129人，九根树东南700米。此地有块50亩左右的大坪田，故名。

小枪杆岭 Xiǎo qiāng gǎn lǐng 120人，九根树西南1.25公里。该村山岭似枪杆，比枪杆岭要小，故名。

桑树垱 Sāng shù tǎng 69人，九根树东南1.4公里。从前村垱中长有棵大桑树，故名。

朱家塆 Zhū jiā wān 140人。九根树东南2公里。

后槽 Hòu cáo 126人，九根树东南1.85公里。该村有大片槽田，村处老鸹岭之后，故名。

三会驿 Sān huì yì 141人，九根树南1.7公里。该地原是3条大道汇合处，清朝乾隆以前此地设有驿站，故名。

天鹅池 Tiān é chí 110人，九根树东南2.2公里。该村有口水池，地形似天鹅抱蛋，故名。

【香树坪大队】 Xiāng shù píng dà duì 驻田竹园，白杨坪西北4.5公里。原名富饶大队，1981年9月1日更名为香树坪大队。辖7个生产队，7个自然村。184户，851人。耕地面积1581亩，其中水田153亩。主产玉米、水稻，特产茶叶。

田竹园 Tián zhú yuán 122人，大队驻地，白杨坪西北4.5公里。从前有块田，长满了很多竹子，故名。

卢家屋场 Lú jiā wū chǎng 68人，田竹园西北750米。

香树坪 Xiāng shù píng 131人，田竹园东北500米。很早前，此坪有根大香树，故名。

胡家塆 Hú jiā wān 162人，田竹园西1公里。

张家塆 Zhāng jiā wān 41人，田竹园东800米。

堰头溪 Yàn tóu xī 96人，田竹园西偏南1.5公里。村处小溪的上游，人工开凿有条堰沟，故名。

汪家梁子 Wāng jiā liáng zǐ 82人，田竹园西南500米。

【火石坡大队】 Huǒ shí pō dà duì 驻火石坡，白杨坪西北3.4公里。原名健康大队，1981年9月1日按驻地名更名为火石坡大队。辖6个生产队，5个自然村。143户，659人。耕地面积1045亩，其中水田77亩。主产玉米、薯类，特产桐子、木梓。

火石坡 Huǒ shí pō 113人，大队驻地，白杨坪西北3.4公里。此村坡全是黑火石渣，故名。

五加坪 Wǔ jiā píng 117人火石坡东北1.7公里。该村坪盛产五加皮，故名。

村坊坪 Cūn fáng píng 60人，火石坡东北1公里。该村地形平坦，人户集中，故名。

穿心店 Chuān xīn diàn 40人，火石坡西750米。过去此地有家私人小客店，人行道从店中穿过，故名。

矿子坑 Kuàng zǐ kēng 21人，火石坡西南1公里。村处洼地，出产铁矿石，故名。

【大沙坝大队】 Dà shā bà dà duì 驻漂石沟，白杨坪西北5.3公里。原名星光大队，1981年9月1日按自然村名更名为大沙坝大队。辖11个生产队，11个自然村。270户，1275人。耕地面积1876亩，其中水田497亩。主产水稻、玉米、薯类，特产桐子、木梓。

漂石沟 Piào shí gōu 43人，大队驻地，白杨坪西北5.3公里。该村有条溪沟，沟壁是平滑石板，流水一漂而过，故名。

张家塆 Zhāng jiā wān 41人，漂石沟东北1公里。

麻坑 Má kēng 75人，漂石沟西北1.1公里。此村有块窝坑田，早年种植芝麻，故名。

老村 Lǎo cūn 180人，漂石沟西北750米。该村始建时间较早，故名。

中坝 Zhōng bà 32人，漂石沟北300米。村处大坪坝之中，故名。

大沙坝 Dà shā bà 170人，漂石沟东偏北850米。村处大坝，沙质土，故名。

天坑塆 Tiān kēng wān 19人，漂石沟东南1.4公里。村塆内有个大天坑，故名。

花田 Huā tián 128人，漂石沟西南1公里，该村原种过鸦片，花期到来，满田花开，故名。

大树包 Dà shù bāo 66人，漂石沟西南1.6公里。此村山包上曾长有大树，故名。

凉水井 Liáng shuǐjǐng 76人，漂石沟南1.2公里。此村有口凉水井，故名。

长岭山 Cháng lǐng shān 45人，漂石沟西南1.9公里。村处大山，山岭狭长，故名。

【石桥子大队】 Shí qiáo zǐ dà duì 驻石桥子，白杨坪西北1.7公里。原名星丰大队，1981年9月1日更名为石桥子大队。辖9个生产队，10个自然村。342户，1502人。耕地面积1594亩，其中水田129亩。主产玉米、小麦，特产生漆、茶叶、木梓。

石桥子 Shí qiáo zǐ 45人，大队驻地，白杨坪西北1.7公里。该村有条小溪沟，人们用石板搭成桥，故名。

骑羊坝 Qí yáng bà 211人，石桥子东北2.4公里，传说古时有人在此坝追捕大山羊，捉住后骑在羊背上，故名。

干八沟 Gān bā gōu 111人，石桥子北900米。该村两面山上有8条干沟，故名。

中梁山 Zhōng liáng shān。石桥子东700米。村处干八沟与杨家河之间的山梁上，故名。

朱家垮 Zhū jiā kuǎ 70人，石桥子西北1.3公里。

榨屋坪 Zhà wū píng 43人，石桥子东北1公里。曾在此坪开过榨房，故名。

周家槽 Zhōu jiā cáo 123人，石桥子西北750米。

柳家坪 Liǔ jiā píng 70人，石桥子东南1.1公里。

耿家坝 Gěng jiā bà 104人，石桥子东南850米。

甘家坡 Gān jiā pō 40人，石桥子东南1.4公里。

【东岳宫大队】 Dōng yuè gōng dà duì 驻雷显坪。白杨坪东北2.1公里。原名高丰大队，1981年9月1日更名为东岳宫大队。辖7个生产队11个自然村。273户，1226人。耕地面积1483亩，其中水田28亩。主产玉米、小麦，特产桐子、木梓。

雷显坪 Léi xiǎn píng 95人，大队驻地，白杨坪东2.1公里。此村坪有人被雷击死，人们迷信雷神显灵，故名。

金鸡埫 Jīn jī tǎng 96人，雷显坪北1.6公里。传说躺中曾常有金鸡来此寻食游玩，故名。

徐家坪 Xú jiā píng 77人，雷显坪西北1.4公里。

刘家坪 Liú jiā píng 132人，雷显坪北1公里。

崔家埫 Cuī jiā tǎng 10人，雷显坪东北1公里。

骡马店 Luó mǎ diàn 37人，雷显坪东北750米。此村原开过骡马店，故名。

赵家亭子 Zhào jiā tíng zǐ 182人，雷显坪东北1.1公里。

赵家榨屋 Zhào jiā zhà wū 118人，雷显坪东650米。该村原赵姓开过榨坊，故名。

东岳宫 Dōng yuè gōng 197人，雷显坪西南400米。此村山上曾修有庙，取名东岳宫。

范家台子 Fàn jiā tái zǐ 152人，雷显坪东南1.2公里。

梅家埫 Méi jiā tǎng 139人，雷显坪东南900米。

【白马塘大队】 B ái mǎ táng dà duì 驻寨子上，白杨坪西北7.2公里。原名红旗大队，1981年9月1日更名为白马塘大队。

辖12个生产队，13个自然村。290户，1352人。耕地面积1864亩，其中水田420亩。主产水稻、玉米、小麦、薯类，特产桐子、木梓。

寨子上 Zhài zǐ shàng 41人，大队驻地，白杨坪西北7.2公里。传说过去有军队扎过寨，故名。

周家大塆 Zhōu jiā dà wān 5人，寨子上北2.3公里。

观塆 Guān wān 109人，寨子上东北2公里。此村原有座庙，名叫“青龙观”，而庙后有一塆水田，故名。

新屋底下 Xīn wū dǐ xià 83人，寨子上东北1.75公里。何家在此建新屋，该村居于新屋坎下，故名。

杨家槽 Yáng jiā cáo 57人，寨子上东北1.2公里。

蒿坪 Hāo píng 148人，寨子上东北750米。村处山坪，原生长艾蒿，故名。

小茶园 Xiǎo chá yuán 61人，寨子上西北700米。此村原油茶树多，形成茶园，故名。

白马塘 Bái mǎ táng 90人，寨子上东北1.2公里。村处河边，传说此地有白色野马夜间出来吃麦子，被人追赶后跳入潭中不见了，故名。

鱼沙坝 Yú shā bà 70人，寨子上西1.1公里。此村有块水沙坝，传说水中鱼和蛇较多，名为鱼蛇坝，后惯称鱼沙坝。

猫儿洞 Māo ér dòng 123人，寨子上东500米。此村有个山洞，传说有只猫儿钻进洞中未出，故名。

枇杷屋基 Pí pá wū jī 198人，寨子上西500米。在此村屋基旁，原有棵大枇杷树，故名。

赵家坝 Zhào jiā bà 22人，寨子上西南600米。

两河口 Liǎng hé kǒu 84人，寨子上西南1.2公里。此村位于白马塘河与马老河的汇合处，故名。

【把东狭大队】 Bǎ dōng xiá dà duì 驻刘家老屋，白杨坪东北5公里。原名黎明大队，1981年9月1日更名为把东狭大队。辖7个生产队，10个自然村。175户。870人。耕地面积748亩，其中水田4亩。主产玉米、薯类，特产桐子、木梓。

刘家老屋 Liú jiā lǎo wū 60人，大队驻地，白杨坪东北5公里。

郭家塆 Guō jiā wān 30人，刘家老屋东北1.1公里。

七里碥 Qī lǐ biǎn 30人，刘家老屋东南1.8公里。此村是从河旁伸出来的山石地，从马河口到此地刚好7个华里，故名。

老林塆 Lǎo lín wān 40人，刘家老屋西北900米。此村塆过去森林茂密，故名。

三岔槽 Sān chà cáo 20人，刘家老屋东北950米。村处3槽合口处，故名。

马家槽 Mǎ jiā cáo 35人，刘家老屋西1.1公里。

张家塝 Zhāng jiā tǎng 40人，刘家老屋西南600米。

长槽 Cháng cáo 20人，刘家老屋东南900米。此村有块很长的槽田，故名。

砂梁子 Shā liáng zǐ 95人，刘家老屋南1.2公里。该村山梁上砂砾较多，故名。

柳家坪 Liǔ jiā píng 81人，刘家老屋西南1.4公里。

把东狭 Bǎ dōng xiá (片村)，白杨坪东南方。包括把东狭大队和回龙观大队的倒锣塆一角。很早前，于、向、姜、王4姓到此落户，后郭、刘、郑、李又到此落户，无地盘，经磋商，用条猎枪换得东面的块狭地，故名。

【铁角坝大队】 Tiě jiǎo bà dà duì 驻谭家坝，白杨坪西北2.1公里。原名火花大队，1981年9月1日更名为铁角坝大队。

辖10个生产队，12个自然村。261户，1149人。耕地面积1568亩，其中水田148亩。主产玉米、水稻，特产茶叶、桐子、木梓。

谭家坝 Tán jiā bà　76人，大队驻地，白杨坪西北2.1公里。

椿树塆　Chūn shù wān　122人，距谭家坝1公里。此村塆原生长有椿树，故名。

小火石坡 Xiǎo huǒ shí pō　103人，谭家坝西北1公里。此村坡有一种较小的黑火石渣，故名。

马道子　Mǎ dào zǐ　104人，谭家坝东北600米。古时，此地是练武跑马的地方，故名。

朱家塆　Zhū jiā wān　48人，谭家坝东北700米。

漆家沟 Qī jiā gōu　22人，谭家坝西700米。

铁角坝 Tiě jiǎo bà　123人，谭家坝东南700米。在村坝的边角上曾筑炉炼过铁，故名。

慈竹沟　Cí zhú gōu　30人，谭家坝东北1.6公里。此村沟原长慈竹，故名。

曹家坡　Cáo jiā pō　10人，谭家坝东南1.3公里。

槐子坪　Huái zǐ píng　80人，谭家坝西南1.1公里。此村坪原长有根大槐子树，故名。

上店子　Shàng diàn zǐ 50人，谭家坝南1.2公里。从白杨坪向西上1.5公里处，过去有人开店卖货，故名。

鹿池塘　Lù chí táng　50人，谭家坝南1.5公里处。此村有口池塘，传说曾有鹿来池内洗澡、喝水，故名。

【九家塆农科站】 Jiǔ jiā wān nóng kē zhàn　驻九家塆，白杨坪西北900米。原名公社农科站，1981年9月1日按驻地名更名为九家塆农科站。辖2个生产队，3个自然村。82户，376人。耕地面积440亩，其中水田10亩。以玉米制种为主，其次产薯类，特产木梓。

九家塆　Jiǔ jiā wān　115人，农科站驻地，白杨坪西北900米。该村塆原住9户人家，故名。

上耿家坝　Shàng gěng jiā bà 38人，九家塆北500米。村处耿家坝上方，故名。

碑垭　Bēi yā　110人，九家塆东南550米。村处山垭口，通往建始县的人行大路旁，原立有路碑，故名。

【白砂铺大队】　Bái shā pū dà duì　驻白砂铺，白杨坪东北1.8公里，原名金丰大队，1981年9月1日按驻地名更名为白砂铺大队。辖6个生产队，8个自然村。181户，819人。耕地面积1306亩，其中水田258亩。主产水稻、玉米，特产茶叶、桐子、木梓。

白砂铺　Bái shā pū　50人，大队驻地，白杨坪东北1.8公里。该村有种白色砂石，从前有人在此开店卖货，故名。

范家塆　Fàn jiā wān　64人，白砂铺东北1.3公里。

周家塆　Zhōu jiā wān　70人，白砂铺东900米。

崔家坝 Cuī jiā bà　45人，白砂铺东南500米。

向家塆　Xiàng jiā wān　45人，白砂铺西南900米。

麻园坪　Má yuán píng　40人，白砂铺西南1.1公里。村处坪地，原种过苧麻，故名。

庙坪 Miào píng　40人，白砂铺南800米。此村坪原修有庙宇，故名。

姚家坡 Yáo jiā pō　40人，白砂铺东南1.2公里。

【三溪口大队】 Sān xī kǒu dà duì　驻冷家垭口，白杨坪西南6.25公里。原名红花大队，1981年9月1日更名为三溪口大队。辖 7 个生产队，10 个自然村。197 户，948 人。耕地面积 1194 亩，其中水田 196 亩。主产玉米、薯类，特产桐、木梓。

冷家垭口 Lěng jiā yā kǒu 91 人，大队驻地，白杨坪西南 6.25 公里。

夏家槽 Xià jiā cáo 55 人，冷家垭口东北 3.3 公里。

三溪口 Sān xī kǒu 55 人，冷家垭口东北 2.4 公里。此地为 3 条小溪汇合口，故名。

刘家槽 Liú jiā cáo 138 人，冷家垭口东北 1.8 公里。

张家槽 Zhāng jiā cáo 38 人，冷家垭口东北 2.3 公里。

殷家沟 Yīn jiā gōu 116 人，冷家垭口东北 800 米。

方家坪 Fāng jiā píng 38 人，冷家垭口东北 1.9 公里。

曾家台子 Zēng jiā tái zǐ 96 人,冷家垭口东北 1.15 公里。

大坟包 Dà fén bāo 64 人，冷家垭口西北 500 米。此地山间有座大坟，形似小山包，故名。

陈家山 Chén jiā shān 131 人，冷家垭口西南 800 米。

【石槽水大队】 Shí cáo shuǐ dà duì 驻峁子山，白杨坪东南 6.2 公里，原名同心大队，1981 年 9 月 1 日更名为石槽水大队。辖 8 个生产队，11 个自然村。170 户，817 人。耕地面积 1009 亩，其中水田 50 亩。主产玉米、薯类，特产桐子、木梓。

峁子山 Mǎo zǐ shān 25 人，大队驻地，白杨坪东南 6.2 公里。该村地形为小山顶，故称峁子山。

王家坡 Wáng jiā pō 87 人，峁子山东北 1.4 公里。

马河口 Mǎ hé kǒu 81 人，峁子山东北 1.7 公里。该村有座山岩似马状，马口正对河床，故名。

张家垭 Zhāng jiā yā 111 人，峁子山东北 900 米。

土地垭 Tǔ dì yā 14 人，峁子山东北 900 米。马河口西坡上的垭口处，古时有座土地庙，故名。

猪槽坝 Zhū cáo bà 102 人，峁子山东北 550 米。该村地形似猪槽，且为坪坝，故名。

贺家塆 Hè jiā wān 86 人，峁子山东 1 公里。

大埫 Dà tǎng 87 人，峁子山西南 450 米。村处较大的低洼地，故名。

徐家垭 Xú jiā yā 21 人，峁子山西南 1 公里。

石槽水 Shí cáo shuǐ 132 人，峁子山南 650 米。村处石岩与山槽，并有洞，常年流水，故名。

杨坡 Yáng pō 121 人，峁子山东南 1 公里。

【回龙观大队】 Huí lóng guān dà duì 驻枫香坪，白杨坪东南 3.5 公里。原名红火大队，1981 年 9 月 1 日更名为回龙观大队。辖 5 个生产队，7 个自然村。158 户，776 人。耕地面积 670 亩。主产玉米、薯类，特产桐子、木梓。

枫香坪 Fēng xiāng píng 180 人，大队驻地，白杨坪东南 3.5 公里。该村坪原有根大枫香树，故名。

桐麻埫 Tóng má tǎng 51 人，枫香坪东北 1.1 公里。村处大塆，原长有桐麻树，故名。

倒锣塆 Dǎo luó wān 58 人，枫香坪东北 1.3 公里。村处山塆，原铸造过铜锣，当地称“倒锣”，故名。

徐家塆 Xú jiā wān 84 人，枫香坪东 700 米。

柳家槽 Liǔ jiā cáo 61 人，枫香坪东 1.2 公里。

下马台 Xià mǎ tái 62 人，枫香坪东南 1.5 公里。村处台地，传说从石缝中会跑出黄鼠狼来惊马，骑马人需在此下马，故名。

柳家垭 Liǔ jiā yā 125 人，枫香坪

东南 900 米。

【找龙坝大队】 Zhǎo lóng bà dà duì 驻找龙坝，白杨坪西南 8.6 公里。原名金龙大队，1981 年 9 月 1 日按驻地名更名为找龙坝大队。辖 5 个生产队，7 个自然村。105 户，502 人。耕地面积 666 亩，其中水田 190 亩。主产玉米、薯类，特产桐子、木梓。

找龙坝 Zhǎo lóng bà 86 人，大队驻地，白杨坪西南 8.6 公里。村处河坝，河岸有个山洞，传说有人在洞中找龙未出来，故名。

朱家屋场 Zhū jiā wū chǎng 48 人，找龙坝西北 550 米。

送子山 Sòng zǐ shān 27 人，找龙坝西北 900 米。该村垭上有块岩石似送子娘娘，故名。

金竹园 Jīn zhú yuán 150 人，找龙坝西 500 米。此地原生长很多金竹，故名。

土地槽 Tǔ dìcáo 87 人，找龙坝西南 1 公里。此村槽建过土地庙，故名。

王家屋场 Wáng jiā wū chǎng 72 人，找龙坝西南 1.2 公里。

大岩 Dà yán 41 人，找龙坝西南 900 米。该村有块大岩石，故名。

找龙坝 Zhǎo lóng bà （片村），白杨坪西南方，包括找龙坝、朱家屋场、金竹园和康家大队的喻家塆 、杨家塆 、麻布滩等 6 个自然村。

【撒毛塆大队】 Sǎ máo wān dà duì 驻学堂塆，白杨坪东南 3.6 公里。原名云丰大队，1981 年 9 月 1 日更名为撒毛塆大队。辖 7 个生产队，11 个自然村。223 户，1059 人。耕地面积 1197 亩，其中水田 198 亩。主产玉米、水稻，特产桐子、木梓。

学堂塆 Xué táng wān 37 人，大队驻地，白杨坪东南 3.6 公里。此村塆解放前办有学堂，故名。

文家塆 Wén jiā wān 144 人，学堂塆北 1.4 公里。

梨树坡 Lí shù pō 74 人，学堂塆北 500 米。此村坡梨子树多，故名。

邹家坡 Zōu jiā pō 73 人，学堂塆西北 600 米。

青树塆 Qīng shù wān 185 人，学堂塆东 250 米。原村塆里常青树多，故名。

大塆 Dà wān 93 人，学堂塆西南 400 米。村处大山塆，故名。

张家坡 Zhāng jiā pō 59 人，学堂塆东南 750 米。

寨脚坝 Zhài jiǎo bà 158 人，学堂塆南 700 米。原有人在该村坝山脚下扎过寨子，故名。

杨柳沟 Yáng liǔ gōu 24 人，学堂塆西南 850 米。村处山沟，杨柳树多，故名。

后槽 Hòu cáo 170 人，学堂塆东南 1.1 公里。此村槽在寨脚坡后面，故名。

大窝垱 Dà wō tǎng 35 人，学堂塆南 1.75 公里。村处大窝坑，故名。

撒毛塆 Sǎ máo wān （片村），撒毛塆大队附近，面积约 1 平方公里，包括青树塆、大塆、梨树坡、学堂塆。因最早来此定居的人叫撒毛，故名。

【观音寺大队】 Guān yīn sì dà duì 驻观音寺，白杨坪西南 6.2 公里。原名白果大队，1981 年 9 月 1 日，按驻地名更名为观音寺大队。辖 12 个生产队，14 个自然村。315 户，1447 人。耕地面积 1832 亩，其中水田 104 亩。主产玉米，特产桐子、茶叶。

观音寺 Guān yīn sì 117 人，大队驻地，白杨坪西南 6.2 公里。原此村修有观音寺，故名。

杨柳村 Yáng liǔ cūn 60 人，观音寺东北 2 公里。此村杨柳树多，故名。

李家台子 Lǐ jiā tái zǐ 99 人，观音寺东北 2.3 公里。

小包山 Xiǎo bāo shān 91 人，观音

寺东北 1.4 公里。村处独立的小山包上，故名。

涂家台子 Tú jiā tái zǐ 50 人，观音寺东北 1.3 公里。

团包山 Tuán bāo shān 50 人，观音寺北 600 米。村处圆形山包上，故名。

白果树 bái guǒ shù 73 人，观音寺东北 750 米。此村过去有根大白果树，故名。

碑塆 Bēi wān 75 人，观音寺东南 350 米。此村塆是熊家岩到太阳河的人行大路，路旁立有指路碑，故名。

猴子沟 Hóu zǐ gōu 60 人，观音寺西南 700 米。村处山沟，曾经猴子多，故名。

楠木塆 Nán mù wān 52 人，观音寺东南 1 公里。此村塆原有棵大楠木树，故名。

石虎门 Shí hǔ mén 59 人，观音寺南 750 米。村处垭口，东北方有座石山，形状似虎，像卫士守门一样，故名。

樟树园 Zhāng shù yuán 47 人，观音寺西南 1 公里。此村菜园旁曾有棵大樟树，故名。

大天坑 Dà tiān kēng 112 人，观音寺东南 1.4 公里。此地有个大坑，故名。

鹿子坪 Lù zǐ píng 101 人，观音寺西南 1.5 公里。传说此坪很早时有鹿在此游玩，故名。

【四耳湖大队】 Sì ěr hú dà duì 驻漆树塆，白杨坪东南 2.5 公里。原和平大队，1981 年 9 月 1 日更名为四耳湖大队。辖 6 个生产队，10 个自然村。164 户，739 人。耕地面积 1598 亩，其中水田 345 亩。主产水稻、玉米，特产桐子、木梓、茶叶。

漆树塆 Qī shù wān 56 人，大队驻地，白杨坪东南 2.5 公里。该村塆漆树多，故名。

烂池塆 Làn chí wān 53 人，多漆树，漆树塆东北 1.2 公里。该村塆水田里的泥脚很深，像烂泥地，故名。

大鸡坪 Dà jī píng 32 人，漆树塆东北 750 米。此村步弯原森林密茂，野鸡多，故名。

大垭 Dà yā 25 人，漆树塆西北 700 米。村处大山垭口，故名。

樟树塆 Zhāng shù wān 48 人，漆树塆东北 900 米。此村塆原有棵大樟树，故名。

狮子包 Shī zǐ bāo 109 人，漆树塆东南 700 米，此村有座山包，形似狮子，故名。

堰塘口 Yàn táng kǒu 83 人，漆树塆东南 750 米。此村山垭里有口堰塘，故名。

锣正田 Luó zhèng tián 42 人，漆树塆东南 850 米。该村有丘水田，形状似锣，其位置又在正中间，故名。

梨儿坪 Lí ér píng 52 人，漆树塆东南 1 公里。此村坪梨子树多，故名。

黄家塆 Huáng jiā wān 38 人，漆树塆西南 1.5 公里。

四耳湖 Sì ěr hú (片村)，白杨坪东南 2 公里。面积约 300 亩。包括大垭、大鸡坪、烂池塆、樟树塆、狮子包、漆树塆 6 个自然村。此村有 4 口水井分别在 4 个位置，似 4 只耳朵，故名。

【大坡大队】 Dà pō dà duì 驻大坡山脚下。白杨坪西南 4.6 公里，原名菊花大队，1981 年 9 月 1 日更名为大坡大队。辖 6 个生产队，7 个自然村，114 户，545 人。耕地面积 719 亩，其中水田 5 亩。主产玉米，特产桐子、木梓。

老堰 Lǎo yàn 92 人，大坡西北 1.2 公里。该村有口天然堰塘，四季不干，故名。

张家塆 Zhāng jiā wān 120 人，大坡东北 1.6 公里。

木耳槽 Mù ěr cáo 15 人，大坡东北 2 公里。此槽盛产木耳，故名。

大坡 Dà pō 80 人，大坡大队部北 550

米。村处大山坡，故名。

一碗水 Yì wǎn shuǐ 78人，大坡东北1.3公里。该村老岩的山脚下，有个碗口大的石窝，常有积水，故名。

幺磨埫 Yāo mó tǎng 78人，大坡西南650米。该村埫地形似小幺磨，故名。

双耳洞 Shuāng ěr dòng 31人，大坡东南800米。此村有两山洞并排，中间有一石壁隔开，形似双耳，故名。

【百草池大队】 Bǎi cǎo chí dà duì 驻芭蕉塆，白杨坪南2公里。原名红金大队，1981年9月1日更名为百草池大队。辖6个生产队，8个自然村。178户，844人。耕地面积1238亩，其中水田358亩。主产玉米、小麦、水稻，特产桐子、木梓。

芭蕉塆 Bā jiāo wān 50人，大队驻地，白杨坪南2公里。此村塆原芭蕉树多，故名。

周家院子 Zhōu jiā yuàn zǐ128人，芭蕉塆东北1.2公里。

红石梁子 Hóng shí liáng zǐ 50人，芭蕉塆东北500米。村处红砂石山梁，故名。

鸭子塘 Yā zǐ táng 84人，芭蕉塆东北900米。该村水塘内常有野鸭寻食戏水，故名。

百草池 ǎi cǎo chí 70人，芭蕉塆西650米。该村原有口水池，池周围百草丛生，故名。

拱桥塆 Gǒng qiáo wān 72人，芭蕉塆东南400米。此村80年前修建有石拱桥，位于河塆处，故名。

叶家埫 Yè jiā tǎng 102人，芭蕉塆东南900米。

淹水坝 Yān shuǐ bà 84人，芭蕉塆西南600米。此村有坝水田常被水淹，故名。

【康家坝大队】 Kāng jiā bà dà duì 驻康家坝，白杨坪西南7.7公里。原名康家大队，1981年9月1日按驻地名更名为康家坝大队。辖10个生产队，11个自然村。273户，1369人。耕地面积1974亩，其中水田217亩。主产玉米、小麦，特产桐子。

康家坝 Kāngjiā bà 74人，白杨坪西南7.7公里。大队驻地。

牛栏口 Niú lán kǒu 46人，康家坝西北1.85公里。村处两山的峡口，形似牛栏的门，故名。

麻布滩 Má bù tān 73人，康家坝西北1.2公里。在此村河滩上曾漂洗过麻布，故名。

许家老屋 Xǔ jiā lǎo wū 103人，康家坝东北1.1公里。

杨家塆 Yáng jiā wān 60人，康家坝东北700米。

喻家塆 Yù jiā wān 60人，康家坝西北350米。

水井埫 Shuǐ jǐng tǎng 80人，康家坝西900米。村处埫地，有个水井，故名。

庙坪 Miào píng 100人，康家坝东南850米。该村地处五龙观庙下的坪坝中，故名。

梨子园 Lí zǐ yuán 69人，康家坝西南750米。原此村梨子树甚多，故名。

关门岩 Guān mén yán 124人，康家坝西南1.6公里。该村两边的山岩陡峡，形似门一样关闭，故名。

五龙观 Wǔ lóng guān 82人，康家坝南1公里。该村原有座庙宇，名五龙观，村名沿用。

【蓼叶湖大队】 Liǎo yè hú dà duì 驻谭家村坊，白杨坪东南8.1公里，原名三丰大队，1981年9月1日更名为蓼叶湖大队。辖8个生产队，11个自然村。165户，795人，。耕地面积1093亩。主产玉米、小麦，特产桐子、木梓。

谭家村坊 Tán jiā cūn fáng 102人，大队驻地，白杨坪东南8.1公里。

六坑槽 Liù kēng cáo 79人，谭家村坊北1.5公里。此槽内有6个小天坑，故名。

云家垱 Yún jiā tǎng 106人，谭家村坊北1.1公里。

桐麻园 Tóng má yuán 97人，谭家村坊东北1.1公里。此村生长很多阔叶树，树皮可剥下当麻用，当地叫桐麻树，故名。

白蜡槽 Bái là cáo 71人，谭家村坊北1公里。村处山槽，曾长有白蜡树，故名。

槐子槽 Huái zǐ cáo 12人，谭家村坊东北600米。此村槽原有根围圆3尺粗的槐树，当地叫槐子树，故名。

蓼叶湖 Liǎo yè hú 96人，谭家村坊西北1公里。该村有个小湖，蓼叶较多，故名。

向家槽 Xiàng jiā cáo 89人，谭家村坊东1.1公里。

沙垱 Shā tǎng 12人，谭家村坊西南600米。因塆内河沙多，故名。

壶字槽 Hú zì cáo 87人，谭家村坊南70米。该村原有3口塘，按大小排列似“壶”字形，故名。

泡桐槽 Pào tóng cáo 76人，谭家村坊南1.1公里。村处山槽，原有棵大泡桐树，故名。

【施谭坝大队】 Shī tán bà dà duì 驻打河包，白杨坪东南4.1公里。原名红耀大队，1981年9月1日更名为施谭坝大队。辖6个生产队，8个自然村。146户，669人。耕地面积1173亩，其中水田280亩。主产玉米、水稻、小麦，特产桐、木梓。

打河包 Dǎ hé bāo 77人，大队驻地，白杨坪东南4.1公里。此地有条人工开凿的小河沟，围绕山包流过，故名。

茸背槽 Róng bèi cáo 113人，打河包东北600米。村槽北面的山脊似熊背，故名熊背槽，后讹称茸背槽。

聂家塆 Niè jiā wān 34人，打河包东700米。

施谭坝 Shī tán bà 120人，打河包西南300米。最早来此地居住的人家姓谭，当时属施州管辖，故名。

古坟坡 Gǔ fén pō 69人，打河包南约500米。该村坡上坟墓多，故名。

塆里 Wān lǐ 30人，打河包西南700米。人户居住在山塆里，故名。

消洞塆 Xiāo dòng wān 118人，打河包东南600米。村处山塆，有个消水洞，故名。

邓家槽 Dèng jiā cáo 56人，打河包东南1.1公里。

【朝阳坡大队】 Cháo yáng pō dà duì 驻塘包，白杨坪南3.8公里，原名建筑大队，1981年9月1日更名为朝阳坡大队。辖6个生产队，7个自然村，134户，460人，耕地面积1005亩。主产玉米、小麦，特产桐子、木梓。

塘包 Táng bāo 85人，大队驻地，白杨坪南3.8公里。该村有个小山包，山包脚下有个大水塘，故名。

马槽岭 Mǎ cáo lǐng 25人，塘包西北1公里。该村山岭形似马槽，故名。

朝阳坡 Cháo yáng pō 110人，塘包西北850米。此村山坡向阳，故名。

锅底塘 Guō dǐ táng 63人，塘包西南1.6公里。此村有一锅底形的深水塘，故名。

跳石河 Tiào shí hé 43人，塘包西南900米。村处长坝河边，河面搭有石头作跳蹬过河，故名。

西照坡 Xī zhào pō 79人，塘包西南1公里。村处坡地，太阳偏西才能晒到，故名。

榨坊槽 Zhà fáng cáo 39人，塘包西南1.6公里。村处槽地，开设过油榨坊，故名。

【桑树垱大队】 Sāng shù tǎng dà duì 驻输家塆，白杨坪东南6公里，原名红光大队，1981年9月1日按所属村名更名为桑树垱大队。辖10个生产队，10个自然村。204户，1008人。耕地面积923亩。主产玉米、小麦，特产桐子、木梓。

输家塆 Shū jiā wān 100人，大队驻地，白杨坪东南6公里。传说有姓江的姑娘嫁给谭家，由于谭家虐待媳妇，被打输了官司，故名。

矿子槽 Kuàng zǐ cáo 5人，输家塆西北1公里。此村槽中有铁矿石，故名。

大岩槽 Dà yán cáo 90人，输家塆东北1.4公里。此村两边是岩山，中间是一大槽田，故名。

桑树埫 Sāng shù tǎng 163人，输家塆北偏东600米。村埫中原有棵大桑树，故名。

郑家垭 Zhèng jiā yā 84人，输家塆东北850米。

石角板 Shí jiǎo bǎn 126人，输家塆西北500米。此村遍地都是有棱有角的平板石，故名。

垭口槽 Yā kǒu cáo 97人，输家塆西750米。此村山垭口有块槽田，故名。

谭家塆 Tán jiā wān 85人，输家塆南300米。

纸坊槽 Zhǐ fáng cáo 98人，输家塆西南1.2公里。村处槽地，办过纸厂，故名。

芋蜡树 Yù là shù 168人，输家塆西南1.3公里。此村原长有白蜡树，当地称芋蜡树，村名沿用。

【蓼叶村大队】 Liǎo yè cūn dà duì 驻蓼叶村，白杨坪东南了7.25公里，原名民生大队。1981年9月1日按驻地名更名为蓼叶村大队。辖6个生产队，10个自然村。194户，931人。耕地面积960亩，其中水田6亩。主产玉米、小支、薯类，特产桐子。

蓼叶村 Liǎo yè cūn 200人,大队驻地，白杨坪东南了7.25公里。该村蓼叶多，故名。

磨埫塆 Mó tǎng wān 30人，蓼叶村西北2.6公里。村处埫地，有块田形似磨子，故名。

二台坪 Er tái píng 40人，蓼叶村西北2.5公里。此村居于第二台地，故名。

上义高山 Shàng yì gāo shān 40人，蓼叶村西北2.2公里。大约在明末清初时，由荆州等地来了8个姓氏的人到此落户，大家以义气、和气，把驻地分为上、中、下三义村，此村居上方，故名。

椿树槽 Chūn shù cáo 35人，蓼叶村西南2.1公里。此槽中椿树多，故名。

中义村 Zhōng yì cūn 56人，蓼叶村西北1.8公里。大约在明末清初时由荆州等地来了8个姓氏的人到此落户，大家以讲义气、和气把驻地分为上、中、下三义村，此村居于中间，故名。

王家塆 Wáng jiā wān 120人，蓼叶村东北1.6公里。

水竹园 Shuǐ zhú yuán 70人，蓼叶村东北700米。该村过去水竹较多，形成竹园，故名。

胡家塆 Hú jiā wān 50人，蓼叶村东北1.1公里。

汪家垭 Wāng jiā yā 65人，蓼叶村东南1.1公里。

【堰塘塆大队】 Yàn táng wān dà duì 驻樟树坪，白杨坪东南7.7公里，原名金星大队，1981年9月1日按所属村名更名为堰塘塆大队。辖10个生产队，10个自然村。238户，1027人。耕地面积1045亩，其中水田27亩。主产玉米、小麦，特产桐子。

樟树坪 Zhāng shù píng 70人，大队驻地，白杨坪东南7.7公里。村处坪地，长过大樟树，故名。

堰塘塆 Yàn táng wān 60人，樟树坪西500米。村塆中原有口大堰塘，故名。

枫香垱 Fēng xiāng tǎng 100人，樟树坪东北750米。村垱长过大枫香树，故名。

二台坪 Er tái píng 148人，樟树坪东1.9公里。村处第二台阶上，故名。

化子垭 Huà zǐ yā 40人，樟树坪西1.5公里。村垭中原有榨房，过去叫化子常在此过夜，故名。

岩风垱 Yán fēng tǎng 90人，樟树坪西南800米。村垱的悬岩下有个山洞，常有冷风吹出，故名。

杉树塆 Shān shù wān 112人，樟树坪东南700米。村处山塆，杉树多，故名。

槐子垱 Huái zǐ tǎng 92人，樟树坪西南600米。村垱中长过大槐树，故名。

田家塆 Tián jiā wān 76人，樟树坪东南1.4公里。

马鞍溪 Mǎ ān xī 70人，樟树坪南1公里。地形似马鞍，并有条小溪，故名。

【十楼门大队】 Shí lóu mén dà duì 驻小茶园，白杨坪南5.5公里。原名长合大队，1981年9月1日按所属村名更名为十楼门大队。辖9个生产队，13个自然村。245户，1104人。耕地面积1727亩，其中水田382亩。主产玉米、小麦、水稻，特产桐子、木梓。

小茶园 Xiǎo chá yuán 105人，大队驻地，白杨坪南5.5公里。此村原茶树多，形成茶园，故名。

八斗丘 Bā dòu qiū 96人，小茶园东北1.3公里。该村有丘水田，每年收谷8斗，故名。

李家塆 Lǐ jiā wān 64人，小茶园东北1.7公里。

十楼门 Shí lóu mén 50人，小茶园东北900米。过去，这里有座大院子，周围共10个楼门，故名。

夹翅沟 Jiá chì gōu 114人，小茶园东北1.5公里。两水沟之间的山，似凤凰的翅膀，而又被两水沟所夹，故名。

锁口岩 Suǒ kǒu yán 69人，小茶园北400米。两边山岩紧夹河沟，象把锁一样，故名。

蛮子塆 Mán zǐ wān 71人，小茶园西偏北1.1公里。传说此塆中有人拦路行凶，人称蛮子，故名。

新屋场 Xīn wū chǎng 51人，小茶园西400米。村中有一屋场被火烧后，又修了栋新屋，故名。

崔家槽 Cuī jiā cáo 62人，小茶园东1.8公里。

长坪 Cháng píng 84人，小茶园东400米。此地是块10多亩的长形坪地，故名。

崔家塆 Cuī jiā wān 150人，小茶园东南1公里。

慈竹垄 Cí zhú lǒng 84人，小茶园西南1.5公里。该村的垄上生长许多慈竹，故名。

上茶园 Chàng chá yuán 72人，小茶园西南1公里。村处茶园的上方，故名。

【白杨坪公社十里牌林场】 Bái yángpíng gōng shè shí lǐ pái lín chǎng 驻十里牌，原名白杨公社林场，1981年9月1日按驻地名更名为十里牌林场。白杨坪东南4.7公里。辖1个自然村，69户，299人，6人固定专班。总面积2329亩，耕地面积204亩，其中水田15亩。主产玉米，林场种植有马尾松、杉树、椿树。

十里牌 Shí lǐ pái 293人，林场驻地，白杨坪东南4.7公里。此村距白杨坪10华里处，路旁立有石牌，故名。

白杨坪公社制茶厂 Bái yáng píng gōng shè zhì chá chǎng 白杨坪集镇西北4.51公里。1980年建厂，集体职工6人，主要加工茶叶。

白杨坪公社煤厂 Bái yáng píng gōng shè méi chǎng 白杨坪集镇西北2.6公里。1966年建厂，职工22人，年产煤700吨，

另生产石灰500吨。

白杨坪公社拖拉机站 Bái yáng píng gōng shè tuō lā jī zhàn　白杨坪集镇北750米。1977年建立，有职工23人。有中小型拖拉机11台、汽车2辆。附设有面条加工厂、农具厂。

白杨坪公社麂子渡电站 Bái yáng píng gōng shè jǐ zǐ dù diàn zhàn　白杨坪集镇西北6.9公里。1977年建成，职工16人。装机容量120千瓦。

白杨坪高中 Bái yáng píng gāo zhōng　白杨坪集镇北1.8公里。原为恩施县综合师范学校，1960年秋由恩施城关迁址白杨坪。1962年停办。1963年改为恩施县第六中学。1981年改为恩施县白杨坪高中。教职工40人，15个教学班，学生630人。

南里渡

司马　商盘

意外见琉璃，放舟南里渡。四山屏障开，一水醍醐注。
修眉落镜中，连娟各呈露。绿净唾方宜，翠深行易误。
衡茅两旁分，尽傍平林柱。是时十月交，小春未寒沍。
早纳东屯禾，旋收西岭芋。年丰赛鸡豚，日吉行嫁娶。
此乡诚东郊，翻起无穷虑。休将地利贫，幸赖天心护。
他年幸大夫，或议减蛮赋。

大 山 顶 公 社 概 况

DA SHAN DING GONG SHE GAI KUANG

大山顶公社是恩施县城西北部的高山公社。东与龙马公社接壤，南与屯堡公社毗邻，西与沐抚公社相交，北与板桥公社及四川奉节县龙桥公社交界。公社驻提厂集镇。

大山顶公社属高山公社，绝大部分地带处于海拔1600米~1800米之间，最高点为北面的石门子，海拔2078米，最低点为东部的茅坡，海拔1000米，素有恩施屋脊之称。地势西北高，东南低，东西南三面均为悬岩绝壁，北面是大缓坡与陡坎相错。而峰顶线上却是起伏连绵，山槽之中为草甸地。柳杉、华山松，野生漆林生长茂盛，郁郁葱葱。

解放前，该地属屯堡区下辖的二个半保，解放初仍属屯堡区辖，1952年更名为屯堡区清水乡；1958年划为沐抚公社清水管理区；1961年恢复沐抚区，改名清水公社。1975年撤区并社时将原板桥公社的中塄大队划归清水公社，即改名为大山顶公社。全社总面积约64.99平方公里。耕地面积11158亩，均为旱地。下辖6个大队，1个农科站，24个生产队，62个自然村，1个社办硫磺厂。共有983户，4509人，其中农业人口4339人，土家族占26.39%。

该社地处高山，春秋冬三季明显，基本无夏天。其特点是风大，雨多、雾大、雪多。年平均气温7.8℃，1月平均气温4.9℃，极端最低气温-16℃(1980年1月18日)，7月平均气温17℃，极端最高气温28.4℃(1980年7月1日)。无霜期(5月中旬~9月下旬)130天，年降雨量1894毫米，多集中在6~8月。全年雾期达166天，每当阴雨连绵大雾终日不散。

大山顶公社，结合本社的自然地理特点，因地制宜的发展粮食生产和畜牧业以及其他多种经济，以牧促农，全面发展。粮食作物主产玉米、洋芋，1981年粮食总产达212.55万斤。在省、地县委的领导下，畜牧业生产迅速发展，建立了草场观察站，畜牧品种改良站，保护了天然草场，同时从1958年开始先后从美国、意大利及巴东等地引进了红三叶、黑麦草、白三叶、鹅冠草等优良草种，使草场面积逐步扩大到5万余亩。骡马牛发展到960余头，山羊2000只，牲猪2300头。此地出产党参、当归、天麻、黄连、贝母，每年可向国家提供党参500担，当归361担，天麻5.08担。飞播造林的华山松、柳杉成林连片，生长茂盛。

大山顶公社地处川鄂边界，是边界人民互通有无的交通要道，是板桥、沐抚公社通往恩施城的必经之地。解放前，交通闭塞，只有1条人行路通恩施城，且山高坡陡，道路崎岖，异常险恶。解放后，于1957年修通了恩(施)—沐(抚)公路，由东向西纵贯公社全境；1976年又筑起了大(山顶)—板(桥)公路，每日有1班客车路经公社驻地提厂，交通日趋方便。

该社文教卫生事业从无到有发展较快，有中学1所，小学12所，教职工257人，在校学生832人。文化站、广播站相继成立，电影队巡回放映，丰富了人民群众的文化生活。在提厂建立了公社卫生院，7个大队办有医务室，为防病治病，提高人民的健康水平做出了贡献。

该社不仅是恩施县牧业药材生产的基地，而且铁、硫磺、石灰矿等自然资源丰富。经地质部门勘探，铁矿蕴藏量达 69.171 万吨，平均品位 TFE35-45。社办硫磺厂有职工 170 人，年产硫磺 400 吨，产值 16 万元。

公社驻地——提厂，位于公社中部，坐落在两山峦间的埡槽间，系 1975 年撤区并社时的新建街道，是该社唯一的集贸市场，也是沐抚、板桥、大山顶 3 个公社的主要物资集散地，为全社政治、经济、文化的中心。

大山顶公社行政区划、居民点名称

提厂集镇 Tí chǎng jí zhèn 位于恩施县城西北26公里，海拔1850米。解放前属第四区辖，解放初属十一区清水乡辖，1955年后属大山顶药材场辖，1975年后为大山顶公社驻地。

相传，清嘉庆年间，四川白莲教起义军林之华部转战到此。为充实弹药、抗击官兵，他们在这里办起了硝厂，动员兵士和群众将南面大峡口洞中的硝土，运至此地提炼加工成火药。由于此地办有提炼土硝的厂，故名提厂。

提厂有老街、新街各1条、新街居南，老街居北，相距约500米。总面积约150亩，居住176人，其中非农业人口155人。老街约于1910年前修建在一三岔口的平地中，为东西走向，房屋矮小，木质结构，瓦屋、茅屋各一半。街长约50米，宽不过4米，均住农户。解放前，逢农历三、六、九赶集。其贸易全由当地王、贺二富豪把持。设有粮食、土特产等交易行。还出售名贵药材党参、天麻等。解放前夕王、贺二姓迫于形势，停止买卖，集市从此衰落。解放后，为方便群众，设立了供销点，经营日用百货、油、盐及各类生产物资和收购土特产品。新街为1975年撤区并社后所建，坐落在恩（施）—沐（抚）公路和大(山顶)—板(桥)公路的分路口。公社大楼在恩沐公路东北侧，卫生院、银行、拖拉机站、粮油所、财政所、邮电局、广播站和供销社的百货、副食、生资、收购等门市部及旅社均设在新街。新街长约66米，宽约10米，泥结碎石路面，为恩沐公路的一段。炎夏这里气候温凉，山峦葱郁，是避暑的好地方；严冬这里大雾弥漫，白雪皑皑，呈现出北国风光的景象。

由于社直机关和企事业单位均集中在新街，故使老街日趋萧条。集市贸易集中在新街上，农历九日为场期，场上出售有大米、玉米、洋芋、各种药材山货、猪羊肉、禽蛋等。

提厂历来是交通要道。解放前，恩施至板桥、沐抚远至四川东部诸县的人行大路都经此地，也是川东盐商入施的门户之一。1958年修通恩(施)—沐(抚)公路，东西纵贯新街。1976年又修通了大(山顶)—板(桥)的公路。每日有1班客车路经此地，大山顶公社内的简易公路与恩沐、大板公路相通，彻底改变了高山交通运输不便的落后状况。

【中埫大队】 Zhōng tǎng dà duì 191户，885人，驻中埫，位于提厂集镇东北4.25公里。原名青年大队，1981年9月1日更名为中埫大队。辖5个生产队，13个自然村，耕地面积2680亩。主产玉米、薯类，盛产党参、当归，以畜牧业为主。

中埫 Zhōng tǎng 80人，大队驻地，位于提厂集镇东北4.25公里。村处中间埫地，故名。

苏马埫 Sū mǎ tǎng 10人，中埫西北3公里。村处埫地，原苏、马二姓居住，故名。

高坎子 Gāo kǎn zi 20人，中埫西北1.4公里。村内有道高坎，故名。

倒洞槽 Dǎo dòng cáo 15人，中埫西北2公里。村处槽地，有一山洞的洞门朝下，故名。

青树子 Qīng shù zǐ 20人，中埫西北1.7公里。村中原长有几棵青㭎树，故名。

黑塆 Hēi wān 37人，中埫西南1.4公里。村处山塆，原树木参天，不见日光，故名。

刘家槽 Liú jiā cáo 30人，中垱西南2.2公里。

笋子垱 Sǔn zi tǎng 20人，中垱西南1.5公里。村中垱地，油竹笋多，故名。

清水塘 Qīng shuǐ táng 20人，中垱南1.4公里。村中水塘水清澈，故名。

水井塆 Shuǐ jǐng wān 20人，中垱南1.5公里。村塆内有口水井，故名。

半边街 Bàn biān jiē 20人，中垱南2.5公里。村中建有半边街，故名。

舒家坪 Shū jiā píng 50人，中垱南2.6公里。

洗沙溪 Xǐ shā xī 50人，中垱西南3.5公里。村中有条小溪，流水冲刷，洗走了泥土，只剩下石板和沙子，故名。

【铁厂坝大队】 Tiě chǎng bà dà duì 127户，554人，驻铁厂坝，位于提厂集镇东南3.8公里。辖5个生产队，8个自然村，耕地面积1970亩。以畜牧业为主，产玉米、薯类，特产有党参、当归等药材。

铁厂坝 Tiě chǎn gbà 80人，大队驻地，位于提厂集镇东南3.8公里。村处坪坝，原办过铁厂，故名。

转转河 Zhuàn zhuàn hé 20人，铁厂坝西北2.2公里。村处转转河边，故名。

五家坪 Wǔ jiā píng 20人，铁厂坝北1.1公里。村处坪地，住有5户人家，故名。

响板溪 Xiǎng bǎn xī 20人，铁厂坝西北1公里。村中小溪边有条石板路，人走过时发出响声，故名。

石笋坪 shí sǔn píng 50人，铁厂坝东1.5公里。村处坪地，有块独立石柱，形如竹笋，故名。

穿心店 Chuān xīn diàn 40人，铁厂坝南450米，村中原设过骡马店，大路从村中心穿过，故名。

刘家塆 Liú jiā wān 30人，铁厂坝西南1公里。

荞坝岭 Qiáo bà lǐng 120人，铁厂坝南1.2公里。村处河坝，盛产荞子，收获时堆积如山岭，故名。

【榨坊坪大队】 Zhà fáng píng dà duì 68户，302人，驻榨坊坪，位于提厂集镇南4公里。辖3个生产队，9个自然村，耕地面积1594亩。主产玉米，薯类，出产党参、当归。

榨坊坪 Zhà fáng píng 30人，提厂集镇南4公里。村处坪地，原办过榨油坊，故名。

郑家槽 Zhèng jiā cáo 15人，榨坊坪北4公里。

石土地 Shí tǔ dì 87人，榨坊坪东北900米。村处岩山建过土地庙，故名。

二线岩 Er xiàn yán 14人，榨坊坪西北900米。村旁山，岩上有条路，远看成两条线，故名。

土蜂包 Tǔ fēng bāo 25人，榨坊坪西800米。村处山包，土蜂多，故名。

水垱 Shuǐ tǎng 3人，榨坊坪西南600米。村处垱地，有股出水，故名。

周家塆 Zhōu jiā wān 10人，榨坊坪东南1.1公里。

麻鸡母塆 Má jī mǔ wān 10人，榨坊坪南1.5公里。村处山塆，生长麻鸡母菜，故名。

十五股 Shí wǔ gǔ 10人，榨坊坪西南2.1公里。村中田地原划为15股，故名。

【瓦屋坪农科站】 Wǎ wū píng nóng kē zhàn 102户，429人，驻大垱，位于提厂集镇西南5.65公里。辖7个自然村，耕地面积930亩。主产玉米、薯类，出产党参、当归等药材。

大垱 Dà tǎng 100人，位于提厂集镇西南5.65公里。村处塆地，面积较大，故名。

雀儿塆 Què ér wān 20人，大垱西北900米。村处山塆，麻雀多，故名。

瓦屋坪 Wǎ wū píng 40人，大埫西北850米。村处坪地，有栋大瓦屋，故名。

小埫 Xiǎo tǎng 30人，大塆东北650米。村处埫地，面积小，故名。

腰带槽 Yāo dài cáo 40人，大端西1.2公里。村处槽地，传说是用腰带布换得，故名。

阳坡 Yáng pō 520人，大埫西南1.5公里。村处山坡，当阳，故名。

小楼门 Xiǎo lóu mén 40人，大埫西南1.8公里。村旁有个山隘口，似座小楼门，故名。

【红椿坝大队】 Hóng chūn bà dà duì 99户，457人，驻红椿坝，位于提厂集镇东南6.5公里。辖4个生产队，9个自然村，耕地面积1758亩。主产玉米、薯类，特产党参、当归。

红椿坝 Hóng chūn bà 80人，大队驻地，位于提厂集镇东南6.5公里。村处坪坝，红椿树多，故名。

啥角土 Shà jiǎo tǔ 15人，红椿坝西北2公里。村中有块啥（啥，方言，表示斜）角地，故名。

廖家塆 Liào jiā wān 30人，红椿坝西北850米。

毛家老屋 Máo jiā lǎo wū 20人，红椿坝西2.25公里。

大树包 Dà shù bāo 30人，红椿坝西南650米。村旁山包上原长有棵大树，故名。

清水塘 Qīng shuǐ táng 35人，红椿坝东南850米。村中有口清水塘，故名。

蜂子洞 Fēng zǐ dòng 12人，红椿坝东南1.2公里。村中有个岩洞，蜂子多，故名。

老屋场 Lǎo wū chǎng 15人，红椿坝东南1.3公里。村中有个老屋场，故名。

连五间 Lián wǔ jiān 10人，红椿坝南2.5公里。原有栋一连5间的茅草屋，故名。

【秦家塆大队】 Qín jiā wān dà duì 89户，454人，驻秦家塆，位于提厂集镇南7公里。辖4个生产队，10个自然村，耕地面积1286亩。主产玉米、薯类，特产党参、当归。

秦家塆 Qín jiā wān 20人，大队驻地，位于提厂集镇南7公里。

稀扒乱 Xī bā luàn 10人，秦家塆东北1.7公里。传说，村中原闹过“神兵”，互相残杀，打得稀扒乱，故名。

四岔坪 Sì chà píng 20人，秦家塆西北1公里。村处坪地，有4条岔路，故名。

鸡爪树 Jī zhǎo shù 20人，秦家塆西北400米。村中有棵古树，枝丫似鸡爪，故名。

麻柳埫 Má liǔ tǎng 50人，秦家塆西北1.7公里。村处埫地，有棵麻柳树，故名。

罗家塆 Luó jiā wān 20人，秦家塆西北650米。

长水井 Cháng shuǐ jǐng 10人，秦家塆西1.1公里。村中有口水井，长年不干，故名。

邓家塆 Dèng jiā wān 10人，秦家塆东南900米。

八角庙 Bā jiǎo miào 20人，秦家塆西南1.9公里。此地建过八角庙，故名。

桂家坪 Guì jiā píng 20人，秦家塆东南600米。

【插条岭大队】 Chā tiáo lǐng dà duì 92户，436人，驻插条岭，位于提厂集镇西9公里。辖3个生产队，6个自然村。耕地面积940亩。主产玉米、薯类，特产生漆，贝母、党参、当归。

插条岭 Chā tiáo lǐng 20人，大队驻地，位于提厂集镇西9公里。此地山岭狭长，形似插条，故名。

伍家槽 Wǔ jiā cáo 20人，插条岭东北900米。

各比槽 Gè bǐ cáo 50人，插条岭东北1.1公里。村处槽地，原有蔡、周两姓互比高低，故名。

椿木水 Chūn mù shuǐ 20人，插条岭东1.6公里。村中水井边有棵大椿树，故名。

横槽 Héng cáo 50人，插条岭西南1.1公里。村处槽地，横向，故名。

庙槽 Miào cáo 10人，插条岭西南1.1公里。村处槽地，建过庙，故名。

【恩施县大山顶药材场】 En shī xiàn dà shān dǐng yào cái chǎng 847人，驻子杉台，位于恩施城西北28公里。辖18个生产队，1个硫磺厂，耕地面积2111亩，主产党参、当归、天麻、黄连，产少量玉米、薯类。

子杉台 Zǐ shān tái 30人，提厂集镇西南1.8公里。村处台地，原为一片幼杉树林，故名。

皇经坪 Huáng jīng píng 80人，子杉台东北3.9公里。村处坪地，建过庙，有道人诵读皇经，故名。

潘家窝坑 Pān jiā wō kēng 10人，子杉台东北3.25公里。

覃家塆 Qín jiā wān 16人，子杉台西北4公里。

周家塆 Zhōu jiā wān 50人，子杉台西北4公里。

韭菜埫 Jiǔ cài tǎng 20人，子杉台东北3.7公里。村处埫地，产韭菜，故名。

新屋场 Xīn wū chǎng 10人，子杉台东北3.2公里。村中新建有屋场，故名。

蒯家坪 Kuǎi jiā píng 30人，子杉台东北1.9公里。

贺家坪 Hè jiā píng 10人，子杉台东北2.6公里。

上五股 Shàng wǔ gǔ 30人，子杉台西北1.5公里。有户人家将田土分做上、下各5股，此村居上，故名。

提厂 Tí chǎng 60人，子杉台东北2公里。此地原办过提炼土硝的厂，故名。

朝阳坪 Cháo yáng píng 10人，子杉台西北1.5公里。村处坪地，当阳，故名。

钟家坪 Zhōng jiā píng 10人，子杉台西北1.5公里。

板凳 Bǎn dèng 10人，子杉台西北2.8公里。村中有几条石板凳，故名。

牛贵坪 Niú guì píng 20人，子杉台东700米。村处坪地，原有个名牛贵的人住此，故名。

下五股 Xià wǔ gǔ 50人，子杉台西南1.4公里。有户人家将田土分做上、下各5股，村居下，故名。

老纸厂 Lǎo zhǐ chǎng 17人，子杉台西南3.5公里。村中办过纸厂，故名。

王家棚 Wáng jiā péng 30人，子杉台西南2.3公里。

青龙坪 Qīng lóng píng 15人，子杉台东1公里。村处坪地，有个水坑，传说有青龙浮游，故名。

干河沟 Gān hé gōu 60人，子杉台西南3.4公里。村中有条河沟，平时干枯，故名。

转转河 Zhuàn zhuàn hé 30人，子杉台西南4.4公里。村处转转河边，故名。

石板水 Shí bǎn shuǐ 80人，子杉台西南1.6公里。村中有股水从石板中流出。故名。

枷档塆 Jiā dàng wān 30人，子杉台西南5.3公里。村处山塆，地形似牛背上的枷档，故名。

雷打树 Léi dǎ shù 7人，子杉台西南2.6公里。村中有棵树，曾遭过雷打，故名。

黄家埫 Huáng jiā tǎng 16人，子杉台西南1.8公里。

刘家塆 Liú jiā wān 60人，子杉台西南3公里。

偏岩子 Piān yán zǐ 5人，子杉台西南3公里。村旁有壁偏岩，故名。

大岩塆 Dà yán wān 5人，村塆内有座大岩山，故名。

沙锅洞 Shā guō dòng 30人，子杉台西南3.8公里。村中有个山洞，形似沙锅，故名。

锅底坑 Guō dǐ kēng 30人，子杉台西南4.2公里。此地四面环山，中间凹陷，呈锅底状，故名。

大槽 Dà cáo 20人，子杉台西南4.8公里。村处大山槽，故名。

铁厂塆 Tiě chǎng wān 废村，子杉台东北2公里。村中办过铁厂，故名。

苏符塆 Sū fú wān 废村，子杉台东北1.5公里。村处山塆，原为苏、符二姓居住，故名。

樱桃坪 Yīng táo píng 废村，子杉台西南800米。村处坪地，原长有许多樱桃树，故名。

滕家坡 Téng jiā pō 废村，子杉台南2.1公里。

大山顶公社硫磺厂 Dà shān dǐng gōng shè liú huáng chǎng 提厂集镇东1.4公里。1973年建厂，职工170人，出产硫磺。

大山顶公社大坪中小学 Dà shān dǐng gōng shè dà píng zhōng xiǎo xué 提厂集镇西2.2公里。1975年建校，有教职工24人。

龙 马 公 社 概 况

LONG MA G0NG SHE GAI KUANG

龙马公社位于恩施县城北，东和东南与龙凤公社接壤，西与大山顶公社、四川省奉节县毗邻，南与屯堡公社交界，北和东北与太阳公社相连。

公社全境东西长 17.5 公里，南北宽 16 公里，总面积约 159.43 平方公里，其中耕地面积 40783 亩(水田面积占 4258 亩)，林业绿化面积达 11.2 万亩。全社共辖 5 个管理区，22 个大队，1 个农科站，个林场，197 个生产队，270 个自然村。合计 4115 户，19557 人，其中农业人口 3970 户，18992 人,土家族占 6%。

龙马之名来源于传说。相传 500 前年有人迁居到此，开荒种地。但所种蔬菜经常被盗,发现是一匹白马在夜间偷吃了。于是邀人追捕，追到离现在公社驻地约四百米的龙王塘时，白马便消失在塘中。人们说该白马是水中之龙，故将此地取名龙马。

龙马，解放初期是杉木区的一个乡，由原村坊、佐家、金甲、保扎、猫子、水槽、青堡、麦李、上群力 8 个半保(上群力为半保)组成。1954 年，杉木区撤销后，龙马划为屯堡区所辖。1958 年由猫子、保扎、友谊、光明 4 个大队组成龙马公社。1975 车撤区并社时，屯堡区的龙马、碾盘、青保公社，龙凤区的猫子公社和保扎大队，太阳区的茶山公社划归龙马公社管辖。

龙马公社低山占16.8%，二高山占61.9%，其余为高山，平均海拔820米。最高点是漆树槽山顶，海拔1762米，最低点是团堡山脚下，海拔520米。整个地形西北高，东南低，山峰起伏重叠，沟溪纵横流泻。土壤类型多为黄泥土和泥沙土，呈中性。

龙马公社气候温和，四季分明，春夏两季多雨，秋季暖和，冬季干冷。年平均气温约12.8℃，冬季(1月)平均气温1℃～2℃，夏季(7月)平均气温24℃。全年无霜期(从4月下旬至11月上旬，250天，平均降量1300毫米。境内较大河流为龙马河，它发源于川鄂交界的牛鼻子，流经手扒岩到龙马后，再经涂家河、俞家河至带河注入清江，在公社境内长21.5公里。该社水利资源丰富，可引水灌溉，发电，还建了1座容量为60万方的永丰水库，能灌田1500亩。还修有小型水电站3座，装机容量达570千瓦，全社已有35%的大队和居民用上了电灯。

该公社以农业为主，农作物以产水稻、玉米、小麦、红苕、洋芋、油菜为主。解放前，农业生产水平很低，经济十分贫困。解放后，在党和政府的领导下，农民走上了集体化的道路。随着耕作制度的改革，农药化肥的增多和农业机械的发展，农业生产的增长幅度有所提高。1981年粮食总量1200.11万斤，全社总收入达196.61万元，出产的经济作物及土特产有桐油、生漆、苧麻、茶叶等。

社办企业方面，主要以农业机械维修和小型农具制作为主。有电站、拖拉机站、建筑队、农具厂、缝纫社等企业，年产值达13.1万元，占公社总收入的7.3%。

龙马公社交通不够发达，仅有1条由龙凤公社驻地龙凤坝通往龙马公社驻地龙马的等外级公路，在境内长约8公里，为泥结碎石路面，弯急坡陡，但它担负着整个公社的交通运输任务。

文教卫生事业方面，解放初期没有诊所，缺医少药。现建有初具规模的公社卫生院 1 所，设有病床 15 张，并备有 X 光等医疗设备。还有 14 个大队医务室，国家、集体医务人员 35 人，大队赤脚医生 27 人。公社文教事业也有较大的发展。解放初期全社只有 3 所小学，学生 210 名，教职员工 12 人，现已发展到 8 所学校，其中初中 3 所，高中 1 所，全部教职员工达 254 人，学生 4800 名。

公社驻地——龙马集镇，现居住 276 户，1000 余人，其中非农业人口 456 人，镇上设有供销、信贷、邮电、粮食、食品、学校、医院、兽医站、公社礼堂等企事业单位。每逢赶集，人群熙熙攘攘，市场兴旺。龙马集镇，已成为龙马公社政治、经济、文化的中心。

龙马公社行政区划、居民点名称

龙马集镇 Lóng mǎ jí zhèn 位于恩施县城北21公里，地处山间河谷地，海拔580米，系龙马公社驻地。

该集镇西南靠岭冈山、东隔龙马河与清明山相望，清澈的龙马河环绕集镇自西北折东向南缓缓流去。镇辖面积约0.04平方公里，居住1000余人，土家族占一定比例。相传在很早以前，有一土家族农民来此开荒种地，安居乐业。他种的蔬菜生长得特别茂盛。一天早上他发现蔬菜被什么牲畜踏过，一连几天都是这样。他便在夜间进行观察，发现菜是被一匹白马偷吃了，遂邀人追捕，白马跑无踪影，人们便说此马是“龙马”。此地也以“龙马”之名，一直沿用。解放前属四区辖的龙马乡，逢二、五、八赶场。

解放初，龙马只有一条狭窄小街，是龙马乡的驻地，隶属杉木区辖，1956年改属屯堡区辖，1975年撤区并社后为龙马公社驻地。龙马集镇随之也发生了较大变化。老街基本保持原状，木板房屋、青瓦飞檐，南北走向的街长约70米，平均宽约3米，土石街面，新建的旅社餐馆、食品所、供销生资门市部，穿插在老街上；集镇北有碾米、面粉加工厂、供销社、兽医站与电影院、服装社相对而立，这里是集镇贸易区，每逢农历一、四、七赶集。出售的主要农副产品有大米、玉米、洋芋、茶叶、烟叶、药材及家禽、猪羊肉、木器家具等。集镇东南龙马河西岸边是公社机关大楼。在街头建有1座凉桥，横跨龙马河，桥长12米，宽3米，高7米，为六架木结构桥，凉棚成屋脊形，典型的土家族风格，是人们纳凉休息的场所。

【龙马大队】 Lóng mǎ dà duì 1278人，驻龙马集镇。原名村坊大队，1981年9月1日按驻地名更名为龙马大队。辖15个生产队，10个自然村。耕地面积1817亩，其中水田554亩。主产玉米、水稻、薯类，特产桐子、木梓、茶叶、生漆。

余栏坪 Yú lán píng 28人，龙马集镇西南800米。传说村中原长有棵大榔树，树下常有只鹿栖息，故名鹿榔坪，后讹称余栏坪。

岭冈山 Lǐng gāng shān 53人，龙马集镇西南500米。传说，最早有3兄弟定居于此，故名。

花庙 Huā miào 30人，龙马集镇南1公里。村中原有座庙，庙上画满花纹，故名。

三根树 Sān gēn shù 23人，龙马集镇西南1.2公里。村中原有3根大古树，故名。

黄树坪 Huáng shù píng 53人，龙马集镇南1.1公里。村处坪地，原长有棵黄果树，故名。

袁家塆 Yuán jiā wān 111人，龙马集镇南2公里。

耳顶山 Er dǐng shān 50人，龙马集镇南1.4公里。村旁有座山，形状像人耳，故名。

龙桥沟 Lóng qiáo gōu 60人，龙马集镇南2公里。村头溪沟上原有座木桥，雕刻有龙形图案，故名。

【红藤坝大队】 Hóng téng bà dà duì 140户，670人，驻红藤坝，龙马集镇西北9公里。原名金红大队，1981年9月1日按驻地名更名为红藤坝大队。辖8个生产队，9个自然村。耕地面积1565亩。主产玉米、薯类，特产生漆、药材。

红藤坝 Hóng téng bà 150人，大队

驻地，龙马集镇西北 9 公里。此坝中长有根粗大的红葛藤，故名。

砂坡 Shā pō 21 人，红藤坝北偏东 1.1 公里。村处坡地，砂子多，故名。

通槽 Tōng cáo 47 人，红藤坝东偏北 900 米。村处槽地，山口贯通，故名。

半坡 Bàn pō 60 人，红藤坝东偏南 1.2 公里。村处半山坡，故名。

铧头嘴 Huá tóu zuǐ 9 人，红藤坝东南 1.1 公里。此村地形似铧犁尖，故名。

后山 Hòu shān 79 人，红藤坝南偏东 1.35 公里。村处红藤坝山后，故名。

马尿水 Mǎ niào shuǐ 86 人，红藤坝南 1.85 公里。村边山岩上有股小流水，细如马尿，故名。

姚家槽 Yáo jiā cáo 12 人，红藤坝东南 2.5 公里。

高云荒 Gāo yún huāng 45 人，红藤坝东南 3 公里。村边有座高山，植被稀少，逢雨天云绕山腰，故名。

【下伍园大队】 Xià wǔ yuán dà duì 107 户，451 人，驻下伍园，龙马集镇北 6.5 公里。原名东风大队，1981 年 9 月 1 日按驻地名更名为下伍园大队。辖 7 个生产队，9 个自然村。耕地面积 1311 亩。主产玉米、薯类，特产生漆、药材。

下伍园 Xià wǔ yuán 72 人，大队驻地，龙马集镇北 6.5 公里。

洞香树 Dòng xiāng shù 40 人，下伍园西北 2.5 公里。村中原有棵香桂子树，树蔸处有个洞，故名。

洞香河 Dòng xiāng hé 17 人，下伍园西北 2.2 公里。村处洞香树下方的小河边，故名。

纸厂 Zhǐ chǎng 23 人，下伍园西北 1.1 公里。村中办过小纸厂，故名。

抱鸡母塆 Bào jī mǔ wān 20 人，下伍园西 1.1 公里。村处山塆，地形似抱鸡母，故名。

核桃树 Hé táo shù 20 人，下伍园西南 450 米。村中核桃树多，故名。

杉木树 Shā mù shù 70 人，下伍园东南 820 米。村中有杉木树，故名。

一碗寨 Yì wǎn zhài 58 人，下伍园南 1 公里。传说，此地原遍生葛藤，牵在树上像一顶蚊帐，人们称为一网帐，后讹称为一碗寨。

小溪沟 Xiǎo xī gōu 58 人，下伍园东南 1.25 公里。村中有条小溪沟，故名。

【茶园沟大队】 Chá yuán gōu dà duì 182 户，886 人，驻苦草埫，龙马西北 7.25 公里。原名青山大队，1981 年 9 月 1 日按地片名更名为茶园沟大队。辖 9 个生产队，17 个自然村。耕地面积 2200 亩，其中水田 118 亩。主产玉米、薯类，特产生漆、药材。

苦草埫 Kǔ cǎo tǎng 15 人，龙马集镇西北 7.25 公里。村处埫地，生长苦草，故名。

上槽 Shàng cáo 70 人，苦草埫西北 1.4 公里。村处槽地，居干刺笼上方，故名。

干刺笼 Gān cì lóng 40 人，苦草埫西北 1.1 公里。村中原干刺笼多，故名。

穿洞塆 Chuān dòng wān 18 人，苦草埫西北 1.6 公里。村处山塆，有一穿洞，故名。

下槽 Xià cáo 68 人，苦草埫北 450 米。村处槽地，居干刺笼下方，故名。

阳坡 Yáng pō 25 人，苦草埫西北 1.6 公里。村处坡地，向阳，故名。

中岭塆 Zhōng lǐng wān 24 人，苦草埫西 1.55 公里。村处山塆，穿洞塆和贺家塆之间，故名。

贺家塆 Hè jiā wān 22 人，苦草埫 2.2 公里。

横槽 Héng cáo 45 人，苦草埫西偏南 1.4 公里。村处槽地，横向，故名。

黄家塆 Huáng jiā wān 48人，苦草塆西偏南1.5公里。

台子 Tái zǐ 23人，苦草塆东南1.1公里。村处台地，故名。

龙神庙 Lóng shén miào 17人，苦草塆西南1.2公里。村中原有座庙，名龙神庙，故名。

爬台 Pá tái 13人，苦草塆西南1.5公里。村处台地，故名。

佐家台 Zuǒ jiā tái 18人，苦草塆东南1.25公里。

东边坡 Dōng biān pō 12人，苦草塆东南1.6公里。此坡在大垭口之东，故名。

梯二岩 Tī èr yán 45人，苦草塆东南1.7公里。村处岩上，形如梯子，故名。

窄口子 Zhǎi kǒu zǐ 苦草塆东南2.1公里。村头有个窄山口，故名。

【青堡大队】 Qīng bǎo dà duì 268户，1292人，驻中坝，龙马集镇西北6.5公里。按地片名取名。辖7个生产队，13个自然村，耕地面积2432亩，其中水田501亩。主产水稻、玉米、特产生漆。

中坝 Zhōng bà 104人，大队驻地，龙马集镇东北6.5公里。村处上坝和下坝中间，故名。

大沟塆 Dà gōu wān 21人，中坝西北1.85公里。村塆内有条大水沟，故名。

上坝 Shàng bà 246人，中坝西北1.3公里。村处中坝之上，故名。

泰山庙 Tài shān miào 11人，中坝西北740米。村中原有座庙，名泰山庙，地名借用。

平水缺 Qíng shuǐ quē 114人，中坝北300米。传说，村中原缺水，有人开渠引水，并凿3条平沟分水，故名。

大竹园 Dà zhú yuán 60人，中坝东1.4公里。村中有大片竹林，故名。

白岩坡 Bái yán pō 5人，中坝西偏南1.5公里。村处坡地，岩石呈白色，故名。

长厢 Cháng xiāng 20人，中坝东南600米。村中有块大田，本地称一大厢，故名。

三房塆 Sān fáng wān 17人，中坝西南600米。此塆原为3兄弟所有，故名。

苲水坝 Zá shuǐ bà 9人，中坝东南600米。村中有块苲水坝，故名。

坳井 Ao jǐng 35人，中坝西南700米。村处山坳，有口水井，故名。

老庙 Lǎo miào 34人，中坝东南1.5公里。村中原有座古庙，故名。

倒角塆 Dǎo jiǎo wān 63人，中坝南800米。村处山弯，有条倒角路，故名。

下坝 Xià bà （片村），62人，龙马集镇东北5.7公里。地处中坝下方，故名。包括老庙、长庙、苲水坝3个自然村。

【后河大队】 Hòu hé dà duì 112户，559人，驻后河，龙马集镇西北6.8公里。按驻地取名。辖9个生产队，11个自然村，耕地面积1163亩，其中水田50亩。主产玉米、薯类，特产生漆。

大拐塆 Dà guǎi wān 9人，后河西北2.6公里。村处山塆，，拐子树多，故名。

大茅塆 Dà máo wān 8人，后河西北2.7公里。村处坡地，茅草多，故名。

摇钱树 Yáo qián shù 17人，后河西北1.1公里。传说，村中有棵摇钱树，故名。

狮子包 Shī zǐ bāo 15人，后河西北1.4公里。村处山包，形似狮子，故名。

廖家塆 Liào jiā wān 17人，后河西2公里。

小垭口 Xiǎo yā kǒu 5人，后河东北450米。村头有个小山垭口，故名。

车盆坝 Chē pén bà 23人，后河西北1.3公里。村坝形似盆，积水。（“车”

土家族语，意为水）故名。

大垭口 Dà yā kǒu 8人，后河东1公里。村头有个大山垭口，故名。

阳坡坪 Yáng pō píng 13人，后河东南900米。村处坡地，当阳，故名。

青㭎树 Qīng gāng shù 23人，后河东南1.7公里。村中有棵大青㭎树，故名。

【撒谷坝大队】 Sǎ gǔ bà dà duì 139户，582人，驻撒谷坝，龙马集镇北2.9公里。原名东风大队，1981年9月1日按驻地名更名为撒谷坝大队。辖10个生产队，12个自然村，耕地面积949亩，其中水田47亩。主产玉米、薯类，特产生漆，药材。

撒谷坝 Sǎ gǔ bà 43人，大队驻地，龙马集镇北2.9公里。村处坝地，水田多，传说只要撒谷种就能丰收，故名。

黄家塆 Huáng jiā wān 14人，撒谷坝北偏东3公里。

桐麻园 Tóng má yuán 15人，撒谷坝东北2.8公里。村中长有桐树和苎麻，故名。

茶山洞 Chá shān dòng 29人，撒谷坝东北2.6公里。村中有一山洞，茶树多，故名。

阮家界 Ruǎnj iā jiè 33人，撒谷坝东北3.2公里。

万寨 Wàn zhài 5人，撒谷坝北偏西2.1公里。传说原有军队在此扎过寨，故名。

吉家坡 Jí jiā pō 49人，撒谷坝东北2.4公里。

木河溪 Mù hé xī 106人，撒谷坝北偏西1.5公里。溪沟上架有木桥，故名。

长冈岭 Cháng gāng lǐng 17人，撒谷坝东北1.75公里。村旁有座长山岭，故名。

大茅坡 Dà máo pō 80人， 撒谷坝东北1.2公里。村坡比较大，茅草多，故名。

牛颈项 Niú jǐng xiàng 8人，撒谷坝西650米。村中地形似牛颈项，故名。

牛角塆 Niú jiǎo wān 9人，撒谷坝西南500米。村处山塆，有二块尖石似牛角，故名。

【水槽大队】 Shuǐ cáo dà duì 161户，823人，驻婚姻洞，龙马集镇西北3.6公里。按地片名取名。辖11个生产队，11个自然村，耕地面积2104亩，其中水田20亩。主产玉米、薯类，特产生漆、黄连。

婚姻洞 Hūn yīn dòng 9人，龙马集镇西北3.6公里。大队驻地，村中有个洞，传说洞内存有仙水，新人结婚时，可从洞内借出物品，故名。

长槽 Cháng cáo 57人，婚姻洞北1.4公里。村处长山槽内，故名。

水槽 Shuǐ cáo 110人，婚姻洞北1.2公里。村中安装有水槽，故名。

泡桐槽 Pào tóng cáo 53人，婚姻洞西北2.1公里。村处槽地，泡桐树多，故名。

碑垭口 Bēi yā kǒu 18人，婚姻洞东北1.3公里。村垭口立有界碑，故名。

大窝塆 Dà wō tǎng 23人，婚姻洞西北1.5公里。村处塆地，形如窝坑，故名。

窝塆 Wō tǎng 57人，婚姻洞北750米。村处窝塆，故名。

五间房 Wǔ jiān fáng 67人，婚姻洞西北2.4公里。村中建有5间房，故名。

刺竹垭 Cì zhú yā 70人，婚姻洞东北650米。垭口上长满刺竹，故名。

大茶园 Dà chá yuán 128人，婚姻洞西南1.1公里。村中有片茶林，故名。

【煤泥坝大队】 Méi ní bà dà duì 169户，869人，驻中坝，龙马集镇西北7.8公里。原名麦李大队，1981年9月1日按地片名更名为煤泥坝大队。辖7个生产队，16个自然村，耕地面积2141亩，其中水田235亩，主产水稻、玉米、薯类，特产生漆、药材。

中坝 Zhōng bà 44人，大队驻地，龙马集镇西7.8公里。村居煤泥坝中间，故名。

麻园塆 Má yuán wān 6人，中坝西北2.1公里。此塆苎麻多，故名。

上塆 Shàng wān 17人，中坝西北2公里。此塆位于汪家塆上方，故名。

上茅坡 Shàng máo pō 105人，中坝北偏东770米。村处坡地，茅草多，故名。

汪家塆 Wāng jiā wān 52人，中坝西北1.1公里。

右上槽 Yòu shàng cáo 10人，中坝东北1公里。村处中坝右上方，故名。

上坝 Shàng bà 50人，中坝西北1公里。村处煤泥坝上部，故名。

下茅坡 Xià máo pō 90人，中坝东偏北1公里。村居上茅坡下方，故名。

郭家坡 Guō jiā pō 16人，中坝西1.3公里。

大屋场 Dà wū chǎng 38人，中坝东偏南650米。村中有座大屋场，故名。

田塆 Tián wān 22人，中坝西南375米。村中有块大田，故名。

赵家屋场 Zhào jiā wū chǎng 40人，中坝东偏南1.5公里。

下坝 Xià bà 94人，中坝东南1.25公里。村处上坝下方，故名。

张家坪 Zhāng jiā píng 15人，中坝东南1.7公里。

下庄垭口 Xià zhuāng yā kǒu 55人，中坝东南3.5公里，村处山脚垭口，故名。

落水洞 Luò shuǐ dòng 13人，中坝东南3公里。村中有个消水洞，故名。

煤泥坝 Méi ní bà 188人，(片村)，龙马集镇西7.8公里。包括上坝、中坝、下坝3个自然村。此坝泥土呈黑色，故名。

【楠木桥大队】 Nán mù qiáo dà duì 193户，904人，驻小楠木桥，龙马集镇东偏北4.1公里。原名光明大队，1981年9月1日按驻地更名为楠木桥大队。辖11个生产队，14个自然村，耕地面积1434亩，水田195亩。主产玉米、薯类，特产生漆、桐子、木梓。

小楠木桥 Xiǎo nán mù qiáo 131人，大队驻地，龙马集镇东北4.1公里。村中原有座用楠木架的小桥，故名。

龙潭塆 Lóng tán wān 11人，小楠木桥北偏西1.7公里。村塆内有口水潭，龙姓住此，故名。

瓦厂塆 Wǎ chǎng wān 40人，小楠木桥西北1.7公里，村处山塆，办过瓦厂，故名。

后槽沟 Hòu cáo gōu 19人，小楠木桥东北1.3公里。此沟位于小楠木桥后，故名。

白瓦塇 Bái wǎ tǎng 15人，小楠木桥西北1.75公里。村处塇地，产白瓦，故名。

小茶园 Xiǎo chá yuán 9人，小楠木桥东北1公里。村中有片小茶林，故名。

枇杷园 Pí pá yuán 112人，小楠木桥西北1.5公里。村中枇杷树多，故名。

吴家塆 Wú jiā wān 12人，小楠木桥西北900米。

箱子山 Xiāng zǐ shān 63人，小楠木桥北400米。村周山上箱子树多，故名。

寨坡 Zhài pō 58人，小楠木桥东偏北1.2公里。村处坡地，当阳，故名晒坡，后讹称寨坡。

董家坡 Dǒng jiā pō 29人，小楠木桥西偏北1公里。

岩根 Yán gēn 123人，小楠木桥东南350米。村处岩根脚，故名。

土狗子塆 Tǔ gǒu zǐ wān 50人，小

楠木桥西南800米。村处山塆，土狗子多，故名。

岩塆 Yán wān 110人，小楠木桥东南600米。村处山塆，岩石多，故名。

【冉家村大队】 Rǎn jiā cūn dà duì 217户，1019人，驻大坡，龙马集镇东北1.3公里，原名群力大队，1981年9月1日按地片更名为冉家村大队。辖9个生产队，16个自然村，耕地面积2056亩，其中水田168亩。主产水稻、薯类，特产桐子、木梓、生漆。

大坡 Dà pō 72人，大队驻地，龙马集镇东北1.3公里。村处大山坡，故名。

平山字 Píng shān zì 71人，大坡东北2.7公里。

覃家坪 Qín jiā píng 9人，大坡东北2.3公里。

土地垭 Tǔ dì yà 16人，大坡北1.8公里。村垭口处有座土地庙，故名。

长槽 Cháng cáo 21人，大坡北偏东1.3公里。村处长山槽内，故名。

水田坪 Shuǐ tián píng 5人，大坡东北1.7公里。村坪中水田多，故名。

柑子包 Gān zǐ bāo 15人，大坡东北930米。村头山包上柑子树多，故名。

林家坳 Lín jiā ào 21人，大坡东北1.2公里。

砂坝坪 Shā bà píng 5人，大坡北650米。村处坪地，砂石多，故名。

打架山 Dǎ jià shān 43人，大坡东北1.4公里。此地原常发生打架斗殴，故名。

冉家村 Rǎn jiā cūn 48人，大坡西北570米。

牙八沟 Yá bā gōu 73人，大坡东900米。村处山沟，原哑巴多，故名哑巴沟，后改称牙八沟。

瓦厂坝 Wǎ chǎng bà 64人，大坡西南750米。村处坝地，办过瓦厂，故名。

野猫溪 Yě māo xī 25人，大坡西南630米。村处溪边，原野猫多，故名。

桃树塆 Táo shù wān 34人，大坡西南1.4公里。村处山塆，桃树多，故名。

老屋场 Lǎo wū chǎng 33人，大坡西南1.4公里。村中有栋老屋场，故名。

【二岩大队】 Er yán dà duì 143户，704人，驻新屋里，龙马集镇西8.75公里。按地片名取名。辖8个生产队，15个自然村，耕地面积2195亩，其中水田182亩。主产玉米、水稻、薯类，特产生漆、药材。

新屋里 Xīn wū lǐ 30人，大队驻地，龙马集镇西南8.75公里。村中新屋多，故名。

骡马店 Luó mǎ diàn 41人，新屋里北偏西950米。村中原开过骡马店，故名。

瓦厂坪 Wǎ chǎng píng 6人，新屋里西北1.1公里。村处坪地，办过瓦厂，故名。

伍花雨 Wǔ huā yǔ 20人，新屋里东北1.25公里。传说，有位姓伍的人路过此地，恰遇暴风雨，风卷着雨象飞花一样，此人遂感叹地说，天为我姓伍的下花雨，故名。

四台坪 Sì tái píng 10人，新屋里西偏北900米。村处第四个坪台上，故名。

火龙坪 Huǒ lóng píng 14人，新屋里西北600米。村处坪地，传说有条龙吐火，将此地半边山都烧光了，故名。

三台坪 Sān tái píng 30人，新屋里西北1.3公里。村处第三个坪台，故名。

蓑衣岩 Suō yī yán 32人，新屋里西北900米。村边有座山岩形似蓑衣，故名。

吊嘴上 Diào zuǐ shàng 10人，新屋里东偏北1.5公里。村处岩上，地形似一吊着的嘴，故名。

猪竹山 Zhū zhú shān 30人，新屋

里东北300米。村旁山中竹林内，原常有野猪栖息，故名。

阴坡 Yīn pō 10人，新屋里西偏北2公里。村处坡地，背阴，故名。

阴凉树 Yīn liáng shù 24人，新屋里西南300米，原村中有棵大树，人们常在树下乘凉，故名。

砂坝 Shā bà 28人，新屋里南偏东350米。村处大砂坝，故名。

大河里 Dà hé lǐ 30人，新屋里南400米。村邻大河沟，故名。

张家场 Zhāng jiā chǎng 46人，新屋里南偏东750米。

【纸厂河大队】 Zhǐ chǎng hé dà duì 驻纸厂河，龙马集镇西偏北2.5公里。原名村坊大队，1981年9月1日按地名更名为纸厂河大队。辖5个生产队，6个自然村，49户，219人。耕地面积637亩，其中水田7亩。主产玉米、薯类，特产桐子、木梓、生漆、茶叶。

纸厂河 Zhǐ chǎng hé 30人，大队驻地，龙马集镇西偏北2.5公里。村邻小河，办过纸厂，故名。

青树子 Qīng shù zǐ 40人，纸厂河北偏东1.4公里。村中有棵大青树，故名。

小河 Xiǎo hé 44人，纸厂河北偏东450米。村外有条小河沟，故名。

七孔子 Qī kǒng zǐ 12人，纸厂河西偏北1.6公里。村中有7个泉孔，故名。

大河沟 Dà hé gōu 20人，纸厂河西1公里。村中有条大河沟，故名。

赵家祠堂 Zhào jiā cí táng 20人，纸厂河南250米。

【碾盘大队】 Niǎn pán dà duì 驻碾盘，龙马集镇西8公里。1958年按地名取名碾盘大队。辖8个生产队，9个自然村，165户，825人。耕地面积2273亩，其中水田239亩。主产玉米、薯类、水稻，特产生漆、茶叶。

碾盘 Niǎn pán 50人，大队驻地，龙马集镇西8公里。村中有块岩石，形似天然碾盘，故名。

苦桃坪 Kǔ táo píng 50人，碾盘东北1.6公里。村处坪地，有棵大苦桃树，故名。

猴林塆 Hóu lín wān 20人，碾盘东偏北700米。村处山塆，有片猴栗树林，故名。

麻山 Má shān 20人，碾盘西3.1公里。村处山坡，生长许多野麻，故名。

通槽 Tōng cáo 20人，碾盘东1.5公里。村处槽地，槽两头都有出口，故名。

阳坡 Yáng pō 20人，碾盘西南2.5公里。村处坡地，向阳，故名。

倒开门 Dǎo kāi mén 10人，碾盘西南2.5公里。村处坡地，有两块石板，象倒开着的门，故名。

药坡 Yào pō 50人，碾盘东南1.9公里。村处坡地，开过药铺，故名。

柑子塆 Gān zǐ wān 10人，碾盘西南1.7公里。村处山塆，柑子树多，故名。

【猫子山大队】 Māo zǐ shān dà duì 驻麻园槽，龙马集镇东1.9公里。原名猫子大队，1981年9月1日按地名更名为猫子山大队。辖16个生产队，16个自然村，209户，975人。耕地面积1871亩，其中水田283亩。主产玉米、薯类、水稻，特产木梓、麻、茶叶。

麻园槽 Má yuán cáo 20人，大队驻地，龙马集镇1.9公里。村处山槽，原有片麻，故名。

板场坡 Bǎn chǎng pō 50人，麻园槽西北970米。村处坡地，原是解木板的场所，故名。

大坪 Dà píng 110人，麻园槽东北500米。村处大坪地，故名。

匼紧塆 Kē jǐn wān 40人，麻园槽东偏南600米。村处山塆，地形象匼紧的口袋，故名。

旧屋基 Jiù wū jī 55人，麻园槽东南500米。村中新来住户在旧屋基上兴建新屋，故名。

柏树坪 Bǎi shù píng 70人，麻园槽东南1.1公里。村处坪地，有棵大柏枝树，故名。

大院 Dà yuàn 30人，麻园槽西南800米。村中住户集中，形成大院子，故名。

溜砂坡 liū shā pō 10人，麻园槽东南900米。村处坡地，曾经发生过滑坡，故名。

靠碑垭 Kào bēi yā 15人，麻园槽西南1.6公里。村处垭口，有块指路碑，故名。

黄家屋场 Huáng jiā wū chǎng 30人，麻园槽南偏东1.2公里。

黄家塆 Huáng jiā wān 90人，麻园槽南1.3公里。

下大岭 xià dà lǐng 40人，麻园槽东南1.5公里。此地有两山岭，下岭比上岭大，故名。

灰包梁子 Huī bāo liáng zǐ 13人，麻园槽南偏东1.7公里。村处山梁，土质为灰包土，故名。

老村 Lǎo cūn 70人，麻园槽西南1.85公里。村建历史久长，故名。

白蜡坪 Bái là píng 11人，麻园槽东南2公里。村处坪地，原有棵大白蜡树，故名。

红皮岭 Hóng pí lǐng 63人，麻园槽南偏西2公里。村处山岭，岩石红色，故名。

【村坊农科站】 Cūn fáng nóng kē zhàn 驻村坊，龙马集镇西南700米。1976年成立公社农科站，1981年9月1日按地名更名为村坊农科站。辖2个自然村，70户，362人。耕地面积401亩，其中水田111亩。主产玉米、薯类、水稻，特产生漆，木梓、茶叶。

村坊 Cūn fáng 110人，大队驻地，龙马集镇西南700米。村中住户集居，故名。

五塆沟 Wǔ wān gōu 40人，村坊西1公里。因此沟弯曲有5道塆，故名。

【龙洞槽大队】 Lóng dòng cáo dà duì 驻龙洞槽，龙马集镇西南3.6公里。原名和平大队，1981年9月1日按地名更名为龙洞槽大队。辖7个生产队，9个自然村，118户，604人。耕地面积1570亩。主产玉米、薯类，特产生漆、药材。

龙洞槽 Lóng dòng cáo 90人，大队驻地，龙马集镇西南3.6公里。村处山槽，有一山洞，洞口像龙头，故名。

黄家坪 Huáng jiā píng 14人，龙洞槽北偏西900米。

天顶上 Tiān dǐng shàng 50人，龙洞槽西北1公里。村处地势高，远看接到天，故名。

碑垭口 Bēi yā kǒu 60人，龙洞槽东北620米。村处垭口，立有石碑，故名。

铜鼓坡 Tóng gǔ pō 50人，龙洞槽西北650米。村处坡地，有许多像铜鼓大小的岩石包，故名。

柳树坪 Liǔ shù píng 60人，龙洞槽西偏北1.1公里。村处坪地，有棵大柳树，故名。

石罐水 Shí guàn shuǐ 30人，龙洞槽东1公里。村中有个石窝，形似罐子，内出泉水，故名。

芝麻垱 Zhī má tǎng 30人，龙洞槽东南800米。村处垱地，原产芝麻，故名。

前槽 Qián cáo 120人，龙洞槽正南1.5公里。村处山槽，居前，故名。

【柑子坪大队】 Gān zǐ píng dà duì 驻三块田，龙马集镇东南1公里。原名友谊大队。1981年9月1日按地名更名为柑子坪大队。辖6个生产队，5个自然村，169户，739人。耕地面积1126亩，其中水田286亩。主产玉米、水稻，特产桐、木梓、茶叶。

三块田 Sān kuài tián 110人，大队驻地，龙马集镇东南1公里。村中原有黄姓人开垦有3大块旱田，故名。

董八沟 Dǒng bā gōu 120人，三块田东北750米。

柑子坪 Gān zǐ píng 50人，三块田北500米。村处坪地，柑子树多，故名。

曾家塆 Zēng jiā wān 20人，三块田东南300米。

谭家坝 Tán jiā bà 130人，三块田南偏东500米。

涂家河 Tú jiā hé 70人，三块田东南1.5公里。

【佐家坝大队】 Zuǒ jiā bà dà duì 驻佐家坝，龙马集镇东南2.1公里。原名永丰大队，1981年9月1日按地名更名为佐家坝大队。辖5个生产队，8个自然村，134户，637人。耕地面积1369亩，其中水田123亩。主产玉米、薯类，特产桐子、苎麻、木梓、茶叶。

佐家坝 Zuǒ jiā bà 110人，大队驻地，龙马集镇东南2.1公里。

蓑棚 Suō péng 70人，佐家坝西偏北920米。村中原住房均为茅草屋，惯称蓑棚，故名。

赵家塆 Zhào jiā wān 34人，佐家坝西北350米。

大塆 Dà wān 30人，佐家坝东南700米。村处大山塆，故名。

枇杷塆 Pí pá wān 80人，佐家坝西南550米。村处山塆，有棵大枇杷树，故名。

郭家梁子 Guō jiā liáng zǐ 50人，佐家坝西南1.25公里。

老屋 Lǎo wū 55人，佐家坝西南900米。村中有栋近200年的老屋，故名。

冉家河 Rǎn jiā hé 10人，佐家坝东南750米。

【何家槽大队】 Hé jiā cáo dà duì 驻何家槽，龙马集镇西南7.1公里。原名新街大队，1981年9月1日按地名更名为何家槽大队。辖11个生产队，14个自然村，184户，857人。耕地面积1914亩，其中水田113亩。主产玉米、薯类，特产桐子、木梓。

何家槽 Hé jiā cáo 14人，大队驻地，位于龙马集镇西南7.1公里。

朱家岩 Zhū jiā yán 20人，何家槽东北2.4公里。

上杉树塆 Shàng shān shù wān 30人，何家槽北1.6公里。村处山塆上部，杉树多，故名。

大中山 Dà zhōng shān 60人，何家槽东北1.8公里。村处几座大山中间，故名。

青树包 qīng shù bāo 30人，何家槽东北2.7公里。村处山包，长有许多常绿树，故名。

下杉树塆 Xià shān shù wān 30人，何家槽西北1.1公里。村处杉树塆的下部，故名。

铁泥碥 Tiě ní biǎn 24人。何家槽西北1.15公里。村中有块岩石，形似铁铸的牛，故名铁牛碥，讹称铁泥碥。

易家塆 Yì jiā wān 20人，何家槽北830米。

戴家槽 Dài jiā cáo 130人，何家槽东北1.45公里。

铁厂塆 Tiě chǎng wān 10人，何家槽东北820米。村处山塆，办过铁厂，故名。

枫香坪 Fēng xiāng píng 20人，何家槽西北630米。村处坪地，有棵大枫香树，故名。

淹水塃 Yān shuǐ tǎng 35人，何家

槽北 400 米。村处塃地，常淹水，故名。

金竹塃 Jīn zhú tǎng 10 人，何家槽东偏南 1.1 公里。村处塃地，长有一大片金竹，故名。

袁寡母 Yuán guǎ mǔ 80 人，何家槽西南 600 米。

【保扎大队】 Bǎo zhā dà duì 驻下堡扎，龙马集镇南 2.25 公里。原为西流公社三大队，1981 年 9 月 1 日按地名更名为保扎大队。辖 5 个生产队，14 个自然村，166 户，750 人。耕地面积 956 亩，其中水田 173 亩，主产玉米、薯类，特产桐、麻、生漆。

下堡扎 Xià bǎo zhā 60 人，大队驻地，龙马集镇南 2.25 公里。传说，张献忠率部路过此地，曾扎过营寨，依地势分上、中、下 3 寨，因此村居下，故名。

马河坝 Mǎ hé bà 20 人，下堡扎东 1.5 公里。传说，有一姓黄的人骑马去恩施城，马走到此突然受惊，跑到山下河坝里去了，故名。

白蜡坪 Bái là píng 30 人，下堡扎西南 250 米。村处坪地，有棵大白蜡树，故名。

谭坪 Tán píng 14 人，下堡扎西南 500 米。

马难山 Mǎ nán shān 20 人，下堡扎东偏南 1.3 公里。传说有一姓黄的人骑马到此山，再也上不去了，马回头跑走，故名。

中堡扎 Zhōng bǎo zhā 40 人，下堡扎南 670 米。村处上堡扎和下堡扎中间，故名。

龙家塆 Lóng jiā wān 40 人，下堡扎东南 1.15 公里。

方家坡 Fāng jiā pō 20 人，下堡扎东南 1.1 公里。

大屋 Dà wū 20 人，下堡扎西南 1 公里。村中有栋大屋，故名。

张家塆 Zhāng jiā wān 50 人，下堡扎东南 1 公里。

二线岩 Er xiàn yán 20 人，下堡扎东南 1.4 公里。村边山岩半腰，有两块山田像两条横线嵌在岩上，故名。

上堡扎 Shàng bǎo zhā 40 人，下堡扎西南 1.3 公里。村居下、中堡扎之上，故名。

芭蕉塆 Bā jiāo wān 20 人，下堡扎西南 1.6 公里。村处山塆，芭蕉树多，故名。

黄家塆 Huáng jiā wān 60 人，下堡扎南 1.5 公里。

【黄丝大队】 Huáng sī dà duì 驻榨坊，龙马集镇西南 9 公里。原名碾盘二大队，1981 年 9 月 1 日按地名更名为黄丝大队。辖 11 个生产队，17 个自然村，165 户，825 人。耕地面积 2273 亩，其中水田 239 亩。主产玉米、薯类，特产茶叶、生漆。

榨坊 Zhà fáng 10 人，大队驻地，龙马集镇西南 9 公里。村中原开有油榨坊，故名。

回龙首 Huí lóng shǒu 10 人，榨坊北 2 公里。村处山包，山形似龙回首，故名。

大桥头 Dà qiáo tóu 40 人，榨坊北 1.75 公里。村头有座大桥，故名。

喻家塆 Yù jiā wān 24 人，榨坊西北 1.7 公里。

马心玉 Mǎ xīn yù 15 人，榨坊北 1.3 公里。传说阴阳先生看地，说此地是匹白玉马的心，故名。

灯盏窝 Dēng zhǎn wō 13 人，榨坊西北 1.6 公里。村处洼地，有块岩石，形似灯盏，故名。

陶家坡 Táo jiā pō 20 人，榨坊西北 1.2 公里。

箬竹塆 Ruò zhú wān 10 人，榨坊西北 625 米。村处山塆，长有很多箬竹，故名。

王家坪 Wáng jiā píng 20 人，榨坊西北 1.4 公里。

黑神庙 Hēi shén miào 24 人，榨坊东北 875 米。村中原有一庙内供有黑神像，故名。

三坪 Sān píng　4人，榨坊东南1.9公里。村处坡地，有3块坪田，故名。

陈家塆 Chén jiā wān　110人，榨坊西950米。

瓦厂 Wǎ chǎng　4人，榨坊西1.6公里。村中办过瓦厂，故名。

白丝屋基 Bái sī wū jī　10人，榨坊东南1公里。传说有一姓李的在此挖屋基，曾挖出支白银，故名。

黄丝屋基 Huáng sī wū jī　23人，榨坊西南520米。传说姓黄的人曾在挖屋基，时挖出3根黄金，故名。

南天门 Nán tiān mén　10人，榨坊西南2.3公里。村边有一石门，形似传说中的南天门，故名。

回龙观 Huí lóng guān　30人，榨坊南950米。村中原有一庙，山形似龙，故名。

【金甲山大队】 Jīn jiǎ shān dà duì　驻斑竹园，龙马集镇东南4公里。原名永兴大队，1981年9月1日按地名更名为金甲山大队。辖11个生产队，17个自然村，367户，171队。耕地面积4268亩，其中水田584亩。主产玉米、薯类、水稻，特产桐、麻、花生。

斑竹园 Bān zhú yuán　35人，大队驻地，龙马集镇东南4公里。村中斑竹成林，故名。

大垭口 Dà yā kǒu　13人。斑竹园西北1.5公里。村处大山垭口，故名。

北向坡 Běi xiàng pō　25人，斑竹园西北1公里。村处坡地，向北，故名。

鱼泉坪 Yú quán píng　50人，斑竹园东北1.5公里。村处坪地，有一泉水，出鱼，故名。

小竹园 Xiǎo zhú yuán　40人，斑竹园东北1.8公里。村中原有块小刺竹林，故名。

狮子岩 Shī zǐ yán 10人，斑竹园东1.9公里。村处山岩，形似狮子，故名。

大坝 Dà bà 40人，斑竹园东800米。村中有一大坝水田，故名。

凉风垭 Liáng fēng yā　14人，斑竹园西北750米。村处垭口，凉风徐徐故名。

台子 Tái zǐ　20人，斑竹园西南400米。村处台地，故名。

赵家塆 Zhào jiā wān　24人，斑竹园东南800米。

桐麻园 Tóng má yuán　30人，斑竹园西南800米。村中原种植有几十亩桐子和苎麻，故名。

舒坊坪 Shū fáng píng 20人，斑竹园东南1.5公里。村处坪地，舒家开有磨坊，故名。

河坝坪 Hé bà píng　20人，斑竹园南1.9公里。村处河沙淤积而成的坪坝，故名。

吴家塆 Wú jiā wān　30人，斑竹园东南1.6公里。

祠堂 Cí táng　20人，斑竹园东南1.4公里。村中原有一祠堂，故名。

石庙 Shí miào　20人，斑竹园南1.7公里。村中原有座小石庙，故名。

五间房 Wǔ jiān fáng　20人，斑竹园东南2.1公里。村中原有栋大屋，一连5大间。故名。

【龙马公社团包林场】 Lóng mǎ gōng shè tuán bāo lín chǎng　龙马集镇东偏南3.9公里。驻团包，1980年12月建场，有耕地420亩，林带面积3100亩，974户，341人，种植有马尾松、杉木等。

团包 Tuán bāo　73人，龙马东偏南3.9公里，村中有座圆形山包，故名。

龙神堂 Lóng shén táng　64人，团包西北900米。村中原建有庙，名龙神堂，村名沿用。

莴苣山 Wō jù shān　32人，团包西南1.3公里。村旁山地原盛产莴苣，故名。

庙梁子 Miào liáng zǐ　73人，团包西南1.5公里。村旁山梁上建过庙，故名。

沐 抚 公 社 概 况

MU FU GONG SHE GAI KUANG

沐抚公社是位于恩施县城西北部的一个边远公社，东与大山顶药材场相连，北与板桥公社毗邻，东南与屯堡公社接壤，西和西北与利川县团堡、白杨坝公社交界。公社驻地沐抚集镇，处恩(施)—沐(抚)公路78公里处。

明末崇祯年间，此地土家首领向氏，去朝见崇祯皇帝，皇帝询问此地出产，向氏答盛产木材。以后便向朝廷进贡木材，故名木贡。经过土家人辛勤劳动，当地资源得到了充分的开发和利用，出产的大米质量好、颗粒大。他们又以优质大米进贡(称之为贡米)，崇祯皇帝得知向氏及土家的一片忠心，下旨取消了进贡之事。为了感谢皇上龙恩，向氏遂将木贡改名为沐抚，沿用迄今。

沐抚公社，解放前隶属恩施县第四区管辖，下辖沐抚大坝、大庙、前山、枫香、营上、木柴、木贡、高台、白果10个保。解放后，1950年3月建立村政权时，由村农会取代了乡、保制，将10个保变更为10个村，仍属恩施县屯堡区管辖1952年5月设立区制，沐抚为恩施县十二区公所，板桥划为该区管辖。1958年更名为沐抚人民公社，乡为管理区。1975年将沐抚区一分为三，分属沐抚、板桥、大山顶、3个公社管辖。

沐抚公社，现辖沐抚、营上、木贡、高台、前山5个管理区，19个生产大队，1个农科站，195个生产小队，188个自然村。全社总面积为146.18平方公里，耕地面积40451亩，其中水田6940亩，山田 33511 亩，总户数 5553 户，总人口 2445 人，其中农业人口 23872 人。

沐抚公社地处高山、二高山地带，整个地势，西和西北的前山管理区与东面的大山顶公社、大山顶药材场隔河相对，为高山屏障；由南至北是河谷槽地，马家河、云龙河，自北向南贯穿社境后汇入七渡河(清江的一段)。沐抚集镇周围群山起伏，沿马家河、云龙河、七渡河两岸岩石林立，绝壁压境，奇峰怪石，风景秀丽。东南面为梯田坡地，空旷开阔。全社东西长 17.1 公里，南北宽 16.2 公里。平均海拔 1000 米～1250 米，最高点是大庙大队的大塆 2046 米，最低点在河塘大队的竹叶坪 600 米。年平均气温 17℃～19℃，冬季最低气温-3℃至-5℃，夏季最高气温 34℃～36℃。全年无霜期达 240 天左右。年降雨量 800 毫米。

沐抚公社多为石灰岩构造，地貌呈大规模洪积山坡，乱石裂隙，天坑、溶洞甚多。1954 年仲夏，山洪暴发时，地声频响，如炸雷，房屋振动，家具翻倒，地面出现纵横裂缝，并多处下陷。1979 年特大暴雨，先后在 5 月 23 日、24 日，6 月 23 日、24 日有地声等异常现象，直到 9 月发生大规模的滑坡，滑坡范围涉及 3 个大队，11 生产小队，面积达 3000 余亩，包括云龙河谷地，西南抵云龙大队的砂子坝，东北起大庙大队的上场坝，长约 10 公里。两次自然灾害中，无人畜伤亡，仅 1975 年投产的老洞子电站被毁(发电量 150 千瓦)损失 76000 余元。

沐抚公社境内主要河流有 2 条：一条源于板桥公社的麻塆阡，上游称鸟家河，下游称云龙河，流经公社的大庙、枫香、云龙、搬木 4 个大队后汇入清江，全长 15 公里，平均流量为 2 立方米／秒。另一条为清江(在此段称七渡河)，沿公社西南傍境流过。由于水流长年冲击切割，使河床加深，河流两岸岩壁陡峭，其河流急湍，水力资源丰富，而因地形复杂，发展水电事业较为困难。只沐抚、木贡、堰塘、木楠，大庙大队建起了电站，总发电量为214千瓦。随着生产的发展，农业机械化的程度不断提高，现有动力机械22台，317马力。

沐抚公社矿藏资源较为丰富，主要有煤、铁、硫磺等矿藏。出产的煤除本地用外，还供应县城，硫磺多供应国内市场，为工业生产提供了原料。森林资源在沐抚公社也占有重要的地位，全社林业用地总面积106151亩，有林地29304亩，竹林114亩，经济林3830亩，蓄积量达34675立方米。主要树种有杉树、马尾松、华山松、水杉等。

沐抚公社雨量充沛，气候高寒，农作物以产玉米、水稻、洋芋为主，1981年粮食总产量1500万斤，人均619斤。经济作物、土特产以药材、生漆、白肋烟为主，1981年产当归15000斤，党参62500斤，天麻3050斤，生漆6800斤，白肋烟604700斤。1981年总收入260万元。公社企业以生产硫磺为主，年收人达45万元。

解放以来，文教卫生事业发展较快，已办农村小学41所，初中4所，高中1所，现有教职工232人，在校学生达4253人，入学率达89%。公社内有卫生所11个。公社卫生院有医务人员50人，病床30张。公社还设有电影院、广播站、文化站，活跃了群众的文化生活。

沐抚公社境内主线公路为恩(施)—沐(抚)公路，此外有简易公路通11个大队，44个生产小队。沐抚集镇位于恩(施)—沐(抚)公路的终点。居住189户，1474人,其中农业人口892人。公社管委会坐落在集镇西侧的狮子阡边。集镇上并排为新街、老街，新街两旁分布有财政所、银行、粮店、食品、邮电所、旅社、拖拉机站等单位。集镇街头上，水杉参天排列公路两旁。每逢农历三、六、九为集日，沐抚集镇是该社政治、经济、文化、交通的中心。

沐抚公社行政区划、居民点名称

沐抚集镇 Mù fǔ jí zhèn 位于恩施县城西北3 3公里。海拔1100米，系沐抚公社驻地。

该集镇坐落在山谷开展的缓坡上，四周群山环抱，南5公里处清江自西向东穿峡谷奔流而下。相传，明朝崇祯年间，这里古树参天，生长着各种优质木材。向、谭二姓等土家族人世代在此开荒耕耘，生殖繁衍。土家首领向氏用上等木材给朝廷进贡，故称该地为木贡，后此地又出产优质大米，向氏又用大米向朝廷进贡。皇帝见向氏如此孝志，故传旨免去进贡，为感谢皇上龙恩，遂将木贡改名为沐抚。清嘉庆初年，由荆州、孝感迁来的客家吴、胡、陈、刘、徐5姓人氏初修街道，取名新龙场。而土家人不叫新龙场，根据北面大岩山腰的一小山堡形似大猫(当地指老虎)伏卧，面向集镇而叫猫子场。但过往的客商则说，早晨就叫猫不吉利，故改称狗子场。解放前设立沐抚乡公所，隶属恩施县第四区辖，1938年只20户人家解放后沐抚集镇一直是沐抚区、社驻地。

该集镇有新老街各1条，呈东西走向，互为平行，构成“二”字形。总面积约1 5 0亩，居住189户，1474人，其中农业人口892人。土家族居多。老街房屋矮小，青瓦飞檐，木板组装，街面狭小，泥石路面，全长200米，宽2米，为往年的集市贸易区。1958年以后，在老街东边建起了许多石木结构的楼房，形成长约150米，宽15米的街道，供销社及所属百货、副食，收购、生资等门市部、旅社，食品所、邮电研、缝纫社等单位位于街道两旁。公社机关，医院、沐抚高中位于街北头。集市贸易集中在新街的供销社门前，农历三、六、九赶场，出售的主要农副产品有大米、玉米、洋芋、豆类、猪羊肉、禽蛋、烟叶、核桃、板栗、药材等。

该镇有中、小学各1所，学生878人，教职员工52人。国家医院1所，有医务人员22名。文化站、广播站、电影队设在镇上，丰富了人民群众的文化生活。

沐抚集镇远离县城，过去仅有1条经大岩阡通过的人行大道至县城，交通运输十分困难。1958年恩沐公路建成通车，大大改善了交通落后状况。公路两旁和集镇周围水杉成行，柳树成荫。恩施至沐抚客车逢单日往返。近来又修通了沐抚西至大庙、东至高台的简易公路，均与恩沐公路相通。在集镇西头，人们利用狮子阡泉水，建起了人畜饮水池和装机容量为24千瓦的水电站，使边远集镇也点上了电灯。

【沐抚大队】 Mù fǔ dà duì 624户，2602人，驻沐抚集镇，原名工农兵大队，1975年改为沐抚大队。辖17个生产队，9个自然村，耕地面积3335亩，其中水田1194亩，主产玉米、薯类、水稻，特产白肋烟。

曾家坪 Zēng jiā píng 20人，沐抚集镇北偏西1.65公里。

杨家坳 Yáng jiā ào 180人，沐抚集镇北偏西1.1公里。

上洋禾坝 Shàng yáng hé bà 50人，位于沐抚集镇西北1.2公里。村处坪坝，盛产洋禾，位于山上，故名。

下洋禾坝 Xià yáng hé bà 70人，沐抚集镇西偏北1.2公里。村处坪坝，盛产洋禾，位于山下，故名。

长岭岗 Cháng lǐng gǎng 30人，沐抚集镇西偏北600米。此村有一较长的山岗，故名。

院子坪 Yuàn zǐ píng 20人，沐抚集镇西偏南1.1公里。村处坪地，四周山峦环绕，故名。

东头 Dōng tóu 90人，位于沐抚集镇东偏南800米。此村位于沐抚集镇东，故名。

王谷岭 Wáng gǔ lǐng 30人，沐抚集镇南偏西1.1公里。相传，200年前，该岭产的稻谷，质美粒大，人称王谷，故名。

麻园 Má yuán 20人，位于沐抚集镇1.1公里。此村盛产苧麻，故名。

【大庙大队】 Dà miào dà duì 476户，2066人，驻凉水桥，位于沐抚集镇东北5.4公里。原为东方红公社一大队，1975年按地片名改名大庙大队。辖14个生产队，14个自然村，耕地面积3073亩，其中水田103亩。主产玉米、薯类、洋芋，产煤。

凉水桥 Liáng shuǐ qiáo 60人，大队驻地，位于沐抚集镇东北5.4公里。村中建有小桥，因桥下溪水透凉清澈，故名。

吴家桥 Wú jiā qiáo 50人，水桥东北1.6公里。此桥吴家修建，故名。

大树子 Dà shù zǐ 90人，凉水桥东北1.3公里。此村长有棵大青枫树，故名。

花楸蛉 Huā qiū líng 50人，凉水桥东偏北2公里。此村岭上原长有一片花楸树，故名。

上场坝 Shàng cháng bà 10人，凉水桥东北750米。村处坪坝，居上方，故名。

朱家坡 Zhū jiā pō 70人，凉水桥东偏北2.2公里。

横股子 Héng gǔ zǐ 20人，凉水桥西偏北450米。数股田中，有一股横向设置，故名。

陈家包 Chén jiā bāo 20人，凉水桥西南600米。

大庙 Dà miào 180人，凉水桥西南1.05公里。此村原建有大庙，故名。

汤家梁子 Tāng jiā liáng zǐ 70人，位于凉水桥西偏南1.9公里。

蒿枝垱 Hāo zhī tǎng 120人，凉水桥东偏南1.95公里。村处窝垱长满蒿枝，故名。

二台坪 Er tái píng 140人，凉水桥东南1.05公里。村处坪地，位于第二台阶，故名。

四梁坟 Sì liáng fén 20人，凉水桥东南1.75公里。村周有4个山梁，形似坟包，故名。

后坪 Hòu píng 150人，凉水桥东南2.1公里。村处坪地，位于山后，故名。

【三家坪大队】 Sān jiā píng dà duì 313户，1478人，驻三家坪，位于沐抚集镇西北6.1公里。原为前山三大队，1975年改名三家坪大队。辖15个生产队，21个自然村，耕地面积3789亩。主产玉米、洋芋，特产党参、当归、天麻。

三家坪 Sān jiā píng 50人，大队驻地，位于沐抚集镇西北6.1公里。村处坪地，早有3家人居住，故名。

四家坪 Sì jiā píng 20人，三家坪北偏东3公里。村处坪地，早有四家居住，故名。

土河 Tǔ hé 20人，三家坪北偏东3.05公里。村内有条干河沟，故名。

楼门 Lóu mén 20人，三家坪东北3公里。村东500米处有一山岩缝似门，人过如进楼房，故名。

长塆 Cháng wān 40人，三家坪北2.8公里。村处长山塆内，故名。

石天坑 Shí tiān kēng 20人，三家坪东北2.6公里。村南有两大天坑，乱石累累，故名。

何家坪 Hé jiā píng 30人，三家坪北偏东1.7公里。

岩口上 Yán kǒu shàng 10人，三家坪东北3.1公里。村处山岩顶，故名。

苏麻塆 Sū má wān 10人，三家坪东北1.5公里。村处山塆，盛产苏麻(苧麻)，故名。

大火焰 Dà huǒ yàn 24人，三家坪东北2.4公里。此村原系一片森林，后遭大火烧毁，故名。

牛角塆 Niú jiǎo wān 10人，三家坪西北1.15公里。村塆形似牛角，故名。

长偏河 Cháng piān hé 52人，三家坪西偏北4.2公里。村处长偏河边，故名。

照壁峰 Zhào bì fēng 40人，三家坪西北1.8公里。村东山峰岩壁太阳日照时间长，故名。

猫村 Māo cūn 28人，三家坪东偏北2.65公里。此村地形似猫，故名。

得胜槽 Dé shèng cáo 20人，三家坪西1.6公里。村处槽地，相传百多年前，有张、吴两姓械斗，吴姓取胜，得名。

大窝坑 Dà wō kēng 20人，三家坪东偏南500米。村处大窝坑，故名。

道士坪 Dào shì píng 30人，三家坪东偏南4.9公里。村处坪地，曾有位出名的道士居住于此，故名。

凤凰台 Fèng huáng tái 20人，三家坪西偏南4.35公里。村处台地，相传原有人曾挖出1对凤凰，故名。

草坪 Cǎo píng 30人，三家坪东南1.3公里。村处坪地，茅草多，故名。

丁家塆 Dīng jiā wān 20人，三家坪南偏东800米。

街坪 Jiē píng 60人，三家坪东南2.5公里。村处坪地，原建有小街，故名。

【大坝大队】 Dà bà dà duì 236户，935人，驻大坝，位于沐抚集镇东北3.4公里。原为东方红公社三大队，1975年改为大坝大队。辖7个生产队，6个自然村，耕地面积1552亩，其中水田219亩。主产玉米、水稻，特产茶叶。

大坝 Dà bà 160人，位于沐抚集镇东北3.4公里。村处大坪坝，故名。

银槽子 Yín cáo zi 20人，大坝西偏北650米。村处槽地，曾挖出过银子，故名。

刘家院子 Liú jiā yuàn zǐ 30人，大坝东偏南700米。

黄家屋场 Huáng jiā wū chǎng 50人，大坝东南1公里。

邬家河 Wū jiā hé 40人，大坝西偏南1.25公里。

小庙 Xiǎo miào 60人，大坝西南950米。村中原建有小庙，故名。

【龙池塘大队】 Lóng chí táng dà duì 188户，824人，驻龙池塘，位于沐抚集镇东北2公里。原为东方红公社三大队，后为龙塘大队，1981年9月1日按驻地名称更名为龙池塘大队。辖7个生产队，10个自然村，耕地面积3232亩，其中水田17亩。主产玉米、薯类，特产白肋烟。

龙池塘 Lóng chí táng 40人，大队驻地，位于沐抚集镇东北2公里。村中有一池塘，塘东侧有一山形似龙，故名。

马家包 Mǎ jiā bāo 50人，龙池塘东偏北1.85公里。

麻地 Má dì 29人，龙池塘东偏北1.7公里。此村原种植大片苧麻，故名。

药田坪 Yào tián píng 70人，龙池塘东偏北2.5公里。村处坪地，盛产药材，故名。

大石包 Dà shí bāo 30人，龙池塘东偏北350米。

五家埫 Wǔ jiā tǎng 90人，龙池塘东偏南1.1公里。村处埫地，原有5家居住，故名。

大坟包 Dà fén bāo 70人，龙池塘西南350米。村处山包，形似坟墓，故名。

灯盏窝 Dēng zhǎn wō 70人，龙池塘西南1公里。村处窝地，形似灯盏，故名。

郑家坪 Zhèng jiā píng 8人，龙池

塘东南950米。

杨家塆 Yáng jiā wān 30人，龙池塘东南1.5公里。

【新开塆大队】 Xīn kāi wān dà duì 500人，驻榨坊，沐抚集镇西偏北4.8公里。原名前山大队，1981年9月1日按地片名更名为新开塆大队。辖5个生产队，12个自然村，105户，489人，耕地面积1140亩。主产玉米、薯类，特产生漆，当归。

榨坊 Zhà fáng 40人，大队驻地，位于沐抚集镇西偏北4.8公里。此村原设过油榨坊，故名。

河坪 Hé píng 40人，位于榨坊北偏东1.8公里。村处坪地，有条小河穿流，故名。

文家槽 Wén jiā cáo 40人，榨坊西北2.5公里。

麻柳塆 Má liǔ wān 10人，榨坊西北1.65公里。村处山塆，生长有大麻柳树，故名。

黄金锣 Huáng jīn luó 20人，榨坊东北1.9公里。相传村中早年发掘出1面铜锣，故名。

后塆 Hòu wān 30人，榨坊东北2公里。村处后山塆，故名。

洒金坡 Sǎ jīn pō 20人，榨坊东北1.2公里。村处坡地，有一岩石呈金色，故名。

党参塆 Dǎng shēn wān 10人，榨坊西北800米。村处山塆，盛产党参，故名。

店子上 Diàn zǐ shàng 20人，榨坊东偏北1公里。村中原开过盐店，故名。

庄屋坪 Zhuāng wū píng 8人，榨坊坪西偏南1公里。村处坪地，早年人们建村庄修屋落业，故名。

白果坪 Bái guǒ píng 20人，榨坊西南1.15公里。村处坪地，原生长有棵大白果树，故名。

炒米阡 Chǎo mǐ qiān 40人，榨坊西南3公里。村处岩上，产小谷，炒后有米粒大，故名。

阳坡 Yáng pō 30人，(片村)，包括庄屋坪、党参塆、麻柳塆3个自然村，面积约1000亩。村处坡地，向阳，故名，

新开塆 Xīn kāi wān 200人，(片村)，包括榨坊、白果坪2个自然村，面积约1平方公里。村处山塆，早有闻、吴、郭、聂4姓在此开新田，故名。

【安乐坪大队】 An lè píng dà duì 251户，1237人，驻安乐坪，位于沐抚集镇西偏北3.3公里。原为前山公社一大队，1975年按驻地名改为安乐坪大队。辖10个生产队，13个自然村，耕地面积1907亩。主产玉米、薯类，特产党参、白肋烟、漆。

安乐坪 An lè píng 70人，大队驻地，位于沐抚集镇西偏北3.3公里。村处坪地，求安乐富裕，故名。

码料溪 Mǎ liào xī 130人，位于安乐坪东北2.3公里。村处小溪边，常堆码木料，故名。

鸭子塃 Yā zǐ tǎng 60人，安乐坪东北1.25公里。村处塃地，相传有人埋死人时，曾挖出一对金鸭子，故名。

尸场坪 Shī chǎng píng 30人，安乐坪西南300米。村处坪地，早年在此验过死尸，故名。

朝阳塆 Cháo yáng wān 30人，安乐坪东南600米。村处山塆，向阳，故名。

二台上 Er tái shàng 90人，安乐坪西南900米。村处七峰岭东南坡第二台地上，故名。

新房子 Xīn fáng zǐ 40人，安乐坪西南1.85公里。村中早年一大户人家兴建新房，故名。

茅田 Máo tián 40人，安乐坪西南2.9公里。村民将茅草砍去，开垦出良田，故名。

小长槽 Xiǎo cháng cáo 40人，安乐坪南偏东1.85公里。

尹家塆 Yǐn jiā wān 30人，安乐坪西南3.1公里。

老房子 Lǎo fáng zǐ 50人，安乐坪西南3.05公里。因村中有一老屋，故名。

慈竹窝 Cí zhú wō 40人，安乐坪西南3.55公里。村处窝垱，原慈竹茂盛，故名。

牛角塆 Niú jiǎo wān 20人，安乐坪南偏西3.5公里。村处山塆，形似牛角，故名。

【枫香大队】 Fēng xiāng dà duì 255户，1133人，驻枫香坪，位于沐抚集镇西南1.5公里。原为营上公社二大队，1975年按驻地名称改名为枫香大队。辖8个生产队，6个自然村，耕地面积1930亩。主产玉米、马铃薯，特产生漆。

枫香坪 Fēng xiāng píng 40人，位于沐抚集镇西南1.5公里。村中原生长有棵大枫香树，故名。

大碥寨 Dà biǎn zhài 50人，位于枫香坪西偏南750米。村内有块倾斜的山石，称碥石，故名。

漆树坡 Qī shù pō 40人，枫香坪南偏西700米。村处坡地，漆树成林，故名。

倒灌水 Dào guàn shuǐ 90人，枫香坪西南2公里。村处槽地，流水倒灌，故名。

下草坝 Xià cǎo bà 50人，枫香坪南偏西1.65公里。村处枫香坪下，茅草丛生，故名。

小明岩 Xiǎo míng yán 19人，枫香坪西南2.3公里。村中有一岩石光滑明亮，故名。

【木楠大队】 Mù nán dà duì 280户，1182人，驻木楠坝，位于沐抚集镇东偏南3.65公里。原为木贡公社四大队，1975年按驻地名称改为木楠大队。辖6个生产队，8个自然村，耕地面积2244亩。主产玉米、薯类，特产生漆。

木楠坝 Mù nán bà 150人，大队驻地，泣于沐抚集镇东偏南3.65公里。村处坪地，长有很多楠木树，故名。

梭岩 Suō yán 70人，位于木楠坝东北2.1公里，村边山坡常往下梭岩石，故名。

黄柏园 Huáng bǎi yuán 60人，木楠坝东偏北1.1公里。村中原长有许多黄柏树，故名。

萝卜垱 Luó bo tǎng 40人，木椎坝东北1.7公里。村处垱地，产糖萝卜，故名。

水沟 Shuǐ gōu 110人，木楠坝东北700米。

长槽口 Cháng cáo kǒu 40人，木楠坝西偏北950米。

堰塘坪 Yàn táng píng 150人，木楠坝南偏西950米。村中坪地，有一天生塘堰，故名。

白鸽笼 Bái gē lóng 190人，木楠坝东南1.15公里。相传，向家在此建房时，曾挖出了1对白鸽，故名。

【营上大队】 Yíng shàng dà duì 373户，1592人，驻营上，位于沐抚集镇南偏东2.1公里。原为营上公社一大队，1975年按驻地名称改为营上大队。辖13个生产队，11个自然村，耕地面积2350亩，其中水田782亩。主产玉米、水稻，特产白肋烟。

营上 Yíng shàng 180人，大队驻地，位于沐抚集镇南偏东2.1公里。相传，早年有支“神兵”在此村扎过营盘，故名。

长堰塘 Cháng yàn táng 23人，位于营上东北2.85公里2村处窝地，形似矩形堰塘，故名。

马何坪 Mǎ hé píng 10人，营上东北2

公里。因马、何二姓居住得名。

水井塆 Shuǐ jǐng wān 30人，营上东北2.45公里，村处山塆，有一天然水井，故名。

中村 Zhōng cūn 90人，营上北偏东1公里。此村居营上、沐抚集镇中间，故名。

白果坡 Bái guǒ pō 100人，营上北偏东750米，村处坡地，原生长有大白果树，故名。

拦山沟 Lán shān gōu 25人，营上东北750米，村前有条山沟，故名。

高家田 Gāo jiā tián 70人，营上西北300米。

大石包 Dà shí bāo 90人，营上东北150米。

院子 Yuàn zǐ 60人，营上西偏南200米。村中有栋大四合院，故名。

大路坪 Dà lù píng 10人，营上南偏西850米。村处坪地，营上至木贡的大路由此穿过，故名。

【云龙大队】 Yún lóng dà duì 265户，1097人，驻云龙桥，位于沐抚集镇南偏西2.55公里。原为营上公社四大队，1975年按地片名改为云龙大队。辖10个生产队，5个自然村，耕地面积1477亩，其中水田599亩。主产玉米、水稻，特产白肋烟。

高岭 Gāo lǐng 210人，云龙桥北偏东1.7公里。

龙池 Lóng chí 210人，云龙桥北偏西1.4公里。村中原有一水池，传说出蛟龙，故名。

余家院子 Yú jiā yuàn zǐ 60人，云龙桥北偏西700米。

沙子坝 Shā zǐ bà 40人，云龙桥西南450米。村处坪坝，泥沙、石子遍地，故名。

岩上 Yán shàng 220人，云龙桥南偏东600米。村处岩顶，故名。

【高台大队】 Gāo tái dà duì 400户，1745人，驻槽坊，位于沐抚集镇东南5.3公里。原为高台公社三大队，1975年按地片名改为高台大队。辖12个生产队，11个自然村，耕地面积3167亩，其中水田1089亩。主产水稻、玉米。特产生漆。

槽坊 Cáo fáng 70人，位于沐抚集镇东南5.3公里。村中原开过酒槽坊，故名。

高岩 Gāo yán 70人，位于槽坊东北2.55公里。

大石塘 Dà shí táng 60人，槽坊北偏东2公里。村中水塘中有一大石头，故名。

野东海 Yě dōng hǎi 40人，槽坊东北2.05公里。村居沐抚集镇之东，原森林茂密，野兽成群，住有海姓人户，故名。

堰头溪 Yàn tóu xī 100人，槽坊北偏西1.3公里。村居溪头，故名。

小塆 Xiǎo wan 120人，槽坊北350米。

上村 Shàng cūn 170人，槽坊东偏北900米。村居别村之上，故名。

草坝 Cǎo bà 50人，槽坊西偏南500米。村处坝地，牧草丰富，故名。

高台阡 Gāo tái qiān 70人，槽坊西南250米。村处高岩地，故名。

中村 Zhōng cūn 160人，槽坊东南1.2公里。村居上村和老村之间，故名。

六房 Liù fáng 90人，槽坊东南1.05公里。村中向氏人家，有6个儿子，分家后各得一房，故名。

【团井大队】 Tuán jǐng dà duì 193户，851人，驻团井，位于沐抚集镇东南7.35公里。原为高台二大队，后为团结大队，1981年9月1日按驻地名称更名为团井大队。辖9个生产队，7个自然村，耕地面积1865亩，其中水田353亩，主产玉米、水稻、特产生漆。

团井 Tuán jǐng 10人，位于沐抚

集镇东南7.35公里。村中有一圆形水田，形似水井，故名。

月壁　Yuè bì　33人，位于团井北偏西1.7公里。村旁有一绝壁，状似弯月，故名。

道子地　Dào zǐ dì　30人，团井北偏东700米。村处坪地，原是考试秀才的跑马场，故名。

二台坪　Er tái píng　50人，团井东南1.2公里。村居台地，故名。

老村　Lǎo cūn　80人，团井1公里。村建甚早，故名。

老屋　Lǎo wū　50人，团井南偏东，此村一屋建筑甚早，故名。

菖蒲阡　Chāng pú qiān 40人，团井南偏西1公里。此地原盛产菖蒲(药材)，故名。

【梨树大队】　Lí shù dà duì　233户，1022人，驻沙坝，位于沐抚集镇东南4.6公里。原为木贡公社三大队，1975年按地片名改为梨树大队。辖7个生产队，7个自然村，耕地面积1402亩，其中水田594亩。主产玉米、水稻，特产生漆。

沙坝　Shā bà　40人，沐抚集镇东南4.6公里。村处沙坝，故名。

马家坪　Mǎ jiā píng　30人，位于沙坝北偏西1.5公里。

社堂坪　Shè táng píng　50人，沙坝西北1.6公里。

东香树坪　Dōng xiāng shù píng　40人，沙坝东北700米。村处坪地，生长有许多香树(柏树)，故名。

梨树坪　Lí shù píng　40人，沙坝西偏北1.1公里。村里梨树多，故名。

西香树坪　Xī xiāng shù píng　60人，沙坝西偏南700米。村处坪地，香树(柏树)多，故名。

店子上　Diàn zǐ shàng　50人，沙坝西偏南750米。村中原开过客店，故名。

【木贡大队】　Mù gòng dà duì　273户，1208人，驻木贡，位于沐抚集镇东南3.95公里。原木贡公社二大队，1975年按驻地名改为木贡大队。辖8个生产队，7个自然村，耕地面积1301亩，其中水田353亩。主产玉米、水稻，特产白肋烟。

木　贡　Mù gòng　50人，大队驻地，位于沐抚集镇东南3.95公里。在明朝崇祯年间，当地头领以木材进贡朝廷，故名。

青岩塆　Qīng yán wān　40人，位于木贡西北1.1公里。村处山塆，青岩石多，故名。

水头上　Shuǐ tóu shàng　30人，木贡西偏北250米。因溪水发源于村头，故名。

新街　Xīn jiē　160人，木贡东南250米。村中小街建于木贡之后，相对而言较新，故名。

七渡　Qī dù　147人，木贡西偏南1.2公里。村中最早住户从七渡河边迁来，为恋旧地，故名。

陈家塆　Chén jiā wān　20人，木贡西南1.15公里。

城墙沟　Chéng qiáng gōu　40人，木贡西南1.45公里。村周一小水沟，杂草灌木丛生，好似城墙，故名。

【七渡农科站】　Qī dù nóng kē zhàn　62户，277人，位于沐抚集镇南偏东3.7公里。原名沐抚公社农科站，1981年9月1日更名为七渡河农科站。辖2个生产队，2个自然村，耕地面积366亩，其中水田16亩。主产玉米、油菜籽，特产白肋烟。

后槽　Hòu cáo　60人，位于七渡农科站东北500米。村处槽地，居祖坟坝山后，故名。

祖坟坝　Zǔ fén bà　200人，位于七渡农科站西偏南400米。村处坪坝，埋有易姓祖坟，故名。

【麦李大队】　Mài lǐ dà duì　150户，689人，驻大树子，位于沐抚集镇西南

4.8公里。原名百里村大队，1981年9月1日按驻地名称更名为麦李大队。辖6个生产队，6个自然村，耕地面积1199亩。主产玉米、薯类，特产白肋烟。

大树子 Dà shù zǐ 52人，大队驻地，位于沐抚集镇西南4.8公里。村中原生长有棵大青桐树，故名。

麦李村 Mài lǐ cūn 70人，位于大树子西北650米。村中原盛产麦李(李子)，故名。

杀牛洞 Shā niú dòng 20人，大树子西偏北1.2公里。村中有一山洞，原是杀牛的场所，故名。

黄豆坪 Huáng dòu píng 50人，大树子南偏东450米。村里盛产黄豆，故名。

两叉河 Liǎng chā hé 40人，大树子东南1.2公里。村处云龙河与雪罩河交汇处，故名。

【河塘大队】 Hé táng dà duì 292户，129人，驻沙塆阡，位于沐抚集镇东南5.8公里。原为高台公社一大队，1975年按地片名改名为河塘大队。辖16个生产队，13个自然村，耕地面积2089亩，其中水田675亩。主产玉米、水稻，特产白肋烟。

沙塆阡 Shā wān qiān 120人，大队驻地，位于沐抚集镇东南5.8公里。

方家老屋 Fāng jiā lǎo wū 70人，沙塆阡北偏东900米。

漆树坡 Qī shù pō 30人，沙塆阡西偏北1公里。村处坡地，漆树成林，故名。

河塘 Hé táng 90人，沙塆阡东偏北400米。村处云龙河边，有口大水塘，故名。

岩上 Yán shàng 30人，沙塆阡西1.2公里。村处山岩上，故名。

大步龙 Dà bù lóng 70人，沙塆阡东偏南1.3公里。山形似龙，故名。

包上 Bāo shàng 30人，沙塆阡东偏南1.8公里。村在山包上，故名。

冉家坪 Rǎn jiā píng 50人，沙塆阡西偏南750米。

竹基坝 Zhú jī bà 110人，沙塆阡西南550米。村处坪坝，产竹，故名 。

黄家塆 Huáng jiā wān 80人，沙坞阡西南950米。

塆 里 Wān lǐ 30人，沙塆阡东南1.2公里。以地形命名。

范家山 Fàn jiā shān 70人，沙塆阡西南1公里。

竹园坪 Zhú yuán píng 70人，沙塆阡东南1.6公里。村处坪地，竹林茂密，故名。

漆树坡 Qī shù pō 片村，位于沙塆阡西偏北1公里。包括冉家坪、方家老屋、漆树坡3个自然村，而积约2000亩，特产生漆。

【堰塘大队】 Yàn táng dà duì 289户，1307人，驻大堰塘，位于沐抚集镇南偏东4.6公里。原为木贡公社一大队，1975年按驻地名改为堰塘大队。辖11个生产队，10个自然村，耕地面积1682亩，其中水田有529亩。主产玉米、水稻，特产白肋烟。

大堰塘 Dà yàn táng 70人，大队驻地，位于沐抚集镇南偏东4.6公里。村中原有一天然堰塘，故名。

枣树坪 Zǎo shù píng 90人，位于大堰塘东北300米。村处坪地，原生长有棵大枣树，故名。

高龙门 Gāo lóng mén 30人，大堰塘东北900米。村处高地，有岩石状似龙门，故名。

矮龙门 Ai lóng mén 110人，大堰塘东偏南800米。村处高龙门下，故名。

窝垱 Wō tǎng 50人，大堰塘西偏南1.1公里。

宋家营 Sòng jiā yíng 140人，大堰塘东南550米。

易家塆 Yì jiā wān 170人，大堰塘

850米。

瓦子坪 Wǎ zǐ píng 90人，大堰塘南偏西900米。

母猪笼 Mǔ zhū lóng 20人，大堰塘东南1.5公里。早年此地野猪多，故名。

耙子埫 Pá zǐ tǎng 14人，大堰塘南偏西1.3公里。村处埫地，形似钉耙，故名。

【搬木水大队】 Bān mù shuǐ dà duì 184户，742人，驻搬木水，位于沐抚集镇南偏西4.4公里。原为营上公社五大队，1975年按驻地名称改为搬木水大队。辖12个生产队，10个自然村，耕地面积1281亩，其中水田173亩。主产玉米、薯类、水稻，特产白肋烟。

搬木水 Bān mù shuǐ 50人，大队驻地，位于沐抚集镇南偏西4.4公里。相传，有位老人在此挖树蔸，当把树蔸搬走后，冒出一股泉水，故名。

椿树塆 Chūn shù wān 30人，位于搬木水北偏东500米。村处山塆，椿树多，故名。

上街 Shàng jiē 70人，搬木水偏东300米。村中有条小街，故名。

龙山坪 Lóng shān píng 30人，搬木水东偏北550米。旁有一山形如龙，故名。

梁子上 Liáng zǐ shàng 40人，搬木水西偏北650米。村处山梁上，故名。

下街 Xià jiē 70人，搬木水西偏南250米。村中有条小街，居上街之下，故名。

石槽门 Shí cáo mén 30人，搬木水东南300米。村边有座门形的大石槽，故名。

大河遍 Dà hé biàn 60人，搬木水西南1.2公里。故名。

寨塆 Zhài wān 60人，搬木水南偏西1.6公里。村处山塆，似山寨，故名。

水竹园 Shuǐ zhú yuán 30人，搬木水西南2.1公里。村中盛产水竹，故名。

熊 家 公 社 概 况

XIONG JIA GONG SHE GAI KUANG

熊家公社位于恩施县城的东北方，公社驻地熊家岩距恩施城21.5公里。东与鸦鹊公社毗邻，南与东南与三岔、七里公社交界，西与龙凤公社相连，北与白杨坪公社接壤。全社总面积106.54平方公里，东西长约18公里，南北宽14公里。

熊家公社在辛亥革命时建政设乡，名熊家乡，属恩施县第一区管辖，区公所亦设于此。解放初期属第二区(龙凤)所辖。1958年成立白杨人民公社时，为熊家管理区，1961年又改管理区为公社，隶属白杨区所辖，1975年撤区并社时，将龙凤的大转拐、花石板大队和原白杨公社的5个管理区划归熊家公社，辖22个生产大队，1个农科站，205个生产队，224个自然村，总户数5084户，总人口24086人，其中农业人口23483人，土家族占20.27%。

熊家公社地处低山、二高山，低山占61.9%，二高山占30.1%，平均海拔800米，整个地势是东南高，西北低，最高点是马放岭，海拔1174.2米，最低点在南里渡河边海拔418.8米。公社境内，山峰起伏不大，山坡较平缓，无数山包交错其间，绵亘不断。多为东北至西南走向，石灰岩中夹杂有红砂岩。农田多坡田、槽坝田，土壤均为红砂土和紫色土。

该社气温垂直变化显著，深沟河边，气候温和湿润，山顶平坝雾大风多，春夏秋冬四季分明，但夏季稍短于冬季。年平均气温12.8℃，最冷月1月平均气温1℃，最热月7月平均气温25℃，无霜期长达266天，年降雨量1247毫米，干湿度为16.5毫巴。

熊家公社境内，有2条较大的河流和一股泉水。长坝河发源于白杨坪公社境内，流经熊家公社麻竹园、沈金、淹水坝、石磙埫农科站、鲁竹坝5个大队，在鲁竹坝大队入洞后汇入湾塘河，全长10公里，为常流河，流量0.2立方米／秒。另一条马家河，发源于三岔公社的楠木沟，流经大宝坪、洞下槽、羊角坝、红砂坡、桥头坝五个大队，在桥头坝入洞后成伏流。流量0.2立方米／秒，全长13.5公里。此外在蒿枝埫，长春、响板溪3个大队交界的盘龙沟，有一股0.1秒/立方米的泉水。解放前任其流失，无所利用。1971年1月在盘龙沟中段动工兴建响板水库，于1977年1月竣工，容量360万立方米，并设有坝后式电站1座，装机容量为150千瓦，使20%的大队点上了电灯。还修建了10多公里长的响板水库渠道，保证了上千亩农田的灌溉，同时利用水面放养了20万尾鱼，使水库发挥了蓄水、防洪、灌溉、发电、养殖的综合效益。

熊家公社充分发挥全社优势，因地制宜地发展农业生产和多种经济，使全社面貌焕然一新。全社共有耕地面积33034亩，其中水田5850亩，旱地27184亩，有林面积(包括幼林、疏林地)达83000亩。主要农作物有玉米、洋芋、水稻、小麦、油菜。1981年粮食总产达到1647.31万斤。总收入达256.17万元。经济作物有油桐、乌桕、茶叶以及棕片、烟叶等。尤以油桐、乌桕突出，是恩施县桐、木油的主要产区。近几年根据土壤普查的资料证明熊家公社可大力发展茶叶生长，茶叶年产已达11974斤。

该公社交通便利，公路四通八达，公社境内有2条干线公路穿过，一条巴(东)一石(门坎)公路，从双耳洞入境到枷档塆出境，贯穿公社石磙堉、董家店、淹水坝、鲁竹坝、白岩头、黑林坝 6 个大队（站），长约 12 公里。另一条汉(口)—渔(泉口)公路从张家台入境至吉心场出境，贯连张家槽、桥头坝、红砂坡、熊家岩、羊角坝、獐角坝、大转拐 7 个大队，28.5 公里。同时在公社境内，还修筑了 140 多公里的简易公路，使全社 96%的大队通了车。

熊家公社合理利用本地资源，发展社办企业，办有煤厂、茶场，综合加工厂及电站、拖拉机站等 7 个企业单位。全社总产值达 16.5 万元。农业机械也有发展，现有中型拖拉机 6 台，手扶拖拉机 14 台，以及加工动力机械 46 台，总计约 913 马力。

该公社在文化、教育、卫生事业上同样发展很快。公社有文化站、电影队，有 1 座能容 800 名观众的电影院，公社经常开展群众性的文化活动，大大活跃了农村人民群众的文化生活。解放初期，这里只有 1 所完小，现已发展到 29 所学校，其中 6 所小学附设有初中班，1979 年在校学生达 6800 人，其中高中学生 400 人，初中 1200 人，小学 5200 人。有公社卫生院 1 所，21 个大队设立了卫生室，对防病治病和人民的健康起了很大作用。

公社驻地——熊家岩，已逐步发展成为一个完整的山村集镇，现有 2 条街道。公社机关大楼位于东南小山岗平台上，供销社百货、副食、生资等门市部以及银行、税务所、粮店相对而立，每逢农历一、六为场期，人们从四面八方汇集于此，购买生产生活物质，出售各种农副产品。熊家岩已成为熊家公社政治、经济、文化、交通的中心。

熊家公社行政区划、居民点名称

熊家岩集镇 Xióng jiā yán jí zhèn 位于恩施县城东北21.5公里，汉(口)—鱼(泉口)公路601公里右侧山坡上，系熊家公社驻地。

熊家岩集镇地处二高山，海拔820米，石灰岩地质构造，南北宽500米，东西长400米，总面积0.2平方公里，734人，其中非农业人口200人。集镇坐落在山冈上，四周无大山遮挡，视野开阔，纵观千里。东与青草山隔河相望，北连楠木坡，西南两面是连绵的小山包，汉(口)—渔(泉口)公路自西南折东傍境通过。熊家岩至鲁竹坝的简易公路横贯该镇，东与汉渔公路，西与巴(东)—石(门坎)路连接起来，交通极为便利。

熊家岩集镇早期是朱氏人家在此垦荒落居，后逐步发展形成集市，已有100多年的历史了。熊家岩原名"雄甲岩"，相传在老街头曾立有石碑(现已无存)，其源意是：街头上有一块大石头，表面粗糙，形状像龙身上的鳞甲，气势雄壮，令人叹服，故得名"雄甲岩"。在辛亥革命建政设乡时，认为原名不文雅，就取其谐音，定名为"熊家乡"，年长日久人们也就惯称为熊家岩了，并沿用至今。

熊家岩集镇原隶属于恩施县第一区熊家乡，国民党区公所曾设于此。解放后(1950年)仍为熊家乡。1958年为白杨公社熊家管理区，1980年为白杨区熊家公社，1975年撤区并社时，仍为熊家公社驻地。

熊家岩集镇现有新老街各1条。老街历经百年，饱经风霜，但房屋、街道基本完整。街道呈南北走向，房屋依山坡而建，栉比鳞次，象一级级阶梯沿坡而上，街长50米，宽4米，石板街面。整个街道共分八台，每台8～12平方米不等，台与台之间又有石梯6～15级上下相连。房屋为石基木柱结构，宽屋檐，亮一柱，供避雨、摆货摊之用。1938年时集镇上居住有20多户人家，是恩施城通宜昌的骡马大道必经之地，俗称北大路。来往客商、官人军队、运货骡马频繁。本地的桐、茶、漆、贝母等土特产品和下江的花纱布匹、香烟、火柴等日用百货都从此进出口。街上原有7家栈房，供南来北往的客人食宿，最大的一家可住百余人。每逢农历三、六、九为场期，集市颇为热闹，据说上市肉摊就达20多个。此外戏班子常来搭台唱戏，上演京剧、汉剧、南剧。增加了集镇热烈的气氛。后因巴(东)—石(门坎)公路通车(1937年)，昔日盛况日渐衰退。

1975年撤区并社后，熊家岩集镇另建新街，呈东西北走向，泥石路面，长400米，宽10米。新街东南头与汉渔公路相通，供销社收购，油盐门市部建于简易公路的左侧。新街中心地带有拖拉机站、综合厂、百货、副食、生资门市部与粮店、银行、财政所、餐馆相对而立，房屋均为砖石结构1975年场期恢复，现逢农历一、六赶场，集市贸易集中在供销社门前一块约600平方米的平地上。场上出售的有玉米、大米、黄豆、洋芋等粮食作物和茶叶、烟叶、桐油等土特产品，另有猪羊肉、鸡鸭蛋、活猪仔、鸡、蔬菜、木柴等出卖。

集镇中心的东南面约150米是公社管委会大楼，楼前有宽平的篮球场，公社卫生院位于球场南面坡上，球场东面坎下是公社广播站和可容800名观众的电影院。公社邮电所位于汉(口)—渔(泉口)公路边，公社中学坐落在集镇南面的山头上。

【熊家大队】 Xióng jiā dà duì 198户，926人，驻屋场坪，汉(口)—渔(泉

口)公路601公里，原名楠木大队，1975多年撤区并社后，按所属公社更名为熊家大队。辖8个生产队，6个自然村。耕地面积1147亩，其中水田128亩。主产玉米、薯类，特产桐、木油、漆、茶叶。

屋场坪 Wū chǎng píng 23人，大队驻地，汉(口)—渔(泉口)公路601公里处。村处坪地，屋场大，故名。

大天池 Dà tiān chí 40人，熊家岩北偏东2.6公里。村口有两个天然大池塘，故名。

牛栏坪 Niú lán píng 70人，熊家岩东北2.6公里。村处坪地，传说从外地跑来一头牛，被郑家收养，故名牛来坪，后讹称牛栏坪。

梨子树坪 Lí zǐ shù píng 20人，熊家岩北1.2公里。此坪中有棵大梨子树，故名。

朱家屋场 Zhū jiā wū chǎng 50人，熊家岩西北800米。

道子槽 Dào zi cáo 18人，熊家岩西南600米。村处槽地，原有跑马的道子，故名。

【麻竹园大队】 Má zhú yuán dà duì 303户，1474人，驻麻竹园，位于熊家岩集镇北6.5公里。原名正光大队，1981年9月1日更名为麻竹园大队。辖13个生产队，13个自然村。耕地面积2166亩，其中水田583亩。主产玉米、小麦、水稻、薯类，特产桐、木油。

麻竹园 Má zhú yuán 40人，大队驻地，位于熊家岩集镇北6.5公里。此村原有片竹林，叶子上麻点子多，故名。

秦家梁子 Qín jiā liáng zǐ 20人，麻竹园东南700米。

上插桩 Shàng chā zhuāng 50人，麻竹园西南1.4公里。来此落户的人以插桩为界，此村在插桩上，故名。

陈家屋场 Chén jiā wū chǎng 20人，麻竹园西南1.1公里.

田家塆 Tián jiā wān 40人，麻竹园东南1公里。

下麻竹园 Xià má zhú yuán 25人，麻竹园南550米。村处麻竹园下方，故名。

龚家屋场 Gōng jiā wū chǎng 20人，麻竹园西南900米。

村坊 Cūn fáng 50人，麻竹园西南1.3公里。此村人户集中，故名。

屈家塆 Qū jiā wān 30人，麻竹园南950米。

凉水井 Liáng shuǐ jǐng 20人，麻竹园西南1.2公里。村中有口凉水井而名。

下插桩 Xià chā zhuāng 30人，麻竹园南1.7公里。来此落户的人以插桩为界，村处插桩下，故名。

于家榜 Yú jiā bǎng 20人，麻竹园南1.25公里。

岩上 Yán shàng 35人，麻竹园西南1.7公里。村处岩上，故名。

【董家店大队】 Dǒng jiā diàn dà duì 202户，906人，驻董家店，位于熊家岩集镇西北6.3公里。原名金华大队，1981年9月1日更名为董家店大队。辖7个生产队，8个自然村，耕地面积1118亩，其中水田186亩。主产玉米、薯类、水稻，特产桐、木油。

董家店 Dǒng jiā diàn 80人，大队驻地，熊家岩集镇西北6.3公里。

谌家坡 Chén jiā pō 30人，董家店北400米。

堰塘塆 Yàn táng wān 20人，董家店东550米。村处山塆，有口堰塘，故名。

苏家老屋 Sū jiā lǎo wū 35人，董家店西南400米。

天星桥 Tiān xīng qiáo 18人，董家店西南1.75公里。此地有块大岩石，中间穿眼，上为人行道，故名。

南山寺 Nán shān sì 50人，董家店

西南 12.5 公里。村中建过庙，名南山寺，村名借用。

林口河 Lín kǒu hé 60 人，董家唐南 900 米。此村原森林茂密，有条小河经此山口，故名。

长槽河 Cháng cáo hé 25 人，董家店西南 1.5 公里。村处山槽，有条小河，故名。

【大竹园大队】 Dà zhú yuán dà duì 265 户，1261 人，驻大竹园，位于熊家岩集镇西北 7.1 公里。原名双河大队，1981 年 9 月 1 日更名为大竹园大队。辖 12 个生产队，14 个自然村，耕地面积 1524 亩，其中水田 83 亩。主产玉米、小麦、薯类，特产桐、木油。

大竹园 Dà zhú yuán 20 人，大队驻地，位于熊家岩集镇西北 7.1 公里。此村有片大竹林，故名。

百丈园 Bǎi zhàng yuán 20 人，大竹园北 800 米。从黄刘塆到此村有“十箭远”，古时“一箭”为 10 丈，故名。

东边槽 Dōng biān cáo 20 人，大竹园东北 1 公里。村处槽地，靠东边，故名。

黄刘塆 Huáng liú wān 50 人，大竹园东北 1.5 公里。

何家塆 Hé jiā wān 70 人，大竹园西北 500 米。

长岭山 Cháng lǐng shān 30 人，大竹园东北 550 米。此山岭较长，故名。

陈家塆 Chén jiā wān 40 人，大竹园东 2 公里。

水井塆 Shuǐ jǐng wān 45 人，大竹园东南 700 米。此塆有口水井而得名。

孙家塆 Sūn jiā wān 22 人，大竹园西南 550 米。

大坑 Dà kēng 20 人，大竹园东南 1 公里。村外有个大窝坑，故名。

猫子洞 Māo zǐ dòng 7 人，大竹园东南 1.4 公里。此洞口形状像猫子头，故名。

双鹿池 Shuāng lù chí 23 人，大竹园东南 900 米。村中有口水池，传说有对鹿常到池边饮水，故名。

绿池塘 Lǜ chí táng 70 人，大竹园东南 1.4 公里。村中有口池塘，水绿色，故名。

田家塆 Tián jiā wān 60 人，大竹园西南 1 公里。

【淹水坝大队】 Yān shuǐ bà dà duì 235 户，1111 人，驻赵家屋场，位于熊家岩集镇西北 5 公里。原名五星大队，1981 年 9 月 1 日更名为淹水坝大队。辖 9 个生产队，9 个自然村，耕地面积 1987 亩，其中水田 400 亩。主产玉米、水稻，特产桐、木油、茶叶。

赵家屋场 Zhào jiā wū chǎng 35 人，大队驻地，位于熊家岩集镇西北 5 公里。

团房垭 Tuán fáng ya 38 人，赵家屋场北 800 米。村处垭口，以前住过部队，故名。

易家槽 Yì jiā cáo 60 人，赵家屋场东北 1.1 公里。

核桃塆 Hé táo wān 50 人，赵家屋场东北 550 米。此塆有棵大核桃树，故名。

淹水坝 Yān shuǐ bà 20 人，赵家屋场南 450 米。此坝常遭水淹，故名。

熊家塆 Xióng jiā wān 100 人，赵家屋场南 600 米。

老新街 Lǎo xīn jiē 98 人，赵家屋场东南 1.5 公里。此村有条街建在鲁竹坝街之前，故名。

茅坡 Máo pō 40 人，赵家屋场南 1.5 公里。此坡茅草多，故名。

陈家塆 Chén jiā wān 17 人，赵家屋场北 1.9 公里。

五龙口 Wǔ lóng kǒu 赵家屋场南

1.5公里。此地有5座小山，形如5条龙，村处龙口，故名。

【沈金大队】 Shěn jīn dà duì 244户，1143人，驻沈金塘，位于熊家岩集镇北3.8公里。1962年取名沈金大队至今。辖9个生产队，7个自然村，耕地面积2021亩，其中水田535亩。主产玉米、水稻，特产茶叶、桐、木油。

沈金塘 Shěn jīn táng 40人，大队驻地，位于熊家岩集镇北3.8公里。此地原为沈家所有，塘内的水在阳光照耀下，金光灿灿，故名。

龙身坡 Lóng shēn pō 38人，沈金塘西北1.2公里。村处坡地，地形似龙身，故名。

石院子 Shí yuàn zi 130人，沈金塘东北1公里。村中砌有石院墙，故名。

三块石 Sān kuài shí 30人，沈金塘西北950米。村旁长坝河中有3块碥石板，故名。

金家岩 Jīn jiā yán 53人，沈金塘东北750米。

白树林 Bái shù lín 80人，沈金塘西南500米。此村有片白树林，故名。

枷档塆 Jiā dàng wān 73人，沈金塘东南750米。村处山塆，形似枷档，故名。

【石磙埫农科站】 Shí gǔn tǎng nóng kē zhàn 44户，219人，驻石磙埫，位于熊家岩集镇西北3.8公里。1978年取名石磙徜农科站。辖2个生产队，3个自然村，耕地面积326亩，其中水田29亩，主产玉米、水稻，特产桐、木油、茶叶。

石磙埫 Shí gǔn tǎng 14人，农科站驻地，位于熊家岩集镇西北3.8公里。村处埫地，有个大石磙，故名。

向家塝 Xiàng jiā bang 60人，石磙埫东北1公里。

余家塝 Yú jiā bàng 石磙埫东北1.6公里。

【白岩头大队】 Bái yán tóu dà duì 257户，1209人，驻大坪，位于熊家岩集镇东北5.3公里。原名先锋大队，1981年9月1日更名为白岩头大队。辖9个生产队，13个自然村，耕地面积1512亩，其中水田110亩。主产玉米、薯类、小麦、油菜，特产桐、木油。

大坪 Dà píng 30人，大队驻地，位于熊家岩集镇东北5.3公里。村中有块大坪地，故名。

油榨头 Yóu zhà tóu 12人，大坪东北1.5公里。此村地形似油榨头而名。

柑子埫 Gān zi tǎng 70人，大坪东北1.7公里。村处埫地，有棵大柑子树，故名。

粑粑山 Bā bā shān 40人，大坪东北1.1公里。村中有两座山，形似一对糍粑，故名。

朱家台子 Zhū jiā tái zi 35人，大坪东北850米。

珍珠庙 Zhēn zhū miào 60人，大坪东北1.7公里。村中原建庙宇，名珍珠庙，村名借用。

堰塘塆 Yàn táng wān 25人，大坪东北400米。此塆内有口堰塘，故名。

宋家槽 Sòng jiā cáo 19人，大坪东1公里。

青林子 Qīng lín zi 60人，大坪西南450米。村中有片青绿树林，故名。

孙家槽 Sūn jiā cáo 100人，大坪南500米。

牛颈项槽 Niú jǐng xiàng cáo 9人，大坪东南1.5公里。村处槽地，形似牛颈项，故名。

骡马店 Luó mǎ diàn 18人，大坪东南1.1公里。此村开过骡马店，故名。

卡簧槽 Kǎ huáng cáo 12人，大坪西南1.7公里。此槽口狭窄，形似卡簧，故名。

【鲁竹坝大队】 Lǔ zhú bà dà duì 189 户，844 人，驻鲁竹坝，位于熊家岩集镇西北 3 公里。原天星大队，1981 年 9 月 1 日更名为鲁竹坝大队。辖 7 个生产队，9 个自然村，耕地面积 984 亩，其中水田 69 亩。主产玉米、薯类，特产茶叶、桐、木油。

鲁竹坝 Lǔ zhú bà　174 人，大队驻地，位于熊家岩集镇西北 3 公里。原此坝生长芦竹，故叫芦竹坝，后惯称鲁竹坝。此地有条街，巴石公路穿街而过，设有学校、粮店、供销、食品等单位。

三岔槽 Sān chà cáo　13 人，鲁竹坝北 1 公里。此槽处三岔路口，故名。

天星桥 Tiān xīng qiáo　60 人，鲁竹坝东北 800 米。村中有一山洞，形似桥梁，洞内有穿孔可见天上星星，故名。

秦家塆 Qín jiā wān　140 人，鲁竹坝东北 1 公里。

落雀岩 Luò què yán　90 人，鲁竹坝西北 500 米。村中岩上，雀鸟常落窝，故名。

茶园坪 Chá yuán píng　19 人，鲁竹坝东北 1.4 公里。村处坪地，茶树多，故名。

后槽 Hòu cáo　14 人，鲁竹坝东南 1 公里。此槽居天星桥后，故名。

严家槽 Yán jiā cáo　123 人，鲁竹坝西南 600 米。

胡家槽 Hú jiā cáo　37 人，鲁竹坝西南 1 公里。

【蒿枝埫大队】 Hāo zhī tǎng dà duì 202 户，980 人，驻蒿枝埫，位于熊家岩集镇东北 6 公里。原名东风大队。1981 年 9 月 1 日更名为蒿枝埫大队。辖 6 个生产队，11 个自然树，耕地面积 1047 亩。主产玉米、薯类，特产生漆、木梓。

蒿枝埫 Hāo zhī tǎng　42 人，大队驻地，位于熊家岩集镇东北 6 公里。村处埫地，蒿枝草多，故名。

甜竹园 Tián zhú yuán　65 人，蒿枝埫北 1.6 公里。村中有块竹林，竹笋味甜，故名。

横槽 Héng cáo　20 人，蒿枝埫西北 900 米。此槽横向而名。

环耳井 Huán ěr jǐng　26 人，蒿枝埫北 500 米。村中水井口似耳环，故名。

解蛟塆 Jiě jiāo wān　30 人，蒿枝埫西北 1.2 公里。村处山塆，传说有条蛟龙，后被大水冲走，故名。

拦山寨 Lán shān zhài　28 人，蒿枝埫东 750 米。村中有栋石院塆屋，形似寨子，故名。

谭家塆 Tán jiā wān　50 人，蒿枝埫西 500 米。

刘家塆 Liú jiā wān　18 人，蒿枝埫西南 700 米。

天池塘 Tiān chí táng　48 人，蒿枝埫西南 1 公里。村中有口天然池塘，故名。

麻园埫 Má yuán tǎng　13 人，蒿枝埫西南 1.8 公里。此埫过去为麻园，故名。

三步岩 Sān bù yán　35 人，蒿枝埫西南 2.5 公里。村中有 3 蹬岩石，形似 3 步阶梯，故名。

【马石坝大队】 Mǎ shí bà dà duì 181 户，873 人，驻韭菜坡，位于熊家岩集镇西北 1.9 公里。原名群英大队，1981 年 9 月 1 日更名为马石坝大队。辖 8 个生产队，10 个自然村，耕地面积 909 亩，其中水田 279 亩。主产水稻、玉米、薯类，特产桐、术油、茶叶。

韭菜坡 Jiǔ cài pō　18 人，大队驻地，位于熊家岩集镇西北 1.9 公里。此坡有 9 块台地，称九台坡，后讹称韭菜坡。

铜盆水 Tóng pén shuǐ　40 人，韭菜坡东北 1.5 公里。传说有人在开水田时挖出过铜盆，故名。

蚂蟥塆 Mǎ huáng wān　40 人，韭菜

坡东北 800 米。此塆水田内蚂蟥多，故名。

谢家岩 Xiè jiā yán 18 人，菜坡东 1.6 公里。故名。

学堂塝 Xué táng bàng 18 人，韭菜坡东南 200 米。此塝上办过学校，故名。

仓屋 Cāng wū 140 人，韭菜坡西南 700 米。村中原有栋大仓屋，故名。

马石坝 Mǎ shí bà 13 人，韭菜坡南 700 米。坝中有块岩石象马，故名。

烂塆 Làn wān 12 人，韭菜坡南 1.1 公里。此塆有几丘烂泥田，故名。

九拐子 Jiǔ guǎi zi 32 人，韭菜坡南 1.4 公里。此村道路弯曲，有 9 道拐，故名。

熊家坡 Xióng jiā pō 30 人，韭菜坡南 1.3 公里。

【桥头坝大队】 Qiáo tóu bà dà duì 215 户，1013 人，驻桥头坝，位于熊家岩集镇东北 3.3 公里。原名前进大队，1981 年 9 月 1 日更名为桥头坝大队。辖 10 个生产队，7 个自然村，耕地面积 1348 亩，其中水田 292 亩。主产玉米、水稻，特产茶叶。

桥头坝 Qiáo tóu bà 275 人，大队驻地，位于熊家岩集镇东北 3.3 公里。村处坪坝，村头有座石拱桥，故名。

鳝孔坝 Shàn kǒng bà 80 人，桥头坝北 1.6 公里。此坝中有个消水孔象鳝鱼洞，故名。

瓦厂 Wǎ chǎng 78 人，桥头坝北 1.3 公里。村中办过瓦厂，故名。

三里坡 Sān lǐ pō 40 人，桥头坝东北 1.5 公里。村处坡地，从桥头坝到此村有 3 里路，故名。

大黑沟 Dà hēi gōu 35 人，桥头坝西北 1.3 公里。此沟光线暗，故名。

赵家坪 Zhào jiā píng 30 人，桥头坝北 900 米。

大垭门 Dà yā mén 30 人，桥头坝北 500 米。此垭口有座楼门，故名。

鹰子岩 Yīng zǐ yán 50 人，桥头坝西北 300 米。此岩上常有老鹰栖息，故名。

【张家槽大队】 Zhāng jiā cáo dà duì 222 户，1026 人，驻太阳塆，位于熊家岩集镇东北 7 公里。原名祥丰大队，1981 年 9 月 1 日更名为张家槽大队。辖 7 个生产队，11 个自然村，耕地面积 1386 亩，其中水田 60 亩。主产玉米、薯类，特产生漆、木梓。

太阳塆 Tài yáng wān 67 人，大队驻地，位于熊家岩集镇东北 7 公里。村处山塆，当阳，故名。

三步两道桥 Sān bù liǎng dào qiáo 43 人，太阳塆西北 2.85 公里。村中有 2 座小石桥相邻，跨 3 步即过 2 道桥，故名。

柯家槽 Kē jiā cáo 59 人，太阳塆西北 2.2 公里。

双树门 Shuāng shù mén 25 人，太阳塆东北 2.4 公里，村中有 2 棵大树，形似一扇门，故名。

张家槽 Zhāng jiā cáo 78 人，太阳塆北 850 米。

反面坡 Fǎn miàn pō 16 人，太阳塆东北 1.6 公里。村处山反面坡上，故名。

滕家垭 Téng jiā yā 30 人，太阳塆北 500 米。

胡家槽 Hú jiā cáo 9 人，太阳塆西南 800 米。

鼓风岭 Gǔ fēng lǐng 40 人，太阳塆西 1.6 公里。此岭山包象鼓，岭上风大，故名。

大歇场 Dà xiē chǎng 14 人，太阳塆东南 1 公里。此地开过旅店，来往行人在此歇息，故名。

东扑龙 Dōng pū lóng 123 人，太阳塆西南 800 米。村中有个淹水坝，东面山形似龙扑向坝中，故名。

【黑林坝大队】 Hēi lín bà dà duì 283户，1336人，驻黑林坝，位于熊家岩集镇西北4.5公里。原名红星大队，1981年9月1日更名为黑林坝大队。辖11个生产队，14个自然村，耕地面积1400亩，其中水田13亩。主产玉米、小麦，特产桐、木油、生漆。

黑林坝 Hēi lín bà 95人，大队驻地，位于熊家岩集镇西4.5公里。此坝中原森林茂密，光线黑暗，故名。

穿洞子 Chuān dòng zi 40人，黑林坝西北1.3公里。村中有个穿洞，故名。

朱家大屋场 Zhū jiā dà wū chǎng 90人，黑林坝北700米。

榨屋 Zhà wū 34人，黑林坝东2.1公里。村中有栋榨坊屋，故名。

李家塝 Lǐ jiā bàng 137人，黑林坝西北500米。

黄家塝 Huáng jiā bàng 36人，黑林坝东北600米。

水井垱 Shuǐ jǐng tǎng 25人，黑林坝西1.1公里。村处垱地，有口水井，故名。

白果园 Bái guǒ yuán 70人，黑林坝东2.3公里。村中白果树多，故名。

岩阴垱 Yán yīn tǎng 17人，黑林坝东1.8公里。村处垱地，三面是岩壁遮挡住光线，故名。

麻园槽 Má yuán cáo 50人，黑林坝西1.9公里。此槽过去种植苎麻，故名。

刘家峁子 Liú jiā mǎo zǐ 20人，黑林坝东1.7公里。

瓦厂塆 Wǎ chǎng wān 12人，黑林坝西南2公里。此塆办过瓦厂，故名。

杜家槽 Dù jiā cáo 15人，黑林坝西南1.4公里。

王家槽 Wáng jiā cáo 30人，黑林坝西南700米。

【红砂坡大队】 Hóng shā pō dà duì 174户，794人，驻红砂坡，位于熊家岩集镇东1.9公里。原名红山大队，1981年9月1日更名为红砂坡大队。辖7个生产队，6个自然村，耕地面积1332亩，其中水田350亩。主产玉米、水稻，特产桐、木油、茶叶。

红砂坡 Hóng shā pō 40人，大队驻地，位于熊家岩集镇东1.9公里。此山坡红砂砾多，故名。

桐子园 Tóng zǐ yuán 40人，红砂坡东北800米。此地原桐子树多，故名。

黄家村坊 Huáng jiā cūn fáng 35人，红砂坡西北450米。

锅底坑 Guō dǐ kēng 25人，红砂坡东南650米。此村地形低洼，似锅底形，故名。

白鸡垱 Bái jī tǎng 35人，红砂坂东南1.3公里。传说有只母鸡在垱中生产10个鸡蛋，孵出了10个小鸡，故名。

茶园村 Chá yuán cūn 16人，红砂坡西南1.5公里。此村茶叶树多，故名。

三角坝 Sān jiǎo bà （片村），红砂坡东北300米。包括黄家村坊、桐子园自然村。此坝成三角形而得名。

【花石板大队】 Huā shí bǎn dà duì 236户，1078人，驻黑石槽，位于熊家岩集镇西4.1公里。原名新华大队，1981年9月1日更名为花石板大队。辖10个生产队，11个自然村，耕地面积1130亩。主产玉米、小麦、薯类，特产桐、木油。

黑石槽 Hēi shí cáo 40人，大队驻地，位于熊家岩集镇西4.1公里。此槽内有块大黑石而得名。

竹园坪 Zhú yuán píng 100人，黑石槽东北800米。村处坪地，竹子多，故名。

花石板 Huā shí bǎn 43人，黑石槽西北750米。村中有块石板，上有红白花纹，故名。

大山根 Dà shān gēn 36人，黑石槽东北1.25公里。此村位于大山脚下，故名。

沈家屋场 Shěn jiā wū chǎng 20人，黑石槽东600米。

杨家塆 Yáng jiā wān 20人，黑石槽东600米。

角石板 Jiǎo shí bǎn 6人，黑石槽西1.1公里。村中有块石板像羊角，故名。

冉家槽 Rǎn jiā cáo 35人，黑石槽西南1.6公里。

李家塆 Lǐ jiā wān 30人，黑石槽东南700米。

穿心店 Chuān xīn diàn 50人，黑石槽西南800米。

张家塆 Zhāng jiā wān 18人，黑石槽东南700米。

【獐角坝大队】 Zhāng jiǎo bà dà duì 174户，757人，驻猪蹄坝，位于熊家岩集镇西南1.7公里。原各农乐大队，1981年9月1日更名为獐角坝大队。辖7个生产队，5个自然村，耕地面积906亩，其中水田278亩。主产玉米、水稻，特产茶叶、桐、木油。

猪蹄坝 Zhū tí bà 80人，大队驻地，位于熊家岩西南1.7公里。此坝中有块石头上印有猪蹄脚痕迹，故名。

楠木槽 Nán mù cáo 40人，猪蹄坝西北1.25公里。村处槽地，位于楠木园下方，故名。

楠木园 Nán mù yuán 40人，猪蹄坝北800米。

獐角坝 Zhāng jiǎo bà 76人，猪蹄坝西900米。

三丘田 Sān qiū tián 50人，猪蹄坝东南1公里。村中有3丘大水田，故名。

【响板溪大队】 Xiǎng bǎn xī dà duì 170户，812人，驻响板溪，位于熊家岩集镇东6.3公里。原名胜利大队，1981年9月1日更名为响板溪大队。辖8个生产队，9个自然村，耕地面积1117亩，其中水田24亩。主产玉米、薯类，特产桐油、生漆。

响板溪 Xiǎng bǎn xī 75人，大队驻地，位于熊家岩集镇西北6.3公里。此小溪穿过街心，人们用木板搭跳而过，行走时木板拍打水面发出响声，故名。

干沟 Gān gōu 54人，响板溪北600米。此沟无水，故名。

张家山 Zhāng jiā shān 57人，响板溪西北1.2公里。

玉砂村 Yù shā cūn 48人，响板溪东北1公里。此村产一种黄白色细砂，当地称玉砂，故名。

漆树塆 Qī shù wān 40人，响板溪西800米。此塆生长有棵大漆树，故名。

王家垭 Wáng jiā ya 6人，响板溪西南550米。

重阳树 Chóng yáng shù 30人，响板溪东南900米。村中有2棵大重阳树，故名。

田家岩 Tián jiā yán 35人，响板溪西南2公里。

侯家塆 Hóu jiā wān 90人，响极溪东南1.4公里。

【长春大队】 Cháng chūn dà duì 158户，751人，驻瓦儿岭，位于熊家岩集镇东南3.5公里。1961年取名长春大队。辖9个生产队，8个自然村，耕地面积1143亩。主产玉米、薯类、小麦、油菜，特产生漆。

瓦儿岭 Wǎ ér lǐng 43人，大队驻地，位于熊家岩集镇东南3.3公里。此岭上岩石薄似瓦片儿，故名。

二台坪 Er tái píng 10人，瓦儿岭北2公里。村处第二台坪地上，故名。

拐枣树塆 Guǎi zǎo shù wān 20人，瓦儿岭东北1.75公里。此塆原有棵拐枣树，故名。

二台子 Er tái zi 23人，瓦儿岭西北1公里。村处第二台地上，故名。

马放岭 Mă fáng lĭng 30人，瓦儿岭东北500米。此岭原是放马场，故名。

柿子坪 Shì zi píng 30人，瓦儿岭西南1公里。村处坪地，柿子村多，故名。

夹槽 Jiá cáo 20人，瓦儿岭东南1公里。此槽为两山夹持，故名。

朱家塆 Zhū jiā wān 24人。瓦儿岭南1公里。

【羊角坝大队】 Yáng jiăo bà dà duì 140户，706人，驻下羊角坝，位于熊家岩集镇南1.1公里。原名群力大队，1981年9月1日更名为羊角坝大队。辖6个生产队，7个自然村，耕地面积882亩，其中水田274亩。主产水稻、玉米，特产木梓、茶叶。

下羊角坝 Xià yáng jiăo bà 30人，大队驻地，位于熊家岩集镇南1.1公里。此坝地形似羊角，称羊角坝，依地势而分为上、下两坝，故名。

三步岩 Sān bù yán 70人，下羊角坝东北600米。此岩有3级，似3步石梯，故名。

脊骨梁子 Jĭ gŭ liáng zĭ 10人，下羊角坝东北1.1公里。此山梁形似人的脊梁，故名。

苦竹园 Kŭ zhú yuán 45人，下羊角坝东900米。村中原苦竹多，故名。

飞机坪 Fēi jī píng 30人，下羊角坝西1.2公里。此坪地形似飞机，故名。

王家坡 Wáng jiā pō 40人，下羊角坝西南450米。

徐家坡 Xú jiā pō 70人，下羊角坝西南1.5公里。

【大转拐大队】 Dà zhuăn guăi dà duì 222户，1041人，驻大转拐，位于熊家岩集镇西南3.3公里。原名新村大队，1981年9月1日更名为大转拐大队。辖10个生产队，13个自然村，耕地面积1080亩，其水田121亩，主产玉米、薯类、小麦，特产桐、木梓。

大转拐 Dà zhuăn guăi 100人，大队驻地，位于熊家岩集镇西南3.3公里。此村旁大道在此有个大弯，本地称“拐”，故名。

瓦窑水 Wă yáo shuĭ 30人，大转拐东1.1公里。村中开过瓦厂，后因窑下出水搬迁，故名。

龚家槽 Gōng jiā cáo 20人，大转拐北200米。

孟家槽 Mèng jiā cáo 70人，大转拐西350米。

大槽 Dà cáo 30人，大转拐东600米。

四方槽 Sì fāng cáo 11人，大转拐西南1.3公里。此山槽呈四方形，故名。

潘家塆 Pān jiā wān 39人，大转拐东南1.1公里。

彭家塆 Péng jiā wān 23人，大转拐西1.8公里。

石门坎 Shí mén kăn 20人，大转拐西南1.05公里。村中有座大屋，砌有石门坎，故名。

饶家塆 Ráo jiā wān 90人，大转拐东1.1公里。

长槽 Cháng cáo 56人，大转拐西南700米。此山槽狭长，故名。

雷寺庙 Léi sì miào 30人，大转拐西南1.7公里。村中建过雷公庙，故名。

小洞下 Xiăo dòng xià 40人，大转拐南1.2公里。村中有个小山洞，紧靠洞下槽，故名。

【洞下槽大队】 Dòng xià cáo dà duì 441户，2081人，驻大石板，位于熊家岩集镇南3.1公里。原名光明大队，1981年

9 月 1 日更名为洞下槽大队。辖 17 个生产队，16 个自然村，耕地面积 4452 亩，其中水田 1250 亩。主产水稻、玉米、小麦、薯类，特产茶叶、桐、木油。

大石板 Dà shí bǎn 12 人，大队驻地，位于熊家岩集镇南 3.1 公里。村中有块大石板，故名。

洋禾塆 Yáng hé wān 10 人，大石板东北 2.4 公里。此塆产洋禾，故名。

烂池塆 Làn chí wān 大石板东北 2 公里。此塆内烂泥田多，故名。

孙家坡 Sūn jiā pō 20 人，大石板东北 2.2 公里。

芭蕉坑 Bā jiāo kēng 30 人，大石板东北 1.8 公里。村中芭蕉林下有个大坑，故名。

求雨台 Qiú yǔ tái 30 人，大石板北 1.1 公里。村中有块台地，旧社会遇天旱时人们在此祷雨，故名。

上羊角坝 Shàng yáng jiǎo bà 60 人，大石板西北 1.6 公里。此坝地形似羊角，称羊角坝，此坝有上、下坝之分，故名。

锁口河 Suǒ kǒu hé 50 人，大石板西北 1.1 公里。村中小河弯曲，河口狭窄似锁，故名。

罗家坝 Luó jiā bà 45 人，大石板东北 900 米。

裤裆槽 Kù dāng cáo 34 人，大石板西北 900 米，村处叉槽内，地形如裤裆，故名。

五包塃 Wǔ bāo tǎng 大石板东北 650 米。村处塃地，有 5 个山包相连，故名。

毛家塝 Máo jiā bàng 70 人，大石板北 450 米。

冉家坡 Rǎn jiā pō 大石板西北 1.8 公里。

龙赶溪 Lóng gǎn xī 25 人，大石板西 900 米。传说有次涨大水，有条龙从洞中游出随溪流而去，故名。

谭家塆 Tán jiā wān 90 人，大石板西南 550 米。

柑子树 Gān zi shù 50 人，大石板西南 900 米。村中有棵大柑子树，故名。

洞下槽 Dòng xià cáo （片村），熊家岩集镇东南 2 公里。包括 10 个自然村，主产水稻。此地是块大长槽，下部有个消水洞，故名。

【大宝坪大队】 Dà bǎo píng dà duì 250 户，1208 人，驻大坝，位于熊家岩集镇西南 5.5 公里。原名二龙大队，1981 年 9 月 1 日更名为大宝坪大队。辖 13 个生产队，14 个自然村，耕地面积 2117 亩，其中水田 799 亩。主产水稻、玉米、薯类，特产茶叶。

大坝 Dà bà 45 人，大队驻地，位于熊家岩集镇西南 5.5 公里。村处大坝中而得名。

碑垭 Bēi ya 16 人，大坝北 1.7 公里。此垭口上有墓碑，故名。

高家塝 Gāo jiā bǎng 15 人，大坝东北 1.8 公里。

母猪井 mǔ zhū jǐng 30 人，大坝东北 1.4 公里。村中有口水井，打水时的响声似母猪叫，故名。

胡子包 Hú zi bāo 12 人，大坝北 1.2 公里。此山包原住人家，主人满脸胡子，故名。

长房沟 Zhǎng fáng gōu 40 人，大坝东北 1.4 公里。此沟原为李家长子居住，故名。

二门板 Er mén bǎn 65 人，大坝东北 1 公里。传说有 3 弟兄分家，老二只得了二块门板来此安家，故名。

谭家村坊 Tán jiā cūn fáng 80 人，大坝西北 500 米。

芭蕉园 Bā jiāo yuán 50 人，大坝东 1.6 公里。村中原芭蕉树多，故名。

后塆 Hòu wān 22 人，大坝东 2 公里。此塆处芭蕉园山后，故名。

马鬃岭 Mǎ zōng lǐng 15 人，大坝东 1.1 公里。此山岭形似马鬃，故名。

老村 Lǎo cūn 130 人，大坝南 500 米。此村历史久长，故名。

大石头 Dà shí tóu 30 人，大坝东南 1 公里。村中有座山头全是大石块垒成，故名。

洼沙坡 Wā shā pō 9 人，大坝南 1.25 公里。此坡地势低洼，红沙土壤，故名。

中房坡 Zhōng fáng pō （片村），大坝东北 1 公里。包括二门板、长房沟、高家镑、母猪井、长梁子、碑垭、胡子包 7 个自然村。此坡原为李家三儿子居住，故名。

熊家公社茶场 Xióng jiā gong shè chá chǎng 位于熊家岩集镇西南 1.2 公里。1976 年建场，23 人，茶园 500 亩。

熊家公社朱家塆煤厂 Xióng jiā gōng shè zhū jiā wān méi chǎng 位于熊家岩集镇东 3.9 公里。1977 年建厂，有职工 14 人。

屯　堡　公　社　概　况

TUN　BAO　GONG　SHE　GAI　KUANG

屯堡公社位于恩施县城西北，东邻龙凤公社，南和锣针、红庙公社接壤，西与利川石板岭毗邻，西北与沐抚、大山顶共界。总面积约141.72平方公里，有耕地47244亩，其中水田11805亩，山田35439亩。下辖4个管理区，27个生产大队，180个生产队，269个自然村，6155户，28554人，其中非农业人口1171人，土家族、汉族杂居。土家族占22.88%。

该公社解放前为屯堡乡，辖现在的屯堡、锣针、大山顶、龙马等地。1949年10月解放后为第十一区。1956年将该区划为龙马、碾盘、青堡、村坊、杨家、马者、锣针、花枝、大树、联合、沙坪等11个乡。1958年建立屯堡公社，下属9个管理区。1975年撤区并社将大树、联合、花枝、马者划为屯堡公社管辖；青堡、碾盘、龙马划归龙马公社，锣针划归锣针公社辖。

屯堡人民具有光荣的革命斗争史。抗日战争的1939年至1941年春，地下党组织(中共恩施县委)派李韦希到屯堡工作，在县委组织部长刘惠馨的直接领导下，建立了屯堡区委，并发展了大树、龙马、省七女子高中、龙马小学4个党支部，共有党员51人。后由于叛徒的出卖，屯堡党组织遭到破坏。但屯堡人民不屈不挠的革命斗争精神，沉重地打击了国民党的反动统治。

该公社四周有高山屏障，中部沟壑纵横，小平坝与台地交错，地势东北向西南倾斜。高山占 12.6%，二高山占 46.4%，低山占 41%。多为石灰岩、页岩、石英砂岩，土壤结构疏松，加上坡陡，水土流失严重。1980 年 8 月 4 日暴雨，使屯堡附近杨家山 1 平方公里的面积滑坡，毁坏耕地 724 亩，倒塌房屋 92 栋，造成了重大自然灾害。根据地理地貌特点，群众中流传着“屯堡像口锅，中间一条河，周围是陡坡，土少砂子多，天干三天苗成索，一场大雨砂下河”的民谣。

该公社气候特点是垂直变化大，春天低山已是万物苏醒，百花争艳；高山却是寒风凛冽，白雪皑皑。在河谷平坝地段，四季分明，年平均气温 15℃，年平均降水量 1400 毫米，无霜期达 240 天，年平均日照 1300 小时。清江为主要过境河流，在境内长 31 公里，公社的龙桥河、土鱼河汇入该河。这些河流有丰富的水力资源，1979 年 10 月 1 日竣工发电的恩施县龙王塘电站，就建在屯堡集镇西南约 2 公里的清江上。其装机容量为 3×1250 千瓦，是全县最大的 1 座水电站。另外，公社在龙桥河、土鱼河上分别建有装机容量为 100 千瓦和 70 千瓦的水电站，使 2000 多户通电，社队农副产品加工也都用上了电。

农业生产以粮食为主，主产稻谷、玉米、小麦、红苕、洋芋。1981 年总产 1790.8 万斤。多种经济作物有麻、茶、桐、木梓，有 3000 多亩茶园，1500 余亩苧麻，265 亩漆林，450 多亩白肋烟。全年总收入达 260 万元，人均 97 元。

解放 30 年来，文化教育事业有较大的发展。由解放前仅 1 所小学、100 名学生，发展到现在有 206 间教室、5700 名学生和 300 多名教职员工。仅恩施县第四中学就拥有 40 多名教师和 600 余名学生。全社适龄儿童入学率达 90%以上。电影队、广播站、文化站的建立活跃了群众的文化生活。

过去疟疾、伤寒流行，危及人民的健康。1954 年成立了屯堡中心医院，现在有2400平方米的建筑面积，30张病床，34名医务人员，还拥有X光、化验等设备。有大队医务室18个，医务人员67个。基本上消灭了流行疾病，增强了人民的体质。

交通运输事业也有较大发展。过去仅靠肩挑背驮和木船运输，加上清江滩多水急，水运受到一定障碍。1958年修筑了恩施至沐抚的公路，自东北向西南纵贯公社全境，还有屯堡至锣针的公路和一些简易公路，使全社公路里程达60多公里。80%以上的大队通公路。每日有恩施至屯堡、锣针、沐抚、板桥、利川的客车往返其间，大大地方便了人民群众。公社还有拖拉机11台、汽车1辆，为发展全社的交通运输做出了贡献。

公社驻地——屯堡集镇，是一个有150多年历史的乡镇，坐落在恩沐公路的清江岸边，东南距恩施县城21公里。社直供销、银行等20多个单位驻于该镇。有1座778个座位的电影院，丰富了该镇的文化生活。农历一、四、七为集日，赶集的人多达3000余人，日成交额高达1.5万元。跨越在清江上的屯堡大桥，沟通了恩施城与西北沐抚、大山顶、板桥等公社。屯堡集镇已成为恩施县西北方的物资集散地和屯堡公社的政治、经济、文化、交通的中心。

屯堡公社行政区划、居民点名称

屯堡集镇 Tún bǎo jí zhèn 位于恩施县城西北21公里，清江河南岸，海拔500米。

屯堡之名因方言所致，当地人叫藤堡(pū)。其名称来源有两种说法：一是早年此地古木参天，藤蔓遍野，匍匐于地，一根根粗大如木的藤子伸到河那边，形成了一座天然的藤桥，故有“藤桥”“藤匍”之称，后演变为屯堡；二是清朝时此地为屯兵屯田之所，故名屯堡。

屯堡街原坐落在清江西岸的知礼渡，因火灾使街道房屋全毁。约在清朝道光年间，人们又陆续迁住现址，逐渐形成新的街道和集市。解放前，为恩施县第四区驻地，逢一、四、七赶场。解放初为十一区驻地，以后一直为屯堡区、公社驻地，是屯堡公社政治、经济、文化、交通的中心。

屯堡集镇坐落在清江东岸的台地上，呈长方形，南北长400米，东西宽300米，面积约180余亩。居住2052人，有两条狭小的街道，主街呈南北走向，叉街为东西走向，全长约250米，宽3～3.5米，土石路面。房屋大多为木质结构，亮柱飞檐，青瓦屋面。公社机关位于集镇中心，对面是电影院，可容观众778人。两旁立有公社企管站、广播站、文化站、银行、工商行政管理所、供销社文化、日杂门市部等。集镇南面坐落有屯堡高中，西部恩(施)—沐(抚)公路边建有医院、拖拉机站、财政所、食品站、粮油所、供销社等砖石结构的楼房。屯堡集镇居锣针、大山顶、沐抚、龙马公社的中间、集市贸易兴旺繁荣，农历一，四、七的集日，赶集人数常达3000余人。仅国营商店日销售额就达6000余元，收购额3000余元。市场活跃，物资丰富，主要农副产品有大米、三米、洋芋、面条、菜油、茶叶、烟叶、猪兰肉、禽蛋以及桐油、生漆、药材等。

屯堡集镇过去交通闭塞，运输困难。1958年恩(施)—沐(抚)公路建成通车，以后又修通了屯堡至锣针的公路，1975年10月1日在集镇西头架起了横跨清江的屯堡大桥，将屯堡集镇衬托得更加壮观，并大大改善了交通运输状况。屯堡已成为恩施县西北部几个公社主要农副产品的集散地。在集镇南2公里处，建有县龙王塘水电站，装机容量3×1250千瓦，保证了集镇上生产生活用电。

屯堡集镇具有光荣的革命传统，抗日战争时期，鄂西特委妇女部部长刘惠馨同志，曾多次来屯堡开展地下工作，发展党的组织。1939年成立了中共屯堡区委会和大树、龙马小学、湖北省第七女子高中(由汉口迁此)4个支部。后因叛徒出卖，鄂西特委遭到破坏，刘惠馨同志也壮烈牺牲。革命先烈为劳苦大众的解放而英勇献身的精神将激励着屯堡人民为建设好自己的山乡而努力奋斗。

【屯堡大队】 Tún bǎo dà duì 670户，2840人，驻大路上，屯堡西南550米。原名晨光大队，1981年9月1日按地片名更名为屯堡大队。辖16个生产队、23个自然村。耕地面积3090亩，其中水田1474亩，主产水稻、玉米、油菜，特产苎麻。

大路上 Dà lù shàng 70人，大队驻地，屯堡集镇西南550米。解放前恩施至四川的大路由此经过，故名。

小屯堡 Xiǎo tún bǎo 130人，大路上东北2.4公里。村紧邻屯堡集镇，故名。

瓦厂 Wǎ chǎng 20人，大路上东北1.1公里。村中办有瓦厂，故名。

峁子垭口 Mǎo zǐ yà kǒu 40人，大路上东北1.65公里。村处山峁间垭口处，故名。

大坟包 Dà fén bāo 60人，大路上东北800米。此地原有葬人坟包，故名。

纱帽山 Shā mào shān 40人，大路上东北1.6公里。山形似帽子，石砂多，故名。

曹家田 Cáo jiā tián 90人，大路上东北1.7公里。

臼石沟 Jiù shí gōu 20人，大路上东北2.2公里。村中沟里有块石板，上有石坑似碓窝，故名。

下沙塆 Xià shā wān 50人，大路上东北1.8公里。此村位于沙塆下，故名。

碾子塆 Niǎn zǐ wān 50人，大路上东1.1公里。村处山步弯，开有碾坊，故名。

鱼尾丘 Yú wěi qiū 50人，大路上东方750米。村旁有丘水田形似鱼尾，故名。

朱家塆 Zhū jiā wān 110人，大路上东570米。

沙塆 Shā wān 100人，大路上东南1.6公里。村处山塆，沙石多，故名。

白家嘴 Bái jiā zuǐ 70人，大路上西南750米。

龙潭沟 Lóng tán gōu 20人，大路上东南650米。村中有个水潭，相传有龙，故名。

徐家坡 Xú jiā pō 70人，大路上东南2.2公里。

李家观 Lǐ jiā guān 40人，大路上东南1.25公里。

沙道塆 Shā dào wān 20人，大路上西南1公里。村处河塆，淤沙成坝，故名。

三架塆 Sān jià wān 60人，大路上东南880米。村处3条山塆连接处，故名。

水闸子 Shuǐ zhá zǐ 80人，大路上南800米。村处堰塘水闸门旁，故名。

上沙塆 Shàng shā wān 20人，大路上东南1.8公里。村处沙塆之上，故名。

五条路 Wǔ tiáo lù 20人，大路上东南1.1公里。村中有5条小路汇合，故名。

砚台沟 Yàn tái gōu 50人，大路上南1.7公里。沟里有许多石头形似砚台，故名。

百草池 Bǎi cǎo chí 30人，大路上东南 2.2公里。村中有口水池，池里百草丛生，故名。

【烧城大队】 Shāo chéng dà duì 136户，667人，驻烧城，位于屯堡集镇东北5.7公里。原各新坪大队，1981年9月1日按驻地名称更名为烧城大队。辖4个生产队，5个自然村，耕地面积1107亩，其中水田126亩。主产玉米、水稻，特产苎麻、茶叶、桐籽，木梓。

烧城 Shāo chéng 70人，大队驻地，屯堡集镇东北6.75公里。此地原建有土城，明嘉靖年间，民房被烧毁，故名。

郑家塆 Zhèng jiā wān 30人，烧城东北500米。

王长坪 Wáng cháng píng 40人，烧城西南700米。此坪较长，有王姓居住，故名。

南海塆 Nán hǎi wān 70人，烧城南500米。村处山塆，有一窝塝常淹水，像南海，故名。

箩筐槽 Luó kuāng cáo 50人，烧城西南1.4公里。村处槽地，形似箩筐，故名。

【大坪大队】 Dà píng dà duì 164户，812人，驻大坪，位于屯堡集镇东北5.8公里。原名新坪大队，1981年9月1日按驻地名更名为大坪大队。辖4个生产队，5个自然村，耕地面积978亩，其中水田212亩。主产玉米、水稻，特产苎麻、茶叶。

大坪 Dà píng 150人，大队驻地，屯堡东北5.8公里。村处坪地，故名。

灰线坪 Huī xiàn píng 40人，大坪南200米。村处坪地，生长着裁缝工做灰线包用的一种灰孢菌，故名。

沙皮树 Shā pí shù 80人，大坪东南700米。村处沙子地，有棵大树，故名。

下尖山 Xià jiān shān 30人，大坪南1公里。村旁有两座山峰，一上一下，故名。

干溪头 Gān xī tóu 100人，大坪西南1.3公里。村处无水溪沟顶头，故名。

【落业坝大队】 luò yè bà dà duì 226户，1079人，驻李子埫，位于屯堡集镇北3.3公里。原名红春大队，1981年9月1日按地片名更名为落业坝大队，辖9个生产队，13个自然村，耕地面积2524亩，其中水田408亩。主产水稻、玉米，特产苎麻、生漆、茶叶。

李子埫 Lǐ zǐ tǎng 30人，大队驻地，屯堡集镇北3.3公里。村处埫地，原生长有棵大李子树，故名。

店子垭口 Diàn zǐ yà kǒu 20人，李子埫北1.75公里。村处垭口，开过店子，故名。

老蛇遍 Lǎo shé biàn 30人，李子埫北1.5公里。相传此遍有条大蛇经常出没，故名。

田汇槽 Tián huì cáo 20人，李子埫北1公里。此槽平坦与周围的田块相连，故名。

招富山 Zhāo fù shān 30人，李子埫西北1.5公里。传说此山是一股龙脉，住此可变富，故名。

插心埫 Chā xīn tǎng 50人，李子埫北750米。村处埫地，有座小山梁直伸到埫的中心，故名。

樊家坪 Fán jiā píng 11人，李子埫西北2.2公里。

唐家屋场 Táng jiā wū chǎng 80人，李子埫西北1.25公里。

狮子岩 Shī zǐ yán 40人，李子埫西2.2公里。村中有座山岩形似狮子，故名。

三溪口 Sān xī kǒu 60人，李子埫西700米。村处3条溪汇合口，故名。

老屋场 Lǎo wū chǎng 30人，李子埫西250米。村中黄姓屋场修建年代最长，故名。

龙潭坡 Lóng tán pō 80人，李子埫东南500米。村处坡地，位于龙潭边，故名。

杉树坪 Shān shù píng 170人，李子埫东南1公里。村处坪地，原生长有棵大杉树，故名。

老河田 Lǎo hé tián 30人，李子埫东偏西700米。村处老河边，有块田，故名。

落业坝 Luò yè bà 150人，李子埫东1.2公里。村处坪坝，传说明洪武年间，由黄家在此安居乐业，故名。

【桃树坪大队】 Táo shù píng dà duì 175户，836人，驻桃树坪，位于屯堡集镇东北3.5公里。原名新华大队，1981年9月1日按驻地名称更名为桃树坪大队。辖5个生产队，7个自然村。耕地面积1160亩，其中水田409亩。主产水稻、玉米，特产苎麻。

桃树坪 Táo shù píng 80人，大队驻地，位于屯堡集镇东北3.5公里。村处坪地，原桃树多，故名。

碾盘 Niǎn pán 60人，桃树坪北500米。村中原设有碾盘，故名。

庄家坡 Zhuāng jiā pō 40人，桃树坪北500米。

水竹园 Shuǐ zhú yuán 40人，桃树坪东700米。村中有片水竹林，故名。

大树垭 Dà shù yā 130人，桃树坪东1公里。村处山垭口，原长有大杉树，故名。

绿池 Lù chí 60人，桃树坪西南600米。村中有口绿色水池，故名。

乱石窑 Luàn shí yáo 70人，桃树坪东南750米。此村地形似窑，乱石堆积，故名。

【卢家塆大队】 Lú jiā wān dà duì 154户，737人，驻龙神庙，位于屯堡集镇东北4.5公里。原名新建大队，1981年9月1日按地片名更名为卢家塆大队。辖5个生产队，9个自然村，耕地面积2258亩，其中水田196亩。主产玉米、水稻，特产茶叶、苎麻。

龙神庙 Lóng shén miào 50人，大队驻地，位于屯堡集镇东北4.5公里。原修有龙神庙，村名沿用。

石庙垭口 Shí miào yà kǒu 20人，龙神庙东北1.6公里。村处山垭口，建有石庙，故名。

摘梨坪 Zhāi lí píng 30人，龙神庙东北800米。村中梨子树多，人们常来摘梨，故名。

卢家塆 Lú jiā wān 70人，龙神庙东北900米。

大垱 Dà tǎng 40人，龙神庙东北600米。

白岩 Bái yán 20人，龙神庙东800米。村中岩石多呈白色，故名。

瓦厂 Wǎ chǎng 60人，龙神庙东南350米。村中原开过瓦厂，故名。

老屋场 lǎo wū chǎng 40人，龙神唐东南900米。村中有栋老屋，故名。

天鹅池 Tiān é chí 40人，龙种庙南1.1公里。村中有口水池，传说常有天鹅栖息，故名。

【半云庵大队】 Bàn yún ān dà duì 176户，792人，驻半云庵，位于屯堡集镇东北1.75公里。原名红武大队，1981年9月1日按驻地名称更名为半云庵大队，辖5个生产队，10个自然村，耕地面积1534亩，其中水田548亩。主产玉米、水稻，特产苎麻、茶叶。

半云庵 Bàn yún ān 20人，大队驻地，位于屯堡集镇东北1.75公里。村中原修一庙，名半云庵，村名沿用。

东井塆 Dōng jǐng wān 80人，半云庵西北1.25公里。村东邻山塆，有口水井，故名。

方家坡 Fāng jiā pō 30人，半云庵北750米。

王家峁 Wáng jiā mǎo 20人，半云庵西北1.5公里。

唐家屋场 Táng jiā wū chǎng 60人，半云庵西北1公里。

干溪沟 Gān xī gōu 人，半云庵东北600米。村旁溪沟，常年无水，故各。

大茅田 Dà máo tián 60人，半云庵西北500米。村中原为茅草池，后开垦成田，故名。

刘家岩 Liú jiā yán 40人，半云庵760米。

谭家坪 Tán jiā píng 150人，半云庵西350米。

紫竹园 Zǐ zhú yuán 90人，半云庵东南600米。早年村中紫竹多，故名。

【新街大队】 Xīn jiē dà duì 驻新街，位于屯堡集镇东北1.7公里。原名新华大队，1981年9月1日，按驻地名称更名为新街大队。辖6个生产队，7个自然村。耕地面积1325亩，其中水田523亩。主产水稻、玉米，特产苎麻。

新街 Xīn jiē 70人，位于屯堡集镇东北1.7公里。约50年前，有十几户人家在此建房成街，故名。

油菜垱 Yóu cài tǎng 30人，新街东北1.5公里。村处垱地，盛产油菜，故名。

沙坝 Shā bà 90人，新街北750米。

村处沙坝，故名。

罗家坡 Luó jiā pō 50人，新街东北1.2公里。

水田塆 Shuǐ tián wān 150人，新街东北850米。村处山塆，水田多，故名。

香炉滩 Xiāng lú tān 160人，新街东550米。村处清江河岸，并有个滩口，岸上修有八角庙，设有香炉，故名。

踩水滩 Cǎi shuǐ tān 40人，新街西南500米。村处河边，人们常踩水过滩，故名。

三房 Sān fáng （片村），位于新街东北560米。包括油菜埫、垮山、沙坝、罗家坡、水田塆、香炉滩6个自然村。主产水稻、特产苎麻。解放前许家分家后，由老三住此，故名。

【杨家山大队】 Yáng jiā shān dà duì 306户，1354人，驻大场坝。位于屯堡集镇西北1.25公里。原名红卫大队，1981年9月1日按地片名更名为杨家山大队。辖11个生产队，16个自然村。耕地面积2708亩，其中水田615亩。主产水稻、玉米，特产苎麻、茶叶。

大场坝 Dà chǎng bà 120人，大队驻地，位于屯堡集镇西北1.25公里。村中有一打谷的场坝，故名。

青云观 Qīng yún guàn 10人，大场坝西北2.4公里。村中一庙名青云观，村名沿用。

两面张 liǎng miàn zhāng 50人，大场坝北2公里。村中有壁断岩向两面伸展，故名。

旧观坪 Jiù guàn píng 20人，大场坝西北1.7公里。村处坪地，有座旧庙，故名。

岩桑树 Yán sāng shù 130人，大场坝西北1.1公里。村旁悬岩上长满桑树，故名。

青枫坡 Qīng gāng pō 23人，大场坝西北1.8公里。村处坡地，青枫树多，故名。

装屋坪 Zhuāng wū píng 70人，大场坝北750米。村处坪地，原有栋木板屋，故名。

方家坡 Fāng jiā pō 30人，大场坝西北1公里。

新村 Xīn cūn 300人，大场坝北250米。1980年8月4日晚因暴雨产生大滑坡，冲毁3个村庄，后受灾群众重建家园，新修的房屋取名新村。

咸池 Xián chí 12人，大场坝西1公里。村中有口咸水池，故名。

大转拐 Dà zhuǎn guǎi 50人，大场坝东500米。村处大转拐，故名。

买马阡 Mǎi mǎ qiān 30人，大场坝东1.2公里。村中一偏岩处，曾是交易买卖马匹的地方，故名。

马家沟 Mǎ jiā gōu 20人，大场坝西500米。

大坪 Dà píng 80人，大场坝东1.4公里。村处大坪地，故名。

羊塆 Yáng wān 10人，大场坝西南350米。村处山塆，早年是牧羊之地，故名。

邵家塆 Shào jiā wān 40人，大场坝东500米。

平堂塆 Píng táng wān 70人，大场坝南900米。村处山塆，相传洪武年间，有邵姓兄弟二人不和，平分地盘，各建厅堂，故名。

知礼渡 Zhī lǐ dù 220人，大场坝南1.3公里。此渡历史悠久，过往客人自觉付钱，船工待人和气，后有人题字“知礼渡”，故名。

杨家山 Yáng jiā shān 520人，（片村），大场坝东北，此片村包括大场坝、羊塆、新村、装屋坪、马家沟5个自然村。

【三龙溪大队】 Sān lóng xī dà duì 124户，576人，驻大石板，位于屯堡集镇东北3.9公里。原名新星大队，1981年9

月1日按地片名更名为三龙溪大队。辖3个生产队，5个自然村，耕地面积955亩。主产玉米、水稻，特产苎麻。

大石板 Dà shí bǎn 40人，大队驻地，位于屯堡集镇东北3.9公里。村中有几块大石板，故名。

肖家塆 Xiāo jiā wān 40人，大石板东北1.1公里。

腰线 Yāo xiàn 30人，大石板东北1.5公里。村处山坡腰部，有一线形田块，故名。

周家塆 Zhōu jiā wān 30人，大石板东北600米。

插心塃 Chā xīn tǎng 20人，大石板东北1.2公里。村处塃地，有小山梁斜插入塃，故名。

【沙龙大队】 Shā lóng dà duì 1484人，驻沙龙河，位于屯堡集镇西6公里。1966年取名沙龙大队。辖10个生产队，15个自然村，耕地面积2435亩，其中水田376亩。主产玉米、水稻，特产白肋烟。

沙龙河 Shā lóng hé 30人，大队驻地，位于屯堡集镇西6公里。

榨狼坪 Zhà láng píng 40人，沙龙河东北1.5公里。村处坪地，原狼多，人们常安上榨板榨狼，故名。

漆料塆 Qī liào wān 20人，沙龙河东北2.2公里。村处山塆，盛产大木漆，故名。

猫儿槽 Māo ér cáo 20人，沙龙河北1公里。村处槽地，原野猫成群，故名。

朱家槽 Zhū jiā cáo 30人，沙龙河东偏北2.5公里。

上后槽 Shàng hòu cáo 20人，沙龙河西北900米。村处槽地，居马者后山上，故名。

后槽 Hòu cáo 60人，沙龙河西北1.4公里。村处槽地，位于老村后，故名。

小经口 Xiǎo jīng kǒu 60人，沙龙河北700米。村处山口，有条小路经过，故名。

马石坝 Mǎ shí bà 30人，沙龙河东北600米。村处坝地，有块岩石像马，故名。

徐家塆 Xú jiā wān 40人，沙龙河北方230米。

盛塃 Shèng tǎng 20人，沙龙河东1.6公里。村处塃地，盛产玉米，故名。

茅坡 Máo pō 30人，沙龙河东900米。村处坡地，茅草多，故名。

村坊 Cūn fāng 120人，沙龙河西方750米。村中人户集中，故名。

鸦鹊坝 Yā què bà 60人，沙龙河西南900米。村处坪坝，有棵大树，常有鸦鹊栖息，故名。

永兴观 Yǒng xìng guàn 20人，沙龙河东南1.2公里。村中原有座庙，名永兴观，村名沿用。

野鸡水 Yě jī shuǐ 120人，沙龙河东南750米。村中有股泉水，野鸡常到此喝水，故名。

【王家嘴大队】 Wáng jiā zuǐ dà duì 105户，449人，驻王家嘴，位于屯堡集镇东2.5公里。原为新星大队，1981年9月1日按驻地名称更名为王家嘴大队。辖3个生产队，3个自然村。耕地面积836亩。主产玉米、薯类，特产苎麻。

王家嘴 Wáng jiā zuǐ 160人，大队驻地。位于屯堡集镇东2.5公里。

泡桐坪 Pào tóng píng 60人，王家咀东北500米。村处坪地，泡桐树多，故名。

晒谷坪 Shài gǔ píng 150人，王家咀南370米。村处坪地，有块晒谷场，故名。

【黄岩路大队】 Huáng yán lù dà duì 176户，841人，驻黄家塆，位于屯堡集镇东5.6公里。原名黄安路大队，1981年9月1月更名为黄岩路大队。辖7个生产队，

10个自然村。耕地面积1395亩，其中水田119亩。主产水稻、玉米，产煤。

黄家塆 Huáng jiā wān 60人，大队驻地，位于屯堡集镇东5.6公里。

小坪 Xiǎo píng 40人，黄家塆北2.5公里，村中有块小坪，故名。

谭三坝 Tán sān bà 80人，黄家塆北1.8公里。

老林口 Lǎo lín kǒu 20人，黄家塆北1.2公里。村处山口，原老树成林，故名。

横栏山 Héng lán shān 10人，黄家塆东北1.25公里。村中山梁为南北走向，俗称横山，故名。

长埸 Cháng yì 30人，黄家塆北700米，村中有块大田，埸口长，故名。

黄岩路 Huáng yán lù 30人，黄家塆西北450米。村中有一黄泡岩路面，故名。

连塆田 Lián wān tián 100人，黄岩路西400米。村塆中有几丘水田相连，故名。

杉树塆 Shā shù wān 30人，黄岩路东900米。村处山塆，杉树多，故名。

尖山子 Jiān shān zǐ 20人，黄岩路东南600米。村中有座小尖山，故名。

【向家坝大队】 Xiàng jiā bà dà duì 216户，1058人，驻中村，位于屯堡集镇西南8.2公里。原名中村大队，1981年9月1日按地片名更名为向家坝大队。辖8个生产队，10个自然村。耕地面积2242亩，其中水田425亩。主产玉米、水稻，特产白肋烟。

中村 Zhōng cūn 150人，大队驻地，位于屯堡集镇西南8.2公里。村处老村和下村之间，故名。

下后槽 Xià hòu cáo 60人，中村北1.3公里。村处槽地，居后槽村下，故名。

茅坡 Máo pō 20人，中村西北2.3公里。村处坡地，原长茅草，故名。

漩涡坑 Xuán wō kēng 36人，中村北850米。村中有个坑，似江河里的漩涡，故名。

后坝 Hòu bà 90人，中村西北1.2公里。村处一大坝之后，故名。

老村 Lǎo cūn 130人，中村东北1公里。此村历史长，故名。

太阳塆 Tài yáng wān 20人，中村西北1.7公里。村处山塆，向阳，故名。

屯家垭口 Tún jiā yà kǒu 44人，中村西北600米。村处垭口，原滕家居住。后因人们惯将“滕”写作“屯”，故名。

凉水井 Liáng shuǐ jǐng 60人，中村西北850米。村中有口凉水井，故名。

凉风台 Liáng fēng tái 20人，中村西北2.6公里。村处台地，凉风徐徐，故名。

向家坝 Xiàng jiā bà 115人，中村南300米。

【马者大队】 Mǎ zhě dà duì 257户，1184人，驻马者，位于屯堡集镇西南7.5公里。1966年取名马者大队。辖7个生产队，8个自然村。耕地面积2052亩，其中水田707亩。主产玉米、水稻，特产白肋烟。

马者 Mǎ zhě 220人，大队驻地，位于屯堡集镇西南7.5公里。“者”是土家语，意为河，即是放马的河。

中坝 Zhōng bà 80人，马者北650米。此坝位于大缓坡的正中，故名。

香树塆 Xiāng shù wān 70人，马者西北370米。村处山塆，原有几棵大枫香树，故名。

白果坡 Bái guǒ pō 40人，马者东北1.1公里。村处坡地，原生长有几棵大白果树，故名。

水头上 Shuǐ tóu shàng 30人，马者东450米。村处溪沟头上，故名。

沙子坝 Shā zǐ bà 105人，马者东

南 1.5 公里。村处坝地，沙子多，故名。

麻柳塆 Má liǔ wān 60 人，马者东南 1.2 公里。村处山塆，生长许多麻柳树，故名。

吴家塆 Wú jiā wān 50 人，马者东南 1.5 公里。

【滴水岩大队】 Dī shuǐ yán dà duì 99 户，472 人，驻田坝，位于屯堡集镇东 4.4 公里。原为新星大队，1981 年 9 月 1 日更名为滴水岩大队。辖 3 个生产队，7 个自然村。耕地面积 744 亩。主产玉米、水稻，特产苎麻。

田坝 Tián bà 20 人，位于屯堡集镇东 4.4 公里。村中有坝大水田，故名。

太阳塆 Tài yáng wān 40 人，田坝北 1 公里。村处山塆，向阳，故名。

郭家坡 Guō jiā pō 40 人，田坝西北 1.5 公里。

孙家塆 Sūn jiā wān 70 人，田坝西北 1 公里。

滴水岩 Dī shuǐ yán 80 人，田坝东北 550 米。村旁有壁悬岩，长年滴水，故名。

康家沱 Kāng jiā tuó 30 人，田坝西北 750 米。

谭家塆 Tán jiā wān 50 人，田坝南 370 米。

【石院墙大队】 Shí yuàn qiáng dà duì 128 户， 581 人，驻石院墙，位于屯堡集镇西南 2.5 公里。原名红光大队，1981 年 9 月 1 日按驻地名更名为石院墙大队。辖 5 个生产队，9 个自然村，耕地面积 1374 亩，其中水田 464 亩。主产玉米、水稻，特产苎麻、木梓。

石院墙 Shí yuàn qiáng 30 人，大队驻地，位于屯堡集镇西南 2.5 公里。村中有块田靠大路，沿田边砌有道石院墙，故名。

下楼门 Xià lóu mén 30 人，石院墙两北 2 公里。此地山形陡峭，山垭口处有条人行道路，有石梯数十步，人行如上、下楼门一样，故名。

杨柳池 Yáng liǔ chí 40 人，石院墙北 1.7 公里。村中原有口池塘，杨柳成荫，故名。

太阳坪 Tài yáng píng 20 人，石院墙东北 1.6 公里。村处坪地，向阳，故名。

雪白树 Xuě bái shù 30 人，石院墙东北 1.2 公里。村中原长有雪白树，故名。

长槽 Cháng cáo 30 人，石院墙西北 1.5 公里。

桃子山 Táo zǐ shān 30 人，石院墙西北 1.1 公里。村中小山包形似桃子，故名。

快活岭 Kuài huó lǐng 30 人，石院墙东北 1.2 公里。人行到此山岭凉风轻拂，令人心情舒畅，故名。

宋家坪 Sòng jiā píng 40 人，石院墙西 500 米。

堤坑 Dī kēng 20 人，石院墙西南 1 公里。村子地势低洼，周围像一道土堤，故名。

【龙湾潭大队】 Lóng wān tán dà duì 206 户，930 人，驻龙湾潭，位于屯堡集镇西南 1.8 公里。原名红光大队，1981 年 9 月 1 日按驻地名更名为龙湾潭大队。辖 4 个生产队，8 个自然村，耕地面积 1825 亩，其中水田 622 亩。主产玉米、水稻，特产苎麻、木梓。

龙湾潭 Lóng wān tán 90 人，大队驻地，位于屯堡集镇西南 1.8 公里。清江河至此绕了一个弯，湾内有一深潭，而两岸山形似龙，故名。

大石板 Dà shí bǎn 20 人，龙湾潭北 1 公里。村中有块大石板，故名。

瓦厂塆 Wǎ chǎng wān 80 人，龙湾潭东北 800 米。村处山塆，办过瓦厂，故名。

学坡 Xué pō 70 人，龙湾潭北 200

米。村处坡地，办过私学，故名。

下河坝 Xià hé bà 60 人，龙湾潭东 1.1 公里。村子下是河坝地，故名。

周家村 Zhōu jiā cūn 110 人，龙湾潭西 500 米。

沙坝 Shā bà 20 人，龙湾潭西南 1.3 公里。村处坝地，淤沙多，故名。

屋基里 Wū jī lǐ 70 人，龙潭湾西南 1.1 公里。村中有一大屋基，故名。

【田塆大队】 Tián wān dà duì 177 户，874 人，驻田塆，位于屯堡集镇西南 5.3 公里。1966 年取名田塆大队。辖 8 个生产队，12 个自然村。耕地面积 1668 亩，其中水田 140 亩。主产玉米、水稻，特产白肋烟。

田塆 Tián wān 40 人，位于屯堡集镇西南 5.3 公里。大队驻地，村处山塆，有塆水田，故名。

楸木垭 qiū mù yā 20 人，田塆东北 3 公里。村处垭口，楸木树多，故名。

杉木梁子 Shā mù liáng zǐ 20 人，田塆东北 2 公里。村处山梁，杉木树多，故名。

水田坝 Shuǐ tián bà 20 人，田塆东北 1.4 公里。村前有片梯田坝，故名。

磨塝 Mò tǎng 40 人，田塆东北 1 公里。村处塝地，形似磨子，故名。

雀儿水 Què ér shuǐ 70 人，田塆北偏西 400 米。村中缺水，只有一小股水，只够雀儿喝，故名。

牛麻藤 Niú má téng 50 人，田塆西南 800 米。村中原长满牛麻藤，故名。

花石板 Huā shí bǎn 30 人，田塆东南 700 米。村处大路边，有块花石板，故名。

猪猴坝 Zhū hóu bà 60 人，田塆西南 1.2 公里。村处坝地，原野猪、猴子多，故名。

大界 Dà jiè 70 人，田塆西南 800 米。村中 2 块大田间有岩壳为界，故称大界。

梨子树 Lí zǐ shù 30 人，田塆东南 700 米。村中原有棵大梨子树，故名。

河坪 Hé píng 30 人，田塆西南 1.7 公里。村处清江河边的坪地，故名。

【花枝山大队】 Huā zhī shān dà duì 221 户，1026 人，驻郭家塆，位于屯堡集镇东南 3.2 公里。原名新民大队，1981 年 9 月 1 日按地片名更名为花枝山大队。辖 8 个生产队，10 个自然村。耕地面积 1917 亩，其中水田 338 亩。主产玉米、水稻，特产茶叶、苎麻。

郭家塆 Guō jiā wān 50 人，大队驻地，屯堡集镇东南 3.2 公里。

桐子园 Tóng zǐ yuán 60 人，郭家塆北 1.1 公里。村中桐子树多，故名。

大园子 Dà yuán zǐ 50 人，郭家塆东北 600 米。村中土壤较好，种植过一大园苎麻，故名。

柿子塆 Shì zǐ wān 30 人，郭家塆东北 900 米。村处山湾，柿子树多，故名。

拖泥溪 Tuō ní xī 10 人，郭家塆东北 1.1 公里。村处溪沟口，相传原溪沟两侧坡上住有张、王两姓人家，有年山洪暴发，造成滑坡，张家土地和庙被推到王家坡上，张家怪罪王家，将他的泥土拖到王家坡上去了，故名。

大坪 Dà píng 40 人，郭家塆东 0.75 公里。此坪较大，故名。

花枝山 Huā zhī shān 40 人，郭家塆东南 1.3 公里。村旁山上原生长有棵大花楸树，枝丫茂密，故名。

刘家田 Liú jiā tián 10 人，郭家塆东南 1.7 公里。

小茶园 Xiǎo chá yuán 40 人，郭家塆西南 800 米。村旁有片油茶树，故名。

上茶园 Shàng chá yuán 40 人，郭家塆南 1.3 公里。村处小茶园之上，故名。

二台坪 Er tái píng 40 人，郭家塆南 1.7 公里。村处二台坪地，故名。

【桥坡河大队】 Qiáo pō hé dà duì 166户，851人，驻桥坡，位于屯堡集镇西南8公里。原名马者大队，1981年9月1日按地片名更名为桥坡河大队。辖5个生产队，6个自然村。耕地面积1229亩，其中水田502亩。主产水稻、玉米，特产白肋烟。

桥坡 Qiáo pō 105人，大队驻地，位于屯堡集镇西南1.8公里。村处桥头坡地，故名。

烂塆 Làn wān 40人，桥坡西北1.7公里。村处山塆，有口烂泥塘，故名。

下大块 Xià dà kuài 90人，桥坡北600米。村子上下有两块田，且一大一小，故名。

涵水塆 Hán shuǐ wān 30人，桥坡东北750米。村处山塆，下雨时有多处冒水，故名。

下村 Xià cūn 100人，桥坡北250米。此村位于中村下方，故名。

姚家坪 Yáo jiā píng 120人，桥坡西1.4公里。

【鸭松溪大队】 Yā sōng xī dà duì 306户，1392人，驻龙洞河，位于屯堡集镇东南7.2公里。原名五一大队，1981年9月1日按地片名更名为鸭松溪大队。辖11个生产队，18个自然村。耕地面积1954亩，其中水田229亩。主产玉米、水稻，特产桐、木梓、苎麻。

龙洞河 Lóng dòng hé 80人，大队驻地，位于屯堡集镇东南7.2公里。村中有个出水洞，流水成河，相传洞内有龙，故名。

杈角树 Chā jiǎo shù 20人，龙洞河西北1.7公里。村子地形为杈角，生长有棵大树，故名。

龙家土 Lóng jiā tǔ 20人，龙洞河西北1.1公里。

大虎头 Dà hǔ tóu 40人，龙洞河东北1.1公里。村子地形像只大老虎，虎头高抬，故名。

三簸箕 Sān bò ji 120人，龙洞河北400米。此村居于清江两岸，因清江河有急流的3个滩口，乘船起浮颠簸，故名。

三根树 Sān gēn shù 30人，龙洞河东北750米。村中原长有3根大水红树，故名。

大麻园 Dà má yuán 50人，龙洞河东北410米。村中有块大麻园，故名。

野猪栏 Yě zhū lán 20人，龙洞河西1.7公里。村子两面是山岩，猎人常把野猪赶到此地猎取，故名。

向家塆 Xiàng jiā wān 80人，洞龙河西900米。

鸭松溪 Yā sōng xī 60人，龙洞河西南1.6公里。村中有条小溪，松树参天，其山形似鸭嘴，故名。

猪圈门 Zhū juàn mén 120人，龙洞河东南500米。村中山垭象门，有块石头似猪，故名。

窝凼 Wō dàng 20人，龙洞河南700米。村处洼地，积水，俗称窝凼，故名。

老屋场 Lǎo wū chǎng 20人，龙洞河西南2.5公里。村中有栋宅基地，建房较早，故名。

石庙 Shí miào 10人，龙洞河西南2.3公里。原村中有座庙宇，用石料砌成，故名。

茶落坝 Chá luò bà 40人，龙洞河南3.3公里。村处坝地，相传最早落户的人家曾在此将茶罐跌落打破，故名。

林家塆 Lín jiā wān 60人，龙洞河西南2.4公里。

新开路 Xīn kāi lù 20人，龙洞河西南2.9公里。此村为通达四川大路，始建时取名为新开路。

鱼家河 Yú jiā hé 40人，龙洞河西南3.5公里。村处河边，余家居住，且河里鱼多，故名。

【林家塆大队】 Lín jiā wān dà duì 264户，1209人，驻林家塆，位于屯堡集镇南2.7公里。原名红旗大队，1981年9月1日按驻地名更名为林家塆大队。辖7个生产队，6个自然村。耕地面积1584亩，其中水田672亩。主产水稻、玉米，特产苎麻。

林家塆 Lín jiā wān 120人，大队驻地，位于屯堡集镇南2.7公里。

桂花树 Guì huā shù 240人，林家塆西北500米。村中原有棵大桂花树，故名。

王家山 Wáng jiā shān 30人，林家塆东南750米。

大堰沟 Dà yàn gōu 120人，林家塆西南750米。此地有条较大的堰沟，故名。

水井塆 Shuǐ jǐng wān 50人，林家塆西南1.6公里。村处山塆，有口水井，故名。

郑家屋场 Zhèng jiā wū chǎng 40人，林家考弯东南1.6公里。

【选住村大队】 xuǎn zhù cūn dà duì 186户，897人，驻选住村，位于屯堡集镇西南3.4公里。原名红旗大队，1981年9月1日按驻地名更名为选住村大队。辖7个生产队，7个自然村。耕地面积1635亩，其中水田682亩。主产玉米、水稻，特产苎麻、茶叶。

选住村 Xuǎn zhù cūn 300人，大队驻地，位于屯堡集镇西南3.4公里。相传洪武二年有郑姓兄弟2人从孝感到此落户，选址建房，故名。

姚家渡 Yáo jiā dù 50人，选住村北650米。此村邻清江河有一渡口，由姚姓摆渡，故名。

天井里 Tiān jǐng lǐ 50人，选住村北200米。原村中有栋四合院的天井大屋，故名。

宋家塆 Sòng jiā wān 80人，选住村西南1.3公里。

横笔山 Héng bǐ shān 50人，选住村南600米。村中有座山梁，状似横生的一枝笔，故名。

花场 Huā chǎng 40人，选住村西南1.3公里。村中原有种花卖的场子，故名。

保平观 Bǎo píng guān 20人，选住村西1.6公里。村民为保平安而建寺庙，名保平观，村名沿用。

【仓坪大队】 Cāng píng dà duì 275户，1338人，驻仓坪，位于屯堡集镇西南7.5公里。1966年取名仓坪大队。辖7个生产队，9个自然村。耕地面积2880亩，其中水田352亩。主产玉米、水稻，特产烟叶，产煤。

仓坪 Cāng píng 120人，位于屯堡集镇西南7.5公里。村处坪地，原修有粮仓，故名。

千家寺 Qiān jiā sì 40人，仓坪西北3.2公里。村中原有座庙，由人民筹钱修建，名千家寺，村名沿用。

肖家坪 Xiāo jiā píng 50人，仓坪西北2.2公里。

大水井 Dà shuǐ jǐng 140人，仓坪西北350米。村中有个自然水井，故名。

大塆 Dà wān 110人，仓坪西南1.2公里。村处大山塆，故名。

茅坡 máo pō 80人，仓坪东南1.1公里。村处坡地，原为一坡茅草，故名。

阴坡 Yīn pō 20人，仓坪南750米。村处坡地，日照时间短，故名。

铁炉口 Tiě lú kǒu 30人，仓坪东南2.1公里。村处槽口，原有打铁炉房，故名。

朝阳观 Cháo yáng guàn 40人，仓坪东南1.9公里。村中原有座庙，由于庙门朝东，故名。

文字村 Wén zì cūn 300人，仓坪东南500米。相传村中谭、李2人考取秀才，故名。

【龙溪河大队】 Lóng xī hé dà duì 187户，887人，驻白果树，位于屯堡集镇西南5公里。原名红星大队，1981年9月1日按地片名更名为龙溪河大队。辖5个生产队，10个自然村，耕地面积1136亩，其中水田604亩。主产水稻、玉米，产煤。

白果树 Bái guǒ shù 290人，大队驻地，位于屯堡集镇西南5公里。村中有棵大白果树，故名。

石窖 Shí jiào 60人，白果树北1.3公里。村中乱石堆积，故名。

龙溪河 Lóng xī hé 90人，白果树北1公里。村中有条小溪河，相传有龙，故名。

田坝 Tián bà 40人，白果树东北1.1公里。村中有坝水田，故名。

赵家坪 Zhào jiā píng 80人，白果树北600米。

李子阡 Lǐ zǐ qiān 50人，白果树东北1公里。村旁有岩阡，生长有棵李子树，故名。

竹园坝 Zhú yuán bà 80人，白果树东北500米。村处坝地，有片竹林，故名。

二岩 Er yán 150人，白果树西950米。村处山岩二台上，故名。

田河坝 Tián hé bà 50人，白果树东700米。村处河坝，有片水田，故名。

两河口 Liǎng hé kǒu 60人，白果树西南600米。村处清江河与干名溪河的汇合处，故名。

代池 Dài chí （片村），白果树东北1公里。包括田坝、李子阡、竹园坝、田河坝4个自然村。面积约1平方公里。村中有4大水池，后谐称音代池。

【黄草坡大队】 Huáng cǎo pō dà duì 271户，1221人，驻金龙桥，位于屯堡集镇南6.5公里。原名新农大队，1981年9月1日按地片名更名为黄草坡大队。辖7个生产队，15个自然村。耕地面积489亩。主产玉米、水稻，特产生漆、油茶、桐、木梓。

金龙桥 Jīn lóng qiáo 140人，位于屯堡集镇南6.5公里。溪沟上建有桥，取名金龙桥。

杨家塆 Yáng jiā wān 50人，金龙桥北2.4公里。

后亭子 Hòu tíng zǐ 100人，金龙桥北2公里。早年村后修有亭子屋，故名。

金竹塃 Jīn zhú tǎng 40人，金龙桥北3.4公里。村处塃地，原长满金竹，故名。

长梁子 Cháng liáng zǐ 120人，金龙桥东北1.5公里。村处长山梁，故名。

石板塆 Shí bǎn wān 100人，金龙桥西北1.4公里。村处山塆，有块大石板，故名。

邓家槽 Dèng jiā cáo 40人，金龙桥东北2.2公里。

麻园 Má yuán 60人，金龙桥东北1.6公里。村中有块苎麻园，故名。

村坊 Cūn fāng 50人，金龙桥西北1.5公里。村中住户集居，故名。

黄草坡 Huáng cǎo pō 120人，金龙桥西北1公里。村处坡地，秋天一片枯黄草，故名。

大歇场 Dà xiē chǎng 90人，金龙桥西2.1公里。村处恩施城通往四川的要道，行人路过均在此歇息，故名。

桂花园 Guì huā yuán 90人，金龙桥东700米。村中有许多桂花树，故名。

小溪沟 Xiǎo xī gōu 70人，金龙桥西1.4公里。村中有条小溪沟，故名。

腰塆 Yāo wān 60人，金龙桥西南1.8公里。村处山腰的塆内，故名。

宋家角 Sòng jiā jiǎo 40人，金龙桥南750米。

落业坝电站 Luò yè bà diàn zhàn 位于屯堡集镇东北3.1公里。1961年动工，1964年8月建成，装机容量100千瓦，属公社辖。

历史人物简介

饶 应 祺

饶应祺(?—1902) 字子维，湖北省恩施县人。自幼聪敏好学，曾试作浑天仪，旋转合度。12 岁入县学。因学业优良，曾由候选训导荐为清廷最高学府——国子监学正。同治元年(1862)中举，授知县衔，任刑部主事。后因父死回乡服丧，丧毕调陕甘总督，在左宗棠军中供职，因攻克金积堡、巴燕戎格等处，立了军功，擢升知府。光绪三年(1877)任同州(治所在今陕西大荔县，辖今大荔、合阳、韩城、澄城、白水、满城、华县、华阴、潼关等县)知府。光绪十年(1884)改任甘州(治所在今甘肃张掖，辖境相当今甘肃高台以东弱水上游)知府。光绪十一年(1885)任兰州(治所在今甘肃兰州市，辖境相当今兰州市及临洮、榆中、靖远、渭源、临夏等县地)道台，并代理按察使职。光绪十五年(1888)调新疆喀什噶尔道，后改任迪道(新疆迪化，辖今乌鲁木齐市、县)道台，仍兼按察使职。光绪十七年(1891)任新疆布政使。光绪二十一年(1895)升任新疆巡抚。光绪二十八年(1902)调任安徽巡抚，到任途中，病死于新疆哈密。灵柩运回老家，葬恩施城郊黄泥坝，墓前建有石坊及石人石马，当地叫饶家坟。1966 年“文化大革命”初期被毁。

饶应祺作为封建时代的官吏，难免要忠君事君，极力维护统治阶级的利益，与人民以及人民的正义斗争为敌。咸丰九年(1859)太平天国石达开部入川，经过恩施，饶应祺率乡团协助施南清军守城。为官期间，多次镇压少数民族反对清王朝统治的武装斗争。《清史稿》记载：“二十一年，河、湟回煽乱，蔓延甘凉诸郡，其别股万余谋西窜。上命应祺署新疆巡抚，应祺檄提督牛允诚防安西、玉门诸处，拒寇境外。回酋刘四伏果窜玉门之昌马，遇允诚军，战数不利，尽弃辎重，逾雪山西逸。应祺谴参军李金良要之红柳峡，生擒刘四伏，降其众八千，安置于罗布淖尔，设军镇抚。同时库车回谋起事，宁远回亦以争新教相仇杀，汹汹思变。应祺皆先期扑灭，故四伏无内应，卒就歼。上嘉其功，实授巡抚。”

(下转 200 页)

龙 凤 公 社 概 况

LONG FENG GONG SHE GAI KUANG

龙凤公社位于恩施县城北面，东邻七里公社，南抵红庙公社，西挨龙马公社，北靠熊家、白杨坪公社。公社驻地龙凤坝距恩施县城16公里。

公社全境地形呈长方形，东西宽16公里，南北长17公里，区域面积140.41平方公里，耕地面积42144亩，其中水田8548亩，旱地33596亩。林带面积54807亩，公社下辖26个大队，2个林场，2个镇，264个生产队，255个自然村，6086户，36825人，其中农业人口33803人，土家族占0.89%。

解放前，龙凤公社隶属恩施县第一区，为龙凤乡。解放初，命名为恩施县第二区，下辖五峰、龙凤、七里、龙洞、向家、金子、龙潭等28个乡。1954年恩施县第九区（杉木区）撤销后，本区改为第一区，下辖30个乡，1956年合并为18个乡；1958年改为龙凤公社，下辖14个管理区和龙凤镇。1966年灯塔区与龙凤区合井为灯塔区，下辖16个公社和龙凤镇，1975年撤区并社时，将灯塔区分划到龙凤、红庙、七里、熊家、龙马5个公社管辖。

公社全境地势东西高，南北低，中间属河谷地带。低山占89.7%。平均海拔为700米左右，最高点横拦山为海拔1554米，最低点红河咀为海拔419米。气候温和，四季分明，雨量充沛，年平均气温约16.6℃，冬季（1月）最低气温2.4℃，夏季（7月）最高气温32.5℃，年日照量1240小时，年降雨量1439毫米，无霜期达260天左右，干湿度为16毫巴。

境内水利资源丰富，俞家河、湾塘河，自北向南流到衣角坝汇成带河，在红河咀汇入清江，常年达2个流量。并建有七里沟、俞家河、洼子垱、尹家塆、仙渔溪五座水库，常年蓄水量200万方以上，机电灌溉面积1300亩，公社兴建有俞家河、三门洞等4座小水电站，装机容量达1550千瓦。矿藏资源有煤、铁矿，尤其煤的蕴藏量极为可观。

龙凤公社以农业为主，主产玉米等旱粮作物，1981年粮食总产量2051.16万斤。总收入达383.47万元。多种经济有苧麻、茶叶、生漆，桐、木梓、木材等。近年来，公社还兴办有林场、茶场、农具厂、五金修配厂、煤厂、拖拉机站等社办企业。

龙凤公社交通方便，四通八达，巴(东)—石(门坎)公路纵贯全境南北，1979年竣工的汉(口)—渔(泉口)公路横穿东西，全社除西流、椿木、新桥、七里沟、长坎5个大队外，其余各大队均通公路，全长70公里。解放初期，机械化程度较低，社内运输以马车、手拉车为主。现发展有汽车10辆，大、中、小型拖拉机共64台，总动力达1600马力。

公社文教卫生事业发展较快。解放初期，只有4所小学，教师18人，学生763人，现已发展到高中1所，初中1所，小学25所，国家教师191人，民办教师225人，在校学生7843人，比解放初期增加10倍多。公社有文化站1个，电影放映队3个，放映机5部，其中35毫米放映机1部，放映员10人，并在龙凤镇修建了1500个座位的电影院1座，丰富了人民群众的文化生活。解放初期，只龙凤坝1个诊所，6个医务人员，经30年的发展，有公社医院1所，具有 X 光、超声波、心电图、钡餐检查和 30 张病床设备，还有医疗站 24 个，国家医生 48 人，集体医生 37 人，赤脚医生 63 人，接生员 24 人，卫生员 235 人，对防病治病起到了应有的作用，从而提高了群众的健康水平。

公社驻地——龙凤坝。该坝东面 200 米远的龙洞塆半山腰有一山洞貌似巨龙，与洞相峙的魔芋山，往年古树参天，枝繁叶茂，酷似凤凰。自然形成东有“龙”西有“凤”，中间还有个好平坝的形状，故前人将此地取名龙凤坝。龙凤公社由龙凤坝而得名。

龙凤坝集镇面积约 225 亩，人口 3588 人(其中非农业人口占 3448 人)，街道五条呈“Ⅲ”型，全长 1108 米，街面房屋毗邻相接，公社办公大楼、供销社、邮电局、电影院等社道单位分布其中，地区化工厂、县化肥厂等地县工厂坐落四周。集贸市场生意兴隆，每逢集日，赶集人数常达 2 万人左右，该镇地处巴(东)—石(门坎)公路与汉(口)—渔(泉口)公路的交汇点，故交通方便，四通八达。现不仅是恩施县，而且也是巴(东)—石(门坎)公路沿线最大的公社集镇。

龙凤公社行政区划、居民点名称

龙凤坝集镇 Lóng fèng bà jí zhèn 位于恩施县城北14公里，巴(东)—石(门坎)公路187公里和汉(口)—渔(泉口)公路618公里交汇处的平坦地区，海拔440米。东邻太阳坡，西靠金龙坝，南接方家垭口，北抵三门洞。带水河从北来，穿坝南流。此集镇人烟密集，交通方便，是龙凤公社政治、经济、文化中心。

相传在新街出口以东200米龙洞塆的山腰脚有一个岩洞，洞形像条巨龙，洞内常有土碗粗的泉水流出，过往行人总要在此稍息片刻，饮清泉以消渴，观风景以为乐。抬头遥望，洞对面的磨芋山，古树参天，枝叶繁茂，远看犹如展翅欲飞的凤凰。此有龙，彼有凤，中间还有一个好坪坝，故得名龙凤坝。

龙凤坝成为集镇已有50年历史。早先，这里是一块烂泥渍水坝，民国二年(1913)康、廖、王3户人家在这里初兴土木，修建房屋，从事经商，并将赚得的钱粮雇请一些劳力，扩大生意，进而联成“八大股”。30年代，巴(东)—石(门坎)公路通后，此地成为恩施至巴东的交通要道，过往行人逐渐增多。接着从汉口、沙市等地来了几个客商，内与“八大股”联合，外和汉口、沙市等地通商，使山区与平原的物资得到交流，买卖频繁，生意兴旺，龙凤坝逐渐形成了有60户人家的小集镇。当时镇上有街道两条呈“T”型，全长200米，均为泥土路面，街道狭窄，民房高六、七米，青瓦屋面，木板组装。条石砌成街沿，有近十家商铺、饭店分布街道两旁，经营小杂百货，土特产品，接待过往客人，农历双日赶集，十分热闹。解放后龙凤集镇为恩施县第一区驻地，1958年为龙凤公社驻地，1961年为龙凤区公所驻地，1966年龙凤、灯塔合并为灯塔区时，又为灯塔区公所驻地，1975年后为龙凤公社驻地。

龙凤集镇面积约1平方公里，人口3588人，其中非农业人口3448人，菜农140人。街道五条呈“Ⅲ”型，全长2250米，街面房屋毗邻相接，高大的公社办公楼建在4条街道的交汇处。西有新建路街，南北走向，长580米，宽10米，为汉渔公路的一段，是渣油路面。两旁由邮电所、粮油所、电影院和百货、副食、五金门市部组成一条整齐、新型的街道。1970年竣工的“龙凤大桥”横跨街头东西两岸，雄伟壮观。东有马路街，南北走向，长500米，宽7米，泥土路面，沿街商店、餐馆、旅社分布其间，近20处商摊，摆卖着小杂百货、土特产品，鲜肉、鲜蛋琳琅满目，此街为主要农村集市贸易区。镇周有2个蔬菜队，有菜地226亩，年收入达53000元。此地还是恩施县苎麻、桐、木梓油和花生的主要集散地之一。特别是苎麻，种植历史长，具有韧力好，颜色鲜，纤维长等特点，在汉口、沙市一带很受欢迎，年收购量可达13万多斤。20多个国营、集体和个体性质的饭馆、小吃摊生意兴隆，顾客盈门。每逢农历二、五、八的集日，镇上赶集人数常达2万人左右。北有龙凤街，出街口1公里到石桥河便是县水泥厂，西南方500米处的带河边有县化肥厂；在南边响水桥处有地区化工厂。镇上的南、北方各1公里处有公社俞家河电站和县供电所。镇办有农具厂、五金修配厂、拖拉机站等11个社办企业，年产值占全社总收入的22%。

今日的龙凤集镇，交通方便，四通八达。恩施城至龙凤集镇的公共汽车每日来往7趟，乘客达1000多人，是恩施县首屈一指的闹集。

【太阳大队】 Tài yáng dà duì 269户，1093人，驻龙洞塆，位于龙凤坝集镇东400米。辖8个生产队，7个自然村，耕地面积818亩，其中水田335亩。主产水稻、玉米，特产苎麻、油茶、花生。

龙洞塆 Lóng dòng wān 115人，大队驻地，位于龙凤坝集镇东400米。村处山塆，因有个洞形似龙，故名。

三门洞 Sān mén dòng 50人，龙洞塆北600米。带河流经此村要经过3个洞，故名。

太阳坡 Tài yáng pō 90人，龙洞塆东南800米。村处坡地，当阳，故名。

板栗塆 Bǎn lì wān 70人，龙洞塆南偏东500米。村处山塆，板栗树多，故名。

谢家塆 Xiè jiā wān 40人，龙洞塆南偏西1公里。

皂角塆 Zào jiǎo wān 40人，龙洞塆西南1.5公里。村处山塆，皂角树多，故名。

潘家店子 Pān jiā diàn zǐ 46人，龙洞塆西南1.8公里。

龙凤坝 Lóng fèng bà （片村），位于恩施县城北偏东16公里。包括三门洞、龙洞塆、太阳坡、张三家、桃树塆、庙坪、伍家塆7个自然村。

【七里沟大队】 Qī lǐ gōu dà duì 99户，443人，驻树林子，位于龙凤坝集镇东北8.7公里。原名齐心大队，1981年9月1日按地名更名为七里沟大队。辖4个生产队，5个自然村，耕地面积650亩，其中水田64亩。主产玉米、水稻，特产桐、木梓。

树林子 Shù lín zǐ 45人，大队驻地，位于龙凤坝集镇东北8.7公里。村中有片杉树林子，故名。

胡家塆 Hú jiā wān 35人，树林子北偏东650米。

洞脑壳 Dòng nǎo ké 40人，树林子北偏东300米。村处山洞的上方，故名。

店子 Diàn zǐ 45人，树林子南偏东500米。村中开过店子，故名。

后坡 Hòu pō 30人，树林子东南1.2公里。村处后山坡，故名。

七里沟 Qī lǐ gōu （片村），树林子南偏东500米，包括胡家塆、岩脑壳、店子、新屋包。此沟长约7华里，故名。

【新桥大队】 Xīn qiáo dà duì 260户，1203人，驻向家坡，位于龙凤坝集镇北7.8公里。原名燎原大队，1981年9月1日按地名更名为新桥大队。辖11个生产队，14个自然村，耕地面积1889亩，其中水田208亩。主产玉米、小麦、薯类，特产桐、木梓、苎麻。

向家坡 Xiàng jiā pō 90人，大队驻地，位于龙凤坝集镇北7.8公里。

寨坡 zhài pō 50人，向家坡北820米。村处坡地，原建过寨子，故名。

新屋包 xīn wū bāo 45人，向家坡东750米，村处山包，原建有新屋，故名。

偏岩 Piān yán 110人，向家坡东350米。村处偏岩山，故名。

新桥 Xīn qiáo 30人，向家坡西南350米。村中原建有1座新凉桥，故名。

陈家窝坑 Chén jiā wō kēng 70人，向家坡东南550米。

桐子园 Tóng zǐ yuán 15人，向家坡西南900米。村中有片桐子树，故名。

小河 Xiǎo hé 40人，向家坡南850米。村旁有条小河，故名。

双耳丘 Shuāng ěr qiū 55人，向家坡东南950米。村头有3座尖山，形似双耳，故名。

高台　Gāo tái　70人，向家坡西南1.2公里。村处高台地，故名。

水井梁子　Shuǐ jǐng liáng zǐ　110人，向家坡西南1.9公里。村旁山梁上有口水井，故名。

长天坑　Cháng tiān kēng 70人，向家坡南1.55公里。村中有个长天坑，故名。

高坎　gāo kǎn　70人，向家坡西南2.3公里。村中有道高坎，故名。

麻园垮　Má yuán wān　24人，向家坡南2公里。村处山垮，盛产苎麻，故名。

杉木坝集镇　Shā mù bà jí zhèn　位于龙凤坝北偏东7公里，系龙凤公社杉木管理区驻地多为杉木坝大队辖，海拔650米，坝呈长方形，辖区面积约0.7平方公里。四周青山环绕，原生长有茂密的杉木树，故名杉木坝。形成集镇已有200多年的历史。

杉木坝是一山村小镇，建筑面积0.1平方公里，居住有600余人，低矮的木质结构房屋毗邻相接，组成一条小街，长200米，宽3米，石板路面。解放前此地是川东入恩施的门户，过往商贾甚多，集市较为热闹，后因交通不便，集市逐渐冷落衰败。《恩施县志》记载：清朝文人唐方耀晚自杉木村归道途中作“半沟流水几人家，杉木青青目欲斜。莫道空山春不到，一枝开遍隔墙花”。解放前的杉木坝多出文人，享有杉木坝“顶子”多之美名。

解放前，杉木坝为恩施县第四区驻地，1938年只30户人家，逢单日赶集。解放初为恩施县第九区(杉木区)驻地，1954年杉木区与龙凤区合并，杉木坝改为乡，1958年改为公社。属龙凤区(曾改名灯塔区)辖。1975年撤区并社改为杉木管理区，仍属龙凤公社辖。

杉木坝小街上设有供销分社、粮店、食品站，卫生所，中小学等单位。在街西北1000米处建有七里沟水库，蓄水量为50万立方米，开通了约10公里长的渠道，保证了人畜用水和农田灌溉用水的需要，近年在街北200米处修建了1座小水电站，发电量28千瓦，解决了全坝的加工照明用电。1975年修通了杉(木)—龙(凤坝)的公路，改变了多年来肩挑背驮的局面，加速了城乡物资交流。杉木坝地势平坦，水源充足，现已成为龙凤公社的主要产粮区。

【杉木坝大队】　Shā mù bà dà duì　353户，1553人，驻杉木坝，位于龙凤坝集镇北偏东6.6公里。原叫民利大队，1981年9月1日按驻地更名为杉木坝大队，辖14个生产队，9个自然村，耕地面积1532亩，其中水田81亩。主产玉米、小麦、薯类，特产桐、木梓、油菜。

关门岩　Guān mén yán　60人，位于杉木坝东北2.5公里。村中有块岩石，形似两块门，故名。

白果树　Bái guǒ shù　50人，杉木坝东北1.7公里。村中原有棵大白果树，故名。

新村　Xīn cūn　110人，杉木坝东北1.2公里。此村为新建，故名。

李家窝坑　Lǐ jiā wō kēng　70人，杉木坝东北1.3公里。

余家屋场　Yú jiā wū chǎng　80人，杉木坝东北750米。

泡桐垮　Pào tóng wān　40人，杉木坝西北500米。村处山垮，泡桐树多，故名。

丁家包子　Dīng jiā bāo zǐ　100人，杉木坝东900米。

严家包子　yán　jiā bāo zǐ　30人，杉木坝东1.2公里。

曾家垮　Zēng jiā wān　10人，杉木坝东南550米。

【长坎大队】　Cháng kǎn dà duì　263户，1154人，驻长坎，位于龙凤坝集镇东北7.2公里。原名和平大队，1981年9月1日按驻地更名为长坎大队。辖9个生产队，9个自然村，耕地面积1754亩，其中水田12亩。主产玉米、小麦、薯类，特产油菜、桐、木梓。

长坎 Cháng kǎn 40人，大队驻地，位于龙凤集镇东北7.2公里。村中有条长土坎，故名。

三岔槽 Sān chà cáo 85人，长坎北1.6公里。村中有3条岔槽，故名。

老村 lǎo cūn 75人，长坎西北1.2公里。此村历史长，故名。

土埂槽 tǔ gěng cáo 24人，长坎北900米。村处槽地，有条土埂，故名。

茅湖 Máo hú 105人，长坎东北550米。此地原是一片茅草地，故名。

笔架山 Bǐ jià shān 75人，长坎西800米。村旁山峰似笔架，故名。

樱桃井 Yīng táo jǐng 17人，长坎东500米。村中水井边有棵樱桃树，故名。

塆潭 Wān tán 74人，长坎东南1公里。村中山塆有口水潭，故名。

大塆 dà tǎng 80人，长坎西南1.1公里。村处大塆中，故名。

【店子槽大队】 Diàn zǐ cáo dà duì 248户，1137人，驻干溪头，位于龙凤坝集镇西北4.8公里。原名前进大队，1981年9月1日按地名更名为店子槽大队。辖10个生产队，10个自然村，耕地面积1654亩，其中水田180亩。主产玉米、水稻，特产桐。

干溪头 Gān xī tóu 28人，大队驻地，位于龙凤坝集镇西北4.8公里。村处溪沟尽头，故名。

二岩 Er yán 62人，干溪头北1.5公里。村处岩坎上，故名。

龙洞坡 Lóng dòng pō 40人，干溪头北1.3公里。村处坡地，有个洞似龙嘴，故名。

段家坳口 Duàn jiā ào kǒu 20人，干溪头东北1.55公里。

半边青 Bàn biān qīng 68人，干溪头北1公里。村中有片青树林，故名。

锁山 Suǒ shān 20人，干溪头东北850米。村中山路狭窄，似一把锁，故名。

新屋 Xīn wū 26人，干溪头北550米。村中建有新屋，故名。

店子槽 Diàn zǐ cáo 41人，干溪头东南1公里。村处槽地，原设过旅店，故名。

仙渔溪 Xiān yú xī 64人，干溪头南1.65公里，传说溪沟内有仙渔，故名。

滴水岩 Dī shuǐ yán 72人，干溪头南2.1公里。村中有壁岩，长年滴水，故名。

【古长坝大队】 Gǔ cháng bà dà duì 416户，2011人，驻古长坝，位于龙凤坝集镇东北5.3公里，原名三红大队，1981年9月1日按驻地更名为古长坝大队。辖17个生产队，16个自然村，耕地面积2409亩，其中水田15亩。主产玉米、小麦，薯类，特产桐、木梓。

古长坝 Gǔ cháng bà 105人，大队驻地，位于龙凤坝集镇东北5.3公里。此坝原长满苦草，名苦草坝，后讹称为古长坝。

鲁家巷子 Lǔ jiā xiàng zǐ 35人，古长坝北700米。

王家水井 Wáng jiā shuǐ jǐng 105人，古长坝东北750米。

麻正坡 Má zhèng pō 54人，古长坝东1公里。村处坡地，产麻，故名。

石槽 Shícáo 70人，古长坝东1.9公里。村中有块岩石，中间起槽，故名。

堰塆 Yàn wān 31人，古长坝东南1.55公里。村塆内有口堰塘，故名。

老井塆 Lǎo jǐng wān 43人，古长坝西南900米。村塆中有口老水井，故名。

杨河塃 Yáng hé tǎng 74人，古长坝东南1公里。村处河塃地，居住。

砂锅炉 Shā guō lú 130人，古长坝南800米。村中有3座山似砂锅炉，故名。

代家塆 Dài jiā wān 130人，古长坝东2.3公里。

淹水塃 Yān shuǐ tǎng 38人，古长坝南1.1公里。村处塃地，常淹水，故名。

核桃坪 Hé tao píng 125人，古长坝东1.95公里。村处坪地，核桃树多，故名。

古堰 Gǔ yàn 55人，古长坝南1.3公里。村中有口古堰塘，故名。

中间屋 Zhōng jiān wū 30人，古长坝东南1.9公里。村子中间有栋大屋，故名。

鲜桃树 Xiān táo shù 25人，古长坝东南2.5公里。村中桃树多，所产桃子鲜美爽口，故名。

孙家遍 Sūn jiā biàn 60人，古长坝东南3公里。

古长坝 Gǔ cháng bà （片村），位于龙凤坝集镇东北5.3公里。包括王家水井、鲁家巷子两个自然村。

【椿木大队】 Chūn mù dà duì 95户，466人，驻唐家坪，位于龙凤坝集镇西北5.2公里。1975年取名椿木大队。辖6个生产队，8个自然村，耕地面积966亩，其中水田58亩。主产玉米、薯类，特产生漆。

唐家坪 Táng jiā píng 20人，大队驻地，位于龙凤坝集镇西北5.2公里。

梨儿坪 Lí ér píng 102人，唐家坪东北1.15公里。村处坪地，梨子树多，故名。

封火墙 Fēng huǒ qiáng 60人，唐家坪北500米。村中房屋均做成防火墙，故名。

张家塆 Zhāng jiā wān 60人，唐家坪西北200米。

龙塘坪 Lóng táng píng 67人，唐家坪东北300米。村处坪地，有口水塘，传说有龙，故名。

苦草坪 Kǔ cǎo píng 33人，唐家坪西400米。此坪中长满苦草，故名。

冉家槽 Rǎn jiā cáo 78人，唐家坪东南450米。

椿木槽 Chūn mù cáo 60人，唐家坪东南800米。村处槽地，椿树多，故名。

【西流大队】 Xī liú dà duì 95户，432人，驻窝坑，位于龙凤坝集镇西北6.6公里。1975年取名西流大队。辖5个生产队，5个自然村，耕地面积1215亩，其中水田76亩。主产玉米、薯类，特产生漆、药材。

窝坑 Wō kēng 100人，大队驻地，位于龙凤坝集镇西北6.6公里。村处窝坑，故名。

石板溪 Shí bǎn xī 38人，窝坑东北800米。村中溪水从石板上流过，故名。

马家河 Mǎ jiā hé 窝坑东南1.7公里。

坪上 Píng shàng 25人，窝坑东南2.1公里。村处坪地，故名。

【衣角坝大队】 Yī jiǎo bà dà duì 230户，1046人，驻杨柳槽，位于龙凤坝集镇东北2.8公里。1975年取名衣角坝大队。辖9个生产队，9个自然村，耕地面积1244亩，其中水田185亩。主产玉米、水稻、薯类，特产桐、木梓、苎麻、生漆。

杨柳槽 Yáng liǔ cáo 42人，大队驻地，位于龙凤坝集镇东北2.8公里。村处槽地，杨柳树多，故名。

马鞍槽 Mǎ ān cáo 92人，杨柳槽北1.2公里。此槽似马鞍形，故名。

狮子菩萨 Shī zǐ pú sà 37人，杨

柳槽西北1公里。村中有块石头似狮子，信奉为菩萨，故名。

叶家坪 Yè jiā píng 83人，杨柳槽东北900米。

邓家塆 Dèng jiā wān 78人，杨柳槽西850米。

饶家河 Ráo jiā hé 96人，杨柳槽东北850米。

陈家坝 Chén jiā bà 160人，杨柳槽西南600米。

大桥头 Dà qiáo tóu 87人，杨柳槽南200米。村头有座石拱桥，故名。

衣角坝 Yī jiǎo bà 100人，杨柳槽南600米。该坝形似衣角。

【双堰塘大队】 Shuāng yàn táng dà duì 544户，2489人，驻双堰塘，位于龙凤坝集镇北2公里。原名红旗大队，1981年9月1日按地名更名为双堰塘大队，辖18个生产队，17个自然村，耕地面积2921亩，其中水田532亩。主产玉米、水稻、薯类，特产苎麻、桐、木梓。

双堰塘 Shuāng yàn táng 104人，大队驻地，位于龙凤坝集镇北2公里。村中有2口堰塘，故名。

茂枝坝 Mào zhī bà 147人，双堰塘西北1.85公里。此坝原森林茂密，故名。

台子 Tái zǐ 90人，双堰塘西北1.7公里。村处台地，故名。

刷把溪 Shuā bǎ xī 80人，双堰塘东北1.4公里。村中溪水流如刷把，故名。

周家店子 Zhōu jiā diàn zǐ 76人，双堰塘北1公里。

半边街 Bàn biān jiē 78人，双堰塘北800米。村中有条半边街，故名。

吴家大屋 Wú jiā dà wū 105人，双堰塘西北900米。

叶家槽 Yè jiā cáo 127人，双堰塘西北900米。

何家槽 Hé jiā cáo 86人，双堰塘北500米。

老村坝 Lǎo cūn bà 98人，双堰塘东北1.2公里。村处坪坝，历史长，故名。

纺尔坡 Fǎng ěr pō 61人，双堰塘西北1.2公里。村处坡地，原有人纺织，故名。

刘家塆 Liú jiā wān 137人，双堰塘东南1.2公里。

后塆 Hòu wān 116人，双堰塘西1.3公里。村处山塆后，故名。

方家大屋 Fāng jiā dà wū 47人，双堰塘东南400米。

花石板 Huā shí bǎn 47人，双堰塘东南400米，村中有块花石板，故名。

黄家包 Huáng jiā bāo 58人，双堰塘东南850米。

【竹园坡大队】 Zhú yuán pō dà duì 283户，1310人，驻石关口，位于龙凤坝集镇东北3公里。原名前光大队，1981年9月1日按地名更名为竹园坡大队。辖9个生产队，9个自然村，耕地面积1569亩，其中水田203亩。主产玉米、水稻、薯类，特产木梓、桐、苎麻。

石关口 Shí guān kǒu 90人，大队驻地，位于龙凤集镇北3公里。村中山口狭窄，似关口，故名。

黄家峁子 Huáng jiā mǎo zǐ 78人，位于石关口东北2公里。

姚家井 Yáo jiā jǐng 119人，石关口东北1.6公里。

竹园坡 Zhú yuán pō 121人，石关口东北1.2公里。村处坡地，盛产水竹，故名。

衣角遍 Yī jiǎo biàn 41人，石关口东北600米。在衣角坝的坡上，故名。

瓦厂塆 Wǎ chǎng wān 78人，石关口东900米。村处山塆，办过瓦厂，故名。

长梁子 Cháng liáng zǐ 129人，石关口西南500米。村处长山梁，故名。

磬岭塆 Qìng lǐng wān 129人，石关口西南510米。此塆地形似磬岭，故名。

大山垱 Dà shān tǎng 102人，石关口南600米。村处大山脚的垱地，故名。

【后山坡大队】 Hòu shān pō dà duì 315户，1392人，驻后山坡，位于龙凤坝集镇西北1.12公里。原名群益大队，1981年9月1日按地名更名为后山坡大队。辖7个生产队，6个自然村，耕地面积1121亩，其中水田544亩。主产水稻、玉米、薯类，特产木梓、苎麻、茶叶。

后山坡 Hòu shān pō 66人，大队驻地，位于龙凤坝集镇西北1.12公里。村处坡地，居山后，故名。

垭活龙 Yà huólóng 74人，后山坡东北750米。村处山垭，传说有活龙，故名。

磨芋包 Mó yù bāo 74人，后山坡西北800米。村处山包，产磨芋，故名。

桃树塆 Táo shù wān 130人，后山坡南1.63公里。村处山塆，桃树多，故名。

张三家 Zhāng sān jiā 150人，后山坡东南850米。

庙坪 Miào píng 100人，后山坡东南900米。村处坪地，原建有庙，故名。

带河坝 Dài hé bà 片村，后山坡南2公里。包括庙坪、马家坪、八龙坪3个自然村。此坝处带河边，故名。

【吉心大队】 Jí xīn dà duì 280户，1263人，驻鸡心店，位于龙凤坝集镇东北5.75公里。1975年取名吉心大队。辖11个生产队，9个自然村，耕地面积1311亩。主产玉米、小麦、薯类，特产桐、木梓。

鸡心店 Jī xīn diàn 314人，大队驻地，位于龙凤坝集镇东北5.75公里。村内有座山，似鸡心，原开有店子，故名。

杨家岩 Yáng jiā yán 20人，鸡心店西北2.6公里。

周家坡 Zhōu jiā pō 32人，鸡心店西北1.55公里。

梅家槽 Méi jiā cáo 29人，鸡心店西北1.6公里。

二台坪 Er tái píng 31人，鸡心店西北2公里。村处台地，故名。

关家屋场 Guān jiā wū chǎng 25人，鸡心店东350米。

水竹园 Shuǐ zhú yuán 61人，鸡心店西1.4公里。村中有片水竹林，故名。

大坡 Dà pō 42人，鸡心店西南2公里。村处大坡地，故名。

土埂槽 Tǔ gěng cáo 27人，鸡心店西南1公里。村处槽地，有条土埂，故名。

【三龙坝大队】 Sān lóng bà dà duì 396户，1826人，驻三龙坝，位于龙凤坝集镇东北1.45公里。原名红星大队，1981年9月1日按地名更名为三龙坝大队。辖15个生产队，9个自然村，耕地面积1712亩，其中水田422亩。主产玉米、水稻、薯类，特产桐、木梓、麻、油菜。

三龙坝 Sān lóng bà 667人，大队驻地，位于龙凤集镇东北1.45公里。村处坝地，有3座山似龙，故名。

肖家坝 Xiāo jiā bà 24人，三龙坝北850米。

长槽 Cháng cáo 60人，三龙坝西北750米。村处山槽狭长，故名。

石虎山 Shí hǔ shān 50人，龙坝西650米。村旁一座山，形似虎，故名。

大坪坝 Dà píng bà 58人，三龙坝西200米。村处大坪地中，故名。

大坪 Dà píng 85人，三龙坝南800米。村处坪地，故名。

后槽 Hòu cáo 84人，三龙坝东南

1.1公里。村处槽地，位于三龙坝后山，故名。

向家塆 Xiàng jiā wān 117人，三龙坝南1.1公里。

大水井 Dà shuǐ jǐng 77人，三龙坝南1.3公里。村中有口大水井，故名。

【金龙大队】 Jīn lóng dà duì 253户，1158人，驻金龙坝，位于龙凤坝集镇西1.85公里。辖9个生产队，10个自然村，耕地面积1498亩，其中水田363亩。主产玉米、水稻、小麦，特产茶、桐、木梓、苎麻。

金龙坝 Jīn lóng bà 309人，大队驻地，位于龙凤集镇西1.85公里。村处坝地，传说曾有条金龙到坝中喝水，故名。

沙石坡 Shā shí pō 51人，金龙坝北1.35公里。村处坡地，沙石子多，故名。

茶树包 Chá shù bāo 61人，金龙坝北1公里。村处山包，茶树多，故名。

茶园片 Chá yuán piàn 122人，金龙坝西北2.2公里。村中有片茶园，故名。

沙塆 Shā wān 65人，金龙坝北2.6公里。此塆内沙子多，故名。

唐家塆 Táng jiā wān 89人，金龙坝1.25公里。

大石板 Dà shí bǎn 48人，金龙坝西1.7公里。村内有块大石板，故名。

后槽 Hòu cáo 125人，金龙坝西500米。此槽位于金龙坝后，故名。

张家巷子 Zhāng jiā xiàng zǐ 149人，金龙坝南650米。

梅子坝 Méi zǐ bà 94人，金龙坝南1公里。坝中有棵梅子树，故名。

【鹿池塘大队】 Lù chí táng dà duì 225户，1100人，驻鹿池塘，位于龙凤坝集镇东6公里。原名胜利大队，1981年9月1日按地名更名为鹿池塘大队。辖6个生产队，8个自然村，耕地面积1337亩，其中水田60亩。主产玉米、小麦、薯类，特产桐、木梓。

鹿池塘 Lù chí táng 82人，大队驻地，位于龙凤坝集镇东6公里。村中有口水塘，传说有只鹿在塘中洗过澡，故名。

孙家槽 Sūn jiā cáo 21人，鹿池塘东北700米。

下场 Xià chǎng 10人，鹿池塘西750米。村处下场坝，故名。

沈家槽 Shěn jiā cáo 32人，鹿池塘东南800米。

丝栗塆 Sī lì wān 85人，鹿池塘南1.75公里。村处山塆，有棵大丝栗树，故名。

窑坪 Yáo píng 32人，鹿池塘西南1公里。村处坪地，烧过窑，故名。

茶场 Chá chǎng 20人，鹿池塘东南2.25公里。村中办有茶场，故名。

锁井槽 Suǒ jǐng cáo 32人，鹿池塘西南1.6公里。村处槽地，有口水井，原安有锁，故名。

【八龙坪农科站】 Bā lóng píng nóng kē zhàn 151户，658人，驻八龙坪，位于龙凤坝集镇西1.35公里。原名公社农科站，1981年9月1日按地名更名为八龙坪农科站。辖4个生产队，3个自然村，1个科研组，耕地面积636亩，其中水田377亩。主产水稻、玉米、小麦、薯类，特产苎麻、木梓。

八龙坪 Bā lóng píng 46人，位于龙凤坝集镇西1.35公里。村处坪地，有8条小山岭，形如龙，故名。

大堰塆 Dà yàn wān 56人，八龙坪北1公里。村处山塆，有口大堰塘，故名。

伍家塆 Wǔ jiā wān 204人，八龙坪北200米。

【杉树塆大队】 Shān shù wān dà duì 136户，661人，驻炭塆，位于龙凤坝集镇西5.3公里。原名新民大队，1981年9月1日按村名更名为杉树塆大队。辖6个生产队，8 个自然村，耕地面积 1222 亩。主产玉米、小麦、薯类，特产桐、木梓、茶、生漆、苎麻。

炭塆 Tàn wān 15 人，大队驻地，位于龙凤坝集镇西 5.3 公里。村处山塆，烧过炭，故名。

土渔泉 Tǔ yú quán 109 人，炭塆北 1.2 公里。村中有口泉，出土渔，故名。

杉树塆 shān shù wān 125 人，炭塆西北 1.1 公里。村处山塆，杉树多，故名。

盘茶园 pán chá yuán 35 人，炭塆东 100 米。村中有片茶园，似盘子，故名。

豆腐岩 Dòu fǔ yán 38 人，炭塆西南 800 米。村中有座山岩，形似豆腐，故名。

两扇门 Liǎng shàn mén 48 人，炭塆西南 1.8 公里。村中有壁白岩，似两扇门，故名。

牵马岭 Qiān mǎ lǐng 23 人，炭塆南 1 公里。村中有座山岭，骑马到此要下马步行，故名。

庙梁子 Miào liáng zǐ 67 人，炭塆南 1.3 公里。此山梁上建过庙，故名。

【小龙潭大队】 Xiǎo lóng tán dà duì 269 户，1098 人，驻小龙潭，位于龙凤坝集镇西南 3.6 公里。原名曙光大队，1981 年 9 月 1 日按驻地更名为小龙潭大队。辖 15 个生产队，15 个自然村，耕地面积 2822 亩，其中水田 1374 亩。生产水稻、玉米、薯类，特产苎麻、茶叶、柑橘。

小龙潭 Xiǎo lóng tán 320 人，大队驻地，位于龙凤坝集镇西南 3.6 公里。村中有座山形似龙，并有口深潭，故名。

小茶园 Xiǎo chá yuán 41 人，位于小龙潭西北 2.35 公里。村中有小片茶园，故名。

邓家沟 Dèng jiā gōu 48 人，小龙潭西北 1.75 公里。

牛渡口 Niú dù kǒu 65 人，小龙潭东北 1.35 公里。村处河边，行人踩水牵着牛麻藤过河，故名。

灯盏窝 Dēng zhǎn wō 43 人，小龙潭北 1.1 公里。此村地形似灯盏，故名。

尖山坪 Jiān shān píng 260 人，小龙潭北 800 米。村处坪地，有座小尖山，故名。

响水沟 Xiǎng shuǐ gōu 68 人，小龙潭西北 1.15 公里。此沟流水声响，故名。

核桃沟 Hé táo gōu 108 人，小龙潭西北 750 米。村处山沟，核桃树多，故名。

寨子 Zhài zǐ 121 人，小龙潭东北 750 米。村中房子集中似寨子，故名。

柿子坪 Shì zǐ píng 72 人，小龙潭西北 400 米。村处坪地，柿子树多，故名。

周家墓 Zhōu jiā mù 13 人，小龙潭西 1.25 公里。

明城 Míng chéng 122 人，小龙潭西南 750 米。明朝时曾在此拟修城池，故名。

闸口 Zhá kǒu 84 人，小龙潭南 550 米。村中河上建有闸，故名。

峡口 Xiá kǒu 131 人，小龙潭西南 1.5 公里。此地山势陡峭，清江流经，河面狭窄，故名。

红河咀 Hóng hé zuǐ 106 人，小龙潭西南 1.5 公里。村处河边，有块尖咀红砂岩，故名。

【二坡大队】 Er pō dà duì 276 户，1336 人，驻二坡，位于龙凤坝集镇东南 4.7 公里。原名七龙大队，1981 年 9 月 1 日按驻地更名为二坡大队。辖 15 个生产队，15 个自然村，耕地面积 1819 亩，其中水田 80 亩。主产玉米、小麦、薯类，特产花生、桐油。

二坡 Er pō 80 人，大队驻地，位于龙凤坝集镇东南 4.7 公里。原此村设有驿站，称为二铺，后讹称为二坡。

天井坡 Tiān jǐng pō 31 人，二坡

北 1.1 公里。村处天井塆坡上，故名。

火场坝 Huǒ chǎng bà 20 人，二坡北 900 米。村中原有栋大屋被火烧毁成坪坝，故名。

天井塆 Tiān jǐng wān 80 人，二坡北 950 米。村处山塆，有个大天井，故名。

楠木垱 Nán mù tǎng 41 人，二坡东北 1.75 公里。村处垱地，楠木树多，故名。

四合槽 Sì hé cáo 40 人，二坡东北 900 米。此村有 4 条山槽交叉，故名。

蔡家屋场 Cài jiā wū chǎng 二坡东北 750 米。

王家片 Wáng jiā piàn 30 人，二坡南 350 米。

猫子洞 Māo zǐ dòng 50 人，二坡南 1.2 公里。村中有个大山洞，形似猫子，故名。

曾家槽 Zēng jiā cáo 27 人，二坡东南 800 米。

七龙塘 Qī lóng táng 93 人，二坡西南 1.45 公里。村中有 7 口水塘，传说藏有 7 条龙。

小槽 Xiǎo cáo 39 人，二坡南 1.2 公里。村处小山槽内，故名。

周家塆 Zhōu jiā wān 40 人，二坡西南 1.6 公里。

陈家塆 Chén jiā wān 62 人，二坡西南 2 公里。

蚂蟥丘 Mǎ huáng qiū 21 人，二坡西南 1.85 公里。村中有 3 丘水田里蚂蟥多，故名。

【杜家坝大队】 Dù jiā bà dà duì 163 户，852 人，驻穿洞，位于龙凤坝集镇东南 6.1 公里。原名幸福大队，1981 年 9 月 1 日更名为杜家坝大队，辖 11 个生产队，9 个自然村，耕地面积 1189 亩，其中水田 373 亩。主产水稻、玉米、薯类、特产花生、桐、木梓、苎麻。

穿洞 Chuān dòng 40 人，大队驻地，位于龙凤坝集镇东南 6.1 公里。村中有个穿山洞，故名。

亭子屋 Tíng zǐ wū 52 人，穿洞东北 1.85 公里。村中原有栋亭子屋，故名。

崔家坡 Cuī jiā pō 20 人，穿洞东北 2.4 公里。

后垱 Hòu tǎng 51 人，穿洞东北 1.35 公里。

尹家塆 Yǐn jiā wān 35 人，穿洞东北 1.9 公里。

杜家坝 Dù jiā bà 207 人，穿洞东北 1 公里。

拖路槽 Tuō lù cáo 22 人，穿洞西 900 米。村处槽地，人们打柴后从此拖回，故名。

板长岩 Bǎn cháng yán 21 人，穿洞东北 2.2 公里。村中有壁悬岩，似板壁一样，故名。

锅底坑 Guō dǐ kēng 21 人，穿洞南 350 米。村处窝坑，形如锅底，故名。

【向家村大队】 Xiàng jiā cūn dà duì 674 户，3036 人，驻向家村，位于龙凤坝集镇东南 3 公里。原名金星大队，1981 年 9 月 1 日按驻地更名为向家村大队。辖 20 个生产队，17 个自然村，耕地面积 3776 亩，其中水田 905 亩。主产水稻、玉米、薯类，特产苎麻、柑橘。

向家村 Xiàng jiā cūn 400 人，大队驻地，位于龙凤坝集镇东南 3 公里。

小十字路 Xiǎo shí zì lù 53 人，向家村北 2.1 公里。村处十字路口，故名。

林家塆 Lín jiā wān 107 人，向家村北 2 公里。

炉子塆 Lú zǐ wān 41 人，向家村北 1.7 公里。村处山塆，原有烧瓦的炉子，故名。

小窝子垱 Xiǎo wō zǐ tǎng 121 人，同家村北 1.7 公里。村处垱地，地形狭小，故名。

马鞍山 Mǎ ān shān 31 人，向家村北 1.6 公里。此山形似马鞍，故名。

曹家塆 Cáo jiā tǎng 30人，向家村北1.3公里。

大窝子塆 Dà wō zǐ tǎng 32人，向家村东北1.5公里。村处塆地，地形窝陷，故名。

任家河 Rèn jiā hé 84人，向家村东北1.7公里。

刘家塆 Liú jiā tǎng 30人，向家村西北1.1公里。

洋瓷塆 Yáng cí wān 62人，向家村东北1.3公里。此塆曾烧过洋瓷碗，故名。

大十字路 dà shí zì lù 30人，向家村东北2公里。此地两条道路相交成十字，故名。

孙家坡 Sūn jiā pō 42人，向家村西北1公里。

孙家塆 Sūn jiā wān 51人，向家村西北700米。

张家塆 Zhāng jiā wān 102人，向家村东北600米。

楠竹林 Nán zhú lín 81人，向家村西400米。村中有片楠竹林，故名。

杜家塆 Dù jiā tǎng 40人，向家村东北800米。

叶家塆 Yè jiā wān 207人，向家村西南700米。

【三十六荒大队】 Sān shí liù huāng dà duì 370户，1582人，驻麻园塆，位于龙凤坝集镇南3.2公里。原名东红大队，1981年9月1日更名为三十六荒大队。辖13个生产队，15个自然村，耕地面积200亩，其中水田998亩。主产水稻、玉米、薯类，特产花生、茶叶、苎麻。

麻园塆 Má yuán wān 15人，大队驻地，位于龙凤坝集镇3.2公里。村处山塆，有片麻园地，故名。

小大坪 Xiǎo dà píng 17人，麻园塆西北1.7公里。村处大、小坪地之间，故名。

大槽 Dà cáo 30人，麻园塆北1.25公里。村处大山槽中，故名。

芭蕉塆 Bā jiāo wān 35人，麻园塆东北1.7公里。村处山塆，芭蕉树多，故名。

余家店 Yú jiā diàn 18人，麻园塆西北1公里。

三岔河 Sān chà hé 14人，麻园塆东北800米。村处3条溪河的汇合处，故名。

大坪 Dà píng 34人，麻园塆西北1.6公里。村处大坪地，故名。

白蜡塆 Bái là wān 26人，麻园湾北500米。村处山塆，白蜡树多，故名。

烂草塆 Làn cǎo wān 49人，麻园塆西1.2公里。村处山塆，烂泥、杂草丛生，故名。

卢家老屋 Lú jiā lǎo wū 33人，麻园塆西南300米。

杨家塆 Yáng jiā wān 18人，麻园塆东600米。

堰塘塆 Yàn táng wān 16人，麻园塆西200米。村处山塆，有口堰塘，故名。

牛角塆 Niú jiǎo wān 14人，麻园塆东800米。村处山塆，地形似牛角，故名。

龙家塆 Lóng jiā wān 17人，麻园塆东南1.5公里。

大块地 Dà kuài dì 92人，麻园塆南1.5公里。村中有块大田，故名。

三十六荒 Sān shí liù huāng （片村），麻园东面，包括三岔河、大槽，白蜡塆、杨家塆4个自然村。此地片三岔河称"三"，十字路称"十"，姓卢的住户称"六"，原一片荒地，故名。

【桂花大队】 Guì huā dà duì 170户，766人，驻桂花坝，位于龙凤坝集镇东偏南7公里。1981年从杜家坝大队分出，按驻地取名。辖9个生产队，7个自然村，耕地面积1196亩，其中水田368亩。主产玉米，水稻、薯类，特产桐油、木梓。

桂花坝 Guì huā bà 81人，大队驻地，位于龙凤坝集镇东偏南7公里。此坝中原长有桂花树，故名。

杜家塆 Dù jiā wān 41人，桂花坝北偏东1.75公里。

向家塆 Xiàng jiā wān 31人，桂花坝东北1.2公里。

罗家槽 Luó jiā cáo 30人，桂花坝东北600米。

申家坡 Shēn jiā pō 25人，桂花坝东偏南450米。

三台坝 Sān tái bà 31人，桂花坝西偏南600米。

谭家塆 Tán jiā wān 40人，桂花坝南550米。

【五谷庙大队】 Wǔ gǔ miào dà duì 296户，1336人，驻五谷庙，位于龙凤坝集镇南5.1公里。原名新华大队，1981年9月1日按地名更名为五谷庙大队。辖11个生产队，13个自然村，1个园艺场，耕地面积1872亩，其中水田654亩。主产水稻、玉米、薯类，特产木梓、柑橘。

五谷庙 wǔ gǔ miào 31人，大队驻地，位于龙凤坝集镇南5.1公里。村中原有座庙名五谷庙，村名借用。

天生桥 Tiān shēng qiáo 27人，五谷庙东北2.1公里。村中有座天生小石桥，故名。

牌坊 Pái fāng 30人，五谷庙北1.4公里。村中原立有牌坊，故名。

陈家槽 Chén jiā cáo 20人，五谷庙东北2.5公里。

韩家坝 Hán jiā bà 61人，五谷庙北600米。

肖家长屋 Xiāo jiā cháng wū 40人，五谷庙东北1.5公里。

天坑 Tiān kēng 60人，五谷庙西北300米。村中有个大天坑，故名。

石坎 Shí kǎn 42人，五谷庙东1公里。村中有道石坎，故名。

芋子坝 Yù zǐ bà 51人，五谷庙东南600米。村处坪地，芋头多，故名。

百家洞 Bǎi jiā dòng 51人，五谷庙东南1公里。村中有个出水洞，供百家饮水，故名。

二台坝 Er tái bà 41人，五谷庙西南700米。村处二台坪地上，故名。

百步梯 Bǎi bù tī 26人，五谷庙南1.2公里。村中有条石梯路，约百余级，故名。

朱家塆 Zhū jiā wān 55人，五谷庙南1.1公里。

龙凤公社凉风垭林场 Lóng fēng gōng shè liáng fēng yà lín chǎng 驻凉风垭，在龙凤坝集镇西北4公里。1975年建场，45户，201人，耕地面积267亩，荒山面积5000亩，已造林3000亩，主要树种有马尾松、油松、杉树、柳杉、喜杉树等。

龙凤公社大团包林茶场 Lóng fēng gōng shè dà tuán bāo lín chá chǎng 驻大团包，在龙凤坝集镇西4.8公里。1970年建场，4户，18人，面积约200亩，出产黄连、田七、茶叶。

龙凤公社俞家河电站 Lóng fēng gong shè yú jiā hé diàn zhàn 龙凤坝集镇东北1公里。1981年3月建成，坝高21.7米，渠长8.14公里，水头63米，装机容量1500千瓦。

龙凤公社高中 Lóng fèng gong shè gāo zhōng 龙凤坝集镇西1.5公里。1958年建校，名恩施县第八中学；1970年改为灯塔区高中，1975年改为龙凤公社高中。

龙凤公社卫生院 Lóng fèng gōng shè wèi shēng yuàn 驻方家垭口，龙凤坝集镇西南900米。职工59人，病床30张，有X光、超声波、心电图、化验等设备。

（上接 184 页）

由于饶应祺长期于边地为官，在处理纷繁的民事及外事纠纷中，看到了清朝政务上的一些弊端，悟出一条行政必须务实的道理。他在给清廷的奏折中曾说："古今中外治法务在求实。旧章非无可守，守之不以实，成法亦具文；新法非不可行，行之不以实，良法亦虚饰。心之实不实，宜于行事之实不实验之。"又说："中国习洋操三十年，一败于日本，再败于联军，为务虚名而贻实祸之证"。这些切中时弊的言论，实际上是他一生行事的信条。因此，他为官四十余年的所作所为，主观上讲是为统治阶级服务的，客观上也起到了与国与民有利的作用。如他刚任同州知府时，正值当地大旱，"赤地千里，饥民汹汹。"便捐出自己的薪俸，倡导当地官绅捐粮献款，"旬日得粮七十余万石"，救济灾民。又招抚流亡者，给以耕牛粮种，减免赋税，使其安居立业。灾情稍有好转，又"教民兴水利，勤树植，设义仓……"增强抗灾能力。他任甘州知府时，设织纺局和救助孤寡的孤嫠所，并革除草征赋税的弊端。他在甘肃任按察使时，严厉制止当地抢寡妇为婚的恶习，并对犯禁的督署差人及乡人杨某绳之以法。他任新疆布政使时，正值新疆兵灾以后，"民物凋敝，地多荒弃。伊犁故腴壤，回屯旧八千户，四不存一。"便建议伊犁将军给新裁锡伯，索伦兵牛粮，使之屯种；给新裁察哈尔，厄鲁特兵羊马，使牧放，并招致关内灾民，按丁授地，实行寓兵于农之法。塔里木盆地东部的罗布淖尔地区，地域辽阔，但由于自阳关(今甘肃敦煌西南古董滩附近)道路梗塞，成了弃居之地。饶应祺建议新疆巡抚筑蒲昌城，设英格可力善后局，卡克里克屯防局，招徕汉回客缠，通道置驿，建堡浚渠，教以耕织。繁荣了这个地区的物质文化生活。

新疆地处我国西北隅，与俄国及当时英国占领的印度为邻，常常发生边事纠纷。饶应祺在这个问题上，能够维护中华民族的利益。如俄国领事原议定驻吐鲁番，后来要移往省城，伊犁将军及新疆巡抚都感到为难，饶应祺进言道："此不必争。我所应争者，洋商税则须与华商一律，同时议定。新省毗连英、俄，陆路进口地不一，北道伊犁，南道喀什，应设关，各以本道为监督；嗒城、乌什、叶尔羌应设分卡，归各道兼辖。"这样既解决了双方争执，又加强了对俄国人的控制。英、俄两国都想占领帕米尔高原，结果俄国人先得手。饶应祺与巡抚商议后，用帕米尔高原本属我国疆土，有清高宗御制平寇碑立于苏满为记的道理，说服俄国撤走了军队，然后派兵驻守。后来俄国人反悔，要我撤兵，饶应祺不答应，说："我自守门户，其理直。"居住在中印边境的坎人，要求租种喇斯库穆荒地，饶应祺则认为："坎本我属，宜示怀柔。其在玉河卡伦外者，可允其租垦，纳赋比于华人，其在玉河东北属边内者，宜却之，防后患"。英国派使者与中国商讨界约，以坎部让于印度，而塔墩巴什帕米及喇斯库穆全境让与中国。饶应祺严正指出："喇本我地，不得谓之让。"界约议定后，俄国人攻击中国以喇地让与英人，要求与英人均分利益，并且以增派军队来威胁中国。饶应祺一边命令下属严密防范边境，一边向俄国人讲清议租原委，俄国人未敢轻举妄动。

（下转 212 页）

图三十九　红土溪集镇

向登权　摄

图四十　白果坝集镇

曾传蕊　摄

图四十一　白果公社的木材正在装车外运

曾传蕊　摄

图四十二

高山集镇——中坪

张宏钧 摄

图四十三

沙地公社管委会坐落在风景优雅的原外国教堂内

全平 摄

图四十四

通天洞

蔡学让 摄

图四十五

芭蕉茶产地——芭蕉集镇

全平 摄

图四十六

芭蕉公社社员正在采摘新茶

黎志祥 摄

图四十七

恩施县芭蕉茶厂精制车间一角

全平 摄

图四十八　恩施县南面的干溪集镇　　　全　平　摄

图四十九

"窑归"之乡——石灰窑集镇

翁宏昌　摄

图五十↓

向国家交售的"窑归"

翁宏昌　摄

图五十一　干溪公社的鱼泉洞

全　平　摄

图五十二　恩施县西南方的盛家坝集镇　全平 摄

图五十三　位于双河公社境内的地区马铃薯原种场，图为温室。　蔡学让 摄

图五十四

位于三岔公社境内的地区天池山农业科学研究所，图中是新建的科研大楼

蔡学让 摄

图五十五 南方各省农业科技人员参观天池山农科所676——4马铃薯试验田 方维先 摄

图五十六 生长在白果公社见天坝的名贵树种——金钱松 全平 摄

图五十七→ 县畜牧场繁殖的本地良种猪——黑猪 湛贻亮 摄

图五十八 县畜牧场放养的来航鸡 湛贻亮 摄

图五十九 县铜盆水林场人工杉木林一角 方维先 摄

图六十 森林茂密的百户垮林场

蔡学让 摄

图六十一

地区展览馆

方维先 摄

图六十二 恩施县水泥厂厂房一瞥

全平 摄

图六十三

恩施县唯一的车渡口——浑水河渡口

蔡学让 摄

图六十四

恩施城东门渡口

谌贻亮 摄

图六十五

恩施客车站一角

黎志祥 摄

图六十六　风景秀丽的响板水库一角　　刘林海　摄

图六十七　碧波辉映的月亮岩水库　　陈声琯　摄

图六十八　地区骑羊坝火电厂（照片中的骑羊坝大桥为恩施县和建始县的界桥）　陈声瑄　摄

图六十九　地区变电站110千伏铁塔

陈声瑄　摄

图七十

装机容量为1250×3千瓦的龙王塘水电站机房

全平摄

图七十一

龙凤公社俞家河水电站

全 平 摄

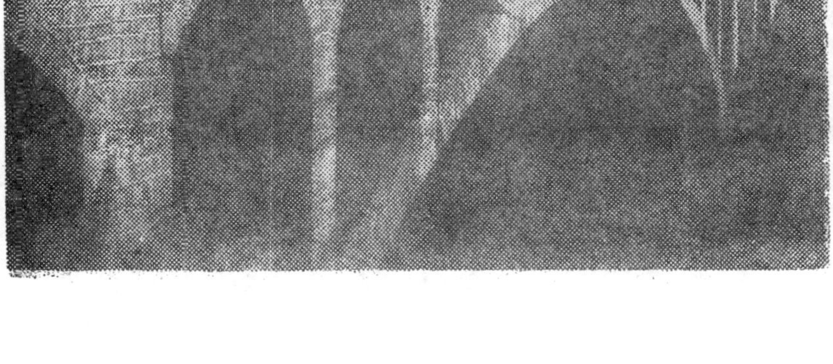

图七十二

汉鱼公路上连接白杨坪、熊家、崔家坝三公社的南里渡大桥

陈声瑄 摄

图七十三　　天楼地枕水电站的施工桥（桥下为清江）

李世华　摄

图七十四　　汉鱼公路上的锣针田大桥

全　平　摄

图七十五　独具特色的云龙桥　　　全　平　摄

图七十六

云龙桥下游十五米处飞流直下的瀑布

全　平　摄

图七十七

恩（施）沐（抚）公路上的林荫大道

全　平　摄

图七十八　　位于恩施城小渡船的红江大桥　　　　全平摄

图七十九　　雄伟壮观的峡口大桥　　　　李世华　摄

图八十

矗立在龙首山上的七层连珠塔

全平摄

图八十一↑ 位于城内鳌脊山顶的文昌阁，

图中背后是隔江相对的连珠塔。

全平摄

←图八十二

矗立在象子山上的烈士纪念碑

全平摄

图八十三　　恩施城西门的洗马池碑刻　　　　李世华　摄

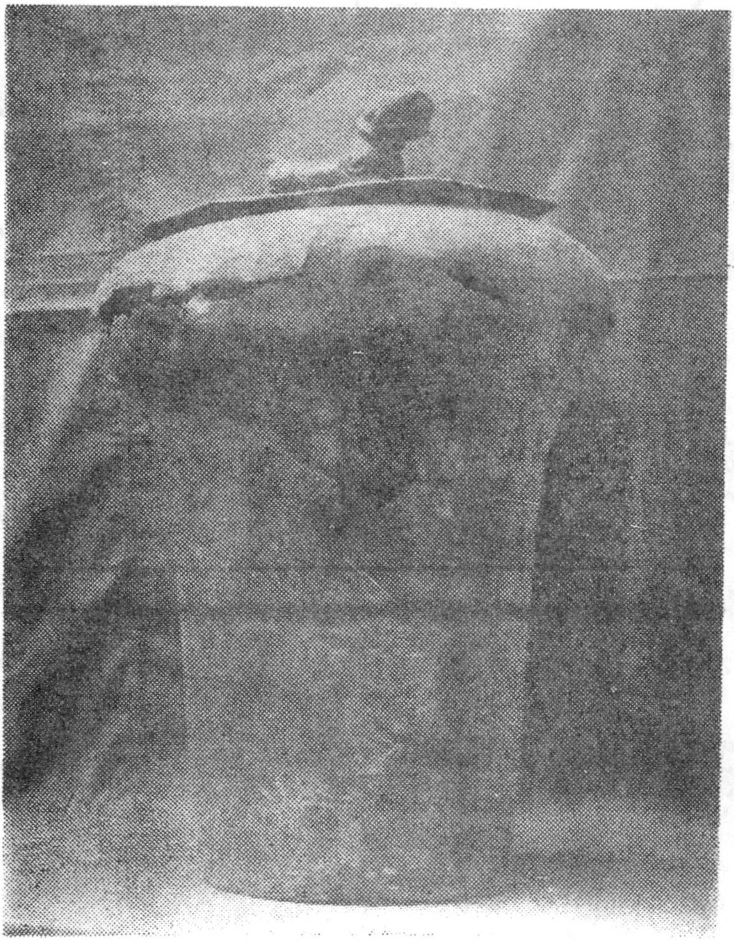

图八十四

本县出土的战国錞于

李世华　摄

錞于：古代的一种乐器，青铜制成。形如圜筒，上圜下虚，顶有钮可悬挂，以槌击之而鸣。

红 庙 公 社 概 况

HONG MIAO GONG SHE GAI KUANG

红庙公社是 1975 年 8 月撤区并社时由原灯塔区的永红、红旗、金子、旗峰、五峰 5 个小公社合并而组成的 1 个新公社，位于恩施县城周围。东与七里公社接壤，南与干溪、芭蕉公社毗邻，西和白果、屯堡公社交界，北和龙凤公社相连，东西宽约 14.4 公里，南北长约 18.5 公里。总面积 136.65 平方公里，其中有耕地 36596 亩(水田 21218 亩，旱地 15378 亩)。辖 24 个大队，246 个生产队，195 个自然村，全社共 7987 户，34562 人，其中农业人口 33502 人。

红庙公社地处低山，地势平坦开阔，西北高，东南低，多为红砂岩起伏的丘陵地带，是恩施盆地的主要组成部分。最高点是望城坡的圣孔坪，海拔 1549.5 米，最低点是田家塆大队的清江河边，海拔 380 米。该社气候温和，雨量充沛，四季分明。年平均气温 16.3℃，冬季(1 月)平均气温 4.9℃，夏季(7 月)平均气温 27.2℃，无霜期达 273 天，年降雨量 1450 毫米，常年相对湿度在 80% 以上，冬无严寒，夏无酷暑，适宜各种农作物的生长。

公社境内有较大河流 3 条，即清江河、高桥河、龙洞河。清江河自大龙潭入境流至田家塆大队，南北纵贯全社，流程约 22.5 公里。高桥河发源于高桥大队的出水洞，常年流量 1 立方米 / 秒，由东向西流至南门大桥外汇人清江，流程约 6 公里。龙洞河发源于龙洞，常年流量 1 立方米 / 秒，由北向南缓缓流经龙洞，土桥大队至施南镇官坡东门渡口注入清江。境内的溪沟泉水众多，共修筑水库、堰塘 279 座，常年蓄水量达 329 万方，引水工程 28 处。在大龙潭、高桥坝、月亮岩修建水电站3座，装机容量达1千多千瓦，基本上满足了全社的加工照明用电。

红庙公社土地肥沃，大多为水稻土，其次为红壤和黄壤。主产水稻、玉米，是恩施县主要水稻产区之一。1981年粮食总产量1975.66万斤，总收入达351.33万元。经济作物有苧麻、茶叶、花生等，出产苹果、梨、柑橘等水果。社办企业有综合厂、砖瓦厂、建筑队、建材厂等。

红庙公社文教、卫生事业有较大的发展。解放初只有2所小学，教员10人，学生200余人，现已发展到有高中1所，初中6所，小学26所，教职员工341人，在校学生达6211人。有2个电影放映队，巡回到各大队放映新片。在红庙集镇上建有可容观众1020人的电影院。公社有广播站，实现了队队喇叭响，丰富了群众文化生活。公社卫生院、医疗设备完整，各大队设有医疗室，有医务人员119人，改变了过去缺医少药状况，提高了人民的健康水平。

红庙公社地处恩施城郊，公路四通八达，交通十分方便，全社23个大队均可通车。全社有农用汽车3辆，大中小型拖拉机67台，1092马力，粮食加工、脱粒、粉碎、抽水灌溉等都用上了机械。

公社驻地——红庙集镇，居住1060人，位于恩施县城北7公里，坐落在清江河东岸，有一条南北走向的直街，为巴(东)—石(门坎)公路的一段，公社机关大楼、电影院、供销社各门市部、邮电所、银行等单位分建在街道两旁。街西北是中心学校，中段建有县国营磷肥厂，南头紧邻地区红庙农科所。红庙集镇交通便利，每天有8班从恩施城开往龙凤坝的公共汽车路经此地。红庙集镇已成为公社政治、经济、文化的中心。

红庙公社行政区划、居民点名称

红庙集镇 Hóng miào jí zhèn 位于恩施县城北7公里，地处恩施城郊，海拔430米。

该镇坐落在清江东岸的红砂岩山丘边，东有红砂岩山为屏障，西有清江河环绕。巴(东)—石(门坎)公路由北向南从街中通过，人烟密集，交通方便，是红庙公社政治、经济、文化中心。

早在60多年前，红庙就开始形成小集市。在街南头渡口处曾建筑了一座古庙，墙壁均粉刷为红色，还利用庙堂办学。古时称学校为"黉"，故在其庙门额书写"黉庙"两个金色大字，后人们逐渐将此地称为黉庙。解放后将"黉庙"改为"红庙"。

解放后，红庙街隶属灯塔区龙凤镇辖，1975年撤区并社后，改属红庙公社辖。该集镇面积0.1平方公里，居住1060人，其中非农业人口890人。有一条南北走向的直街，属巴(东)—石(门坎)公路的一段，长300米，宽10米，渣油路面，街面砖石结构的新式楼房与旧式木房毗邻相接，错落间杂。公社管委会、邮电局、银行、供销社等社直单位分布在街南端两侧，可容观众1020人的电影院矗立街头与百货、副食门市部对峙。位于街中的公社卫生院以治疗跌打损伤正骨而闻名恩施县。此外街中段坐落有县磷肥厂、公社砖瓦厂、建材厂、综合加工厂、中小学校、粮油所等。在县磷肥厂西侧是红庙渡口，是通向旗峰坝、方家坝的必经之地，设渡已有近百年的历史。红庙集镇交通便利，恩施城至龙凤坝的公共汽车经此通过，每天往返8趟。因集镇距离恩施城和龙凤坝较近，故集市贸易无场期，但早市较为热闹，各种时令蔬菜均有上市。

【枫香坪大队】 Fēng xiāng píng dà duì 649户，2757人，驻幺堰塆，红庙集镇北1.7公里。原名枫香大队，1981年9月1日更名枫香坪大队。辖15个生产队，7个自然村，耕地面积2435亩，其中水田1834亩。主产水稻、小麦、薯类，特产花生、茶叶，产鱼。

幺堰塆 Yāo yàn wān 50人，大队驻地，红庙集镇北1.7公里。村中有口小堰塘，"小"俗称"幺"，故名。

三岔堰 Sān chà yàn 57人，幺堰塆东北500米。村中有口堰塘，有3条岔沟，故名。

枫香坪 Fēng xiāng píng 55人，幺堰塆西北900米。村处坪地，有几棵大枫香树，故名。

桂花树 Guì huā shù 100人，幺堰塆东1.2公里。村中桂花树多，故名。

下大堰 Xià dà yàn 56人，幺堰塆东南900米。此地有2口大堰塘，此村堰塘大些，故名。

贺家塝 Hè jiā bàng 41人，幺堰塆东南750米。

大垭口 Dà yà kǒu 110人，幺堰塆西南1公里。村处大垭口，故名。

【小村大队】 Xiǎo cūn dà duì 200户，927人，驻下村坝，按所辖村名取名，红庙集镇西北2.5公里。辖5个生产队，5个自然村。耕地面积855亩，其中水田238亩。主产玉米、水稻、小麦、薯类，特产木梓。

下村坝 Xià cūn bà 70人，大队驻地，红庙集镇西北2.5公里。村处坪坝，位于小村下，故名。

后塆 Hòu tǎng 77人，下村坝北1.4

公里。村处埫地后，故名。

黎家埫 Lí jiā tǎng 130人，下村坝西北1公里。

小村 Xiǎo cūn 41人，下村坝北250米。村子较小，故名。

长埂 Cháng gěng 180人，下村坝西950米。村中有道高坎，故名。

【望城大队】 Wàng chéng dà duì 64户，260人，驻大坪，红庙集镇西北4.3公里。辖5个生产队，7个自然村，耕地面积703亩，其中水田14亩。主产玉米、薯类，特产生漆、桐子。

大坪 Dà píng 52人，大队驻地，红庙集镇西北4.3公里。村处大坪中，故名。

苏家塆 Sū jiā wān 39人，大坪东北1.1公里。

大岩包 Dà yán bāo 10人，大坪东南1.2公里。村旁有座大山包，故名。

见天坝 Jiàn tiān bà 26人，大坪西南1.7公里。村中原森林茂密，难见天，故名。

秦家槽 Qín jiā cáo 10人，大坪西南2.6公里。

老鹰包 Lǎo yīng bāo 21人，大坪西南3.5公里。村中有座山包，常栖落老鹰，故名。

圣孔坪 Shèng kǒng píng 43人，大坪西南4.5公里。村处坪地，阴阳先生说此地要出圣人，故名。

【耿家坪大队】 Gěng jiā píng dà duì 425户，1859人，驻耿家坪，红庙集镇东1.8公里。原名金马大队，1981年9月1日按地名更名为耿家坪大队。辖15个生产队，12个自然村，耕地面积2400亩，其中水田1749亩。主产水稻、玉米、小麦、薯类，特产茶叶、鱼。

耿家坪 Gěng jiā píng 21人，大队驻地，红庙集镇东1.8公里。

马家坳 Mǎ jiā ào 70人，耿家坪北1.9公里。

宝盖山 Bǎo gài shān 156人，耿家坪北1.4公里。此山形似宝盖，故名。

八斗丘 Bā dòu qiū 113人，耿家坪西北1.1公里。村中有丘水田，可收8斗谷，故名。

长埂上 Cháng gěng shàng 55人，耿家坪东北900米。村处高坎上，故名。

后坪 Hòu píng 65人，耿家坪西北1.4公里。村处坪地，居八斗丘后，故名。

肖家屋场 Xiāo jiā wū chǎng 78人，耿家坪西北1.2公里。

堰塘塆 Yàn táng wān 57人，耿家坪西北950米。村处山塆，有口堰塘，故名。

胡家店子 Hú jiā diàn zǐ 39人，耿家坪东南600米。

龙家塆 Lóng jiā wān 50人，耿家坪东南1.2公里。

【方家大队】 Fāng jiā dà duì 298户，1400人，驻方家坝，红庙集镇西3公里。原为三大队，1975年撤区并社时，更名为方家大队。辖14个生产队，4个自然村，耕地面积1964亩，其中水田762亩。主产水稻、玉米，特产木梓、苎麻。

方家坝 Fāng jiā bà 412人，大队驻地，红庙集镇西3公里。

绿映塘 Lǜ yìng táng 120人，方家坝东北700米。村中有口深水塘，水呈绿色，映人，故名。

村坊 Cūn fāng 460人，方家坝西南400米。何功伟、刘惠馨烈士英勇就义之地。村中住户集中，故名。

山溪沟 Shān xī gōu 78人，方家坝西南1.5公里。村中有条小溪沟，故名。

【金凤山大队】 Jīn fèng shān dà duì 328户，1352人，驻金凤山，红庙集镇东

1.8 公里。原名金库大队，1981 年 9 月 1 日按驻地更名为金凤山大队。辖 9 个生产队，6 个自然村，耕地面积 1704 亩，其中水田 1248 亩。主产水稻、小麦、薯类。

金凤山 Jīn fèng shān 280 人，大队驻地，红庙集镇东 1.8 公里。山形似金凤凰，故名。

花果山 Huā guǒ shān 54 人，金凤山西北 1 公里。村旁山上果木树多，故名。

板桥 Bǎn qiáo 160 人，金凤山东北 200 米。村中小溪上建有木板桥，故名。

水头上 Shuǐ tóu shàng 100 人，金凤山西 900 米。村处金子水库的闸口处，故名。

许家坪 Xǔ jiā píng 148 人，金凤山西 1.5 公里。

大树坡 Dà shù pō 98 人，金凤山西南 900 米。村处山坡，原有棵大树，故名。

【旗峰大队】 Qí fēng dà duì 385 户，1673 人，驻旗峰坝，红庙集镇西偏南 1.3 公里。辖 8 个生产队，7 个自然村，耕地面积 1509 亩，其中水田 1195 亩。主产水稻、小麦。

旗峰坝 Qí fēng bà （片村），373 人，红庙集镇西 1.3 公里。此片村有 5 座山峰，分别为旗、锣、鼓、伞、钟，故名。

里坝 Lǐ bà 128 人，旗峰坝北 600 米。村处清江西岸，以山梁垭口为界，垭口南为外坝，北为里坝，故名。

外坝 Wài bà 245 人，旗峰坝东 400 米。村处里坝北，故名。

椿树坪 Chūn shù píng 138 人，旗峰坝东北 600 米。此坪中椿树多，故名。

小河店子 Xiǎo hé diàn zǐ 143 人，旗峰坝西南 750 米。村处小河边，开过旅店，故名。

长沙田 Cháng shā tián 60 人，旗峰坝南 1.1 公里。村中有块长方形砂壤田，故名。

大梨树 Dà lí shù 140 人，旗峰坝南 1.5 公里。村中原有棵大梨树，故名。

涧塆口上 Jiàn wān kǒu shàng 68 人，旗峰坝南 1.8 公里。村处山塆口上，有道水涧，故名。

【沙河大队】 Shā hé dà duì 197 户，819 人，驻八斗丘，红庙集镇东 4 公里。原为龙洞大队辖，后分出，1981 年 9 月 1 日按地名恢复为沙河大队，辖 10 个自然村，耕地面积 2111 亩，其中水田 1472 亩。主产水稻，特产花生。

八斗丘 Bā dòu qiū 51 人，大队驻地，红庙集镇东 4 公里。村中有丘水田，可产 8 斗谷，故名。

康家坳 Kāng jiā ào 41 人，八斗丘西北 1.6 公里。

贺家田 Hè jiā tián 30 人，八斗丘北 900 米。

毛家店 Máo jiā diàn 43 人，八斗丘东北 750 米。

沙河 Shā hé 46 人，八斗丘西北 650 米。村中有条小河，泥沙多，故名。

坳上 Ao shàng 62 人，八斗丘西 400 米。村处山坳上，故名。

上石桥 Shàng shí qiáo 23 人，八斗丘东南 350 米。村处石桥上方，故名。

狮子岩 Shī zǐ yán 18 人，八斗丘西南 850 米。村中有座山岩，形似狮子，故名。

庙塆 Miào wān 19 人，八斗丘西南 1.2 公里。村处山塆，山顶修有火神庙，故名。

三头冲 Sān tóu chōng 11 人，八斗丘南 1 公里。村中有 3 条沟，下雨时从 3 头来水，冲力大，故名。

【陡坡大队】 Dǒu pō dà duì 144 户，671 人，驻陡坡，红庙集镇西南 6.3 公

里。原名方家三大队，1981年9月1日按驻地恢复为陡坡大队。辖8个自然村，耕地面积746亩，其中水田185亩。主产玉米、薯类，特产白肋烟。

陡坡 Dǒu pō 170人，大队驻地，红庙集镇西南6.3公里。村处山坡陡，故名。

庙梁子 Miào liáng zǐ 18人，陡坡东北2.7公里。村旁山梁上建过庙，故名。

遍底下 Biàn dǐ xià 78人，陡坡东2.7公里。村居大山脚，故名。

绿长沟 Lǜ cháng gōu 31人，陡坡东2.1公里。村中有条长水沟，两旁绿树成荫，故名。

铜厂坡 Tóng chǎng pō 26人，陡坡西南350米。村处坡地，办过铜厂，故名。

金竹园 Jīn zhú yuán 14人，陡坡东南1.5公里。村中金竹多，故名。

二台坪 Er tái píng 16人，陡坡西南800米。村处坪台地，故名。

大溪沟 Dà xī gōu 15人，陡坡东南1.1公里。村中有条大溪沟，故名。

【金子大队】 Jīn zǐ dà duì 按地片金子坝取名，539户，2361人，驻骡马巷，红庙集镇东南2.5公里。辖15个生产队，14个自然村，耕地面积2728亩，其中水田2091亩。主产水稻，特产茶叶、花生，产鱼。

骡马巷 Luó mǎ xiàng 152人，大队驻地，红庙集镇东南2.5公里。村中有条小巷，开过骡马店，故名。

华家塆 Huá jiā wān 10人，骡马巷东北1.3公里。

隆施桥 Lóng shī qiáo 168人，骡马巷西北950米。村中有座石桥，为隆家施钱建成，故名。

野鸡塆 Yě jī wān 66人，骡马巷北300米。此塆有座山包形似野鸡，故名。

三口堰 Sān kǒu yàn 102人，骡马巷西北800米。村中有3口堰塘，故名。

于家店 Yú jiā diàn 187人，骡马巷西北300米。

十家坪 Shí jiā píng 25人，骡马巷西南1公里。

大枞树 Dà cōng shù 91人，骡马巷西南400米。此地有棵大枞树，故名。

罗家屋场 Luó jiā wū chǎng 56人，骡马巷南400米。

北堰塆 Běi yàn wān 43人，骡马巷南650米。村处山塆，北面有口堰塘，故名。

柑子槽 Gān zǐ cáo 78人，骡马巷西南1公里。村处槽地，柑子树多，故名。

申家槽 Shēn jiā cáo 45人，骡马巷东南1公里。

朱家坳 Zhū jiā ào 198人，骡马巷西南1.3公里。

向家坪 Xiàng jiā píng 230人，骡马巷南1.5公里。

【黄泥坝农科站】 Huáng ní bà nóng kē zhàn 219户，885人，驻黄泥坝，原为黄泥大队，后为公社农科站，1981年9月1日更名为黄泥坝农科站。红庙集镇南2.2公里。辖4个生产队，3个自然村，耕地面积837亩，其中水田672亩。主产水稻、小麦、玉米、薯类，特产茶叶。

黄泥坝 Huáng ní bà 180人，农科站驻地，红庙集镇南2.2公里。村处坪坝，黄泥地，故名。

饶家坟 Ráo jiā fén 100人，黄泥坝东南500米。清光绪时期，新疆巡抚饶应祺葬于此地，故名。

郑家峁子 Zhèng jiā mǎo zǐ 132人，黄泥坝东南700米。

【龙洞大队】 Lóng dòng dà duì 790人，驻蛤蟆石自然村，按自然实体龙洞命名。

辖 6 个自然村，耕地面积 901 亩，其中水田 647 亩。主产水稻，特产花生。

蛤蟆石 Há ma shí 60 人，大队驻地，红庙集镇东南 4.7 公里。村中有块石头，形似蛤蟆，故名。

猴栗坝 Hóu lì bà 80 人，蛤蟆石东南 250 米。村处坪坝，原有棵猴栗树，故名。

莲花坝 Lián huā bà 40 人，蛤蟆石西南 500 米。村处坪坝，阴阳先生看此地，说是一蓬花地，主贵，故名。

赵家坝 Zhào jiā bà 170 人，蛤蟆石西南 800 米。

月亮田 Yuè liàng tián 74 人，蛤蟆石西南 900 米。村中有块田，成半月形，故名。

母猪岩 Mǔ zhū yán 50 人，蛤蟆石西南 1.9 公里。村中岩壳多，传说原野母猪常在此做窝，故名。

【猫子洞大队】 Māo zǐ dòng dà duì 76 户，325 人，驻姚家寨，红庙集镇西南 7.7 公里。原名红山大队，1981 年 9 月 1 日按地名更名为猫子洞大队。辖 3 个生产队，2 个自然村，耕地面积 746 亩，其中水田 97 亩。主产玉米、小麦，特产生漆。

姚家寨 Yáo jiā zhài 35 人，大队驻地，红庙集镇西南 7.7 公里。

十字沟 Shí zì gōu 30 人，姚家寨西北 750 米。村中有两条水沟，交叉成十字，故名。

【穿洞大队】 Chuān dòng dà duì 379 户，1507 人，驻穿洞，红庙集镇西南 4.2 公里。原名红星大队，1981 年 9 月 1 日按地名更名为穿洞大队。辖 14 个生产队，7 个自然村，耕地面积 1446 亩，其中水田 955 亩。主产水稻，特产花生、茶叶。

马胡盐 Mǎ hú yán 40 人，穿洞西北 2.8 公里。村中原有个外号叫“马胡子”的人，在此熬过盐，故名。

高岩 Gāo yán 16 人，穿洞东北 1.7 公里。村中有座高山岩，故名。

十家坝 Shí jiā bà 46 人，穿洞北 1.7 公里。村处坪坝，原有 10 家住户，故名。

冯家梁子 Féng jiā liáng zǐ 50 人，穿洞西北 1.5 公里。

团山村 Tuán shān cūn 60 人，穿洞东北 1.3 公里。村处圆形山包，故名。

绿豆坪 Lǜ dòu píng 27 人，穿洞西北 750 米。村处坪地，产绿豆，故名。

倒堰塆 Dào yàn wān 31 人，穿洞东北 750 米。村内有口堰塘，涨水时水从堰尾漫出，故名。

【汪家寨大队】 Wāng jiā zhài dà duì 325 户，1392 人，驻汪家寨，红庙集镇南偏西 5.1 公里。原名红卫大队，1981 年 9 月 1 日按地名更名为汪家寨大队。辖 12 个生产队，9 个自然村，耕地面积 1427 亩，其中水田 1077 亩。主产水稻、小麦，特产油茶、茶叶。

汪家寨 Wāng jiā zhài 25 人，大队驻地，红庙集镇西南 5.8 公里。

松树坪 Sōng shù píng 56 人，汪家寨西北 1 公里。此坪上长有一棵大松树，故名。

小场坝 Xiǎo chǎng bà 26 人，汪家寨西北 1.4 公里。村中有块晒谷的小场坝，故名。

魏家坪 Wèi jiā píng 47 人，汪家寨西偏北 1.4 公里。

汪家屋场 Wāng jiā wū chǎng 50 人，汪家寨西 1 公里。

之字溪 Zhī zì xī 30 人，汪家寨南 500 米。村中溪沟呈“之”字形，故名。

彭家槽 Péng jiā cáo 15 人，汪家寨东南 1.2 公里。

褚家塆 Chǔ jiā wān 38 人，汪家寨东南 1.25 公里。

母猪狭 Mǔ zhū xiá 15 人，汪家寨

东南1.8公里。此地狭窄，传说常有野母猪出没，故名。

龙家塆 Lóng jiā wān （废村），汪家寨西南750米。

【土桥大队】 Tǔ qiáo dà duì 452户，1777人，驻火场坝，红庙集镇东南4.8公里。1975年取名为土桥大队，辖9个生产队，8个自然村，耕地面积1082亩，其中水田666亩。主产水稻，特产茶叶。

火场坝 Huǒ chǎng bà 120人，大队驻地，红庙集镇东南4.8公里。村中曾失火，烧毁房屋，只剩个光场坝，故名。

小渡船 Xiǎo dù chuán 157人，火场坝西北2公里。

大锣坪 Dà luó píng 120人，火场坝西北1.2公里。村处坪地，形似一面大锣，故名。

三孔桥 Sān kǒng qiáo 47人，火场坝东北550米。村旁有座三孔石拱桥，故名。

天星坝 Tiān xīng bà 168人，火场坝西北250米。村处坪坝，传说落过陨星，故名。

店子坪 Diàn zǐ píng 132人，火场坝西南500米。村处坪地，原开有几家店铺，故名。

狮子峁 Shī zǐ mǎo 46人，火场坝东南1.2公里。村旁山峁形似狮子，故名。

沙塆 Shā wān 121人，火场坝东南1公里。此塆多红沙岩，故名。

【出水洞大队】 Chū shuǐ dòng dà duì 327户，1435人，驻出水洞，红庙集镇西南8.7公里。原名红日大队，1981年9月1日按地名更名为出水洞大队。辖11个生产队，11个自然村，耕地面积1835亩，其中水田915亩。主产水稻，特产花生、苎麻。

四丘田 Sì qiū tián 71人，出水洞北1.4公里。村中有块大田，一分为四，故名。

牛栏坪 Niú lán píng 49人，出水洞北1.5公里。此坪原是放牛的场所，故名。

上马家坪 Shàng mǎ jiā píng 54人，出水洞北1.2公里。

下马家坪 Xià mǎ jiā píng 68人，出水洞北700米。

香树塘 Xiāng shù táng 28人，出水洞东500米。堰塘边有棵大香树，故名。

半边街 Bàn biān jiē 31人，出水洞南650米。村处公路边，一排房屋，似半边街，故名。

食堂塆 Shí táng wān 28人，出水洞东南1公里。1958年在此湾办过食堂，故名。

杨家峁子 Yáng jiā mǎo zǐ 48人，出水洞南1.7公里。

石头坡 Shí tóu pō 40人，出水洞西南2.3公里。村处坡地，石头多，故名。

竹林塆 Zhú lín wān 45人，出水洞南2.3公里。此塆原竹林茂密，故名。

大心安 Dà xīn ān 59人，出水洞南3.2公里。村中有棵大柿子树，故名柿子坪，解放后人们可安心生产、生活，又改名大心安。

【高桥大队】 Gāo qiáo dà duì 507户，2170人，驻高桥坝，红庙集镇南偏西7.4公里。原名红旗大队，1981年9月1日按地名更名为高桥大队。辖19个生产队，15个自然村，耕地面积2351亩，其中水田1639亩。主产水稻，特产茶叶、花生。

高桥坝 Gāo qiáo bà 85人，大队驻地，红庙集镇南偏西7.4公里。原名葛藤坝，清光绪年间，此地建有一高石拱桥，故名。

谭家塆 Tán jiā wān 61人，高桥坝西北2.6公里。

向家峁子 Xiàng jiā mǎo zǐ 37人，高桥坝西北1.8公里。

土桥槽 Tǔ qiáo cáo 120人，高桥坝西北1.2公里。村中有座木桥，上覆有土，旁边有条土槽，故名。

杨家塆 Yáng jiā wān 62人，高桥坝东北1.2公里。

麻园 Má yuán 49人，高桥坝东北600米。村中原种植过麻，故名。

商家场 Shāng jiā chǎng 73人，高桥坝西北500米。

狮子包 Shī zǐ bāo 37人，高桥坝东1.5公里。村处山包，形似狮子，故名。

黎家坪 Lí jiā píng 35人，高桥坝东1.7公里。

沙石坝 Shā shí bà 28人，高桥坝西南700米。村中有座沙石砌的坝，故名。

龙嘴 Lóng zuǐ 29人，高桥坝东1.5公里。村中有座山岩，形似龙嘴，故名。

老高桥 Lǎo gāo qiáo 38人，高桥坝西南500米。村中有座桥，年代比新修石拱桥老，故名。

讲场 Jiǎng chǎng 47人，高桥坝东南1公里。此地原为国民党训士兵的操场，故名。

老沟塆 Lǎo gōu wān 62人，高桥坝东南1公里。村处山塆，南面有条老(大)沟，故名。

牛角尖 Niú jiǎo jiān 82人，高桥坝南900米。村中有条水沟，形似牛角尖，故名。

【瓦店子大队】 Wǎ diàn zǐ dà duì 218户，945人，红庙集镇南9公里，驻瓦店子，原为光明大队辖，后分出，1981年9月1日按驻地命名瓦店子大队。辖7个生产队，8个自然村，耕地面积2745亩，其中水阳1682亩，丰产水稻，特产茶叶、花生。

瓦店子 Wǎ diàn zǐ 74人，县城西南3公里。村处大路旁，原开有旅店，办有瓦厂，故名。

响水坝 Xiǎng shuǐ bà 59人，瓦店子西北1.5公里，村处坪坝，东邻小河，水流声响，故名。

桃树园 Táo shù yuán 17人，瓦店子西北1.2公里。村中有片桃树林，故名。

三根树 Sān gēn shù 20人，瓦店子西北2公里。村中原有3根大树，故名。

金家沟 Jīn jiā gōu 25人，瓦店子西北700米。

邓家塆 Dèng jiā wān 32人，瓦店子西南700米。

月亮岩 Yuè liàng yán 21人，瓦店子西南2.3公里。

茅店子 Máo diàn zǐ 34人，瓦店子南偏西500米。原有个茅草屋店子，故名。

【石家坡大队】 Shí jiā pō dà duì 440户，1876人，驻石家坡，红庙集镇南9公里。原为谭家大队辖，后分出，1981年9月1日命名石家坡大队。辖14个生产队，6个自然村，耕地面积1517亩，其中水田418亩。主产玉米、水稻、薯类。

石家坡 Shí jiā pō 70人，红庙集镇南4.5公里。

盖半井 Gài bàn jǐng 82人，石家坡东700米。村中有口水井，有半边盖板，故名。

私田塆 Sī tián wān 42人，石家坡南550米。村处山塆，原此田为私人所有，故名。

何家坪 Hé jiā píng 20人，石家坡东北1.5公里。

青鱼塘 Qīng yú táng 49人，石家坡南750米。村中有口鱼塘，产青鱼，故名。

黑石垭 Hēi shí yā 17人，石家坡南1公里。村垭口上岩石为黑色，故名。

【头道水大队】 Tóu dào shuǐ dà duì 337户，1477人，驻头道水，红庙集镇南偏西10.5公里。原为光明大队辖，后出,1981年9月1日按驻地命名为头道水大队。辖12个生产队，12个自然村，耕地面积2745亩，其中水田1682亩。主产水稻，特产茶叶、花生。

头道水 Tóu dào shuǐ 112人，红庙集镇南偏西10.5公里。村中有几条小溪汇流成一条，而称此为头道水。

同伙田 Tóng huǒ tián 21人，头道水西北3.4公里。村中有块田，原为几个人合伙开的，故名。

燕塆 Yàn wān 18人,头道水西北2.5公里。村处山塆，地形似燕子，故名。

蚂蚁井 Mǎ yǐ jǐng 35人，头道水西北2.7公里。村中有口井，地形似蚂蚁，故名。

柏栎塆 Bǎi lì wān 39人，头道水西北3.7公里。村塆内柏树、栎树多，故名。

狮子岩 Shī zǐ yán 37人，头道水西北1.4公里。村中有座山岩，地形似狮子，故名。

分水坳 Fēn shuǐ ào 37人，头道水东北600米。村处山坳，河水分流，故名。

两叉河 Liǎng chā hé 21人，头道水西北1.2公里。村中有2条河交叉汇流，故名。

宗家坝 Zōng jiā bà 62人，头道水西1.4公里。

金竹园 Jīn zhú yuán 46人，头道水西2公里。村中有片金竹林，故名。

四道河 Sì dào hé 51人，头道水东1.1公里。村处路边，到此要过4道河水，故名。

学山 Xué shān 21人，头道水西南2.8公里。村旁山上办过学堂，故名。

【谭家坝大队】 Tán jiā bà dà duì 256户，1218人，驻谭家坝，红庙集镇南10.5公里。原名谭家大队，1981年9月1日按地名更名为谭家坝大队。辖14个生产队，3个自然村，耕地面积2586亩，其中水田633亩。主产玉米、薯类、小麦，特产茶叶、木油。

谭家坝 Tán jiā bà 570人，大队驻地，红庙集镇南10.4公里。

耿家岩 Gěng jiā yán 21人，谭家坝东南900米。

赵家坝 Zhào jiā bà 121人，谭家坝南1.5公里。

【黄土坎大队】 Huáng tǔ kǎn dà duì 375户，1693人，驻黄土坎，红庙集镇南偏西12.5公里。原名鲜明大队，1981年9月1日按驻地更名为黄土坎大队。辖12个生产队，14个自然村，耕地面积2431亩，其中水田1499亩。主产水稻、小麦、玉米，特产茶叶、花生。

黄土坎 Huáng tǔ kǎn 43人，大队驻地，红庙集镇南偏西10.2公里。村中有道黄土坎，故名。

周家田 Zhōu jiā tián 43人，黄土坎东北1.1公里。

罗针田 Luó zhēn tián 51人，黄土坎北偏东600米。

倒坡塆 Dǎo pō wān 21人，黄土坎西1公里。村处山塆，有块倒坡地，故名。

下龙垱 Xià lóng tǎng 13人，黄土坎西3.3公里。村处垱地，地势低，传说山洞内有龙，故名。

龟二溪 Guī èr xī 57人，黄土坎东900米。两溪沟交叉处有块岩石，形似龟，故名。

皂角塆 Zào jiǎo wān 32人，黄土坎西2.3公里。村塆中皂角树多，故名。

板板桥 Bǎn bǎn qiáo 45人，黄土

坎南 750 米。村中原有座木板桥，故名。

大田 Dà tián 35 人，黄土坎西南 2.2 公里。村中有塝大水田，故名。

大坝 Dà bà 20 人，黄土坎西南 1 公里。村处坪坝，面积大，故名。

长田 Cháng tián 24 人，黄土坎东南 1 公里。村中有丘长水田，故名。

大冲 Dà chōng 20 人，黄土坎西南 3.7 公里。村中田土被大水冲成槽，故名。

杨家塝 Yáng jiā bàng 25 人，黄土坎西南 1.3 公里。

狮子口 Shī zǐ kǒu 17 人，黄土坎西南 2 公里。村中有座岩石似狮子，故名。

【田家塆大队】 Tián jiā wān dà duì 422 户，1934 人，驻杨家山，县城南 5.7 公里。原名五一大队，1981 年 9 月 1 日按地名更名为田家塆大队。辖 12 个生产队，9 个自然村，耕地面积 2144 亩，其中水田 744 亩。主产玉米，小麦。

杨家山 Yáng jiā shān 60 人，大队驻地，恩施县城南 5.7 公里。

下张家塆 Xià zhāng jiā wān 27 人，杨家山北 1.2 公里。

刘家塆 Liú jiā wān 47 人，杨家山东北 1.4 公里。

余家坝 Yú jiā bà 42 人，杨家山北 500 米。

滑石板 Huá shí bǎn 35 人，杨家山西南 900 米。村中有块大石板，表面光滑，故名。

老窑场 Lǎo yáo chǎng 32 人，杨家山南 750 米。村中原有个窑场，历史长，故名。

一碗水 Yī wǎn shuǐ 49 人，杨家山南 1.1 公里。村中有眼泉水，有碗粗一股，故名。

上张家塆 Shàng zhāng jiā wān 15 人，杨家山南 1.8 公里。

猴栗坡 Hóu lì pō 54 人，杨家山南 2.3 公里。村坡上猴栗树多，故名。

庙坪 Miào píng 67 人，杨家山西南 4.8 公里。此坪上原建有庙，故名。

黎塆沟 Lí wān gōu 50 人，杨家山西南 4.8 公里。

赵家坝 Zhào jiā bà 220 人，杨家山东北 1.5 公里。

磙子坪 Gǔn zǐ píng （片村），骡马巷东南面，包括金子大队的骡马巷、罗家屋场、申家槽等自然村，面积约 1 平方公里，主产水稻，特产茶叶、花生。此坪上人们常用石磙碾谷，故名。

金子坝 Jīn zǐ bà （片村），恩施县城东北 5 公里。包括金子和金库两个大队的自然村。面积约 4 平方公里，主产水稻、小麦，特产有柑橘、梨。此坝水田多，盛产水稻，谷黄季节，一片金色，故名。

高桥坝 Gāo qiáo bà （片村），恩施县城南 2 公里。包括砂石坝、老高桥、讲场 3 个自然村，面积 3 平方公里。主产水稻，特产茶叶、花生。村处坪坝，有座高石拱桥，故名。

烂泥冲 Làn ní chōng （片村），火场坝东南 1 公里。包括沙塆、狮子峁 2 个自然村，主产水稻。此地曾被大水冲毁农田、道路，形成烂泥地，故名。

红庙公社大龙潭水电站 Hóng miào gōng shè dà lóng tán shuǐ diàn zhàn 红庙集镇西北 2.5 公里。1972 年建成，装机容量 360 千瓦。

（上接200页）

饶应祺深为清朝边防“士卒众而器械窳，生齿繁而司牧少，不足以固吾圉”的落后状况担忧，曾致力于边防建设，其主要措施为：

一、开办于阗、塔城金矿、垦荒田，开渠井，广兴实业，增加财政收入，做到兵备有资；

二、购快枪万枝于德国，又设机器厂制造子弹，装备戍边部队，提高其战斗力；

三、奏设左右翼马队为游击师，增强戍边部队的机动能力；

四、诏设武备学堂，挑选朴实勤奋久于战阵者入学，编立常备、续备、巡警各军，用新的方法训练，提高戍边部队的军事素质；

五、增设府庭，加强行政管理。据《清史稿》载：“应祺官西疆久，辟地安民，屡请建官设治以资镇抚。”二十八年，复疏言：新疆自光绪四年改建行省，土地日辟，户口日繁，原设州县，辖境辽远，非增设府庭，不足治理。西四城喀什噶尔道：疏勒州为极边重要，请升为府，距府西八十里之牌素巴特地属唐伽师城，改为伽师县；莎车地广而腴，英商麇集，请升为府：府南为泽勒普善河，增设泽普县；府西南色勒库尔为古蒲犁国，实坎巨提出入要路，又与英、俄接壤，请设蒲犁分防通判，距于阗县西四百里之洛浦庄，增设洛涓县；吗喇巴什庭为古巴尔楚地，改为巴楚州。东四城阿克苏道：温宿州为南疆要冲，请升为府；旧城巡检升为温宿县；距县四百八十里之柯尔坪，增设柯尔坪县城；焉耆府南六百三十里布古尔分防巡检为古之轮台，请分设轮台县；卡克里克县丞，其地为古婼羌国，改设婼羌县，罗库车庭土地广沃，请改为州，州南沙尔雅增设沙雅县。北路阜康县之济木萨县丞，富庶逾于县，旧驿名孚远，升为孚远县；距吐鲁番二百四十里之辟展巡检地为古鄯善国，升为鄯善县；昌吉县所属之呼图壁巡检向收钱粮，请改为县丞。计升设府三，改直隶州二，增通判一、县九、县丞二。又奏增设乡试中额二名，会试中额一名，暨各府学官学额，先后皆议行”。

饶应祺的才能，还见于他处理财政事务。据《清史稿》载：光绪十年，他刚被授予甘州知府职务，“陕西自军兴，兵差劳午，设里局董之，凡四十一庭州大困。上命巡抚边宝泉赴陕查办，疏留应祺理其事，应祺量道路冲僻定收支之数，分别兵流，扫浮汰冗，岁省数十万两。他任新疆布政使时，“新疆向受协饷，每苦欵绌，应祺开源节流，数年库储逾百万”。

《清史稿》评价饶应祺：“官关陇、新疆四十年，边地初辟，治绩烂然，实心实政，其劳亦不可没云”。尚不过分。

（转载县文化馆编《枫叶》。总第86期）

沙 地 公 社 概 况

SHA DI GONG SHE GAI KUANG

沙地公社位于恩施县城东偏北，清江中游北岸。东濒巴溪河，隔河与建始县凤凰公社相望。南抵清江，与红土、新塘公社相邻。西至南里渡河，交三岔公社境界。北与崔家坝公社相连。全社东西长 22 公里，南北宽 19 公里。公社党政机关驻沙子地集镇，北沿公路去鸦鹊水集镇 18 公里，又前去 1 公里接汉渔公路，折向西南沿公路去恩施县城 62 公里。

全社辖秋木、柳池、水坪、花坪、大坪、胜埫、天鹅、落都 8 个管理区，32 个大队、1 个农科站、3 个集镇、2 个林场、299 个生产队，400 个自然村。总面积 195.82 平方公里，其中耕地面积 54491 亩(水田 7580 亩，旱地 46911 亩)，能机耕地 810 亩。林带面积 112668 亩，放牧面积 20000 亩，水产养殖面积 240 亩。全社共 7833 户，34589 人，其中农业人口 33583 人。土家族占 37.97%。多是五、六百年前由湘西、荆州等地迁居此地。

1949 年 10 月至 1952 年，全社当时的楠木、联盟、杨柳、中间、人山等 5 个村隶属恩施县第四区，其余行政区划隶属第七区。1956 年与鸦鹊区合并，称鸦鹊区，1957 年 9 月，又从鸦鹊区分出，成立沙地区。1958 年改名为清江公社，1962 年复名为沙地区，下设秋木、柳池、中间、水坪，盘龙、花坪、太坪、胜埫、天鹅、落都、火峰 11 个小公社。1966 年将 11 个公社合并成 9 个公社。1975 年撤区并社时，改名为沙地公社。

该公社为三面环水一片坡的地形。境内分高山、二高山、低山，二高山占 35.3%，低山占 32.9%，地势北高南低，由北向南倾斜抵清江河谷。最高点是小风口大队的薄刀梁子，海拔 1680 米，最低点在巴溪河与清江的汇合处，海拔 270 米。全社石灰岩分布广泛，溶洞溶洼密布。群山起伏，悬崖峭壁将社域分成三级台阶，自然形成低山、二高山、高山地形。

该公社溪河纵横，蕴藏着丰富的水利资源。人们利用这优越的自然条件，修建了盘龙水库(容量 120 万方)，挖掘堰塘 5 口。修建了巴溪河、黄草坡、西岭 3 座水电站，总装机容量为 486 千瓦，95% 的大队和 3 个集镇都通电。

该公社气候温和，四季分明，降水丰富。年平均气温 16℃，1 月平均气温 3℃～5℃，高山 0℃～2℃，7 月平均气温 25℃，无霜期 250 天，低山河谷盆地高达 300 天，年均降水量 1050 毫米。由于地形影响，气温垂直变化明显，差异较大。阳春三月，当高山麦子埫、神堂一带还是寒风刺骨时，河谷盆地已是春暖花开了。

沙地土家族、汉族人民有着光荣的革命斗争史。晚清时期，法国的神父来到沙地，修筑了 4 座教堂，披着宗教的外衣，横行乡里，欺压百姓，奴役人民，清光绪三十年(1904)，龙角花被的土家族后裔向爕堂、向党成等人为维护民族尊严、不甘凌辱，奋起杀死了鄂西南主教，法国的德西胜和德西贤等人，震动了清朝政府，历史上称“施南教案”。向爕堂等人反帝反封建的壮举，是土家儿女的骄傲与自豪。后人编了《十唱向爕堂》的歌谣，在民间广为流传，以永远纪念这位民族英雄。

沙地公社以农为主，低山、二高山主产水稻、红苕、洋芋，高山主产玉米、洋芋。1981 年，全社粮食总产达 2659.06 万斤。总收入达 456.71 万元。主要经济林木有桐、木梓、生漆、桑、茶，药材有黄连、党参、白术、天麻等。桃、李、苹果、柑橘、梨、葡萄、枣、柿、柚等水果均有出产。

公社境内蕴藏有丰富的地下矿物，以煤、铁、硫磺的储量最大，其次还有磷矿。公社办有煤厂、硫磺厂。

1964 年以前，沙地公社不通公路，进出物资全是人力和畜力运输。1964 年至 1966 年，修通了鸦鹊水至沙子地的公路，使交通闭塞的状况大为改观。1975 年至 1977 年两年内，又修通了沙子地至麦子埫、偏南、杨柳池等地的 10 条支线公路，总长 60 多公里，使 80% 的大队通了车。全社有汽车 5 辆，中型拖拉机 8 台，手扶拖拉机 4 台。

社办企业，由无到有，由小到大。全社先后办起了水电、农具、服装、汽车队、拖拉机站、茶场等 13 个企业，共有职工 378 人，年总产值 34 万元。社办黄草坡林场坐落在清江北岸，面积 10000 亩，已造林 7000 亩，以杉、松、泡桐为主。长脚坡林场位于银钱沟渡口东岸，面积 4000 亩，植树 60 多万棵。1979 年全社木材采伐量为 1459 立方米，支援了外地建设。

文教卫生事业发展更快，解放初期，只有 3 所小学，现有高中 1 所，初中 9 所，小学 32 所，在校学生 8051 人，教工 418 人。解放初期，全社只有 1 个诊所，现有公社卫生院 1 所，分院 2 所，医务室 30 个，医务人员 147 人。公社医院设有 X 光透视、拍片、钡餐等设备和病床 15 张。公社有 1 个电影院，2 个电影队，5 部电影机，业余木偶剧团 1 个，全社户户安装了广播。

公社驻地——沙子地集镇，西临老渡口河，北通鸦鹊水集镇。集镇因此地土壤中沙子多而得名。公社所辖的供销、粮食、财政、林业、邮电、医院、文教等社直机关都驻在集镇。农历二、五、八为集日，贸易较盛。公社管委会驻在集镇南方一小丘上的教堂内，此教堂原是晚清时期法国天主教徒来沙地所修，距今有80年历史，保存完好。山丘四周，苍松翠柏，古树参天，凡到该地的人都会触景生情，赞不绝口。

沙地公社行政区划、居民点名称

沙子地集镇 Shā zǐ dì jí zhèn 位于恩施县城东偏北27公里，鸦(鹊水)—沙(子地)公路的终点。北经鸦沙公路至鸦鹊水集镇18公里。海拔980米，为沙地公社党政机关驻地。

沙子地集镇所处地区为三叠系下统嘉陵江组和大冶组灰岩区，次生矿物全系黑色砾石，人们习惯称之为沙子。举目望去，土壤中多含岩石砂粒、碎屑，人们根据这一特殊的土壤状况，将此地取名沙子地。

1938年，属第二区沙子地乡，逢农历双日赶集。解放初期为第七区公所驻地，以后一直为区、社机关驻地。

沙子地现居201户，1106人，其中非农业人口510人，土家族占很大比例。集镇中心有一条南北走向的直街。长约150米，街道宽约6米，泥石路面，集镇面积约0.1平方公里。街上设有供销社的百货、文具、纺织、副食等门市部和糕点加工厂，其他社直各单位分布在集镇东部的公路沿线。农历二、五、八为集日，赶集人数常达3000人左右，人们竞相交换出售各种农副产品。镇上熙熙攘攘，人声喧哗，一派山区集镇特有的景象。

沙子地约在600多年前开发。据传，孟姓最先来到此地，在今集镇东北角修建茅草房，开荒种地。后茅房发展到十几栋，排列也较整齐，人们称那里叫孟家老屋。

明洪武年间，黄姓也来到沙子地。在今集镇中心处修建房屋。若干年后，黄姓人口超过孟姓。房屋不仅在数量上多于孟姓的，而且样式也较新颖美观。一个阴阳先生来到沙子地后，装神弄鬼的闹了一通，就说孟家老屋那是阴地，修街是有害无益；而黄家那里是阳地，可以大量发展。这样更阻碍了孟家老屋的发展，助推了沙子地集镇前身的形成。到20世纪40年代，已建成了一条整齐的直街。那时，镇上有20多家经营食盐、土布、烟酒、小百货的店铺，四川、湖南、荆州等地的商人也常来此地推销商品，一度形成了逢单日的场期。

1952年3月，一场大火将集镇烧得仅剩三、四栋房屋，在党和政府的关怀下，只经几年时间，于原址新修起一条较原街宽敞而整齐的直街。

解放以来，集镇建设也有所发展，解放初期，仅有两个小药店，现建成了具有X光透视等设备和30多名医务人员的公社医院1所。文教事业由解放初的1所小学发展到高中、初中、小学各1所；修建了电影院，机关单位还有几台电视机，文化生活十分活跃。

1964年前，沙子地不通公路，进出物资全由人力运送，鸦沙公路通车后，交通已十分方便。1975年以来，又修通了至麦子埫、偏南、杨柳池、盘龙、朱家坪的公路，形成了一个以沙子地为中心，向全社各大队延伸的公路网。汽车、拖拉机运输，代替了人挑骡驮，改变了交通落后的状况。此外，加工、照明也用上了电。

公社机关驻在镇南一小山头上，山上古树参天，苍松翠柏，清静幽雅，景色宜人。山顶有一栋古老的教堂，建于清朝末年。石阶林中过，教堂山中隐。清光绪三十年(1904)，龙角花被的土家族后裔向燮堂等人，为维护民族尊严，不堪凌辱，奋起杀死了欺压百姓、蹂躏妇女、作恶多端的法国神父、主教7人。这一反帝反封建的壮举，至今还被人们传颂，引为民族的骄傲与自豪。当年的教堂如今仍存，经过整修，成了公社管委会所在地。1975年后，又在该山东麓，新修了1栋4层的公社办公大楼，和山顶教堂连成了一体。

沙子地集镇，交通方便，市场繁荣。已成为沙地公社政治、经济、文化、交通的中心。

【沙地大队】 Shā dì dà duì 驻罗家塆，位于沙子地集镇东南400米。原名金星大队，1981年9月1日按地名更名为沙地大队。辖16个生产队，20个自然村，486户，2021人。耕地面积2898亩，其中水田425亩。主产玉米、薯类、水稻，特产白肋烟、桐籽、木梓。

罗家塆 Luó jiā wān 70人，大队驻地，位于沙子地集镇东南400米。

板壁坡 Bǎn bì pō 40人，罗家塆西北1.7公里。村处坡地，陡得像墙壁一样，故名。

上白果坝 Shàng bái guǒ bà 80人，罗家塆北偏西1.3公里。村里有棵大白果树，分上、下居住点，故名。

下白果坝 Xià bái guǒ bà 100人，罗家塆北900米。村处上白果坝下，故名。

席家坪 Xí jiā píng 65人，罗家塆东北1.1公里。

砂桥里 Shā qiáo lǐ 90人，罗家塆北偏西800米。村中有条小溪，沟里砂多，沟上架有1座小桥，故名。

黄连坪 Huáng lián píng 75人，罗家塆东北1.3公里。村处坪地，盛产黄连，故名。

桑树坡 Sāng shù pō 100人，罗家塆东偏北700米。村处坡地，桑树多，故名。

长冈岭 Cháng gāng lǐng 20人，罗家塆西偏北700米。村处岭上，有一条狭长的山冈，故名。

大坪 Dà píng 50人，罗家塆东1.3公里。村处大坪地，故名。

舒家塆 Shū jiā wān 40人，罗家塆东南300米。

观坪 Guān píng 50人，罗家塆东偏南2.1公里。村处坪地，地势高，能观看到清江河对岸的新塘公社，故名。

棋盘山 Qí pán shān 85人，罗家塆东南1.1公里。村旁小山上自然生长着32块大小相似的石头，摆布得像棋子，故名。

坟前坝 Fén qián bà 100人，罗家塆西南880米。村处坝地，村后埋有许多祖坟，故名。

山脚塆 Shān jiǎo wān 85人，罗家塆南偏西600米。村处大山脚的山塆内，故名。

干沟 Gān gōu 30人，罗家塆东南700米。村处于沟边，故名。

玉峰山 Yù fēng shān 75人，罗家塆东南2公里。村中有3个独立的山峰，在最高的山峰上原建有座玉皇庙，故名。

范家塆 Fàn jiā wān 70人，罗家塆东南1.1公里。

北风垭 Běi fēng yà 85人，罗家塆东南1公里。村处垭口，冬天常刮北风，故名。

楸木水 Qiū mù shuǐ 70人，罗家塆东南1.4公里。传说原村中有根大楸树，树蔸下出泉水，故名。

【鹤峰口大队】 Hè fēng kǒu dà duì 驻茶园坡，位于沙子地集镇东北15.7公里。原名正光大队，1981年9月1日按地名更名为鹤峰口大队。辖8个生产队，8个自然村，104户，684人。耕地面积1531亩，其中水田21亩。主产玉米、薯类，特产茶叶、白肋烟。

茶园坡 Chá yuán pō 110人，大队驻地，位于沙子地集镇东北15.7公里。村处坡地，盛产茶叶，故名。

陡阳坡 Dǒu yáng pō 70人，茶园坡东北1.9公里。村处坡地，较陡，向阳，故名。

下鹤峰口 Xià hè fēng kǒu 100人，茶园坡西北1.1公里。光绪十三年(1887)，一个名叫王逎斌的巡官路过此地，见两山峰似白鹤，取名鹤峰。该村因处鹤峰的下方，故名。

三溪口 Sān xī kǒu 30人，茶园坡东650米。村处3条小溪汇合处，故名。

罗圈岩 luó quān yán 20人，茶园坡东南600米。村旁有一山岩，似罗圈，故名。

毕家坪 Bì jiā píng 40人，茶园坡南偏西1公里。

肖家塆 Xiāo jiā wān 30人，茶园坡东南1.3公里。

丁家包 Dīng jiā bāo 25人，茶园坡东南1.6公里。

【樟木坝大队】 zhāng mù bà dà duì 驻樟木坝，位于沙子地集镇东北14.9公里。原名金塔大队，1981年9月1日按地名更名为樟木坝大队。辖10个生产队，10个自然村，201户，865人。耕地面积1999亩，其中水田121亩。主产玉米、薯类，特产白肋烟，产木材。

樟木坝 Zhāng mù bà 30人，大队驻地，位于沙子地集镇东北14.9公里。村处坝地，樟树多，故名。

横岩子 Héng yán zǐ 20人，樟木坝东偏北1.3公里。村中山岩呈南北走向，本地称横岩，故名。

观音岩 Guān yīn yán 30人，樟木坝东1.3公里。村中有座山岩，形似观音像，故名。

铁罗山 Tiě luó shān 45人，樟木坝西南550米。村周山石黑色像铁块，而形似罗汉，故名。

钟岭包 Zhōng lǐng bāo 70人，樟木坝东南1.4公里。传说，有人在此山包挖出过一口大钟，故名。

何家塆 Hé jiā wān 30人，樟木坝东南1.3公里。

李家塆 Lǐ jiā wān 30人，樟木坝东南2公里。

枞树梁子 Cóng shù liáng zǐ 35人，樟木坝东南1.7公里。村处山梁，枞树多，故名。

眉毛坎 Méi mao kǎn 60人，樟木坝南偏西1.5公里。村旁山坡有道坎，长满茅草，远看似眉毛，故名。

石笋塆 Shí sǔn wān 55人，樟木坝东南2.1公里。村处山塆，两旁山峰多似石笋，故名。

【倒龙大队】 Dào lóng dà duì 驻社林，位于沙子地集镇东北16.3公里。原名金龙大队，1981年9月1日按地名更名为倒龙大队。辖6个生产队，7个自然村，176户，690人。耕地面积1136亩，其中水田417亩。主产玉米、水稻，特产白肋烟。

社林 Shè lín 110人，大队驻地，位于沙子地集镇东北16.3公里。村中有片树林，原是何家社祭祖的地方，故名。

上水井塆 Shàng shuǐ jǐng wān 90人，社林北偏西2.4公里。村处山塆上部，有口水井，故名。

下水井塆 Xià shuǐ jǐng wān 10人，社林北偏西2公里。村处上水井塆下，故名。

倒龙 Dào lóng 50人，社林东南400米。传说在古时的一个早晨，有人看到一条龙，头朝地，尾朝天，当地人说是一条倒龙，故名。

四方丘 Sì fāng qiū 143人，社林东南650米。村中有丘水田呈四方形，故名。

干沟 Gān gōu 120人，社林南1公里。村旁有一沟，长年无水，故名。

柑子坪 Gān zǐ píng 60人，社林南偏东1.3公里。村处坪地，柑子树多，故名。

【圆宝山大队】 Yuán bǎo shān dà duì 驻圆宝山，位于沙子地集镇东北14.8

公里。原名落都大队，1981 年 9 月 1 日按地名更名为圆宝山大队。辖 9 个生产队，10 个自然村，153 户，679 人。耕地面积 1109 亩，其中水田 187 亩。主产玉米、薯类，特产白肋烟、木梓。

圆宝山 Yuán bǎo shān 70 人，大队驻地，位于沙子地集镇东北 14.8 公里。村处山包，形似圆宝，故名。

麻扎河 Má zhā hé 44 人，圆宝山北偏西 600 米。村中有条河，枯水季节河里的石头密密麻麻露出水面，故名。

五窑塆 Wǔ yáo wān 50 人，圆宝山北偏东 400 米。村处山塆，有 5 个形似炉窑的山包，故名。

桥塆 Qiáo wān 10 人，圆宝山西偏北 1.6 公里。村处山塆，架有 1 座石拱桥，故名。

九盘根 Jiǔ pán gēn 65 人，圆宝山西北 1.2 公里。村处山根脚，上山要转 9 道拐，称九盘路，故名。

刘家坪 Liú jiā píng 80 人，圆宝山西偏南 900 米。

祠堂坪 Cí táng píng 80 人，圆宝山东南 800 米。村处坪地，原向氏在此建过祠堂，故名。

周家坪 Zhōu jiā píng 30 人，圆宝山西南 700 米。

黄家村 Huáng jiā cūn 120 人，圆宝山西南 600 米。

上夹马槽 Shàng jiá mǎ cáo 50 人，圆宝山南 1 公里。村处山槽上部，地势狭窄，只能一人一骑通过，故名。

【黄家垭大队】 Huáng jiā yà dà duì 驻黄家垭，位于沙子地集镇北偏东 5.7 公里。原名中心大队，1981 年 9 月 1 日按地名更名为黄家垭大队。辖 9 个生产队，15 个自然村，190 户，931 人。耕地面积 1287 亩。主产玉米、薯类，特产白肋烟。

黄家垭 Huáng jiā yà 10 人，大队驻地，位于沙子地集镇北偏东 5.7 公里。

水井塆 Shuǐ jǐng wān 40 人，黄家垭东北 2.2 公里。村处山塆，故名。

洞扑猪 Dòng pū zhū 25 人，黄家垭东北 2.4 公里。村中有个洞，洞顶有一石笋，形似猪扑泥塘，故名。

谭家塆 Tán jiā wān 24 人，黄家垭东北 2.3 公里。

朱家坡 Zhū jiā pō 65 人，黄家垭北 1.3 公里。

彭家塆 Péng jiā wān 65 人，黄家垭东北 1.8 公里。

三花坪 Sān huā píng 70 人，黄家垭东北 1 公里。

郑家坪 Zhèng jiā píng 35 人，黄家垭西北 400 米。

曾家塆 Zēng jiā wān 45 人，黄家垭东 1.4 公里。

孙家塆 Sūn jiā wān 20 人，黄家垭西 150 米。

麻扎水 Má zhā shuǐ 30 人，黄家垭东偏南 1.6 公里。村附近多泉水，密密麻麻，故名。

罗圈岩 Luó quān yán 20 人，黄家垭西南 1 公里。村旁有壁岩形似罗圈，故名。

瓦屋场 Wǎ wū chǎng 60 人，黄家垭西南 550 米。村中有块大屋场，故名。

打水垱 Dǎ shuǐ tǎng 50 人，黄家垭南偏东 600 米。村处垱地，似牛耕田的打脚木，故名。

台包 Tái bāo 50 人，黄家垭南偏西 1.3 公里。村处山包有块平台，故名。

【麦子垱大队】 Mài zǐ shǎng dà duì 驻麦子垱，位于沙子地集镇东北 12 公里。原名和平大队，1981 年 9 月 1 日按地名更名为麦子垱大队。辖 9 个生产队，8 个自然村，197 户，832 人。耕地面积 1504 亩。主产玉米、薯类，特产黄连、生漆、白肋烟。

麦子垱集镇 Mài zǐ tǎng jí zhèn 位于恩施县城东偏北39公里，别名天鹅。西南有公路通花被、沙子地两集镇，海拔1420米。

明末，黄姓人氏由巴东、建始来到此地，安居乐业，在今集镇西南1华里处的平地中种了一块麦子，即将该地取名麦子垱。人们为了进行物资交流，就在今集镇西南方1.5公里的山垭上设立贸易点。后来，麦子垱逐步修起了一条小街，人们将贸易市场迁到街上，把赶集的地方称老场，至今仍有痕迹可见。依麦子垱的地形又叫“天鹅”。传说集镇西北的聂家包犹如天鹅的头，西方的大、小绿映潭是天鹅的一对眼睛，东方的乌云观、南面冬坡的两山是双翅，东南的长槽是尾巴，圆包山是天鹅孵的一个蛋，从此得名天鹅。又传说，黄姓定居此地后，向姓也来到这里。为了占据此地，向姓就暗中将一匹死马放入棺材充当祖人埋在白石板下。过了几天，黄、向二姓为麦子垱的归辖产生争议，向姓说有祖坟为凭。当人们撬开白石板时，一对白鹤从坑内飞出，直上九霄。人们便说这里是天鹅抱蛋的宝地，同时又为天鹅惊飞而惋惜。为了不再发生类似情形，故将麦子垱称“天鹅”，以示纪念。

麦子垱集镇南北长250米，东西宽200米，总面积0.05平方公里。现有80多户，300多人，土家族占很大比例。一条直街呈南北走向，长约150米，街道宽约5.5米。直街中部，又有一条向西伸展的横街。石板路面，中间有一宽1.5米、深1.6米的排水沟，石板覆盖着沟面。若遇暴雨，排水沟消水不及，街中常积深水。1976年5月的一天中午连降暴雨22分钟，街中积水达5尺深，房屋被冲垮几栋。当时，镇上各家生的煤火被洪水浸湿，产生热雾气，使整个集镇笼罩在烟雾中。洪水淹没后的淤泥清除两、三个月才完。

麦子垱早在50多年前就形成了集市贸易，解放后经济建设发展较快。现已设立了供销社、粮站、食品所、医院，旅社、饭店等单位。圆包山西麓，坐落着麦子垱中小学，该校已有100多年的历史，现有师生600多人。圆包山顶建有变电所，镇上的机关居民都点上了电灯。集镇北部是天鹅管理区驻地，机关楼房和民房围绕圆包山四周分布。1975年修通了公路，进出的物资全由汽车运输。

解放前属二区的麦子垱乡，1938年只有30户人家，逢双日赶集。

解放初期，属恩施县七区麦子垱乡所辖。1958年，设麦子埔管理区。1962年为沙地区天鹅公社驻地，1975年撤区并社后，为沙地公社天鹅管理区驻地。

麦子垱现为农历二、五、八的集日，鸦鹊公社和建始县以及沙地公社各地农民前来赶集的达2000多人，公私成交额达2万元。集日里，供销社各门市部商品琳琅满目，顾客盈门。各种粮食、油料、肉、蛋、水果、柴草、药材、竹木制品等农副产品繁多。20多家饮食、修补、缝纫、理发、肉摊等店铺分布在街道两旁，更增添了集市的热闹场面。

丁家坡 Dīng jiā pō 10人，麦子垱北偏东2.5公里。

核桃坪 Hé táo píng 90人，麦子垱北偏东2公里。村处坪地，核桃树多，故名。

青树包 Qīng shù bāo 60人，麦子垱东北2公里。村处山包，有棵大青冈树，故名。

赵家槽 Zhào jiā cáo 90人，麦子淌北1.7公里。

窝垱 Wō tǎng 20人，麦子垱东北1.3公里。村处垱地，形似窝坑，故名。

新铺子 Xīn pù zǐ 40人，麦子垱东北1.1公里。麦子垱建成小街后，在街上又新开了个店铺，故名。

杉树垭 Shān shù yà 30人，麦子垴北800米。村处垭口，杉树多，故名。

绿映潭 Lù yìng tán 30人，麦子垴西偏北700米。村中有个深水潭，四周绿树倒映潭中，故名。

【耍龙坝大队】 Shuǎ lóng bà dà duì 驻瓦屋桥，位于沙子地集镇东北8.9公里。原名黄金大队，1981年9月1日按驻地名更名为耍龙坝大队。辖5个生产队，6个自然村，120户，527人。耕地面积882亩，其中水田101亩。主产玉米、水稻，特产白肋烟、核桃。

瓦屋桥 Wǎ wū qiáo 100人，大队驻地，位于沙子地集镇东北8.9公里。村中小溪上建有一桥，桥上有瓦遮盖，故名。

砂锅垴 Shā guō nǎo 30人，瓦屋桥西北650米。村偏僻，原十分贫困，穷得像砂锅一样不值钱，故名。

二台坪 Er tái píng 20人，瓦屋桥西北400米。村处第二台地，故名。

黄鸡屋场 Huáng jī wū chǎng 43人，瓦屋桥北偏东700米。传说，村中有一屋场，在挖地基时，曾挖出只黄鸡，故名。

坐三沟 Zuò sān gōu 40人，瓦屋桥东1.9公里。村附近有3条沟，交叉处有块石头像条板凳，人们常在此坐息，故名。

耍龙坝 Shuǎ lóng bà 110人，瓦屋桥西南750米。村旁有道山梁，形似玩耍的龙灯，故名。

【长槽大队】 Cháng cáo dà duì 驻蔡家垭，位于沙子地集镇东北12公里。原名和平大队，1981年1月从和平分出，按地名取名长槽大队。辖10个生产队，14个自然村，176户，759人。耕地面积1401亩。主产玉米、薯类，特产生漆、白肋烟、向日葵。

蔡家垭 Cài jiā yà 10人，大队驻地，位于沙子地集镇东北12公里。

凉水井垮 Liáng shuǐ jǐng wān 70人，蔡家垭东北950米。村处山垮，有口凉水井，故名。

姜家垭 Jiāng jiā yà 20人，蔡家垭东偏北1.1公里。

黄家岭 Huáng jiā lǐng 100人，蔡家垭东偏北1.4公里。

仙人洞 Xiān rén dòng 40人，蔡家垭东南750米。村中有个出水洞，传说洞内住有神仙，喝此水可治病，故名。

青龙坪 Qīng lóng píng 90人，蔡家垭东南1.5公里。村处坪地，后山梁似条青龙，故名。

老场 Lǎo chǎng 10人，蔡家垭西南1公里。早年人们在此赶过场，故名。

赵家垮 Zhào jiā wān 50人，蔡家垭西南650米。

五里坡 Wǔ lǐ pō 20人，蔡家垭南偏东650米。村处坡地，约5里路长，故名。

斯家垮 Sī jiā wān 50人，蔡家垭南偏西850米。

棉花坡 Mián huā pō 65人，蔡家垭东南1.4公里。村处坡地，长有许多野棉花，故名。

蔡家垮 Cài jiā wān 14人，蔡家垭南偏西1.2公里。

长槽 Cháng cáo 40人，蔡家垭东南1.8公里。村处一长山槽内，故名。

谢家垮 Xiè jiā wān 80人，蔡家垭东南2.5公里。

【落都大队】 Luò dū dà duì 驻安乐寺，位于沙子地东北15.5公里。1958年按地名取名落都大队。辖9个自然村，8个生产队，166户，775人。耕地面积1441亩，其中水田250亩。主产玉米、水稻、特产木梓、白肋烟。

安乐寺 An lè sì 70人，大队驻地，位于沙子地集镇东北15.5公里。村中原建有一庙，名安乐寺，村名沿用迄今。

刘家垮 Liú jiā wān 90人，安乐寺西北700米。

花栎山 Huā lì shān 70人，安乐寺北偏东550米。村中山坡上花栎树多，故名。

吴家岩 Wú jiā yán 20人，安乐寺东北600米。

梭落居 Suō luò jū 100人，安乐寺东850米。村处山脚，像是从山上梭下来的，人们落居于此，故名。

香树塆 Xiāng shù tǎng 100人，安乐寺西偏南500米。村处塆地，香树多，故名。

下夹马槽 Xià jiá mǎ cáo 35人，安乐寺西南850米。村处山槽下方，狭窄，只能走一人一骑，故名。

白果坝 Bái guǒ bà 110人，安乐寺南450米。村处坪坝，有棵大白果树，故名。

落都村坊 Luò dū cūn fāng 90人，安乐寺西南700米。村处落都中部，人户集中，故名。

【朱家坪大队】 Zhū jiā píng dà duì 驻朱家坪，位于沙子地集镇北偏西4.5公里。原名新生大队，1981年9月1日按地名更名为朱家坪大队。辖7个生产队，8个自然村，198户，924人。耕地面积1085亩。主产玉米、薯类，特产生漆、木梓、白肋烟。

朱家坪 Zhū jiā píng 275人，大队驻地，位于沙子地集镇北偏西4.5公里。

后坝 Hòu bà 15人，朱家坪东1.2公里。村处坪坝，居朱家坪山后，故名。

凉风洞 Liáng fēng dòng 30人，朱家坪东北1.3公里。村中有个山洞，盛夏凉风徐徐，故名。

许家塆 Xǔ jiā wān 50人，朱家坪西北1.1公里。

龚家包 Gōng jiā bāo 50人，朱家坪西北1.1公里。

渔滩口 Yú tān kǒu 90人，朱家坪西2公里。村处滩口，早年是打渔的场所，故名。

彭家塆 Péng jiā wān 40人，朱家坪西偏南850米。

谢家台 Xiè jiā tái 100人，朱家坪西南1.2公里。

【黄广田大队】 Huáng guǎng tián dà duì 驻黄广田，位于沙子地集镇北偏东4公里。原名友谊大队，1981年9月1日按地名更名为黄广田大队。辖13个生产队，19个自然村，316户，1452人。耕地面积1792亩，其中水田33亩。主产玉米、薯类，特产生漆、白肋烟。

黄广田 Huáng guǎng tián 110人，大队驻地，位于沙子地集镇北偏东4公里。解放前黄姓大户在此处的田多地广，故名。

崔家台 Cuī jiā tái 50人，黄广田东北3.3公里。

王字沟 Wáng zì gōu 30人，黄广田东北2.9公里。村处山沟，山形似王字，故名。

刘家槽 Liú jiā cáo 80人，黄广田东北2公里。

漩涡塆 xuán wō tǎng 10人，黄广田东北1.4公里。村处塆地，形状像个漩涡，故名。

汤家塆 Táng jiā wān 50人，黄广田东北1公里。

河坎上 Hé kǎn shàng 100人，黄广田东偏北800米。村处河沟的坎上，故名。

硝洞坡 Xiāo dòng pō 20人，黄广田西1.5公里。村处坡地，有个山洞内有硝土，故名。

尖山槽 Jiān shān cáo 20人，黄广田西南1.2公里。村处槽地，有座尖山，故名。

指房坝 Zhǐ fāng bà 70人，黄广田西南600米。传说姓黄的人家迁居来时，被指定在此坝建房，故名。

下邱家山 Xià qiū jiā shān

50人，黄广田南400米。村处邱家山下，故名。

张家塆 Zhāng jiā wān 75人，黄广田西南2.4公里。

慈竹园 Cí zhú yuán 45人，黄广田西南2.2公里。村中有大片慈竹林，故名。

肖家塆 Xiāo jiā wān 40人，黄广田西南2.9公里。

柞木坪 Zhà mù píng 20人，黄广田西南1.8公里。村处坪地，柞树多，故名。

毛家槽 Máo jiā cáo 70人，黄广田西南2.4公里。

箱子岭 Xiāng zi lǐng 20人，黄广田西南2.2公里。村处山岭形似箱子，故名。

三步岩 Sān bù yán 12人，黄广田西南2.1公里。村处路边，有3步岩坎，故名。

岩头上 Yán tóu shàng 20人，黄广田西南3.5公里。村处垭口，位于板壁坡白岩头上，故名。

【盘龙溪大队】 Pán lóng xī dà duì 驻平槽，位于沙子地集镇东北4.6公里。原名双龙大队，1981年9月1日按地名更名为盘龙溪大队。辖10个生产队，12个自然村，247户，1062人。耕地面积1373亩，其中水田11亩。主产玉米、薯类，特产生漆、黄连、白肋烟。

平槽 Píng cáo 30人，大队驻地，位于沙子地集镇东北4.6公里。村处槽内，地势平，故名。

白马岭 Bái mǎ lǐng 70人，平槽东北2公里。传说，此山岭是用匹白马换来的，故名。

五重坡 Wǔ chóng pō 84人，平槽东北2.1公里。村处坡地，有5道高坎，故名。

肖家槽 Xiāo jiā cáo 74人，平槽东北1.9公里。

覃家山 Qín jiā shān 74人，平槽西北600米。

护龙屋场 Hù lóng wū chǎng 100人，平槽东北1.3公里。原有一人名黄护龙，他死后，人们便把他住过的屋场取名为黄护龙屋场，故名。

野竹坝 Yě zhú bà 50人，平槽东750米。村处坪坝，生长有许多野竹，故名。

邱家山 Qiū jiā shān 100人，平槽西1.5公里。

锣鼓洞 Luó gǔ dòng 40人，平槽西南750米。村中有个山洞，传说内藏有锣鼓，人们逢红白喜事即可从洞中借出，故名。

堰塘塆 Yàn táng wān 35人，平槽西南2公里。村处山塆，有口堰塘，故名。

盘龙溪 Pán lóng xī 140人，平槽西南1.9公里。村中有条小溪，弯弯曲曲，像条龙盘着，故名。

虎豹山 Hǔ bào shān 100人，平槽西南2.8公里。村处大山中，原有虎豹出没，故名。

【神堂大队】 Shén táng dà duì 驻神堂里，位于沙子地集镇东北8.8公里。原名红星大队，1981年9月1日按地名更名为神堂大队。辖13个生产队，27个自然村，298户，1375人，耕地面积2403亩。主产玉米、薯类，特产白肋烟、向日葵。

神堂里 Shén táng lǐ 45人，大队驻地，位于沙子地集镇东北8.8公里。相传，胡姓人家曾在堂屋里供有神像，故名。

洋禾塝 Yáng hé tǎng 13人，神堂里东北2公里。村处塝地，盛产洋禾，故名。

大家荒 Dà jiā huāng 30人，神堂里北偏两1.4公里。传说，此地生长有一种珍贵树，当地几家地主相争，经衙门判定，树归衙门所有，并被砍光，剩下一片荒地，故名。

曾家大垱 Zēng jiā dà tǎng 20人，神堂里东北1.4公里。

蛤蟆垱 Há ma tǎng 20人，神堂里西北1.6公里。村处垱地，蛤蟆多，故名。

观音阁 Guān yīn gé 20人，神堂里西北1.7公里。传说，有一姓李的，为感谢观音救命之恩，建有观音庙，人们惯称观音阁，村名沿用。

北青树包 Běi qīng shù bāo 40人，神堂里西北2公里。村处山包，有棵柏枝树，当地称青树，因村靠青树北，故名。

坪上 Píng shàng 80人，神堂里西北1.3公里。村处一坪地上，故名。

断坪槽 Duàn píng cáo 20人，神堂里东北750米。村处坪地，与一山槽相连，中间有一道土坎将坪槽隔断，故名。

古坟垱 Gǔ fén tǎng 120人，神堂里东北1公里。村处垱地，埋有许多祖坟，故名。

淹水垱 Yān shuǐ tǎng 10人，神堂里西北1.9公里。村处垱地，常淹水，故名。

毛糊岭 Máo hú lǐng 20人，神堂里西北550米。村处山岭上，过去一片乱岩石，看起来毛糊糊的，故名。

横家塆 Héng jiā wān 10人，神堂里西北1.4公里。村处山塆，有家人的房屋横修在塆内，故名。

张家塆 Zhāng jiā wān 90人，冲堂里西800米。

担头山 Dàn tóu shān 10人，神堂里东550米。村处来龙山腰，旁有两座山，如同挑担子的，故名。

刘家大垱 Liú jiā dà tǎng 10人，神堂里东偏南1.8公里。

李家塆 Lǐ jiā wān 20人，神堂里西南1.2.公里。

王家窝垱 Wáng jiā wō tǎng 90人，神堂里东南1.5公里。

来龙山 Lái lóng shān 10人，神堂里东南800米。传说，一次山洪暴发，出现一座山，形似龙体，故名。

陈家槽 Chén jiā cáo 90人，神堂里西南1.3公里。

黄家塆 Huáng jiā wān 10人，神堂里西南900米。

桥口 Qiáo kǒu 40人，神堂里西南2.1公里。村南垭口上有道山梁，山梁下有个消水溶洞，使山梁像桥形，故名。

周家屋场 Zhōu jiā wū chǎng 12人，神堂里西南1.5公里。

棺木匣 Guān mù xiá 40人，神堂里南偏西1.3公里。传说，村中天坑里曾掉下去一位老人，死后无法收尸，为此往天坑里放下棺匣，以示安葬，故名。

长南风 Cháng nán fēng 10人，神堂里西南2.2。村南垭口风大持久，故名。

榨屋槽 Zhà wū cáo 20人，神堂里西南1.8公里。村处槽地，原办有榨坊，故名。

刘家岩 Liú jiā yán 20人，神堂里西南2.3公里。

【夏村坝大队】 Xià cūn bà dà duì 驻小槽，位于沙子地集镇东北13.8公里。原名金山大队，1981年9月1日按地名更名为夏村坝大队。辖7个生产队，11个自然村，200户，883人。耕地面积1432亩。主产玉米、薯类，特产白肋烟、向日葵、生漆。

小槽 Xiǎo cáo 90人，大队驻地，位于沙子地集镇东北13.8公里。村处于小山槽内，故名。

枝横槽 Zhī héng cáo 70人，小槽

西北 1.8 公里。村处槽地，呈十字形，故名。

墀渔槽 Chí yú cáo 130 人，小槽北偏西 1 公里。村处山槽的一台阶，形似渔，故名。

栗儿坪 Lì ér píng 60 人，小槽西北 900 米。村处坪地，板栗树多，故名。

杉塆 Shā wān 100 人，小槽东北 700 米。村处山塆，杉树多，故名。

篓架山 Lǒu jià shān 80 人，小槽东偏北 13 公里。村处山包，山形像篓架，故名。

三岔槽 Sān chà cáo 20 人，小槽西 500 米。村处槽地，有 3 个岔口，故名。

庙包 Miào bāo 20 人，小槽东南 750 米。村处山包，原建有庙，故名。

硝洞坡 Xiāo dòng pō 25 人，小槽西南 1 公里。村外有个洞出土硝，故名。

大槽 Dà cáo 70 人，小槽南 800 米。村处大山槽内，故名。

夏村坝 Xià cūn bà 110 人，小槽南偏东 1.2 公里。

【小风口大队】 Xiǎo fēng kǒu dà duì 驻苏麻庄，位于沙子地集镇东北 4.2 公里。原名丰庄大队，1981 年 9 月 1 日按地名更名为小风口大队。辖 8 个生产队，12 个自然村，159 户，659 人。耕地面积 1273 亩。主产玉米、薯类，特产生漆、白肋烟、向日葵。

苏麻庄 Sū má zhuāng 60 人，大队驻地，位于沙子地集镇东北 4.2 公里。此地产苏麻，故名。

黄家老屋 Huáng jiā lǎo wū 20 人，苏麻庄东北 2.8 公里。

上黄家垭 Shàng huáng jiā yà 50 人，苏麻庄东北 2.3 公里。

尧家槽 Yáo jiā cáo 25 人 ，苏麻庄东北 1.3 公里。

三尖峰 Sān jiān fēng 80 人，苏麻庄东北 900 米。村旁有 3 座尖尖的山峰，故名。

寨子 Zhài zǐ 100 人，苏麻庄东 2.2 公里。传说，白莲教造反时曾在此扎过寨，故名。

老屋台子 Lǎo wū tái zǐ 50 人，苏麻庄西偏南 500 米。村处台地，有块老屋场，故名。

梅家垭 Méi jiā yà 13 人，苏麻庄东 1.4 公里。

小风口 Xiǎo fēng kǒu 80 人，苏麻庄东偏南 850 米。村处小山垭口，常刮风，故名。

打退坡 Dǎ tuì pō 20 人，苏麻庄东偏南 1.9 公里。相传，村中有位姓李的造反，在山顶建有寨子，曾几次打退官府的进攻，故名。

漆园里 Qī yuán lǐ 135 人，苏麻庄西南 1.3 公里。村中漆树多，故名。

娃娃坡 Wá wá pō 50 人，苏麻庄 1.7 公里。村处坡地，传说，通向村内的坡路是由两个娃娃修建而成，故名。

【偏南大队】 Piān nán dà duì 驻风包岭，位于沙子地集镇东偏北 16 公里。1958 年按地名取名偏南大队迄今。辖 10 个生产队，10 个自然村，200 户，920 人。耕地面积 1429 亩，其中水田 130 亩。主产玉米、薯类，特产木梓、柑橘。

风包岭 Fēng bāo lǐng 20 人，位于沙子地集镇东偏北 16 公里。村处山岭，风大，故名。

汪家包 Wāng jiā bāo 100 人，风包岭北偏西 2.5 公里。

冷水沟 Lěng shuǐ gōu 50 人，风包岭西北 2.2 公里。村中有条水沟，一年四季水温冰凉，故名。

社堂坪 Shè táng píng 70 人，风包岭北偏东 2 公里。村处坪地，过去村中设有社堂祭祖，故名。

石门框 Shí mén kuàng 80 人，风包岭东北 1.8 公里。村旁有壁岩石，形似门框，故名。

花瓦屋 Huā wǎ wū 100人，风包岭北800米。村中原有栋瓦屋，墙上画满壁画，故名。

张家屋场 Zhāng jiā wū chǎng 110人，风包岭西偏南350米。

土渔河 Tǔ yú hé 100人，风包岭西南1.2公里。村处河边，因河里出土渔，故名。

姚家坡 Yáo jiā pō 110人，风包岭西南2公里。

头偏南 Tóu piā nán 100人，风包岭西南3.2公里。此地为一狭长偏坡，坡向偏南，故名偏南。依地势而分为头偏南、中偏南、三偏南，故名。

【双垭岭大队】 Shuāng yà lǐng dà duì 驻双垭岭下，位于沙子地集镇东北9.8公里。原名胜利大队，1981年9月1日按地名更名为双垭岭大队。辖13个生产队，29个自然村，332户，1413人。耕地面积1944亩。主产玉米、薯类，特产白肋烟、生冻，向日葵。

双垭岭下 Shuāng yà lǐng xià 60人，大队驻地，位于沙子地集镇东北9.8公里。村处山岭下，北有两山垭口，故名。

淹水埫 Yān shuǐ tǎng 20人，双垭岭下北2公里。村处埫地，常淹水，故名。

荞背头 Qiáo bēi tóu 40人，双垭岭下北偏东1.8公里。相传，有人倒了一背篓荞壳在天坑里，结果荞壳从天坑出口流出，人们将倒替壳的地方叫荞背头。

垭上 Yà shàng 40人，双垭岭下东北2.1公里。村处垭口上，故名。

乌马驹槽 Wū mǎ jū cáo 50人，双垭岭下东北1.5公里。村处槽地，传说常有一对乌色马晚上出来吃青苗，故名。

稀尿里 Xī niào lǐ 15人，双垭岭下东北1.8公里，此地有几股泉水，因为稀稀拉拉，象尿塘一样，故名。

汪家屋场 Wāng jiā wū chǎng 20人，双垭岭下东北1.8公里。

山顶上 Shān dǐng shàng 14人，双垭岭下东北1公里。村处山顶部，故名。

肖家大坡 Xiāo jiā dà pō 20人，双垭岭下东北2.1公里。

马家台子上 Mǎ jiā tái zǐ shàng 20人，双垭岭下东北650米。

蓼叶墩 Liǎo yè dūn 80人，双垭岭下东偏北650米。有条土墩下长满蓼叶，故名。

肖家屋场 Xiāo jiā wū chǎng 43人，双垭岭下东1.8公里。

杨柳坡 Yáng liǔ pō 10人，双垭岭下西偏北500米。村处坡地，有棵大杨柳树，故名。

杨柳埫 Yáng liǔ tǎng 100人，双垭岭下西南800米。村处埫地，有棵大杨柳树，故名。

马家窝坑 Mǎ jiā wō kēng 75人，双垭岭下东南1公里。

三滴水 Sān dī shuǐ 50人，双垭岭下东南1.6公里。村中有3个水井，惯称三滴水，故名。

梨儿埫 Lí ér tǎng 120人，双垭岭下南偏西600米。村处埫地，梨子树多，故名。

谢家塆 Xiè jiā wān 10人，双垭岭下西南1.6公里。

陈起坪 Chén qǐ píng 60人，双垭岭下西南1.7公里。

盆子槽 Pén zǐ cáo 20人，双垭岭下南偏东1.1公里。村处槽地，形似盆子，故名。

马家槽 Mǎ jiā cáo 20人，双垭岭下西南1.4公里。

周家槽 Zhōu jiā cáo 30人，双垭岭下东南1.6公里。

塆里 Wān lǐ 130人，双垭岭厂西南

2 公里。村居山塆内，故名。

小垭门 Xiǎo yà mén 70 人，双垭岭下东南 1.6 公里。村处山垭口，两旁山岩似门，故名。

牛角水 Niú jiǎo shuǐ 60 人，双垭岭下西南 1.8 公里。村中有个出水洞，形状像只牛角，故名。

龙凤埫 Lóng fèng tǎng 30 人，双垭岭下 1.7 公里。村处埫地，传说阴阳先生看地，说这里有龙有风，是块好地，故名。

锁锣塆 Suǒ luó wān 30 人，双垭岭下西南 2.4 公里。村处山塆，相传是用 1 把锁和 1 面锣换来的，故名。

凳子山 Dèng zǐ shān 20 人，双垭岭下西南 2.4 公里。相传此山是用 1 把凳子换来的，故名。

王家塆 Wáng jiā wān 10 人，双垭岭下西南 2.5 公里。

【金盆大队】 Jīn pén dà duì 驻天飞石，位于沙子地集镇东偏北 12.2 公里。1958 年取名金盆大队。辖 9 个生产队，10 个自然村，231 户，967 人。耕地面积 1561 亩，其中水田 46 亩，主产玉米、薯类，特产木梓、白肋烟。

天飞石 Tiān fēi shí 110 人，大队驻地，位于沙子地集镇东偏北 12.2 公里。传说：向、黄二姓争地，恰碰雷雨倾盆，飞沙走石，雨停后见一块大石立于田中，成一天然界石，故名。

老田塆 Lǎo tián wān 30 人，天飞石东北 1 公里。村处山塆，田土开发时间早，故名。

北坡 Běi pō 140 人，天飞石东北 800 米。村处北山坡，故名。

王家坡 Wáng jiā pō 30 人，天飞石东北 400 米。

向家塆 Xiàng jiā wān 130 人，天飞石东偏北 400 米。

张家包 Zhāng jiā bāo 120 人，天飞石西南 650 米。

青草塘 Qīng cǎo táng 150 人，天飞石东南 700 米。村中有一水塘，塘边长满青草，故名。

老熊坡 Lǎo xióng pō 120 人，天飞石西南 900 米。传说，此地原是一片茂密的森林，有座山峰形似熊头，故名。

葫芦埫 Hú lu tǎng 80 人，天飞石西南 800 米。村处埫地，形似葫芦，故名。

金盆水 jīn pén shuǐ 110 人，天飞石西南 1.5 公里。传说此地有个金盆，出水，故名。

【五房大队】 Wǔ fáng dà duì 驻五房，位于沙子地集镇西北 950 米。原名东升大队，1981 年 9 月 1 日按地名更名为五房大队。辖 7 个生产队，10 个自然村，158 户，668 人。耕地面积 1041 亩，其中水田 126 亩。主产玉米、薯类，特产木梓、白肋烟。

五房 Wǔ fáng 100 人，大队驻地，位于沙子地集镇西北 950 米。黄家老五最先落户，故名。

纸厂塆 Zhǐ chǎng wān 80 人，五房西南 800 米。村处山塆，原办有纸厂，故名。

老渡口 Lǎo dù kǒu 80 人，五房西南 1.1 公里。村处渡口边，因渡口设置时间长，故名。

熊洞坡 Xióng dòng pō 10 人，五房东南 400 米。村处坡地，有一山洞，原洞内有熊，故名。

扎鱼岭 Zhā yú lǐng 55 人，五房西南 550 米。传说，当地有两个水井，远看像鳌鱼的眼睛，故名鳌鱼岭。后施南府有一老爷路过此地，改名扎鱼岭，沿用迄今。

二磴岩 Er dèng yán 30 人，五房西南 1.3 公里。村处第二级台阶上，故名。

陈家岩 Chén jiā yán 20 人，五房西南 1 公里。

椿木槽 Chūn mù cáo 20 人，五房西南 1 公里。村处槽地，椿树多，故名。

花栎山 Huā lì shān 90 人，五房西

南1.2公里。村后山上花栎树多，故名。

张家台 Zhāng jiā tái 100人，五房南偏西1.7公里。

【花被大队】 Huā bèi dà duì 驻花被，位于沙子地集镇东偏北5.1公里。原名花坪大队，1981年9月1日按地名更名为花被大队。辖12个生产队，11个自然村，1个自然镇，253户，1006人。耕地面积1611亩，其中水田381亩。主产玉米、薯类、水稻，特产白肋烟，产煤。

花被 Huā bèi 210人，(自然镇)，位于沙子地集镇东偏北5.1公里。传说，黄家来此时，正值春暖花开，龙角山两侧开满百花，好似一床花被面，故名。此地设有学校、供销、食品、邮电、缝纫、农具加工等单位。解放前属二区花被乡，1938年仅有10户人家，逢单日赶集。解放后一直为公社、管理区、大队驻地。

周家老屋 Zhōu jiā lǎo wū 70人，花被北偏西1.6公里。

正坝里 Zhèng bà lǐ 60人，花被北1.5公里。村处坝正中，故名。

桩木垱 Zhuāng mù tǎng 70人，花被西北1.7公里。村处垱地，原立有半节大木桩，故名。

岭冈 Lǐng gāng 60人，花被北偏西1.3公里。村处岭上，地势高，故名。

陈家老屋 Chén jiā lǎo wū 60人，花被西北2.2公里。

烂池塆 Làn chí wān 40人，花被西北1.2公里。村处山塆，有口烂泥塘，故名。

学堂岭 Xué táng lǐng 80人，花被西北1.1公里。村处山岭，原办过小学堂，故名。

滴水岩 Dī shuǐ yán 40人，花被北偏东650米。村旁有壁岩石，长年滴水，故名。

大坝 Dà bà 110人，花被西北550米。村处大坝中，故名。

花被村坊 Huā bèi cūn fāng 70人，花被西北350米。村邻花被，人户集中，故名。

谢家梁子 Xiè jiā liáng zǐ 50人，花被西南500米。

【龙角大队】 Lóng jiǎo dà duì 驻大墓垱，位于沙子地集镇东6.7公里。原名前进大队，1981年9月1日按地名更名为龙角大队。辖9个生产队，16个自然村，290户，1327人。耕地面积2139亩，其中水田487亩。主产玉米、薯类、水稻，特产生漆、白肋烟。

大墓垱 Dà mù tǎng 110人，位于沙子地集镇东6.7公里。村处垱地，垱中原有座大坟墓，故名。

桥口底下 Qiáo kǒu dǐ xià 30人，大墓垱西北1.5公里。位于神堂大队桥口岩坎下，故名。

椿树坪 Chūn shù píng 24人，大墓垱西北950米。村处坪地，椿树多，故名。

陈家塆 Chén jiā wān 70人，大墓垱西北1.2公里。

青梨垱 Qīng lí tǎng 110人，大墓垱北偏西500米。村处垱地，原有棵青皮梨树，故名。

双鼻子 Shuāng bí zǐ 20人，墓垱西北900米。此地有股泉水，从两个孔流出，形如鼻子，故名。

大垭门 Dà yà mén 100人，大墓垱东北650米。村处垭口，两旁山岩似大门，故名。

狮子包 Shī zǐ bāo 10人，大墓垱西1公里。村处山包，形似狮子头，故名。

白果垱 Bái guǒ tǎng 140人，大墓垱西偏南1.2公里。村处垱地，有棵大白果树，故名。

庙堂 Miào táng 70人，大墓垱西南650米。村中建过庙，故名。

私田上 Sī tián shàng 100人，大墓埫东南800米。传说，村中的田原是向家私人买的，故名。

孙家梁子 Sūn jiā liáng zǐ 10人，大墓端西南1.5公里。

鲁家梁子 Lǔ jiā liáng zǐ 120人，大墓埫西南1.2公里。

龙角村 Lóng jiǎo cūn 140人，大墓端南偏东1.3公里。村处龙角山西麓，故名。

蒿枝坝 Hāo zhī bà 70人，大墓埫南偏西1.4公里。村处坝地，长蒿枝，故名。

夹路塆 Jiá lù wān 100人，大墓埫东南2.1公里。村头两山中夹着一条人行路，故名。

【白岩寨大队】 Bái yán zhài dà duì 驻上瓦仓，位于沙子地集镇东2.8公里。原名花坪大队，1981年9月1日按地名更名为白岩寨大队。辖6个生产队，11个自然村，210户，851人。耕地面积1360亩，其中水田322亩，主产玉米、薯类、水稻，特产白肋烟、茶叶。

上瓦仓 Shàng wǎ cāng 110人，大队驻地，位于沙子地集镇东2.8公里。村中原建有瓦厂，讹称瓦仓，地势高，故名。

八家坡 Bā jiā pō 20人，上瓦仓东北2.1公里。村处坡地，住有8户人家，故名。

后槽 Hòu cáo 80人，上瓦仓东北2.2公里。村处山后槽地，故名。

白岩寨 Bái yán zhài 200人，上瓦仓北1。3公里。村处白岩寨下，地名沿用。

四方碑 Sì fāng bēi 30人，上瓦仓北偏西900米。村路旁有一块四方形石碑，故名。

田家梁子 Tián jiā liáng zǐ 130人，上瓦仓东北1.5公里。

陈家塆 Chén jiā wān 20人，上瓦仓东北1.3公里。

凉水井 Liáng shuǐ jǐng 90人，上瓦仓东北800米。村旁有口水井，水清凉，故名。

石门沟 Shí mén gōu 160人，上瓦仓东南1.3公里。村处沟边，有块石头像门，故名。

上花栎山 Shàng huā lì shān 40人，上瓦仓东南750米。村处山上部，花栎树多，故名。

长水路 Cháng shuǐ lù 15人，上瓦仓东南1.1公里。村路边有条长水沟，故名。

【铺子大队】 Pù zǐ dà duì 驻蚂蟥溪，位于沙子地集镇东偏南12.5公里。原名联盟大队，1981年9月1日按地名更名为铺子大队。辖5个生产队，8个自然村，168户，695人。耕地面积1093亩，其中水田267亩。主产玉米、薯类、水稻，特产木梓、柑橘。

蚂蟥溪 Mǎ huáng xī 20人，大队驻地，位于沙子地集镇东偏南12.5公里。村处溪沟旁，溪沟中蚂蟥多，故名。

下青草塘 Xià qīng cǎo táng 80人，蚂蟥溪东北600米。村居青草塘下，故名。

青树槽 Qīng shù cáo 80人，蚂蟥溪东偏北350米。村处槽地，有棵大青树，故名。

担子溪 Dàn zǐ xī 50人，蚂蟥溪南500米。村处溪边，有坝水田，形似一副担子，故名。

范家包 Fàn jiā bāo 140人，蚂蟥溪西南1公里。

刀龙坝 Dāo lóng bà 150人，蚂蟥溪西南900米。村处坝地，紧靠清江，坝形似刀，河水如龙，故名。

邓家塆 Dèng jiā wān 90人，蚂蟥溪西南1.4公里。

刘家塆 Liú jiā wān 70人，蚂蟥溪

西南 1.8 公里。

【青龙冠农科站】 Qīng lóng guàn nóng kē zhàn　驻青龙冠，位于沙子地集镇东南 1.5 公里。1976 年建站，名沙地公社农科站，1981 年 9 月 1 日按地名更名为青龙冠农科站。辖 2 个自然村，128 户，559 人。耕地面积 939 亩，其中水田 175 亩。主产玉米、水稻。

青龙冠　Qīng lóng guàn　90 人，位于沙子地集镇东南 1.5 公里。村旁有座青岩山峰，形似龙头，故名。

老林坡　Lǎo lín pō　130 人，沙子地集镇南 1.5 公里。村处坡地，有片老树林，故名。

【小花被大队】　Xiǎo huā bèi dà duì　驻小花被，位于沙子地集镇东偏南 10.5 公里。原名同进大队，1981 年 9 月 1 日按地名更名为小花被大队。辖 8 个生产队，8 个自然村，189 户，864 人。耕地面积 1366 亩，其中水田 172 亩。主产玉米、薯类，特产木梓。

小花被　Xiǎo huā bèi　90 人，大队驻地，位于沙子地集镇东偏南 10.5 公里。传说，黄家最先来此地，正值春暖花开季节，山上百花盛开，似一床小花被面，故名。

椅福垭　Yǐ fú yà　120 人，小花被东北 750 米。村处垭口，有几块石头像椅子，可坐着休息享福，故名。

白杨坪　Bái yáng píng　170 人，小花被西北 500 米。村处坪地，白杨树多，故名。

下村沟　Xià cūn gōu　60 人，小花被东北 600 米。村处沟边，位于村坊下，故名。

孟埫　mèng tǎng　100 人，小花被西 1.2 公里。村处端地，有座孟氏坟墓，故名。

水井塆　Shuǐ jǐng wān　140 人，小花被西南 850 米。村处山塆，有口水井，故名。

沙包水　Shā bāo shuǐ　110 人，小花被西南 600 米。村中有水井，周围是沙山包，故名。

青树包　Qīng shù bāo　30 人，小花被南 500 米。村旁山包上有棵大青树，故名。

【西岭大队】　Xī lǐng dà duì　驻西岭上，位于沙子地集镇东南 6.5 公里。原名五丰大队，1981 年 9 月 1 日按地名更名为西岭大队。辖 10 个生产队，11 个自然村，271 户，1147 人，耕地面积 1746 亩，其中水田 494 亩。主产玉米、水稻，特产生漆、茶叶。

西岭上　Xī lǐng shàng　110 人，大队驻地，位于沙子地集镇东南 6.5 公里。村处西山岭上，故名。

沙子田　Shā zǐ tián　120 人，西岭上北偏西 900 米。该村田中沙子多，故名。

祠堂　Cí táng　180 人，西岭上西北 950 米。村中原建有一祠堂，故名。

方家梁子　Fāng jiā liáng zǐ　130 人，西岭上西北 1.5 公里。

拱桥　Gǒng qiáo　95 人，西岭上西北 600 米。村附近有一石拱桥，故名。

三各房　Sān gè fáng　100 人，两岭上东北 300 米。传说，原村中向姓人户分家，3 个儿子各分得一房，故名。

向王店　Xiàng wáng diàn　35 人，西岭上西偏北 1 公里。原村中向、王两姓合开过饭店，故名。

大坡　Dà pō　60 人，西岭上东南 850 米。村处大山坡，故名。

花被五房　Huā bèi wǔ fáng　160 人，西岭上西南 350 米。村中早年住有向姓 5 兄弟，因处花被地片，故名。

拖渔坝　Tuō yú bà　100 人，西岭上东南 800 米。村处坝地，形似渔尾巴拖着，故名。

牛麻藤　Niú má téng　170 人，西岭上东南 1.3 公里。村中原有棵粗大的牛麻藤，故名。

【杨柳大队】　Yáng liǔ dà duì　驻

团井，位于沙子地集镇东南 3.6 公里。1958 年取名杨柳大队。辖 13 个生产队，15 个自然村，403 户，1839 人,。耕地面积 2802 亩，其中水田 703 亩，主产玉米、水稻。

团井 Tuán jǐng 90 人，大队驻地，位于沙子地集镇东南 3.6 公里。村中原住有向姓 3 兄弟，共吃一井水，和睦相处，故名。

后槽 Hòu cáo 65 人，团井东北 1.2 公里。村处后山槽中，故名。

后塆 Hòu wān 70 人，团井东北 1.2 公里。村处后山塆内，故名。

谭家塆 Tán jiā wān 90 人，团井西北 1.1 公里。

下瓦厂 Xià wǎ chǎng 65 人，团井西北 850 米。村中原办有瓦厂，因地势低，故名。

野彪田 Yě biāo tián 50 人，团井西 550 米。村中曾有人打死只小老虎，故名。

屋脊台 Wū jǐ tái 30 人，团井西偏北 1.3 公里。村处台地，地形似屋脊，故名。

青树埫 Qīng shù tǎng 100 人，团井东偏北 1.2 公里。村处埫地，原有棵大青树，故名。

香树槽 Xiāng shù cáo 50 人，团井东北 700 米。村处槽地，有 2 棵大香树，故名。

大块 Dà kuài 80 人，团井西偏北 1.6 公里。村处大地块中，故名。

土地塘 Tǔ dì táng 100 人，团井东南 1.3 公里。村中有个水塘边建过土地庙，故名。

干塘井 Gān táng jǐng 90 人，团井东南 750 米。村中有个废水塘，干枯无水，故名。

龙塘口 Lóng táng kǒu 100 人，团井西南 550 米。村中原有口水塘，村后山梁形似龙，故名。

山峁子 Shān mǎo zǐ 110 人，团井西南 1.1 公里。村靠山峁，故名。

烂池塆 Làn chí wān 90 人，团井西南 1.4 公里。村处山塆，有个烂池，故名。

【楠木园大队】 Nán mù yuán dà duì 驻大块田，位于沙子地集镇东南 9.3 公里。原名幸福大队，1981 年 9 月 1 日按地名更名为楠木园大队。辖 7 个生产队，9 个自然村，223 户，1041 人。耕地面积 1431 亩，其中水田 241 亩。主产玉米、薯类，特产白肋烟、木梓。

大块田 Dà kuài tián 120 人，大队驻地，位于沙子地集镇东南 9.3 公里。村处一大块大田中，故名。

西晒台 Xī shài tái 15 人，大块田西北 1.5 公里。村处台地，当西晒，故名。

狮子塆 Shī zǐ wān 160 人，大块田西北 900 米。村处山塆，有尊岩石形似狮子，故名。

社堂包 Shè táng bāo 120 人，大块田东北 600 米。村处山包，原建有祠堂，故名。

大埫 Dà tǎng 30 人，大块田东北 650 米。村处埫地，故名。

叉地沟 Chā dì gōu 90 人，大块田西偏北 1.1 公里。村中有两小沟汇成一条大沟，故名。

十二家田 Shí èr jiā tián 140 人，大沙田西南 850 米。村中有块田，原为 12 家人耕种，故名。

楠木园 Nán mù yuán 40 人，大块田西南 750 米。村中楠木树多，故名。

堰塘塆 Yàn táng wān 200 人，大块田西南 1.4 公里。村处山塆，有个大堰塘，故名。

【把月池大队】 Bǎ yuè chí dà duì 驻把月池，位于沙子地集镇 3.2 公里。原名前丰大队，1981 年 9 月 1 日按地名更名为把月池大队。辖 9 个生产队，12 个自然村，278 户，1300 人。耕地面积 2184 亩，其中水田 649 亩。主产水稻、玉米、特产柑橘、木梓、白肋烟。

把月池 Bǎ yuè chí 100人，大队驻地，位于沙子地南3.2公里。当地风俗，每年农历八月十五晚上，家家户户都在露天下摆酒设宴，把酒赏月，因该村地形像一个大池塘，故名。

狮耳塘 Shī ěr táng 90人，把月池东北1.6公里。村中有口干塘，形似狮子耳朵，故名。

长连坎 Cháng lián kǎn 60人，把月池北偏东1.2公里。村前小田坎一个连一个，很长，故名。

朱家塆 Zhū jiā wān 50人，把月池北1公里。

杉木水 Shā mù shuǐ 80人，把月池西北1.1公里。村旁杉树林中有股泉水，故名。

郭家塆 Guō jiā wān 30人，把月池东北1.1公里。

正坝 Zhèng bà 70人，把月池东北1.5公里。村处上、中、下3个坪坝的中间，故名。

长垱 Cháng tǎng 90人，把月池东南850米。村处垱地，狭长，故名。

马鞍山 mǎ ān shān 40人，把月池东南400米。村处山梁，形似马鞍，故名。

头一坝 Tóu yī bà 130人，把月池东南900米。村中有坝水田，是全大队最好的，故名。

陆家园 Lù jiā yuán 90人，把月池西南800米。

邓家村坊 Dèng jiā cūn fāng 80人，把月池南1公里。

【大池坝大队】 Dà chí bà dà duì 驻犀牛水，位于沙子地集镇西南4.2公里。原名同升大队，1981年9月1日按地名更名为大池坝大队。辖13个生产队，21个自然村。390户，1681人。耕地面积3294亩，其中水田566亩。主产玉米、水稻，特产木梓、白肋烟、茶叶。

犀牛水 Xī niú shuǐ 60人，大队驻地，位于沙子地集镇西南4.2公里。村中有个水塘，传说犀牛在塘里出没，故名。

席家坡 Xí jiā pō 40人，犀牛水东北2.9公里。

庙坪 Miào píng 60人，犀牛水东北2.8公里。村处坪地，原有一庙，故名。

手扒岩 Shǒu bā yán 50人，犀牛水东北2.8公里。村头有段明岩险路，行人必须手扒岩壁，故名。

吴家坡 Wú jiā pō 50人，犀牛水东北2.6公里。

大池坝 Dà chí bà 90人，犀牛水东北1.9公里。村中有一大坝水田为烂泥地，故名。

弯拐树 Wān guǎi shù 15人，犀牛水东北1.8公里。原村中有两棵弯曲的大树，故名。

老坟垱 Lǎo fén tǎng 120人，犀牛水东北1.6公里。村处垱地，有片老坟，故名。

黄石板 Huáng shí bǎn 80人，犀牛水北偏东1公里。

大坪 Dà píng 50人，犀牛水东北800米。村处大坪地，故名。

小溪 Xiǎo xī 60人，犀牛水西偏北700米。村处溪沟边，故名。

柿子垱 Shì zǐ tǎng 60人，犀牛水西偏南850米。村处垱地，柿子树多，故名。

长厢房 Cháng xiāng fáng 50人，犀牛水西南600米。村中有栋长形的厢屋，故名。

徐家梁子 Xú jiā liáng zǐ 70人，犀牛水西南1.2公里。

茶场 Chá chǎng 15人，犀牛水西南1.8公里。村中盛产茶叶，并办有茶场，故名。

铺子包 Pù zǐ bāo 90人，犀牛水西南1.2公里。村处山包，原开过店铺，故名。

花栎山 Huā lì shān 80人，犀牛水西南1.6公里。村旁山上花栎树多，故名。

蓼叶塆 Liǎo yè wān 40人，犀牛水西南2.2公里。村处山塆，蓼叶多，故名。

大块里 Dà kuài lǐ 100人，犀牛水西南2.2公里。村中有块大田，故名。

曹家屋场 Cáo jiā wū chǎng 70人，犀牛水西南2.9公里。

太阳坡 Tài yáng pō 20人，犀牛水西南3.3公里。村处坡地，向阳，故名。

【人山岭大队】 Rén shān lǐng dà duì 驻向家村坊，位于沙子地集镇西南4公里。原名红山大队，1981年9月1日按地名更名为人山岭大队。辖7个生产队，8个自然村，198户，824人。耕地面积1647亩，其中水田533亩。主产玉米、水稻，特产木梓、自肋烟。

向家村坊 Xiàng jiā cūn fāng 90人，大队驻地，位于沙子地集镇西南4公里。

人山岭 Rén shān lǐng 60人，向家树坊东北1.6公里。村处山岭，山形似人卧，故名。

张家塆 Zhāng jiā wān 110人，向家村坊东北1公里。

雷公田 Léi gōng tián 40人，向家村坊东北900米。村中原有位名叫四雷公的人，故名。

柴林 Chái lín 60人，向家村坊西南400米。林中原为一片杂木林，用做烧柴，故名。

黄家垭 Huáng jiā yà 45人，向家村坊西南750米。

石板坡 Shí bǎn pō 40人，向家村坊西南1.8公里。村处坡地，有块大石板，故名。

龟山 Guī shān 90人，向家村坊西南2.4公里。村处山包，形似乌龟，故名。

【中间坪大队】 Zhōng jiān píng dà duì 驻中间坪，位于沙子地集镇南偏西4.7公里。原名红江大队，1981年9月1日按地名更名为中间坪大队。辖13个自然村，13个生产队，287户，1263人。耕地面积2335亩，其中水田575亩。主产玉米、薯类、水稻，特产柑橘、白肋烟。

中间坪 Zhōng jiān píng 110人，大队驻地，位于沙子地集镇南偏西4.7公里。村处中间河北岸坪坝，故名。

李家包 Lǐ jiā bāo 50人，中间坪北偏西850米。

泥鳅塘 Ní qiū táng 70人，中间坪北300米。村中有一塘，泥鳅多，故名。

水井塆 Shuǐ jǐng wān 100人，中间坪西700米。村处山塆，有一凉水井，故名。

刘家坡 Liú jiā pō 60人，中间坪西南1500米。

梨坡头上 Lí pō tóu shàng 80人，中间坪东偏南1公里。村处坡上，有棵大梨树，故名。

枪杆岭 Qiāng gǎn lǐng 45人，中间坪东南400米。村处山岭，形似枪杆，故名。

官房 Guān fáng 80人，中间坪东南800米。村中曾出过官人，故名。

三溪口 Sān xī kǒu 15人，中间坪南偏西450米。村中有3条溪水，故名。

中岭上 Zhōng lǐng shàng 50人，中间坪西南900米。村处山岭，居中，故名。

长瓦房 Cháng wǎ fáng 120人，中间坪东南850米。村中有栋长形瓦房，故名。

老涧潭 Lǎo jiàn tán 45人，中间坪西南1.8公里。村处水潭边，地势低洼，故名。

庄上埫 Zhuāng shàng tǎng 60人，中间坪西南2.7公里。村庄上方有个大埫，故名。

锣 针 公 社 概 况

LUO ZHEN GONG SHE GAI KUANG

锣针公社位于恩施县城西偏北，西和西南与利川县团堡公社交界，北和屯堡公社为界，东及东南与白果公社和红庙公社接壤。

该公社系1975年8月撤区并社时由原屯堡区的锣针、白果区的双龙、二屯3个小公社合并组成，公社以其驻地锣针田取名锣针公社。辖17个大队，136个生产队，1个农科站，1个林场，1个综合厂。总面积117.57平方公里。耕地面积24087亩，其中水田5150亩，旱地18937亩。全社有175个自然村，3107户，14425人，其中农业人口13948人。汉族、土家族共居，土家族占38.93%。

锣针公社东南有笔架山，西有石板顶两座大山，呈东北至西南走向且平行对峙，将整个公社夹持其中，干名溪自西南向东北穿越全境，使整个公社处于长方形的河谷地带。南起白龙坝，北至车坝，地势为西南高，东北低，由南向北缓缓倾斜。最高点为鸭鼻塘，海拔1740米，最低点车坝，海拔490米。全社二高山面积占总面积的57.2%，其气候特点为四季分明，温凉潮湿，年平均气温12.8℃。年降雨量1247毫米，年平均日照数1270小时。适合发展农业生产及多种经营。

公社境内溪沟河流纵横，水利资源丰富，较大溪沟有鹿池沟、五三沟、分水沟、小溪沟、哈绳沟等。境内有2条大河流经，一条清江自西北而来，流至车坝后折向东流；一条干名溪，发源白果公社见天坝，从大渔泉入境向东北流经白龙坝、水牛坝、枣树坪、浮萍滩、坎家村车坝等大队汇入清江，在这条河上建有恩施地区最大的水利电力工程即车坝一、二、三级电站。三级电站1970年建成发电，装机容量为3750千瓦。公社在马鞍槽还建有发电量为1000千瓦的电站。使全社大部分大队用上了电灯。

锣针公社经济以农业为主，林药生产为辅，主产水稻、玉米、薯类、油菜、小麦、豆类。林业以杉木用材林为主，经济林木有生漆。药材产黄连、贝母等。1981年粮食总产946.67万斤，总收入达160.55万元。

锣针公社的文教、卫生、交通事业，解放30多年来，发生了很大的变化。现办有初中、高中各1所，小学24所，在校学生达3175人。有教职工187人。文化站、广播站的建立，丰富了群众文化生活。公社设有卫生院，有医务人员27人，15个大队办有卫生所，有赤脚医生33人，为防病治病，提高人民健康水平做出了贡献。

据《恩施县志》记载："锣针田是北之西由四川入施之门户，隘口。"其山高坡陡，道路崎岖，物资运输全靠背挑背驮。解放后相继修通了屯堡至锣针公路，汉渔(汉口至渔泉口)公路东西横贯社境，使锣针公社的交通条件大大改善，此外修了近20余公里的简易公路，使全社70%的大队通了车，促进了城乡物资和文化交流。恩施至锣针，恩施至利川的客车每日3班往返，交通方便。

锣针田集镇系锣针公社驻地，1975年撤区并社后集镇面貌发生了很大变化，一栋栋楼房平地而起，公社机关位于集镇东南，紧挨着有邮电所、银行，坎下有食品所、林业站，对面100米处有供销社及所属各部门、医院、财税所、粮管所、中小学校等单位。集镇面积约120亩，居住1024人，其中非农业人口389人，学生550人。农历三、六、九赶集，每逢集日，上市的有各种土特产品，竹木器具，猪羊牛肉、大米、鸡蛋、玉米、面条、茶叶、生漆、药材等物资，大大活跃了市场。锣针田已成为锣针公社政治、经济、文化的中心。

锣针公社行政区划、居民点名称

锣针田集镇 Luó zhēn tián jí zhèn 位于恩施城西偏北 14.5 公里，西 4.5 公里与利川县交界，海拔 740 米。解放前恩施至利川县的大道经此通过，并为四川入施的门户。《恩施县志》载“锣针田是北之西由川入施之门户、隘口，具有险隘可据守之坊市”。可见锣针田集镇地理位置十分重要。

锣针田坐落在大山谷地之中，四周为群山环抱。据传，集镇周围 500 米的地段，有 3 丘大水田，形状似铜锣，在两侧悬岩墙壁中有一独立的大石柱矗立，上粗下细，形如锣槌，又似钢针。当天气变化时，便可听见敲锣的声音，人们即将该地合称为锣针田，地名沿用。

解放前，隶属恩施县第四区辖，1938 年仅 30 户人家。解放后属屯堡区辖。1975 年撤区并社时，将原锣针、双龙、二屯公社划出，设立锣针公社，驻锣针田集镇。

一百多年前，贾、王等人氏于此建房成街，并开办集市。1921 年，北兵与神兵在此交战，街道房屋均遭毁坏。以后重建其街，木质瓦屋，亮柱飞檐，泥石路面，全长 120 米，宽 2 米，呈东北至西南走向。撤区并社后，集镇面貌发生了很大变化，一栋栋砖石结构的楼房平地而起。公社机关位于集镇东南，紧挨着是邮电所、银行，坎下有食品所、林业站，对面 100 米处有供销社及所属各门市部，医院、财税所、粮管所、中小学等单位。集镇面积约 120 亩，居住 1024 人，其中非农业人口 389 人，学生 550 人。农历三、六、九赶集，上市的有各种土特产品、竹木、器具，猪、羊、牛肉、活鸡、鲜蛋、大米、玉米、面条、茶叶、生漆、药材等物资，大大地活跃了市场。

屯堡至锣针公路由北而来，与汉(口)—渔(泉口)公路在此相会，然后通往利川县及四川万县等地。恩施至锣针、恩施至利川的客车，每日 3 班，往返路经此地，交通十分方便。

【锣针大队】 Luó zhēn dà duì 305 户，1384 人，驻锣针田，位于锣针田集镇北偏西 400 米。原名同升大队，1981 年 9 月 1 日按驻地更名为锣针田大队。辖 9 个生产队，8 个自然村，耕地面积 1481 亩，其中水田 600 亩。主产水稻、玉米，特产茶叶、木梓。

兜鱼笼 Dōu yú lóng 60 人，锣针田北 850 米。村中有块圆形水田，传说有条鱼从田中飞上树，人们说此树能兜鱼，故名。

火石溪 Huǒ shí xī 30 人，锣针田东北 900 米。此溪中产打火石，故名。

鱼白洞 Yú bái dòng 30 人，锣针田西北 900 米。村中有个出水洞，有白鱼游出，故名。

田坝 Tián bà 50 人，锣针田西南 300 米。村中有坝水田，故名。

烂池塆 Làn chí wān 10 人，锣针田东南 700 米。此塆烂泥田多，故名。

周家塆 Zhōu jiā wān 40 人，锣针田西南 800 米。

村坊 Cūn fāng 270 人，锣针田西南 1 公里。村中住户集中，故名。

大竹园 Dà zhú yuán 50 人，锣针田西南 1.4 公里。村中原竹子多，故名。

【车坝大队】 Chē bà dà duì 183 户，817 人，驻车坝，位于锣针田集镇北 4.4 公里。原名清江大队，1981 年 9 月 1 日按驻地更名为车坝大队。辖 6 个生产队，8 个自然村，耕地面积 1103 亩，其中水田 395 亩。主产水稻、玉米，特产生漆、木梓。

车坝 Chē bà 120人，大队驻地，位于锣针田北4.4公里。此地是块大河坝，土家语“车坝”即河坝之意，故名。

宋家塆 Sòng jiā wān 30人，车坝北750米。

大河坝 Dà hé bà 70人，车坝西400米。此坝靠河边，为泥沙冲积而成，故名。

梁子坪 Liáng zǐ píng 40人，车坝西北750米。山梁上有块坪地，故名。

沙坪 Shā píng 70人，车坝南550米。此坪为沙土，故名。

庙坪 Miào píng 40人，车坝西南1.1公里。坪中建过庙，故名。

店子上 Diàn zǐ shàng 40人，车坝西南1.5公里。村中办过饭店，故名。

香树坪 Xiāng shù píng 80人，车坝西南1.7公里。此坪中原长有许多香树(柏树)，故名。

【祖坟坝大队】 Zǔ fén bà dà duì 83户，383人，驻祖坟坝，位于锣针田集镇东北3.4公里。原名友谊大队，1981年9月1日按驻地更名为祖坟坝大队。辖4个生产队，5个自然村，耕地面积824亩，其中水田207亩。主产玉米、水稻，特产茶叶、木梓。

祖坟坝 Zǔ fén bà 30人，大队驻地，位于锣针田集镇东北3.4公里。此坝中古祖墓多，故名。

野鸡峡 Yě jī xiá 30人，祖坟坝东450米。此峡沟中野鸡多，故名。

石门子 Shí mén zǐ 10人，祖坟坝南500米。村中有大小两道岩坎，形似石门，故名。

东窝 Dōng wō 20人，祖坟坝西南900米。村处窝坑，传说，来此安家的人都是从东边而来，故名。

倒龙 Dào lóng 50人，祖坟坝西南1.3公里。村中有座山，形如倒龙，故名。

【军寨大队】 Jūn zhài dà duì 158户，790人，驻龙神堂。位于锣针田集镇东北2.6公里。原名和平大队，1981年9月1日按驻地更名为军寨大队。辖9个生产队，6个自然村，耕地面积1572亩，其中水田768亩。主产水稻、小麦、玉米，特产木梓、茶叶。

龙神堂 Lóng shén táng 30人，大队驻地，位于锣针田集镇东北2公里。村中原建庙宇名龙神堂，村名借用。

马上笼 Mǎ shàng lóng 60人，龙神堂北1公里。此地原是放马场，牧人晚归时套上马笼，故名。

军寨 Jūn zhài 60人，龙神堂东北700米。传说，有向、郑两人路过此地，因天晚在此蜷了(睡了)一夜，故名蜷寨，后讹称军寨。

凉水井 Liáng shuǐ jǐng 60人，龙神堂西偏北400米。村中有口凉水井，故名。

沙子坡 Shā zǐ pō 40人，龙神堂东南750米。村处坡地，沙子多，故名。

杨柳坝 Yáng liǔ bà 50人，龙神堂西南850米。此坝中原有棵大杨柳树，故名。

军寨 Jūn zhài (片村)，龙神堂东偏北500米。包括龙神堂、马上笼、军寨3个自然村，面积500亩。

【田凤坪大队】 Tián fèng píng dà duì 180户，851人，驻袁家坪，位于锣针田集镇西北2公里。原名联盟大队，1981年9月1日按驻地更名为田凤坪大队。辖7个生产队，12个自然村，耕地面积1652亩，其中水田172亩。主产玉米，水稻，薯类，特产生漆，产煤。

袁家坪 Yuán jiā píng 30人，大队驻地，位于锣针田集镇西北2公里。

横路上 Héng lù shàng 40人，袁家坪北1.8公里。村中有条大路横穿，故名。

独木桥 Dú mù qiáo 20人，袁家坪北1公里。村中有座独木桥，故名。

毛家槽 máo jiā cáo 20人，袁家坪东北950米。

俞家坪 Yú jiā píng 10人，袁家坪北700米。

田凤坪 Tián fèng píng 60人，袁家坪西北600米。村中有两条沟夹着一块坪田，远看象个“凤”字，故名。

锥栗树 Zhuī lì shù 101人，袁家坪西700米。村中原有棵锥栗树，故名。

赵家包 Zhào jiā bāo 20人，袁家坪西南300米。

老屋基 Lǎo wū jī 20人，袁家坪西北1.6公里。村中有栋老屋基，故名。

瓦窑坝 Wǎ yáo bà 31人，袁家坪西南1.1公里。此坝中原建有瓦窑，故名。

老房子 Lǎo fāng zǐ 10人，袁家坪南1公里。

麦田塆 Mài tián wān 20人，袁家坪西南2公里。此塆盛产小麦，故名。

【泡桐坪农科站】 Pào tóng píng nóng kē zhàn 105户，499人，驻泡桐坪，位于锣针田集镇东北1.1公里。原名锣针公社农科站，1981年9月1日按驻地更名为泡桐坪农科站。辖3个生产队，4个自然村，耕地面积871亩，其中水田209亩。主产水稻、玉米、薯类，特产茶叶。

泡桐坪 Pào tóng píng 大队驻地，位于锣针田集镇东北1.1公里。村中原有棵大泡桐树，故名。

庙二坪 Miào èr píng 40人，泡桐坪西北600米。此坪中原有庙，由兄弟俩合建，故名。

彭家垭口 Péng jiā yà kǒu 20人，泡桐坪东900米。

方家台 Fāng jiā tái 30人，泡桐坪西南900米。

【土渔河大队】 Tǔ yú hé dà duì 170户，770人，驻土渔河，位于锣针田集镇东3.6公里。原名茶园大队，1981年9月1日按驻地更名为土渔河大队。辖9个生产队，10个自然村，耕地面积1950亩，其中水田127亩。主产玉米、薯类、水稻，特产茶叶、生漆、桐油。

土渔河 Tǔ yú hé 20人，大队驻地，位于锣针田集镇东3.6公里。此河中产土渔，故名。

谭家坪 Tán jiā píng 10人，土渔河东北1.4公里。

大王庙 Dà wáng miào 20人，土渔河东北600米。传说，一位姓王的人在此建庙，而另有一姓因妒嫉而在后山又建座庙，取名轧王庙，后惯称大王庙。

后埫 Hòu tǎng 10人，土渔河东北600米。此端位于笔架山后，故名。

里头坪 Lǐ tóu píng 10人，土渔河西北1.8公里。此坪位于山里面，故名。

茶园坡 Chá yuán pō 20人，土渔河西北1公里。此坡上茶树多，故名。

王家塆 Wáng jiā wān 20人，土渔河西南1.7公里。

下团包岭 Xià tuán bāo lǐng 40人，土渔河西南650米。因有3个团形山包，分上中下3个山岭，村处下岭，故名。

夏家沟 Xià jiā gōu 20人，土渔河西南1.8公里。

上团包岭 Shàng tuán bāo lǐng 40人，土渔河西南1.4公里。村处上岭，故名。

【猫儿山大队】 Māo ér shān dà duì 135户，603人，驻鲁家垭口，位于锣针田集镇西南3公里。原名东方红大队，1981年9月1日按地片名更名为猫儿山大队。辖5个生产队，9个自然村，耕地面积925亩，其中水田89亩。主产玉米，水稻，特产黄连、生漆、贝母。

鲁家垭口 Lǔ jiā yà kǒu 10人，大

队驻地，位于锣针田集镇西南 3 公里。

十字路 Shí zì lù 20 人，鲁家垭口东北 1.5 公里。村处十字路口，故名。

上梨儿坡 Shàng lí ér pō 30 人，鲁家垭口西北 1.3 公里。此坡上方长有梨子树，故名。

头磴岩 Tóu dèng yán 40 人，鲁家垭口东北 1.6 公里。村处第一道岩坎上，故名。

小塆 Xiǎo wān 10 人，鲁家垭口西北 1.2 公里。此塆因面积小，故名。

下梨儿坡 Xià lí ér pō 20 人，鲁家垭口西北 800 米。村处坡下段，长有梨子树，故名。

梧桐坝 Wú tóng bà 40 人，鲁家垭口西北 1.1 公里。此坝中原有棵大梧桐树，故名。

水堰头 Shuǐ yàn tóu 40 人，鲁家垭口东南 300 米。村头有条堰沟，故名。

猫儿山 Māo ér shān 40 人，鲁家垭口西南 1 公里。村中有座山岩形似猫，故名。

【坎家村大队】 Kǎn jiā cūn dà duì 102 户，462 人，驻扭洞阡，位于锣针田集镇西南 3.8 公里。原名新春大队，1981 年 9 月 1 日按地片名更名为坎家村大队。辖 4 个生产队，7 个自然村，耕地面积 513 亩，其中水田 139 亩。主产水稻、玉米，特产茶叶、桐油。

扭洞阡 Niǔ dòng qiān 20 人，大队驻地，位于锣针田集镇西南 3.8 公里。村中有个出水洞弯曲扭拐，故名。

哨步口 Shào bù kǒu 30 人，扭洞阡东北 1.4 公里。传说，原农民起义军在此设过哨，故名。

猪嘴岩 Zhū zuǐ yán 20 人，扭洞阡东北 1.1 公里。此岩形似猪嘴，故名。

坎家村 Kǎn jiā cūn 40 人，扭洞阡东北 500 米。村后有道岩坎，故名。

胡家塝 Hú jiā bǎng 20 人，扭洞阡东北 1.5 公里。

老屋场 Lǎo wū chǎng 20 人，扭洞阡东北 1.1 公里。村中有栋老屋场，故名。

小河口 Xiǎo hé kǒu 20 人，扭洞阡东南 400 米。村居王家河出口，故名。

【大堂大队】 Dà tǎng dà duì 199 户，877 人，驻大垱，位于锣针田集镇南 2.3 公里。原名齐心大队，1981 年 9 月 1 日按驻地更名为大垱大队。辖 10 个生产队，11 个自然村，耕地面积 2240 亩，其中水田 402 亩。主产玉米、水稻、薯类，特产茶叶。

大垱 Dà tǎng 40 人，大队驻地，位于锣针田集镇南 2.3 公里。村处大垱，故名。

五三沟 Wǔ sān gōu 40 人，大垱东 500 米。村中有 5 道山梁 3 条沟，故名。

左家塆 Zuǒ jiā wān 100 人，大垱东北 850 米。

汪家沟 Wāng jiā gōu 30 人，大垱北 1.5 公里。

肖家坳 Xiāo jiā ào 60 人，大垱东 1.7 公里。

漆树坪 Qī shù píng 30 人，大垱东南 1.2 里。此坪中漆树多，故名。

何家榨坊 Hé jiā zhà fāng 20 人，大垱西南 1.3 公里。

茶园 Chá yuán 30 人，大垱南 600 米。村中有片茶树，故名。

火田塆 Huǒ tián wān 30 人，大垱南 600 米。此塆中的房屋被火烧后开垦成田，故名。

宁家坡 Níng jiā pō 40 人，大垱东南 1 公里。

周家坡 Zhōu jiā pō 10 人，大垱南 1 公里。

【沙坪大队】 Shā píng dà duì 207 户，931 人，驻垭口坪，位于锣针田集镇西南 5.8 公里。原名中心大队，1981 年 9 月 1

日按地名更名为沙坪大队。辖 7 个生产队，12 个自然村，耕地面积 1492 亩，其中水田 156 亩。主产玉米、小麦、薯类，特产黄连、生漆、贝母。

垭口坪 Yà kǒu píng 30 人，大队驻地，位于锣针田集镇西南 5.8 公里。村处山垭的坪地上，故名。

沙坪 Shā píng 100 人，垭口坪东北 1 公里。此坪为淤沙堆积而成，故名。

花栎树 Huā lì shù 60 人，垭口坪西北 300 米。村中原长有两棵大花栎树，故名。

丁木树 Dīng mù shù 20 人，垭口坪西南 300 米。村中原有棵大丁木树，故名。

张家院 Zhāng jiā yuàn 10 人，垭口坪东南 500 米。

古院子 gǔ yuàn zǐ 30 人，垭口坪西南 1.3 公里。村中有座老院子，人们惯称古院，故名。

二磴 Er dèng 30 人，垭口坪东南 1 公里。村处大山坡二磴岩上，故名。

徐家塆 Xú jiā wān 30 人，垭口坪东南 1 公里。

祖坟坝 zǔ fén bà 30 人，垭口坪西南 1.4 公里。此坝埋有杨家的祖坟，故名。

孙家塆 sūn jiā wān 10 人，垭口坪西南 1.6 公里。

黄连溪 Huáng lián xī 30 人，垭口坪西南 2 公里。村中有条溪沟，因黄泥巴多而叫黄泥溪，后讹称黄连溪。

【浮萍滩大队】 Fú píng tān dà duì 182 户，803 人，驻浮萍滩，位于锣针田集镇西南 5.4 公里。原名民主大队，1981 年 9 月 1 日按驻地更名为浮萍滩大队。辖 10 个生产队，14 个自然村，耕地面积 1572 亩，其中水田 260 亩。主产玉米、水稻、薯类，特产茶叶、桐油 1 生漆。

浮萍滩 Fú píng tān 40 人，大队驻地，位于锣针田集镇西南 5.4 公里。村中有口水塘长有浮萍，故名浮萍塘，后惯称浮萍滩。

下楠木园 Xià nán mù yuán 50 人，浮萍滩东北 1.7 公里。村子上方原有片楠木树，因村处其下，故名。

王家河 Wáng jiā hé 20 人，浮萍滩北 1.3 公里。

杨村 Yáng cūn 20 人，浮萍滩西北 1.2 公里。

板凳头 Bǎn dèng tóu 30 人，浮萍滩西北 2 公里。此村地形似半截板凳，故名。

哈绳沟 Hā shéng gōu 30 人，浮萍滩东北 1.2 公里。此沟边有棵树，树干被藤子缠住，人们说此树很哈，故名。

鹿池沟 Lù chí gōu 80 人，浮萍滩东北 650 米。传说沟上方原有口池塘，野鹿常来洗澡，故名。

青冈塘 Qīng gāng táng 10 人，浮萍滩西北 800 米。此水塘边有棵青冈树，故名。

谭家村 Tán jiā cūn 70 人，浮萍滩西北 1.7 公里。

三干龙 Sān gān lóng 40 人，浮萍滩西南 500 米。村中有 3 个山包，传说是 3 条龙脉，故名三尖龙，因方言而叫成三干龙。

余百二 Yú bǎi èr 10 人，浮萍滩西南 1 公里。传说此地是用 120 吊钱买的，故名一百二。后讹称余百二。

上楠木园 Shàng nán mù yuán 30 人，浮萍滩东南 600 米。村处下楠木园上方，故名。

大横路 Dà héng lù 20 人，浮萍滩西南 1.2 公里。村中有条大路横穿过，故名。

核桃包 Hé táo bāo 20 人，浮萍滩西南 1.8 公里。此山包上有棵大核桃树，故名。

【杉树坝大队】 Shān shù bà dà duì 225户，1058人，驻杉树坝，位于锣针田集镇西南10.9公里。原名五四大队，1981年9月1日按驻地更名为杉树坝大队。辖12个生产队，14个自然村，耕地面积2304亩，其中水田579亩。主产玉米、水稻，特产黄连、丹皮、贝母、茶叶。

杉树坝 Shān shù bà 70人，大队驻地，位于锣针田集镇西南10.9公里。此坝原有几棵大杉树，故名。

梁家村 Liáng jiā cūn 40人，杉树坝东北3.1公里。

洞塆 Dòng wān 40人，杉树坝东北2.6公里。此塆有个山洞，故名。

鸦丘坪 Yā qiū píng 30人，杉树坝东北2.6公里。此坪有丘水田象乌鸦的脚，故名。

野猫洞 Yě māo dòng 30人，杉树坝东北3公里。此洞内经常有野猫出入，故名。

茅田 Máo tián 40人，杉树坝东北1.7公里。村中原是茅草地，故名。

纸浆房 Zhǐ jiāng fáng 40人，杉树坝东北2公里。村中办过纸厂，建有纸浆房，故名。

青龙口 Qīng lóng kǒu 30人，杉树坝北500米。村处山口，山形似青龙，故名。

红花树 Hóng huā shù 40人，杉树坝东1.3公里。村中有棵开红花的大树，故名。

大岩洞 Dà yán dòng 30人，杉树坝东1.7公里。村中有个大岩洞，故名。

园田坝 Yuán tián bà 60人，杉树坝东南850米。坝中有块园地，故名。

杨柳池 Yáng liǔ chí 10人，杉树坝东南1公里。村中水池边长有杨柳树，故名。

打铁塆 Dǎ tiě wān 20人，杉树坝南700米。此塆原有个打铁铺，故名。

谢家沟 Xiè jiā gōu 10人，杉树坝东南850米。

【枣树坪大队】 Zǎo shù píng dà duì 276户，1245人，驻枣树坪，位于锣针田集镇西南8.5公里。原名五星大队，辖11个生产队，10个自然村，耕地面积1260亩，其中水田430亩。主产玉米、水稻，特产桐油、生漆、茶叶。

枣树坪 Zǎo shù píng 60人，大队驻地，位于锣针田集镇西南8.1公里。坪中有棵酸枣树，故名。

杜家村 Dù jiā cūn 12人，枣树坪东北1.8公里。

孙家院子 Sūn jiā yuàn zǐ 60人，枣树坪东北1.3公里。

烂池 Làn chí 90人，枣树坪东北1.4公里。村中有块烂池田，故名。

冉家塆 Rǎn jiā wān 60人，枣树坪西南1.4公里。

周家墓 Zhōu jiā mù 20人，枣树坪东700米。

老房子 Lǎo fāng zǐ 30人，枣树坪西南1公里。村中有栋老屋，故名。

龙潭坝 Lóng tán bà 30人，枣树坪西南850米。此坝中有口水潭，其山梁如龙，故名。

分水沟 Fēn shuǐ gōu 30人，枣树坪东南1.1公里。此沟中水分几股，故名。

恶水溪 E shuǐ xī 30人，枣树坪东南1.1公里。此溪沟流水急湍，响声大，故名。

【垮岩塆大队】 Kuǎ yán wān dà duì 110户，570人，驻垮岩塆，位于锣针田集镇西南12.9公里，原名跃进大队，1981年9月1日按驻地更名为垮岩塆大队。辖6个生产队，7个自然村，耕地面积1070亩。主产水稻、玉米，特产黄连。

垮岩塆 Kuǎ yán wān 70人，大队驻地，位于锣针田集镇西南12.9公里。此塆曾垮过岩，故名。

下天照坪 Xià tiān zhào píng 20人，垮岩塆北1公里。此坪中茶树多，故名。

余家岭 Yú jiā lǐng 20人，垮岩塆西南750米。

和尚坪 Hé shàng píng 60人，垮岩塆西南800米。传说，有一和尚在此坪住过一夜，故名。

梨子坪 Lí zǐ píng 30人，垮岩塆南1.2公里。坪中有棵大梨子树，故名。

下长腰沟 Xià cháng yāo gōu 20人，垮岩塆南1.7公里。此沟长如腰带，村处沟下，故名。

【水柳坝大队】 Shuǐ liǔ bà dà duì 112户，560人，驻水柳坝，位于锣针田集镇西南11.2公里。原名五一大队，1981年9月1日更名为水柳坝大队。辖6个生产队，7个自然村，耕地面积883亩，其中水田254亩。主产玉米、水稻，特产茶叶、桐油。

水柳坝 Shuǐ liǔ bà 90人，大队驻地，位于锣针田集镇西南11.2公里。此坝中有片柳树常被水淹，故名。

学耳壁 Xué ěr bì 30人，水柳坝东1.1公里。村中有壁石岩上，有2根石柱似一对熊耳朵，故名熊耳壁，后讹称学耳壁。

谭家塆 Tán jiā wān 70人，水柳坝东1.7公里。

扇子形 Shàn zǐ xíng 20人，水柳坝东南900米。此村地形象把扇子，故名。

韩家塆 Hán jiā wān 30人，水柳坝西南1.7公里。

马落滩 Mǎ luò tān 50人，水柳坝西南850米。村处河边，传说，有对金马常在河滩上游玩，故名。

雾树吼 Wù shù hǒu 130人，水柳坝西南1.2公里。此村河边有棵树垂向对岸，常被河雾笼罩，人能听见水响而不见其树，故名。

【白龙坝大队】 Bái lóng bà dà duì 181户，850人，驻蒋家垭口，位于锣针田集镇西南12.7公里。原名光华大队，1981年9月1日按地名更名为白龙坝大队。辖9个生产队，14个自然村，耕地面积1857亩，其中水田391亩。主产玉米、水稻、薯类，特产茶叶、桐油。

蒋家垭口 Jiǎng jiā yà kǒu 10人，大队驻地，位于锣针田集镇西南12.7公里。

小溪沟 Xiǎo xī gōu 90人，蒋家垭口东北3公里。村中有条小溪沟，故名。

杨家塆 Yáng jiā wān 20人，蒋家垭口东北1.8公里。

筲箕塆 Shāo jī wān 10人，蒋家垭口西北900米。此塆地形似筲箕，故名。

香木坝 Xiāng mù bà 40人，蒋家垭口东北1.3公里。村中有棵大香木树，故名。

麂子塘 Jǐ zǐ táng 30人，蒋家垭口西北1.1公里。此水塘内淹死过麂子，故名。

老山 Lǎo shān 10人，蒋家垭口西北2公里。此山原为深山老林，故名。

白龙坝 Bái lóng bà 30人，蒋家垭口西北900米。传说，此坝曾有白龙现身，故名。

岩上 Yán shàng 30人，蒋家垭口西2.4公里。村居陡岩上，故名。

周家塆 Zhōu jiā wān 10人，蒋家垭口西南2.8公里。

瓦场坪 Wǎ chǎng píng 20人，蒋家垭口南700米。此坪中办过瓦厂，故名。

吊脚楼 Diàojiǎo lóu 30人，蒋家垭口西南2公里。村中有栋吊脚楼房，故名。

尖山寺 Jiān shān sì 20人，蒋家垭口西南1.2公里。村中山尖上原修有庙，故名。

大鱼泉 Dà yú quán 20人，蒋家垭口西南1.8公里。村中有个泉水洞，经常出鱼，故名。

【蒲家垭大队】 Pú jiā yà dà duì 138户，577人，驻蒲家垭，位于锣针田集镇西南12.3公里。原名先锋大队，1981年9月1日按驻地更名为蒲家垭大队，辖12个生产队，17个自然村，耕地面积1452亩，主产玉米、洋芋，特产生漆、黄连。

蒲家垭 Pú jiā yà 10人，大队驻地，位于锣针田集镇西南12.3公里。

苏马堝 Sū mǎ tǎng 20人，蒲家垭东北4公里。

后坡 Hòu pō 20人，蒲家垭东北3公里。村处后山坡，故名。

大槽口 Dà cáo kǒu 10人，蒲家垭东北2.8公里。村处槽口，故名。

流水沟 Liú shuǐ gōu 10人，蒲家垭东北2.2公里。村处水沟边，故名。

鸭鼻堝 Yā bí tǎng 10人，蒲家垭东北6.7公里。村处堝地，旁边有座象鸭鼻子的山，故名。

黄家坪 Huáng jiā píng 20人，蒲家垭东北2.2公里。

阳和坪 Yáng hé píng 20人，蒲家垭东北3.1公里。此坪地势高，向阳暖和，故名。

大坪 Dà píng 30人，蒲家垭东北2.2公里。村处大坪地，故名。

淹落坪 Yān luò píng 10人，蒲家垭西北1.3公里。此坪常遭水淹，故名。

公田 Gōng tián 20人，蒲家垭东北1.6公里。此田原是陈姓留出的公有田，故名。

大堝 Dà tǎng 10人，蒲家垭北800米。村处大堝，故名。

石龙宫 Shí lóng gōng 10人，蒲家垭西北1公里。传说村中山脉是龙脉，原修过庙，故名。

蜡树坪 Là shù píng 20人，蒲家垭东北300米。坪中原长有白蜡树，故名。

雀儿笼 Què ér lóng 10人，蒲家垭西南1.9公里。传说，原有位申姓人住此，“申座爵龙，脚踏白龙”，很发财。后龙脉被斩，申家衰败，故名爵日龙，后讹称雀儿笼。

汤家土 Tāng jiā tǔ 20人，蒲家垭西南1.5公里。

伍家台 Wǔ jiā tái 20人，蒲家垭西南2.7公里。

锣针公社硫磺厂 Luó zhēn gōng shè liú huáng chǎng 位于锣针田集镇西北1.5公里。1975年建厂，职工30人。

锣针公社马鞍槽电站 Luó zhēn gōng shè mǎ ān cáo diàn zhàn 位于锣针田集镇西南2.5公里。1978年建成，装机容量1000千瓦。

锣针公社高中 Luó zhēn gōng shè gāo zhōng 位于锣针田集镇北1.3公里。1978年建校，有教职工20人，设有5个班。

七 里 公 社 概 况

QI LI GONG SHE GAI KUANG

七里公社是恩施县城近郊的一个公社，西距县城3.5公里，东靠三岔公社，南和干溪公社以及宣恩万寨毗邻，西与恩施城及红庙公社接壤，北和熊家公社相连。南北长20公里，东西宽7公里，总面积为122.11平方公里。耕地面积35890亩，其中水田11121亩，林地面积38096亩，全社5个管理区，22个生产大队，245个生产队，1个茶场，264个自然村，6603户，30948人，其中非农业人口900多人，土家族占16.6%。多数人是两三百年前由湘西、川东迁居而来。

解放初期七里坪属恩施县第一区，下辖七里、核桃等12个乡；1954年该区撤销划归龙凤、三岔两个区管辖1959年城关镇成立万宝人民公社将七里坪划入城关管辖，1961年划归灯塔区管；1975年8月撤区并社，灯塔区一分为二，并将原三岔区的茅坝、莲花公社划归七里公社管辖。

七里公社是恩施县的低山区，全社地势是西南低，西北和东南高，中部有一道长山梁。站立山梁上(即柳洲城)俯视四周，公社全境尽收眼底，只见溪沟河流纵横，山槽平坝交错，组成一幅壮丽的图画。全社平均海拔550米，最高点是东南方的九岭缸海拔1101.5米，最低点是长堰塘的清江边海拔367米。

该社气侯温和，四季分明，雨量充沛，冬暖春临早，风小温度高，偏于河谷或山谷亚热带湿润气候类型。全年平均气温16.4℃，冬季平均气温(1月)4.9℃，极端最低气温-12.3℃(1977年1月30日)。夏季平均气温(7月)27.1℃，极端最高气温41.2℃(1959年8月22日)。气温升降幅度较平和。全年无霜期约282天，年降雨量1421.7毫米，年日照时数1297.9小时，相对湿度为82%。

社境内较大的河流有茅坝河，由东北向西南纵贯全境，汇入清江。其次溪沟、泉水、塘堰甚多。利用现有水源，人工修筑水库4座，蓄水250万立方米(寨沟水库70万立方米，鲍甲沟水库50万立方米，东风水库30万立方米，沧桑水库100万立方米)，能灌溉农田1万多亩。同时还修筑了小型水电站3座，发电量达550千瓦。

公社的经济以农业为主，主产水稻、玉米、薯类、小麦、油菜；经济作物有茶叶、白肋烟、桐、木梓等，1981年粮贪总产达2438.4万斤，总收入达383.47万元，随着农业生产的发展，社办企业也逐步兴旺，公社办起了农具厂、草袋厂、耐火材料厂、建材厂、拖拉机站、养猪场等，社办12个企业单位，年产值达36万元，占全社总收入的11%。由于地处低山，土壤疏松呈酸性，多为红沙土、大泥土，利于茶叶生长，全社有茶园5257亩，半机械化生产的天池岭茶场就有1500亩茶园，46个工人。此外恩施地区在莲花池办有渔种场，恩施县在柳洲城办有畜牧良种场。

文教卫生事业发展很快，全社小学在解放初只有5所，现已发展到28所，比解放初期增加了5倍多。原有1所中学，现已有初中6所，高中1所，茶中1所，教职员工399人，其中民办教师225人，中小学在校人数达6820人。医疗卫生事业的发展同样较快。解放初有4所私人诊所，17个医务人员。现公社卫生院1所，16张病床，具有一定的医疗设备，全社有大队医疗室20个，有国家、集体医务人员93人，赤脚医生45人，提高了全社的防病治病能力。

为活跃农村文化生活，公社建有900个座位的电影院，有2个放映队经常为群众放映新片。此外文化站、广播放大站也经常开展活动，丰富了农村文化生活。

该社交通较为发达，除有恩(施)—鹤(峰)主干公路贯通全境长16公里，还以公社驻地为中心修通到各大队的简易公路100公里。

七里公社驻地——七里坪，是恩施城通往三岔、红土、石窑、双河公社的必经之路。解放前曾是恩施县较热闹的集镇之一。1975年撤区并社后，将原街进行了改建，长1公里，设3个居民点，居住1000余人，其中非农业人口900多人。公社机关沿公路而建，居民房屋均建在街头，呈阶梯形。供销社、银行、粮油所、财税所、食品、医院、拖拉机站等单位分布在集镇上，今日的七里坪已成为七里公社政治、经济、文化、交通的中心。

七里公社行政区划、居民点名称

七里坪集镇 Qī lǐ píng jí zhèn

系七里公社驻地，位于恩施县城东 3.5 公里。该集镇是恩施城通往三岔、新塘等公社的必经之路。相传早先有人从恩施城的下官坡起丈量路程，经洗脚溪、公媳坡、礓䃰子到此坪刚好 7 里路长，加上此地有块坪地，故得名七里坪。

解放前，七里坪隶属恩施县第一区七里乡，有一条呈东西走向的街，长 500 米，宽 4 米，并有 4 条小巷，青石街面，土木房屋，建筑面积约 0.05 平方公里。1938 年时居住有 100 多户，600 余人，开有各种小商店，因处东大路，过往客商频繁，逢农历三、六、九赶集，集市热闹一时。后因行政区划的变更和土桥坝集市的开场，加之七里坪严重缺水，故七里坪的集市渐渐萧条。

解放后，七里坪先后设过乡政府和公社行政单位，但集市未有大的发展。1975 年 8 月撤区并社设置公社建制后，将原街进行了搬迁改建，沿恩(施)—红(土)公路两旁建起了公社机关大楼、电影院、邮电所以及百货、副食、生资、交电等供销门市部，西北设有小学、中学、医院、粮管所等单位；对居民的房屋撤旧修新，集中修建 3 个居民村点，层层相迭，整齐美观。以后在集镇北方 2 公里处的龙洞建有一水电站和抽水站，基本解决了集镇用电和人畜饮水问题。

七里坪集镇现辖面积 0.2 平方公里，居住 1000 多人，其中非农业人口 900 多人。七里坪属石灰岩地质，山上石头宜做建筑材料，故每天运输石头的汽车、拖拉机不断，呈现出车水马龙景象。

【七里坪大队】 Qī lǐ píng dà duì 494 户，2030 人，驻七里坪，位于恩施县城东 3.5 公里。原名新光大队，1981 年 9 月 1 日更名为七里坪大队。辖 12 个生产队，12 个自然村，耕地面积 1457 亩，其中水田 63 亩。主产玉米、薯类、小麦，特产桐、木油。

长埂上 Cháng gěng shàng 70 人，七里坪西北 1 公里。村中有条长石埂，故名。

杨家坪 Yáng jiā ping 60 人，七里坪北 700 米。

桑树塆 Sāng shù tǎng 40 人，七里坪北 350 米。村处塆地，桑树多，故名。

回车坝 Huí chē bà 120 人，七里坪东北 350 米。村处恩红公路和七里坪通向柳洲城公路的交接处，汽车在此可倒车，故名。

毛狗洞 Máo gǒu dòng 117 人，七里坪东 800 米。此洞内原有毛狗(狐狸)常做窝，故名。

庙槽 Miào cáo 206 人，七里坪西 200 米。此槽内修过庙宇，故名。

高碑 Gāo bēi 143 人，七里坪东南 300 米。村中有块高石碑，故名。

礓䃰子 Jiāng cā zǐ 48 人，七里坪西南 1 公里。从外地到此村要走几步石梯，本地叫礓䃰子，故名。

老屋塆 Lǎo wū tǎng 8 人，七里坪南 700 米。此塆有栋老屋场，故名。

通天洞 Tōng tiān dòng 40 人，七里坪东南 1 公里。村中有个山洞，洞顶有小孔朝天，故名。

周家大塆 Zhōu jiā dà tǎng 41 人，七里坪南 1 公里。

芭蕉塆 Bā jiāo wān 46 人，七里坪东南 1.2 公里。村处山塆，原芭蕉树多，故名。

【老岩大队】 Lǎo yán dà duì 234户,1034人,驻瓦屋槽,位于七里坪东北6.5公里。原名同裕大队,1981年9月1日更名为老岩大队。辖8个生产队,9个自然村,耕地面积913亩,其中水田225亩。主产玉米、水稻、薯类,特产桐、木油。

瓦屋槽 Wǎ wū cáo 132人,大队驻地,位于七里坪东北6.5公里。此槽内有栋大瓦屋,故名。

苏家梁子 Sū jiā liáng zǐ 94人,瓦屋槽北1.5公里。

石板水 Shí bǎn shuǐ 110人,瓦屋槽北1.5公里。村中有块大石板,水从石板下涌出,故名。

岭冈上 Lǐng gāng shàng 190人,瓦屋槽西北1.2公里。村处山冈上,故名。

里坝 Lǐ bà 82人,瓦屋槽西北1.7公里。此地大坪坝分为里、中、外三坝,村处里坝,故名。

中坝 Zhōng bà 110人,瓦屋槽西北1.35公里。村处中坝,故名。

外坝 Wài bà 180人,瓦屋槽西北1.2公里。村处外坝,故名。

熊家田 xióng jiā tián 4人,瓦屋槽西北1.5公里。

石坎 Shí kǎn 110人,瓦屋槽西北1.3公里。村中有道长石坎,故名。

十字路 Shí zì lù 138人,瓦屋槽西1公里。村处十字路口,故名。

【仙女洞大队】 Xiān nǚ dòng dà duì 239户,1108人,驻石门埫,位于七里坪东北7公里。原名同裕大队,1981年初从同裕大队分出,1981年9月1日更名为仙女洞大队。辖13个生产队,10个自然村,耕地面积923亩,其中水田337亩。主产玉米、薯类、水稻,特产桐、木油。

石门埫 Shí mén tǎng 80人,大队驻地,位于七里坪东北7公里。村处埫地,有块岩石似门,故名。

仙女洞 Xiān nǚ dòng 77人,石门埫北偏西1.2公里。传说此洞中住有仙女,故名。

太阳坡 Tài yang pō 127人,石门埫东北1公里。此坡向阳,故名。

岳家坳 Yuè jiā ào 6人,石门埫西北1.2公里。

台子上 Tái zǐ shàng 80人,石门埫北500米。村处台地上,故名。

柏树林 Bǎi shù lín 142人,石门埫西南1.7公里。村中有片柏树林,故名。

烂塆里 Làn wān lǐ 16人,石门埫西南900米。此塆内有几丘烂泥田,故名。

涧塆 Jiàn wān 50人,石门埫西南1.2公里。此塆地形似水涧,故名。

秦家大埫 Qín jiā dà tǎng 100人,石门躺西南1.7公里。

【寨沟大队】 Zhài gōu dà duì 458户,2330人,驻寨沟,位于七里坪东北9.1公里。原名红十月大队,1981年9月1日更名为寨沟大队。辖17个生产队,17个自然村,耕地面积2868亩,其中水田1398亩。主产水稻、玉米,特产桐、木油、茶叶。

寨沟 Zhài gōu 213人,大队驻地,位于七里坪东北9.1公里。传说,此沟内曾有人扎过寨,故名。

杨柳塆 Yáng liǔ wān 91人,寨沟东北3.3公里。此塆中杨柳树多,故名。

四合槽 Sì hé cáo 157人,寨沟东北3公里。村处4条山槽的接合部位,故名。

石梯子 Shí tī zǐ 105人,寨沟东北2.3公里。此村大道有石梯子,故名。

保坎 Bǎo kǎn 111人,寨沟东北2.1公里。村中有条土保坎,故名。

猫儿坪 Māo ér píng 89人,寨沟东北1.7公里。村处坪地,原野猫多,故名。

凉风溪 Liáng fēng xī 103人,寨沟北1.5公里。此溪旁山洞内有凉风吹出,故名。

小坝河 Xiǎo bà hé 156 人，寨沟东北 1.5 公里。村处河坝边，故名。

老鹰岩 Lǎo yīng yán 102 人，寨沟北 1.1 公里。此山岩形似老鹰，故名。

翻桠树 Fān yā shù 83 人，寨沟西北 1.1 公里。村中有棵枫香树被风吹翻了桠枝，故名。

茅田 Máo tián 105 人，寨沟西北 900 米。此地原是块茅草田，故名。

下村坊 Xià cūn fāng 159 人，寨沟东北 600 米。村中住户集中，地势低，故名。

螃蟹地 Páng xiè dì 131 人，寨沟东北 200 米。此村地形似螃蟹，故名。

干溪坝 Gàn xī bà 227 人，寨沟西南 900 米。此坝溪沟内常干枯，故名。

大坝塆 Dà bà wān 88 人，寨沟西南 600 米。此塆内有坝水田，故名。

凉水孔 Liáng shuǐ kǒng 138 人，寨沟南 1 公里。

下村 Xià cūn 156 人，寨沟西南 1.7 公里。此村地势低，居下方，故名。

【兴隆槽大队】 Xīng lóng cáo dà duì 308 户，1452 人，驻兴隆槽，位于七里坪东北 7.2 公里。原名兴隆大队，1981 年 9 月 1 日更名为兴隆槽大队。辖 15 个生产队，18 个自然村，耕地面积 2072 亩，其中水田 456 亩。主产水稻、玉米、薯类，特产桐，木油。

兴隆槽 Xīng lóng cáo 87 人，大队驻地，位于七里坪东北 7.2 公里。村处槽地，原集市兴隆，故名。

桂塘塆 Guì tang wān 85 人，兴隆槽北 3.5 公里。此塆水塘边原长有桂花树，故名。

梨树槽 Lí shù cáo 105 人，兴隆槽东北 3.8 公里。村处槽地，原有棵大梨树，故名。

大坪 Dà ping 66 人，兴隆槽东北 3.4 公里。村处大坪中，故名。

菩萨塆 Pú sà wān 10 人，兴隆槽北 3 公里。此塆内原小庙里供有菩萨像，故名。

罗家长埂 Luó jiā zhǎng gěng 152 人，兴隆槽北 1.8 公里。

向家岩 Xiàng jiā yán 118 人，兴隆槽西北 1.6 公里。

桃树埂 Táo shù gěng 101 人，兴隆槽北 1.2 公里。此村田埂上长满桃树，故名。

后山 Hòu shān 87 人，兴隆槽西北 600 米。村居耍石龙的后面，故名。

老屋场 Lǎo wū chǎng 63 人，兴隆槽西南 500 米。此村有栋老屋场，故名。

龙洞塆 Lóng dòng wān 85 人，兴隆槽西南 300 米。此塆内有个洞，传说藏有龙，故名。

大坪山 Dà ping shān 87 人，兴隆槽西南 1 公里。此山顶上有块大坪田，故名。

耍石龙 Shuǎ shí lóng 68 人，兴隆槽西南 700 米。村中有块岩石成条状，形似耍龙，故名。

杉包坪 Shā bāo ping 84 人，兴隆槽西南 800 米。此坪上原有棵杉包树，故名。

马鞍岭 Mǎ ān lǐng 105 人，兴隆槽西南 1.3 公里。此山岭形似马鞍，故名。

刘湖槽 Liú hú cáo 6 人，兴隆槽西南 1.7 公里。此槽内刘氏居住，下雨时槽内水涨似湖，故名。

下村 Xià cūn 105 人，兴隆槽西南 1.5 公里。村处兴隆槽下方，故名。

阳鹊岩 Yáng què yán 112 人，兴隆槽西南 2.2 公里。村旁岩壁上阳鹊常做窝，故名。

【鲌甲沟大队】 Bó jiǎ gōu dà duì 164 户，746 人，驻黄家村坊，位于七里坪东北 4.9 公里。原名核桃大队，1981 年 4 月从核桃大队分出取名鲌甲沟大队。辖 8 个生产队，7 个自然村，耕地面积 881 亩，其中水田 411 亩。主产玉米、水稻、薯类，特产桐、木油。

黄家村坊 Huáng jiā cūn fāng 98 人，大队驻地，位于七里坪东北 4.9 公里。

鲌甲沟 Bó jiǎ gōu 46 人，黄家村坊东北 2.1 公里。此溪沟内产鲌甲鱼，故名。

挑沙田 Tiāo shā tián 27 人，黄家村坊东北 1.1 公里。村中挖堰塘挑出的沙填成了一块田，故名。

柑子林 Gān zǐ lín 35 人，黄家村坊东北 800 米。村中有片柑树林，故名。

大树林 Dà shù lín 30 人，黄家村坊东北 750 米。村中有片大树林子，故名。

老鸹窝 Lǎo guā wō 48 人，黄家村坊北 650 米。村中大木梓树上老鸹常做窝，故名。

古坟坡 Gǔ fén pō 33 人，黄家村坊西南 500 米。此坡上古坟多，故名。

【核桃坝大队】 Hé táo bà dà duì 222 户，1010 人，驻姚家坪，位于七里坪东北 3.6 公里。原名核桃大队，1981 年 9 月 1 日更名为核桃坝大队。辖 11 个生产队，9 个自然村，耕地面积 950 亩，其中水田 140 亩。主产玉米、水稻、薯类，特产桐、木梓。

姚家坪 Yáo jiā píng 52 人，大队驻地，位于七里坪东北 3.6 公里。

饶家坝 Ráo jiā bà 105 人，姚家坪北偏东 1.1 公里。

长槽塆 Cháng cáo wān 2 人，姚家坪西北 1.4 公里。此塆槽狭长，故名。

欧家塆 Ou jiā wān 76 人，姚家坪西北 1.5 公里。

瓜儿坡 Guā ér pō 121 人，姚家坪西北 900 米。此坡上有个圆形山包，形似瓜儿，故名。

核桃坝 Hé táo bà 115 人，姚家坪西北 1.1 公里。此坝中原长有核桃树，故名。

苏家店 Sū jiā diàn 54 人，姚家坪西北 500 米。

胡家坪 Hú jiā ping 108 人，姚家坪西偏北 1 公里。

大天坑 Dà tiān kēng 50 人，姚家坪西南 800 米。村中有个大天坑，故名。

黑石头 Hēi shí tóu 49 人，姚家坪东南 400 米。村中有块大黑石，故名。

【阳鹊坝大队】 Yáng què bà dà duì 213 户，987 人，驻阳鹊坝，位于七里坪东北 3.8 公里。原名核桃大队，1981 年 4 月从核桃大队分出取名阳鹊坝大队。辖 10 个生产队，9 个自然村，耕地面积 1020 亩，其中水田 165 亩。主产玉米、水稻、薯类，特产桐、木梓。

阳鹊坝 Yáng què bà 140 人，大队驻地，位于七里坪东北 3.8 公里。此坝中阳鹊多，故名。

落水洞 Luò shuǐ dòng 50 人，阳鹊坝西北 2.65 公里。村中有个消水洞，故名。

葡萄树 Pú táo shù 34 人，阳鹊坝西南 1.8 公里。村中葡萄树多，故名。

双树门 Shuāng shù mén 13 人，阳鹊坝西北 1.7 公里。村边有两棵柏树并排似门，故名。

姚家坡 Yáo jiā pō 85 人，阳鹊坝西北 1.9 公里。

李家塆 Lǐ jiā wān 77 人，阳鹊坝西北 2.1 公里。

陈家塆 Chén jiā wān 178 人，阳鹊坝北 1.7 公里。

张家塆 Zhāng jiā wān 45 人，阳鹊坝北 1.1 公里。

【茅坝大队】 Máo bà dà duì 318 户，1474 人，驻大拱桥，位于七里坪东北 5.4 公里。原名双河大队，1975 年更名为茅坝大队。辖 12 个生产队，13 个自然村，耕地面积 1539 亩，其中水田 662 亩。主产玉米、薯类、小麦，特产桐、木油、茶叶。

大拱桥 Dà gǒng qiáo 21 人，大队驻地，位于七里坪东北 5.4 公里。村头有座大石拱桥，故名。

李家岩 Lǐ jiā yán 69 人，大拱桥东北 1.7 公里。

太阳山 Tài yáng shān 6 人，大拱桥东北 1.3 公里。此山向阳，故名。

詹家垮 Zhān jiā wān 67 人，大拱桥东北 1.8 公里。

青龙山 Qīng lóng shān 25 人，大拱桥东北 1.3 公里。此山形似条大青龙，故名。

王家岩 Wáng jiā yán 16 人，大拱桥东北 550 米。

杜家山 Dù jiā shān 33 人，大拱桥东北 600 米。

黍子垱 Shǔ zǐ tǎng 7 人，大拱桥东 1.4 公里。此垱盛产黍子，故名。

茅坝 Máo bà 61 人，大拱桥东北 5.5 公里。此坝原是一片茅草，故名。

铜鼓甜 Tóng gǔ tián 10 人，大拱桥东南 1.5 公里。村中有块石头似鼓，榨坊内撞杆响声如鼓敲，人们说越打心越甜，故名。

裁缝垮 Cái féng wān 41 人，大拱桥西南 500 米。此垮有个出名的刘裁缝，故名。

大坪上 Dà píng shàng 17 人，大拱桥东南 1.2 公里。

【瓦庙子大队】 Wǎ miào zǐ dà duì 325 户，1465 人，驻瓦庙子，位于七里坪东北 2 公里。原名高兴大队，1981 年 9 月 1 日更名为瓦庙子大队，辖 12 个生产队，16 个自然村，耕地面积 1786 亩，其中水田 538 亩。主产玉米、水稻、薯类，特产桐、木梓。

瓦庙子 Wǎ miào zǐ 10 人，大队驻地，位于七里坪东北 2 公里。村中原建有盖瓦的庙，故名。

三角堰 Sān jiǎo yàn 42 人，瓦庙子东北 1.4 公里。村中有口呈三角形的堰塘，故名。

袁家院 Yuán jiā yuàn 30 人，瓦庙子东北 1.8 公里。

汪家村 Wāng jiā cūn 44 人，瓦庙子西北 650 米。

下老岩 Xià lǎo yán 37 人，瓦庙子东 1 公里。村处老岩下方，故名。

勾家坪 Gōu jiā píng 26 人，瓦庙子东北 1.8 公里。

谭家塝 Tán jiā bǎng 27 人，瓦庙子东北 1.4 公里。

四方井 Sì fāng jǐng 35 人，瓦庙子东 200 米。村中有口四方形水井，故名。

村坊 Cūn fāng 73 人，瓦庙子东 200 米。此村住户集中，故名。

马家垮 Mǎ jiā wān 34 人，瓦庙子西 1.2 公里。

狮子峁 Shī zǐ mǎo 6 人，瓦庙子东 1.25 公里。此山峁形似狮子，故名。

三台坡 Sān tái pō 11 人，瓦庙子东 1.6 公里。此坡上有三块台地，故名。

西面坪 Xī miàn píng 55 人，瓦庙子南 550 米。此村西面有块大坪，故名。

鹰子岩 Yīng zǐ yán 39 人，瓦庙子东南 600 米。此岩形似老鹰，故名。

梅子水 Méi zǐ shuǐ 46 人，瓦庙子东南 1.4 公里。村中水井旁住有梅氏老人，故名。

青树子 Qīng shù zǐ 46 人，瓦庙子东南 1.25 公里。村中有几裸常绿树，故名。

【熊家大垮农科站】 Xióng jiā dà wān nóng kē zhàn 59 户，273 人，驻熊家大垮，位于七里坪东北 800 米。1975 年命名公社农科站。辖 2 个生产队，2 个自然村，耕地面积 277 亩，其中水田 71 亩。主产水稻、小麦、洋芋，特产桐、木油。

熊家大塆 Xióng jiā dà wān 92 人，大队驻地，位于七里坪东北 800 米。

活龙溪 Huó lóng xī 117 人，七里坪东北 1.35 公里。传说此溪中有活龙游耍，故名。

【莲花池大队】 Lián huā chí dà duì 248 户，1177 人，驻围子台，位于七里坪东 5 公里。原名莲花大队，1981 年 9 月 1 日更名为蓬花池大队，辖 12 个生产队，12 个自然村，耕地面积 2353 亩，其中水田 957 亩。主产水稻、玉米、薯类、小麦，特产桐、木油、茶叶。

围子台 Wéi zǐ tái 37 人，大队驻地乡位于七里坪东 5 公里。村处台地，原建有土围子，故名。

竹包山 Zhú bāo shān 104 人，围子台北偏西 107 公里。

赶场坝 Gǎn chǎng bà 43 人，围子台东北 2 公里。此坝原赶过场，故名。

莲花池 Lián huā chí 90 人，围子台东北 1 公里。村中有口水池，传说开过莲花，故名。

枫香坡 Fēng xiāng pō 32 人，围子台西北 1.2 公里。此坡上原长有枫香树，故名。

向家坡 Xiàng jiā pō 43 人，围子台西北 1 公里。

后岩 Hòu yán 40 人，围子台东北 1 公里。此村后面有壁岩，故名。

金塘堰 Jīn tang yàn 16 人，围子台西北 650 米。村中有口堰塘，传说无论谁居此边都会发财，故名。

龙身塘 Lóng shēn tang 28 人，围子台西 500 米。此村地形似龙身，山下有口堰塘，故名。

同家塆 Tóng jiā wān 40 人，围子台西南 700 米。李姓人世世代代同住一家，故名。

打倒塆 Dǎ dào wān 28 人，围子台西南 1.2 公里。村处公路边，汽车可在此打倒，故名。

瞿家塆 Qú jiā wān 27 人，围子台西南 700 米。

剩孔坝 Shèng kǒng bà 27 人，围子台西南 700 米。此坝中有个消水孔，遇大雨水消不完积留在坝内，故名。

【周家河大队】 Zhōu jiā hé dà duì 264 户，1215 人，驻洞塆，位于七里坪东南 1.4 公里。原名周河大队，1981 年 9 月 1 日更名为周家河大队。辖 10 个生产队，10 个自然村，耕地面积 1247 亩，其中水田 719 亩。主产玉米、水稻、薯类，特产桐、木油。

洞塆 Dòng wān 100 人，大队驻地，位于七里坪东南 1.4 公里。此塆内有个岩洞，故名。

小坝 Xiǎo bà 97 人，洞塆北 550 米。

猪圈峁 Zhū juàn mǎo 97 人，洞塆东北 1.2 公里。此山峁似猪圈，故名。

七堰沟 Qī yàn gōu 89 人，洞塆东 500 米。此村筑有 7 条堰沟，故名。

铁厂 Tiě chǎng 106 人，洞塆东 1.5 公里。村中办过铁厂，故名。

周家河 Zhōu jiā hé 132 人，洞塆西南 750 米。

对门山 Duì mén shān 83 人，洞塆南 950 米。此村对门有座大山，故名。

石灰窑 Shí huī yáo 163 人，洞塆东南 1.2 公里。村中原烧过石灰，故名。

红山峁 Hóng shān mǎo 69 人，洞塆东南 1.35 公里。此山峁土质红色，故名。

堰上 Yàn shàng 93 人，洞塆东南 1.7 公里。村处堰沟上方，故名。

【天池大队】 Tiān chí dà duì 283 户，1370 人，驻天池岭，位于七里坪东 3.6 公里。原名枫香大队，1981 年 9 月 1 日更名为天池大队。辖 12 个生产队，12 个自然村，耕地面积 1527 亩，其中水田 625 亩。

主产水稻、玉米、薯类，特产桐、木油、茶叶。产耐火石、陶土。

天池岭 Tiān chí lǐng 167人，大队驻地，位于七里坪东3.6公里。此岭高耸如云，上面有口水池，故名。

海海山 Hǎi hǎi shān 181人，天池岭北2.5公里。村中山槽，茅坝河从村中流过多每逢下雨时山洪暴涨，河两岸被水淹后似海一样，故名。

双天坑 Shuāng tiān kēng 126人，天池岭北1.5公里。村中有两个天坑，故名。

小高山 Xiǎo gāo shān 94人，天池岭北1.5公里。村中有座凸起的小山包，故名。

柳荒坡 Liǔ huāng pō 45人，天池岭西北1公里。此地原为荒坡，柳树成荫，故名。

一丘田 Yī qiū tián 30人，天池岭北1公里。村中原只有一丘水田，故名。

杨家塆 Yáng jiā wān 104人，天池岭西北900米。

刘家塆 Liú jiā wān 32人，天池岭东北900米。

鸹子田 Guā zǐ tián 75人，天池岭北1公里。此田中常有老鸹栖落，故名。

大叉坡 Dà chā pō 107人，天池岭北750米。此坡形似一把大叉子，故名。

中岭 Zhōng lǐng 137人，天池岭南900米。村处天池岭中部，故名。

方家堰 Fāng jiā yàn 210人，天池岭南1.8公里。

左家塆 Zuǒ jiā wān 废村，天池岭南800米。

【洗脚溪大队】 Xǐ jiǎo xī dà duì 210户，909人，驻洗脚溪，位于七里坪西南2.4公里。原名前进大队，1981年9月1日更名为洗脚溪大队。辖5个生产队，5个自然村，耕地面积934亩，其中水田274亩。主产水稻、玉米、薯类，特产桐、木油。

洗脚溪 Xǐ jiǎo xī 138人，大队驻地，位于七里坪西南2.4公里。村中有条小溪，人们过溪要脱鞋涉水，故名。

夏家塆 Xià jiā wān 100人，洗脚溪西北600米。

杨家店子 Yáng jiā diàn zǐ 187人，洗脚溪西500米。

公媳坡 Gōng xí pō 100人，七里坪西南2.2公里。传说此坡上的大路为公公率儿媳修筑的，故名。

出水洞 Chū shuǐ dòng 86人，七旦坪西南2.8公里。村中有个出水洞，故名。

【猫儿槽大队】 Māo ér cáo dà duì 340户，1582人，驻石场坝，位于七里坪西南1.9公里。原名红旗大队，1981年9月1日更名为猫儿槽大队。辖9个生产队，11个自然村，耕地面积1692亩，其中水田217亩。主产玉米、水稻、薯类，特产桐、木油。

石场坝 Shí chǎng bà 31人，大队驻地，位于七里坪西南1.9公里。村中有块用石板铺成的场坝，故名。

林家店 Lín jiā diàn 10人，石场坝东北600米。

刘家塆 Liú jiā wān 80人，石场坝西北500米。

康家垱 Kāng jiā tǎng 17人，石场坝北500米。

后槽 Hòu cáo 40人，石场坝东800米。此槽处周家大垱山后，故名。

猫儿槽 Māo ér cáo 168人，石场坝东南300米。此槽原是大森林，老虎多，本地称虎为猫，故名。

咸池沟 Xián chí gōu 97人，石场坝东1.5公里。此沟中有口水池，水带咸味，故名。

棕架山 Zōng jià shān 120人，石

场坝西南750米。此山上棕树多，故名。

赖家塆 Lài jiā wān 225人，石场坝东南850米。

放牛场 Fāng niú chǎng 156人，石场坝南850米。此地原是放牛的场所，故名。

姚家洼 Yáo jiā wā 52人，石场坝东南1.5公里。

【柳洲城大队】 Liǔ zhōu chéng dà duì 186户，890人，驻马鞍山，位于七里坪南偏东3.2公里。原名洲城大队，1981年9月1日更名为柳洲城大队。辖9个生产队，10个自然村，耕地面积1080亩，其中水日434亩。主产玉米、水稻，特产桐、木油、茶叶，产耐火石、陶土。

马鞍山 Mǎ ān shān 50人，大队驻地，七里坪南偏东3.2公里。此山形似马鞍，故名。

庙坪 Miào ping 43人，马鞍山北1.2公里。此坪中原有座庙，故名。

高家田 Gāo jiā tián 23人，马鞍山北1.1公里。

白果树 Bái guǒ shù 34人，马鞍山北600米。村中有棵大白果树，故名。

丫呼木 Yā hū mù 136人，马鞍山东北900米。传说村中有棵大树被风刮倒后，枝丫发出呼呼的响声，故名。

长槽 Cháng cáo 34人，马鞍山西南400米。此槽狭长，故名。

一根树 Yī gēn shù 41人，马鞍山南500米。村中原有1棵大花栎树，故名。

下店子 Xià diàn zǐ 71人，马鞍山东南800米。村靠恩施至三岔的大路，原开有两家客店，此店居下方，故名。

桂花树 Guì huā shù 61人，磨刀石南400米。村中原有棵桂花树，故名。

下坝 Xià bà 48人，磨刀石西南1.1公里。村子下方有坝水田，故名。

【马尾坝大队】 Mǎ wěi bà dà duì 293户，1384人，驻金盆丘，位于七里坪东南5.2公里。原名光明大队，1981年9月1目更名为马尾坝大队6辖13个生产队，15个自然村，耕地面积2064亩，其中水田766亩。主产玉米、水稻、薯类，特产桐、木油。

金盆丘 Jīn pén qiū 20人，大队驻地；位于七里坪东南5.3公里。村中有丘水田似盆形，因产量高，人们喻为金盆，故名。

观根脚 Guān gēn jiǎo 135人，金盆丘北偏东1.9公里。村处山根脚，山顶建有庙宇，故名。

曹家田 Cáo jiā tián 20人，金盆丘北偏东1.8公里。

杨柳池 Yáng liǔ chí 10人，金盆丘北偏东1.5公里。村中池塘边长有杨柳树，故名。

墓祸沟 Mù huò gōu 108人，金盆丘东北1.4公里。此沟中坟墓多，传说常闹鬼。故名。

四角田 Sì jiǎo tián 10人，金盆丘北偏东750米。村中有丘四方形水田，故名。

店子上 Diàn zǐ shàng 10人，金盆丘北偏东850米，村处路边，原开过杂货店，故名。

三家田 Sān jiā tián 30人，金盆丘东南650米。此田原为3家耕种，故名。

五丘堰 Wǔ qiū yàn 68人，金盆丘西南800米。此堰塘的水能灌溉5丘田，故名。

大鼓龙 Dà gǔ long 24人，金盆丘南偏西750米。村中有丘田似鼓，山形又似龙，故名。

马尾坝 Mǎ wěi bà 110人，金盆丘东南1公里。此坝地形似马尾，故名。

大木塆 Dà mù wān 10人，金盆丘南1公里。此塆有棵大木梓树，故名。

庙塆 Miào wān 50人，金盆丘南偏西1.1公里。此塆原建有庙，故名。

后槽 Hòu cáo 25人，金盆丘南1.4公里。此槽处马尾坝山后，故名。

【鸭子塘大队】 Yā zǐ tang dà duì 500户，2328人，驻鸭子塘，位于七里坪南5公里。原名民主大队，1981年9月1日更名为鸭子塘大队。辖18个生产队，18个自然村，耕地面积2537亩，其中水田500亩。主产玉米、薯类、水稻，特产桐、木油。

鸭子塘 Yā zǐ tang 156人，大队驻地，位于七里坪南5公里。村中有口天然水塘，从前有成群的鸭子在塘中栖息，故名。

蔡家田 Cài jiā tián 4人，鸭子塘西北2.5公里。

蔡家河 Cài jiā hé 136人，鸭子塘西北2.3公里。

粑粑店 Bā bā diàn 102人，鸭子塘西北2.2公里。村中办过粑粑店，故名。

大歇场 Dà xiē chǎng 174人，鸭子塘北1.5公里。村处大路边，行人常在此歇息，故名。

柿子树 Shì zǐ shù 128人，鸭子塘北1.3公里。村中原长有2棵大柿子树，故名。

三字垛 Sān zì duǒ 70人，鸭子塘西北1公里。村中有栋屋的墙垛，排列如三字，故名。

碑坡 Bēi pō 45人，鸭子塘西北1.3公里。此坡上有块石碑，故名。

康家塆 Kāng jiā wān 23人，鸭子塘东北1.5公里。

磨盘井 Mò pán jǐng 140人，鸭子塘西北900米。村中水井似磨盘，故名。

吴家槽 Wú jiā cáo 60人，鸭子塘西700米。

木油埫 Mù yóu tǎng 99人，鸭子塘西北200米。村处埫地，木梓树多，连年收获榨油，故名。

水溪沟 Shuǐ xī gōu 103人，鸭子塘东1.25公里。村中有条水溪沟，故名。

外河沿 Wài hé yán 99人，七里坪西南5.5公里。村处清江河沿岸，又处本大队边界，故名。

陈家塆 Chén jiā wān 133人，鸭子塘东南900米。

黄泥塘 Huáng ní tang 100人，鸭子塘西南700米。此水塘用黄泥巴筑成，故名。

双庙子 Shuāng miào zǐ 35人，鸭子塘南750米。村中原有2座小庙，故名。

枷档塆 Jiā dàng wān 55人，鸭子塘东南1.6公里。此塆地形似牛的枷档，故名。

【九岭缸大队】 Jiǔ lǐng gāng dà duì 60户，327人，驻黄家槽，位于七里坪东南7.75公里。原名九岭大队，1981年9月1日更名为九岭缸大队。辖4个生产队，4个自然村，耕地面积330亩。主产玉米、薯类，产少量木材。

黄家槽 Huáng jiā cáo 10人，大队驻地，位于七里坪东南7.75公里。

白芦坡 Bái lú pō 20人，黄家槽西北800米。村处坡地，原长有芦苇，花为白色，故名。

堰塆 Yàn wān 27人，黄家槽西偏南1.1公里。此塆有口小堰塘，故名。

瓦厂槽 Wǎ chǎng cáo 30人，黄家槽西南750米。此槽办过瓦厂，故名。

【鸭溪渡大队】 Yā xī dù dà duì 373户，1906人，驻把耍，位于七里坪西南8公里。原名东风大队，1981年9月1日更名为鸭溪渡大队。辖15个生产队，17个自然村，耕地面积2027亩，其中水田311亩。主产玉米、薯类、小麦，特产桐、木油。

把耍 Bǎ shuǎ 100人，大队驻地，

位于七里坪西南 8 公里。传说此地是练武和耍把戏的地方，故名。

杨家台 Yáng jiā tái 20 人，把耍北偏西 1.7 公里。

枇杷树 Pí pá shù 84 人，把耍西北 1.7 公里。村中原有棵大枇杷树，故名。

花椒坪 Huā jiāo ping 98 人，把耍北 1.5 公里。此坪上原有棵花椒树，故名。

干坝子塆 Gān bà zǐ wān 45 人，把耍北偏东 1.25 公里。此塆内有坝干田，故名。

横担山 Héng dàn shān 141 人，把耍北 1 公里。此山似一条横着的扁担，故名。

张家塆 Zhāng jiā wān 101 人，把耍东北 700 米。

上铁厂 Shàng tiě chǎng 129 人，把耍西北 800 米。村中原办过铁厂，故名。

杨家塆 Yáng jiā wān 把耍东北 1 公里。

箩筐岩 Luó kuāng yán 100 人，把耍北 500 米。此村地势低洼，四周是岩，形似箩筐，故名。

水井塆 Shuǐ jǐng wān 88 人，把耍东南 300 米。此塆内有口水井，故名。

李家槽 Lǐ jiā cáo 70 人，把耍西南 1.5 公里。

大园子 Dà yuán zǐ 68 人，把耍西南 1 公里。此村地形像个大菜园子，故名。

炭窑头 Tàn yáo tóu 50 人，把耍西南 500 米。村中原建窑烧过炭，故名。

香树林 Xiāng shù lín 106 人，把耍西南 1.2 公里。村中有几棵大香树(柏树)，故名。

张家坡 Zhāng jiā pō 45 人，把耍东南 1.3 公里。

鸭溪渡 Yā xī dù 109 人，把耍南 2 公里。村中有个渡口，传说，有人挑锡从此过渡，因无船资就以锡作抵押，故名押锡渡，后讹称为鸭溪渡。

【长堰塘大队】 Cháng yàn tang dà duì 675 户，3254 人，驻长堰塘，位于七里坪南 8.7 公里。原名长堰大队，1981 年 9 月 1 日更名为长堰塘大队。辖 28 个生产队，28 个自然村，耕地面积 4757 亩，其中水田 1846 亩。主产玉米、薯类，水稻，特产桐、木油。

长堰塘 Cháng yàn tang 36 人，大队驻地，位于七里坪南 8.7 公里。村中有口长方形堰塘，故名。

高家山 Gāo jiā shān 100 人，长堰塘北 3.7 公里。

四丘槽 Sì qiū cáo 56 人，长堰塘北 3 公里。此槽内原有 4 丘田，故名。

金家村 Jīn jiā cūn 72 人，长堰塘北 3 公里。

吴家峁 Wú jiā mǎo 72 人，长堰塘南 2.7 公里。

映马池 Yìng mǎ chí 136 人，长堰塘北 2.8 公里。传说村中原有口水池，晴天池中能映出马的影子，故名。

崔家遍 Cuī jiā biàn 59 人，长堰塘北 2.4 公里。

丫竹坝 Yā zhú bà 152 人，长堰塘东北 2.7 公里。此坝中茅竹丫多，故名。

锣正田 Luó zhèng tián 56 人，长堰塘东北 1.8 公里。村中有丘田似锣，故名。

瓦屋场 Wǎ wū chǎng 44 人，长堰塘东北 2.3 公里。村中有栋大瓦屋，故名。

烂池塆 Làn chí wān 27 人，长堰塘北 2.1 公里。此塆中有几丘烂泥田，故名。

大漩 Dà xuàn 21 人，长堰塘东北 2.6 公里。此村地形似河中漩涡，故名。

新屋基 Xīn wū jī 40 人，长堰塘东

北 1.4 公里。村中旧屋翻新，故名。

田家坪 Tián jiā ping 73 人，长堰塘北偏东 1.15 公里。

孝益峁 Xiào yì mǎo 30 人，长堰塘北 1 公里。此山峁最早为名叫谭孝益的人居住，故名。

后山沟 Hòu shān gōu 103 人，长堰塘东北 1.8 公里。此沟地处山背后，故名。

瓦场坪 Wǎ chǎng ping 26 人，长堰塘东北 800 米。此坪中办过瓦场，故名。

秦家店 Qín jiā diàn 50 人，长堰塘西北 800 米。

凤凰山 Fèng huáng shān 13 人，长堰塘北 300 米。此山形似凤凰，故名。

大垭 Dà yā 70 人，长堰塘西 1.2 公里。村处大山垭口，故名。

胡家坨 Hú jiā tuó 10 人，长堰塘东 1.3 公里。

犀牛水 Xī niú shuǐ 27 人，长堰塘西南 800 米。村中有个山洞，传说常有犀牛从洞里出来喝水，故名。

郑家塆 Zhèng jiā wān 38 人，长堰塘东南 900 米。

红沙峁 Hóng shā mǎo 29 人，长堰塘西南 800 米。村中有座红沙岩小山峁，故名。

小脉龙 Xiǎo mài lóng 64 人，长堰塘西南 1.3 公里。村中有座小山梁，阴阳先生说是一股龙脉，故名。

长沙河 Cháng shā hé 197 人，长堰塘东南 1.5 公里。村处清江河边，有块长沙滩，故名。

马家遍 Cháng shā hé 83 人，长堰塘南 1.6 公里。

大脉龙 Dà mài lóng 173 人，长堰塘南 2.4 公里。村中有座大山，阴阳先生说是股龙脉，故名。

七里公社天池岭茶场 Qī lǐ gōng shè tiān chí lǐng chá chǎng 驻天池岭，位于七里坪东南 3.5 公里。1975 年建场，45 人，有茶园 1500 亩。

七里公社养猪场 Qī lǐ gōng shè yang zhū chǎng 位于七里坪东北 8.8 公里。1977 年建场，97 人。

七里公社草袋厂 Qī lǐ gōng shè cǎo dài chǎng 位于七里坪东北 4.2 公里。1977 年建厂，15 人，生产草袋。

七里公社农具厂 Qī lǐ gōng shè nóng jù chǎng 位于七里坪东北 1 公里。1975 年建厂，38 人，主要是修理和制造农具。

七里公社拖拉机站 Qī lǐ gōng shè tuō lā jī zhàn 位于七里坪北 750 米。1975 年成立，职工 48 人，有汽车 5 辆，拖拉机 8 台。

七里公社建筑材料厂 Qī lǐ gōng shè jiàn zhù cái liào chǎng 位于七里坪西南 1.6 公里。1978 年建厂，66 人。

七里公社耐火石材料厂 Qī lǐ gōng shè nài huǒ shí cái liào chǎng 位于恩施县畜牧良种场北 1.4 公里。1975 年建厂，27 人。

三 岔 公 社 概 况

SAN CHA GONG SHE GAI KUANG

三岔公社位于恩施县城东方，西与七里公社接壤，北与熊家、鸦鹊公社交界，南与宣恩县万寨公社毗邻，东与新塘、沙地公社相连。全社东西宽 16.5 公里，南北长 22.5 公里，全社辖 8 个管理区，22 个大队，268 个生产队，287 个自然村。总面积 204.1 平方公里，其中耕地面积 40330 亩(水田 2590 亩)，林业绿化面积 91752 亩，其他用地面积 174066 亩。共 6544 户，30213 人，其中农村人口 29253 人，土家族占 10%。公社驻地距恩施县城东 14 公里。

解放初期，三岔为恩施县第三区，共辖 18 个乡；1958 年为三岔公社，辖 14 个管理区；1961 年又改为三岔区，辖 14 个公社；1966 年“四清”运动时变为 10 个公社；1975 年撤区并社时改为三岔人民公社，将莲花池和茅坝划归七里公社。

三岔公社全境山峦起伏重迭，沟壑纵横交错，石灰岩地质构造，溶洞较多，土质为中性偏酸。全社最高点是三岔集镇以北 7.5 公里的天池山，海拔 1310 米。北有南里渡河，东南有清江河。气候温和，四季分明，春夏两季多雨，冬季较冷，冬季(1 月)平均气温 1℃～3℃，夏季较热，夏季(7 月)平均气温 21℃～24℃，年平均气温约 11.5℃。由于气温升降幅度较大，全年无霜期自 4 月下旬至 11 月上旬约 210 天，年平均降水量 1400～1500 毫米。主要灾害性天气是大暴雨、大风、冰雹、强寒潮等，对农业生产有一定影响和破坏性。

全社以生产旱粮为主，出产部分水稻。1981年粮食总产达2375.2万斤，经济总收入达420.69万元。近年来，全社茶叶发展较快，新开茶园1962亩。公社在下角河兴建了1座电站，于1977年动工，1980年7月竣工发电，目前装机容量为285千瓦，供2个集镇（和塆、三岔口）和12个大队，77个生产队，1273户照明。为解决人畜饮水问题，全社修建有大小塘堰402口，总容量85000立方米。

三岔境内制高点天池山，属地区天池山农科所驻地。该所在研究玉米、马铃薯新品种方面成绩显著，恩单二号玉米和694-11马铃薯驰名全国和其他国家。1979年参加全国科技大会，被评为全国科研先进单位之一。1979年4月农业部在此召开了南方各省旱粮作物研究会议，1980年日本等几个国家的专家专程前来参观访问，交流经验，促进了科研工作的发展。1979年冬地区广播事业局在此建设了1座电视接收台，为丰富恩施城乡人民的文化生活创造了有利条件。

全社交通运输发展较快，恩（施）—鹤（峰）公路自西向东横贯公社全境，每日来往的有5班客车路经此地。恩（施）—天（池山）以及全社管理区和90%的大队、生产队都通了公路。给交通运输带来了很大方便。

全社的文教卫生事业同样发展较快。解放初只有三岔、和塆两个集镇有完小，教师20人，学生300余人，现在办起了高中、初中、小学共52所，国家教职工183人，民办教师216人，共有学生6930人。1980年2月建立了文化站，业余宣传队经常为群众演出，大大活跃了群众文化生活，被评为全县先进集体。公社驻地建了一座1040个座位的电影院，还有3个巡回电影队。公社卫生院，原是1个卫生所，只有4个医务人员；现发展成为具有一定医疗能力的卫生院，有病床18张，并设有X光和化验设备。全社有22个医务室，国家医生

30 人，集体医生 39 人，大队赤脚医生 45 人。

公社所在地——三岔口集镇，现有居民 211 户，975 人，设有公社管委会和社办企事业单位。经过 30 多年的建设，已成为三岔公社政治、经济、文化、交通的中心。

三岔公社行政区划、居民点名称

三岔口集镇 Sān chà kǒu jí zhèn 位于恩施县城东 14 公里。海拔 920 米，系三岔公社驻地。因地处 3 座大山的接合部，无论从何方看去，都可看见 3 个岔口，故名"三岔口"。居住 211 户，975 人，其中农业人口 89 人，集镇占地约 90 余亩。

解放前，为恩施县第二区三岔乡驻地，1938 年只 40 户人家，解放初期，为恩施县第三区驻地，后为区、社机关驻地，现为三岔公社政治、经济、文化的中心。

三岔集镇座落在山槽之中，街道呈东西走向，长 120 米，宽 3～4 米，泥石路面，房屋多为木质结构，新建的砖石结构楼房参差其间。在集镇西头的河沟边建有公社机关。林业站、财税所，银行、粮管所、文化站等单位。集镇中心有供销社所属各门市部及旅社、邮电所和可容观众 1040 人的电影院。在集镇东一台地上建有公社卫生院，西 700 米处是公社高中。集市贸易集中在街道中段。农历一、四、七集日，四乡五邻赶集的乡民，将各自出产的农副土特产品铺摆于街檐下出售。主要品种有大米、玉米、洋芋、豆类、牲猪、仔鸡、鲜肉、鲜蛋及烟、茶、桐油、生漆等。

三岔口集镇紧靠恩(施)—鹤(峰)公路坎下，公路自西向东傍境而过。恩施至新塘、双河、红土、石窑公社的客车都要经过此地，每日还有 2 班车从县城到此，故交通方便。

【三岔口大队】 Sān chà kǒu dà duì 378 户，1675 人，驻大垱，三岔口集镇东北 1 公里。原名红星大队，1981 年 9 月按集镇名更名为三岔口大队，辖 15 个生产队，17 个自然村，耕地面积 2087 亩，其中水田 88 亩。主产玉米、薯类，特产桐油。

大垱 Dà tǎng 32 人，大队驻地，三岔口集镇东北 1 公里。村中有个大垱，故名。

核桃树 Hé táo shù98 人，大垱东北 1.3 公里。村中核桃树多，故名。

胡家槽 Hú jiā cáo 16 人，大垱东北 1.4 公里。

曾家包 Zēng jiā bāo 45 人，大垱东北 800 米。

五龙观 Wǔ lóng guan 19 人，大垱东 1.2 公里。村中有 5 座山，传说是 5 条龙，原建有庙，故名。

白杨坪 Bái yáng píng 76 人，大垱东南 900 米。此坪原棵大白杨树，故名。

田坝 Tián bà 13 人，大垱南 800 米，村中有块大田坝，故名。

汤家坳 Tāng jiā ào 55 人，大垱东南 1.1 公里。

楠木石 Nán mù shí 19 人，大垱东南 1.65 公里。村中大石块旁原长有棵大楠木树，故名。

佐家垱 Zuǒ jiā tǎng 40 人，大垱西南 1.4 公里。

观坪 Guàn píng 12 人，大垱西南 2 公里。此坪建过庙，故名。

张家塆 Zhāng jiā wān 43 人，大垱东南 1.9 公里。

白岩槽 Bái yán cáo 28 人，大垱西南 2 公里。此槽边有壁白岩，故名。

水井槽 Shuǐ jǐng cáo 77 人，大垱西南 2.3 公里。此槽有口水井，故名。

段家塆 Duàn jiā wān 34 人，大垱东南 2.3 公里。

贺家山 Hè jiā shān 54 人，大垱东

南 2.2 公里。

鹿池 Lù chí 43 人，大埔西南 2.9 公里。村中有口水池，传说鹿常来喝水，故名。

猫儿洞 Māo ér dòng 27 人，大徜西南 3 公里。此洞形似猫儿，故名。

【分水大队】 Fēn shuǐ dà duì 474 户，2267 人，驻磨子塃，三岔口集镇东北 12.5 公里。原名红光大队，1981 年 9 月 1 日按所辖村名更名为分水大队。辖 19 个生产队，20 个自然村，耕地面积 3577 亩，其中水田 100 亩。主产玉米、薯类。

磨子塃 Mò zǐ tǎng 30 人，大队驻地，三岔口集镇东北 12.5 公里。村处塃地，其石料可打磨子，故名。

双天坑 Shuāng tiān kēng 35 人，磨子塃东北 2.7 公里。此地有 2 个天坑，故名。

断角坝 Duàn jiǎo bà 58 人，磨子塃北 2.2 公里。传说，一只鹿经过此坝时，挂断了一只角，故名。

姚家塝 Yáo jiā bǎng 105 人，磨子塃东北 2.65 公里。

蛤蟆井 Há má jǐng 113 人，磨子塃东北 2.1 公里，水井中有蛤蟆出入，故名。

分水 Fēn shuǐ 50 人，磨子塃西北 1.5 公里。周围的山为分水岭，故名。

长槽 Cháng cáo 34 人，磨子塃东北 1.4 公里。村处长山槽，故名。

一桶水 Yī tǒng shuǐ 98 人，磨子塃东北 1.5 公里。村中有口泉水井，只有一桶水那么大，故名。

平天观 Píng tiān guàn 126 人，磨子塃东北 1 公里。村中有座高山头，可观天象，故名。

魏家塆 Wèi jiā wān 60 人，磨子塃东北 1.4 公里。

石水井 Shí shuǐ jǐng 42 人，磨子塃西南 800 米。村中有块大石，石中涌泉，故名。

王家槽 Wáng jiā cáo 40 人，磨子塃东南 850 米。

丫竹羽 Yā zhú yǔ 141 人，磨子塃南 900 米。传说此地有片竹林，其中有根竹子的丫枝象对羽毛，故名。

梅子槽 Méi zǐ cáo 26 人，磨子塃东南 1.2 公里。此槽有根梅子树，故名。

沙子坡 Shā zǐ pō 24 人，磨子塃西南 1.5 公里。村处坡地，沙子多，故名。

肖家巷子 Xiāo jiā xiàng zǐ 30 人，磨子塃西南 2 公里。

驼腰树 Tuó yāo shù 20 人，磨子塃南 1.9 公里。村中有根弯似驼背的核桃树，故名。

三里坊 Sān lǐ Fāng 20 人，磨子塃西南 2.8 公里。过去，此地每距 3 里路设一作坊，故名。

谭家塆 Tán jiā wān 41 人，磨子塃南 2.7 公里。

打蔸井 Dǎ dōu jǐng 32 人，磨子塃南 3.5 公里。村中有口水井，传说是位刘姓人打树蔸时挖出来的，故名。

【青峰寺大队】 Qīng fēng sì dà duì 148 户，665 人，驻青峰寺，三岔口集镇东北 12.1 公里。原名青松大队，1981 年 9 月 1 日按驻地名更名为青峰寺大队。辖 7 个生产队，8 个自然村，耕地面积 1302 亩，其中水田 40 亩。主产玉米、薯类，产少量木材。

青峰寺 Qīng fēng sì 29 人，大队驻地，三岔口集镇东北 12.1 公里。村中原有座庙，名青峰寺，村名借用。

肖家塆 Xiāo jiā wān 7 人，青峰寺北 1.5 公里。

西坡 Xī pō 12 人，青峰寺西北 1.7 公里。村处西山坡，故名。

沿壶塃 Yán hú tǎng 38 人，青峰寺东北 1.3 公里。村处塃地，原有口水塘形如壶，塘边沿有条大路，故名。

冈山岭 Gāng shān lǐng 36 人，青峰寺西南 1.6 公里。村中有座长形山冈，故名。

风斗槽 Fēng dǒu cáo 20 人，青峰寺西南 800 米。此槽内风大，俗话说斗风，故名。

楠木沟 Nán mù gōu 15 人，青峰寺西南 1.8 公里。村南有条大沟，原长有许多楠木树，故名。

白鸡窝 Bái jī wō 68 人，青峰寺西南 1.3 公里。村中有个山洞，传说洞中有只白母鸡，常带着小鸡出来寻食，故名。

【回坝大队】 Huí bà dà duì 578 户，2586 人，驻陈家塆，三岔口集镇东北 12.4 公里。原名民主大队，1981 年 9 月 1 日按片村名更名为回坝大队。辖 24 个生产队，27 个自然村，耕地面积 2694 亩，其中水田 66 亩。主产玉米、薯类，特产桐油。

陈家塆 Chén jiā wān 55 人，大队驻地，三岔口集镇东北 12.4 公里。

高塝头 Gāo bǎng tóu 13 人，陈家塆北 5 公里。村中有塝田，地势高，故名。

龙望塘 Lóng wàng táng 50 人，陈家塆东北 4.6 公里。村中有口水塘，旁边的山形似龙，龙头正望塘中，故名。

水沟子 Shuǐ gōu zǐ 20 人，陈家塆北 3.6 公里。村中有条大水沟，故名。

向家塆 Xiàng jiā wān 34 人，陈家塆北 3.1 公里。

大鱼泉 Dà yú quán 10 人，陈家塆北 2.9 公里。村中有眼较大的泉水出鱼，故名。

王家坡 Wáng jiā pō 50 人，陈家塆西北 2.2 公里。

落坑 Luò kēng 35 人，陈家塆北 2.1 公里。村中有个陷落的大坑，故名。

长槽 Cháng cáo 23 人，陈家塆西北 1.9 公里。此槽狭长，故名。

石垭子 Shí yà zǐ 20 人，陈家塆北 1.2 公里。此山垭岩石露头，故名。

王家塆 Wáng jiā wān 44 人，陈家塆东北 1.4 公里。

白果树台 bái guǒ shù tái 20 人，陈家塆西北 1.1 公里。村处台地，有棵大白果树，故名。

赵家村 Zhào jiā cūn 30 人，陈家塆西北 550 米。

七眼岩 Qī yǎn yán 20 人，陈家塆西北 1.25 公里。村中一块大岩石上有 7 个窟窿眼，故名。

霍家垭 Huò jiā yā 25 人，陈家塆东北 650 米。

段家塆 Duàn jiā wān 35 人，陈家塆东 1.4 公里。

椿木垭 Chūn mù yà 12 人，陈家塆西 900 米。此垭上原有棵大椿树，故名。

小槽 Xiǎo cáo 35 人，陈家塆西南 1.7 公里。此槽狭小，故名。

普济寺 Pǔ jì sì 7 人，陈家塆东南 750 米。村中建过庙，名普济寺，村名借用。

蓼叶河 Liǎo yè hé 11 人，陈家塆东南 2.3 公里。此小河边长满蓼叶，故名。

地龙村 Dì lóng cūn 48 人，陈家塆东南 1.65 公里。传说村中挖出过龙骨，故名。

堰坝塆 Yàn bà wān 20 人，陈家塆西南 2.2 公里。山塆坪坝中有口堰塘，故名。

上坝 Shàng bà 56 人，陈家塆西南 1.75 公里。此坝因位置居上，故名。

下坝 Xià bà 50 人，陈家塆西南 1.6 公里。此坝因位置居下，故名。

九股村 Jiǔ gǔ cūn 40 人，陈家塆西南 2.4 公里。曾有赵姓人将田土分为 9 股，故名。

龚家槽 Gōng jiā cáo 13 人，陈家

塆西南 3.2 公里。

干沟 Gān gōu 43 人，陈家塆西南 2.5 公里。此村有条干沟，故名。

火田槽 Huǒ tián cáo 19 人，陈家塆西南 3.2 公里。此槽原为荒地，后烧山开成田，故名。

回坝 Huí bà （片村）三岔口集镇东北 12 公里。包括上坝、下坝、陈家塆 3 个村。传说，有秀才坐轿进城赶考，走到此地轿杆断了，秀才感到不吉利，就折回家了，故名。

【杉木岭大队】 Shā mù lǐng dà duì 54 户，245 人，驻杉木岭，三岔口集镇北 9.3 公里。原名高峰大队，1981 年 9 月 1 日按所辖地名更名为杉木岭大队。辖 3 个生产队，3 个自然村，耕地面积 350 亩。主产玉米、薯类，产木材。

杉木岭 Shā mù lǐng 60 人，大队驻地，三岔口集镇北 9.3 公里。此岭上杉木树多，故名。

游家坪 Yóu jiā píng 40 人，杉木岭西南 600 米。

漆树槽 Qī shù cáo 40 人，杉木岭西南 400 米。村处槽地，漆树多，故名。

【打断碑大队】 Dǎ duàn bēi dà duì 138 户，703 人，驻打断碑，三岔口集镇东北 9.4 公里。原名红旗大队，1981 年 9 月 1 日按驻地更名为打断碑大队。辖 9 个生产队，10 个自然村，耕地面积 1282 亩，其中水田 80 亩。主产玉米、薯类，产煤。

打断碑 Dǎ duàn bēi 21 人，大队驻地，三岔口集镇东北 9.4 公里。传说，此地原有鬼魂挡道，被端公用剑砍倒，后来发觉是一块石碑，故名。

何家槽 Hé jiā cáo 15 人，打断碑北 400 米。

摆布坑 Bǎi bù kēng 23 人，打断碑东 950 米。村中有个水坑，染色的布都拿到此坑摆洗，故名。

田家槽 Tián jiā cáo 40 人，打断碑西南 600 米。

赵家塆 Zhào jiā wān 15 人，打断碑东南 500 米。

罗镜田 Luó jìng tián 21 人，打断碑西南 800 米。传说此田是姓罗的人用面镜子换来的，故名。

长浪沟 Cháng làng gōu 22 人，打断碑南 900 米。此沟长，遇山洪水浪大，故名。

谭家坪 Tán jiā píng 16 人，打断碑东南 1.4 公里。

下角河 Xià jiǎo hé 23 人，打断碑东南 1.2 公里。村南角有条小河，位置较低，故名。

煤炭厂 Méi tàn chǎng 17 人，打断碑东南 1.9 公里。此地办有煤厂，故名。

【鸦沐羽大队】 Yā mù yǔ dà duì 323 户，1555 人，驻前村，三岔口集镇北 6.5 公里。原名先锋大队，1981 年 9 月 1 日按所辖地名更名为鸦沐羽大队。辖 14 个生产队，16 个自然村，耕地面积 2181 亩，其中水田 269 亩。主产玉米、薯类。

前村 Qián cūn 69 人，大队驻地，三岔口集镇北 6.5 公里。此村靠山前，故名。

薛家塆 Xuē jiā wān 55 人，前村北 2.6 公里。

天池坝 Tiān chí bà 42 人，前村北 1.95 公里。此坝中原有个天然水池，故名。

铁矿山 Tiě kuàng shān 40 人，前村西北 1.9 公里。村中有座山产铁矿石，故名。

鸦沐羽 Yā mù yǔ 38 人，前村东北 1.3 公里。村中有口水塘，乌鸦常来喝水，梳洗羽毛，故名。

关门垭 Guān mén yā 48 人，前村西北 1.65 公里。此山垭狭窄，似关闭的门，故名。

后村 Hòu cūn 127 人，前村西北 1.1 公里。此村居前村后，故名。

营田 Yíng tián 80人，前村东北800米。传说此地有军队扎营，故名。

八个山 Bā gè shān 20人，前村西北1.95公里。此村被8个山包围，故名。

中村 Zhōng cūn 41人，前村西北550米。此村居前村、后村中间，故名。

杨柳溪 Yáng liǔ xī 48人，前村东北1公里。村中小溪边杨柳树多，故名。

杨泗岩 Yáng sì yán 71人，前村北2.1公里。村中有块岩石，传说是杨泗菩萨的化身，故名。

寨高头 Zhài gāo tóu 29人，前村西南1.15公里。村处七里公社寨沟村顶上，故名。

跑马槽 Pǎo mǎ cáo 70人，前村西南500米。村处槽地，传说有位武秀才常在此跑马，故名。

黄土坎 Huáng tǔ kǎn 40人，前村南900米。村中有道黄土坎，故名。

杉木塆 Shā mù wān 58人，前村东南1.2公里。此塆杉木树多，故名。

【水洞大队】 Shuǐ dòng dà duì 412户，1808人，驻水洞，三岔口集镇东北9.8公里。原名中心大队，1981年9月1日按驻地名更名为水洞大队。辖18个生产队，22个自然村，耕地面积2064亩，其中水田55亩。主产玉米、薯类。

水洞 Shuǐ dòng 35人，大队驻地，三岔口集镇东北9.8公里，村中有一出水洞，故名。

花家坡 Huā jiā pō 31人，水洞东北2.2公里。

鲍塆 Bào wān 5人，水洞北1.6公里。此湾原属鲍家所有，故名。

石窝子 Shí wō zǐ 10人，水洞西北1.5公里。村中有个石窝子，有水冒出，故名。

大张塆 Dà zhāng wān 15人，水洞东北1.65公里。此塆大，原属张姓所有，故名。

王塆 Wáng wān 32人，水洞东北1.3公里。

回龙观 Huí lóng guàn 22人，水洞东北2.2公里。村中建过回龙庙(观)，村名借用。

吴家塆 Wú jiā wān 25人，水洞东北700米。

垭口 Yà kǒu 水洞东北1.6公里。村处山垭口，故名。

孙家大坪 Sūn jiā dà píng 21人，水洞西北1.25公里。

洞凉塆 Dòng liáng wān 15人，水洞西北450米。此塆有个洞，洞内有凉水，故名。

徐家大坪 Xú jiā dà píng 20人，水洞西1公里。

锅厂 Guō chǎng 35人，水洞东南1.3公里。此地办过锅厂，故名。

双杈树 Shuāng chā shù 20人，水洞西南1.5公里。村中原有棵花栎树，有两根大枝桠，故名。

茅针坝 Máo zhēn bà 29人，水洞东南1公里。此坝茅针草多，故名。

小张塆 Xiǎo zhāng wān 32人，水洞西南9.5公里。

观顶 Guàn dǐng 32人，水洞西南1.9公里。村旁山顶建过庙，故名。

杨家屋场 Yáng jiā wū chǎng 38人，水洞南1.3公里。

炮坑槽 Pào kēng cáo 7人，水洞东南1.7公里。村处槽地，有个炮坑，故名。

石膏园 Shí gāo yuán 30人，水洞西南1.9公里。此村有个洞内出石膏，故名。

小长岭 Xiǎo cháng lǐng 33人，水洞东南1.9公里。村中有一小长山岭，故名。

倒洞槽 Dǎo dòng cáo 29人，水洞西南1.9公里。村处槽地，有个倒洞，故名。

【和塆大队】 Hé wān dà duì 398户1774人，驻和塆，三岔集镇东北6.1公里。原名照耀大队，1981年9月1日按驻地名更名为和塆大队，辖15个生产队，14个自然村，耕地面积2296亩，其中水田135亩。主产玉米、薯类，特产桐、木油、白肋烟。

和塆 Hé wān 227人，大队驻地，三岔口集镇东北6.1公里。有条长250米、宽15米的街。此塆原为大森林覆盖，遮天蔽日，称黑塆，后讹称为和塆。

夹槽 Jiá cáo 20人，和塆北2.4公里。此槽为两山所夹，故名。

赵家村 Zhào jiā cūn 40人，和塆东1.9公里。

连三坡 Lián sān pō 34人，和塆东北1.7公里。村中有3个山坡相连，故名。

石垭口 Shí yà kǒu 104人，和塆东北1.1公里。村中有个大垭口，两边是大岩石，故名。

四耳坝 Sì ěr bà 123人，和塆西北600米。村处坪坝，传说，村中有人喂过一头4个耳朵的猪，故名。

水池坝 Shuǐ chí bà 10人，和塆东北1公里。此坝地势低，常被水淹，故名。

狮子岩 Shī zǐ yán 37人，和塆东700米。村中有块岩石形似狮子，故名。

汪家塆 Wāng jiā wān 32人，和塆东南1.2公里。

赵家塆 Zhào jiā wān 37人，和塆东南1.6公里。

漩涡垱 Xuán wō tǎng 27人，和塆东南2.7公里。此垱地形似漩涡，故名。

马踏水 Mǎ tà shuǐ 24人，和塆东南950米。村中有两座山，一座似马头，一座似马脚，山下有个水坑，形如马踏水，故名。

大垭口 Dà yà kǒu 32人，和塆东南3.4公里。村中有个大垭口，故名。

老榨坊 Lǎo zhà fāng 20人，和塆东南2公里。

窑塆 Yáo wān 37人，和塆东南2.8公里。此塆办过窑厂，故名。

【马头沟大队】 Mǎ tóu gōu dà duì 269户，1242人，驻马头沟，三岔口集镇东北4.6公里。原名马头大队，1981年9月1日按驻地名更名为马头沟大队。辖13个生产队，11个自然村，耕地面积1557亩，其中水田255亩。主产玉米，薯类，特产白肋烟。

马头沟 Mǎ tóu gōu 206人，大队驻地，三岔口集镇东北4.6公里。此沟边有块岩石形似马头，故名。

东阳坡 Dōng yáng pō 34人，马头沟东北3.3公里。村处东坡，向阳，故名。

皮家塆 Pí jiā wān 75人，马头沟东北2.7公里。

西晒坡 Xī shài pō 7人，马头沟西北2.2公里。村处坡地，当西晒，故名。

郭家塆 Guō jiā wān 33人，马头沟东北2.2公里。

朱家塆 Zhū jiā wān 44人，马头沟东北1.2公里。

梅子坪 Méi zǐ píng 27人，马头沟西北850米。此坪上长有梅子树，故名。

高上坡 Gāo shàng pō 21人，马头沟西北650米，村处高坡上，故名。

阳桥坝 Yáng qiáo bà 47人，马头沟东750米。此坝向阳，有个穿洞似桥，故名。

土地岭 Tǔ dì lǐng 35人，马头沟东南1.2公里。此山岭上建过土地庙，故名。

小梨坪 Xiǎo lí píng 40人，马头沟东南1.8公里。此坪较小，长有梨子树，故名。

【一碗水大队】 Yì wǎn shuǐ dà duì 496户，2263人，驻一碗水，三岔口集镇西

北3.5公里。原名高潮大队，1981年9月1日按驻地名更名为一碗水大队。辖23个生产队，19个自然村，耕地面积2778亩，其中水田221亩。主产玉米、薯类，特产白肋烟、桐油。

一碗水 Yī wǎn shuǐ 63人，大队驻地，三岔口集镇西北3.6公里。在石板上，有碗大个窝，其出水长年不干，故名。

碑坪 Bēi píng 57人，一碗水东北2.5公里。坪中立有很多墓碑，故名。

前山 Qián shān 20人，一碗水西北2.25公里。村处大山前，故名。

麻前口 Má qián kǒu 25人，一碗水北1.9公里。村前山口处野麻多，故名。'

凉水井 Liáng shuǐ jǐng 34人，一碗水东北2公里。因村中有口凉水井，故名。

余家埫 Yú jiā tǎng 33人，一碗水西北1.3公里。

何家塆 Hé jiā wān 32人，一碗水东北2.4公里。

幺牌 Yāo pái 126人，一碗水东北1公里。传说有位考生赶考，在此打了一幺站（即停息一会儿），本地称"站"为"牌"，故名。

十二滩 Shí èr tān 63人，一碗水西北1公里。村中有个出水洞，水流冲刷成12个小滩，故名。

阳鹤埫 Yáng hè tǎng 42人，一碗水东北1.3公里。村处埫地，向阳，传说有对白鹤常在此玩耍，故名。

邵家塆 Shào jiā wān 30人，一碗水东偏北2.35公里。

瓦渣坡 Wǎ zhā pō 42人，一碗水西北500米。村处坡地，垮过屋，瓦渣子多，故名。

八大镣 Bā dà liào 18人，一碗水东北550米。此地为一屠夫用8副大镣换的，故名。

方家塆 Fáng jiā wān 88人，一碗水东北1.6公里。

十字路 Shí zì lù 230人，一碗水西1公里。

花栎山 Huā lì shān 95人，一碗水西南900米。此山上花栎树多，故名。

刘家塆 Liú jiā wān 97人，一碗水东南750米。

杨家山 Yáng jiā shān 95人，一碗水西南850米。

沙坝 Shā bà 71人，一碗水东面1.3公里。此坝中沙子多，故名。

林家塆 Lín jiā wān 47人，一碗水南1.6公里。

白果坝 Bái guǒ bà （片村），一碗水西北1公里。包括4个自然村，面积约1平方公里。此坝原有棵白果树，故名。

【四方碑农科站】 Sì fāng bēi nóng kē zhàn 502人，驻四方碑，三岔口集镇东北3.7公里。原名三岔公社农科站，1981年9月1日按驻地名更名为四方碑农科站。辖10个生产队，8个自然村，耕地面积834亩，其中水田96亩。主产玉米、薯类。

四方碑 Sì fāng bēi 48人，大队驻地，三岔口集镇东北3.7公里。此村中有块指路的四方碑，故名。

香树坝 Xiāng shù bà 97人，四方碑西北800米。此坝中有两棵大香树，故名。

中梨坪 Zhōng lí píng 17人，四方碑西北1.25公里。此坪中长有许多梨子树，故名。

干洞坪 Gān dòng píng 38人，四方碑东北600米。此坪中有几个干洞，故名。

凉水洞 Liáng shuǐ dòng 58人，四方碑西800米。此洞因出凉水，故名。

龚家台 Gōng jiā tái 49人，四方碑西南1公里。

木耳棚 Mù ěr péng 4人，四方碑东南900米，此地搭有栽培木耳的棚架，故名。

张家塆 Zhāng jiā wān 36人，四方碑西南850米。

【二磴岩大队】 Er dèng yán dà duì 72户，351人，驻二磴岩，三岔口集镇东北8.1公里。原名太阳大队，1981年9月1日按驻地名更名为二磴岩大队。辖5个生产队，5个自然村，耕地面积650亩。主产玉米、薯类，特产木油，还产木材。

二磴岩 Er dèng yán 91人，大队驻地，三岔口集镇东北8.1公里。村处第二石磴上，故名。

茶树坡 Chá shù pō 51人，二磴岩东北3.5公里。村处坡地，茶树多，故名。

边南 Biān nán 91人，二磴岩东北2.2公里。村处刘家南边，故名。

石河溪 Shí hé xī 47人，二磴岩西南1.2公里。村中有块石沙坝和一小溪，故名。

坳口 Ao kǒu 71人，二苔登岩西南2.1公里。村处坳口，故名。

【燕子坝大队】 Yàn zǐ bà dà duì 257户，1123人，驻燕子坝，三岔口集镇东北4.7公里。原名燕子大队，1981年9月1日按驻地名更名为燕子坝大队，辖9个生产队，10个自然村，耕地面积1769亩，其中水田35亩。主产玉米，特产桐油，白肋烟。

燕子坝 Yàn zǐ bà 80人，大队驻地，三岔口集镇4.7公里。此坝中燕子多，故名。

双驴寨 Shuāng lǘ zhài 38人，燕子坝西北1.4公里。村中有两座山，形状似一对驴，故名。

金竹笼 Jīn zhú lóng 54人，燕子坝东北1公里。村中有几笼大金竹，故名。

大坝 Dà bà 18人，燕子坝西北800米。此坝因面积大，故名。

大长岭 Dà cháng lǐng 30人，燕子坝东北2.1公里。此山岭大而长，故名。

大槽 Dà cáo 23人，燕子坝东偏北1.4公里。此槽面积大，故名。

啄头山 Zhuó tóu shān 23人，燕子坝东1.25公里。村中有座山头，形如啄木鸟的嘴，故名。

瓦屋坪 Wǎ wū píng 31人，燕子坝西1.1公里。此坪瓦屋多，故名。

鸭水溪 Yā shuǐ xī 38人，燕子坝东南1.4公里。村中洞内流水成溪，洞门似鸭嘴，故名。

长槽 Cháng cáo 32人，燕子坝东南1.7公里。此槽因田块长，故名。

【阳天坪大队】 Yáng tiān píng dà duì 242户，1106人，驻阳天坪，位于三岔口集镇西北2.6公里。原名红阳大队，1981年9月1日按驻地名更名为阳天坪大队。辖13个生产队，11个自然村，耕地面积1395亩，其中水田48亩。主产玉米、薯类，特产桐油、白肋烟。

阳天坪 Yáng tiān píng 175人，大队驻地，三岔口集镇西北2.6公里。此坪向阳，故名。

九根树 Jiǔ gēn shù 34人，阳天坪西北1公里。村中有棵大花栎树，长有9根枝丫，故名。

小王坡 Xiǎo wáng pō 45人，阳天坪西北1公里。此坡上有两条道，一个叫大望坡，一个叫小望坡，后讹称小王坡。

何家塆 Hé jiā wān 62人，阳天坪东1.25公里。

孟家槽 Mèng jiā cáo 50人，阳天坪西南1.1公里。

下槽坝 Xià cáo bà 123人，阳天坪西南1.65公里。村处槽坝地势低，故名。

王家坪 Wáng jiā píng 33人，阳天

坪西南1.9公里。

铧尖沟 Huá jiān gōu 49人，阳天坪东南600米。村处山沟，办过铧厂，故名。

陈家塆 Chén jiā wān 38人，阳天坪东南1.1公里。

孙家坝 Sūn jiā bà 30人，阳天坪西南750米。

花栎树 Huā lì shù 21人，阳天坪东南1.15公里。村中原有棵花栎树，故名。

【叶家台大队】 Yè jiā tái dà duì 226户，1046人，驻三角两岔，三岔口集镇东南2.9公里。原名友爱大队，1981年9月1日按所辖村名更名为叶家台大队。辖12个生产队，14个自然村，耕地面积1492亩，其中水田23亩。主产玉米、薯类，特产桐，木油。

三角两岔 Sān jiǎo liǎng chà 10人，大队驻地，三岔口集镇东北2.9公里。此地有3个拐角和2个岔槽，故名。

毛家台 Máo jiā tái 75人，三角两岔北偏西1.7公里。

堰塘槽 Yàn táng cáo 44人，三角两岔北偏东1.5公里。此槽中原有口堰塘，故名。

仙姑州 Xiān gū zhōu 51人，三角两岔北偏东1.5公里。传说有位仙姑下凡到此，故名。

石磙塆 Shí gǔn tǎng 56人，三角两岔东北1.1公里。村处塆地，传说是用石磙换来的，故名。

马鞍山 Mǎ ān shān 46人，三角两岔西北1.2公里。此山形如马鞍，故名。

叶家台 Yè jiā tái 58人，三角两岔西北850米。

新加工厂 Xīn jiā gōng chǎng 17人，三角两岔西北850米。此村新建有米面加工厂，故名。

水井塆 Shuǐ jǐng wān 63人，三角两岔东北1.8公里。此塆有口水井，故名。

肖家槽 Xiāo jiā cáo 91人，三角两岔东北1.3公里。

麻篮 Má lán 40人，三角两岔东北600米。传说，村中的土地是用只麻篮换来的，故名。

八字岩 Bā zì yán 26人，三角两岔东1.1公里。村中有2座山岩呈八字形，故名。

二台坪 Er tái píng 25人，三角两岔西南300米。村处第二台坪地，故名。

河坪 Hé píng 25人，三角两岔西南1公里。此坪处浑水河边，故名。

【三元坝大队】 Sān yuán bà dà duì 338户，1572人，驻三元坝，三岔口集镇西南4.9公里。原名新华大队，1981年9月1日按驻地名更名为三元坝大队，辖10个生产队，11个自然村，耕地面积2130亩。主产玉米、薯类，特产桐、木油、白肋烟。

三元坝 Sān yuán bà 94人，大队驻地，三岔口集镇西南4.9公里。村处大坝，有3个圆坑，故名三圆坝，人们惯写三元坝。

姜家坡 Jiāng jiā pō 100人，三元坝北1.8公里。

石板水 Shí bǎn shuǐ 62人，三元坝东北2.1公里。有块大石板下面出水，故名。

大墩塆 Dà dūn wān 30人，三元坝西北1公里。此塆有墩大田，故名。

石院墙 Shí yuàn qiáng 190人，三元坝东北1.5公里。村中刘姓人家砌有石院墙，故名。

桐子坪 Tóng zǐ píng 41人，三元坝东北950米。此坪中桐子树多，故名。

蔸蓼塆 Dōu liǎo wān 91人，三元坝东北1.3公里。此塆有蔸大蓼叶竹，故名。

王幺槽 Wáng yāo cáo 22 人，三元坝东 1.4 公里。此槽原属王老幺所有，故名。

竹园槽 Zhú yuán cáo 60 人，三元坝东南 600 米。此槽内竹子成林，故名。

牛角水 Niú jiǎo shuǐ 54 人，三元坝东南 1.5 公里。有个出水洞形似牛角，故名。

麻布台 Má bù tái 66 人，三元坝东南 1 公里。传说此台地是用一匹麻布换来的，故名。

【浑水河大队】 Hún shuǐ hé dà duì 55 户，226 人，驻浑水河，三岔口集镇东南 5 公里。原名园艺场，1981 年 9 月 1 日按驻地名更名为浑水河大队，辖 2 个生产队，2 个自然村，耕地面积 241 亩。主产玉米、薯类，特产木梓、柑桔。

浑水河 Hún shuǐ hél 44 人，大队驻地，三岔口集镇东南 5 公里。村处浑水河边，故名。

半坡 Bàn pō 78 人，浑水河北 550 米。村处半山坡，故名。

【梨子坝大队】 Lí zǐ bà dà duì 2361 人，驻老村，三岔口集镇西南 4.1 公里。原名东风大队，1981 年 9 月 1 日按当地较出名的地名更名为梨子坝大队。辖 15 个生产队，27 个自然村，耕地面积 4676 亩，主产玉米、薯类，特产桐、木油。

老村 Lǎo cūn 156 人，大队驻地，三岔口集镇西南 4.1 公里。此村年代久长，故名。

张家垱 Zhāng jiā tǎng 50 人，老村东北 2.8 公里。

观礼坝 Guàn lǐ bà 70 人，老村东北 2.7 公里。此坝原是练武和跑马的地方，人们常来观礼，故名。

响水沟 Xiǎng shuǐ gōu 50 人，老村东北 1.7 公里。此沟流水声哗哗作响，故名。

肖家大坪 Xiāo jiā dà píng 50 人，老村东北 2.2 公里。

淹水塘 Yān shuǐ táng 15 人，老村东北 1.7 公里。此塘常遭水淹，故名。

李家坪 Lǐ jiā píng 40 人，老村东北 2.3 公里。

关门山 Guān mén shān 142 人，老村东北 900 米。村旁有个山垭口，传说夜关昼开，故名。

胡家坪 Hú jiā píng 15 人，老村东 1.65 公里。

螺蛳垱 Luó sī tǎng 86 人，老村东北 1.2 公里。此垱形似螺蛳，故名。

【梨子坝茶场】 Lí zǐ bà chá chǎng 50 人，老村东北 350 米。因茶场建于梨子坝，故名。

金椅塘 Jīn yǐ táng 95 人，老村东北 900 米。村内地形似金坐椅，建有水塘，故名。

桩把堰 Zhuāng bǎ yàn 91 人，老村东 1.2 公里。村中堰塘有根大木桩，故名。

吴家寨 Wú jiā zhài 40 人，老村东 2.1 公里。

石门坎 Shí mén kǎn 18 人，老村东南 1.75 公里。此村处石槽，地形似门坎，故名。

龙家槽 Lóng jiā cáo 18 人，老村东南 850 米。

老屋场 Lǎo wū chǎng 45 人，老村东南 2.25 公里。此屋场年代久远，故名。

铁炉沟 Tiě lú gōu 100 人，老村东南 2 公里。此沟开过铁匠铺，故名。

后坪 Hòu píng 35 人，老村东南 1.3 公里。此坪位于老村后，故名。

雪白树 Xuě bái shù 83 人，老村南 1.2 公里。村中有棵大树，树蔸处一片白霉，故名。

招风台 Zhāo fēng tái 40 人，老村东南 1.7 公里。村处台地，当风，故名。

斑竹园 Bān zhú yuán 30人，老村西南1.8公里。村中斑竹成片，故名。

长塆 Cháng wān 25人，老村东南2.4公里。此塆狭长，故名。

椿树埫 Chūn shù tǎng 97人，老村南2.3公里。村处埫地，椿树多，故名。

岳家槽 Yuè jiā cáo 13人，老村东南2.75公里。

五个埫 Wǔ gè tǎng 45人，老村东南2.9公里。村中原有5个埫，故名。

竹坝河 Zhú bà hé 35人，老村西南3.3公里。村处清江河边，有坝小竹林，故名。

【胡家台大队】 Hú jiā tái dà duì 233户，1022人，驻胡家台，三岔口集镇东南3.5公里。原名朝阳大队，1981年9月1日按驻地更名为胡家台大队。辖11个生产队，10个自然村，耕地面积1278亩，其中水田44亩。主产玉米、薯类，特产白肋烟、桐子。

胡家台 Hú jiā tái 41人，大队驻地，三岔口集镇东南3.5公里。

小井口 Xiǎo jǐng kǒu 36人，胡家台西北2.1公里。村头地形似水井口，故名。

白蜡水 Bái là shuǐ 40人，胡家台北1.5公里。村中白蜡树下有口水井，故名。

毛家塆 Máo jiā wān 80人，胡家台东北1.6公里。

水库 Shuǐ kù 45人，胡家台东北1.1公里。村中有座水库，故名。

黄家垭 Huáng jiā yā 50人，胡家台东北1.9公里。

五望山 Wǔ wàng shān 108人，胡家台东1公里。村中有座高山峰，可望5座界山，故名。

上村 Shàng cūn 101人，胡家台南900米。此村地势居上，故名。

失命潭 Shī mìng tán 59人，胡家台东南1.55公里。村处清江边，传说有位县官来此断案，见路险潭深，不敢下去，便对随从说："我不下去了，莫失我命也"，故名。

腰中坡 Yāo zhōng pō 81人，胡家台南1.8公里。村处坡地，居半山腰，故名。

【设塘坪大队】 Shè táng píng dà duì 230户，1133人，驻设塘坪，三岔口集镇西南6.6公里。原名五星大队，1981年9月1日按驻地名更名为设塘坪大队。辖9个生产队，9个自然村，耕地面积1719亩。主产玉米、薯类，特产桐、木油。

设塘坪 Shè táng píng 34人，大队驻地，三岔口集镇西南6.6公里。村处坪地，早年高姓人建有堰塘，故名。

穿孔山 Chuān kǒng shān 77人，设塘坪东北950米。一座山上有个穿孔，故名。

梨子埫 Lí zǐ tǎng 44人，设塘坪东1.6公里。村处埫地，梨树多，故名。

大包山 Dà bāo shān 32人，设塘坪东南1.4公里。村中有座大山包，故名。

硝洞塆 Xiāo dòng wān 54人，设塘坪西南950米。村处山塆，有个山洞产硝，故名。

曹家塆 Cáo jiā wān 21人，设塘坪东南1.1公里。

青龙包 Qīng lóng bāo 8人，设塘坪东南1.7公里。村中有座山包，传说藏有青龙，故名。

箭埫 Jiàn tǎng 18人，设塘坪南1.5公里。村处埫地，形似箭，故名。

丝栗坝 Sī lì bà 34人，设塘坪东南2.2公里。此坝中有棵大丝栗树，故名。

【二房大队】 Er fáng dà duì 293户，1425人，驻二房，三岔口集镇南3.9公里。原名金星大队，1981年8月1日按驻地名更名为二房大队。辖 12 个生产队，13 个自然村，耕地面积 1978 亩，其中水田 308 亩。主产玉米、薯类、水稻，特产桐、木油。

二房 èr fáng 74 人，大队驻地，三岔口集镇南 3.9 公里。此村为杨家老二居住，故名。

王家坝 Wáng jiā bà 106 人，二房东北 1.7 公里。

芭蕉坑 Bā jiāo kēng 117 人，二房东北 1.3 公里。村中坑内原长有芭蕉树，故名。

大房 Dà fáng 84 人，二房北 950 米。此村由杨家老大居住，故名。

三角田 Sān jiǎo tián 28 人，二房西北 550 米。村中有块三角田，故名。

金盆 Jīn pén 49 人，二房东南 550 米。村中水田圆形似盆，人称金盆。

沙子门 Shā zǐ mén 130 人，二房西南 1 公里。村头山口沙子多，故名。

坛子口 Tán zǐ kǒu 49 人，二房南 900 米。村中有 3 个消水坑形如坛子口，故名。

锣针田 Luó zhēn tián 35 人，二房西南 1.5 公里。

五台子 Wǔ tái zǐ 40 人，二房西南 1.9 公里。此村坡上有 5 个台形田块，故名。

童子坪 Tóng zǐ píng 64 人，二房南 1.6 公里。村处平地，传说，在水井内发现一个童子娃娃，故名。

麻叶洞 Má yè dòng 28 人，二房西南 2.1 公里。村中洞门口长有野麻，故名。

夏家田 Xià jiā tián 130 人，二房西南 2.4 公里。

三岔公社高中 Sān chà gōng shè gāo zhōng 三岔口集镇西北 750 米。1972 年建校，教职工 30 人，设有 8 个班。

三岔公社卫生院 Sān chà gōng shè Wèi shēng yuàn 三岔口集镇东侧。1953 年建卫生所，1969 年扩建为卫生院，有医护人员 30 人，病床 30 张。

湖北省县、市命名及其规律性初探

湖北省现在行政区划是72个县(包括2个自治县)，6个省辖市，5个地辖市，1个林区，共83个县级以上行政单位。在开展全国地名普查中，有关单位对这些县、市得名的由来、含义和沿革，进行了一些考查文献、实地调查的工作，力求弄清这些问题，并从中找出县、市命名的规律性，但由于问题复杂，仍然有一些问题没有搞清楚。兹就探索所得，提出一些初步意见，供关心这一问题的同志参考。

湖北省县、市命名的由来，和湖北省的地理、人文以及历史有密切关系。首先，和地理关系最为密切，以山水命名的最多。长江自西东流，横贯全省，支流从南北两侧注入大江，有许多县是由长江和长江支流命名的。汉水是最大的支流，从西北曲折地流向东南，在龟山北麓注入长江，流程长，有些县是由汉江和汉江支流得名的。江汉平原地区湖泊众多，著名的有云梦泽、洪湖等，都被命名为县名。湖北山区面积广大，西面有武陵山、巫山；北面有荆山、大洪山、武当山；东面有大别山；南面有幕阜山。分布广泛，形态各异，许多山名也成为县名。第二，有些县名则来自人文和历史；有的用民间传说命名，有的用古国命名，有的用关隘命名。第三，有些以物产为名：如竹、梅、松、鱼之类。第四，有些以吉祥颂美之词为名，这类县名，数量很多，约占县、市名总数的四分之一。有的意在显示封建王朝权威，有的意为表示一般祝愿，有的意为吉祥美称，此外，还有少数因特殊原因而命名的县和市。

兹根据上述分析，对湖北各县、市得名的由来、含义和沿革，初步考释如下：

一、因长江和长江支流得名

属于这一类的有利川、长阳、枝江、南漳、浠水、蕲春等6县。

利川得名有二说：一说据《利川县志》，因县境西南有利水得名。利水一称南水，西南流出湖北境经四川彭水县注入黔江，再从西北流至四川涪陵入长江。另一说由县境暗利砦得名，清江由西南面东流贯县境，经过县境“暗利砦”因称利川。南北朝北周年间，于利川置盐水县，唐省盐水县入清江县。清雍正十三年(1735)建利川县。长阳县得名，据《长阳县志》：“南对长杨溪，溪水西南潜穴，清泉溃流三十许步，复入穴，即长阳之源也”。长阳溪今名南汉溪，为清江支流。“阳”原从木旁作杨，由于唐李渊代隋，讳旧朝杨字，所以改为阳，称长阳。枝江得名，由于长江流出三峡后，在宜都以下，泥沙淤积露出水面，形成百里洲，江水环绕沙洲，南北分流，南支称外江，北支称内江，洲尽水复合，因其江流分枝，所以称为枝江。南漳县得名，据《乾隆襄阳府志·山川》：“漳水，县南一百里，源出荆山，县之立名以此”，又据《明史·地理志》“南有漳河，流入当阳县，合于沮水”，故名南漳。浠水县，以县境浠水得名，浠水源出大别山南麓，西南流入长江，据《浠水县志》浠原为“希”，后加“氵”旁为浠。蕲春县因蕲水得名。蕲水源于大别山西麓，东南流至圻水镇注入长江。据明嘉靖《蕲州志》：周为蕲国，春秋战国为蕲国，属楚。西汉置蕲春县，东汉置蕲春国，吴改为蕲春郡，晋为县，东晋改蕲阳县。(晋文帝郑后讳阿春，避后讳，攻春为阳)。隋开皇十八年复改为蕲春。

（下转第289页）

新塘公社概况

XIN TÁNG G0NG SHE GAI KUANG

新塘公社位于恩施县城东部，公社驻地新塘集镇距县城 26.5 公里。东与红土溪交界，西隔清江与三岔公社相望，南与宣恩县万寨公社相邻，北与沙地公社接壤。东西长 23.5 公里，南北宽 19.5 公里，总面积约 220.15 平方公里。其中耕地面积 59160 亩(水田 11318 亩，旱地 47842 亩。辖 33 个大队，257 个生产队，1 个农科站，259 个自然村。共 6556 户，30930 人，其中农业人口 29940 人，土家族占 54.3%。

新塘公社全境地势西南高，东北低，多属二高山和高山地区，最高点在西南方的青岩坪，海拔 1630.3 米，最低点在东北方的大马驿，海拔 275 米。由于水流长期切割侵蚀，使新塘境内形成许多陡坡深沟，伏流溶洞，使山槽平坝交错。新塘境内较大的山有五堡山、旗山、笔架山和大峰尖，海拔均在 1500 米左右。有 2 条河流穿越境内，一条是清江，从茶盘大队入境，环绕公社西北 8 个大队，从山花嘴大队出境，向东流去，在公社境内流程约 26 公里。另一条是卜塘河，流经公社东部罗在大马驿注入清江，流程约 13.5 公里。

该社气候温和，四季分明，冬暖夏凉。年平均气温约 12℃，冬季(1 月)平均气温为 3℃，夏季气温 23℃。全年无霜期在 200 天以上，年平均降雨量在 1247 毫米，降水多集中在夏末和秋初。

解放初，新塘为恩施县第四区。1958 年改为公社，1961 年又改为新塘区，1975 年撤区并社时，将新塘区划为新塘、双河 2 个公社，并将红土区的卜塘公社划归新塘公社管辖。

解放后，新塘公社生产建设发展很快，经济以农业为主，产水稻、玉米、小麦、薯类及油菜等，1981年粮食总产达2389.85万斤，总收入达429.09万元。公社办有3个油茶林基地，5个林场。出产生漆、药材、香菌、木耳、柑橘等土特产，白肋烟产量达18850担，居全县首位。公社还逐步办起了一批社办企业，有农具厂、修配厂、水泥厂、硫磺厂、煤厂、拖拉机站等。在河茅洞建起了电站，装机容量500千瓦，可供公社13个大队的加工照明用电，此外还建有山花嘴和河茅洞二级电站。

公社文教卫生事业也有相应的发展，目前设有公社卫生院1所，农村卫生医疗站27个，有医护人员101人，其中赤脚医生41人，为防病治病起到了一定的作用。公社办有高中1所，初中8所，小学49所，学生总数达5407人，有教职工382人，其中民办教师187人。公社还办有电影放映队，建有电影院、广播站，丰富了群众的文化生活。

新塘公社山高坡陡，过去交通极为不便。解放后修通了恩(施)—红(土)公路和新（塘）—双（河）公路，使新塘公社的交通条件大大改善，两条主干公路贯穿全社大部分地区，通车里程达90公里，每日有2班客车路经此地。

公社驻地新塘集镇坐落在一山岩上，海拔790米，地势向北倾斜，新老街相连，呈东西走向，土石路面，面积约150亩，居住814人，集镇上设有供销社、副食、百货、生资等门市部，沿公路两旁建有学校、教育站、旅社、卫生院。集贸市场设在新街，农历一、四、七为集日，赶集人常在千余人以上。此地是恩施县东乡红土、石窑、双河公社的物资集散地，每年由此输出的白肋烟就达2万担。新塘集镇已成为该社政治，经济、文化的中心。

新塘公社行政区划、居民点名称

新塘集镇 Xīn táng jí zhèn 位于恩施县城东 26.5 公里，恩(施)—红(土)公路经街头自西南向东北穿过，海拔 790 米，系新塘公社驻地。

据传，早先此地是一片荒草野坡，80 多年前肖、严、田 3 姓人家在此建房成街，不久被火烧毁。在被火烧后的坝中出现一水塘，故人们称之为新塘，即新生一水塘之意。以后又逐渐建起新房，而形成集镇。

解放前新塘为恩施县第二区驻地，解放初为第四区驻地，以后一直为新塘区、公社驻地。集镇坐落在大山平顶之上，地势向北倾斜。新老街相连，呈东西走向，土石路面。面积约 150 亩，居住 814 人，土家族较多，老街西与马路口约有 250 级石梯相连。马路口原曾立有指路碑(现无存)，过去是新塘通往外地的交通要道。老街长 100 米，宽 3 米，房屋为青瓦飞檐式的木质构造。新街位于老街之上，以 50 级石梯相通，长 150 米，宽 4 米，公社机关驻在一四合院内，砖石结构的财政，银行楼房相对而立。新街东段设有供销社、副食、百货、生资等门市部，沿公路两旁建有学校、教育站、旅社、卫生院。集贸市场设在新街，农历一、四、七为集日，赶集人常在千余人以上，出售的主要农副产品有玉米、洋芋、菜油、猪、羊肉、禽蛋，烟叶及药材等。此地是东乡红土、石窑、双河公社的物资集散地，每年由此输出的白肋烟就达 2 万担。恩红公路修通后，新塘的交通日趋方便，每日车来人往，一派繁荣景象。

【新塘大队】 Xīn táng dà duì 283 户，1197 人，驻新塘集镇，恩施至红土公路 72 公里处。原名高潮大队，1981 年 9 月 1 日更名为新塘大队，辖 10 个生产队，3 个自然村，耕地面积 1531 亩，其中水田 609 亩。主产玉米、水稻，特产白肋烟、桐子。

丙戊园 Bǐng wù yuán 75 人，新塘南偏东 850 米处。该村建于丙戊年，故名。

铧头咀 Huá tóu zuǐ 66 人，新塘东南 1.15 公里处。地形似一张耕地的铧头，故名。

【龙家台大队】 Lóng jiā tái dà duì 207 户，1054 人，驻龙家台，新塘集镇东北 5.25 公里。原名创造大队，1981 年 9 月 1 日按驻地名更名为龙家台大队，辖 7 个生产队，6 个自然村，耕地面积 2083 亩，其中水田 971 亩。主产玉米、水稻，特产白肋烟。

龙家台 Lóng jiā tái 32 人，大队驻地，新塘集镇东北 5.25 公里处。

下村 Xià cūn 50 人，龙家台东北 700 米。村处大场坝的下方，故名。

大场坝 Dà chǎng bà 30 人，龙家台西南 250 米处。该村有个大场坝，故名。

大坝 Dà bà 58 人，龙家台东南 1 公里处。该村有块大坝，故名。

长沟 Cháng gōu 151 人，龙家台西南 1.3 公里。村处较长的山沟边，故名。

社坦 Shè tǎn 30 人，龙家台西南 600 米。该地平坦，每年农历二月十五日供人们祭社，故名。

李家台 Lǐ jiā tái 204 人，龙家台西南 1.3 公里处。

【山花嘴大队】 Shān huā zuǐ dà duì 206 户，1017 人，驻八个塆，恩（施）—红（土）公路 88 公里。原名新花大队，1981 年 9 月 1 日更备为山花嘴大队。辖 6 个生产队，8个自然村，耕地面积1779亩，其中水田422亩。主产玉米、薯类，特产桐、木梓。

八个塆 Bā gè wān 253人，大队驻地，恩施至红土公路88公里处。从山花嘴到此村有8个塆，故名。

大码驿 Dà mǎ yì 45人，八个塆东北1.05公里处。该村原是转运木料的地方，故名。

山花嘴 Shān huā zuǐ 142人，八个塆东北450米。该村东北悬岩相夹，似鹰嘴，岩下花草丛生，故名。

小河 xiǎo hé 40人，八个塆东1公里。该村位于卜塘河下游，较清江河小，故名。

杨家塆 Yáng jiā wān 70人，八个塆西偏南600米。

沙塆村 Shā wān cūn 111人，八个塆西南700米。此山塆为沙质土，故名。

长岭 Cháng lǐng 124人，八个塆西南1公里处。该村有条较长的山岭，故名。

大屋场 Dà wū chǎng 170人，八个塆南600米。该村原有栋大屋场，故名。

【上房大队】 Shàng fáng dà duì 223户，1005人，驻上房，新塘集镇东北4.9公里。原名快乐大队，1981年9月1日按驻地各更名为上房大队，辖5个生产队，8个自然村，耕地面积1945亩，其中水田226亩。主产玉米、水稻，特产白肋烟。

上房 Shàng fáng 100人，大队驻地，新塘集镇东北4.9公里处。据传张姓4兄弟分家，老二分到此村，地势高，故名。

杨柳池 Yáng liǔ chí 126人，上房北偏西800米。池边有杨柳林，故名。

麻柳台 Má liǔ tái 85人，上房西偏南2.4公里。村中曾有棵大麻柳树，故名。

祖太垭 Zǔ tài yā 60人，上房西偏南1公里。该村原有一户姓廖的，生一子，求祖宗保佑，立有石碑，故名。

枫香坦 Fēng xiāng tǎn 50人，上房西偏南1.7公里。此村地势平坦，长有枫香树，故名。

大块田 Dà kuài tián 40人，上房东南700米处。该村有块大田，故名。

老鼠岩 Lǎo shǔ yán 110人，上房西南1.1公里处。该村岩壁上出股水，称老水，故名老水岩，后讹称老鼠岩。

后槽 Hòu cáo 190人，上房南800米处。该村槽在大路的后面，故名。

【衙门村大队】 Yá mén cūn dà duì 286户，1270人，驻衙门村，新塘集镇东北2.05公里处。原名龙潭大队。辖9个生产队，9个自然村，耕地面积1927亩，其中水田550亩。主产玉米、水稻、特产白肋烟。

衙门村 Yá mén cūn 138人，大队驻地，新塘集镇东北2.05公里处。清朝王英，在此造反，院子象衙门一样，故名。

芭蕉岩 Bā jiāo yán 189人，衙门村东北2.4公里处。该村岩壁象片芭蕉叶，故名。

马家塆 Mǎ jiā wān 135人，衙门村东北800米处。

龙潭口 Lóng tán kǒu 117人，衙门村西北500米处。该村有2个泉水潭，俗称龙眼，故名。

垭子上 Yā zǐ shàng 165人，衙门村西偏南700米处。村处山垭上，故名。

大水缺 Dà shuǐ quē 40人，衙门村西南800米处。该村有口堰塘，被大水冲了个缺口，故名。

七股房 Qī gǔ fáng 65人，衙门村东南900米处。原有廖姓一家7口，将房产分为7股，故名。

自生桥 Zì shēng qiáo 20人，衙门村东南1.2公里处。该村有条小沟，有座天生石桥，故名。

卡子步 Qiǎ zǐ bù 60人，衙门村东

南1.8公里处。早年为防土匪，设有一道哨卡，故名。

【下塘坝大队】 Xià táng bà dà duì 199户，1011人，驻下塘坝，新塘集镇东偏北6.4公里处。大队名称沿用，辖7个生产队，8个自然村，耕地面积1636亩，其中水田881亩，主产玉米、水稻、薯类，特产白肋烟。

下塘坝 Xià táng bà 125人，大队驻地，新塘集镇东偏北6.4公里处。该村坝是早年地陷时形成的，故名。

白家坦 Bái jiā tǎn 65人，下塘坝西北2公里处。

三溪口 Sān xī kǒu 151人，下塘坝北1.4公里处。村处3条溪沟汇合处，故名。

白日隆 Bái rì lóng 60人，下塘坝西北1.4公里处。传说姓白的在此居住，一天天兴旺起来，故名。

枷档塆 Jiā dàng wān 15人，下塘坝东北600米处。村处山塆，地形似牛枷档，故名。

大坦 Dà tǎn 180人，下塘坝西北500米处，该村有块较大的坪地，故名。

垮坎下 Kuǎ kǎn xià 131人，下塘坝东北300米，该村地处山坡，早年地陷成坝，村处坝下，故名。

垮坎上 Kuǎ kǎn shàng 105人，下塘坝南偏东300米，该村原是面山坡，早年地陷成一道土坎，故名。

黄家坦 Huáng jiā tǎn 32人，下塘坝南600米。

下塘坝 Xià táng bà (片村)，新塘集镇东偏北6.4公里处。包括下塘坝、垮坎上、垮坎下、大坦、黄家坦、枷档塆6个自然村，该片村为一坪坝，早年地陷时形成，原叫下塌坝，后讹称下塘坝。

【挖断山大队】 Wā duàn shān dà duì 144户，695人，驻挖断山，新塘集镇东偏北8.1公里。原名胜利大队，1981年9月1日按驻地名更名为挖断山大队，辖4个生产队，5个自然村，耕地面积1169亩，其中水田350亩。主产玉米、水稻，特产白肋烟。

挖断山 Wā duàn shān 100人，大队驻地，新塘集镇东偏北8.1公里处。该村有座断头山，传说是神挖断的，故名。

灯草池 Dēng cǎo chí 65人，挖断山北偏西1.4公里。该村原有口水池，长有灯草，故名。

谭家塆 Tán jiā wān 160人，挖断山北偏东1.3公里处。

徐二屋场 Xú èr wū hǎng 70人，挖断山北偏西500米处。

铜锣山 Tóng luó shān 110人，挖断山西南500米处。村东有座山，形似一面铜锣，故名。

【红花堖大队】 Hóng huā tǎng dà duì 1025人，驻红岩嘴，新塘集镇西偏北650米。原名红岩大队，1981年9月1日更名为红花堖大队。辖9个生产队，8个自然村，耕地面积2002亩，其中水田190亩。主产玉米、薯类，特产白肋烟、木梓。

红岩嘴 Hóng yán zuǐ 90人，大队驻地，新塘集镇西偏北650米。该村东北有座象鸟嘴的浅红色岩峰，故名。

红花堖 Hóng huā tǎng 270人，红岩嘴西北450米处。此村遍地开有荷花，花开红一片，故名。

沙子坪 Shā zǐ píng 110人，红岩嘴西偏北1.9公里处。此村坪沙质土多，故名。

朱家坦 Zhū jiā tǎn 10人，红岩嘴西偏南1.3公里。

榜龙尾 Bǎng lóng wěi 260人，红岩嘴西南1公里。早年阴阳先生看地，说此山藏有条龙，头在大滚龙，尾在该村，为标榜该村气势，故名。

后槽 Hòu cáo 110人，红岩嘴西南1.6公里。此村槽在狮子岩背后，故名。

狮子岩 Shī zǐ yán 30 人，红岩嘴西南 2.3 公里，该村东头有座石岩似石狮，故名。

洞儿沟 Dòng ér gōu 90 人，红岩嘴西南 2.7 公里处。此村有条小沟，沟旁山洞多，故名。

【船舱大队】 Chuán cāng dà duì 145 户，716 人，驻船舱，新塘集镇东偏南 8.7 公里处。原名卜塘大队，1981 年 9 月 1 日更名为船舱大队，辖 6 个生产队，5 个自然村，耕地面积 1068 亩，其中水田 48 亩。主产玉米、薯类，特产生漆。

船舱 Chuán cāng 172 人，新塘集镇东偏南 8.7 公里。该村地形似船舱，故名。

向家塆 Xiàng jiā wān 123 人，船舱北偏东 1.6 公里。

水井塆 Shuǐ jǐng wān 138 人，船舱东北 700 米处。该村塆有口水井，故名。

枇杷垱 Pí pá tǎng 157 人，船舱东偏北 500 米处。该村有棵枇杷树，故名。

松木岭 Sòng mù lǐng 100 人，船舱西南 1.75 公里。此山松树多，故名。

【八石坪大队】 Bā dàn píng dà duì 203 户，936 人，驻独家庄，新塘集镇东偏南 7.4 公里处。原名保卫大队，1981 年 9 月 1 日更名为八石坪大队，辖 8 个生产队，8 个自然村，耕地面积 2523 亩，其中水田 210 亩。主产玉米、薯类，特产白肋烟。

独家庄 Dú jiā zhuāng 128 人，新塘集镇东偏南 7.4 公里。此处最先仅独门独户居住，故名。

放牛塆 Fàng niú wān 120 人，独家庄西偏北 2.55 公里。该村原是荒地，放牛场子，故名。

大马鞍山 Dà mǎ ān shān 40 人，独家庄西偏北 1.85 公里。

毛家梁子 Máo jiā liáng zǐ 121 人，独家庄西偏南 850 米。该山梁姓毛的较多，故名。

小马鞍山 Xiǎo mǎ ān shān 114 人，独家庄西偏南 1.6 公里。

大坪 Dà píng 144 人，独家庄南偏西 1 公里。该村坪较大，故名。

八石坪 Bā dàn píng 167 人，独家庄西南 2 公里。以前该村每年能收 8 石粮食，故名。

阴坡 Yīn pō 100 人，独家庄南偏西 2.4 公里。该坡背阴，故名。

马鞍山 Mǎ ān shān （片村），独家庄西部。包括大马鞍山、小马鞍山，此山形似马鞍，故名。

【保水溪农科站】 Bǎo shuǐ xī nóng kē zhàn 135 户，564 人，驻保水溪，位于新塘集镇东南 650 米。原名公社农科站，1981 年 9 月 1 日更名为保水溪农科站，辖 3 个生产队，3 个自然村，耕地面积 608 亩，其中水田 253 亩。主产水稻、玉米，特产大梓。

保水溪 Bǎo shuǐ xī 120 人，新塘集镇东南 650 米处。该溪沟的水常年不干，能保住人们饮用、灌溉，故名。

沙地里 Shā dì lǐ 130 人，新塘集镇东偏北 750 米。该村有大部分田是泥沙地，故名。

王家屋场 Wáng jiā wū chǎng 50 人，新塘集镇东 400 米。

【麻柳洞大队】 Má liǔ dòng dà duì 206 户，1033 人，驻村坊。新塘集镇东偏南 2.3 公里。原名金星大队，1981 年 9 月 1 日更名为麻柳洞大队。辖 8 个生产队，7 个自然村，耕地面积 1796 亩，其中水田 651 亩。主产玉米、水稻，特产白肋烟。

村坊 Cūn fāng 207 人，大队驻地，位于新塘集镇东偏南 2.3 公里。此地人烟稠密，故名。

岩根脚 Yán gēn jiǎo 110 人，村坊

东偏南900米。村处五堡山脚，故名。

马架台 Mǎ jià tái 118人，村坊西南1公里。该村形如一副马架子，故名。

高家梁子 Gāo jiā liáng zǐ 129人，村坊东南750米。

熊家屋场 Xióng jiā wū chǎng 30人，村坊西南1.2公里。

猪砂坡 Zhū shā pō 75人，村坊西南1.1公里。村处山坡，原有人杀猪，从肚内取出猪砂，故名。

唐家坪 Táng jiā píng 40人，村坊东南1.7公里。

【黄村大队】 Huáng cūn dà duì 227户，999人，驻黄村，新塘集镇西偏南6.4公里处。原名红江大队，1981年9月1日更名为黄村大队，辖11个生产队，12个自然村，耕地面积1673亩，其中水田115亩。主产玉米、薯类，特产茶叶、白肋烟。

黄村 Huáng cūn 100人，大队驻地，新塘集镇西偏南6.4公里。

顶坪 Dǐng píng 100人，黄村东北1.4公里处。该村山顶部有块坪地，故名。

鱼塘口 Yú táng kǒu 20人，黄村北偏东900米。该村地处两河口，有口鱼塘，故名。

左背溪 Zuǒ bèi xī 40人，黄村东偏北2公里。该村有座山，山左背上有条溪流，故名。

下黄村 Xià huáng cūn 90人，黄村东北950米。该村位于黄村的下方，故名。.

阴家塆 Yīn jiā wān 70人，黄村东偏北2.2公里。

河茅洞 Hé máo dòng 80人，黄村东偏北3.6公里。村处清江河畔，村北有一石洞，长有很多巴茅草，故名。

照坪 Zhào píng 70人，黄村西偏南700米。该村地势开阔，日照时间长，故名。

腰店子 Yāo diàn zǐ 100人，黄村西偏南1.6公里。从前有人在山腰设过饭店，故名。

唐家台 Táng jiā tái 50人，黄村西南1.25公里。

莲花坝 Lián huā bà 65人，黄村西南2公里。此坝种过莲藕，故名。

岩塆 Yán wān 80人，黄村西南2.2公里处。该塆有座长岩壁，故名。

【五堡山大队】 wǔ bǎo shān dà duì 131户，674人，驻白路，新塘集镇东偏南5.1公里。原名大发大队，1981年9月1日更名为五堡山大队，辖6个生产队，7个自然村。耕地面积1403亩，其中水田20亩。主产玉米、薯类，特产白肋烟。

白路 Bái lù 149人，大队驻地，新塘集镇东偏南5.1公里。该村中心低洼，中间的路比两头的路要明亮些，故名。

大风口 Dà fēng kǒu 102人，白路西北2.5公里。村处垭口，风大，故名。

长槽 Cháng cáo 113人，白路北偏西1.7公里。该村槽较长，故名。

旗山 Qí shān 30人，白路西北2.4公里处。以前有勘察队在此插过旗子，故名。

李家槽 Lǐ jiā cáo 70人，白路西北1公里。

大包上 Dà bāo shàng 80人，白路东北650米。村处大山包上，故名。

小堰塘 Xiǎo yàn táng 107人，白路东南1.6公里。村中原有口小堰塘，故名。

【小古龙大队】 Xiǎo gǔ lóng dà duì 286户，1351人，驻小古龙，新塘集镇西偏南2.2公里。原名东方红大队，1981年9月1日更名为小古龙大队。辖10个生产队，11个自然村，耕地面积2530亩，其中水田746亩。主产玉米、水稻，特产白肋烟。

小古龙 Xiǎo gǔ lóng 139人，大队驻地，新塘集镇西南2.2公里。传说，有年山洪暴发，山沟走过蛟龙，原名小滚龙，后讹称小古龙。

岭岗上 Lǐng gǎng shàng 160人，小古龙北偏东1.4公里。该村有条山梁，习惯称为岭岗上。

姚家塆 Yáo jiā wān 20人，小古龙北偏东1.1公里。

老林包 Lǎo lín bāo 205人，小古龙西偏北700米。山包上原有片森林，故名。

横龙溪 Héng lóng xī 254人，小古龙西南700米，有条小溪横穿此村而过，好似卧龙在此，故名。

堰上 Yàn shàng 80人，小古龙西南1.3公里处。此村的下方修有堰沟，故名。

曹家塆 Cáo jiā wān 40人，小古龙正南1.4公里。

大坪 Dà píng 162人，小古龙南偏西1.6公里。村处大坪中，故名。

钟家屋场 Zhōng jiā wū chǎng 60人，小古龙东南1.8公里。

黄家坪 Huáng jiā píng 80人，小古龙南1.8公里。

水井塆 Shuǐ jǐng wān 100人，小古龙西南2.25公里。此塆有口小水井，故名。

【董家塆大队】 Dǒng jiā wān dà duì 172户，770人，驻白果坪，新塘集镇东南5.2公里。原名联盟大队，1981年9月1日更名为董家塆大队。辖7个生产队，8个自然村。耕地面积1936亩，其中水田143亩。主产玉米，特产白肋烟。

白果坪 Bái guǒ píng 176人，大队驻地，新塘集镇东南5.2公里。该坪原有棵白果树，故名。

董家塆 Dǒng jiā wān 176人，白果坪西偏北900米。

南边岭 Nán biān lǐng 80人，白果坪西偏南2公里。该村南边是条山岭，故名。

九个坡 Jiǔ gè pō 80人，白果坪西南600米。该村从山脚到山顶连绵有9个坡，故名。

马房岭 Mǎ fang lǐng 180人，白果坪东南1.3公里。此岭原是放马场，并盖有马厩，故名。

毛家槽 Máo jiā cáo 60人，白果坪西南1.7公里。

张家塆 Zhāng jiā wān 95人，白果坪南偏西1.4公里。

廖家坪 Liào jiā píng 70人，白果坪西南1.8公里。

【天生桥大队】 Tiān shēng qiáo dà duì 210户，1043人，驻中村，新塘集镇西南4.2公里。原名前进大队，1981年9月1日更名为天生桥大队。辖8个生产队，9个自然村。耕地面积1875亩，其中水田70亩。主产玉米、薯类，特产桐、木梓。

中村 Zhōng cūn 206人，大队驻地，新塘集镇西南4.2公里。村处天生桥和阴龙坝的中间，故名。

马猪垱 Mǎ zhū tǎng 60人，中村西北1.8公里。有位姓肖的由湖南迁移到此垱时，饲养一马一猪，故名。

天生桥 Tiān shēng qiáo 121人，中村北偏西1公里。村旁有座天然石桥，故名。

大坦 Dà tǎn 182人，中村北700米，该村有块约20亩的平田，故名。

朱家包 Zhū jiā bāo 80人，中村西北700米。

阴龙坝 Yīn lóng bà 191人，中村西南1.1公里。传说该村坝是条阴龙滚成的，故名。

易家槽 Yì jiā cáo 20人，中村南偏东2.2公里。

龙潭坪 Lóng tán píng 107人，中村南1.7公里。该村坪原有口水潭，传说潭内有条龙，故名。

辛家坪 Xīn jiā píng 90 人，中村东南 2.2 公里。

康家包 Kāng jiā bāo 115 人，中村南偏东 2.3 公里。

【龚家坪大队】 Gōng jiā píng dà duì 驻水井塆，新塘集镇西南 6.5 公里。原名先锋大队，1981 年 9 月 1 日更名为龚家坪大队。辖 8 个生产队，9 个自然村，180 户，788 人，耕地面积 1772 亩，其中水田 29 亩。主产玉米、薯类，特产白肋烟。

水井塆 Shuǐ jǐng wān 20 人，大队驻地，新塘集镇西南 6.5 公里。该村塆有口水井，故名。

李家坪 Lǐ jiā píng 119 人，水井塆东北 1.7 公里。

枪杆岭 Qiāng gǎn lǐng 102 人，水井塆东偏南 600 米。此山岭远看象枪杆，故名。

雷家坪 Léi jiā píng 80 人，水井塆南偏东 700 米。

硝洞垱 Xiāo dòng tǎng 101 人，水井塆东南 1.3 公里。此村垱边有个山沿，洞内曾砍熬过硝，故名。

龚家坪 Gōng jiā píng 131 人，水井塆南偏西 1.2 公里。

杉岭坡 Shān lǐng pō 80 人，水井塆西南 1.5 公里。村处山坡，杉树多，故名。

小进口 Xiǎo jìn kǒu 80 人，水井塆东南 1.8 公里。村处山槽，行人只能从小槽口进村，故名。

庙堂口 Miào táng kǒu 70 人，水井塆西南 2.6 公里。村处槽口处，有座庙宇，故名。

【峁山大队】 Mǎo shān dà duì 123 户，604 人，驻峁子山，新塘集镇西南 7.2 公里。原名红旗大队，1981 年 9 月 1 日更名为峁山大队。辖 8 个生产队，6 个自然村，耕地面积 1135 亩，其中水田 92 亩。主产玉米、薯类，特产茶叶、白肋烟。

峁子山集镇 Mǎo zǐ shān jí zhèn 位于恩施县城东 21 公里，海拔 1080 米，属新塘公社所辖。

峁子山集镇坐落在山腰台地上，位于恩鹤公路左侧，是通向石窑、红土、双河等公社的交通要道。居住 36 户，141 人。相传，很早以前此地是一片茂密的森林，经常有野猫出没，故人们称为“猫子山”，后谐音为“峁子山”。解放前这里交通不便，来往行人从浑水河渡河后，上爬 15 里坡路到峁子山住宿，天长日久，人户集居，设栈房，开店铺，逐渐形成了小集镇。

该集镇原有一小街，70 多年前遭火灾烧毁后迁至现址重建。现有一条南北走向的小街，100 米，宽 3 米，泥石路，木板房，面积约 30 亩。街两旁设有供销点、财政所、邮电所、旅社等单位。农历二、五、八为集日，人们在此竞相交换各种农副土特产品。此地出产的白肋烟，品质优良，享有一定声誉。解放前属第二区辖，解放初属四区辖，1958 年是新塘区黄村公社所在地，现为新塘公社黄村管理区驻地，已成为新塘公社西部物资集散地和经济中心。

金子台 Jīn zǐ tái 108 人，峁子山东北 2.5 公里。该村有块台地，住在台上的人很发财，故名。

上朱家塆 Shàng zhū jiā wān 50 人，峁子山东北 2.3 公里。

下朱家塆 Xià zhū jiā wān 70 人，峁子山东北 1.1 公里。

石场坝 Shí chǎng bà 148 人，峁子山北偏西 650 米。该村中心的场坝是用石板砌成的，故名。

老街 Lǎo jiē 105 人，峁子山北偏西 250 米。该村原建过街，失火后迁至峁子山，此地故称老街。

【杉木辽大队】 Shā mù liáo dà duì

驻木厂沟，新塘集镇东南 3.5 公里。原名友爱大队，1981 年月 1 日更名为杉木辽大队。辖 10 个生产队，10 个自然村。271 户，1290 人。耕地面积 2534 亩，其中水田 593 亩。主产玉米、水稻，特产白肋烟。

木厂沟 Mù chǎng gōu 134 人，大队驻地，新塘集镇东南 3.5 公里。此沟原有木匠开过木厂，故名。

大包 Dà bāo 161 人，木厂沟北偏西 1.9 公里。村旁有座较大的山包，故名。

大坟包 Dà fén bāo 122 人，木厂沟西北 1.85 公里。贺龙同志在此闹革命时，牺牲了一位红军，埋在此地，故名。

杉木辽 Shā mù liáo 106 人，木厂沟西北 1.5 公里。此村地势辽阔，盛产杉木，故名。

燕麦墩 Yàn mài dūn 130 人，木厂沟北偏西 1.2 公里。该村地形是块台地，长有很多燕麦，故名。

阳和埫 Yáng hé tǎng 144 人，木厂沟东北 1 公里处。此村埫阳光充足，故名。

大山顶 Dà shān dǐng 80 人，木厂沟西偏北 1.6 公里。村处较高的山上，故名。

胡琴塆 Hú qín wān 103 人，木厂沟西偏南 900 米。此村地形似一把二胡，故名。

杨家塆 Yáng jiā wān 105 人，木厂沟南偏西 650 米。

周家坡 Zhōu jiā pō 155 人，木厂沟东南 1.1 公里。

【卜塘大队】 Bǔ táng dà duì 驻卜塘村，新塘集镇东南 8.8 公里。大队名称沿用，辖 8 个生产队，6 个自然村。200 户，962 人，耕地面积 1362 亩，其中水田 57 亩。主产玉米、薯类，特产生漆。

卜塘村 Bǔ táng cūn 187 人，大队驻地，新塘集镇东南 8.8 公里。村处雀儿台坎下，过去有个阴阳先生，信口念道“马尾套雀儿这个地方就叫扑堂好”，后讹传为卜塘。

商家塆 Shāng jiā wān 193 人，卜塘村南偏西 750 米。

秦家坪 Qín jiā píng 152 人，卜塘村南偏东 1.5 公里。

雀儿台 Què ér tái 144 人，卜塘村南偏东 2.25 公里。村处台地，原果树较多，故名。

花果台 Huā guǒ tái 138 人，卜塘村南偏东 2.7 公里。村处台地，原果树较多，故名。

蓼叶河 Liǎo yè hé 134 人，卜塘村东南 3.5 公里。此村处卜塘河北岸，蓼叶较多，故名。

青岩槽 Qīng yán cáo 10 人，卜塘村南偏东 4.1 公里。村处槽中，青岩较多，故名。

【茶园坪大队】 Chá yuán píng dà duì 驻茶园坪，新塘集镇西南 9.6 公里。原名红旗大队，1981 年 9 月 1 日更名茶园坪大队。辖 6 个生产队，5 个自然村。91 户，384 人。耕地面积 722 亩，其中水田 58 亩。主产玉米，茶叶、白肋烟。

茶园坪 Chá yuán píng 226 人，大队驻地，新塘集镇西南 9.6 公里。此地平坦，原山茶较多，故名。

清明田 Qīng míng tián 100 人，茶园坪东偏北 750 米。此村原有张姓孤人，临死时说谁今后继承我的产业，须在清明节时给我烧香，故名。

古路坝 Gǔ lù bà 60 人，茶园坪西 1.6 公里。此村坝三面是悬岩，自古只有一条路可进村，故名。

院子 Yuàn zǐ 126 人，茶园坪西南 900 米。该村原有个四合院子，占地约 15 亩，故名。

周家塆 Zhōu jiā wān 90 人，茶园坪西南 1.9 公里。

【三角桩大队】 Sān jiǎo zhuāng dà duì 驻三角桩，新塘集镇东南5.3公里。原名健康大队，1981年9月1日更名为三角桩大队，辖6个生产队，7个自然村。133户，591人。耕地面积1791亩，其中水田20亩。主产玉米、薯类，特产白肋烟。

三角桩 Sān jiǎo zhuāng 10人，大队驻地，新塘集镇东南5.3公里。该村有3个大山包，呈三角形，故名。

白岩 Bái yán 100人，三角桩东北600米。该村有壁岩呈白色，故名。

易家坡 Yì jiā pō 80人，三角桩东北1.4公里。

火烧坡 Huǒ shāo pō 118人，三角桩西偏北1.1公里。此坡茅草甚多，每年要放火开荒，故名。

绿映凼 Lǜ yìng dàng 173人，三角桩西南1公里。此地原是块窝地，四季有水，远看呈绿色，故名。

干槽塆 Gān cáo wān 119人，三角桩东南550米，此村地势狭窄，有一很深的山槽无水，故名。

岩洞塆 Yán dòng wān 100人，三角桩西南1.4公里。此山塆内有个岩洞，故名。

【大古龙大队】 Dà gǔ lóng dà duì 驻大古龙，新塘集镇南偏西5.7公里。原名新生大队，1981年9月1日按驻地名更名为大古龙大队。辖7个生产队，7个自然村。209户，985人。耕地面积1815亩，其中水田606亩。主产水稻、玉米、薯类，特产白肋烟。

大古龙 Dà gǔ lóng 45人，大队驻地，新塘集镇南偏西5.7公里。传说此地的水田是一条蛇成精后从山上滚下来而成的，故称大滚龙，人们惯称大古龙。

下坝 Xià bà 162人，大古龙西北1.2公里。村处山岩下的田坝中，故名。

岩壳 Yán ké 145人，大古龙西700米，此地石头多露头，故名。

安家台 An jiā tái 147人，大古龙西南800米。

香车沟 Xiāng chē gōu 78人，大古龙东南1.5公里。村处山沟，人们原在此磨过香，故名。

石板溪 Shí bǎn xī 180人，大古龙东南2.2公里。村旁有块大岩板，长年有水流过，故名。

田家屋场 Tián jiā wū chǎng 132人。大古龙东南2.6公里。

【干沟大队】 Gān gōu dà duì 驻干沟，新塘集镇西南11.4公里。原名红旗大队，1981年9月1日更名为干沟大队。辖5个生产队，5个自然村。98户，455人。耕地面积873亩，其中水田70亩。主产玉米、薯类，特产白肋烟。

干沟 Gān gōu 113人，大队驻地，新塘集镇西南11.4公里，村处山沟旁，常年无水，故名。

三进口 Sān jìn kǒu 35人，干沟东北3.2公里。该村东、南、北3面环山，每个山峰之间各有条道路口子，故名。

何家坪 Hé jiā píng 141人，干沟东北2.5公里。

竹园角 Zhú yuán jiǎo 50人，干沟北偏西850米。村处岩山西南角，竹林较多，故名。

榨木坪 Zhà mù píng 127人，干沟东北1公里。村的周围原长有很多榨木刺，村边是块坪地，故名。

【北界大队】 Běi jiè dà duì 驻舒家台，新塘集镇西南8.2公里。原名幸福大队，1981年9月1日更名为北界大队。辖13个生产队，9个自然村。175户，808人。耕地面积2194亩，其中水田108亩。主产玉米、薯类，特产黄连。

舒家台 Shū jiā tái 113人，大队驻地，新塘集镇西南8.2公里。

麻叶山 Má yè shān 150人，舒家台

东北2.1公里。传说300年前该村有根葡萄树，约有1米多粗，当地人称麻叶树，故名。

高家岭 Gāo jiā lǐng 30人，舒家台东北1.4公里。

榨坊坪 Zhà fáng píng 75人，舒家台东北1.6公里。此村坪原开过油榨坊，故名。

周家台 Zhōu jiā tái 125人，舒家台西北900米。

安家槽 An jiā cáo 80人，舒家台东偏南1.8公里。

梓树坪 Zǐ shù píng 105人，舒家台东偏南1.1公里。该村梓树多，故名。

高楼垭 Gāo lóu yà 133人，舒家台东南550米。村处山垭，有栋高楼房，故名。

北界 Běi jiè 40人，舒家台西南700米。村处北山界，故名。

【果梨塃大队】 Guǒ lí tǎng dà duì 驻果梨塃。新塘集镇西南9.3公里。原名幸福大队，1981年9月1日更名为果梨塃大队。辖5个生产队，5个自然村。98户，427人。耕地面积1133亩，其中水田57亩。主产玉米、薯类，特产黄连、白肋烟。

果梨塃 Guǒ lí tǎng 90人，大队驻地，新塘集镇西南9.3公里。该塃果木、梨树多，故名。

燕儿塆 Yàn ér wān 80人，果梨塃东北250米。此塆燕子多，故名。

大锣门 Dà luó mén 70人，果梨塃西南1.6公里。该村地形象扇大门，中间有块圆田似锣，故名。

慈竹园 Cí zhú yuán 129人，果梨塃南偏西1.6公里。此村慈竹较多，故名。

蒋家塃 Jiǎng jiā tǎng 118人，果梨塃东南2.4公里。

【迎宾村大队】 Yíng bīn cūn dà duì 驻迎宾村。新塘集镇西南13公里。原名青山大队，1981年9月1日更名为迎宾村大队。辖10个生产队，11个自然村。1075人。耕地面积2591亩，主产玉米、薯类，特产白肋烟。

迎宾村 Yíng bīn cūn 90人，新塘集镇西南13公里。最早是姓谭的来此居住，后人户逐渐增多，先来者欢迎后来者，故名。

江家塆 Jiāng jiā wān 114人，迎宾村东北3.6公里。

刘家台 Liú jiā tái 50人，迎宾村北2.3公里。

何家包 Hé jiā bāo 148人，迎宾村北偏西2.1公里。

谭家坪 Tán jiā píng 107人，迎宾村西北1.9公里。

黄石板 Huáng shí bǎn 90人，迎宾村东北1.7公里。该村有块约5亩面积的黄石板，故名。

响水洞 Xiǎng shuǐ dòng 35人，迎宾村东偏北1.75公里。该村有个洞，洞内流水声响，故名。

方家坪 Fāng jiā píng 12人，迎宾村西偏北1.3公里。

枫香坪 Fēng xiāng píng 168人，迎宾村东北700米。该村坪枫香树多，故名。

白马岭 Bái mǎ lǐng 90人，迎宾村西偏北600米。据说该村山岭上有匹白马吃麦子，故名。

三家田 Sān jiā tián 106人，迎宾村东偏北1公里。原此村的田归3家所有，故名。

二坡 Er pō 50人，迎宾村东偏北2.2公里。该村是缓坡，中间有一坪，故名二坡。

【青龙垭大队】 Qīng lóng yā dà duì 驻青龙垭，新塘集镇南偏西9.6公里。原名新农大队，1981年9月1日更名为青龙垭大队。辖 11 个生产队，14 个自然村。310 户，1324 人。耕地面积 3297 亩，其中水田 769 亩。主产玉米、薯类、水稻，特产黄连、白肋烟。

青龙垭 Qīng lóng yā 55 人，大队驻地，新塘集镇南偏西 9.6 公里。很早有一阴阳先生到此村看地，说此垭有青龙风神，脉气好，故名。

朱家包 Zhū jiā bāo 106 人，青龙垭北偏东 2.9 公里。

小溪 Xiǎo xī 90 人，青龙垭北 2.2 公里。村内有条小溪沟，故名。

中塆 Zhōng wān 131 人，青龙垭西北 2.6 公里。村处七里湾、下田家塆中间，故名。

大干溪 Dà gān xī 121 人，青龙垭东北 2.5 公里。村中有条干沟，故名。

贾家坪 Jiǎ jiā píng 117 人，青龙垭西北 1.6 公里。

八丘水 Bā qiū shuǐ 164 人，青龙垭东北 1.4 公里。该村在解放前只有 8 丘田，故名。

徐家坪 Xú jiā píng 60 人，青龙垭西偏北 2 公里。

前坪 Qián píng 60 人，青龙垭西偏北 1.6 公里。该村前有块约 3 华里长的大坪，故名。

杨士桥 Yáng shì qiáo 10 人，青龙垭西偏北 2.3 公里。过去有一位名叫杨士的老人在此修建有石桥，故名。

碓盔岩 Duì kuī yán 103 人，青龙垭东 1.6 公里。该村有块青石墩，似碓窝，故名。

姚家坪 Yáo jiā píng 129 人，青龙垭西偏南 1.3 公里。

后坪 Hòu píng 70 人，青龙垭南偏西 750 米。该村有块坪坝，位于前坪的后面，故名。

黄家塆 Huáng jiā wān 40 人，青龙垭西南 1.4 公里。

前坪 Qián píng （片村），青龙垭西北，包括前坪、姚家坪、黄家塆、贾家坪，该片村呈一长方形，以前坪自然村命名。

【新田坪大队】 Xīn tián píng dà duì 驻新田坪，新塘集镇西南 12.7 公里。原名新林大队。1981 年 9 月 1 日更名为新田坪大队。辖 9 个生产队，10 个自然村。235 户，1117 人。耕地面积 2802 亩，其中水田 746 亩。主产玉米，水稻，特产白肋烟。

新田坪 Xīn tián píng 80 人，大队驻地，新塘集镇西南 12.7 公里。该村是新开垦的一坪田，故名。

岩洞坪 Yán dòng píng 115 人，新田坪东北 1.8 公里。该村地势平坦，西坡上有一石灰岩洞，故名。

卓家坪 Zhuó jiā píng 111 人，新田坪东北 1.3 公里。

许家坪 Xǔ jiā píng 189 人，新田坪北 650 米。

小区 Xiǎo qū 107 人，新田坪东北 1.9 公里。解放初该村设过区政府，因范围小，故名。

陈家坪 Chén jiā píng 122 人，新田坪西北 350 米。

新田垭 Xīn tián yā 122 人，新田坪西 1.2 公里。村处山垭，田均是新开垦的，故名。

小朵云 Xiǎo duǒ yún 100 人，新田坪西南 900 米。人们闲聊时看见上空有朵云彩，认为是上帝安排的，取名小朵云。

康家坡 Kāng jiā pō 30 人，新田坪西南 1.1 公里。

上阳和坪 Shàng yáng hé píng 80 人，新田坪西南 1.7 公里处。此坪日照时间长，较暖和，故名。

【茶盘大队】 Chá pán dà duì 驻茶盘，新塘集镇西南 15 公里。原名绿水大队，1981 年 9 月 1 日更各为茶盘大队，辖 10 个生产队，5个自然村。180户，877人。耕地面积1479亩，其中水田413亩。主产玉米、薯类，特产桐子、木梓。

茶盘 Chá pán 194人，大队驻地，新塘集镇西南15公里。该村地形似茶盘，故名。

板门盖 Bǎn mén gài 40人，茶盘东北1.3公里。村南有壁悬岩，象两扇门，上面岩石遮天，故名。

放牛场 Fàng niú chǎng 40人，茶盘东北700米。此山原是放牛场，故名。

下坝河 Xià bà hé 215人，茶盘西南1公里。有条小河从村坝穿过，故名。

高落坝 Gāo luò bà 189人，茶盘西南1.8公里。传说该村发生过地震，地面下陷80米，故名。

大块 Dà kuài 90人，茶盘西南2.2公里。该村有块15亩的田，故名。

【椿木槽大队】 Chūn mù cáo dà duì 驻铁厂坝，新塘集镇西南12.6公里。原名椿木大队，1981年9月1日更名为椿木槽大队。辖10个生产队，13个自然村。266户，1335人。耕地面积3075亩，其中水田251亩。主产玉米、薯类，特产白肋烟、木梓。

铁厂坝 Tiě chǎng bà 189人，大队驻地，新塘集镇西南12.6公里。以前此村坝炼过铁，故名。

干沟塆 Gān gōu wān 80人，铁厂坝东北1.9公里。该村塆有条干沟，故名。

拱桥 Gǒng qiáo 109人，铁厂坝东北1.4公里。该村东北面有座石拱桥，故名。

坂槽塆 Bǎn cáo wān 175人，铁厂坝东1.2公里。村处山塆，旱田多，故名。

杉树坪 Shā shù píng 50人，铁厂坝东偏南2公里。此坪原长有很多杉树，故名。

青岩坪 Qīng yán píng 101人，铁厂坝东偏南3公里。本村青岩多，故名。

岔洞子 Chà dòng zǐ 30人，铁厂坝东南1.5公里。此村有煤矿，巷道多，故名。

上椿木槽 Shàng chūn mù cáo 70人，铁厂坝南1.35公里。村处山槽的上端，椿树较多，故名。

养姑坝 Yáng gū bà 209人，铁厂坝西南1.8公里。早年为一谭氏的养女陪嫁田，故名。

青岩塆 Qīng yán wān 80人，铁厂坝东南2.2公里。此村塆因青岩多，故名。

中椿木槽 Zhōng chūn mù cáo 126人，铁厂坝南偏西1.9公里。长槽的中部，椿树多，故名。

下椿木槽 Xià chūn mù cáo 137人，铁厂坝西南2.3公里。村处长槽的下端，椿树多，故名。

倒走云 Dǎo zǒu yún 40人，铁厂坝南偏东2.2公里。该村有条小河，天上的云倒映在水中移动，故名。

椿木槽 Chūn mù cáo （片村），铁厂坝西南，包括上椿木槽、中椿木槽、下椿木槽3个自然村，该槽长约3公里，且椿树多，故名。

【横背山大队】 Héng bèi shān dà duì 驻横背山，新塘集镇西南16.1公里。原名绿水大队，1981年9月1日更名为横背山大队。辖7个生产队，8个自然村。152户，690人。耕地面积1173亩，其中水田315亩。主产玉米、水稻、薯类，特产桐、木梓。

横背山 Héng bèi shān 170人，大队驻地，新塘集镇西南16.1公里。有座山横卧在该村的背后，故名。

二台塆 Er tái wān 50人，横背山北方1.4公里。该山塆向南延伸有2个台阶，故名。

麻布台 Má bù tái 90人，横背山北

方300米。村处平台，原纺麻织布，故名。

下阳和坪 Xià yáng hé píng 20人，横背山东偏北1.4公里。该村日照时间长，在上阳和坪下方，故名。

兔儿坪 Tù ér píng 175人，横背山东偏南1.8公里。此村原是荒山，野兔多，故名。

寨坪 Zhài píng 122人，横背山南偏东1.8公里。红军在此坪建过寨子，故名。

大水田 Dà shuǐ tián 116人，横背山东南1.1公里。该村有块大水田，故名。

新塘公社大坪硫磺厂 Xīn táng gōng shè dà píng liú huáng chǎng 新塘集镇西南3.75公里。1977年建成，驻大坪，职工38人，年产硫磺150吨。

新塘公社大古龙水泥厂 Xīn táng gōng shè dà gǔ lóng shuǐ ní chǎng 新塘集镇南6公里。1979年建成，驻大古龙，故名。职工22人。

新塘公社高中 Xīn táng gōng shè gāo zhōng 新塘集镇东北900米。1956年建校，名恩施县第三中学，1981年改为新塘公社高中，教职41人，设有8个高中班，2个初中班。

(上接第274页)

二、因汉江和汉江支流得名

汉江是长江的第一支流。因汉江支流，故名的有竹溪、均县、襄阳、潜江、枣阳、沔阳、汉川、汉阳等8县。

竹溪县，据《明史·地理志》："南有竹溪河"。《竹溪县志》："竹溪因城西五里竹溪河得名"。明万历《湖广总志·郧阳·山水》："竹溪河县西五里，源发鸡山"。竹溪河为堵河支流，堵河为汉江支流。均县，据《均县县志》：均县由均水得名。《汉书·地理志》："丹水东来，折入钧"。注云"钧亦水名、与均同"。均水从河南浙川县流入均县境，与丹江合，至均口(即丹江口)注入汉江。襄阳县，据《汉书·地理志》应劭注：因县在襄水之阳故名。明万历《湖广总志·襄阳·山水》："襄水，县西北五里，源出柳子山，北流为檀溪，南流为襄水"。据实地调查，襄水即襄阳城南的襄渠，已湮没。潜江县，因县东汉水支流在地下潜流得名。据《潜江县志》："汉水自石城北三十里分流为芦洑河，经县东南复入于汉，故名潜江"。沔阳县，得名于沔水(即汉水)，《元和郡县志》："沔水在县南八十步"。后县城移建在沔水南。汉川县，由于汉水通过县境得名。据《汉川县志》："北周置甑山县，唐贞观元年(627)改称汉川县，宋建隆元年(960)改为义川县，宋太平兴国二年(977)因避赵匡胤讳，又以县城位于汉水之滨，改名汉川县。"据《明史·地理志》："汉水自汉川县流入，旧经太别山南襄河口入江"。汉阳县，据明《汉阳府志》谓汉水在明代中叶以前，在龟山南麓注入长江，县城位于汉水北面，因称汉阳；一说汉阳取义于左传："汉阳诸姬，楚实尽之"，以"汉阳"为美称，因而命名。

三、因湖堰得名

湖北因湖堰得名的有四县一市，即云梦、洪湖、蒲圻、黄陂4县和十堰市。

云梦为古大泽名，西汉文学家司马相如在《子虚赋》中，形容云梦泽"方九百里，跨江南北”，云梦县因县境云梦泽得名。《读史方舆纪要》：“云梦泽在县治南六十步，今湮”。蒲圻县，据《太平寰宇记》：“吴黄武二年于沙羡县置蒲圻县，在兢江口，因湖以称”。康熙《湖广通志·山川》：“蒲圻湖即西梁湖，以湖多生蒲草，吴置蒲圻县于侧。”《读史方舆纪要》（卷七十六）：“蒲圻湖在县西北七十里，一名西梁湖，源出咸宁县峻水岭，流合诸溪潭水而成湖，下流由金口入江，多生蒲苇，吴以名县”。洪湖县，1951 年由沔阳、监利、嘉鱼、汉阳等县析置。境内多湖，洪湖最大，因以湖名县。黄陂县，据《黄陂县志》载，“汉末刘表据荆州，命黄祖筑石阳城，又名黄城。北齐以石阳镇改置黄陂县，以境内多大陂，合黄城和大陂各取一字，命名为黄陂。”万历《湖广总志·黄州·沿革》：“北齐置巴州，以州境多大陂，置黄陂县。”康熙《湖广通志·山川》：“大坡山在黄陂县东北三十三里，溉田百亩”。十堰市为省辖市，解放后新建，据考原为郧县两个乡，清代分置十堰堡。堡北有牛头山，为百二河发源地，北流入汉江。居民利用百二河拦水筑堰，共有头、二、三、四、五、六六个堰；另外还有四个堰。在头堰附近设了一个管理水利的机构，驻地名为十堰，意在标示管理范围。解放后，设十堰市，为汽车制造业中心，有第二汽车城之称。

四、因山得名

用山命名的县比较多，但取义各有不同。

(1) 因境内山名命名

湖北省以山命名的有 9 个县和 1 个林区。即兴山、应山、京山、天门、大悟、石首、英山、崇阳、阳新和神农架林区。

兴山县，三国吴置（公元 260 年）。据《兴山县志》：“环邑皆山，兴起于群山之中故名兴山”。应山县，以城东三里有应山得名。据《读史方舆纪要》：“应台山在县治东南，亦曰应山，县因以名。其形方平，亦曰印台”。应山又名应台山、印台山。“印讹为“应”，后称应山。京山县，据《隋书·地理志》：“旧日新阳，西魏改为角陵，大业初改曰京山”。据《太平寰宇记》：因界内京山为名。又据《京山县志》：京山县因城东十里有京源山得名。京源山一名京山。天门县，据《天门县志》：因天门山得名。天门县城西有天门山，原名火门山，据传东汉刘秀曾举火夜渡此山，因名火门山，后因俗忌火字，改称天门山，天门县因之得名。万历《湖广总志·承天·山川》：天门山，景陵县西北六十里。唐陆羽传：“负书于火门山，从邹夫子学”，即指此山。石首县，据《明史·地理志》：“自荆江而下至石首县，始有山突出，为江流之砥柱，名石首山”“宋时，县治面临大江，江中有石首山，县因以得名。”大悟县，原名礼山县。礼山县以礼山关（即今武胜关）得名。解放后，改名大悟县，以县境大悟山得名。明嘉靖《黄陂县志》：“大悟山，上有大悟寺，昔悟山和尚悟道于此。”英山县，因英山得名。据清《英山县志》：“英山为英邑之冠，县以此得名”。崇阳县境内多山，属幕阜山脉《读史方舆纪要》谓：“诸山崇聚，故县有崇阳之名”。阳新属幕阜山区，据光绪《阳新县志卷一、沿革》：“旧志云，孙权自公安徙鄂，更鄂曰武昌，析鄂已南境，置阳新县。又据《兴国州志》：“因境内阳新山得名。”神农架林区，现划为县级行政单位，因境内大小神农架山得名。大神农架山高 3052 米，是鄂西山地最高点。

（下转第 304 页）

红 土 公 社 概 况

HONG TU GONG SHE GAI KUANG

红土公社位于恩施县城东部，俗称东乡，其驻地红土溪集镇西距县城 42 公里，该公社与建始县凤凰、景阳、官店公社交界，南与石窑公社毗邻。西与新塘公社以马尾沟为界，北与沙地公社隔清江相望。全社总面积约 122.86 平方公里。耕地面积 45901 亩，其中水田 4750 亩，旱地 41151 亩。辖 6 个管理区，33 个大队，254 个生产队，186 个自然村，6619 户，总人口 28713 人，其中农业人口 27600 人，土家族占 67.12%。

红土公社解放前隶属恩施县第二区为红土乡，解放初为恩施县第六区，1958 年为红土公社、1962 年恢复为红土区，1975 年撤区并社时将红土区分为红土、石窑 2 个公社，并将卜塘大队划归新塘公社。

该社地处崇山峻岭之中，峰峦起伏，沟壑纵横，地势由西南向东北逐渐倾斜至清江为一面坡的地形，最高点在南端阴坡垭海拔 1760 米，最低点在东北端绵羊口海拔 262 米。由于高、低山相对高差大，故气候的垂直变化大，其气候特点是“风大雨多，不怕干旱，雾大雪多，气候寒冷，冬长无夏，春秋相连”。而清江沿岸气候温和，四季分明。公社境内有较大河流四条，清江流经赵村等 6 个大队至绵羊口出境，长约 10 公里，此外有马尾沟、伍家河、阮家河，全长 25 公里。利用丰富的水利资源，建起了蓄水 205 万立方米的湖坪水库，伍家河上建有发电量为 410 千瓦的水电站。

红土公社的经济以农业为主，粮食生产以玉米、薯类为主，其次有水稻、小麦等。1981年粮食总产量为1708万斤，总收入达296.28万元。多年来在发展粮食生产的同时，积极发展多种经营。荒山野岭，栽种了杉木、马尾松、华山松以及油桐树、乌桕、漆树，建立了用材林经济林基地，马弓坝的复叶长漆，漆质好，产量高，列为全国优良生漆之一。另外下茶坡的橘子、柚子远近闻名。而平锦一带养蚕历史悠久，有“锦丝”之称，年产蚕丝50担。

红土公社具有光荣的革命斗争历史，1929年至1933年期间，贺龙同志率领工农红军到此开展革命活动，组织农会，打土豪，分田地。使红土成为湘鄂西革命根据地之一。1933年4月8日成立了区苏维埃政府。解放后，在红土溪集镇以西200米处的山头上，建立了“红军烈士纪念碑”。1981年经县委同意，在集镇北800米的范家乡又重建“红军烈士纪念碑”，以示对先烈们的深切怀念。

解放后，红土公社的交通、文教、卫生事业发展较快。过去，由于山大人稀、地势险要，交通闭塞，境内只有崎岖小路，进出口物资全靠肩挑背驮。1978年修通了恩施至石窑公路，改善了交通不便的落后状况，恩施至红土溪集镇每日有1班客车来往。通车里程已达38公里。

随着集体经济的发展壮大，农用机械逐渐增多，现有农用汽车2辆，还有中小型拖拉机及各种加工机械。公社办有高中1所、中小学18所，教职员工349人，在校学生6300人，适龄儿童入学率达95%以上。广播放大站、文化站，电影放映队经常开展活动，大大活跃了群众文化生活。公社设有卫生院1所，卫生站36个，医务人员114人，提高了防病治病能力。

公社驻地红土溪，四周青山环抱，一条小溪沿街中缓缓流过，街道房屋沿溪边而建，居住有1440人，公社机关、供销社各门市部、邮电所、财税所、医院、学校等楼房与木质结构的居民房交错而立。此集镇因处恩施、鹤峰，建始三县边陲，故集镇贸易颇为兴隆，每逢农历一、四、七赶集，附近乡民和新塘、双河、石窑及邻县农民均来此赶集，竞相交换各自的农副产品，购买生产生活物资，市场活跃，物资丰富，是东乡首屈一指的闹集。

红土公社行政区划、居民点名称

红土溪集镇 Hóng tǔ xī jí zhèn 位于恩施县城东42公里，坐落在山谷平坝之中，形如盆地，居住1440人，土家族占很大比例。

红土溪旧称回水溪，因溪水回流集镇中街而得名。又因赶场的人先要在街头横过溪水后才能进街，故又名横渡溪。随着时间的推移，人们逐渐喊成其谐音红土溪。

解放前为恩施县第二区红土乡驻地，1938年只有60户人家，逢单日赶集。解放初为恩施县第二区驻地，1952年至1964年11月为红土镇，属第六区辖，1975年撤区并社时将红土区分为红土、石窑2个公社，红土溪仍为红土公社驻地。

红土溪集镇地处恩施、建始、鹤峰三县边陲。历来就是3县边界人民向往的集贸闹市。集镇面积约150亩，有两条平行的街道，呈南北走向，长约150米，宽约5米，街面房屋毗邻相接，老式的木房与新建的公社机关，供销社、缝纫社等砖石结构的楼房错落间杂。农历一、四、七赶集，人们竞相交换各种农副土特产品。下茶坡的桔子，刀龙的柚子，个大味美，远近闻名。

红土溪地处3县交界之地，在军事上也具有重要的地理位置。1929年至1933年，贺龙同志曾率领工农红军在这里打土豪、分田地，在战斗中击毙了赵金轩、黄在元、朱继忠等反动头目25人，并于1933年4月8日成立了区苏维埃政府，使红土溪成为湘鄂西革命根据地之一。为了纪念革命前辈，解放后在集镇西200米处的高地上修建了红军烈士纪念碑，高10米，碑顶有石雕红五星，碑体坐西向东，其东面镌刻有“红军烈士纪念碑”7个金色大字和纪念碑文。1981年经县人民政府批准，在集镇北800米处又兴建烈士陵园。

红土溪远离县城，过去交通不便，运输困难。1978年恩(施)—红(土)公路建成通车，改变了交通落后状况，加强了城乡物资交流。乘客车可直达红土溪。

【红土溪大队】 Hóng tǔ xī dà duì 驻红土溪集镇。原名红星大队，1981年9月1日按驻地名更名为红土溪大队。辖9个生产队，5个自然村，306户，1243人。耕地面积1492亩，其中水田13亩。主产玉米、薯类，特产白肋烟、生漆。

罗家乡 Luó jiā xiāng 140人，红土溪西北500米。

围水垱 Wéi shuǐ tǎng 140人，红土溪西南1公里。村处垱地，常积水，故名。

万家塆 Wàn jiā wān 40人，红土溪南0.5公里。

岩口子 Yán kǒu zǐ 70人，红土溪南750米。村处山岩口，故名。

椅子坪 Yǐ zǐ píng 130人，红土溪西南1.2公里。村处坪地，地形似椅子，故名。

【桑园大队】 Sāng yuán dà duì 驻枫树包，位于红土溪集镇北8.4公里。原名前丰大队，1981年1月分队仍取名桑园大队。辖9个生产队，5个自然村，811人。耕地面积1118亩，其中水田159亩。主产玉米、薯类，特产白肋烟、桐、木梓、当归。

枫树包 Fēng shù bāo 90人，位于红土溪北8.4公里。村处山包，有棵大枫树，故名。

田家坪 Tián jiā píng 90人，枫树包西北600米。

桑园 Sāng yuán 100人，枫树包西

南 150 米。村中桑树成片，故名。

茶漆埫 Chá qī tǎng 80 人，枫树包东南 250 米。村处埫地，有 3 条岔路，人称岔梯埫，后惯称茶漆埫。

下村 Xià cūn 163 人，枫树包西南 600 米，村处桑园下，故名。

【前塘大队】 Qián táng dà duì 驻前塘，位于红土溪东北 8.3 公里。原名桑园大队，1981 年 1 月分队仍名前塘大队。辖 9 个生产队，4 个自然村，169 户，730 人。耕地面积 1239 亩，其中水田 250 亩。主产玉米、薯类，特产白肋烟、桐、木梓。

前塘 Qián táng 123 人，大队驻地，位于红土溪东北 8.3 公里。村处水塘前，故名。

回龙观 Huí lóng guàn 60 人，前塘北 800 米。村中原有一庙，名回龙观，村名沿用。

大坝 Dà bà 60 人，前塘北 0.5 公里。村处大坪坝，故名。

楠木塆 Nán mù wān 317 人，前塘东北 400 米。村处山塆，楠木树多，故名。

二磴 Er dèng （片村），位于红土溪东北，面积约 2.5 平方公里。村处台地，故名。

【稻池大队】 Dào chí dà duì 驻石拱埫，位于红土溪北 7.3 公里。原名乐园大队，1981 年 9 月 1 日更名为稻池大队。辖 10 个生产队，6 个自然村，940 人。耕地面积 1554 亩，其中水田 472 亩。主产玉米、水稻，特产白肋烟、木梓。

石拱埫 Shí gǒng tǎng 152 人，大队驻地，红土溪北 7.3 公里。村处埫地，有座石拱桥，故名。

下插坡 Xià chā pō 100 人，石拱埫西北 1.1 公里。村处坡地，向下延伸，故名。

蓼叶墩 Liǎo yè dūn 60 人，石拱埫西 800 米。村处土墩上，蓼叶多，故名。

草坝 Cǎo bà 180 人，石拱埫东南 800 米。村处坝地，茅草多，故名。

稻池 Dào chí 474 人，石拱埫南偏西 700 米。村中水源充分，盛产水稻，故名。

杨家营 Yáng jiā yíng 190 人，石拱淌南偏西 1.1 公里。村中杨姓集居，故名。

【后塘大队】 Hòu táng dà duì 驻花园，红土溪东北 7 公里。原名东风大队，1981 年 9 月 1 日按地名更名为后塘大队。辖 9 个生产队，4 个自然村，329 户，1439 人。耕地面积 2054 亩，其中水田 545 亩。主产玉米、水稻，特产白肋烟、木梓。

花园 Huā yuán 178 人，大队驻地，位于红土溪东北 7 公里。村中早年有一大花园，故名。

后塘 Hòu táng 35 人，花园北偏西 800 米。村居水塘后，故名。

堰塘塆 Yàn táng wān 176 人，花园西南 800 米。村处山塆，有一堰塘，故名。

彭家塆 Péng jiā wān 141 人，花园南 900 米。

后塘坝 Hòu táng bà （片村），红土溪东北 7 公里。面积约 2 平方公里。

【石板场大队】 Shí bǎn chǎng dà duì 驻石板场，红土溪西北 6.1 公里。原名新华大队，1981 年 9 月 1 日按地名更名为石板场大队。辖 12 个生产队，10 个自然村，277 户，1277 人。耕地面积 2093 亩，其中水田 394 亩。主产玉米、薯类、水稻，特产白肋烟、木梓。

石板场 Shí bǎn chǎng 96 人，大队驻地，红土溪西北 6.1 公里。村周山体为页岩，可盖房，故名。

新渡坝 Xīn dù bà 100 人，石板场

北 1.7 公里。村处河坝，新开有渡口，故名。

牛路口 Niú lù kǒu 110 人，石板场东 1.2 公里。村处山口，牲畜经此去牧场，故名。

漆家岭 Qī jiā lǐng 90 人，石板场北偏西 1 公里。

黄家塆 Huáng jiā wān 75 人，石板场西北 750 米。

庙堂包 Miào táng bāo 60 人，石板场北 300 米。村中土包上原建有一庙，故名。

天井塃 Tiān jǐng tǎng 120 人，石板场东北 750 米。村中塃地有一天井屋，故名。

严家遍 Yán jiā biàn 50 人，石板场东南 2 公里。

徐家遍 Xú jiā biàn 70 人，石板场南偏东 1.5 公里。

陈家槽 Chén jiā cáo 100 人，石板场东南 2.2 公里。

【杉树塃农科站】 Shān shù tǎng nóng kē zhàn 驻杉树塃，红土溪北偏东 5.5 公里。原名红土公社农科站，1981 年 9 月 1 日按地名更名为杉树塃农科站。辖 2 个生产队，1 个自然村，87 户，331 人。耕地面积 542 亩，其中水田 174 亩。主产玉米、水稻，特产白肋烟。

杉树塃 Shā shù tǎng 194 人，农科站驻地，红土溪北偏东 5.5 公里。村处塃地，杉树多，故名。

【金塘水大队】 Jīn táng shuǐ dà duì 驻金塘水，红土溪北偏西 5.5 公里。原名五爱大队，1981 年 9 月 1 日按地名更名为金塘水大队。辖 10 个生产队，7 个自然村，1011 人。耕地面积 1667 亩，其中水田 367 亩。主产玉米、水稻，特产白肋烟、生漆。

金塘水 Jīn táng shuǐ 90 人，大队驻地，红土溪北偏西 5.5 公里。村中有一大水塘，供全村吃水灌溉，四季不干，人称金塘，故名。

花栎山 Huā lì shān 70 人，金塘水西北 1.7 公里。村周山上长满花栎树，故名。

李家塆 Lǐ jiā wān 80 人，金塘水北偏东 1 公里。

堂塆 Táng wān 90 人，金塘水西北 500 米。村处山塆，有段地形似大堂，故名。

保长房 Bǎo zhǎng fáng 80 人，金塘水东南 1.2 公里。解放前此村有几人当过保长，故名。

庙塆 Miào wān 130 人，金塘水东南 1.1 公里。村处山塆，原有一庙，故名。

水田坝 Shuǐ tián bà 130 人，金塘水西南 600 米。村处大坝，水田多，故名。

【下米托大队】 Xià mǐ tuō dà duì 驻小塆，红土溪东北 5.9 公里。原名永丰大队，1981 年 9 月 1 日按地名更名为下米托大队。辖 5 个生产队，5 个自然村，156 户，726 人。耕地面积 1209 亩，其中水田 33 亩。主产玉米、薯类，特产白肋烟、木梓。

小塆 Xiǎo wān 80 人，大队驻地，红土溪东北 5.9 公里。村处小山塆，故名。

堰塃 Yàn tǎng 120 人，小塆北偏西 1.3 公里。村处塃地，有一堰塘，故名。

草坪 Cǎo píng 90 人，小塆北 600 米。村处坪地，杂草多，故名。

大塆 Dà wān 120 人，小塆东北 500 米。村处大山塆，故名。

马家坪 Mǎ jiā píng 130 人，小塆南 400 米。

下米托 Xià mǐ tuō 小塆西北 1.5 公里。包括小塆、大塆、草坪、堰塃、马家坪自然村，面积 2 平方公里。村内盛产大米，方言“下米多”，后惯称下米托。

【乌鸦大队】 Wū yā dà duì 驻乌鸦坝，红土溪西北 5.75 公里。原名新农大队，

1981年9月1日按地名更名为乌鸦大队。辖10个生产队，6个自然村，324户，1311人。耕地面积2281亩，其中水田254亩。主产玉米、薯类、水稻，特产白肋烟、木梓。

乌鸦坝 Wū yā bà 149人，大队驻地，位于红土溪西北5.75公里。村处大坝，相传有对金乌鸦，故名。

熊家岩 Xióng jiā yán 30人，乌鸦坝西北1.2公里。

四合垱 Sì hé tǎng 149人，乌鸦坝北偏东1公里。村处垱地，形似四合院，故名。

柳家包 Liǔ jiā bāo 130人，乌鸦坝西北1.1公旦。

周家垱 Zhōu jiā tǎng 140人，乌鸦坝北600米。

鸡公水 Jī gǒng shuǐ 120人，乌鸦坝东南500米。相传：有位妇女背着一只公鸡去送粥礼，在此地喝水时，公鸡一下钻进了出水洞。后只听公鸡叫声，不见鸡出，故名。

乌鸦坝 Wū yā bà （片村），红土溪西北，包括整个乌鸦坝大队。

【峁子山大队】 Mǎo zǐ shān dà duì 驻峁子山，红土溪东北4.1公里。原名红卫大队，1981年9月1日按地名更名峁子山大队。辖5个生产队，3个自然村，158户，727人。耕地面积1079亩，其中水田110亩。主产玉米、薯类、水稻，特产白肋烟。

峁子山 Mǎo zǐ shān 360人，大队驻地，红土溪东北4.7公里。村处山峁上，故名。

幺房 Yāo fáng 172人，峁子山西北500米。村中早有谭家老幺住此，故名。

漂水岩 Piāo shuǐ yán 200人，峁子山东偏北1公里。村东南有一瀑布，水流到此一漂而过，故名。

【赵家塆大队】 Zhào jiā wān dà duì 驻赵家塆，红土溪东北6.5公里。原名金星大队，1981年9月1日按地名更名为赵家塆大队。辖9个生产队，5个自然村，263户，1174人。耕地面积1246亩，其中水田230亩。主产玉米、薯类、水稻，特产白肋烟，木梓。

赵家塆 Zhào jiā wān 416人，大队驻地，红土溪东北6.5公里。

老洼荒 Lǎo wā huāng 420人，赵家塆西北1.2公里。村处洼地，原一片荒草，故名。

夜蒿树垱 Yè hāo shù tǎng 130人，赵家塆北偏西700米。村处垱地，原有棵大夜蒿树，故名。

碑塆 Bēi wān 300人，赵家塆东南900米。村处山塆，有一石碑，故名。

油榨房 Yóu zhà fáng 120人，赵家塆东南1.3公里。村中办过油榨房，故名。

金龙坝 Jīn lóng bà （片村），红土溪东北6.5公里。包括5个自然村。村处坝地，形似鸡笼，名鸡笼坝，后惯称金龙坝。

【望月垱大队】 Wàng yuè tǎng dà duì 驻枞林，红土溪北偏西3.9公里。原名四新大队，1981年9月1日按地名更名为望月垱大队。辖4个生产队，6个自然村，138户，617人。耕地面积1258亩，其中水田101亩。主产玉米、薯类，特产白肋烟。

枞林 Cóng lín 70人，大队驻地，红土溪北偏西3.9公里。村中枞树成林成片，故名。

祝家梁子 Zhù jiā liáng zǐ 70人，枞林西北750米。

望月垱 Wàng yuè tǎng 70人，枞林东南1.2公里。村处窝垱，远望似月亮，故名。

龙潭 Lóng tán 80人，枞林南500

米。村中有一水潭，相传有条巨龙，故名。

军寨包 Jūn zhài bāo 60人，枞林南1.1公里，村处山包，贺龙同志曾率领红军在此扎过营寨，故名。

沙子岭 Shā zǐ lǐng 80人，枞林东南1.5公里。村处岭上，沙石子多，故名。

【赵村大队】 Zhào cūn dà duì 驻毛坝埫，红土溪西北6.2公里。原名新村大队，1981年9月1日按地名更名为赵村大队。辖10个生产队，9个自然村，1150人。耕地面积1928亩，其中水田132亩。主产玉米、薯类，特产白肋烟、木梓。

毛坝埫 Máo bà tǎng 190人，大队驻地，红土溪西北6.2公里。村处埫地，土质好，令人羡慕，故称慕坝埫，群众惯称毛坝埫。

矿场坡 Kuàng chǎng pō 120人，毛坝埫北偏东1.4公里。村处坡地，矿子石(石灰石)多，故名。

窑塘塆 Yáo táng wān 120人，毛坝埫东北1.4公里。村处山塆，有一堰塘，开办过瓦窑场，故名。

黄家埫 Huáng jiā tǎng 120人，毛坝埫西北1.3公里。

江家塆 Jiāng jiā wān 160人，毛坝埫北900米。

瓦场 Wǎ chǎng 140人，毛坝埫东南700米。村中办过瓦场，故名。

李家塆 Lǐ jiā wān 90人，毛坝埫东南600米。

李家包 Lǐ jiā bāo 170人，毛坝埫东南1.2公里。

中村 Zhōng cūn 90人，毛坝埫东南1.6公里。村居赵家村中间地，故名。

赵家村 Zhào jiā cūn 片村，总面积2.5平方公里。包括赵村大队9个自然村。

【老村大队】 Lǎo cūn dà duì 驻土地堂，红土溪东北5.4公里。原名长青大队，1981年9月1日按地名更名为老村大队。辖10个生产队，5个自然村，232户，943人。耕地面积1290亩，其中水田191亩。主产玉米、薯类，特产白肋烟、当归。

土地堂 Tǔ dì táng 115人，大队驻地，红土溪东北5.4公里。村中原有一土地庙，故名。

老村 Lǎo cūn 230人，土地堂西北750米。此村历史最长，故名。

桑叶埫 Sāng yè tǎng 110人，土地堂西南800米。村处埫地，桑树多，故名。

马伏山 Mǎ fú shān 50人，土地堂南偏西1.1公里。村中有座山，形如马俯卧之状，故名。

余家槽 Yú jiā cáo 80人，土地堂南偏西1.7公里。

【陶家岭大队】 Táo jiā lǐng dà duì 驻陶家岭，红土溪西北4.3公里。原名新农大队，1981年9月1日按地名更名为陶家岭大队。辖8个生产队，8个自然村，218户，859人，耕地面积1390亩，其中水田127亩。主产玉米、薯类，特产白肋烟。

陶家岭 Táo jiā lǐng 80人，红土溪西北4.3公里。

大坡 Dà pō 210人，陶家岭东北500米。村处大坡地，故名。

黑石包 Hēi shí bāo 146人，陶家岭西南600米。村处山包，土壤呈黑色，故名。

杨家窝坑 Yáng jiā wō kēng 100人，陶家岭东南1.2公里。

刀子埫 Dāo zǐ tǎng 60人，陶家岭西南800米。村处埫地，相传有个武秀才在此练过刀枪，故名。

五垱坪 Wǔ dàng píng 125人，陶家岭东南1公里。村处坪地，筑有5垱小土堤，故名。

吴家塆 Wú jiā wān 60人，陶家岭东南1公里。

横槽 Héng cáo 120人，陶家岭东南1.8公里。村处槽地，横向，故名。

【核桃树坪大队】 Hé tao shù píng dà duì 驻拴虎坪，红土溪东北3.4公里。原名红武大队，1981年9月1日按地名更名为核桃树坪大队。辖8个生产队，6个自然村，170户，694人。耕地面积1247亩，其中水田107亩。主产玉米、薯类，特产白肋烟、生漆。

拴虎坪 Shuān hǔ píng 110人，大队驻地，红土溪东北3.4公里。村处坪地，相传有个猎人曾在此拴住了一只老虎，故名。

上米托 Shàng mǐ tuō 70人，拴虎坪东北800米。村居下米托上，故名。

核桃坪 Hé tao píng 80人，拴虎坪东北1.1公里。村处坪地，原有几棵大核桃树，故名。

肖家坪 Xiāo jiā píng 100人，拴虎坪西900米。

瓦场沟 Wǎ chǎng gōu 190人，拴虎坪西南400米。村处山沟，原办过瓦场，故名。

菜子塆 Cài zǐ wān 70人，拴虎坪西南900米。村处山塆，油菜子多，故名。

【帅家垭大队】 Shuài jiā yā dà duì 驻帅家垭，红土溪西北1.8公里。原名五星大队，1981年9月1日按地名更名为帅家垭大队。辖7个生产队，5个自然村，235户，967人。耕地面积1731亩，其中水田71亩。主产玉米、薯类，特产白肋烟、生漆。

帅家垭 Shuài jiā yā 200人，大队驻地，红土溪西北1.8公里。

碑垭 Bēi yā 180人，帅家垭西北1.9公里。村处垭口，原立有石碑，故名。

朱家窝坑 Zhū jiā wō kēng 帅家垭西北1公里。

砂子栈 Shā zǐ zhàn 210人，帅家垭西800米。村中砂子石多，有一小草坝，赶集人常在此休息，故名。

范家乡 Fàn jiā xiāng 90人，帅家垭南偏东1公里。

【茅田大队】 Máo tián dà duì 驻凉水井，红土溪东北1.9公里。原名前进大队，1981年9月1日按地名更名为茅田大队。辖10个生产队，4个自然村，206户，981人。耕地面积1837亩，其中水田110亩。主产玉米、薯类，特产白肋烟、生漆。

凉水井 Liáng shuǐ jǐng 140人，大队驻地，红土溪北1.9公里。村中有个凉水井，故名。

争三塆 Zhēng sān wān 310人，凉水井西北1.2公里。村处3个山塆汇合处，解放前，黄、李2姓相争此地，故名。

阮家坪 Ruǎn jiā píng 110人，凉水井东偏南800米。

河沟塆 Hé gōu wān 150人，凉水井东南1.7公里。村处山塆，靠河沟，故名。

茅田 Máo tián （片村），红土溪东北1.9公里。包括凉水井、茅田、阮家坪3个自然村。村中田头路边，多生茅草，故名。

【郭家坝大队】 Guō jiā bà dà duì 驻梅子坪，红土溪西北5.3公里。原名齐心大队，1981年9月1日按地名更名为郭家坝大队。辖3个生产队，4个自然村，605人。耕地面积830亩，其中水田163亩。主产玉米、薯类，特产白肋烟、柑桔。

梅子坪 Méi zǐ píng 110人，红土溪西北5.3公里。村处坪地，原有棵大梅子树，故名。

周家坪 Zhōu jiā píng 120人，梅子坪西北1公里。

大坝 Dà bà 120人，梅子坪西北600米。村处大坪坝，故名。

郭家坝 Guō jiā bà 180人，梅子坪东南1.2公里。

【八斗田大队】 Bā dǒu tián dà duì 驻鸡公梁子，红土溪东北3.6公里。原名同心大队，1981年9月1日按地名更名为八斗田大队。辖7个生产队，7个自然村，134户，595人。耕地面积1275亩，其中水田51亩。主产玉米、薯类，特产白肋烟、生漆，出煤。

鸡公梁子 Jī gōng liáng zǐ 60人，大队驻地，红土溪东北3.6公里。村处山梁，相传半夜常有鸡公叫，故名。

铁厂岭 Tiě chǎng lǐng 120人，鸡公梁子西北1.1公里。村处岭上，原办过铁厂，故名。

八斗田 Bā dòu tián 160人，鸡公梁子东1.1公里。村中有块田，一季可收8斗粮，故名。

汪家桥 Wāng jiā qiáo 70人，鸡公梁子西南500米。村中由汪家出钱修建有一木桥，故名口

曾家塆 Céng jiā wān 90人，鸡公梁子东南800米。

漆木垱 Qī mù tǎng 80人，鸡公梁子南900米。村处垱地，漆树多，故名。

王家塆 Wáng jiā wān 70人，鸡公梁子东南1.6公里。

【笋子垱大队】 Sǔn zǐ tǎng dà duì 驻黄家垭，红土溪西南2.3公里。原名联红大队，1981年9月1日按地名更名为笋子垱大队。辖10个生产队，9个自然村，193户，831人，耕地面积3067亩，其中水田12亩。主产玉米、薯类，特产白肋烟。

黄家垭 Huáng jiā yā 50人，红土溪西南2.3公里。

吴家垭 Wú jiā yā 130人，黄家垭西北750米。

磨盘寨 Mò pán zhài 40人，黄家垭西北500米。村处山包，形似磨盘，故名。

朱家岭 Zhū jiā lǐng 85人，黄家垭东北400米。

朱家塆 Zhū jiā wān 40人，黄家垭南偏西800米。

傅家屋场 Fù jiā wū chǎng 90人，黄家垭南偏东1.2公里。

金竹园 Jīn zhú yuán 80人，黄家垭东南1.6公里。村中金竹茂密，故名。

穿拐垱 Chuān guǎi tǎng 100人，黄家垭西南1.8公里。村处垱地，在几座山相夹转拐处穿过，故名。

笋子垱 Sǔn zǐ tǎng 120人，黄家垭南偏东1.7公里。村处垱地，相传：原生长1棵一尺多粗的竹笋，故名。

【老塆冲大队】 Lǎo wān chōng dà duì 驻路铺子，红土溪西北3.3公里。原名红阳大队，1981年9月1日按地名更名为老塆冲大队。辖8个生产队，5个自然村，136户，600人。耕地面积1801亩。主产玉米、薯类，特产白肋烟。

路铺子 Lù pù zǐ 140人，大队驻地，红土溪西北3.3公里。村处大道边，开过店铺，故名。

石笋坪 Shí sǔn píng 80人，路铺子西南500米。村处坪地，有一高约5米的石笋，故名。

老塆冲 Lǎo wān chōng 130人，路铺子东1.5公里。村处长约10里地的悬岩相峙山塆中，故名。

周家村 Zhōu jiā cūn 100人，路铺子东南550米。

狮子口 Shī zǐ kǒu 130人，路铺子东南550米。村处山口，有一岩石形似狮子，故名。

【白果坪大队】 Bái guǒ píng dà duì 驻魏家垱，红土溪东北1.5公里。原名红三大队，1981年9月1日按地名更名为白果坪大队。辖7个生产队，7个自然村，169户，730人。耕地面积1409亩。主产玉米、薯类，特产白肋烟。

魏家埫 Wèi jiā tǎng 100人，大队驻地，红土溪东北1.5公里。

小垭门 Xiǎo yā mén 100人，魏家埫东北600米。村处山垭，原村前有2棵大柳树，柳枝交织，远看似门，故名。

大垭门 Dà yā mén 136人，魏家埫西北550米。村处垭口，地形比小垭门大，故名。

杨家台 Yáng jiā tái 40人，魏家埫西偏北1公里。

朱家塆 Zhū jiā wān 100人，魏家埫南500米。

白果坪 Bái guǒ píng 160人，魏家埫西南1.2公里。村处坪地，长有1棵大白果树，故名。

八角庙 Bā jiǎo miào 70人，魏家埫西南1.7公里。村中原修有八角庙，故名。

【天落水大队】 Tiān luò shuǐ dà duì 驻天落水，红土溪西偏南4.6公里。原名团结大队，1981年9月1日按地名更名为天落水大队。辖10个生产队，7个自然村，992人。耕地面积1650亩，其中水田277亩。主产玉米、薯类，特产白肋烟、木梓。

天落水 Tiān luò shuǐ 120人，大队驻地，红土溪西偏南4.6公里。村中有个独立的岩石，顶上有个水凼，水长年不干，似如天上落下，人称天落水，故名。

杨家岭 Yáng jiā lǐng 20人，天落水西北800米。

李家坡 Lǐ jiā pō 20人，天落水西北750米。

谭家村 Tán jiā cūn 140人，天落水东北300米。

马家塆 Mǎ jiā wān 100人，天落水西南1公里。

覃家塆 Qín jiā wān 40人，天落水西南1.2公里。

纸厂 Zhǐ chǎng 140人，天落水南偏西1.6公里。村中原办过纸厂，故名。

【铁厂大队】 Tiě chǎng dà duì 驻铁厂坝，红土溪西偏南3.9公里。原名经丰大队，1981年9月1日按地名更名为铁厂大队。辖8个生产队，3个自然村，213户，876人。耕地面积1345亩，其中水田314亩。主产玉米、薯类、水稻，特产白肋烟、生漆。

铁厂坝 Tiě chǎng bà 530人，大队驻地，红土溪西偏南3.9公里。村处坪坝，原办过铁厂，故名。

姚家坪 Yáo jiā píng 120人，铁厂坝东北400米。

郑家包 Zhèng jiā bāo 210人，铁厂坝西南1.2公里。

【鱼塘坪大队】 Yú táng píng dà duì 驻阳坡，红土溪东南2.6公里。原名红霞大队，1981年9月1日按地名更名为鱼塘坪大队。辖8个生产队，7个自然村，146户，679人。耕地面积1296亩，其中水田51亩。主产玉米、薯类，特产白肋烟、生漆。

阳坡 Yáng pō 80人，红土溪东南2.6公里。村处坡地，向阳，故名。

上鱼塘 Shàng yú táng 90人，阳坡东北1公里。村处鱼塘坪上，故名。

杨家岭 Yáng jiā lǐng 90人，阳坡东北1.5公里。

鱼塘坪 Yú táng píng 130人，阳坡东偏北500米。村处坪地，有个大鱼塘，故名。

漂水 Piāo shuǐ 30人，阳坡东1.6公里。村北有一瀑布，水流到此一漂而过，故名。

刘家垭 Liú jiā yā 30人，阳坡南偏东600米。

黄家台 Huáng jiā tái 100人，阳坡南偏西800米。

【董家河大队】 Dǒng jiā hé dà duì 驻黄家台，红土溪西南5.8公里。原名一心大队，1981年9月1日按地名更名为董家河大队。辖6个生产队，8个自然村，162户，684人。耕地面积1012亩，其中水田157亩。主产玉米、薯类，特产自肋烟、生漆。

黄家台 Huáng jiā tái 50人，大队驻地，红土溪西南5.8公里。

董家河 Dǒng jiā hé 20人，黄家台西700米。

庙岭 Miào lǐng 20人，黄家台西南700米。村处岭上，建过庙，故名。

祝家坡 Zhù jiā pō 104人，黄家台东南500米。

梅子坡 Méi zǐ pō 60人，黄家台西南1公里。村处坡地，梅子树多，故名。

小茶园 Xiǎo chá yuán 120人，黄家台南2.5公里。村中茶树成林，故名。

大茶园 Dà chá yuán 150人，黄家台南偏东3.2公里。村中茶树茶园多，故名。

马弓坝 Mǎ gǒng bà 70人，黄家台东南3. 8公里。村处坪坝，马尾沟河东侧，形似拉开的弓，故名拉弓坝，后惯称马弓坝。

【三汊溪大队】 Sān chà xī dà duì 驻三汊溪，红土溪东南1.75公里。原名红旗大队，1981年9月1日按地名更名为三汊溪大队。辖9个生产队，7个自然村，958人。耕地面积1944亩。主产玉米、薯类，特产白肋烟。

三汊溪 Sān chà xī 150人，大队驻地，红土溪东南1.75公里。村处3条小溪汇合处，故名。

下后坝 Xià hòu bà 200人，三汊溪西南500米。村处坝地，三汊溪下，故名。

上后坝 Shàng hòu bà 40人，三汊溪西南1公里。村处坝地，三汊溪上，故名。

李家坪 Lǐ jiā píng 70人，三汊溪东南800米。

扇子塆 Shàn zǐ wān 80人，三汊溪南偏东800米。村处山塆，扇形，故名。

大岩圈 Dà yán quān 160人，三汊溪西南1.6公里。村处岩壳围地，人户集居，故名。

鹰咀岩 Yīng zuǐ yán 70人，三汊溪南偏西1.3公里。村中有一岩石形似鹰咀，故名。

【湖坪大队】 Hú píng dà duì 驻纸棚沟，红土溪东南2.6公里。原名红湖大队，1981年9月1日更名为湖坪大队。辖7个生产队，8个自然村，183户，795人。耕地面积1336亩。主产玉米、薯类，特产白肋烟、生漆。

纸棚沟 Zhǐ péng gōu 130人，大队驻地，红土溪东南2.6公里。村处山沟办过纸厂，房屋均为茅草棚，故名。

笋塃 Sǔn tǎng 110人，纸棚沟东北2.75公里。村处塃地，有个大石笋，故名。

尹家坪 Yǐn jiā píng 160人，纸棚沟东北1.9公里。

烂泥池 Làn ní chí 110人，纸棚沟北偏东1.5公里。村中有个烂泥池，故名。

连三坡 Lián sān pō 10人，纸棚沟西北1.2公里。村东有3个大坡相连，故名。

沙家塆 Shā jiā wān 30人，纸棚沟西北900米。

马家垭 Mǎ jiā yā 95人，纸棚沟南偏西1.1公里。

金家塆 Jīn jiā wān 30人，纸棚沟西南1.9公里。

【龙洞塆大队】 Lóng dòng wān dà duì 主驻车路塆，红土溪西南3.9公里。原名红光大队，1981年9月1日按地名更名为龙洞塆大队。辖4个生产队，3个自然村，109户，494人。耕地面积960亩。主产玉米，薯类，特产白肋烟。

车路塆 Chē lù wān 120人，大队

驻地，红土溪西南3.9公里。村处山塆，有两条大路可通马车，故名。

血柏树 Xuè bǎi shù 130人，车路塆西北900米。村处岭上，相传有根柏树，砍伐后树桩流了3年血，故名。

龙洞塆 Lóng dòng wān 130人，车路塆北偏西500米。村塆中有一洞，相传洞中有条巨龙，故名。

【把持大队】 Bǎ chí dà duì 驻把持，红土溪西南5.3公里。原名红岩大队，1981年元月分队，按地名取名把持大队。辖7个生产队，4个自然村，100户，482人。耕地面积1001亩，其中水田12亩。主产玉米、薯类，特产白肋烟。

把持 Bǎ chí 200人，红土溪西南5.3公里，解放前，村中土地好，人们怕外人抢去，随时派人把守，后惯称为把持。

三十六塆 Sān shí liù wān 50人，把持西北1.4公里。村处山塆，且塆多，故名。

胡家台 Hú jiā tái 130人，把持东北1.5公里。

汪家河 Wāng jiā hé 30人，把持西南600米。

【阴坡大队】 Yīn pō dà duì 驻阴坡垭，红土溪西南6公里。原名红岩大队，1981年元月分队，按地名取名阴坡大队。辖4个生产队，3个自然村，41户，211人。耕地面积521亩，主产玉米、薯类，特产白肋烟。

阴坡垭 Yīn pō yā 120人，大队驻地，红土溪西南6公里。村处垭口，蔽阴，故名。

下阴坡 Xià yīn pō 55人，阴坡垭东北1.8公里。村处阴坡垭下，故名。

冬竹坪 Dōng zhú píng 50人，阴坡垭西南900米。村处坪地，盛产冬竹，故名。

红土公社拖拉机站 Hóng tǔ gōng shè tuō lā jī zhàn 红土溪集镇北500米。1976年成立，职工7人，中型拖拉机2台，汽车2辆。

红土公社高中 Hóng tǔ gōng shè gāo zhōng 红土溪东北2.5公里。1971年建校，教职工36人，设有8个班。

（上接第 290 页）

（2）因山峰特征得名

山峰形态不同，各有特点，往往因其形似命为县名。湖北省以山峰特征命名的有鹤峰、来凤、房县、荆门、五峰、黄冈等6县。

鹤峰县，属鄂西南山区，县城位于山间盆地之中，清雍正十三年(1735)改土归流，置鹤峰县。据清《鹤峰县志》："以城后诸山奇特，如鹤飞翔，而名。"当时有名张亮基者，在所写《望鹤堂序》中，有"城后诸峰，卓绝奇特，峥嵘嶙峋，奔来眼底，悠然有逸鹤游空之势，奇观哉!州之得名，其以此欤!"来凤县，因县境有山，其形如凤得名。据《来凤县志·山川志》载："翔凤山，县东三里，山势耸拔，如凤舒翼，故名。"解放后为来凤土家族自治县。房县，由县境房山得名。据《房山县志》："县西房山，有石室似房，因以为名。"荆门县，唐贞观年间置。因荆门山得名。荆门山在州南五里，其西又有虎牙山。《读史方舆纪要》谓"二山本在宜都县，因州名传讹"。据《荆门直隶州志·山川》："荆门山，在州南五里，东西两山对峙如门故名"。张拭云："峰峦对峙，上开下合，厥状如门，正谓此也"。与宜都荆门山，名同而地异。山形相似，异地同名，例子是很多的。五峰县，据《五峰县志》："城东二里，有五峰，挺拔高峻，因而得名。"黄冈县，天柱山从安徽西延，到黄冈县内，降为低丘，据万历《湖广总志·黄州·山水》："黄冈山，土黄色，县名亦因之。脉发天柱。"

（3）因山地植物得名

有些山地，往往有一种优势植物，从而成为所在地的县名。湖北省有两个县由此得名：一为竹山县，据《竹山县志》："县北一百里有黄竹岭，山上竹呈黄色，因称竹山县。"《太平寰宇记》："黄竹山在县东一百里"。一为黄梅县，《隋书·地理志》："有黄梅山。"《读史方舆纪要》："黄梅山在县西十里，山多黄梅，隋以此名县。"

（4）因山和县城的相互位置而得名

这种类型的县名有二：一为巴东县，据《续汉书·郡国志补注》："建安六年，刘绰分马，以永甯为巴东郡，以垫江为巴西郡。隋初废巴东郡，改卿县为巴东县。县原不属巴东郡，而亦在巴地之东也。"谓县之得名，因在巴地之东。而据《巴东县志》则谓"巴东县位于巴山之东，巴山曲折如巴字因名巴东。"一为当阳县，县治在荆山之南，取山南为阳之义，称当阳；据《当阳县志·沿革》："当阳建治，始于西汉景帝中元年间从江陵分出，单独设县，以加强中央，削弱诸侯。"取《左传》"天子当阳，诸侯用命"之义。

（下转第 354 页）

白果公社概况

BAI GUO GONG SHE GAI KUANG

白果公社位于恩施县城以西，东邻红庙公社，南与芭蕉、盛家坝公社接壤，西与利川毛坝、元堡公社交界，北与利川团堡公社，恩施锣针公社相连。公社驻地白果坝。

白果公社所辖9个管理区，35个大队，1个林场，265个生产队，264个自然村，总面积335.25平方公里，其中耕地面积56072亩（水曰11612亩，旱地44460亩），宜林面积321716亩，已绿化216328亩。全社共有6059户，28074人，其中农业人口26960人。为汉、土家、苗、侗族杂居，其中土家族占44.9%，苗族123人，侗族911人。

解放前，白果公社隶属于恩施县第三区（芭蕉区）管辖，包括金华、见天两个乡。解放初又划归恩施县第五区（芭蕉区）和第十三区（桅杆堡）管辖。1953年土改复查后，改名白果区，辖22个乡。1958年取名为红星人民公社，驻地仍在白果坝。1961年恢复区社制，仍为白果区。1975年撤区并社时，以其驻地命名白果公社。

白果公社地处山区，东西走向的南北山峦起伏重叠，蜿蜒曲伸，山麓之间构成的狭谷槽坝，贯穿东西，延伸32公里，南北最宽处27公里，平均宽为12.5公里，形成带状。在公社的中部，南北走向的山岳溪大山横卧，将整个公社折为两段，上段在两河口以西，山高谷深，坡陡路险，地势西高东低，最高点油竹坪大队的二台坪，海拔

1813 米，下段在龙潭坝以东，山势缓减，槽坝甚多，地势西北高，东南低，最低点桑树坝大队的三岔口，海拔 580 米。

公社境内地质构造大多为石灰岩，少数为红砂岩、页岩。东北部茅坝槽和西北部油竹坪以及山岳溪一带，平均海拔在 1200 米以上，属高山地区，面积达 137.1 平方公里，占全社总面积的 40.8%，而东南部的罗家坳、桑树坝等地地势低，面积 25.05 平方公里，属低山地区，占全社总面积的 7.5%。其余属二高山地区，面积 173.05 平方公里，占全社总面积的 51.7%。

由于受地形、海拔和森林覆盖状况等因素的影响，气候差异大。低山气侯温和，无霜期长，年平均气温为 16.4℃；高山气候寒冷，无霜期短，年平均气温在 7.8℃；二高山气候温凉湿润，冬长夏短。年平均气温 12.8℃。最冷月(1 月)平均温度 1℃～-1℃；最热月(7月)平均温度 23.5℃，有霜期 139 天，霜期常出现在 11 月上旬至翌年 4 月下旬。年降雨量为 1247 毫米，5～9 月降雨量最大。

白果公社地域辽阔，沟壑众多，水力资源较为丰富。境内有 3 条小溪，一名拓林溪，发源于螃蟹阡大队和金龙大队的大鱼泉，约 0.7 立方米/秒的流量，流经金龙坝、流横塘 2 个大队，境内长约 3 公里，然后流入盛家坝公社境内；一名两河，发源于水田大队马鬃岭以北，经过利川清水洞后在桂花桥与见天坝小河汇合，在两河大队锈水塘入洞，至坞池坝大队马家塆出洞，流至锣针公社境内汇入清江，流量 0.5 立方米／秒，是恩施地区车坝一级水库水源之一，长约 10 公里；另一名凉桥河，发源于鹿山大队冯家台山麓，长约 6 公里，流量 0.7 立方米／秒，流经鹿山，肖家坪 2 个大队后入朱砂溪。其他溪河泉水无计其数。解放后，人们充分利用水力资源，修建水库、电站，灌溉农田。1979 年建成的岸云水库，库容达 100 万立方米，正在修建的柳家沟水库，库容为 40 万立方米。公社现有发电站 4 座，发电量达 312 千瓦，全社有 8 个大队及社直机关的加工照明用上了电。

白果公社以农业为主，并积极发展林业和其他多种经济。1981 年全社粮食总产达 2313 万斤，全社总收入为 400.63 万元。

白果公社水源充分，土壤疏松肥沃，气候条件好，发展林业有得天独厚的自然条件，适应各种针阔叶树的生长，即杉木、马尾松、水杉、柳杉、华山松以及泡桐、椿树、梓树。还适宜漆树、油桐树等经济林木的生长。白果公社森林资源较为丰富，现用材林面积达 108532 亩，蓄积量为 269480 立方米。加上经济林、薪炭林，四旁植树，总蓄积量达 303599 立方米。每年可向国家交售木材 2000 多个立方米。解放以来，该社人民大力植树造林绿化荒山，成绩显著，于 1957 年得到国务院林业部奖励。现在见天坝街头的金钱松，流横塘大队阳寨岭上的 10 余株高达 35 米的古杉树，已列为国家重点保护优良树种。

白果公社是“毛坝漆”的产区之一，毛坝漆的色泽，气味、分厘、丝头、燥性等方面都有其独特的性能，群众流传这样一首歌谣称赞它的质量更好:“坝漆清如油，照见人影头。摇起虎斑色，提起钓鱼钩，生漆分离高，涂用燥性好。畅销国内外，盛名传全球”。现年产达 130 余担。白果公社的名贵药材有黄连、贝母、党参、天麻等。1979 年黄连产量达 1363 斤，贝母为 1575 斤，党参 635 斤，土特产品有木耳 1278 斤，香菌 1741 斤，还有茶叶、油桐籽、木梓、棕片、五棓子等。有硫磺、铁、铜、煤等地下资源。

随着生产的发展，生产力逐步得到提高，现全社各种动力机械达 1646 马力，有大小汽车 9 辆，中型拖拉机 7 台，手扶拖拉机 13 台，电动机 48 台，各种动力机械配套设备不断完善。社办企业有缝纫社、电站、拖拉机站、林场、药材场等，1979 年年产值达到 15 万元，占全社总收入的5%。

白果公社坚持山、水、林、田、路综合治理，除恩(施)—万(县)公路自东向西贯穿全境外，新修简易公路6条，全长约22公里，使全社大部分大队通了车。

白果公社文教、卫生事业方面发展较快，解放初期只有4所小学(其中高小3所，在校学生300余人，教职工15人)，现全社有学校60所，其中有14所小学附设有初中班。高中1所。全程教职工总数达353人(民办教师192人)。中小学在校学生达6700人，是解放初期22.3倍。卫生事业同样有较大的发展，解放初期全社只有1个诊所，2名医生。现已发展到有1所医疗设备较为完善的公社医院，有住院病床35张。见天坝有分院，25个大队设有医务室，国家集体医务人员67人，比解放前增长33.5倍。

公社驻地白果坝集镇，是白果公社政治、经济、文化的中心，集镇街道长约1公里，集镇中心是公社管委机关，东头分设有百货商店、旅社、银行、邮电所；镇西设有粮管所、书店、综合厂；集镇人口1060人，其中非农业人口560人，集贸市场置于街中心，每逢农历二、五，八为场期，集市上常见的有大米、玉米；猪羊牛肉；活鸡鲜蛋、蔬菜、茶叶、生漆、木炭、木制成品、竹器具等物资。此外集镇中心有一座可容观众800余人的电影院。今日的白果坝交通方便，市场繁荣，文化生活丰富多采。

白果公社行政区划、居民点名称

白果坝集镇 Bái guǒ bà jí zhèn 位于恩施县城西,恩(施)—万(县)公路19.5公里，海拔784米。

相传此坝中原长有一棵大白果树(银杏)，故得名白果坝。

解放前属于恩施县第三区管辖，名金华乡，1938年时居住有30多户人家，有一东西走向的小街，长约300米，宽3米，泥石路面，房屋均为石基木柱，木板组装，一般高约6～7米，青瓦屋面，飞檐出水，条石板铺成街沿，具有山村小镇的特色。街上设有饭铺、客栈、布店、盐摊，四川、河南客商，常来此贩卖食盐，购买骡马，买卖交易，颇具规模。解放后，白果坝集镇一直是区、乡政府及公社驻地，集镇面貌也焕然一新。在旧街的东西两头，一栋栋楼房平地而起，形成了新的街道。新老街连接成一个整体，全长约1公里，镇区面积达0.4平方公里。

现集镇人口1060人，其中非农业人口560人，集市贸易设置于镇中心，每逢农历二、五、八为场期，人们相互交换大米、玉米、茶叶、烟叶、竹木制品，有名气的“毛坝漆”，以及猪羊牛肉等农副产品。

白果坝集镇靠北坡山麓，公社管委机关位于镇中心;镇东头分设有百货商店、旅社、银行、邮电所等单位;镇西设有粮管所、书店、综合厂等。镇的西南面，有白果中小学及高中校园，镇东公路旁的林业站，卫生院相对而立。北坡山腰中建有发电量为250千瓦的发电站，使公社各机关附近生产队的加工照明都用上了电，为活跃群众文化生活，镇中心建有可容800人的电影院。

【白果坝大队】 bái guǒ bà dà duì 148户，567人，驻白果坝集镇。1958年成立白果大队，1981年9月1日改名为白果坝大队。辖5个生产队，4个自然村，耕地面积624亩，其中水田59亩。主产玉米、马铃薯。

核桃树 Hé táo shù 18人，位于白果坝西偏南500米。村中原有棵大核桃树，故名。

关口 Guān kǒu 20人，白果坝西偏南1.2公里。

邓家塆 Dèng jiā wān 50人，白果坝南600米。

母狮沟 Mǔ shī gōu 60人，白果坝南1.25公里。村处山沟，形似狮子，故名。

【天蒜园大队】 Tiān suàn yuán dà duì 95户，431人，驻天蒜园，位于白果坝集镇东北6.7公里。原名三元大队，1981年9月1日按驻地名更名为天蒜园大队。辖8个生产队，5个自然村，耕地面积1559亩。主产玉米、马铃薯，特产白肋烟、茶叶。

天蒜园 Tiān suàn yuán 68人，大队驻地，位于白果坝集镇东北6.7公里。村处山包，长有一种野蒜，可食用，人们称为天蒜，故名。

小包坪 Xiǎo bāo píng 10人，天蒜园北偏西800米。村处山包脚的坪地上，故名。

鹿池塘 Lù chí táng 30人，天蒜园东北1.2公里。村中原有两个池塘，相传野鹿常在此喝水，故名。

黑塆 Hēi wān 30人，天蒜园西南1.75公里。村处山塆，蔽荫，故名。

天池塘 Tiān chí táng 20人，天蒜园西南3公里。相传，村中原有一山洞，名天福洞。洞前有水塘，故名天池塘。

【茅坝槽大队】 Máo bà cáo dà duì 65户，326人，驻十字路，位于白果坝集镇北偏东4.5公里。原名光芒大队，1981年9月1日按地片名更名为茅坝槽大队。辖4个生产队，4个自然村，耕地面积1333亩。主产玉米、马铃薯，特产黄连、贝母。

十字路 Shí zì lù 40人，大队驻地，位于白果坝集镇北偏东4.5公里。村处十字路口，故名。

下茅坝槽 Xià máo bà cáo 30人，十字路东北3公里。村处茅坝槽下，故名。

岩洞包 Yán dòng bāo 30人，十字路东北1.5公里。村处山包，有一岩洞，故名。

上茅坝 Shàng máo bà 20人，十字路东北800米。村处茅坝槽上，故名。

【竹园大队】 Zhú yuán dà duì 178户，808人，驻五石坪，位于白果坝集镇东北7公里。1958年成立人民公社时取名竹园大队。辖9个生产队，9个自然村，耕地面积2072亩，其中水田12亩。主产玉米、马铃薯，特产生漆、桐油、花生。

五石坪 Wǔ dàn píng 20人，大队驻地，位于白果坝集镇东北7公里。村处坪地，每年收5石包谷，故名。

陈家村 Chén jiā cūn 23人，五石坪东北2公里。

宋家塆 Sòng jiā wān 24人，五石坪北1.35公里。

竹园坪 Zhú yuán píng 80人，五石坪东北1.25公里。村中坪地，竹林茂密，故名。

漆树垱 Qī shù tǎng 45人，五石坪西北500米。村处垱地，漆树多，故名。

小竹蓼 Xiǎo zhú liǎo 20人，五石坪西偏南1公里。村中蓼竹丛生，故名。

谢家塆 Xiè jiā wān 20人，五石坪西偏南1.9公里。

土地槽 Tǔ dì cáo 30人，五石坪西南2公里。村处槽地，故名。

柿子坪 Shì zǐ píng 45人，五石坪西南2.5公里。村处坪地，柿子树多，故名。

【雨笼大队】 Yǔ lǒng dà duì 497人，驻李家老屋，位于白果坝集镇北2.7公里。原名光辉大队，1981年9月1日按地片名更名为雨笼大队。辖6个生产队，8个自然村，耕地面积1834亩。主产玉米、马铃薯，特产黄连、贝母。

李家老屋 Lǐ jiā lǎo wū 45人，大队驻地，位于白果坝集镇北2.7公里。

曾家坪 Zēng jiā píng 44人，李家老屋北1.5公里。

陈家坪 Chén jiā píng 60人，李家老屋西1.5公里。

汪家槽 Wāng jiā cáo 20人，李家老屋西偏南2公里。

崔家坡 Cuī jiā pō 20人，李家老屋西南1.25公里。

淹水塘 Yān shuǐ táng 20人，李家老屋西偏南2.7公里。村处垱地，常遭水淹，故名。

石门坎 Shí mén kǎn 30人，李家老屋西南2.25公里。村中有块岩石形似门坎，故名。

董家塆 Dǒng jiā wān 20人，李家老屋西南2.75公里。

雨笼坝 Yǔ lǒng bà （片村），白果坝集镇西北3.3公里。包括淹水垱、石门坎、汪家槽等5个自然村。该地在下雨前，常被雨雾笼罩，故名。

【桑树坝大队】 Sāng shù bà dà duì 169户，803人，驻三岔口，位于白果坝集镇东偏北5公里。原名和平大队，1981年9月1日按地片名更名为桑树坝大队。辖5个生产队，9个自然村，耕地面积1566亩，其中水田580亩。主产玉米、马铃薯，特产生漆、桐油、花生。

三岔口 Sān chà kǒu 60人，大队驻地，位于白果坝集镇东偏北5公里。村处三岔路口，故名。

冉家槽 Rǎn jiā cáo 70人，三岔口东偏北2.3公里。

麻栎坡 Má lì pō 30人，三岔口东1.85公里。村处坡地，麻栎树多，故名。

瞎摸池 Xiā mō chí 30人，三岔口东偏南1公里。村中有口水池，原此地森林茂密，树大蔽日，人进去只能摸着出来，故名。

桑树坝 Sāng shù bà 70人，三岔口西南1.25公里。村处坝地，原生长有成片大桑树，故名。

童家瓮 Tóng jiā wèng 12人，三岔口东南2公里。

大瓮坪 Dà wèng píng 40人，三岔口东南1.5公里。村处坪地，村内有一天坑，形似大瓮坛，故名。

关泥坝 Guān ní bà 50人，三岔口南1.6公里。村处坪坝，下雨后泥沙淤积于此，故名。

李家村 Lǐ jiā cūn 40人，三岔口南2.4公里。

【下村大队】 Xià cūn dà duì 181户，661人，驻下村坝，位于白果坝集镇东偏北1.7公里。1959年取名下村大队。辖9个生产队，6个自然村，耕地面积988亩，其中水田340亩。主产玉米、马铃薯、水稻，特产生漆、茶叶，还产木材。

下村坝 Xià cūn bà 235人，大队驻地，位于白果坝集镇东偏北1.7公里。村处坪坝，位于白果坝下，故名。

二台坪 Er tái píng 20人，下村坝北1.4公里。

沙口驿 Shā kǒu yì 107人，下村坝北偏东1.25公里。相传，村有座山洞，有人在洞内铸造铜钱，因含砂重，其铜钱取名“沙壳”。“钇”为金属元素，故名“沙壳钇”，后惯称“沙口驿”。

水井塆 Shuǐ jǐng wān 110人，下村坝北620米。村处山塆，有口水井，故名。

桥头上 Qiáo tóu hàng 110人，下村坝北500米。村处桥头，故名。

骡子园 Luó zǐ yuán 30人，下村坝东南1.65公里。相传，村中地块原为两匹骡子换来的，故名。

【长鹰坝大队】 Cháng yīng bà dà duì 156户，661人，驻长鹰坝，白果坝集镇东偏南1.9公里。原为下村大队，1981年9月1日按驻地名更名长鹰坝大队。辖6个生产队，7个自然村，耕地面积1418亩，其中水田66亩。主产玉米、水稻，特产生漆。

长鹰坝 Cháng yīng bà 90人，大队驻地，位于白果坝集镇东偏南1.9公里。村处长槽坝中，地形似鹰，故名。

下坝 Xià bà 100人，长鹰坝北700米。此村位于长鹰坝下，故名。

刘家塆 Liú jiā wān 30人，长鹰坝西偏北750米。

赵家塆 Zhào jiā wān 50人，长鹰坝东北200米。

涂家坡 Tú jiā pō 20人，长鹰坝西偏南850米。

上坝 Shàng bà 40人，长鹰坝南偏东700米。村处坪坝，位于长鹰坝上方，故名。

刀背垄 Dāo bèi lǒng 30人，长鹰坝南偏西2公里。相传，有位老汉在此捡小谷时，跌了一跤，背篓倒了过来，故名“倒背篓”。后谐称“刀背垄”。

【茶庄大队】 Chá zhuāng dà duì 145户，696人，驻茶庄，位于白果坝集镇东偏南3.8公里。原名八一大队，1981年9月1日按驻地名更名为茶庄大队。辖9个生产队，1个自然村，耕地面积886亩，其中水田336亩。主产玉米、水稻，特产茶叶、生漆，还产木材。

茶庄 Chá zhuāng 60人，位于白果坝集镇东偏南3.8公里。村中盛产茶叶，故名。

【罗家坳大队】 Luó jiā ào dà duì 1683人，驻罗家坳，位于白果坝集镇东偏南5.3公里。原名明星大队，1981年9月1日按驻地名更名为罗家坳大队。辖11个生产队，11个自然村，耕地面积2480亩，其中水田955亩。主产玉米、水稻，还产木材。

罗家坳 Luó jiā ào 40人，大队驻地，位于白果坝集镇东偏南5.3公里。

许家塆 Xǔ jiā wān 100人，罗家坳东北2公里。

盆架村 Pén jiàcūn 64人，罗家坳东北2.25公里。村周几座小山，形似脸盆架，故名。

胡家塆 Hú jiā wān 30人，罗家坳东北850米。

二台坪 Er tái píng 30人，罗家坳东偏北1.5公里。

大垭口 Dà yà kǒu 20人，罗家坳东1公里。村处大山垭口，故名。

黄草坡 Huáng cǎo pō 30人，罗家坳东偏南700米。村处坡地，长满茅草，秋天时节一片枯黄，故名。

朱家村 Zhū jiā cūn 90人，罗家坳南1公里。

小村 Xiǎo cūn 50人，罗家坳南1.7公里。村中住户少，故名。

堰头溪 Yàn tóu xī 100人，罗家坳南偏东2.4公里。村处溪沟头，故名。

谭家塆 Tán jiā wān 100人，罗家坳南偏西2.5公里。

【吊脚楼大队】 Diào jiǎo lóu dà duì 101户，436人，驻北坡，位于白果坝集镇西偏南6.3公里。原名高峰大队，1981年9月1日按地片名更名为吊脚楼大队。辖6个生产队，7个自然村，耕地面积1205亩。主产玉米、马铃薯，特产生漆，还产木材。

北坡 Běi pō 30人，大队驻地，白果坝集镇西偏南6.3公里。村处北坡地，故名。

向家塆 Xiàng jiā wān 30人，北坡东北2.3公里。

半坡 Bàn pō 20人，北坡东偏北1.3公里。村处半坡，故名。

吊脚楼 Diào jiǎo lóu 10人，北坡北偏西650米。村中有栋吊脚木楼，故名。

汪家塆 Wāng jiā wān 20人，北坡西1.6公里。

一碗水 Yī wǎn shuǐ 40人，北坡西南1.25公里。村中有股出水，仅碗大水面，故名。

大塆 Dà wān 20人，位于北坡西南2公里。村处大山塆，故名。

【中塘大队】 Zhōng táng dà duì 172户，719人，驻白岩坝，位于白果坝集镇西16公里。1958年成立人民公社时取名中塘大队。辖11个生产队，7个自然村，耕地面积2584亩，其中水田38亩。主产玉米，特产黄连。

白岩坝 Bái yán bà 30人，大队驻地，位于白果坝集镇西16公里。村处槽坝，旁有一白色岩壁，故名。

钟家老屋 Zhōng jiā lǎo wū 40人，白岩坝东北3.5公里。

新房子 Xīn fáng zǐ 20人，白岩坝东北2.5公里。村中新建大量房屋，故名。

油竹坪 Yóu zhú píng 60人，白岩坝东北1.3公里。村处坪地，油竹多，故名。

小坝 Xiǎo bà 30人，白岩坝北200米。村处小坪坝，故名。

垭叉坝 Yà chā bà 70人，位于白岩坝西1.8公里。村处山垭小坝，故名。

上河坝 Shàng hé bà 100人，白岩坝西南950米。村处小河头坪坝中，故名。

樊家坪 Fán jiā píng （废村），白岩坝北偏西1.6公里。早有樊姓人在此居住，故名。

【白牛坡大队】 Bái niú pō dà duì 158户，792人，驻白牛坡。位于白果坝集镇东南4.8公里。原名白丽大队，1981年9月1日按驻地名更名为白牛坡大队。辖7个生产队，5个自然村，耕地面积884亩，其中水田370亩。主产玉米、马铃薯、水稻，特产桐、茶叶、木梓，还产木材。

白牛坡 Bái niú pō 50人，大队驻地，位于白果坝集镇东南4.8公里。村处坡地，有一山洞，传说洞中曾出来白牛吃庄稼，被一小孩看见，追赶牛至洞中，见有7个人在打牌，其中一人问小孩："我们有几人？小孩答："7人"，连问几次，都是如此，待小孩退出洞后，山洞就垮了。故名。

杉木坝 Shā mù bà 20人，白牛坡西偏北1.3公里。村处坪坝、杉木多，故名。

陈家寨子 chén jiā zhài zǐ 55人，白牛坡西偏南750米。村中陈家集居，故名。

下白牛坡 Xià bái niú pō 60人，白牛坡南偏东650米。村处白牛坡下，故名。

向家村 Xiàng jiā cūn 100人，白牛坡西南1.3公里。

【渡口大队】 Dù kǒu dà duì 67户，333人，位于白果坝集镇西偏南11.3公里。原为光荣大队，1981年9月1日按驻地名更名为渡口大队。辖5个生产队，2个自然村，耕地面积723亩，其中水田80亩。主产玉米、水稻，还产木材。

渡口河 Dù kǒu hé 30人，大队驻地，自果坝集镇西南11.3公里。村处河边，原设有渡口，故名。

咸池沟 Xián chí gōu 40人，渡口河西北1.7公里。村内原有口水池，水带咸味，故名。

【乌池坝大队】 Wū chí bà dà duì 198户，890人，驻乌池坝，位于白果坝集镇西偏南13公里。原名光荣大队，1981年9月1日按驻地名更名为乌池坝大队。辖4个生产队，5个自然村，耕地面积1441亩，其中水田403亩。主产玉米、马铃薯、水稻、生漆、木材。

乌池坝 Wū chí bà 500人，大队驻地，位于白果坝集镇西偏南13公里。村处坪坝，相传，过去为烂泥塘，常有乌鸦栖息，故名。

上坝 Shàng bà 100人，乌池坝西1公里。村居乌池坝上，故名。

垭口上 Yà kǒu shàng 40人，乌池坝东1公里。村处山垭口，故名。

干坝坪 Gān bà píng 20人，乌池坝东偏南700米。村处坪地，均为旱地，故名。

大寨沟 Dà zhài gōu 40人，乌池坝南1.2公里。村处山沟，位于大寨包下，故名。

【唐家院子大队】 Táng jiā yuàn zǐ dà duì 149户，738人，驻唐家院子，白果坝集镇西偏南7公里。原为新街大队，1981年9月1日按驻地名更名为唐家院子大队。辖8个生产队，8个自然村，耕地面积1096亩，其中水田275亩。主产玉米、马铃薯、水稻，特产生漆、茶叶、苎麻。

唐家院子 Táng jiā yuàn zǐ 100人，大队驻地，位于白果坝集镇西偏南7公里。村中住户多姓唐，故名。

长砂洞 Cháng shā dòng 120人，唐家院子东北2.3公里。村中有个洞，下雨时常冒砂砾，故名。

中寨 Zhōng zhài 45人，唐家院子东北1.5公里。村居新街和白果坝之间，故名。

冯家槽 Féng jiā cáo 70人，唐家院子东北1公里。

穿洞塆 Chuān dòng wān 10人，唐家院子东偏北1.3公里。村处山塆，有一穿洞，故名。

淹水坝 Yān shuǐ bà 140人，唐家院子北偏东400米。村处坝地低洼，常遭水淹，故名。

邓家塆 Dèng jiā wān 55人，唐家院子东偏南1.4公里。

滴水岩 Dī shuǐ yán 110人，唐家院子东南1.4公里。村旁有壁山岩，长年滴水，故名。

【瓦厂坝大队】 Wǎ chǎng bà dà duì 197户，985人，驻河坎上，白果坝集镇南偏西4公里。原名前进大队，1981年9月1日按地片名更名为瓦厂坝大队。辖7个生产队，12个自然村，耕地1969亩，其中水田334亩。主产玉米、水稻，特产茶叶，还产木材。

河坎上 Hé kǎn shàng 40人，大队驻地，位于白果坝集镇南偏西4公里。村处河坎上，故名。

洞坪 Dòng píng 20人，河坎上北2.5公里。村处坪地，有一山洞，故名。

高院墙 Gāo yuàn qiáng 50人，河坎上北偏西2.6公里。村中修有高院墙，故名。

杨叉巷 Yáng chā xiàng 30人，河坎上北偏东2.2公里。

茶园 Chá yuán 56人，河坎上西北2.1公里。村中茶树多，故名。

中坝 Zhōng bà 45人，河坎上北1.4公里。村处大坝中，故名。

高庄坪 Gāo zhuāng píng 30人，河坎上东北1.8公里。村处坪地，住户集中，地势高，故名。

板栗塆 Bǎn lì wān 20人，河坎上西北1公里。村处山塆，盛产板栗，故名。

天井塆 Tiān jǐng wān 10人，河坎上东北1.5公里。村处山塆，赵氏修有栋“四合天井”式大屋，故名。

何家坡 Hé jiā pō 60人，河坎上东北1公里。

大院子 Dà yuàn zǐ 80人，河坎上北偏东400米。村中住户集中，形成大院子，故名。

黄家村 Huáng jiā cūn 66人，河坎上西偏南500米。

瓦厂坝 Wǎ chǎng bà （片村），白果坝集镇3公里，包括洞坪、杨叉巷、中坝自然村。

【油竹坪大队】 Yóu zhú píng dà duì 163户，708人，驻苏家河坝，位于白果坝集镇西南21公里。原名幸福大队，1981年9月1日按地片名更名为油竹坪大队。辖9个生产队，9个自然村，耕地面积1776亩。主产玉米、马铃薯，特产黄连、贝母、生漆。

苏家河坝 Sū jiā hé bà 70人，大队驻地，位于白果坝集镇西南21公里。村处河边坪坝，苏姓最早来此定居，故名。

岩上 Yán shàng 44人，苏家河坝东北1.6公里。村处岩上，故名。

大塆 Dà wān 15人，苏家河坝东偏北2.8公里。村处大山塆，故名。

营盘 Yíng pán 110人，苏家河坝东偏北2.2公里。相传，古时有个叫刘太宣的人曾率领军队在此扎过营，故名。

倒埫 Dǎo tǎng 60人，苏家河坝东偏北900米。村处埫地，倒向，故名。

两天拖 Liǎng tiān tuō 80人，苏家河坝西3.3公里。相传，有人抬东西经过此地，用了两天时间，故名。

吴家园 Wú jiā yuán 20人，苏家河

坝西偏北 800 米。

二台坪 Er tái píng 75 人，苏家河坝西偏南 2.1 公里。

姜家坡 Jiāng jiā pō 90 人，苏家河坝西南 3.4 公里。

二重槽 Er chóng cáo （片村），位于苏家河畔，包括苏家河坝、倒埫、营盘、吴家园、姜家坡、二台坪 6 个自然村。村处两山槽间，故名。

【肖家坪大队】 Xiāo jiā píng dà duì 155 户，760 人，驻肖家坪，位于白果坝集镇南偏东 5 公里。原名燎原大队，1981 年 9 月 1 日按驻地名更名为肖家坪大队。辖 7 个生产队，6 个自然村，耕地面积 929 亩，其中水田 360 亩。主产玉米、水稻，特产茶叶、桐子、苎麻。

肖家坪 Xiāo jiā píng 80 人，大队驻地，位于白果坝集镇南偏东 5 公里。

大石磴 Dà shí dèng 40 人，肖家坪西北 1 公里。村中有块大石磴，故名。

老荒土 Lǎo huāng tǔ 70 人，肖家坪西偏北 1.5 公里。村子原为一片荒土，无人耕种，故名。

白果树 Bái guǒ shù 100 人，肖家坪西 1.2 公里。村中白果树多，故名。

胡家榨坊 Hú jiā zhà fāng 60 人，肖家坪西南 800 米。村中原有胡姓人开过榨坊，故名。

吴家沟 Wú jiā gōu 30 人，肖家坪西南 1.75 公里。

【黎家坪大队】 Lí jiā píng dà duì 203 户，930 人，驻大树子，位于白果坝西南 5.9 公里。原名黎明大队，1981 年 9 月 1 日按地片名更名为黎家坪大队。辖 9 个生产队，14 个自然村，耕地面积 1639 亩，其中水田 470 亩。主产玉米、马铃薯、水稻，特产茶叶。

大树子 Dà shù zǐ 24 人，大队驻地，位于白果坝集镇西南 5.9 公里。村中有棵大古树，故名。

太平山 Tài píng shān 30 人，大树子西北 1.5 公里。村旁山上建有庙，名太平庙，村名沿用。

伍家坡 Wǔ jiā pō 30 人，大树子北偏东 900 米。

坪上 Píng shàng 30 人，大树子东北 1.3 公里。村处坪坝上，故名。

汪家塆 Wāng jiā wān 40 人，大树子北 500 米。

黎家塝 Lí jiā bǎng 30 人，大树子东北 600 米。

黄家塆 Huáng jiā wān 30 人，大树子东北 1.2 公里。

陈家坡 Chén jiā pō 30 人，大树子东偏北 1.5 公里。

土卡村 Tǔ qiǎ cūn 20 人，大树子北 1.6 公里。村子地形似道关卡，故名。

大茅坡 Dà máo pō 20 人，大树子东 700 米。村处坡地，茅草多，故名。

黎家坪 Lí jiā píng 100 人，大树子西 700 米。

鱼池了 Yú chí liǎo 30 人，大树子西偏南 1.2 公里。村中原有口鱼池，因地势高，站立池边可瞭望全大队，故名。

杉木岭 Shā mù lǐng 30 人，大树子南 200 米。村处山岭，杉木树多，故名。

野茶水 Yě chá shuǐ 30 人，大树子西南 1 公里。村中有股出水，野茶树多，故名。

【姚家河大队】 Yáo jiā hé dà duì 90 户，415 人，驻姚笔家河，位于白果坝集镇西偏南 16 公里。原为同升大队，1981 年 9 月 1 日按驻地名更名为姚家河大队。辖 5 个生产队，4 个自然村，耕地面积 795 亩，其中水田 85 亩。主产玉米、马铃薯、水稻，还产木材。

姚家河 Yáo jiā hé 30 人，大队驻地，位于白果坝集镇西偏南 16 公里。村处河边，姚姓住户多，故名。

垭护龙 Yà hù lóng 35 人，姚家河

东南650米。村处垭口，传说此地富裕，是因有股龙脉，必须保护好龙脉，富日子才长，故名。

大寨包 Dà zhài bāo 60人，姚家河东偏南900米。村处山包，住户集居，故名。

邓家溪 Dèng jiā xī 20人，姚家河南850米。

【鹿山大队】 Lù shān dà duì 213户，1122人，驻柑子坪，位于白果坝集镇南5.5公里。原名红光大队，1981年9月1日按地片名更名为鹿山大队。辖10个生产队，11个自然村，耕地面积1835亩，其中水田56.3亩。主产玉米、水稻，特产茶叶、生漆。

柑子坪 Gān zǐ píng 40人，大队驻地，位于白果坝集镇南5.5公里。村处坪地，柑子树多，故名。

狮子包 Shī zǐ bāo 30人，位于柑子坪东北1.6公里。村处山包，地形似狮子，故名。

鹿住山 Lù zhù shān 70人，柑子坪东北400米。村周山上原常有鹿子来住，故名。

胡家岩 Hú jiā yán 60人，柑子坪东南350米。

亭子屋 Tíng zǐ wū 140人，柑子坪东南600米。村中有栋亭子屋，故名。

杨家塆 Yáng jiā wān 42人，柑子坪西南575米。

王家寨子 Wáng jiā zhài zǐ 60人，柑子坪东偏南1.25公里。

冯家台 Féng jiā tái 50人，柑子坪西南2.6公里。

茶园 Chá yuán 25人，柑子坪西南2.05公里。村中山茶树多，故名。

王家塆 Wáng jiā wān 20人，柑子坪西南2.75公里。

马家界 Mǎ jiā jiè 10人，柑子坪西南2.25公里。村处山界，原有马氏居住，故名。

【龙潭坝大队】 Lóng tán bà dà duì 230户，1057人，驻老棚子，位于白果坝集镇西南8.5公里。原名新街大队，1981年9月1日按地片名更名为龙潭坝大队。辖8个生产队，9个自然村，耕地面积2796亩，其中水田802亩。主产玉米、水稻，特产生漆、木材。

老棚子 Lǎo péng zǐ 170人，大队驻地，位于白果坝集镇西南8.5公里。原村处房屋多为茅草棚，建造时间久，故名。

小转拐 Xiǎo zhuǎn guǎi 150人，老棚子西北1.7公里。村处弯道处，故名。

倒沟塆 Dǎo gōu wān 80人，老棚子北1.25公里。村处沟塆，倒向，故名。

八蜂岩 Bā fēng yán 60人，老棚子东750米。村处山腰，相传，山岩上原有棵古树，树上挂有8个蜂窝，故名。

柳家沟 Liǔ jiā gōu 145人，老棚子南500米。

贺家塆 Hè jiā wān 70人，老棚子东南1.75公里。

新街 Xīn jiē 123人，老棚子南偏西1.1公里。村中早年遭火灾后，新建房屋成为小街，故名。

王家塆 Wáng jiā wān 152人，老棚子西南1.1公里。

任家塆 Rén jiā wān 55人，老棚子南2.3公里。

龙潭坝 Lóng tán bà （片村），老棚子北偏西1公里。包括王家塆、新街、柳家沟3个自然村。相传此坝内有口潭，潭内有龙，故名。

【两河大队】 Liǎng hé dà duì 149户，666人，驻两河口，位于白果坝集镇西南13公里。1958年成立两河大队。辖4个生产队，7个自然村，耕地面积3776亩，其中水田414亩。主产玉、马铃薯、水稻卜特产生漆、还产木材。

两河口 Liǎng hé kǒu 130人，大队驻地，位于白果坝集镇西南13公里。村处两条小河的汇合处，故名。

东向屋基 Dōng xiàng wū jī 60人，两河口西偏北875米。此村有栋老屋面向东，故名。

锈水塘 Xiù shuǐ táng 100人，两河口西2.2公里。村中有口塘长年渗出锈水，故名。

下锈水塘 Xià xiù shuǐ táng 70人，两河口西偏南1.8公里。村居锈水塘下，故名。

田坪 Tián píng 45人，两河口西南2.6公里。村处坪地，田多，故名。

洋禾塆 Yáng hé wān 60人，两河口西南1.5公里。村处山塆，盛产洋禾，故名。

徐家坳 Xú jiā ào 20人，两河口西南2公里。

古坟坡 Gǔ fén pō （片村），两河口西南2公里。包括徐家坳、田坪、洋禾塆3个自然村。因古坟多，故名。

【天台大队】 Tiān tái dà duì 170户，786人，驻梁家垭，位于白果坝集镇西南10.5公里。原名光明大队，1981年9月1日按地名更名为天台大队。辖10个生产队，9个自然村，耕地面积1829亩，其中水田131亩。主产玉米、水稻，特产生漆，还产木材。

梁家垭 Liáng jiā yà 20人，大队驻地，位于白果坝集镇西南10.5公里。

天台山 Tiān tái shān 30人，梁家垭北偏西2.8公里。村处山顶一大平台上，故名。

大转拐 Dà zhuǎn guǎi 20人，梁家垭北偏东1.5公里。村处大弯道处，故名。

姚家塆 Yáo jiā wān 10人，梁家垭北偏西1.3公里。

苦草塘 Kǔ cǎo táng 107人，梁家垭西北2.2公里。村中水塘内长满苦草，故名。

朱家坡 Zhū jiā pō 35人，梁家垭西北2.8公里。

二同槽 Er tóng cáo 10人，梁家垭东北1公里。村处两个山槽间，故名。

傅老沟 Fù lǎo gōu 43人，梁家垭东南200米。

杉树包 Shān shù bāo 30人，梁家垭东南1公里。村处山包，杉树多，故名。

山岳溪 Shān yuè xī （片村），位于两河口东3公里。包括傅老沟、杉树包、梁家垭、二同槽4个自然村。村处大山间，有条小溪，故名。

【水田大队】 Shuǐ tián dà duì 263户，1149人，驻水田坝，位于白果坝集镇西南22公里。1958年成立人民公社时取名水田大队。辖11个生产队，11个自然村，耕地面积2210亩，其中水田641亩。主产玉米、水稻，特产生漆。

水田坝 Shuǐ tián bà 大队驻地，位于白果坝集镇西南22公里。村处坪坝，水田较多，故名。

鹿池坡 Lù chí pō 60人，水田坝北1.8公里。村处坡地，传说，常有野鹿在池边饮水，故名。

夏家塆 Xià jiā wān 60人，水田坝西北1.4公里。

魏家塆 Wèi jiā wān 80人，水田坝西北1.3公里。

林家沟 Lín jiā gōu 115人，水田坝西北900米。

咸池 Xián chí 110人，水田坝东南300米。相传，村中有股泉水，含盐，故名。

凉风坳 Liáng fēng ào 100人，水田坝东南800米。村处风口，风凉，故名。

高坎子 Gāo kǎn zǐ 66人，水田坝南1.1公里。村处河边高坎，故名。

田坝 Tián bà 60人，水田坝南1.3公里。村处坝地，田土多，故名。

老房子 Lǎo fáng zǐ 60人，水田坝南1.5公里。村中有栋老屋，故名。

大院子 Dà yuàn zǐ 140人，水田坝南1.9公里。村中住户集居，故名。

【见天坝大队】 Jiàn tiān bà dà duì 331户，1497人，驻见天坝，位于白果坝集镇西南18公里。原名红星大队，1981年9月1日按驻地名更名为见天坝大队。辖13个生产队，15个自然村，耕地面积2532亩，其中水田713亩。主产玉米、水稻，特产生漆，盛产木材。

见天坝集镇 Jiàn tiān bà jí zhèn 位于恩施县城西偏南32.5公里，是恩施县西部边境最大的山村集镇。该镇地处南北山峰之间，原坝中森林茂密，古树参天，遮天蔽日，人们只能在坝中淤泥地旁，看见一小块天空，故得名见天坝。

该坝四周山峰林立，层峦叠嶂，海拔均在900米以上，尤以坝的西北面廖家坡突出，海拔为1612米，而坝的正西面约1公里处的金鳌山，形如鳌鱼腾跃之势，高昂的山头直插云端，绝壁尖顶，巍峨壮观。从见天坝往东有公路直达公社驻地白果坝，向西沿公路走2公里就是利川县境，并可由此去四川省，为恩施县的西大门。

解放前，交通十分不便，只住有10余户人家。民国二年(1913)，国民党在此设乡，隶属恩施县第三区。木板房，吊脚楼，石板路，设有小客栈，杂货铺。农历二、五、八赶场，外地商人来此卖食盐、小杂百货，本地出售有木耳、香菌、生漆等土特产品，还产木材。

解放初，见天坝为十三区的乡公所驻地，1958年归红星人民公社管，以后隶属白果区辖，1975年撤区并社后，白果公社在此设立见天管理区。随着生产建设的发展，1955年恩(施)—万(县)公路通车，人户逐渐增多，管理区机关、供销、粮食、医院、学校等部门相继建立，而形成一条完整的街道。

见天坝街依山傍水，清澈的小河自西北向东南蜿蜒流过，小河北岸是街，西岸是田，街为东南至西北走向，约呈弧形，全长300米，宽4米，泥石路面，房屋大多为木质结构，青瓦飞檐，条石街沿。靠小河边的房屋均为吊脚木楼，是土家族特有的建筑风格。在街的东头有供销社百货副食门市部，食品所为砖石结构的两层楼房建于街东头；街中段分立有管理区机关、大队办公室、旅社、信用社；街西头有卫生院、粮油所。总面积30余亩，总人口600人。无具体赶集日期，人们可随时向国家出售各种农副土特产品，主要品种有生漆、木耳、香菌以及黄连、天麻等名贵药材，然后购买生产生活物质。

见天坝周围，生长着水杉，柳杉、枫香、泡桐树等各种针阔叶树。街东头还生长有棵稀有珍贵的金钱松，高达30余米，胸径1.2米，树干挺拔，枝叶舒展，把见天坝衬托得更加美丽。

廖家坡 Liào jiā pō 43人，见天坝西北3.2公里。

大坳 Dà ào 100人，见天坝北1.9公里。村处大山坳，故名。

三燕岩 Sān yàn yán 30人，见天坝西北2.2公里。村旁岩壁上有3个燕子窝，故名。

枫木岭 Fēng mù lǐng 50人，见天坝西北1.5公里。村处山岭，枫香树多，故名。

杉木孔 Shā mù kǒng 80人，见天坝西北3.5公里。村处大杉树，树脚有个大孔，故名。

孔家坡 Kǒng jiā pō 40人，见天坝

西北2.6公里。

小河　Xiǎo hé　80人，见天坝西北1.5公里。村处小河边，故名。

大坡上　Dà pō shàng　40人，见天坝西北1公里。村处大坡，故名。

茶园坡　Chá yuán pō　40人，见天坝东北1.2公里。村处坡地，茶树多，故名。

茶园　Chá yuán　60人，见天坝东北700米。村中茶树茂密，故名。

石板桥　Shí bǎn qiáo　100人，见天坝西北1.5公里。村中有座石板桥，故名。

白房子　Bái fáng zǐ　60人，见天坝西偏北2公里。村里有栋白房子，故名。

大坝子　Dà bà zǐ　60人，见天坝西北750米。村处大坪坝，故名。

牛塘坪　Niú táng píng　70人，见天坝西2.5公里。村中有口水塘，相传犀牛常在塘中洗澡，故名。

【楠木坪大队】　Nán mù píng dà duì　115户，536人，驻院子里，位于白果坝集镇西南13公里。原为持久大队，1981年9月1日按地片名更名为楠木坪大队。辖8个生产队，4个自然村，耕地面积959亩，其中水田176亩。主产玉米、水稻，特产茶叶，还产木材。

院子里　Yuàn zǐ lǐ　30人，大队驻地，位于白果坝集镇西南13公里。村中人户集居，故名。

砂坝　Shā bà　70人，院子里东北1.3公里。村处坝地，砂砾多，故名。

双尚寺　Shuāng shàng sì　50人，院子里东1.1公里。村中建过庙，名双尚寺，故名。

楠木坪　Nán mù píng　33人，院子里西南750米。村中坪地，楠木树多，故名。

吴家塆　Wú jiā wān　20人，院子里西1.3公里。

【东向坪大队】　Dōng xiàng píng dà duì　驻东向坪，位于白果坝集镇西南18.7公里。原名东风大队，1981年9月1日按驻地名称更名为东向坪大队。辖10个生产队，10个自然村，230户，960人，耕地面积1898亩，其中水田711亩。主产玉米、马铃薯、水稻，还产木材。

东向坪　Dōng xiàng píng　60人，大队驻地，位于白果坝集镇西南18.7公里。村处坪地，位于见天坝东，故名。

陡坎子　Dǒu kǎn zǐ　50人，东向坪东北2.3公里。村中有条高而陡的石坎，故名。

岩坎脚　Yán kǎn jiǎo　20人，东向坪北偏东1.9公里。村处岩坎脚下，故名。

碾盘坳　Niǎn pán ào　40人，东向坪东北1.3公里。村处山坳，原开过榨坊，设有加工粮食、油料的碾盘，故名。

唐家坡　Táng jiā pō　40人，东向坪东北2公里。

青龙嘴　Qīng lóng zuǐ　50人，车向坪西北500米。此地貌似青龙，而村居龙嘴之上，故名。

田塆　Tián wān　30人，东向坪西南600米。村处山塆，水田多，故名。

大坳　Dà ào　30人，东向坪西南900米。村处大山坳，故名。

坳上　Ao shàng　40人，东向坪东南1.3公里。村处山坳上，故名。

大坪　Dà píng　60人，东向坪西南1.5公里。村处大坪地，故名。.

【鹞子溪大队】　Yào zǐ xī dà duì　驻杨昌隆，位于白果坝集镇西南16.2公里。原名新胜大队，1981年9月1日按地片名更名为鹞子溪大队。辖9个生产队，1个林场，12个自然村，209户，939人。耕地面积3617亩，其中水田520亩。主产水稻、玉米，特产生漆、黑木耳、香菌。

杨昌隆 Yáng chāng lóng 76人，大队驻地，位于白果坝集镇西南16.2公里。据碑交记载，杨昌隆为人的姓名，因他最早来此定居，故村名沿用。

熊家院子 Xióng jiā yuàn zǐ 66人，杨昌隆北偏西1.75公里。

张家河坝 Zhāng jiā hé bà 45人，杨昌隆东北1.6公里。

岩坎脚 Yán kǎn jiǎo 47人，杨昌隆东北1.6公里。村处岩坎脚，故名。

庙子边 Miào zǐ biān 56人，杨昌隆西1.7公里。村边有座小庙，故名。

罗家 Luó jiā 10人，杨昌隆北700米。

大竹林 Dà zhú lín 25人，杨昌隆西1.15公里。村内有片大竹林，故名。

老房子 Lǎo fáng zǐ 30人，杨昌隆西1.6公里。村中有栋房，年代长，故名。

龙神界 Lóng shén jiè 26人，杨昌隆西400米。村处界上，原有座龙神庙，故名。

鹞子溪 Yào zǐ xī 70人，杨昌隆东1.2公里。村中有条小溪，常有鹞子来喝水，故名。

大坝 Dà bà 108人，杨昌隆东南700米。村处大坪坝，故名。

潘家界 Pān jiā jiè 13人，杨昌隆西南1.5公里。

小扇槽 Xiǎo shàn cáo （片村），杨昌隆西北1.5公里。包括熊家院子、庙子边、大竹林、老房子4个自然村。村处槽地，地形为扇形，故名。

龙家塆 Lóng jiā wān （废村），位于杨昌隆东偏南1.8公里。

【腰带溪大队】 Yāo dài xī dà duì 驻伍家院子，位于白果坝集镇西南20.8公里。原名齐心大队，1981年9月1日按地片名更名为腰带溪大队。辖8个生产队，8个自然村，144户，621人。耕地面积1361亩，其中水田483亩。主产玉米、马铃薯、水稻，特产生漆。

伍家院子 Wǔ jiā yuàn zǐ 40人，大队驻地，位于白果坝集镇西南20.8公里。

二台坪 Er tái píng 85人，伍家院子西北1.1公里。

梨子坪 Lí zǐ píng 50人，伍家院子北1公里。村处坪坝，梨子多，故名。

砂子门 Shā zǐ mén 40人，伍家院子西2公里。此村居清水洞通往金龙的要道上，路上砂子多，故名。

大岩洞 Dà yán dòng 65人，伍家院子西900米。村中有个大岩洞，故名。

张家塆 Zhāng jiā wān 35人，伍家院子西1.6公里。

寨子上 Zhài zǐ shàng 60人，伍家院子南800米。村处坎上，人户集居，故名。

茶叶坪 Chá yè píng 60人，伍家院子西1.75公里。村处坪地，茶树多，故名。

【流横塘大队】 Liú héng táng dà duì 驻流横塘，位于白果坝集镇西南20.1公里。原名银河大队，1981年9月1日按驻地更名为流横塘大队。辖7个生产队，8个自然村，148户，712人。耕地面积1848亩。其中水田358亩。主产玉米、水稻，特产生漆、木材。

流横塘 Liú héng táng 84人，大队驻地，位于白果坝集镇西南20.1公里。村旁有条河，流到此处弯成直角横流，故名。

欧家界 Ou jiā jiè 30人，流横塘北2.85公里。

肖家塆 Xiāo jiā wān 40人，流横塘北1.7公里。

李家坪 Lǐ jiā píng 40人，流横塘北1.7公里。

扯布溪 Chě bù xī 128人，流横塘

北 1.5 公里。村处溪边坎上，相传，最早来此落户的人，见无路可上，便将布扯成条连结起来，抓着布条攀上去，故名。

阳寨岭 Yáng zhài lǐng 84 人，流横塘东 2.25 公里。村处山岭地势高，太阳一出即照岭上，故名。

茅坡 Máo pō 77 人，流横塘东北 850 米。村处坡地，茅草多，故名。

龙含宝 Lóng hán bǎo 120 人，流横塘东南 750 米。村处两山包之间，山形似二龙含宝，故名。

【金龙坝大队】 Jīn lóng bà dà duì 驻大鱼泉，位于白果坝集镇西南 22 公里。1958 年取名金龙大队，1981 年 9 月 1 日按住地名更名为金龙坝大队。辖 8 个生产队，11 个自然村，848 人。耕地面积 1764 亩，其中水田 788 亩。主产水稻、玉米、马铃薯，特产生漆、黑木耳、香菌，还产木材。

大鱼泉 Dà yú quán 40 人，大队驻地，位于白果坝集镇西南 22 公里。村中有股大泉水，有鱼从泉中涌出，故名。

温家塆 Wēn jiā wān 90 人，大鱼泉西北 2 公里。

杨家塆 Yáng jiā wān 65 人，大鱼泉西北 2.4 公里。

金龙坝 Jīn lóng bà 130 人，大鱼泉东北 1.12 公里。村处大坪坝，相传山里有条金龙，故名。

李家院子 Lǐ jiā yuàn zǐ 30 人，大鱼泉北 600 米。

三岔塆 Sān chà wān 20 人，大鱼泉西北 1.3 公里。村处山塆，有 3 条岔路，故名。

王家包 Wáng jiā bāo 40 人，大鱼泉西北 250 米。

河坎上 Hé kǎn shàng 30 人，大鱼泉西南 600 米。村处河坎上，故名。

龙家院子 Lóng jiā yuàn zǐ 120 人，大鱼泉西南 900 米。

下寨塆 Xià zhài wān 120 人，大鱼泉西南 1.5 公里。此地有上下两寨，村居下寨塆内，故名。

石院坝 Shí yuàn bà 75 人，大鱼泉西南 2.2 公里。村处坪坝，房屋均用石块砌成，故名。

【螃蟹阡大队】 Páng xiè qiān dà duì 驻毛面子，位于白果坝集镇西南 25.3 公里。原名联合大队，1981 年 9 月 1 日按地名更名为螃蟹阡大队。辖 1 个生产队，3 个自然村，69 户，321 人。耕地面积 693 亩，其中水田 728 亩。主产水稻、玉米，特产生漆，还产木材。

毛面子 Máo miàn zǐ 70 人，大队驻地，位于白果坝集镇西南 25.3 公里。相传最早来此落户的人，开田未成，仅开个毛坯，故名。

谢家塆 Xiè jiā wān 100 人，毛面子北偏西 2 公里。

螃蟹阡 Páng xiè qiān 150 人，毛面子北 1.3 公里。村中岩阡中有只大螃蟹，故名。

【麂子塆大队】 Jǐ zǐ wān dà duì 驻麂子塆，位于白果坝集镇西南 26.3 公里。原名同心大队，1981 年 9 月 1 日按地名更名为麂子塆大队。辖 8 个生产队，4 个自然村，122 户，556 人。耕地面积 930 亩，水田 467 亩。主产水稻、玉米，特产生漆、木耳、香菌。

麂子塆 Jǐ zǐ wān 106 人，大队驻地，位于白果坝集镇西南 26.3 公里。村处山湾，麂子多，故名。

焦家营 Jiāo jiā yíng 90 人，麂子塆西偏北 1.2 公里。据碑文载，焦姓人最早定居此地，在山下住有谭姓人，常常打家劫舍，后官府派兵镇压，在焦家扎过营寨，故名。

茶园 Chá yuán 130 人，麂子塆北 750 米。村中茶树多，故名。

【白果公社北坡林场】 Bái guǒ gōng shè běi pō lín chǎng 白果坝集镇北 1 公

里，驻杉木包，1964年建场，1971年转为社办，原名青春林场，1981年9月1日更名为北坡林场。辖5个自然村，255人，耕地面积539亩，造林面积1400亩。主要树种有水杉、杉木。

杉木包 Shā mù bāo 10人，白果集镇北1公里。山包上杉木树多，故名。

吃鸟坝 Chī niǎo bà 20人，杉木包东北1.25公里。此坝原树木成林，鸟多成群，人们常打鸟吃，故名。

八大股 Bā dà gǔ 20人，杉木包西南3公里。传说此地原住有8户人家，将田分成8股，故名。

老屋 Lǎo wū 20人，杉木包西1.8公里。村中有栋老屋，故名。

老水井 Lǎo shuǐ jǐng 20人，杉木包西南2.9公里。村中有一早先挖的水井，故名。

白果公社水电站 Bái guǒ gōng shè shuǐ diàn zhàn 白果坝集镇西北750米。1975年建成，装机容量225千瓦。

白果公社见天水电站 Bái guǒ gōng shè jiàn tiān shuǐ diàn zhàn 见天坝西北1公里。1979年建成，渠道长1000米，装机容量55千瓦。

白果公社高中 Bái guǒ gōng shè gāo zhōng 白果坝集镇南400米。1958年建校，恩施县第十四中学，1961年停办，1972年复办。有教职员工30人，设有初中班2个，高中班4个。

双河公社概况

SHUANG HE GONG SHE GAI KUANG

双河公社位于恩施县城东南部，东南与宣恩县椿木营公社交界，西南与宣恩县长潭河公社毗邻，南与太山庙药材接壤，东与红土、石窑公社相望，西北与新塘公社紧连。公社驻地中坪，坐落在四面环山的坪坝之中，西北距恩施县城 33.5 公里。

双河公社东西宽 20.1 公里，南北长 22 公里。总面积约 169.24 平方公里。耕地面积 33451 亩，其中水田 3228 亩，旱地 30223 亩。辖 17 个生产大队，160 个生产小队，1 个公社药材场，205 个自然村，居住 3577 户，16202 人，其中农业人口 15652 人，土家族占 49.15%。

双河公社地处高山地区，地势由西北向东南方倾斜，最高点是麻山，海拔 1981 米，最低点是车沟，海拔 500 米。这里气温受地形和海拔高度的影响较大。冬季（1 月）平均气温-2℃，夏季（7 月）平均气温 28℃，年平均气温 13℃，全年无霜期约 195 天，12 月至次年 2 月均有寒潮和冰冻出现。年降雨量 1782 毫米，以 3～6 月、8～10 月降雨量最多。公社境内有横拦溪和河溪两条常流河，共建大小电站 8 座，使 50%的大队用上了电。

解放前，双河公社为恩施县第二区济安乡；解放初为新塘区所辖；1952 年成立恩施县第五区时，双河则分别由双河乡、河溪乡、上台乡、下坝乡、白岩乡、红南乡、甘坪乡组成；1955 年仍改为新塘区辖；1958年改为新塘公社辖，1961年为新塘区辖；1975年撤区并社时，将新塘区一分为二，改为新塘、双河2个公社。

双河公社经济以农业和药材生产为主，主产玉米、薯类、水稻及少量小麦、黄豆等。1981年粮食总产达1076.68万斤。全社多种经济发展，其中14个生产大队办有药材场，种植了黄连、党参、贝母、厚朴、天麻等。每年可向国家提供上千担珍贵药材。在公社境内，还建有省药物研究所和县太山庙药材场。此外还出产烟叶、生漆等经济作物。1981年全社总收入达277.31万元。

该社过去是山大人稀，文教卫生事业落后，人民生活贫困。解放后，人民生活水平不断提高，文化、教育、卫生事业有了大的发展，逐步办起了学校(中、小学校10所)、医院、文化站等。有教职工218人，医务人员和赤脚医生125人。改变了过去的落后面貌。1976年修通了恩施至双河的公路，使交通闭塞的高山也通了汽车，隔日有1班客车至此，改善了交通状况，沟通了城乡的物资交流。

双河公社原驻双河桥，1975年撤区并社时，迁至离双河桥南约1公里的中坪。面积约150亩，532人。恩(施)—鹤(峰)公路自中坪穿过。公社机关、供销社、邮电所、银行、食品所、林业站、农技站、旅社、卫生院及学校机关楼房平地而起，沿公路两旁交错而立，使中坪形成一新的山乡集镇，成为双河公社政治、经济、文化的中心。

双河公社行政区划、居民点名称

中坪集镇 Zhōng píng jí zhèn 位于恩施县城东南34公里，海拔1500米，为高山集镇。

中坪集镇四周群山环绕，山峦重叠，集镇坐落在几个大坪中间，故名中坪。恩(施)—鹤(峰)公路自南向北穿坪而过，隔日有客车往返于恩施城和中坪之间。该集镇呈长方形，面积约0.10平方公里，532人。

双河公社机关原驻双河桥，解放前属第二区济安桥乡。解放初为五区济安乡所在地，后为双河公社驻地，隶属新塘区辖。1975年撤区并社后将双河公社机关及所属各部门相继迁到离双河桥1公里的中坪。双河桥老集便日趋衰落，中坪新集日益兴旺。沿恩鹤公路两旁兴建的两层楼房毗邻相接，社直各机关相对而立，形成一条长1公里，宽10米的街道。逢农历一、四、七赶集，出售的主要农副产品有玉米、洋芋、烟叶、芸豆等。此地誉称“药材之乡”，出产的黄连、贝母、厚朴、天麻等药材，驰名中外。

【上坝大队】 shàng bà dà duì 259户，1067人，驻瓦厂塆，中坪集镇东2.1公里。原名大风大队，1981年9月1日按所辖地片名更名为上坝大队。辖11个生产队，14个自然村，耕地面积2081亩，其中水田31亩。主产玉米、薯类，特产厚朴、黄连、贝母、生漆。

瓦厂塆 wǎ chǎng wān 94人，中坪集镇东2.1公里，大队驻地。村处山塆，办过瓦厂，故名。

扁担坑 biǎn dan kēng 42人，瓦厂塆西北600米。此塆两头窄、中间宽，形似扁担，塆内有一土坑，故名。

中塆 Zhōng wān 80人，瓦厂塆东750米处。此塆夹在几座大山中间，故名。

邱家台 Qiū jiā tái 102人，瓦厂塆西1.8公里处。

中包塆 Zhōng bāo wān 43人，瓦厂塆东南1.1公里。此塆夹在几座大山中间，且塆内有座小包，故名。

王家垭 Wáng jiā yà 66人，瓦厂塆西南1公里。

史家塆 Shǐ jiā wān 89人，中坪集镇西南130米。

下坪 Xià píng 74人，中坪集镇东南500米处。此村坪处在几个大坪下方，故名。

上坝 Shàng bà 110人，瓦厂塆东南900米。村处平坝，且位于中坝上方，故名。

史家垭 Shǐ jiā yà 30人，瓦厂塆西南400米。

梓木台 Zǐ mù tái 102人，瓦厂塆南1公里。村处台地，很早前梓树成林，故名。

七营房 Qī yíng fáng 160人，中坪集镇南600米。传说，白莲教起义军，曾在此扎过营寨，设有7家营房，故名。

方家坡 Fāng jiā pō 21人，中坪集镇南1.3公里。

喜杉坝 Xǐ shā bà (片村)，瓦厂塆北700米。由上、中、下三坝组成，耕地面积千余亩，有东乡小平原之称。包括瓦厂塆、上坝、中坝、下坝、涂家角、凉亭子7个自然村，特产厚朴。平坝，喜杉树多，故名。

【校场坝大队】 Jiào chǎng bà dà duì 285户，1225人，驻校场坝。中坪集镇北6.5公里。原名友好大队，1981年9月1日按驻地名称更名为校场坝大队。辖12个生产队，15个自然村，耕地面积2804亩，其中水田173亩。主产玉米、薯类、水稻，特产生漆、药材、白肋烟。

校场坝 Jiào chǎng bà 121人，中坪集镇北6.5公里，大队驻地。相传，白莲教在此村坝练过兵马，故名。

下窝竹埫 Xià wō zhú tǎng 114人，校场坝东北2.5公里。村处窝埫片村下半部，故名。

沙沟 Shā gōu 15人，校场坝北1.7公里。此村有条溪沟，沟里积沙多，故名。

大塆 Dà wān 88人，校场坝北1.5公里。此村塆较长、宽，故名。

下铁厂坝 Xià tiě chǎng bà 101人，校场坝西北1.6公里。很早前厂此村坝办过铁厂，且村处铁厂坝片村下部，故名。

百草池 Bǎi cǎo chí 133人，校场坝东北1.3公里。此村早前有一池塘，池中长有多种野草，故名。

程家埫 Chéng jiā tǎng 17人，校场坝北1.1公里。

上窝竹埫 Shàng wō zhú tǎng 112人，校场坝东北1.6公里。村处窝竹埫片村上半部，故名。

上铁厂坝 Shàng tiě chǎng bà 60人，校场坝西北1公里。村处铁厂坝片村上部，故名。

摆布塘 Bǎi bù táng 59人，校场坝东北750米。相传，此村早年有口池塘，塘边开过染坊，染坊将染过的布拿封塘里摆动清洗，故名。

落水洞 Luò shuǐ dòng 24人，校场坝西北600米。此村边有一洞，地势较低，每当下雨后，四面山水均消入此洞，故名。

下杨柳塆 Xià yáng liǔ wān 104人，校场坝南1.1公里。此村塆原杨柳树较多，且地处杨柳塆片村下半部，故名。

上杨柳塆 Shàng yáng liǔ wān 72人，校场坝西南1.75公里。此村塆长有杨柳树，且处杨柳塆片村上半部，故名。

溪头沟 Xī tóu gōu 17人，校场坝南1.75公里。村处小溪源头，故名。

贺家坪 Hè jiā píng 47人，校场坝西南2公里。

窝竹埫 Wō zhú tǎng （片村），位于校场坝东北2.5公里。面积约1平方公里，包括上、下窝竹埫2个自然村，主产玉米、薯类，特产生漆、白肋烟。此片村地势低洼，竹子较多，故名。

铁厂坝 Tiě chǎng bà （片村），位于校场坝西北1.2公里，面积约0.9平方公里，包括上、下铁厂坝2个自然村，主产玉米、薯类，特产生漆、，白肋烟。百余年前，此村坝办过铁厂，故名。

杨柳塆 Yáng liǔ wān （片村），校场坝南偏西1.5公里。面积约0.7平方公里，包括上、下杨柳塆2个自然村，主产玉米、薯类：特产生漆、白肋烟。此村塆早年有成片杨柳树，故名。

【大溪场大队】 Dà xī chǎng dà duì 199户，856人，驻大溪场，中坪集镇东北6.1公里。原名反修大队，1981年9月1日按其驻地村名更名为大溪场大队。辖10个生产队，16个自然村，耕地面积1897亩，其中水田177亩。主产玉米、水稻等，特产生漆、药材。

大溪场 Dà xī chǎng 84人，中坪集镇东北6.1公里，大队驻地。村处一大山脚溪边，原在此赶过场，故名。

张家垭 Zhāng jiā yà 41人，大溪场西北1.7公里。

高炉塆 Gāo lú wān 21人，大溪场西北1.2公里。此村塆在1958年建过炼铁土高炉，故名。

矿子山 Kuàng zǐ shān 77人，大溪场西北1.5公里。村处山坡，矿石多，故名。

肖家塆 Xiāo jiā wān 68人，大溪场西北1.1公里。

胡家包 Hú jiā bāo 20人，大溪场西北400米。

邱家屋场 Qiū jiā wū chǎng 32人，大溪场东550米。

杨家上台 Yáng jiā shàng tái 40人，大溪场西1．5公里。

赵家坪 Zhào jiā píng 65人，大溪场西1公里。

苏家台 Sū jiā tái 40人，大溪场东900米。

傅家台 Fù jiā tái 61人，大溪场东2公里。

下鲇鱼埫 Xià nián yú tǎng 32人，大溪场西南750米。村处窝埫地，此埫形似鲇鱼，且位于窝埫下部，故名。

茅坡垭 Máo pō yà 33人，大溪场南600米。村处山垭，原为荒坡，长满茅草，人们在此开垦，故名。

汪家台 Wāng jiā tái 29人，大溪场东南1.3公里。

段家塆 Duàn jiā wān 41人，大溪场南1.2公里。

上鲇鱼埫 Shàng nián yú tǎng 90人，广大溪场南1.25公里。村处一埫地上部，且此埫地形似鲇鱼，故名。

杨家台 Yáng jiā tái （片村），大溪场西南1公里。包括杨家上台、胡家包、赵家坪、肖家塆4个自然村，主产玉米、水稻，特产厚朴、生漆。

【中岭大队】 Zhōng lǐng dà duì 204户，798人，驻中岭，中坪集镇北4.8公里。原名丰收大队，1981年9月1日按其驻地更名为中岭大队。辖7个生产队，10个自然村，耕地面积2071亩，其中水田454亩，主产玉米，薯类、水稻，特产生漆、白肋烟。

中岭 Zhōng lǐng 108人，中坪集镇北4.8公里，大队驻地。村处两山之间的山岭上，故名。

水田坝 Shuǐ tián bà 95人，中岭北2公里。村中有块大水田坝，故名。

渗孔坝 Shèn kǒng bà 120人，中岭北2.25公里。此村坝有许多渗水孔，故名。

九间桥 Jiǔ jiān qiáo 32人，中岭北1.35公里。此村溪沟上有座长30米、宽3米的人行桥，约有9间房子长，故名。

金竹园 Jīn zhú yuán 120人，中岭东北1.6公里。此村长有成片金竹，故名。

石家坪 Shí jiā píng 34人，中岭东北800米。

城墙口 Chéng qiáng kǒu 104人，中岭西1.3公里。相传，早年此地修筑过城墙，此村正处原城门口，故名。

孙家坪 Sūn jiā píng 80人，中岭西南1.65公里。

磨石沟 Mó shí gōu 500米。村处山沟，盛产磨石，故名。

姜家塆 Jiāng jiā wān 70人，中岭西南2公里。

【白岩塆大队】 Bái yán wān dà duì 295户，1318人，驻周家台，中坪集镇东北4.3公里。原名白岩大队，1981年9月1日按所辖自然村名更名为白岩塆大队。辖14个生产队，22个自然村，耕地面积2820亩，其中水田37亩。主产玉米、薯类，特产黄连、贝母、厚朴、生漆。

周家台 Zhōu jiā tái 78人，中坪集镇东北4.3公里，大队驻地。

菜子坪 Cài zǐ píng 47人，周家台西北2.5公里。此村坪盛产油菜子，故名。

墨斗池 Mò dǒu chí 82人，周家台东北2.9公里。村处凹地，地形像木匠使用的墨斗，故名。

潘家塆 Pān jiā wān 20人，周家台

东北 2 公里。

峡口 Xiá kǒu 7 人，周家台东北 2.6 公里。村处峡谷口，故名。

唐家塆 Táng jiā wān 76 人，周家台西北 1.75 公里。

扯伙棚 Chě huǒ péng 63 人，周家台东北 1.1 公里。很早前，有两户人家扯伙（合伙）在此村搭建棚子，做护秋时共用，故名。

王家台 Wáng jiā tái 102 人，周家台东北 1.4 公里。

岩塆垭 Yán wān yà 43 人，周家台西北 600 米。村处山塆垭口上，且山塆中岩石很多，故名。

洞塆 Dòng wān 15 人，周有台东北 700 米处。村处山塆，原有个洞，故名。

万家槽 Wàn jiā cáo 64 人，周家台西北 750 米。

田家垭 Tián jiā yà 64 人，周家台东 1 公里。

五爷塆 Wǔ yé wān 12 人，周家台东 1.8 公里。原有一家人，分田产时将村塆分给老五，故名。

汪家塆 Wāng jiā wān 35 人，周家台东南 1.1 公里。

土轿子 Tǔ jiào zǐ 66 人，周家台东南 1.7 公里。此村边有座山，开关像顶轿子，故名。

白岩塆 Bái yán wān 97 人，周家台东南 600 米。此村塆边有座大山，山上有很多白岩石，故名。

陈家塆 Chén jiā wān 74 人，周家台东南 1.2 公里。

茅坪 Máo píng 63 人，周家台东南 1.8 公里。此村坪原长有成片茅蜡烛（草本植物），故名。

上塆 Shàng wān 69 人，周家台东南 2.1 公里。此村塆位于几个小山塆的上方，故名。

堰塘塆 Yàn táng wān 21 人，周家台东南 1.8 公里。很早前，此村塆有口堰塘，故名。

后坪 Hòu píng 148 人，周家台南 1.8 公里。此村坪地处上、中、下三坝的山后，故名。

古坟岭 Gǔ fén lǐng 59 人，周家台东南 2.6 公里，村处山岭上，原有座较大的古坟墓，故名。

【下坝大队】 Xià bà dà duì 239 户，1011 人，驻凉亭子，中坪集镇东北 2.8 公里，1958 年命名为下坝大队。辖 9 个生产队，13 个自然村，耕地面积 2555 亩，其中水田 19 亩。主产玉米、薯类，特产生漆、厚朴、黄连。

凉亭子 Liáng ting zǐ 181 人，中坪集镇东北 2.8 公里，大队驻地。原有条大路从此村经过，路旁建有凉亭，供过往行人歇息，故名。

赵家垭 Zhào jiā yà 21 人，凉亭子西北 2.3 公里。

周家塆 Zhōu jiā wān 95 人，凉亭子西北 1.5 公里。

贺家台 Hè jiā tái 68 人，凉亭子西北 3 公里。

栗子园 Lì zǐ yuán 69 人，凉亭子西北 1.6 公里。此村过去盛产板栗，故名。

滴水岩 Dī shuǐ yán 40 人，凉亭子西北 2.2 公里。此村边有块壁岩，岩上滴水不断，故名。

兰家湖坪 Lán jiā hú píng 59 人，凉亭子西北 1.25 公里。此村有块洼地，积有水，当地称湖，水干后为坪地，又称湖坪，此地有兰氏居住，故名。

李家塆 Lǐ jiā wān 25 人，凉亭子东北 1 公里。

涂家角 Tú jiā jiǎo 118 人，凉亭子东南 250 米。

高家塆 Gāo jiā wān 81 人 凉亭子东 1.9 公里。

老塆 Lǎo wān 15 人，凉亭子西 1.3

公里。此塆开发时间早，故名。

长塆 Cháng wān 14人，凉亭子西1.7公里，此塆狭长，故名。

中坝 Zhōng bà 171人，凉亭子东南900米。村处喜杉坝地片中段，故名。

下坝 Xià bà （片村），凉亭子附近，包括凉亭子、涂家角两自然村，面积约0.8平方公里，主产玉米、薯类，有双河粮仓之称，特产生漆、厚朴。此处喜杉坝下方的平坝中，故名。

【双河桥农科站】 Shuāng hé qiáo nóng kē zhàn 83户，349人，驻双河桥，1975年命名公社农科站，中坪集镇西北900米。辖3个生产队，8个自然村，耕地面积476亩，其中水田2亩。主产玉米、薯类，特产生漆、厚朴。

双河桥 Shuāng hé qiáo 109人，中坪集镇西北900米，站驻地。村处两小河的汇合处，且搭建有一小桥。原为双河公社驻地，形成一自然镇，公社集镇迁建中坪后，此地便萧条了。

铁厂塆 Tiě chǎng wān 4人，双河桥北1.1公里。村处山塆，办过铁厂，故名。

冯家屋场 Féng jiā wū chǎng 42人，双河桥北750米。

熊家屋场 Xióng jiā wū chǎng 18人，双河桥北450米。

万家寨 Wàn jiā zhài 63人，双河桥西北700米。

大沟坝 Dà gōu bà 67人，双河桥西600米。村处平坝，有条溪沟穿过坝子，故名。

汪家塆 Wāng jiā wān 17人，双河桥西北300米。

大坪 Dà píng 25人，双河桥西南1.25公里。村处坪地，面积约50亩，故名。

【小河塆大队】 Xiǎo hé wān dà duì 105户，487人，驻小河塆，中坪集镇东7公里。原名红南大队，1981年分出红南大队命名小河塆大队。辖8个生产队，8个自然村，耕地面积730亩，其中水田24亩。主产玉米、薯类，特产生漆、白肋烟。

小河塆 Xiǎo hé wān 77人，中坪集镇东7公里，大队驻地。村处山塆，塆内有一小河，故名。

高峰尖 Gāo fēng jiān 45人，小河塆北4.1公里。此村南有座山，山峰呈尖形，人们称此山为高峰尖，故名。

王家塆 Wáng jiā wān 31人，小河中塆东北3.5公里。

下河 Xià hé 69人，小河塆西北2.8公里。村处横拦溪河下方，故名。

郑家坪 Zhèng jiā píng 53人，小河塆北偏东2.5公里。

金竹坡 Jīn zhú pō 90人，小河塆东北1.7公里。村处山坡，长有成片金竹，故名。

莲花坝 Lián huā bà 90人，小河塆西北1.1公里。相传，此村以往有口池塘，曾在夜晚开过莲花，故名。

后山坡 Hòu shān pō 50人，小河塆东北1公里。村处山坡的后面（西面），故名。

【上大坪大队】 Shàng dà píng dà duì 198户，959人，驻左家坪，中坪集镇东偏南5.5公里。原名红南大队，1981年从红南分出成立上大坪大队。辖11个生产队，14个自然村，耕地面积1440亩，其中水田295亩。主产玉米、薯类、水稻，特产生漆、白肋烟。

左家坪 Zuǒ jiā píng 100人，中坪集镇东偏南5.5公里，大队驻地。

申家台 Shēn jiā tái 65人，左家坪东北1.2公里。

凉水井 Liáng shuǐ jǐng 102人，左家坪东北1.3公里。此村有口凉水井，故名。

覃家坪 Qín jiā píng 70人，左家坪东北1.3公里。

石家塆 Shí jiā wān 23人，家坪东北700米。

田家塆 Tián jiā wān 29人，左家坪东北1.3公里。

自生堰 Zì shēng yàn 40人，左家坪西北1.2公里。此村原有口天然的堰塘，故名。

李家台 Lǐ jiā tái 74人，左家坪西北700米。

上水田坝 Shàng shuǐ tián bà 110人，左家坪东北600米。此村水田多，地势较高，故名。

下水田坝 Xià shuǐ tián bà 107人，左家坪东1.3公里。此村水田多，地势较低，故名。

上大坪 Shàng dà píng 115人，左家坪南400米。该地有一大坪，位于大坪上方，故名。

下大坪 Xià dà píng 100人，左家坪东南700米。该地有一大坪，位于大坪下方，故名。

杨树坪 Yáng shù píng 70人，左家坪西南800米。此村原长有较多的杨柳树，故名。

台上 Tái shàng （片村），左家坪西北750米。主产玉米、水稻，特产生漆，白肋烟。该片村处一台地上，故名。

【车营大队】 Chē yíng dà duì 159户，674人，驻岭岗，中坪集镇西南2.4公里。原名三合大队，1981年9月1日按所辖地片名更名为车营大队。辖10个生产队，16个自然村，1个药材场，耕地面积1784亩。主产玉米、薯类，特产生漆、黄连、贝母、厚朴等。

岭岗 Lǐng gǎng 32人，中坪集镇西南2.4公里，大队驻地。此村山岭上有块坪地，故名。

马家坳 Mǎ jiā ào 32人，岭岗西2公里。

孙家槽口 Sūn jiā cáo kǒu 20人，岭岗西2.5公里。

唐家屋场 Táng jiā wū chǎng 32人，岭岗西北2.6公里。

牛角塆 Niú jiǎo wān 25人，岭岗东北1.75公里。村处山塆形似牛角，故名。

田家坪 Tián jiā píng 68人，岭岗西北1.75公里。

张家老屋场 Zhāng jiā lǎo wū chǎng 41人，岭岗北1.25公里。

黄家塆 Huáng jiā wān 65人，岭岗西北1.25公里。

蔡家垭 Cài jiā yà 32人，岭岗北800米.

花家塌 Huā jiā tà 48人，岭岗东北1公里。

天生坪 Tiān shēng píng 18人，岭岗东北800米。村处坪地，当地人称此坪为天生的，故名。

张家垭子 Zhāng jiā yā zǐ 73人，岭岗北450米。

崔家垭 Cuī jiā yā 44人，岭岗东1.4公里。

桥坪 Qiáo píng 30人，岭岗东南450米。此村有条溪沟，沟周围较平，沟上有座人行桥，故名。

张家台 Zhāng jiā tái 53人，岭岗西南750米。

麻山 Má shān 34人，岭岗东南1.1公里。早前，此山有成片野竹，人们用用以制作麻皮，可造纸，故名。

车营坪 Chē yíng píng （片村），岭岗西北1.6公里。包括黄家塆、田家坪、唐家屋场3个自然村，主产玉米、薯类，特产生漆、药材。此地有条小河沟(土家语叫河为“车”)，贺龙的部队路过时，扎过营房，故名。

【桂花园大队】 Guì huā yuán dà duì 162户，737人，驻桂花园，中坪集镇东南4.8公里。原名红南大队，1981年从红南分出，按其驻地名命名为桂花园大队。辖9个生产队，9个自然村，耕地面积1210亩，其中水田124亩。主产玉米、薯类、水稻，特产生漆、白肋烟。

桂花园 Guì huā yuán 73人，中坪集镇东南4.8公里，大队驻地。此地长有多棵桂花树，故名。

王家坪 Wáng jiā píng 117人，桂花园西北600米。

张家坪 Zhāng jiā píng 40人，桂花园西750米。

郭家铺 Guō jiā pū 70人，桂花园东1.9公里。

下倒沟 Xià dào gōu 79人，桂花园西南750米。此地有条山沟，从下到上绕山包转一周，当地称倒沟塆，该村处倒沟塆下方，故名。

双龙坪 Shuāng lóng píng 125人，桂花园东南1.91公里。此村坪有块岩石，上有两条似龙的石纹，故名。

上倒沟 Shàng dǎo gōu 53人，桂花园西南1.6公里。村处下倒沟村上方，故名。

下关口 Xià guān kǒu 69人，桂花园东南1.5公里。此地有一险峻的地方象关口，村处关口下方，故名。

上关口 Shàng guān kǒu 58人，桂花园东南1.5公里。村处下关口村上方，故名。

【木栗园大队】 Mù lì yuán dà duì 193户，864人，驻村坊，中坪集镇西南6.9公里。原名风光大队，1981年9月1日按所辖地片名更名为木栗园大队。辖9个生产队，7个自然村，耕地面积2141亩，其中水田612亩。主产玉米、水稻，特声生漆、桐油、油茶等。

村坊 Cūn fāng 186人，中坪集镇西南6.9公里，大队驻地。此村人口较多，且居住集中，故名。

龙家台 Lóng jiā tái 78人，村坊东北2.6公里。

侯家坪 Hóu jiā píng 136人，村坊东北1.9公里。

龙塘口 Lóng táng kǒu 88人，村坊东北2.9公里。此地有口水塘，相传有龙在塘中，故名。

独立坝 Dú lì bà 128人，村坊东北1.6公里。此村处两条大沟中间，地势平坦，成独立平坝，故名。

垭子上 Yā zǐ shàng 16人，村坊东北850米。村处山垭上，故名。

花田 Huā tián 94人，村坊西偏南950米。过去此村土地户主较多，形成插花田，故名。

下台 Xià tái （片村），中坪集镇西6公里。包括村坊、垭子上、花田3个自然村，面积约2.5平方公里，主产玉米、水稻，特产生漆、油茶。该片村位于上台片村下方，故名。

木栗园 Mù lì yuán （片村），中坪集镇西南8.1公里，包括2个大队，13个自然村，面积约6平方公里。主产水稻，特产生漆、自肋烟。该片村盛产板栗，当地人俗称木栗，故名。

【六石坪大队】 Liù dàn píng dà duì 83户，404人，驻茶园，中坪集镇西南6公里。1981年从木栗园、河溪两大队分出部分成立六石坪大队。辖8个生产队，8个自然村，耕地面积840亩，其中水田380亩。主产水稻、玉米，特产生漆、白肋烟。

茶园 Chá yuán 36人，中坪集镇西南6公里，大队驻地。很早以前，此地盛产茶叶，故名。

夹界 Jiā jiè 34人，茶园东北1.4公里。此村处几个生产队的交界处，故名。

谭家屋场 Tán jiā wū chǎng 23人，

茶园西偏南 850 米。

阴坡 Yīn pō 87 人，茶园东南 900 米。村处大山后面坡上，且日照时间短，故名。

六石坪 Liù dàn píng 75 人，茶园西南 1 公里。此村有块较大的坪田，每季能产 6 石谷子，故名。

阳坡 Yáng pō 32 人，茶园东南 1.4 公里。村处山坡，地形向阳，且日照时间长，故名。

杨家塆 Yáng jiā wān 53 人，茶园西南 1.5 公里。

三尖岩 Sān jiān yán 46 人，茶园西南 3 公里。此地有 3 个很尖的山峰，故名。

【上台大队】 Shàng tái dà duì 201 户，1095 人，驻三梨树，中坪集镇西南 9.5 公里。原名晨光大队，1981 年 9 月 1 日按所辖地片名更名为上台大队。辖 15 个生产队，16 个自然村，耕地面积 2480 亩，其中水田 398 亩。主产玉米、薯类、水稻，特产生漆，还产木材。

三梨树 Sān lí shù 74 人，中坪集镇西南 9.5 公里，大队驻地。此村原有 3 棵大梨树，故名。

河坪 Hé píng 58 人，三梨树东北 2.1 公里。村处木栗河右上方(东北)一较平坦的河坝中，故名。

康家台 Kāng jiā tái 47 人，三梨树西北 900 米。。

蔡家台 Cài jiā tái 106 人，三梨树西北 1.4 公里。

曲木塆 Qǔ mù tǎng 95 人，三梨树东北 750 米。村处窝塆，原长有一弯曲的大树，故名。

香树田 Xiāng shù tián 114 人，三梨树东北 500 米。此村有块田，原生长有多棵较大的香柏树，故名。

洞鸡坪 Dòng jī píng 26 人，三梨树东 1.5 公里。村处坪地，周围岩洞多，常有野鸡出人，故名。

任家台 Rèn jiā tái 40 人，三梨树西南 1.6 公里。

上台 Shàng tái 32 人，三梨树西 500 米。村处台地，且位于木栗河上方(东南)，故名。

车沟 Chē gōu 39 人，三梨树西南 2.4 公里。此村边有条河沟，“车”为土家语，意为河，故名。

扯大户 Chě dà hù 38 人，三梨树东南 1.2 公里。相传，此地原有好几户富裕的人家，巧取豪夺另几家的钱财，后得名扯大户。

夏家坡 Xià jiā pō 39 人，三梨树西南 3 公里。

岩洞塆 Yán dòng wān 72 人，三梨树西南 1.9 公里。村处山塆，塆内天然岩洞多，故名。

刘家塆 Liú jiā wān 59 人，三梨树南 1.75 公里。

马家塆 Mǎ jiā wān 63 人，三梨树西南 2.5 公里。

场坪 Chǎng píng 90 人，三梨树西南 3 公里。相传，很早前有人在此村坪办过瓦厂，故名。

【干坪大队】 Gān píng dà duì 203 户，925 人，驻干坪，中坪集镇东南 6.6 公里。1958 年命名为干坪大队。辖 8 个生产队，9 个自然村，耕地面积 2144 亩，其中水田 113 亩。主产玉米、薯类、水稻，特产生漆、药材。

干坪 Gān píng 89 人，中坪集镇东南 6.6 公里，大队驻地。坪中缺水，故名。

上牛栏坪 Shàng niú lán píng 45 人，中坪集镇西北 1.6 公里。据传，此坪池塘里发现有头犀牛，人们为了保护它，就修了一个牛栏，称牛栏坪。该村位于牛栏坪上部，故名。

三板桥 Sān bǎn qiáo 115 人，干坪西北 1.1 公里。村前有条小沟，有座三拱木板搭成的桥，故名。

下牛栏坪 Xià niú lán píng 78人，干坪东北750米。据传，此坪池塘里发现有犀牛，人们为了保护它，就修了一个牛栏，称牛栏坪。此村位于牛栏坪的下半部，故名。

庄户 Zhuāng hù 74人，干坪东北750米。此村住户集中，当地称庄户，故名。

钟家屋场 Zhōng jiā wū chǎng 75人，干坪东北850米。

上干坪 Shàng gān píng 110人，干坪东北900米。此村缺水，且位于干坪上方，故名。

蓼叶湖 Liáo yè hú 101人，干坪东北1.1公里。此村原有口池塘，当地称湖，周围长有很多蓼叶，故名。

下干坪 Xià gān píng 82人，干坪西南750米。此村缺水，且位于干坪下方，故名。

【河溪大队】 Hé xī dà duì 169户，812人，驻河溪，中坪集镇西南6.6公里。原名红光大队，1981年9月1日按其驻地名更名为河溪大队。辖10个生产队，11个自然村，耕地面积1320亩，其中水田348亩。主产玉米、薯类、水稻，特产生漆、香菇、木耳，还产木材。

河溪 Hé xī 103人，中坪集镇西南6.6公里，大队驻地。此村边一条河是由许多小溪沟汇集而成，故名。

木场坪 Mù chǎng píng 10人，河溪东北2公里。很早以前，此地盛产木材，伐木的人们在此开辟了一块坪地堆放木材，故名。

小溪坪 Xiǎo xī píng 113人，河溪东北2.9公里。村处小溪旁的坪地上，故名。

黄连溪 Huáng lián xī 78人，河溪东北1.5公里。此村原盛产黄柏(当地误称黄连)，故名。

张家沟 Zhāng jiā gōu 54人，河溪东2公里。

顶坪 Dǐng píng 17人，河溪西北1.1公里。此村处在山坡顶上的坪地，故名。

杨峁台 Yáng mǎo tái 16人，河溪西400米。

后山 Hòu shān 82人，河溪西南108公里。村前面(西面)有座山，故名。

胆大妇 Dǎn dà fù 116人，河溪西南1.7公里。很早以前，有一拖儿带女的寡妇到此地，开垦了这个地方，后来人们为了纪念这个胆大的妇女，将此地命名为胆大妇。

长坪 Cháng píng 73人，河溪西南1.5公里。此村地形为一块狭长坪地，故名。

新屋场 Xīn wū chǎng 73人，河溪西南2.4公里。此村是解放后新修建的屋场，故名。

【肖家河大队】 Xiāo jiā hé dà duì 136户，624人，驻肖家河，中坪集镇南9.3公里。原名红星大队，1981年9月1日按其驻地名更名为肖家河大队。辖6个生产队，8个自然村，耕地面积1387亩，其中水田195亩。主产玉米、薯类、水稻，特产生漆、香菇，药材等。

肖家河 Xiāo jiā hé 52人，中坪集镇南9.2公里，大队驻地。

椅子塆 Yǐ zǐ wān 83人，肖家河东北2公里。村处山塆，地形似一大木椅子，故名。

竹坪 Zhú píng 74人，肖家河北1.4公里。村处坪地，盛产竹子，故名。

中塆槽 Zhōng wān cáo 47人，肖家河西北1.25公里。此村塆夹在两山之间，形成长槽，故名。

甩拉溪 Shuǎi lā xī 75人，肖家河东北1.5公里。很早前，有个谭姓地主从此地搬迁时，将土地及山林等卖掉准备起程，却将此村忘掉了。人家问这里怎么办，他随口说：“甩那去”(即不要)。后流传下来，

"甩那去"和"拉溪"字音相近，就习惯喊成"甩拉溪"。

马换坝 Mǎ huàn bà 112人，肖家河，西南850米。早年，有一财主用马换得此坝，故名。

白果坪 Bái guǒ píng 110人，肖家河南1.2公里。此坪原生长棵较大的白果树，故名。

桦杆坪 Huà gǎn píng 46人，肖家河南2公里。早年，此村坪长有很多桦杆树，故名。

【双河公社长岭岗药材场】 Shuāng hé gōng shè cháng lǐng gǎng yào cái chǎng 驻银家坪，中坪集镇西北3.5公里。辖8个自然村，6个生产队，95户，385人，其中职工149人，国家干部1人。1960年前属县辖药材场；1960年后为新塘区辖；1975年撤区并社后属双河公社辖。主要生产药材，有黄连、党参、厚朴、贝母。

银家坪 Yín jiā píng 68人，中坪集镇西北3.5公里。

竹园坪 Zhú yuán píng 55人，银家坪北1.3公里。村处坪地，有片竹园，故名。

椅子埫 Yǐ zǐ tǎng 34人，银家坪东北1.6公里处。村处埫地，山形如座椅，故名。

张家塆 Zhāng jiā wān 12人，银家坪北900米。

后坪坡 Hòu píng pō 47人，银家坪南2.5公里。村处坡地，与新塘后坪村交界，故名。

荞田坪 Qiáo tián píng 40人，银家坪西南1.1公里。村处坪地，原种过荞子，故名。

观音阁 Guān yīn gé 37人，银家坪西南104公里。村中原有观音阁，村名沿用。

中坝坪 Zhōng bà píng 44人，银家坪西南3公里。村处坪地，位于长岭岗中部，故名。

双河公社煤厂 Shuāng hé gōng shè méi chǎng 中坪集镇东北6.6公里，1979年开办，有工人10名，年产煤120万斤。

双河公社拖拉机站 Shuāng hé gōng shè tuō lā jī zhàn 中坪集镇北700米。1976年成立，有集体职工6人，国家干部1人，拖拉机7台，116马力。

双河公社电站 Shuāng hé gōng shè diàn zhàn 中坪集镇东南1公里。1978年动工修建，1979年冬建成。集体职工3人，装机容量50千瓦。

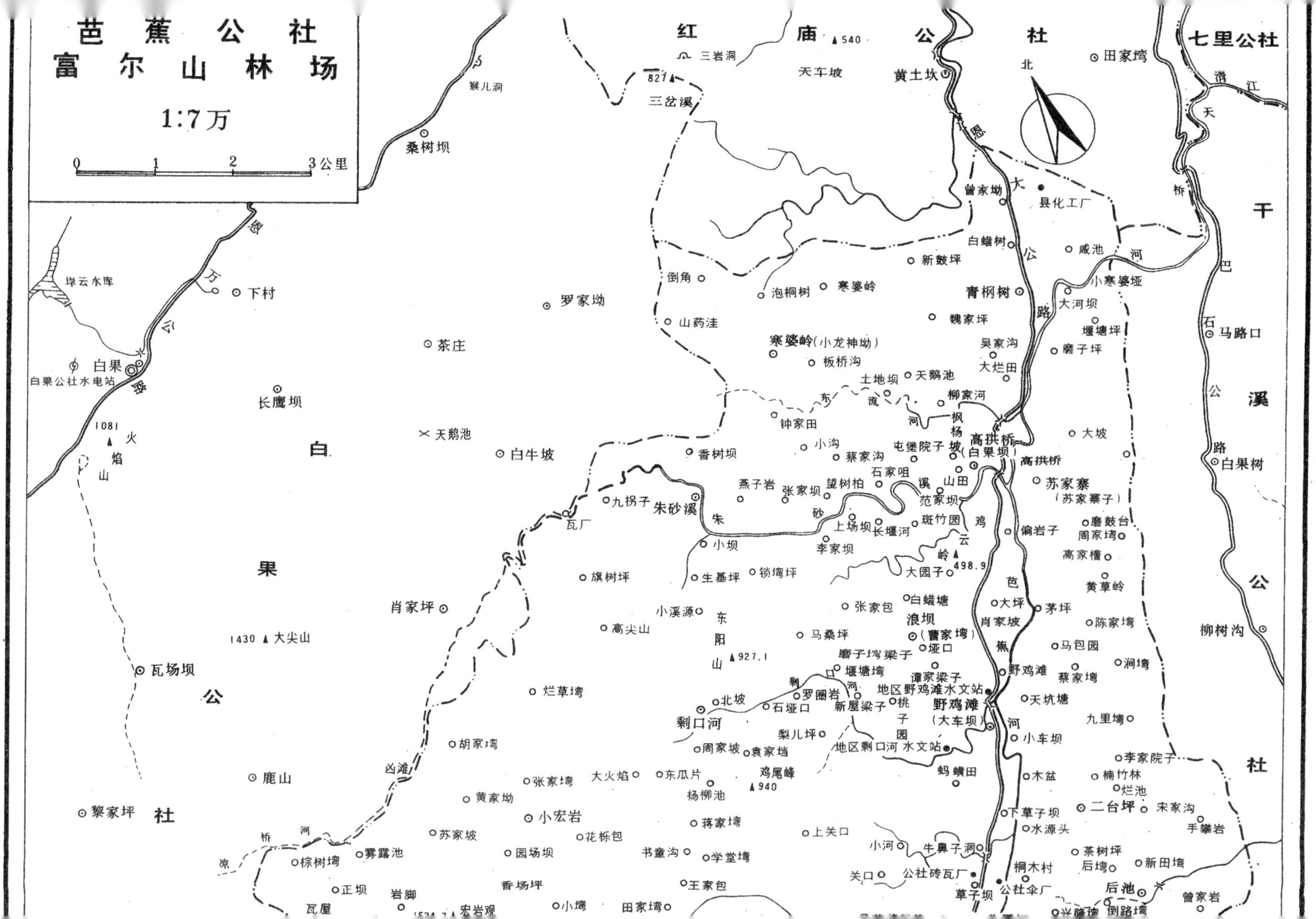
芭蕉公社
富尔山林场
1:7万
0 1 2 3公里
红庙公社
七里公社
干溪公社
白果公社
三岩洞
天车坡
黄土坎
田家湾
桑树坝
猴儿洞
三岔溪
县化工厂
曾家坳
白蜡树
新鼓坪
咸池
小寒婆垭
大河坝
青枫树
魏家坪
堰塘坪
磨子坪
石马路口
白果树
柳树沟
寒婆岭(小龙神坳)
板桥沟
泡桐树
山药洼
倒角
岸云水库
下村
罗家坳
茶庄
白果
白果公社水电站
长鹰坝
天鹅池
白牛坡
火焰山
香树坝
钟家田
土地坝
天鹅池
柳家河
高拱桥
屯堡院子
白果坝
苏家寨
(苏家寨子)
蔡家沟
石家咀
望树柏
张家坝
燕子岩
九拐子
朱砂溪
瓦厂
山田
范家坝
斑竹园
上场坝
长堰河
李家坝
小坝
偏岩子
磨鼓台
周家塆
高家槽
黄草岭
大围子
生基坪
锁塆坪
旗树坪
肖家坪
小溪源
高尖山
东阳山
927.1
张家包
白蜡塘
浪坝
(曹家塆)
垭口
马桑坪
大坪
肖家坡
茅坪
陈家塆
马包园
洞塆
磨子塆梁子
堰塘塆
谭家梁子
地区野鸡滩水文站
野鸡滩
(大车坝)
蔡家塆
天坑塘
罗圈岩
新屋梁子
桃子园
石垭口
北坡
剩口河
梨儿坪
周家坡
袁家挡
地区剩口河水文站
九里塆
小车坝
大尖山
瓦场坝
烂草塆
胡家塆
鹿山
黎家坪
凶滩
张家塆
大火焰
东瓜片
杨柳池
鸡尾峰
940
黄家坳
小宏岩
蒋家塆
上关口
小河
牛鼻子洞
蚂蟥田
木盆
李家院子
楠竹林
烂池
二台坪
宋家沟
手攀岩
下草子坝
水源头
苏家坡
花桥包
茶树坪
后塆
新田塆
棕树塆
雾露池
园场坝
书童沟
学堂塆
关口
公社砖瓦厂
桐木村
公社伞厂
后池
曾家岩
正坝
岩脚
香场坪
王家包
草子坝
瓦屋
宏岩观
小塆
田家塆
倒路塆
540
827
1081
1430
498.9

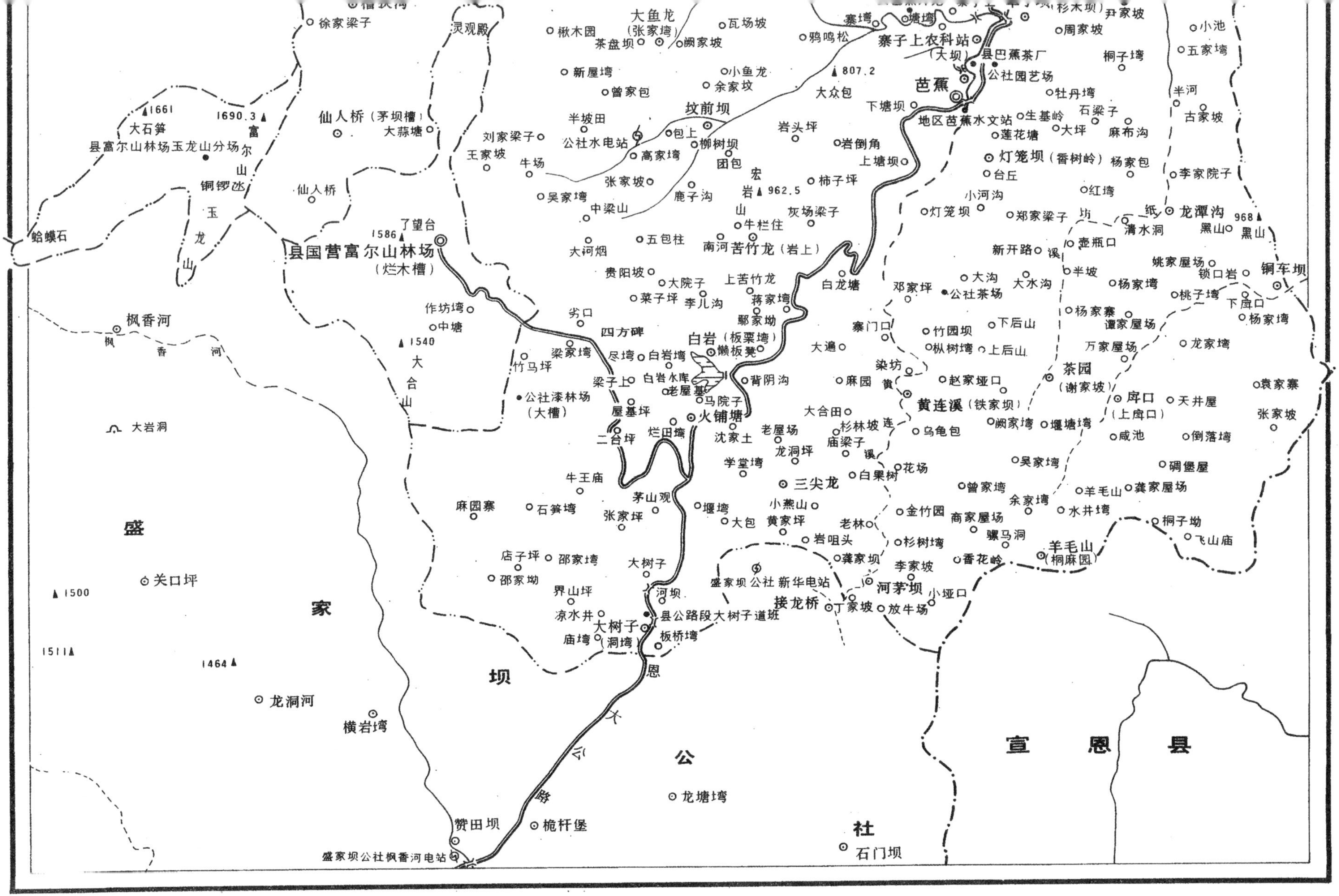

宣恩县
盛家坝公社
芭蕉
寨子上农科站
（大坝）
县巴蕉茶厂
公社园艺场
地区芭蕉水文站
灯笼坝（香树岭）
龙潭沟
铜车坝
黄连溪（铁家坝）
茶园
（谢家坡）
庙口
（上庙口）
三尖龙
火铺塘
白岩（板栗塆）
南河苦竹龙（岩上）
坟前坝
县国营富尔山林场
（烂木槽）
县富尔山林场玉龙山分场
仙人桥（茅坝槽）
大鱼龙
（张家塆）
羊毛山
（桐麻园）
河茅坝
接龙桥
盛家坝公社新华电站
县公路段大树子道班
大树子
（洞塆）
盛家坝公社枫香河电站
赞田坝
桅杆堡
龙塘塆
石门坝
龙洞河
横岩塆
关口坪
枫香河
大岩洞
大合山
公社漆林场
（大槽）
公社水电站
公社茶场
恩大公路
富尔山
玉龙山
铜锣凼
蛤蟆石
灵观殿
807.2
962.5
968
1586
1540
1661
1690.3
1500
1511
1464

芭 蕉 公 社 概 况

BA JIAO GONG SHE GAI KUANG

芭蕉公社位于恩施县城南偏西，恩(施)一大(集场)公路纵贯全境。南北长18公里，东西宽18公里。东与干溪公社接壤，西与白果公社交界，西南和盛家坝公社相连，南与宣恩县庆阳公社毗邻，北与红庙、白果公社连界。

全社下辖瓦屋、芭蕉、南河、白岩、屏口5个管理区，31个大队，259个生产队，314个自然村，1个园艺场，1个漆林场。总面积159.72平方公里，其中耕地48201亩(水田18242亩，旱地29959亩)。林地33155亩。全社共有7095户，33475人，其中非农业人口1687人，从业人口12259人。土家族占26.11%。

芭蕉公社地处鄂西南山区，地形分低山和二高山。低山点69.4%。全社平均海拔740米。最高点在玉龙山，海拔1690.3米，最低点是青枫树大队的大河坝，海拔425米。社境内地形西南高，中部和东北低，公社大部分低山区属恩施盆地，丘陵起伏如波，土层深厚肥沃，是公社的主要水稻产区。山峦起伏重叠。沟溪纵横流泻，山槽平坝遍布，是芭蕉公社地形的显著特征。东、南、西三面石灰岩分布广泛，北面多为生草红泥砂土。全社以紫色土和盐砂土为主。

芭蕉公社气候温和，四季分明，雨量充沛。年平均气温15℃。1月平均温度1℃~2℃，7月平均温度23.5℃。无霜期266天。年降雨量1247毫米，夏季多，冬季少。干湿度16.5毫巴。

公社区域内有芭蕉河、朱砂溪、纸房溪、胜口河、大鱼龙、坟前坝河等6条小河，以芭蕉河流量最大。除纸房溪流入干溪公社外，其余4条都在全社境内汇入芭蕉河，最后在红庙、干溪公社交界的天桥注入清江。人们利用这些丰富的水利资源来蓄水、灌溉、发电。全社已修建了白岩、红旗2座水库(总容量60万立方米)和公社电站、坟前坝电站、朱砂溪、友谊电站等4个电站，装机容量350千瓦，已有70%的大队和芭蕉集镇通电。

解放前属恩施县第三区，1952年属恩施县第十区，还辖现红庙公社的头道水、谭家坝，现干溪公社和白果公社的肖家坪，共30个乡。1955年属第五区，辖23个乡。1957年，将头道水、谭家坝划归灯塔区，将肖家坪划归白果区，第五区改名为芭蕉区。

1958年，改名为芭蕉公社，下设芭蕉、南河、朱砂、寨塆、瓦屋、三新、岸口、天桥、米田、黄泥、干溪11个管理区。

1962年又改为芭蕉区，下辖的11个管理区改成公社。

1975年撤区并社时，将天桥、干溪、米田、黄泥4个小公社划出成立干溪大公社，余下的7个小公社和大集区的花场公社组成芭蕉大公社。

1933年下半年，我党领导的红二方面军，曾到芭蕉组织人民群众开展对土豪劣绅的斗争。抗日战争时期，我党在此建立了地下基层党组织，并于1937年组织了茶厂工人的罢工运动，为解放后在芭蕉建立人民政权奠定了基础。

芭蕉公社主产水稻、玉米、红苕、小麦，洋芋次之。解放以来，通过改革耕作制度，平整土地，兴修水利，科学种田和化肥、农药的增多及农机事业的发展，粮食产量大幅度上升，1981年，全社粮食总产达2226.6万斤，农业总产值408.2万元，占全社国民经济总产值的98.2%。

该社资源富庶，物产丰富，且气候湿润，无霜期长，土壤松软呈酸性，适宜茶树和其他经济林木的生长。芭蕉人民种茶历史悠久，面积大，采摘期长，品种优良，一直是湖北省和恩施地区茶叶的主要种植区之一。据有关资料记载，芭蕉已有300多年的栽培茶树和加工茶叶的历史，所产的“芭蕉红茶”，汤色红亮，叶底红艳，滋味醇和，久享盛名，畅销国内，远销东、西欧、东南亚国家。现在，全社已有茶园1.2万亩，1981年，茶叶总产达6436担，茶叶总收入76万元，占农业总产值的18.3%。恩施县还在芭蕉集镇建立了全县最大的机械化茶厂，主要生产出口的“芭蕉红茶”，每年加工茶叶3500担，总产值95万元。

经济林以桐油、木梓为主，油料作物有油茶、花生，土特产有苧麻、白肋烟、桃、李、梨、柿、枣等水果也生长更好。人民利用藤子编织的藤器，款式新颖，板面平整，美观大方，结构紧密，远销省内外，深得用户好评。

农业生产水平的提高，促进了农机事业的发展。全社现有汽车5部，中型拖拉机5台，手扶拖拉机5台，电动机93台，柴油机126台，脱粒机62台，各类农副产品加工机械306台。

芭蕉公社地处恩(施)—大(集场)公路沿线，交通方便。恩大公路从北部的板板桥入公社境内至南边的大树子出境接盛家坝公社，在境内长27公里，贯穿7个大队。1975年以来，又修建了7条简易公路，总长42公里，目前已形成了一个以芭蕉集镇为中心，通往各大队的公路网。

解放初期，全社只有1个诊所，2名医生，现发展到有50个病床的公社医院1所，还有2所分院，23个大队医务室，有国家、集体医务人员95人，赤脚医生49人。教育事业由解放初期的1所小学，

200多名学生，教师11人发展到现在的高中1所，初中5所，小学45所，在校学生达7300多名，教职工420名，恩施县还在此社设立了1所师范学校。

公社驻地芭蕉集镇，北经公路去县城19公里，因集镇原有一水塘，塘边生长很多芭蕉树而得名。集镇有上下两条主街，下街又有3条岔街。公社机关驻在两街之间的台地上，机关院内修有1座800个座位的简易电影院，县直各机关都驻在街上，集市贸易极盛，茶叶的上市量较大。目前，芭蕉集镇已成为恩施县西南部最大集镇和茶叶生产的中心。

芭蕉公社行政区划、居民点名称

芭蕉集镇 Bā jiāo jí zhèn 位于恩施县城南偏西18公里(公路里程19公里)，海拔520米。集镇依山傍水，芭蕉河自西南向东北流去，原河弯处有一水塘，塘边长有许多芭蕉树，故名芭蕉塘，后来人们惯称芭蕉，沿用至今。

集镇有上、下两条主街，下街又有3条岔街。上、下街相距约200米。公社机关驻在两街之间的台地上。上街呈东西走向，下街呈南北走向。街道多为泥土和石板路面，平均宽约5米。两街之间有一石台阶梯相通，两旁多为木瓦结构房屋，颇有旧时农村乡集的特点。全集镇南北长约1公里，东西宽约500米，总面积0.5平方公里。镇上总人口1732人，其中非农业人口1687人。

芭蕉集镇始建于清代末年。解放前夕，已形成较为繁荣的集市，文化生活也十分活跃。上、下街各有1个南剧团，经常在集市和夜间演出。上街西头，有一出水溶洞，泉水出洞后，形成小河从街中穿流而过，人们就在街中的河面上搭起许多凉桥，桥两头设立茶店、饭馆，供过往的商旅和赶集的人乘凉、小酌和食宿，故上街的集市贸易胜过下街。解放后，因下街地势开阔一些，便于发展，社直各机关和商店就相继建在下街，集市也迁到了下街，上街盛况，随之日衰。

解放前，本镇属恩施县第三区芭蕉乡所辖。以产茶闻名，解放后，芭蕉集镇一直是区、乡、公社等行政机关驻地。

芭蕉集镇地处恩(施)—大(集场)公路线上，交通方便，各项建设发展很快。上街办起了农具厂、建筑队。上街东部的河边，设有水文站。下街建有供销社的7个门市部，2个饭馆，1个旅社。医院、学校、粮油所、副食品加工厂、财政、银行、邮电所、工商所、食品所、理发店、缝纫社等机关与民房交错而立。公社机关内，有1座800个座位的电影院，装有35毫米放映机两部。公社机关前，建有装机50千瓦的水电站，为集镇上的农副产品加工和照明提供了电力，人们还用上了自来水。

在农历一、四、七集日里，从县茶场过木桥至公社医院一带的街道被挤得水泄不通，赶集的人数常达5000人左右。30多家集体和个体店铺分布全镇，更使市场显得十分活跃。上市的物资有粮食、茶叶，蔬菜、水果、蛋、肉类、木、竹、藤。器等120多个品种，日成交额在15000元左右。

芭蕉集镇以茶叶的品质优良而驰名。恩施县在镇北建立了全县最大的机械化茶厂，有职工80多人，每年生产著名的“芭蕉红茶”3500担。以汤色红亮、叶底红艳、滋味醇和而享有盛名。畅销全国，远销到东、西欧国家，深得国内外用户的好评。

今天的芭蕉集镇，北通恩施城，南连盛家坝，交通便利，市场繁荣，已成为恩施县西南部茶叶和土特产的主要集散地和芭蕉公社政治、经济、文化的中心。

【芭蕉大队】 Bā jiāo dà duì 驻上关口，位于芭蕉集镇北2.9公里处。原名红英大队，1981年9月1日更名为芭蕉大队。辖8个生产队，6个自然村，266户，1091人，耕地面积1155亩，其中水田504亩，主产玉米、薯类、水稻，特产茶叶。

上关口 Shàng guān kǒu 50人，位于芭蕉集镇北偏西2.9公里处，大队驻地。村处山隘口之上，故名。

关口 Guān kǒu 100人，上关口东南1.1公里处。村处山隘口，故名。

寨塆 Zhài wān 60人，上关口南偏

东 1.7 公里处。村处山湾，住户集中似寨子，故名。

塘塆　Táng wān　60 人，上关口南偏东 1.75 公里处。此村塆原有一大水塘，故名。

下塘坝　Xià táng bà　60 人，上关口南 2.75 公里处。早年此村坝有口大塘，村处塘下方，故名。

上塘坝　Shàng táng bà　40 人，上关口南偏西 3.8 公里处。村处下塘坝之上，故名。

关口塆　Guān kǒu wān　（片村），关口南偏东 750 米处。包括上关口、关口两个村，主产玉米、水稻，特产茶叶。处山隘口下的塆中，故名。

【寒婆岭大队】　Hán pó lǐng dà duì　驻小龙神坳，位于芭蕉集镇北 8.85 公里处。原名新华大队，1981 年 9 月 1 日按所辖自然村名更名为寒婆岭大队。辖 14 个生产队，13 个自然村，373 户，1824 人，耕地面积 2500 亩，其中水田 1505 亩。主产玉米、水稻、薯类、特产茶叶、苎麻、桐子。

小龙神坳　Xiǎo lóng shén ào　100 人，位于芭蕉集镇北 8.85 公里处，大队驻地。村处山坳口，曾修建有一小龙神庙，故名。

倒角　Dǎo jiǎo　60 人，小龙神坳西北 1.4 公里处。村处于与红庙公社交界处的三角地带，故名。

山药洼　Shān yào wā　40 人，小龙神坳西北 1.5 公里处。村处洼地，盛产山药，故名。

泡桐树　Pào tóng shù　140 人，小龙神坳北 800 米处。此村原长有很多泡桐树，故名。

寒婆岭　Hán pó lǐng　100 人，小龙神坳东北 1.1 公里处。村处山岭，相传，岭上曾修建有座寒婆庙，故名。

板桥沟　Bǎn qiáo gōu　90 人，小龙神坳东南 500 米处。此村沟上架有一座木板桥，故名。

钟家田　Zhōng jiā tián　120 人，小龙神坳西南 800 米处。

土地坝　Tǔ dì bà　70 人，小龙神坳东南 1.5 公里处。村处平坝，土地(田)多，故名。

小沟　Xiǎo gōu　100 人，小龙神坳南 1.3 公里处。村处小山沟内，故名。

燕子岩　Yàn zǐ yán　150 人，小龙神坳西南 2 公里处。此村有块岩石，形似燕子，故名。

蔡家沟　Cài jiā gōu　100 人，小龙神坳南 1.5 公里处。

张家坝　Zhāng jiā bà　150 人，小龙神坳南 1.9 公里处。

望树柏　Wàng shù bǎi　120 人，小龙神坳南 2 公里处。此村原生长有棵大柏树，很远就可以望见，故名。

【青㭎树大队】　Qīng gāng shù dà duì　驻青桐树，位于芭蕉集镇东北 9.6 公里处。原名新春大队，1981 年 9 月 1 日按其驻地名更名为青㭎树大队。辖 9 个生产队，9 个自然村，275 户，1356 人，耕地面积 1670 亩，其中水 1024 亩。主产玉米、水稻、薯类，特产茶叶、苎麻。

青㭎树　Qīng gāng shù　150 人，位于芭蕉集镇东北 9.6 公里处，大队驻地，此村原有棵大青㭎树，故名。

曾家坳　Zēng jiā ào　40 人，青㭎树北 1.2 公里处。

新鼓坪　Xīn gǔ píng　50 人，青㭎树西北 1.45 公里处。村处坪坝，曹氏迁居到此修了 1 栋新屋，称新户坪，后讹称新鼓坪。

白蜡树　Bái là shù　50 人，青桐树北 650 米处。此村原生长有棵大白蜡树，故名。

咸池　Xián chí　180 人，青㭎树东 800 米处。此村水池中的水带有咸味，故名。

魏家坪　Wèi jiā píng　30 人，青㭎树西 1.2 公里处。

吴家沟　Wú jiā gōu　60 人，青桐树西南 900 米处。

大烂田 Dà làn tián 50人，青枫树西南1.25公里处。此村有块大水田，平时为烂泥糊，故名。

柳家河 Liǔ jiā hé 40人，青桐树西南1.75公里处。

【朱砂溪大队】 Zhū shā xī dà duì 驻朱砂溪，位于芭蕉集镇北7.5公里处。原名胜利大队，1981年9月1日按其驻地名更名为朱砂溪大队。辖10个生产队，11个自然村，317户，1500人，耕地面积1799亩，其中水田681亩，主产玉米、薯类、水稻，特产茶叶、苎麻、桐子。

朱砂溪 Zhū shā xī 210人，位于芭蕉集镇北7.5公里处，大队驻地。此村有条小溪，溪底砂砾红色似朱砂，故名。

香树坝 Xiāng shù bà 100人，朱砂溪东北500米。此村坝香柏树较多，故名。

瓦厂 Wǎ chǎng 40人，朱砂溪西北1.65公里处。此村原办过瓦厂，故名。

九拐子 Jiǔ guǎi zǐ 90人，朱砂溪西北1.15公里处。此村有条小路连续拐了9个弯，故名。

小坝 Xiǎo bà 200人，朱砂溪南偏西650米处。此村有小坝水田，故名。

生基坪 Shēng jī píng 140人，朱砂溪西南1.15公里处。相传，此坪有人用石板砌成一墓坑，以备死后安葬之用，故名。

高尖山 Gāo jiān shān 60人，朱砂溪西南2.1公里处。村处一座较高的山顶平地上，故名。

锁塆坪 Suǒ wān píng 120人，朱砂溪南1.3公里处。村处山塆内坪地处，塆形似一把锁，故名。

李家坝 Lǐ jiā bà 120人，朱砂溪东南1.8公里处。

小溪源 Xiǎo xī yuán 130人，朱砂溪西南1.6公里处。此村处小溪水的发源处，故名。

马桑坪 Mǎ sāng píng 100人，朱砂溪南2.45公里，村处坪地，马桑树多，故名。

【高拱桥大队】 Gāo gǒng qiáo dà duì 驻白果坝，位于芭蕉集镇东北7.2公里处。原名黎明大队，1981年9月1日更名为高拱桥大队。辖12个生产队，12个自然村，279户，1374人，耕地面积1820亩，其中水田1195亩，主产水稻，玉米，特产茶叶、苎麻、桐子。

白果坝 Bái guǒ bà 120人，位于芭蕉集镇东北7.2公里处，大队驻地，此坝原长有白果树，故名。

天鹅池 Tiān é chí 50人，白果坝西北1.65公里处。此村有块岩石形似天鹅，山顶上有个水窝，故名。

屯包院子 Tún bāo yuàn zǐ 160人，白果坝西北1.1公里处。村处山包上，有座大院子，屯居人多，故名。

石家嘴 Shí jiā zuǐ 120人，白果坝西北1.5公里处。村处朱砂溪河边的山嘴上，石姓人多，故名。

枫阳坡 Fēng yáng pō 130人，白果坝西北500米处。此村坡向阳，原有棵大枫香树，故名。

上场坝 Shàng chǎng bà 160人，白果坝西1.85公里处。村处平坝，位于朱砂溪河坎上，故名。

山田 Shān tián 80人，白果坝西北400米处。此村旱田较多，故名。

范家坝 Fàn jiā bà 110人，白果坝西700米处。

高拱桥 Gāo gōng qiáo 70人，白果坝东南260米处。村处河边，河上建有1座较高的石拱桥，故名。

长堰河 Cháng yàn hé 60人，白果坝西1.55公里处。此村有条狭长的堰沟，流有小河流，故名。

斑竹园 Bān zhú yuán 60人，白果坝西南1.15公里处。此村长有一片斑竹，故名。

偏岩子 Piān yán zǐ 果坝西南800米处。此村边有壁偏岩壳（穴），故名。

【苏家寨大队】 Sū jiā zhài dà duì 驻苏家寨子，位于芭蕉集镇东北7.15公里处。原名新民大队，1981年8月1日按其驻地名更名为苏家寨大队。辖11个生产队，11个自然村，255户，1264人，耕地面积1358亩，其中水田542亩，主产玉米、薯类、水稻，特产茶叶。

苏家寨子 Sū jiā zhài zǐ 150人，位于芭蕉集镇东北7.15公里处，大队驻地。

大河坝 Dà hé bà 60人，苏家寨子东北2.6公里处。村处河边的平坝上，故名。

堰塘坪 Yàn táng píng 100人，苏家寨子东北2.25公里处。此村坪有口大堰塘，故名。

磨子坪 Mò zǐ píng 60人，苏家寨子东北1.7公里处。此村坪有块圆岩石，中间有孔，似磨子，故名。

大坡 Dà pō 80人，苏家寨子东北800米处。村处大山坡上，故名。

大寒婆垭 Dà hán pó yà 80人，苏家寨子东1.15公里处。村处山垭处，传说是给寒婆婆送柴的地方，故名。

磨鼓台 Mó gǔ tái 80人，苏家寨子东南800米处。村处台地，地形似石磨，且四周低、中间凸似鼓，故名。

周家塆 Zhōu jiā wān 70人，苏家寨子东南1.3公里处。

高家槽 Gāo jiā cáo 50人，苏家寨子东南1.3公里处。

黄草岭 Huáng cǎo lǐng 60人，苏家寨子东南1.6公里处。此村岭上遍地生长茅草，秋、冬季时遍岭枯黄，故名。

茅坪 Máo píng 50人，苏家寨子西南1.65公里处。村处坪地，原长满茅草，故名。

【剩口河大队】 Shèng kǒu hé dà duì 驻剩口河，位于芭蕉集镇北5公里处。1981年从胜利大队分出成立剩口河大队，按其驻地命名。辖5个生产队，5个自然村，97户，482人，耕地面积776亩，其中水田133亩，主产玉米、薯类、水稻，特产茶叶、苎麻、桐子。

剩口河 Shèng kǒu hé 25人，位于芭蕉集镇北5公里处，大队驻地。村附近为两条溪沟交叉处，两岸形成锁口，山洪暴发时，总剩一峡口露出水面，不被淹没，故名。

北坡 Běi pō 120人，剩口河东250米处。此村坡向北，故名。

周家坡 Zhōu jiā pō 90人，剩口河西南550米处。

东瓜片 Dōng guā piàn 130人，剩口河西南1公里处。此村土质好，以往种有成片冬瓜，故名。

袁家垱 Yuán jiā dàng 70人，剩口河东800米处。

【浪坝大队】 Làng bà dà duì 驻曹家塆，位于芭蕉集镇东偏北5公里处。原名红旗大队，1981年9月1日按所辖自然村名更名为浪坝大队。辖7个生产队，6个自然村，246户，1127人，耕地面积1599亩，其中水田1080亩。主产水稻、玉米、薯类，特产茶叶。

曹家塆 Cáo jiā wān 250人，位于芭蕉集镇东偏北5公里处，大队驻地。

张家包 Zhāng jiā bāo 50人，曹家塆西北950米处。

大园子 Dà yuán zǐ 100人，曹家塆东北1.5公里处。该村有块大田，历来都是种的蔬菜，故名。

白蜡塘 Bái là táng 80人，曹家塆北600米处。此村有口大塘，塘边原生长有成片白蜡树，故名。

大坪 Dà píng 100人，曹家塆东1.1公里处。村处一块大平地上，故名。

垭口 Yà kǒu 40人，曹家塆南250米处。村处山垭口，故名。

浪坝 Làng bà （片村），位于芭蕉镇东北5.5公里处。面积2000亩，包括曹家塆、垭口、白蜡塘、张家包4个自然村，主产玉米、水稻、薯类，特产茶叶。该片村小水田坝多，地形似波浪起伏不平，故名。

【小宏岩大队】 Xiǎo hóng yán dà duì 驻小宏岩，位于芭蕉集镇西北5.9公里处、原名红山大队，1981年9月1日按其驻地名更名为小宏岩大队。辖10个生产队，9个自然村，183户，958人，耕地面积1309亩，其中水田419亩，主产玉米、水稻、薯类，特产茶叶、桐子、木梓。

小宏岩 Xiǎo hóng yán 50人，大队驻地，位于芭蕉集镇西北5.9公里处。此村的山与其对面的宏岩观相比要小些，故名。

旗树坪 Qí shù píng 100人，小宏岩东北3.1公里处。此村坪原长有9棵大松树，枝繁叶茂，似升起的旗帜，故名。

烂草塆 Làn cǎo wān 20人，小宏岩东北1.65公里处。此村塆阴、狭，以往杂草丛生，故名。

胡家塆 Hú jiā wān 30人，小宏岩西北1.35公里处。

黄家坳 Huáng jiā ào 40人，小宏岩西北850米处。

张家塆 Zhāng jiā wān 40人，小宏岩北450米处。

苏家坡 Sū jiā pō 20人，小宏岩西北1.25公里处。

大火焰 Dà huǒ yàn 40人，小宏岩东1.5公里处。此村原为成片森林，为开垦田土，放火烧山时火很大，故名。

圆场坝 Yuán chǎng bà 60人，小宏岩西南500米处。此村最早的住户，在屋前筑有圆形场坝，故名。

【槽狭沟大队】 Cáo xiá gōu dà duì 主驻槽狭沟，位于芭蕉集镇西北7.8公里处。原名红山大队，1981年9月1日按其驻地名更名为槽狭沟大队。辖4个生产队，4个自然村，89户，406人，耕地面积681亩，其中水田211亩，主产玉米、薯类、水稻，特产茶叶、生漆、桐子、木梓。

槽狭沟 Cáo xiá gōu 30人，位于芭蕉集镇西北7.8公里处，大队驻地。村处狭窄的槽沟内，故名。

棕树塆 Zōng shù wān 50人，槽狭沟北750米处。村处山塆，原生长有成片棕树，故名。

雾露池 Wù lù chí 20人，槽狭沟东北850米处。村处河口上，地势低，有口小水池，经常被雾气笼罩，故名。

正坝 Zhèng bà 40人，槽狭沟北300米处。村处平坝，呈正方形，故名。

瓦屋 Wǎ wū 30人，槽狭沟西325米处。

徐家梁子 Xú jiā liáng zǐ 30人，槽狭沟西南800米处。

岩脚 Yán jiǎo 20人，槽狭沟东南825米处。村处大岩山脚下，故名。

【野鸡滩大队】 Yě jī tān dà duì 驻大车坝，位于芭蕉集镇东北3.85公里处。原名东升大队，1981年9月1日按所辖自然村名更名为野鸡滩大队。辖15个生产队，16个自然村，300户，1521人。耕地面积2157亩，其中水田1133亩，主产水稻玉米、薯类，特产茶叶、木梓。

大车坝 Dà chē bà 20人，位于芭蕉集镇东北3.85公里处，大队驻地。“车”土家族语意思为“河”，大车坝即大河坝之意。

堰塘塆 Yàn táng wān 120人，大车坝西北2.1公里处。此村塆原有口大堰塘，故名。

石垭口 Shí yà kǒu 70人，大车坝西北2.95公里处。村处山垭，两边是岩山，故名。

罗圈岩 Luó quān yán 30人，大车坝西北2.55公里处。此村四周是岩山，形似罗圈，故名。

新屋梁子 Xīn wū liáng zǐ 40人，大车坝西北1.75公里处。村处山梁上，在旧宅基上新修有房屋，故名。

谭家梁子 Tán jiā liáng zǐ 60人，大车坝西北1.1公里处。

桃子园 Táo zǐ yuán 40人，大车坝西北1.3公里处。此村原盛产桃子，故名。

梨儿坪 Lí ér píng 20人，大车坝西北2.15公里处。此村坪原生长有棵大梨树，故名。

陈家塆 Chén jiā wān 50人，大车坝东北1.8公里处。

马包田 Mǎ bāo tián 160人，大车坝东北1.3公里处。村处山包，山形似马，故名。

野鸡滩 Yě jī tān 40人，大车坝东北800米处。村处河滩坎上，传说，此洞滩早年野鸡多，故名。

蔡家塆 Cài jiā wān 80人，大车坝东北1.3公里处。

天坑塆 Tiān kēng wān 100人，大车坝东北550米处。村处山塆，有个大天坑，故名。

小车坝 Xiǎo chē bà 40人，大车坝南350米处。“车”土家族语意思为“河”，小车坝即小河坝之意，故名。

蚂蟥田 Mǎ huáng tián 40人，大车坝西南850米处。此村水田蚂蟥多，故名。

木盆 Mù pén 50人，大车坝南750米处。此村地形似木盆，故名。

【仙人桥大队】 Xiān rén qiáo dà duì 驻茅坝槽，位于芭蕉集镇北7.6公里处。原名红山大队，1981年9月1日按所辖自然村名更名为仙人桥大队。辖2个生产队，3个自然村，65户，277人，耕地面积620亩，其中水田91亩，主产玉米、薯类、水稻，特产桐子、木梓。

茅坝槽 Máo bà cáo 50人，位于芭蕉集镇西北7.6公里处，大队驻地。村处山槽内，平坝上，茅草多，故名。

仙人桥 Xiān rén qiáo 20人，茅坝槽西南1.4公里处。此村有座石灰岩溶蚀成的“桥”，人们传说是仙人下凡建成，故名。

大蒜塘 Dà suàn táng 50人，茅坝槽东南950米处。村处洼地，盛产大蒜，故名。

【大鱼龙大队】 Dà yú lóng dà duì 驻张家塆，位于芭蕉集镇西北3.8公里处。原名永兴大队，1981年9月1日按所辖地，片名更名为大鱼龙大队。辖11个生产队，16个自然村，284户，1341人，耕地面积3256亩；其中水田581亩，主产玉米、薯类、水稻，特产茶叶、生漆、药材、烟叶、桐子、木梓。

张家塆 Zhāng jiā wān 100人，位子芭蒸集镇西北3.8公里处，大队驻地。

花栎包 Huā lì bāo 30人，张家塆北1.8公里。村处山包，生长有棵大花栎树，故名。

杨柳池 Yáng liǔ chí 20人，张家塆东北2.5公里处。此村水池边生长有多棵杨柳树，故名。

蒋家塆 Jiǎng jiā wān 20人，张家塆东北2公里处。

小塆 Xiǎo wān 40人，张家塆西北1.37公里处。村处小山塆内，故名。

书童沟 Shū tóng gōu 70人，张家塆东北1.55公里处。村处山沟，原办过私塾，故名。

学堂塆 Xué táng wān 30人，张家主季东北1.55公里处。此村塆早年开办辻学堂，故名。

楸木园 Qiū mù yuán 100人，张家塆西北1.35公里处。此村原有成片楸树，故名。

王家包 Wáng jiā bāo 100人，张家

塆东北 1.15 公里处。

田家塆 Tián jiā wān 40 人，张家塆东北 750 米处。

新屋塆 Xīn wū wān 60 人，张家塆西 1.25 公里处。此塆原无人，后由陈家修栋新屋，故名。

茶盘坝 Xīn wū bà 50 人，张家塆西北 250 米处。此村中间低，四周高，形似茶盘，故名。

阙家坡 Què jiā pō 120 人，张家塆东南 300 米处。

瓦场坡 Wǎ chǎng pō 60 人，张家塆东 850 米处。村处山坡，原办过瓦场，故名。

曾家包 Zēng jiā bāo 20 人，家塆西 900 米处。

刘家梁子 Liú jiāliáng zǐ 30 人，张家塆西南 1.9 公里处。

大鱼龙 Dà yú lóng （片村），张家塆东北 1.25 公里处，面积约 700 亩，包括学堂塆、五家包、田家塆等自然村，主产玉米，特产茶叶。传说，村中有条河沟里的鱼很大，有一大鱼变成了龙，故名。

【二台坪大队】 Er tái píng dà duì 驻二台坪，位于芭蕉集镇东北 3.2 公里处。原名前农大队，1981 年 9 月 1 日按其驻地名更名为二台坪大队。辖 8 个生产队，9 个自然村，159 户，697 人，耕地面积 1081 亩，其中水田 276 亩。主产玉米、薯类，特产茶叶、桐子、木梓。

二台坪 Er tái píng 60 人，位于芭蕉集镇东北 3.2 公里处，大队驻地。村处山坡上的第二个坪台上，故名。

涧塆 Jiàn wān 60 人，二台坪东北 1.7 公里处。村处山塆，形似涧水槽，故名。

九里塆 Jiǔ lǐ wān 60 人，二台坪东北 1.3 公里处。此村塆长约 9 华里，故名。

李家院子 Lǐ jiā yuàn zǐ 70 人，二台坪东北 800 米处。

楠竹林 Nán zhú lín 20 人，二台坪东北 450 米处。该村原有成片楠竹，故名。

水源头 Shuǐ yuán tóu 20 人，二台坪西北 800 米处。桐木村的水发源于此，故名。

烂池 Làn chí 80 人，二台坪东 500 米处。此村有几丘烂泥糊田，故名。

宋家沟 Sòng jiā gōu 60 人，三台坪东南 750 米处。

茶树坪 Chá shù píng 50 人，二台坪西南 600 米处。村处坪地，过去茶树较多，故名。

【坟前坝大队】 Fén qián bà dà duì 驻坟前坝，位于芭蕉集镇西北 3.1 公里处。原名友谊大队，1981 年 9 月 1 日按其驻地名更名为坟前坝大队。辖 11 个生产队，14 个自然村，254 户，1227 人，耕地面积 2863 亩，其中水田 718 亩。主产玉米、薯类、小麦，特产茶叶、生漆、桐子、木梓。

坟前坝 Fén qián bà 50 人，位于芭蕉镇西北 3.1 公里处，大队驻地。此村坝后面是杨家墓地，故名。

王家坡 Wáng jiā pō 50 人，坟前坝西北 2.9 公里处。

半坡田 Bàn pō tián 70 人，坟前坝西北 1.6 公里处。此村坡半腰有几丘水田，故名。

小鱼龙 Xiǎo yú lóng 50 人，坟前坝北 700 米处。

鸦鸣松 Yā míng sōng 70 人，坟前坝东北 1.5 公里处。此村松林里常有鸦鹊鸣噪，故名。

余家坟 Yú jiā fén 30 人，坟前坝北 500 米处。

牛场 Niú chǎng 50 人，坟前坝西 2.4 公里处。此村原是水草丰富的放牛场，故名。

包上 Bāo shàng 30 人，坟前坝西北 600 米处。村处山包上，故名。

吴家塆 Wú jiā wān 40人，坟前坝西2.35公里处。

高家塆 Gāo jiā wān 50人，坟前坝西1公里处。

柳树坝 Liǔ shù bà 60人，坟前坝西南350米处。此村坝有条小河沟，两岸生长有成片柳树，故名。

张家坡 Zhāng jiā pō 30人，坟前坝西南1.2公里处。

团包 Tuán bāo 70人，坟前坝南400米处。此村周围是平田，中间有座小山包，故名。

岩头坪 Yán tóu píng 40人，坟前坝东南1公里处。村处山岩的平地上，故名。

【草子坝大队】 Cǎo zǐ bà dà duì 驻杉木坝，位于芭蕉集镇东北1.35公里处。原名火花大队，1981年9月1日按所辖自然村名更名为草子坝大队。辖6个生产队，6个自然村；185户，799人，耕地面积967亩。其中水田500亩。主产水稻、玉米，特产茶叶、桐子、木梓。

杉木坝 Shā mù bà 100人，位于芭蕉镇东北1.25公里处，大队驻地。此村坝原长有两棵大杉树，故名。

小河 Xiǎo hé 10人，杉木坝西北1.7公里处。村处小河边，故名。

下草子坝 Xià cǎo zǐ bà 200人，杉木坝北偏东1.6公里处。该村坝原长有许多草子，且位于芭蕉河下游，故名。

牛鼻子洞 Niú bí zǐ dòng 20人，杉木坝北1.1公里处。此村有一山洞，洞形似牛鼻子，故名。

草子坝 Cǎo zǐ bà 50人，杉木坝北700米处。此村坝以前长有许多草子，故名。

桐木村 Tóng mù cūn 80人，杉木坝东北700米处。此村人户较密，盛产桐子、木梓，故名。

周家坡 Zhōu jiā pō 100人，杉木坝东南500米处。

【寨子上农科站】 Zhài zǐ shàng nóng kē zhàn 驻大坝，位于芭蕉集镇东北550米处。原名芭蕉公社农科站，1981年9月1日按所辖自然村名更名为寨子上农科站。辖3个生产队，3个自然村，114户，467人，耕地面积292亩，其中水田112亩。主产玉米、水稻，特产茶叶。

大坝 Dà bà 150人，位于芭蕉镇东北550米处，农科站驻地。此村有一大坝水田，故名。

寨子上 Zhài zǐ shàng 80人，大坝北600米处。村处山坡上，住户集中，似驻扎的营寨，故名。

河坎上 Hé kǎn shàng 70人，大坝北450米处。村处河坎上，故名。

【后池大队】 Hòu chí dà duì 驻后池，位于芭蕉集镇东3公里处。原名新高潮大队，1981年9月1日按其驻地村名更名为后池大队。辖8个生产队，11个自然村，279户，1220人，耕地面积1588亩，其中水田460亩。主产玉米、薯类、水稻，特产茶叶、桐子、木梓。

后池 Hòu chí 280人，位于芭蕉镇东3公里处，大队驻地。村处平坝，地形似水池，村边山形似凤凰，原称凤池，后讹称为后池。

手攀岩 Shǒu pān yán 50人，后池东北1.5公里处。此村边有壁陡岩，行人到此须用手攀着岩才能走过，故名。

后塆 Hòu wān 80人，后池北400米处。村处后池后面的山塆，故名。

新田塆 Xīn tián wān 50人，后池东北450米处。此村塆原无水田，后来新开有几丘，故名。

兴隆塆 Xīng lóng wān 40人，后池西北1.1公里处。此村湾以前住有米、邵、蒋3姓富户，人口多，家境兴隆，故名。

倒路塆 Dào lù wān 30人，后池西

偏北500米处。周家坡山脊垭口到后池的大路倒着朝下，村处路边山塆中，故名。

尹家坡 Yǐn jiā pō 40人，后池西南650米处。

曾家岩 Céng jiā yán 30人，后池东南800米处。

小池 Xiǎo chí 20人，后池南800米处。此村有丘水田四周高，似口小水池，故名。

桐子墙 Tóng zǐ qiáng 150人，后池西南1.3公里处。此村塆有4个山包，4条山沟，地形似裂开的桐子形状，故名。

五家塆 Wǔ jiā wān 30人，后池南1公里处。此村塆原有陈氏5家居住，故名。

【苦竹龙大队】 Kǔ zhú lóng dà duì 驻岩上，位于芭蕉集镇西南3.25公里处。原名群兴大队，1981年9月1日按所辖地片名更名为苦竹龙大队。辖12个生产队，14个自然村，311户，1427人，耕地面积2509亩，其中水田1034亩。主产玉米、水稻、薯类，特产茶叶、桐子、木梓。

岩上 Yán shàng 20人，位于芭蕉集镇西南3.25公里处，大队驻地。村处岩山坡上，故名。

中梁山 Zhōng liáng shān 30人，岩上西北2.15公里处。村处山梁中间，人户集中，故名。

鹿子沟 Lù zǐ gōu 30人，岩上西北1公里处。村处山沟里，相说，以往野鹿多，故名。

大河烟 Dà hé yān 20人，岩上西北2公里处。村处山塆，常有牧童在此烧火，烟雾如大河里的雾罩，故名。

五包柱 Wǔ bāo zhù 20人，岩上西北1.4公里处。此村有5个山包，传说为“五龙抱柱”，故名。

岩倒角 Yán dǎo jiǎo 100人，岩上东北1.35公里处。该村有两条山梁交叉，形成倒角，村处倒角内，故名。

柿子坪 Shì zǐ píng 60人，岩上东北1公里处。此村坪原生长有棵大柿子树，故名。

牛栏柱 Niú lán zhù 40人，岩上北250米处。该村屋场边有块岩石，形似耕牛，在其对面有一岩石横着，拦住了牛的去路，故名。

南河 Nán hé 50人，岩上西北800米处。该村有条小河向南流去，故名。

灰场梁子 Huī chǎng liáng zǐ 50人，岩上东南750米处。因村处山梁又是产煤和石灰的场地，故名。

李儿沟 Lǐ ér gōu 30人，岩上西南1公里处。此村沟原有多棵李子树，故名。

白龙塘 Bái lóng táng 40人，岩上东南1.15公里处。传说，村中水塘内有条白龙，故名。

蒋家塆 Jiǎng jiā wān 20人，岩上南1公里处。

懒板凳 Lǎn bǎn dèng 30人，岩上南1.35公里处。村边大路上横卧着棵大树，过往行人把树当板凳休息，故名。

苦竹龙 Kǔ zhú lóng 位于岩上东600米处。包括柿子坪、灰场梁子、岩倒角、苦竹龙等村，特产茶叶、桐子、木梓，产煤、石灰。此片村地形似龙，龙头处的山坡下盛产苦竹，故名。

【灯笼坝大队】 Dēng lóng bà dà duì 驻香树岭，位于芭蕉集镇南850米处。原名金星大队，1981年9月1日按所辖自然村名更名为灯笼坝大队。辖11个生产队，11个自然村，305户，1453人，耕地面积2064亩，其中水田886亩。主产玉米、薯类、水稻，特产茶叶、桐子、木梓。

香树岭 Xiāng shù lǐng 30人，位于芭蕉集镇南850米处，大队驻地。村处山岭上，原长有大香柏树，故名。

牡丹塆 Mǔ dān wān 30人，香树岭东北1.2公里处。传说，此村塆有位80多岁老人，发现塆里每天晚上开牡丹花，就嘱托后人在他死后就葬此地，故名。

生基岭 Shēng jī lǐng 香树岭东北600米处。清朝时期，一周姓人生前在此村岭上占据一块墓基，并立生碑，故名。

莲花塘 Lián huā táng 20人，香树岭北300米处。此村有口小塘，有莲藕，每到夏季开花，故名。

大坪 Dà píng 30人，香树岭东900米处。村处大坪地上，故名。

台丘 Tái qiū 120人，香树岭西南200米处。该村台地上有丘水田，故名。

灯笼坝 Dēng lóng bà 60人，香树岭西南1.1公里处。传说，夜晚在此村坝能看见对面岩上有灯笼发亮，故名。

小河沟 Xiǎo hé gōu 20人，香树岭西南700米处。有条小河，从村中流过，故名。

郑家梁子 Zhèng jiā liáng zǐ 20人，香树岭南750米处。

邓家坪 Dèng jiā píng 20人，香树岭西南2.1公里处。

大沟 Dà gōu 20人，香树岭西南1.5公里处。村处大山沟内，故名。

鸦鸣周 Yā míng zhōu （片村），灯笼坝东南1.25公里处。包括小河沟、郑家梁子、大沟3个自然村，主产玉米、水稻，特产桐子、木梓。传说，此村原有周、邵两家因局家砌坟占了一块好地，说此地有龙脉，故邵家不服，以改河为名将坟挖了。挖坟时有只鸦鹊叫喊“挖脉周”，后人们将此地称为鸦鸣周。

【白岩大队】 Bái yán dà duì 驻板栗塆，位于芭蕉集镇西南4.6公里处。1958年命名。辖7个生产队，14个自然村，166户，804人，耕地面积1023亩，其中水田438亩。主产玉米、水稻，薯类，特产茶叶、桐子。

板栗塆 Bǎn lì wān 50人，芭蕉镇西南4.6公里处，大队驻地。此村塆原有成片板栗树，故名。

贵阳坡 Guì yáng pō 60人，板栗塆西北1.3公里处。此村坡住户多数为从贵阳迁来，故名。

大院子 Dà yuàn zǐ 60人，板栗塆北1.2公里处。此村住户集中，形成大院，故名。

四方碑 Sì fāng bēi 30人，板栗塆西北1.75公里处。此村有座大坟，坟前立有一四方碑，故名。

菜子坪 Cài zǐ píng 30人，板栗塆西北1.3公里处。此村坪原盛产油菜子，故名。

上苦竹龙 Shàng kǔ zhú lóng 40人，板栗塆东北700米处。此地形似一条龙，盛产苦竹，村处上部，故名。

尽塆 Jìn wān 30人，板栗塆西北800米处。村处山塆尽头，故名。

鄢家坳 Yān jiā ào 40人，板栗塆东北600米处。

梁子上 Liáng zǐ shàng 50人，板栗塆西1.1公里处。村处山梁上，故名。

白岩塆 Bái yán wān 50人，板栗塆西500米处。此村塆有壁岩呈白色(石灰岩)，故名。

屋基坪 Wū jī píng 40人，板栗塆西南1.2公里处。此村坪的房子是在旧屋基上新建起来的，故名。

老屋基 Lǎo wū jī 30人，板栗塆西800米处，此村有块地是很早前修屋做过屋基的，故名。

马院子 Mǎ yuàn zǐ 人，板栗塆西南600米处。此村养过马，修过马厩，故名。

背阴沟 Bèi yīn gōu 30人，板栗塆南500米处。此村沟狭窄，日照时间短，故名。

【火铺塘大队】 Huǒ pū táng dà duì 驻火铺塘，位于芭蕉集镇西南5.5公里处。原名先锋大队，1981年9月1日按其驻地名更名为火铺塘大队。辖9个生产队，13

个自然村，161户，770人，耕地面积1734亩，其中水田667亩。主产玉米、薯类、水稻，特产茶叶、桐子。

火铺塘 Huǒ pū táng 60人，位于芭蕉集镇西南5.5公里处，大队驻地。相传百余年前有人在此生产火炮，住房旁有口水塘，故称火炮塘，后讹称为火铺塘。

作坊塆 Zuō fāng wān 40人，火铺塘西北3公里处。此村塆早年开有作坊煮酒，故名。

竹马坪 Zhú mǎ píng 31人，火铺塘西北2公里处。此村坪旁有座山似马，产水竹、楠竹，故名。

梁家塆 Liáng jiā wān 20人，火铺塘西北1.8公里处。

二台坪 Er tái píng 30人，火铺塘西北900米处。村处山坡的第二台平地上，故名。

烂田塆 Làn tián wān 20人，火铺塘西北250米处。此村塆内有几丘烂泥田，故名。

沈家土 Shěn jiā tǔ 10人，火铺塘东南500米处。

茅山观 Máo shān guàn 40人，火铺塘西南1.15公里处。此村山坡上长满茅草，建过庙宇，故名。

学堂塆 Xué táng wān 40人，火铺塘东南900米处。此村塆办过学校，故名。

堰塆 Yàn wān 90人，火铺塘西南1.1公里处。此村塆形似堰沟，故名。

大包 Dà bāo 40人，火铺塘南1.4公里处。村处大山包上，故名。

黄家坪 Huáng jiā píng 50人，火铺塘东南1.8公里处。

岩嘴头 Yán zuǐ tóu 20人，火铺塘东南2.1公里处。村边山岩上有块凸岩，形似猪咀，故名。

【龙潭沟大队】 Lóng tán gōu dà duì 驻龙潭沟，位于芭蕉集镇东南3公里处。原名新生活大队，1981年9月1日按其驻地名更名为龙潭沟大队。辖11个生产队，11个自然村，240户，1062人，耕地面积1495亩，其中水田383亩。主产玉米、水稻、薯类，特产茶叶。

龙潭沟 Lóng tán gōu 110人，位于芭蕉集镇东南3公里处，大队驻地，村处溪沟的转弯处，有口水潭，相传有龙，故名。

石梁子 Shí liáng zǐ 20人，龙潭沟东北1.5公里处。村处砂石山梁上，故名。

麻布沟 Má bù gōu 30人，龙潭沟北1.3公里处。相传，此村沟是用3匹麻布置换得来，故名。

半河 Bàn hé 40人，龙潭沟东北1.35公里处。村处河边，河西是陡岩，河东是水田。洪水常淹河东水田，而原河床只占涨水后河面的一半，故名。

古家坡 Gǔ jiā pō 40人，龙潭沟东北1.5公里处。

红塆 Hóng wān 40人，龙潭沟西北1公里处。村处山塆，地形向阳，太阳出来照得塆内呈红色，故名。

杨家包 Yáng jiā bāo 30人，龙潭沟西北700米处。

李家院子 Lǐ jiā yuàn zǐ，60人，龙潭沟东北500米处。

清水洞 Qīng shuǐ dòng 40人，龙潭沟西北550米处。该村小溪边有个出水洞，清水长流，故名，

黑山 Hēi shān 20人，龙潭沟东南750米处。村靠山原树大阴森，故名。

杨家塆 Yáng jiā wān 40人，龙潭沟西南1.2公里处。

【黄连溪大队】 Huáng lián xī dà duì 驻铁家坝，位于芭蕉集镇西南4公里处。原叫明星大队，1981年9月1日按所辖自然村名更名为黄连溪大队。辖6个生产队，9个自然村，224户，1061人，耕地面积2022亩，其中水田678亩。主产玉米、薯类1水稻、油菜，特产茶叶。

铁家坝 Tiě jiā bà 60人，位于芭蕉公社芭蕉集镇西南4公里处，大队驻地。村处平坝，早年开过铁匠铺，故名。

大遍 Dà biàn 51人，铁家坝西南1公里处。村处一面大坡上，当地俗称坡为遍，故名。

寨门口 Zhài mén kǒu 90人，铁家顿北850米处。该村曾有座大院子，人户集中象寨子守卫着黄连溪，故名。

竹园坝 Zhú yuán bà 80人，铁家坝东北900米处。村处平坝，长有成片金竹、楠竹，故名。

麻园 Má yuán 60人，铁家坝西北850米处。此村盛产苎麻，故名。

枞树塆 Cōng shù wān 60人，铁家颤东北750米处。村处山塆，枞树较多，故名。

染坊 Rǎn fāng 70人，铁家坝东北300米处。此村开过染坊，故名。

赵家垭 Zhào jiā è 70人，二铁家坝东500米处。

花场 Huā chǎng 80人，铁家坝南850米处。此村以前花草遍地，像一花园，故名。

【三尖龙大队】 Sān jiān lóng dà duì 主驻三尖龙，位于芭蕉集镇西南5.5公里处。原名三新大队，1981年9月1日按其驻地名更名为三尖龙大队，辖6个生产队，9个自然村，166户，778人，耕地面积1283亩，其中水田656亩。主产水稻、玉米、薯类，特产茶叶、桐子，木梓。

三尖龙 Sān jiān lóng 40人，位于芭蕉集镇西南5.5公里处，大队驻地。村旁的3道尖梁子，似3条龙，故名。

老屋场 Lǎo wū chǎng 30人，三尖龙北600米处。该村有栋屋场，修建年代久，故名。

大合田 Dà hé tián 30人，三尖龙西700米处。该村有丘大田，原是由几丘小田合并的，故名。

杉林坡 Shān lín pō 40人，三尖龙东北950米处。此村坡上杉树多，故名。

龙洞坪 Lóng dòng píng 30人，三尖龙东北350米处。此村坪有个石灰岩溶洞，洞内有泉流出，人们称为龙泉，故名。

庙梁子 Miào liáng zǐ 30人，三尖龙北900米处，此村山梁上原建过庙，故名。

麻林桥 Má lín qiáo 200人，三尖龙东550米处。此村桥边原有成片的麻柳树，故名。

白果树 Bái guǒ shù 40人，三尖龙东南850米处。该村原生长有棵大白果树，故名。

小燕山 Xiǎo yān shā 30人，三尖龙东南450米处。该村有座小山梁形似燕子，故名。

老林 Lǎo lín 20人，三尖龙东南1.1公里处。此村原有一片古树林，故名。

三尖龙 Sān jiān lóng （片村），位于芭蕉集镇西南5.6公里处。面积约4000亩，包括三尖龙大队，黄连溪大队的大合田村。主产水稻、玉米，特产茶叶。此片村有3座尖梁子形如3条卧龙，故名。

【茶园大队】 Chá yuán dà duì 驻谢家坡，位于芭蕉集镇西南3.75公里处。1959年命名为茶园大队。辖11个生产队，13个自然村，293户，1347人，耕地面积1514亩，其中水田477亩。主产玉米、水稻、薯类，特产茶叶、桐子、木梓、烟叶。

谢家坡 Xiè jiā pō 110人，位于芭蕉集镇西南3.75公里处，大队驻地。

新开路 Xīn kāi lù 20人，谢家坡东北1.7公里处。从岸口至芭蕉集镇的途中改修了一段路，村处此段路边，故名。

壶瓶口 Hú píng kǒu 100人，谢家坡东北1.75公里处。此村地形似一水壶，山沟的水从壶口流出，故名。

大水沟 Dà shuǐ gōu 100人，谢家坡东北1.4公里处。村处大水沟边，故名。

半坡 Bàn pō 60人，谢家坡东北1.4公里处。村处山坡半腰，故名。

下后山 Xià hòu shān 90人，谢家坡西北1公里处。村处芭蕉集镇后山坡上，故名。

上后山 Shàng hòu shān 80人，谢家坡西北1.3公里处。村处芭蕉集镇后山坡上，故名。

杨家寨 Yáng jiā zhài 100人，谢家坡东北900米处。

龙家塆 Lóng jiā wān 50人，谢家坡西650米处。

阙家塆 Què jiā wān 100人，谢家坡西1公里处。

堰塘塆 Yàn táng wān 80人，谢家坡西南600米处。村塆内原有口堰塘，故名。

吴家塆 Wú jiā wān 100人，谢家坡西南1.15公里处。

曾家塆 Zēng jiā wān 80人，谢家坡西南1.8公里处。

【铜车坝大队】 Tóng chē bà dà duì 驻铜车坝，位于芭蕉集镇东南4.5公里处。原名茶山大队；1981年9月1日按其驻地名更名为铜车坝大队。辖5个生产队，8个自然村，97户，504人，耕地面积716亩，其中水田129亩。主产玉米、薯类、水稻，特产茶叶、桐子。

铜车坝 Tóng chē bà 20人，位于芭蕉集镇东南4.5公里处，大队驻地。“车坝”土家族语意为“河坝”，即村处河坝，原开过铜匠铺，故名。

姚家屋场 Yáo jiā wū chǎng 20人，铜车坝西北850米处。

桃子塆 Táo zǐ wān 30人，铜车坝西北1.25公里处。此村塆桃子树多，故名。

锁口岩 Suǒ kǒu yán 20人，铜车坝西北450米。此村有两壁岩，形似锁，故名。

下戽口 Xià hù kǒu 60人，铜车坝西北950米处。此村两面是山，中间有一河槽，似汲水的戽斗，村处河下游，故名。

龙家塆 Lóng jiā wān 20人，铜车坝西南1.35公里处。

杨家塆 Yáng jiā wān 30人。铜车坝西南600米处。

袁家寨 Yuán jiā zhài 40人，铜车坝西南1.3公里处。

【戽口大队】 Hù kǒu dà duì 驻上戽口，位于芭蕉集镇南4.3公里处。原名茶山大队，1981年9月1日按其驻地名更名为戽口大队。辖8个生产队，11个自然村，199户，941人，耕地面积1476亩，其中水田320亩。主产玉米、薯类、水稻，特产茶叶、桐子。

上戽口 Shàng hù kǒu 200人，位于芭蕉集镇南4.3公里处，大队驻地。该村两面是山，中间有一河槽，形似汲水的戽斗，故名。

谭家屋场 Tán jiā wū chǎng 40人，上戽口东北1.1公里处。

万家屋场 Wàn jiā wū chǎng 50人，上戽口东北525米处。

天井屋 Tiān jǐng wū 40人，上戽口东南600米处。该村有一大屋场，中间有个天井，故名。

咸池 Xián chí 60人，上戽口西南500米处。传说，此村原有口水井，水有咸味，故名。

倒落塆 Dào luò wān 60人，上戽口东南850米处。此村塆有条小溪，溪水倒落进一个塆内再转流去，故名。

碉堡屋 Diāo bǎo wū 40人，上戽口南950米处。解放前，村边山垭上，建有碉堡，故名。

龚家屋场 Gōng jiā wū chǎng 20人，上戽口西南1.15公里处。

张家坡 Zhāng jiā pō 60人，上戽口东南1.9公里处。

桐子坳　Tóng zǐ ào　30人，上岸口南1.6公里处。村处山坳，原桐子树较多，故名。

飞山庙　Fēi shān miào　60人，上岸口南2公里处。传说此村山包上飞来1个菩萨，人们给它立了座庙，取名飞山庙，故村得名。

【大树子大队】　Dà shù zǐ dà duì　驻洞塆，位于芭蕉集镇西南7.9公里处。原名前锋大队，1981年9月1日按所辖自然村名更名为大树子大队。辖8个生产队，14个自然树，188户，877人，耕地面积2669亩，其中水田637亩。主产玉米、薯类、水稻，特产茶叶、桐子，木梓、生漆。

洞塆　Dòng wān　40人，位于芭蕉集镇南7.9公里处，大队驻地。此村塆有一出水洞，故名。

麻园寨　Má yuán zhài　20人，洞塆西北2.5公里处。此村有个李方学，曾在自己园子里种植苎麻，他家房大，像寨子，故名。

石笋塆　Shí sǔn wān　40人，洞塆西北2.1公里处。此村塆内有块岩石直立，形似笋子，故名。

牛王庙　Niú wáng miào　30人，洞塆北1.9公里处。此村早年修有牛王庙，故名。

邵家坳　Shào jiā ào　40人，洞塆西北2.1公里处。

店子坪　Diàn zǐ píng　40人，洞塆西北1. 5公里处。村处平地，原开过饭店，故名。

邵家塆　Shào jiā wān　40人，洞塆西北1.25公里处。

张家坪　Zhāng jiā píng　40人，洞塆东北1.3公里处。

界山坪　Jiè shān píng　40人，洞塆西北1公里处。村处山顶平地上，该山是芭蕉、盛家坝两社交界处，故名。

大树子　Dà shù zǐ　50人，洞塆东北570米处。该村原生长有棵大古树，故名。

凉水井　Liáng shuǐ jǐng　40人，洞塆西北600米处。此村有口凉水井，故名。

河坝　Hé bà　30人，洞塆东北450米处。此村处河两岸平坝上，故名。

庙塆　Miào wān　40人，洞壬弯西650米处。此村塆内原有座庙，故名。

板桥塆　Bǎn qiáo wān　30人，洞塆南250米处。村处小溪弯，小溪上有座木板桥，故名。

【河茅坝大队】　Hé máo bà dà duì　驻河茅坝，位于芭蕉集镇西南6.1公里处。原叫明星大队，1981年9月1日按其驻地名更名为河茅坝大队。辖7个生产队，11个自然村，166户，742人。耕地面积1338亩，其中水田509亩。主产玉米、薯类、水稻，特产茶叶、桐子、木梓。

河茅坝　Hé máo bà　150人，位于芭蕉集镇西南6.1公里处，大队驻地。早年该村河边是满坝茅草，故名。

乌龟包　Wū guī bāo　100人，河茅坝东北2公里处。此村有座小山包，形似乌龟，故名。

金竹园　Jīn zhú yuán　90人，河茅坝东北1公里。此村原有成片金竹，故名。

龚家坝　Gōng jiā bà　60人，河茅坝西北500米处。

易家沟　Yì jiā gōu　60人，河茅坝西北550米处。

杉树塆　Shān shù wān　60人，河茅坝东北750米处。此村塆长有许多杉树，故名。

丁家坡　Dīng jiā pō　40人，河茅坝西南250米处。

李家坡　Lǐ jiā pō　80人，河茅坝东南600米处。

香花岭　Xiāng huā lǐng　50人，河茅坝东南1.25公里处。传说早年该村岭上花多而香气馥郁，故名。

放牛场 Fāng niú chǎng 70人，河茅坝东南350米处。此村原是放牛的草场，故名。

小垭口 Xiǎo yà kǒu 60人，河茅坝东南900米处。村处小山垭口，故名。

【羊毛山大队】 Yáng máo shān dà duì 驻桐麻园，位于芭蕉集镇西南5.9公里处。原名茶山大队，1981年9月1日命名为羊毛山大队。辖4个生产队，6个自然村，130户，658人，耕地面积867亩，其中水田263亩。主产玉米、薯类、水稻，特产茶叶、桐子。

桐麻园 Tóng má yuán 120人，位于芭蕉镇西南5.9公里处，大队驻地。此村盛产桐子、苎麻，故名。

商家屋场 Shāng jiā wū chǎng 30人，桐麻园西北875米处。

余家塆 Yú jiā wān 60人，桐麻园东北550米处。

羊毛山 Yáng máo shān 120人，桐麻园东北900米处。此村山上毛竹多，常放羊子，故名。

水井塆 Shuǐ jǐng wān 110人，桐麻园东北550米处。此村塆有口水井，故名。

骡马洞 Luó mǎ dòng 50人，桐麻园西北500米处。此村边有一山洞，人们常把骡、马关在洞内，故名。

【芭蕉公社园艺场】 Bā jiāo gōng shè yuán yì chǎng 芭蕉集镇东北600米。1951年建场，为恩施地区国营茶麻示范农场；1958年改为芭蕉园艺场，1975年改为芭蕉公社园艺场。32户，126人，耕地面积120亩。种植有柑橘等水果树。

芭蕉公社漆林场 Bā jiāo gōng shè qī lín chǎng 芭蕉公社西南6.8公里1976年建场，34户，1441人，有漆林面积576亩。

芭蕉公社茶场 Bā jiāo gōng shèchá chǎng 芭蕉集镇西南2.5公里。1976年建场，25人，茶园面积280亩。

芭蕉公社砖瓦厂 Bā jiāo gōng shè zhuān wǎ chǎng 芭蕉集镇东北1.9公里。1978年建厂，90人，主要生产砖瓦。

芭蕉公社伞厂 Bā jiāo gōng shè sǎn chǎng 芭蕉集镇东北2公里。1952年建厂，属县贸易公司辖；1958年下放到公社。职工80人，生产品种有伞、竹器等。

（上接第 304 页）

五、因地形特征和地理位置得名

属于这种类型的有江陵、安陆、应城 3 县和沙市市。

长江流过江陵县，境内有许多丘陵，据《江陵县志》：“近州无高山，所在皆陵阜”，合长江和丘陵两个特点，因称江陵。安陆县，春秋时郧国。汉置安陆县。县名来源无考。据《水经注》谓安陆县故城“因冈为墉，峻不假筑”，或系取“安全地区”之意。应城县，由地理位置重要得名。据《应城县志》：“南朝宋孝武帝孝建元年(454)析江夏南境置应城县。昔人谓荆襄为用武必争之地，应邑地处要冲，北负京山，南临竟沔，左达黄鄂，右挹京汉。乃安荆二府咽喉，郧襄东道门户，应置城为守”，因而建城，名为应城。沙市初名沙头，由长江流出三峡后，泥沙淤积形成的河漫滩发展而成。《宋史·河渠志》：“庆元三年(1197)臣僚言，江陵府去城十余里，有沙市，据水陆之冲”。可见南宋时已成为一个重要的内河港口。南宋陆游过沙市曾有“沙头巷阳三千家，烟雨冥冥开桔花”的诗句。从武昌西上和从四川出峡东下，都要经过沙市，而且还是南宋和元互相争夺的一个军事要点。解放后设市，为省辖市。

六、以物产为名

此类地名，在湖北有监利、大冶、嘉鱼、松滋等 4 县：监利县，三国吴置。据万历《湖广总志。荆州沿革》：“吴置监利县，以地富鱼稻，令官监办之。”《读史方舆纪要》：“监利旧城在县东六十里，土卑沃，广陂泽，县初置于此，因有监利之名。”大冶县，《十国春秋地理表》：唐置永兴县为大冶、青山两场院，南唐升为大冶县。”《清一统志》：“县东有团炉山出铁，旧有铁务；又县西南有铜绿山，亦古出铜冶铸之所”，县名大冶，取义于冶炼钢铁的场所。嘉鱼县，据《太平寰宇记》：“本蒲圻县之鲇鱼镇。川多产鲇鱼，为镇名，南唐升嘉鱼县。以其地有鱼岳山，取诗‘南有嘉鱼’之义，称嘉鱼县。”松滋县，《读史方舆纪要》谓：“东晋咸康中以庐江郡、松滋县，流民避兵至此，仍侨置松滋县。万历《湖广总志·荆州沿革》：“秦伐楚取鸠兹为松滋县，以兹方产赡松。”据此则之得名由于产松，滋原作兹，后加“氵”为滋，两字通用，可知松滋由产松得名。

七、以古代民间故事命名

此类县名取义，与民间故事有关。属于此类的有秭归、孝感、广济 3 县：秭归县，由于有关屈原放逐的故事而得名。《水经注》：“屈原有贤姊，闻原放逐亦来归，喻令自宽，全乡人翼其见从，因名曰秭归。”这个故事，反映了后人对爱国诗人的怀念。孝感县：由孝子董永的故事得名。据《孝感县志》：“南朝宋于此置孝昌县，五代唐讳昌改名孝感。”《读史方舆纪要》：“刘宋置孝昌县，以孝子董永名也。五代唐改县曰孝感。”广济县，唐置。唐武德四年(612)，因广济地属冲要，析圻春置承宁，唐天宝六年(742)更名广济。据《广济县志》：“北周静帝大象二年(580)，禅宗四祖生于县署”，(其父司马氏为县令)，为了纪念禅宗四祖，取“广施法力，普济众生”之意，因更名为广济。

（下转第 368 页）

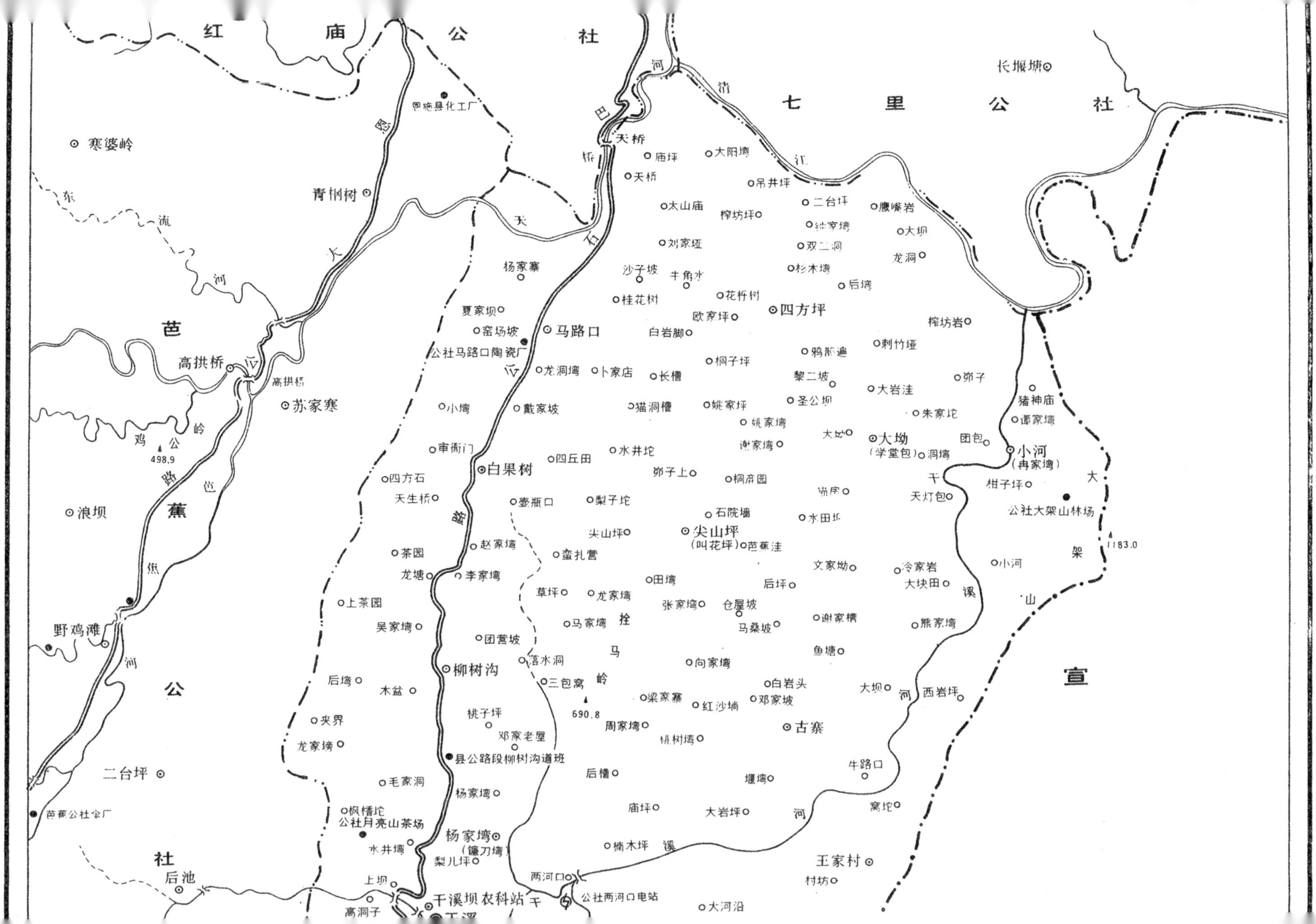
红庙公社
七里公社
宣
大架山
芭蕉公社
长堰塘
恩施县化工厂
寒婆岭
青㭎树
东流河
天桥
庙坪
大阳塆
清江河
吊井坪
二台坪
鹰嘴岩
太山庙
榨坊坪
大坝
刘家垭
双二洞
龙洞
沙子坡
牛角水
杉木塆
后塆
杨家寨
桂花树
花桥村
四方坪
夏家坝
窑场坡
马路口
欧家坪
白岩脚
榨坊岩
公社马路口陶瓷厂
刺竹垭
桐子坪
高拱桥
龙洞塆
卜家店
长槽
黎二坡
大岩洼
苏家寨
小塆
戴家坡
猫洞槽
姚家坪
圣公坝
朱家坨
猪神庙
谭家塆
鸡公岭
498.9
审衙门
四丘田
水井坨
大坳
学堂包
洞塆
团包
小河
冉家塆
白果树
茆子上
桐麻园
四方石
天生桥
壶瓶口
梨子坨
石院墙
水田坝
天灯包
柑子坪
公社大架山林场
浪坝
尖山坪
叫花坪
芭蕉洼
1183.0
赵家塆
茶园
蛮扎营
文家坳
冷家岩
龙塘
李家塆
田塆
后坪
大块田
草坪
龙家塆
仓屋坡
上茶园
张家塆
马家塆
谢家槽
熊家塆
马桑坡
野鸡滩
吴家塆
团营坡
鱼塘
落水洞
向家塆
柳树沟
后塆
木盆
三包窝
白岩头
大坝
西岩坪
690.8
梁家寨
红沙埫
邓家坡
夹界
桃子坪
周家塆
古寨
邓家老屋
龙家塆
桃树塆
县公路段柳树沟道班
二台坪
后槽
牛路口
毛家洞
堰塆
杨家塆
芭蕉公社伞厂
枫橘坨
庙坪
大岩坪
公社月亮山茶场
窝坨
杨家塆
镰刀塆
楠木坪
王家村
水井塆
梨儿坪
后池
两河口
村坊
上坝
干溪坝农科站
公社两河口电站
高洞子
大河沿

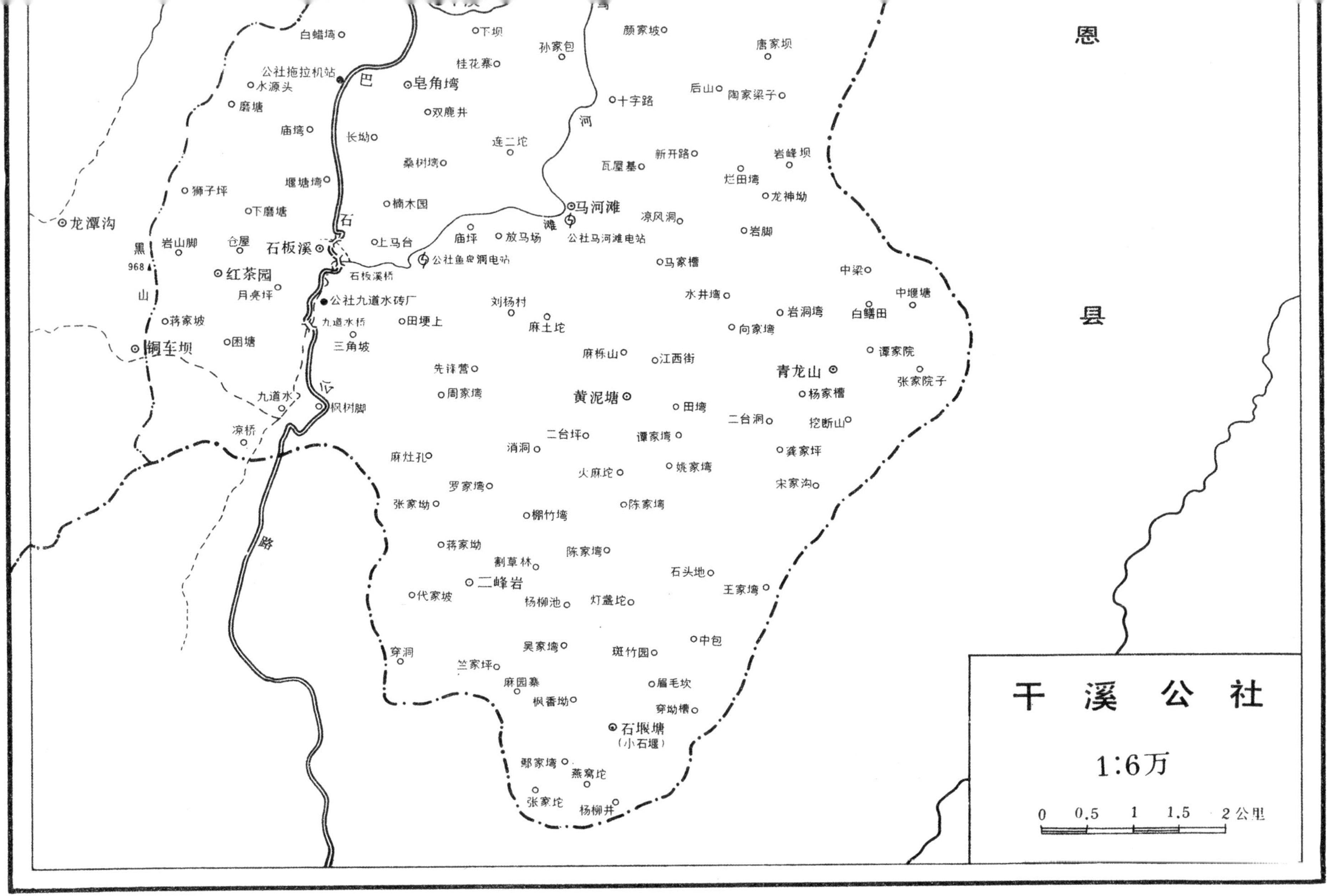
干溪公社
1:6万
0 0.5 1 1.5 2公里
恩
县
白蜡塆
下坝
孙家包
颜家坡
唐家坝
公社拖拉机站
水源头
桂花寨
皂角塆
巴
十字路
后山
陶家梁子
磨塘
双鹿井
河
庙塆
长坳
连二坨
新开路
岩峰坝
桑树塆
瓦屋基
烂田塆
堰塘塆
狮子坪
楠木园
龙神坳
下磨塘
马河滩
凉风洞
龙潭沟
石
滩
岩脚
庙坪
放马场
公社马河滩电站
黑
岩山脚
仓屋
石板溪
上马台
968
公社鱼泉洞电站
马家槽
红茶园
石板溪桥
中梁
月亮坪
中堰塘
山
公社九道水砖厂
刘杨村
水井塆
蒋家坡
岩洞塆
白鳝田
九道水桥
田埂上
麻土坨
向家塆
困塘
铜车坝
三角坡
谭家院
麻栎山
江西街
先锋营
青龙山
张家院子
公
周家塆
黄泥塘
杨家槽
九道水
田塆
枫树脚
二台洞
挖断山
凉桥
二台坪
谭家塆
消洞
龚家坪
麻灶孔
姚家塆
火麻坨
罗家塆
宋家沟
张家坳
陈家塆
棚竹塆
路
蒋家坳
陈家塆
割草林
石头地
二峰岩
王家塆
代家坡
杨柳池
灯盏坨
中包
吴家塆
斑竹园
穿洞
竺家坪
麻园寨
眉毛坎
枫香坳
穿坳槽
石堰塘
（小石堰）
鄢家塆
燕窝坨
张家坨
杨柳井

干溪公社概况

GAN XI G0NG SHE GAI KUANG

干溪公社位于恩施县城南部，巴(东)—石(门坎)公路纵贯全境，东南与宣恩县万寨、板场、椒园公社毗邻，西与芭蕉公社交界，北与红庙、七里公社相连。东北接清江。公社驻地干溪集镇，经公路往北至县城19公里。

全社下辖干溪、天桥、米田、黄泥4个管理区，19个大队，199个生产队，232个自然村。现有22007人，其中农业人口21370人，土家族占37.11%，还有侗族4612人。

全社辖区内总面积116.34平方公里，其中耕地29932亩(水田11747亩，旱地18185亩)。林地33630亩，其中经济林4791亩，用材林11792亩。

解放前，属恩施县黄泥乡、芭蕉乡所辖。解放初期，隶属恩施县第五区(芭蕉区)，设有天桥、蛮扎，米田、古寨、王家、水井、九道、杨家、马家、干溪等13个乡。1955年合并成天桥、米田、王家、水井、石板、干溪6个乡。1958年，芭蕉区改名为芭蕉公社时，上述6个乡变为6个大队。1959年，6个大队扩成7个管理区，仍属芭蕉公社管辖。1962年，又改成米田、黄泥、王家、石板、干溪、天桥6个小公社。1966年合并成天桥、米田、黄泥、干溪4个小公社。1975年撤区并社时，4个小公社从芭蕉区分出，组成干溪公社。

干溪公社大部分地处低山地区，地势由南向东、西、北三面倾斜。

最高点在石堰塘大队的杨柳井，海拔1082.5米，最低点是小河大队的洞塆，海拔362米。社境内山峦起伏，坝、槽广布，又因属石灰岩地区，岩溶地貌十分发育，溶洞溶洼密布，较大的溶洞有鱼泉洞。天桥、干溪、马河滩3条河流分别源出于芭蕉公社的黄连溪、纸房溪、岸口，流经该社汇入清江。山势、水势、洼地、平槽构成了低山占91.3%，二高山占8.7%的地理特征。全社人民利用本地的水利资源，修建了马河滩、两河口、鱼泉洞3个水电站，总装机容量450千瓦，使干溪集镇和5个大队通了电。

该社气候温和，四季分明，降水丰富。年平均气温16℃，1月平均气温4.9℃，7月平均气温27℃。无霜期260天。年降雨量1247毫米，夏季多，冬季少，干湿度116.5毫巴。土壤多为紫色土和紫色页岩土及黄壤。主要灾害性气候有冰雹、旱、风灾。

干溪公社主产水稻、玉米、小麦，红苕、洋芋次之。油料作物有油菜籽。1981年粮食总产1465.03万斤。总收入373.85万元。在抓好农业生产的同时，利用本地资源，陆续办起了砖瓦厂、石灰厂、茶厂、林场、建筑队、陶瓷厂、农具厂、加工厂、拖拉机站、电站等十多个企事业，固定资产达37万元，地下矿藏有铁、煤。铁矿分布在白果树至干溪一带，目前尚未开采。

因土壤疏松呈酸性，有利茶树、桐、木梓等经济林和桃、李、柑、柚等果木的生长，多种经济收入逐年增加。

解放以来，该社的农机事业发展较快，全社现有汽车2辆，中型拖拉机4台，手扶拖拉机3台，各种农用动力机械86台。大部分生产队实现了农副产品的加工机械化。

干溪公社地处巴石公路沿线，交通十分便利。巴石公路从天桥入公社境内，贯穿马路口，白果树、柳树沟、皂角塆、石板溪、杨家塆、农科站7个大队，于九道水出境进宣恩县，在全社内长21公里。1975年后，又修建了石板溪至黄泥塘至王家村的简易公路，全长8公里，全社有10个大队通了公路。

全社现有初中10所，小学10所，公民办教师376人，在校学生4856人。有1所公社医院和天桥、黄泥2所分院；19个医务室，国家、集体医务人员60人。公社办有1个电影队，丰富了人民群众的文化生活。

公社驻地干溪集镇，有637人，其中非农业人口250人，占地约100亩。解放以来一直是乡、管理区、公社驻地。社直各行政机关都设在镇上。农历三、八为集日，有粮食、蔬菜、水果、肉、蛋等农副产品上市出售，干溪集镇已成为全社政治、经济，文化和交通的中心。

干溪公社行政区划、居民点名称

干溪集镇 Gān xī jí zhèn 于恩施县城南16公里，巴(东)—石(门坎)公路223公里处，海拔460米，系干溪公社驻地。

干溪集镇坐落在河谷小盆地中，依山傍水，风景秀丽。东、西、北三面有小山环抱集镇，南有干溪河自西向东绕过，巴石公路纵贯镇境。集镇中心，有一条呈南北走向的小街，长约40米，宽3米，泥石路面。小街沿缓坡而建，有两台阶梯连接，每台8～12级石梯，旧式的木房毗邻相接。小街的四方，社直各机关新建的楼房鳞次栉比。集镇占地约100亩，现有637人，其中非农业人口250人。

干溪集镇地势低狭，一条小河从山谷中流过，出谷口后流经此地。每遇暴雨，山洪陡涨，这里常被水淹，人们叫小河为淹溪。清光绪年间，黄、袁、陆、周、赵等姓来此定居后，修堤治水，历经数年，消除了水患，人们改称此地叫干溪。

解放前，干溪属恩施县黄泥乡所辖。解放初期，隶属恩施县第十区。1955年属第五区干溪乡，1959年改乡设管理区，1962年为芭蕉区干溪公社驻地。1975年撤区并社时复设管理区，干溪公社同时设此。

干溪集镇紧靠鄂西南交通干线巴石公路，是恩施城通往宣恩、来凤、咸丰和湖南龙山、四川黔江的必经之地，过往车辆较多，每天仅客车就达9班12次。此外，还有简易公路连接黄泥塘、王家村两集镇。

70多年前，干溪曾有集市贸易，后因镇上少数人常聚众斗殴，集市随之衰退。解放以来，集镇建设有很大发展，置身于镇南公路上，可纵观干溪全景。小街南部，坐落着公社办公大楼和大礼堂，财政所紧连小街，小街东部山麓，建有茶厂。银行、广播站、兽医院，呈“一”字形排列在半坡，街北公路东侧，供销社5个门市部、茶站、粮店和公路西侧的邮电局、收购部、旅社对望相立，小街西部约250米的地方，干溪大桥凌空飞架，桥南头公路旁食品站背山临水。

两河口电站建成后，将电力输送到干溪集镇，使镇上的农副产品加工和照明都用上了电。1980年8月，恢复集市贸易，农历三、八为集日，人们到镇上出售粮食、蔬菜、水果、肉、蛋等农副产品，干溪已成为一个新型的山乡集镇。

【干溪坝农科站】 Gān xī bà nóng kē zhàn 71户，329人，驻干溪集镇。辖3个生产队，4个自然村，耕地面积284亩，其中水田155亩。主产水稻、玉米、油菜，特产桐、木梓。

上坝 Shàng bà 90人，干溪西北400米。此坝居西端，地势高，故名。

高洞子 Gāo dòng zǐ 40人，干溪西偏北600米。村中有个山洞，地势高，故名。

下坝 Xià bà 120人，干溪东南700米。此坝居上坝之下，故名。

【四方坪大队】 Sì fāng píng dà duì 321户，1550人，驻四方坪，干溪集镇东北7.5公里。原名卫星大队，1981年9月1日更名为四方坪大队。辖16个生产队，20个自然村，耕地面积2063亩，其中水田675亩。主产玉米、水稻、薯类，特产桐、木油。

四方坪 Sì fāng píng 30人，干溪

集镇东北7.5公里。村中有块四方形坪坝，故名。

吊井坪 Diào jǐng píng 70人，四方坪北1.5公里。村处坪地，有口水井装有吊桶打水，故名。

二台坪 Er tái píng 40人，四方坪北1.5公里。村处第二台坪地上，故名。

鹰嘴岩 Yīng zuǐ yán 40人，四方坪东北1.7公里。村南山顶形似鹰嘴，故名。

榨坊坪 Zhà fáng píng 80人，四方坪北1.2公里。村处坪地，原办有榨坊，故名。

钟家塆 Zhōng jiā wān 40人，四方坪北1.1公里。

双二洞 Shuāng èr dòng 40人，四方坪北800米。村中有2个并排的山洞，故名。

杉木塆 Shā mù wān 70人，四方坪北550米。村处山塆，杉木树多，故名。

牛角水 Niú jiǎo shuǐ 50人，四方坪西1公里。村中有条岩缝，形似牛角，往外冒水，故名。

后塆 Hòu wān 50人，四方坪东北750米。村处山塆，居四方坪山后，故名。

花栎树 Huā lì shù 60人，四方坪西北600米。村中原有棵大花栎树，故名。

欧家坪 Ou jiā píng 70人，四方坪西400米。

白岩脚 Bái yán jiǎo 40人，四方坪西900米。村处白岩山脚，故名。

鸦鹊遍 Yā què biàn 60人，四方坪东南500米。此地有片枫树林，鸦鹊常做窝，故名。

桐子坪 Tóng zǐ píng 20人，四方坪西南900米。此坪中桐子树多，故名。

黎二坡 Lí èr pō 40人，四方坪东南1公里。村处两面坡，黎姓居多，故名。

圣公坝 Shèng gōng bà 50人，四方坪南1公里。坝中建过圣公庙，故名。

姚家塆 Yáo jiā wān 50人，四方坪南1.2公里。

谢家塆 Xiè jiā wān 四方坪东南1.4公里。

桐麻园 Tóng má yuán 40人，四方坪南1.9公里。村中原桐树、苎麻多，故名。

【马路口大队】 Mǎ lù kǒu dà duì 288户，1284人，驻马路口，干溪集镇北6.5公里。原名桂花大队，1981年9月1日更名为马路口大队。辖16个生产队，16个自然村，耕地面积1570亩，其中水田379亩。主产水稻、玉米、薯类，特产茶叶、桐、木油。

马路口 Mǎ lù kǒu 100人，大队驻地，位于干溪集镇北6.5公里。传说，清兵的马队曾经过此路口，故名。

太阳塆 Tài yáng wān 30人，马路口东北2.7公里。村处山塆，当阳，故名。

庙坪 Miào píng 80人，马路口东北2.3公里。坪中建过庙，故名。

天桥 Tiān qiáo 160人，马路口东北1.75公里。村西北600米处有座天生桥，故名。

太山庙 Tài shān miào 20人，马路口东北3公里。村中建过太山庙，村名借用。

刘家垭 Liú jiā yā 70人，马路口东北1.6公里。

杨家寨 Yáng jiā zhài 60人，马路口西1.7公里。

砂子坡 Shā zǐ pō 70人，马路口东北1.2公里。村处坡地，砂子多，故名。

桂花树 Guì huā shù 110人，马路口东北850米。村中原有棵大桂花树，故名。

夏家坝 Xià jiā bà 70人，马路口西北500米。

窑场坡 Yáo chǎng pō 20人，马路口西750米。村处坡地，办过窑厂，故名。

龙洞塆 Lóng dòng wān 20人，马路口南375米。村处山塆，有一出水洞，传说有龙，故名。

卜家店 Bǔ jiā diàn 20人，马路口东南650米。

戴家坡 Dài jiā pō 80人，马路口南750米。

【大坳大队】 Dà ào dà duì 284户，1204人，驻学堂包，干溪集镇东北7公里。原名红星大队，1981年9月1日更名为大坳大队。辖13个生产队，16个自然村，耕地面积2103亩，其中水田1003亩。主产水稻、玉米、薯类，特产桐、木油。

学堂包 Xué táng bāo 30人，大队驻地，位于干溪集镇东北7公里。村处山包，原办有学堂，故名。

大坝 Dà bà 60人，学堂包北2.4公里。村中有块大坪坝，故名。

龙洞 Lóng dòng 90人，学堂包东北2.2公里。村中有一出水洞，传说有龙，故名。

黄家槽 Huáng jiā cáo 70人，学堂包东北1.7公里。

榨坊岩 Zhà fāng yán 90人，学堂包东北1.7公里，村中有一榨坊，居于岩边，故名。

刺竹垭 Cì zhú yā 30人，学堂包北1公里。村处山垭，刺竹多，故名。

峁子 Mǎo zǐ 50人，学堂包东北1.2公里。村处山峁上，故名。

大岩洼 Dà yán wā 50人，学堂包北600米。村中有块洼地，靠大岩山，故名。

朱家坨 Zhū jiā tuó 80人，学堂包东北600米。

大坳 Dà ào 160人，学堂包西北250米。村处大山坳，故名。

猫房 Māo fáng 40人，学堂包南600米。此地原出老虎，而本地称"虎"为"猫"，故名。

文家坳 Wén jiā ào 60人，学堂包南1.5公里。

冷家岩 Lěng jiā yán 60人，学堂包南1.5公里。

后坪 Hòu píng 50人，学堂包西南1.8公里。村居前山坪山后，故名。

谢家槽 Xiè jiā cáo 50人，学堂包西南2公里。

马桑坡 Mǎ sāng pō 50人，学堂包西南2.3公里。村处坡地，马桑树多，故名。

米田 Mǐ tián (片村)，位于干溪东北6公里。包括大坝、龙洞、黄家槽、榨坊岩、峁子、大岩洼、朱家坨7个自然村。面积约4500亩，主产玉米、水稻，特产桐、木梓。

【小河大队】 Xiǎo hé dà duì 141户，615人，驻冉家塆，位于干溪集镇东北8.2公里。辖8个生产队，9个自然村。耕地面积1087亩，其中水田504亩，主产水稻、玉米，特产桐、木油。

冉家塆 Rǎn jiā wān 30人，大队驻地，位于干溪集镇东北8.2公里。

猪神庙 Zhū shén miào 40人，冉家塆北1公里。村中建有猪神庙，村名借用。

谭家塆 Tán jiā wān 40人，冉家塆北350米。

团包 Tuán bāo 50人，冉家塆西北300米。村旁有座圆形山包，故名。

洞塆 Dòng wān 40人，冉家塆西1公里。村处山塆，有个洞，故名。

柑子坪 Gān zǐ píng 30人，冉家塆东南400米。此坪中柑子树多，故名。

天灯包 Tiān dēng bāo 60人，冉家塆西南750米。村旁山包上坟墓多，后人为纪念先祖，曾在此点过天灯，故名。

小河 Xiǎo hé 30人，冉家塆南1.2公里。因村处小河边，故名。

【白果树大队】 Bái guǒ shù dà duì 229户，1064人，驻白果树，位于干溪集镇北4.7公里。原名白果大队，1981年9月1日更名为白果树大队。辖9个生产队，12个自然村。耕地面积1810亩，其中水田581亩。主产玉米、水稻、薯类，特产茶叶、桐、木油。

白果树 Bái guǒ shù 70人，大队驻地，位于干溪集镇北4.7公里。村中有棵大白果树(银杏)，故名。

小塆 Xiǎo wān 100人，白果树西北750米。村处小山塆内，故名。

审衙门 Shěn yá mén 100人，白果树西北500米。传说当地土司曾在此设过衙门，并审过案件，故名。

四丘田 Sì qiū tián 60人，白果树东800米。村中有4丘相连的大田，故名。

四方石 Sì fāng shí 20人，白果树西1公里。村中有块四方形岩石，故名。

天生桥 Tiān shēng qiáo 80人，白果树西南550米。村边有座天生石桥，故名。

壶瓶口 Hú píng kǒu 40人，白果树东南550米。村处山口，形似壶瓶口，故名。

赵家塆 Zhào jiā wān 20人，白果树南850米。

茶园 Chá yuán 150人，白果树西550米。村中有大片油茶树，故名。

蛮扎营 Mán zhā yíng 150人，白果树东南1.3公里。传说，清兵曾在此扎过营，因满山是兵营，故名“满扎营”，后讹称蛮扎营。

龙塘 Lóng táng 40人，白果树南1.3公里。村中有口水塘，传说有龙，故名。

李家塆 Lǐ jiā wān 50人，白果树南1.2公里。

【尖山坪大队】 Jiān shān píng dà duì 273户，1214人，驻叫花坪，干溪集镇东北4.8公里。原名尖山大队1981年9月1日更名为尖山坪大队，辖12个生产队，19个自然村。耕地面积1425亩，其中水田563亩。主产玉米、水稻、薯类，特产桐，木油。

叫花坪 Jiào huā píng 30人，大队驻地，干溪集镇东北4.8公里。村处坪地，旧社会，此地很贫穷，讨饭的叫花子多，故名。

长槽 Cháng cáo 50人，叫花坪北1.8公里。村处长山槽内，故名。

姚家坪 Yáo jiā píng 60人，叫花坪北1.5公里。

猫洞槽 Māo dòng cáo 40人，叫花坪西北1.5公里。村处槽地，两旁山上小山洞多，俗称猫儿洞，故名。

水井坨 Shuǐ jǐng tuó 40人，叫花坪西北1.2公里。村处洼地，有口水井，故名。

峁子上 Mǎo zǐ shàng 20人，叫花坪北800米。村处山峁上，故名。

梨子坨 Lí zǐ tuó 50人，叫花坪西北1.1公里。村处洼地，原梨子树多，故名。

石院墙 Shí yuàn qiáng 30人，叫花坪东北400米。村中原有栋石院墙屋，故名。

尖山坪 Jiān shān píng 40人，叫花坪西700米。村处山顶坪地上，故名。

田塆 Tián wān 30人，叫花坪西南600米。此塆水田多，故名。

草坪 Cǎo píng 110人，叫花坪西南1.4公里。此坪中原杂草丛生，故名。

龙家塆 Lóng jiā wān 40人，叫花坪西南1.2公里。

张家塆 Zhāng jiā wān 40人，叫花坪南800米。

仓屋坡 Cāng wū pō 20人，叫花坪东南1.1公里。村处坡地，原陈家在此建有大仓屋，故名。

马家塆 Mǎ jiā wān 20人，花坪西南1.6公里。

向家塆 Xiàng jiā wān 80人，叫花坪南1.4公里。

邓家坡 Dèng jiā pō 50人，叫花坪东南2公里。

红砂埫 Hóng shā tǎng 40人，叫花坪南1.9公里。村处埫地，红砂土质，故名。

【柳树沟大队】 Liǔ shù gōu dà duì 310户，1366人，驻柳树沟，位于干溪集镇北2.85公里。原名美满大队，1981年9月1日更名为柳树沟大队。辖12个生产队，14个自然村。耕地面积2379亩，其中水田665亩。主产玉米、水稻，薯类，特产桐、木油。

柳树沟 Liǔ shù gōu 20人，干溪集镇北2.85公里。村中有条沟，柳树多，故名。

上茶园 Shàng chá yuán 40人，柳树沟西北1.3公里。此地茶树多，地势较高，故名。

吴家塆 Wú jiā wān 50人，柳树沟北500米。

团营坡 Tuán yíng pō 80人，柳树沟东北500米。村处坡地，传说清朝有1个团的清兵在此扎营，故名。

落水洞 Luò shuǐ dòng 30人，柳树沟东800米。村中有个山洞，消水，故名。

后塆 Hòu wān 90人，柳树沟西偏南1公里。村处山塆，居木盆村后，故名。

三包窝 Sān bāo wō 70人，柳树沟东偏南1.1公里。村中有3个山包，并有一大窝坑，故名。

木盆 Mù pén 40人，柳树沟西南450米。此村地形似木盆，故名。

夹界 Jiá jiè 30人，柳树沟西南1.5公里。村处两社交界处，故名。

桃子坪 Táo zǐ píng 80人，柳树沟东南800米。此坪中桃树多，故名。

龙家塝 Lóng jiā bǎng 80人，柳树沟西南1.4公里。

邓家老屋 Dèng jiā lǎo wū 80人，柳树沟东南1.2公里。

毛家洞 Máo jiā dòng 50人，柳树沟西南1.5公里。

枫香坨 Fēng xiāng tuó 50人，柳树沟西南1.9公里。此坨中有棵枫香树，故名。

【古寨大队】 Gǔ zhài dà duì 275户，1257人，驻古寨，位于干溪集镇东北4.2公里。原叫明星大队，1981年9月1日更名为古寨大队。辖11个生产队，10个自然村，耕地面积1829亩，其中水田842亩。主产水稻、玉米、薯类，特产桐、木油。

古寨 Gǔ zhài 170人，大队驻地，位于干溪集镇东北4.2公里。村中房子古老，象座古寨，故名。

大块田 Dà kuài tián 90人，古寨东北2.3公里。村中有几块大田，故名。

熊家塆 Xióng jiā wān 80人，古寨东北1.8公里。

鱼塘 Yú táng 20人，古寨东北1.1公里。村中有口水井，传说打过鱼，故名。

白岩头 Bái yán tóu 100人，古寨西北550米。村头有壁白岩，故名。

大坝 Dà bà 70人，古寨东北1.2公里。村中有块大坝，故名。

桃树塆 Táo shù wān 130人，古寨西1公里。村处山塆，桃树多，故名。

牛路口 Niú lù kǒu 60人，古寨东南1公里。村子路口上放牛的人多，故名。

堰塆 Yàn wān 110人，古寨南600米。此塆中有口堰塘，故名。

大岩坪 Dà yán píng 80人，古寨西

南1.1公里。村处坪地，四周为大岩山，故名。

【杨家塆大队】 Yáng jiā wān dà duì 212户，1012人，驻镰刀塆，干溪集镇东北1.2公里。原名幸福大队，1981年9月1日更名为杨家塆大队。辖11个生产队，10个自然村，耕地面积1499亩，其中水田448亩。主产玉米、水稻，特产桐、木油。

镰刀塆 Lián dāo wān 50人，大队驻地，干溪集镇东北1.2公里。此塆形似镰刀，故名。

梁家寨 Liáng jiā zhài 40人，镰刀塆东北2.2公里。

周家塆 Zhōu jiā wān 40人，镰刀塆东北2公里。

后槽 Hòu cáo 40人，镰刀塆东北1.4公里。此槽处楠木坪后，故名。

杨家塆 Yáng jiā wān 80人，镰刀塆北500米。

庙坪 Miào píng 30人，镰刀塆东偏北1.7公里。此坪建过庙，故名。

水井塆 Shuǐ jǐng wān 30人，镰刀塆西950米。此塆中有口水井，故名。

楠木坪 Nán mù píng 100人，镰刀塆东1.1公里。村处坪地，原楠木树多，故名。

梨儿坪 Lí ér píng 30人，镰刀塆东南950米。此坪中原梨树多，故名。

两河口 Liǎng hé kǒu 120人，镰刀塆东南950米。村处干溪沟、马河滩两河交汇处，故名。

【王家村大队】 Wáng jiā cūn dà duì 319户，1481人，驻王家村，干溪集镇东4.9公里。原名群力大队，1981年9月1日更名为王家村大队。辖8个生产队，7个自然村，耕地面积1757亩，其中水田846亩。主产玉米、水稻、薯类，特产桐、木梓。

王家村 Wáng jiā cūn 84人，大队驻地，位于干溪集镇东4.9公里。

西岩坪 Xī yán píng 120人，王家村东北2.1公里。村处坪地，西面有壁青岩，故名。

窝坨 Wō tuó 40人，王家村东北700米。村子四周高，中间低，故名。

村坊 Cūn fāng 70人，王家村西南500米。此村设过榨坊，故名。

大河沿 Dà hé yán 40人；王家村西南2公里。村处河沿上，故名。

颜家坡 Yán jiā pō 80人，王家村西南2.5公里。

唐家坝 Táng jiā bà 150人，王家村南1.7公里。

陶家梁子 Táo jiā liáng zǐ 170人，王家村西南2公里。

【皂角塆大队】 Zào jiǎo wān dà duì 214户，986人，驻皂角塆，干溪集镇南1.4公里。原名民主大队，1981年9月1日更名为皂角塆大队。辖8个生产队，11个自然村，耕地面积1514亩，其中水田483亩。主产水稻、玉米，特产桐、木油。

皂角塆 Zào jiǎo wān 90人，大队驻地，位于干溪集镇南1.4公里。此塆有棵大皂角树，故名。

白蜡塆 Bái là wān 80人，皂角塆西北900米。村处山塆，原有棵大白蜡树，故名。

孙家包 Sūn jiā bāo 30人，皂角塆东1.7公里。

桂花寨 Guì huā zhài 50人，皂角塆东1公里。村寨中有棵桂花树，故名。

水源头 Shuǐ yuán tóu 60人，皂角塆西1.6公里。村处溪水源头，故名。

磨塘 Mó táng 50人，皂角塆西2公里。此塘边开过磨坊，故名。

双鹿井 Shuāng lù jǐng 50人，皂角塆东南350米。村中有口水井，传说，有对鹿常到此喝水，故名。

庙塆 Miào wān 50人，皂角塆西南1.1公里。此塆建过庙，故名。

长坳 Cháng ào 30人，皂角塆南600米。村处长山坳中，故名。

连二坨 Lián èr tuó 30人，皂角塆东南1.3公里。此塆中有两块洼地毗邻，故名。

桑树塆 Sāng shù wān 50人，皂角塆东南900米。此塆中桑树多，故名。

【马河滩大队】 Mǎ hé tān dà duì 264户，1211人，驻马河滩，位于千溪集镇东南2.75公里。原名先锋大队，1981年9月1日更名为马河滩大队。辖11个生产队，11个自然村，耕地面积1720亩，其中水田678亩。主产玉米、水稻，特产桐、木油。

马河滩 Mǎ hé tān 70人，大队驻地，位于千溪集镇东南2.75公里。村邻河滩，有块石头形似马，故名。

后山 Hòu shān 60人，马河滩东北2.1公里。村处马河滩山后，故名。

十字路 Shí zì lù 20人，马河滩东北1.3公里。村处十字路口，故各。

新开路 Xīn kāi lù 50人，马河滩东北1.5公里。村中有条新开人行路，故名。

瓦屋基 Wǎ wū jī 30人，马河滩东北900米。在原屋基上建起新瓦屋，故名。

凉风洞 Liáng fēng dòng 60人，马河滩东偏南1.25公里。村中有个洞，有凉风吹出，故名。

放马场 Fàng mǎ chǎng 70人，马河滩西800米。此地原为放马的场地，故名。

马家槽 Mǎ jiā cáo 40人，马河滩东南1.2公里。

刘杨村 Liú yáng cūn 140人，马河滩南1.4公里。

麻土坨 Má tǔ tuó 40人，马河滩南1.3公里。此坨中原种过麻，故名。

先锋营 Xiān fēng yíng 70人，马河滩西南2公里。传说清兵的先锋营曾在此扎过营，故名。

【石板溪大队】 Shí bǎn xī dà duì 267户，1254人，驻石板溪，位于千溪集镇西南3.1公里。原名和平大队，1981年9月1日更名为石板溪大队。辖10个生产队，11个自然村，耕地面积1493亩，其中水田540亩。主产水稻、玉米、薯类，特产桐、木油。

石板溪 Shí bǎn xī 90人，大队驻地，位于千溪集镇西南3.1公里。此溪边有条石板路，故名。

堰塘塆 Yàn táng wān 50人，石板溪北偏东800米。此塆中有口堰塘，故名。

楠木园 Nán mù yuán 70人，石板溪东北850米。村中有片楠木树，故名。

庙坪 Miào píng 120人，石板溪东1.35公里。村处坪地，原建有庙，故名。

上马台 Shàng mǎ tái 40人，石板溪东550米。传说此台地曾为清兵的上马台。

田埂上 Tián gěng shàng 70人，石板溪东南1.2公里。村处田埂上，故名。

三角坡 Sān jiǎo pō 40人，石板溪南偏东1公里。村处坡地，呈三角形，故名。

周家塆 Zhōu jiā wān 70人，石板溪东南2.1公里。

九道水 Jiǔ dào shuǐ 50人，石板溪南1.7公里。此溪沟蜿蜒曲折，弯拐多，人们途经要过9道沟，故名。

枫树脚 Fēng shù jiǎo 100人，石板溪南1.8公里。村处高坎脚下，长有几棵大枫香树，故名。

凉桥 Liáng qiáo 50人，石板溪西南2.3公里。村边有座木凉桥，故名。

【红茶园大队】 Hóng chá yuán dà duì 181户，843人，驻红茶园，位于千溪集镇西南3.9公里。原名兴隆大队，1981年9月1日更名为红茶园大队。辖8个生产队，

8个自然村，耕地面积1204亩，其中水田463亩。主产水稻、玉米、薯，类，特产茶叶。

红茶园 Hóng chá yuán 40人，大队驻地，位于干溪集镇西南3.9公里。此村盛产红茶，故名。

狮子坪 Shī zǐ píng 110人，红茶园西北1公里。此坪有座山头，形似狮子，故名。

下磨塘 Xià mó táng 70人，红茶园北偏东800米。村处磨塘下方，故名。

岩山脚 Yán shān jiǎo 30人，红茶园西偏北500米。此村位于大岩山脚，故名。

仓屋 Cāng wū 70人，红茶园东北400米。此村原有栋大仓屋，故名。

月亮坪 Yuè liàng píng 40人，红茶园东偏南600米。此坪形似月亮，故名。

蒋家坡 Jiǎng jiā pō 30人，红茶园西南800米。

困塘 Kùn táng 30人，红茶园南650米。

【青龙山大队】 Qīng lóng shān dà duì 215户，1000人，驻青龙山，位于干溪集镇东南6公里。原名新华大队，1981年9月1日更名为青龙山大队。辖13个生产队，14个自然村，耕地面积1403亩，其中水田733亩。主产水稻、玉米，特产桐、木油。

青龙山 Qīng lóng shān 30人，大队驻地，位于干溪集镇东南6公里。村北有座青石山，形似龙，故名。

中梁 Zhōng liáng 80人，青龙山北1.2公里。此村山梁居中，故名。

白鳝田 Bái shàn tián 60人，青龙山东北850米。村中有块水田，产白鳝，故名。

中堰塘 Zhōng yàn táng 50人，青龙山东北1.1公里。村中有口堰塘，故名。

岩洞塆 Yán dòng wān 30人，青龙山东北900米。此塆有个岩洞，故名。

谭家院 Tán jiā yuàn 40人，青龙山东北500米。

张家院子 Zhāng jiā yuàn zǐ 80人，青龙山东1公里。

杨家槽 Yáng jiā cáo 60人，青龙山西南500米。

二台洞 Er tái dòng 20人，青龙山西南900米。此村台地上有个山洞，故名。

挖断山 Wā duàn shān 50人，青龙山南600米。传说，人们开荒挖断了此山，故名。

龚家坪 Gōng jiā píng 30人，青龙山西南1.1公里。

宋家沟 Sòng jiā gōu 30人，青龙山南偏西1.3公里。

石头地 Shí tóu dì 60人，青龙山西南2.7公里。此村田中石头多，故名。

王家塆 Wáng jiā wān 50人，青龙山南偏西2.6公里。

【黄泥塘大队】 Huáng ní táng dà duì 363亩，1664人，驻黄泥塘，位于干溪集镇东南5.2公里。原名黄金大队，191年9月1日更名为黄泥塘大队。辖12个生产队，14个自然村，耕地面积2172亩，其中水田1162亩。主产水稻、玉米、薯类，特产桐、木油。

黄泥塘 Huáng ní táng 280人，大队驻地，位于干溪集镇东南5.2公里。此地土壤为黄泥土，地形似口塘，故名。

岩峰坝 Yán fēng bà 140人，黄泥塘东北3.2公里。此坝中岩石山峰多，故名。

烂田塆 Làn tián wān 40人，黄泥塘东北2.9公里。此塆烂泥田多，故名。

龙神坳 Lóng shén ào 50人，黄泥塘东北2.7公里。山坳上原建有龙神庙，故名。

岩脚 Yán jiǎo 50人，黄泥塘东北

2.3公里。村处岩山脚，故名。

水井塆 Shuǐ jǐng wān 90人，黄泥塘东北1.6公里。此塆内有口水井，故名。

向家塆 Xiàng jiā wān 90人，黄泥塘东北1.4公里。

麻栎山 Má lì shān 70人，黄泥塘北500米。此山上麻栎树多，故名。

江西街 Jiāng xī jiē 90人，黄泥塘东北600米。早年江西人迁居此地，建房成街，故名。

田塆 Tián wān 80人，黄泥塘东600米。此塆内水田多，故名。

谭家塆 Tán jiā wān 50人，黄泥塘东南750米。

二台坪 Er tái píng 70人，黄泥塘南面800米。村处第二台地，故名。

火麻坨 Huǒ má tuó 30人，黄泥塘南800米。此坨中原生长火麻，故名。

陈家塆 Chén jiā wān 110人，黄泥塘南1.2公里。

【二峰岩大队】 Er fēng yán dà duì 289户，1429人，驻二峰岩，干溪集镇南6.5公里。原名高潮大队，1981年9月1日更名为二峰岩大队。辖9个生产队，17个自然村，耕地面积1566亩，其中水田705亩。主产水稻、玉米、薯类，特产桐、木油。

二峰岩 Er fēng yán 40人，大队驻地，位于干溪集镇南6.5公里。村中有两座岩石山峰，故名。

硝洞 Xiāo dòng 40人，二峰岩东北1.7公里。村中有座山洞产硝，故名。

麻灶孔 Má zào kǒng 150人，二峰岩北偏西1.5公里。村中有座山洞，形如灶孔，洞内麻孔多，故名。

罗家塆 Luó jiā wān 50人，二峰岩北偏东1.1公里。

张家坳 Zhāng jiā ào 40人，二峰岩西北900米。

棚竹塆 Péng zhú wān 50人，二峰岩东北1公里。村内棚竹多，故名。

蒋家坳 Jiǎng jiā ào 40人，二峰岩西北450米。

陈家塆 Chén jiā wān 60人，二峰岩东偏北1.6公里。

割草林 Gē cǎo lín 60人，二峰岩东偏南750米。此地茅草如林，人们常在此割草，故名。

代家坡 Dài jiā pō 60人，二峰岩西南600米。

杨柳池 Yáng liǔ chí 50人，二峰岩东南1.1公里。村中池塘边长满柳树，故名。

灯盏坨 Dēng zhǎn tuó 100人，二峰岩东偏南1.8公里。村中地形似灯盏，故名。

吴家塆 Wú jiā wān 50人，二峰岩东南1.25公里。

穿洞 Chuān dòng 30人，二峰岩西南1.2公里。村中有个穿山洞，故名。

竺家坪 Zhú jiā píng 40人，二峰岩南偏东1公里。

麻园寨 Má yuán zhài 30人，二峰岩南1.4公里。此寨中麻栎树多，故名。

枫香坳 Fēng xiāng ào 30人，二峰岩东南1.7公里。此村山坳上有棵大枫香树，故名。

【石堰塘大队】 Shí yàn táng dà duì 134户，607人，驻小石堰，干溪集镇南8.7公里。原名前进大队，1981年9月1日更名为石堰塘大队。辖9个生产队，9个自然村，耕地面积1054亩，其中水田322亩。主产玉米、水稻、薯类，特产桐，木油。

小石堰 Xiǎo shí yàn 40人，大队驻地，干溪集镇南8.7公里。村中有口小堰塘，石块砌成，故名。

中包 Zhōng bāo 40人，小石堰东北1.4公里。村正中有个小山包，故名。

斑竹园 Bān zhú yuán 60人，小石

堰东北 1 公里。村中斑竹茂密，故名。

眉毛坎 Méi mao kǎn 20 人，小石堰东北 650 米。村东北有道岩坎形似眉毛，故名。

穿坳槽 Chuān ào cáo 40 人，小石堰南 700 米。村处槽地，山坳处有一穿洞，故名。

鄢家塆 Yān jiā wān 60 人，小石堰西南 650 米。

燕窝坨 Yàn wō tuó 50 人，小石堰南 700 米。此村地势低洼，在东面岩上有许多燕子窝，故名。

张家坨 Zhāng jiā tuó 120 人，小石堰西南 1.1 公里。

杨柳井 Yáng liǔ jǐng 60 人，小石堰南 850 米。村中水井边长满杨柳树，故名。

石堰塘 Shí yàn táng （片村），小石堰西南 1 公里。包括杨柳井、燕窝坨、张家坨、鄢家塆 4 个自然村。此地原有口石堰塘，故名。

干溪公社大架山林场 Gān xī gōng shè dà jià shān lín chǎng 干溪集镇东北 8.5 公里。1966 年建场，原为群力大队辖，1975 年后属干溪公社辖。10 人，面积 2300 亩，主要树种有马尾松、杉木。

干溪公社月亮山茶场 Gān xī gōng shè yuè liàng shān chá chǎng 干溪集镇西北 1 公里。1975 年建场，12 人，面积 450 亩。

干溪公社两河口电站 Gān xī gōng shè liǎng hé kǒu diàn zhàn 干溪集镇东北 1.5 公里。1971 年建成，装机容量 40 千瓦。

干溪公社马河滩电站 Gān xī gōng shè mǎ hé tān diàn zhàn 干溪集镇南 2.9 公里，1974 年建成，装机容量 90 千瓦，职工 6 人。

干溪公社鱼泉洞电站 Gān xī gōng shè yú quán dòng diàn zhàn 干溪集镇南 3 公里。1966 年始建，装机容量 320 千瓦，职工 10 人。

干溪公社拖拉机站 Gān xī gōng shè tuō lā jī zhàn 位于巴(东)—石(门坎)公路 224.4 公里处。1976 年建站，职工 10 人，拖拉机 70 台。

干溪公社九道水砖厂 Gān xī gōng shè jiǔ dào shuǐ zhuān chǎng 干溪集镇西南 3.5 公里。1975 年建厂，职工 32 人，生产砖、石灰。

干溪公社马路口陶瓷厂 Gān xī gōng shè mǎ lù kǒu táo cí chǎng 干溪集镇北 8.5 公里。1975 年建厂，职工 10 人，生产日用陶瓷品。

（上接第 354 页）

八、以历史人物及所在城镇为名

以人名为县名的有麻城、公安、罗田等 3 县。

麻城县，据《麻城县志》：麻城为后将麻秋所筑，后即以麻秋姓名县。此人无他事迹，但创筑县城，因而得名。公安县，得名由于刘备。《读史方舆纪要》："建安十四年(209)，孙权表刘备为荆州牧，分南郡之南岸地以给备，备营油口，改名公安。"据《太平御览•郡部。荆州》："时人号备为左公，故名其曰公安。"罗田县得名，旧志无解，据传，由于南朝刘宋司马黑石造反，一罗姓和另一名田光兴的 2 人讨平了这次叛乱，梁武帝时改县名为罗田。

以设县城镇为名的有通城、新州、老河口等 3 县市。通城县，得名以通城镇。据《读史方舆纪要》：唐元和中置通城镇，宋熙宁中置通城县，即以镇名为县名。新州县，解放前为黄冈县一个重要镇市。黄冈治所多次迁移，曾一度以新州为治所，对旧治所而言，故称新州。后黄冈治所他迁，仍相沿称新州。解放后，从黄冈分出，单独置县，称新州县。老河口市：老河口是光化县滨临汉口的一个大镇，明时，汉水从北面河道东南流，是为老河。清初，汉水改道，改从南面新河道东南流，在汉水改道的旧河口处形成的居民点，发展成为一个商业集镇，因位于老河道的口上，名老河口镇。1979 年，以老河口镇设老河口市。

九、以古代封国、关隘和村名得名

秦废封建为郡县，有些古国名成为县名。属于这种类型的有随县，鄂城、谷城、枣阳、郧县、郧西县等 6 县。

随县，为春秋时随国，《左传》："汉东之国随为大。"西汉于随国地置随县，相沿至今。鄂城县，春秋时为楚鄂王封地，秦置鄂县，三国孙吴改称武昌。辛亥革命后，恢复鄂城旧名。谷城县，因春秋为谷国地而得名。《水经注•江水上》："沔水东进谷城南，城在谷城山上，春秋谷伯绥之邑也。"乾隆《襄阳府志•山川》："毂山，县西北十里，一名谷神山，山上有谷伯冢，下为谷国城。"以古代村名得名的有枣阳，据《舆纪地胜•卷八十八》："枣阳军本汉蔡阳县地属南郡，后汉分蔡阳县，立襄乡县。"《元和郡县志》："后周改襄乡县曰广昌县，隋初郡废，寻避太子讳，改广昌县曰枣阳县，因枣阳村以为名也。"《读史方舆纪要》："隋仁寿初，改县曰枣阳，以枣阳村为名。"以古代关隘为名的有郧县，《史记•货殖列传》："南阳西通武关、郧关。"《汉书•地理志》："有郧关。"即以关名为县名。陨县城东二里有古郧关。陨西县，《明史•地理志》："成化十二年，以陨县之南门堡置。"万历《湖广总志•陨阳沿革》："以陨武阳里，上津里置陨西县。"由于在陨县西得名。

（下转第 380 页）

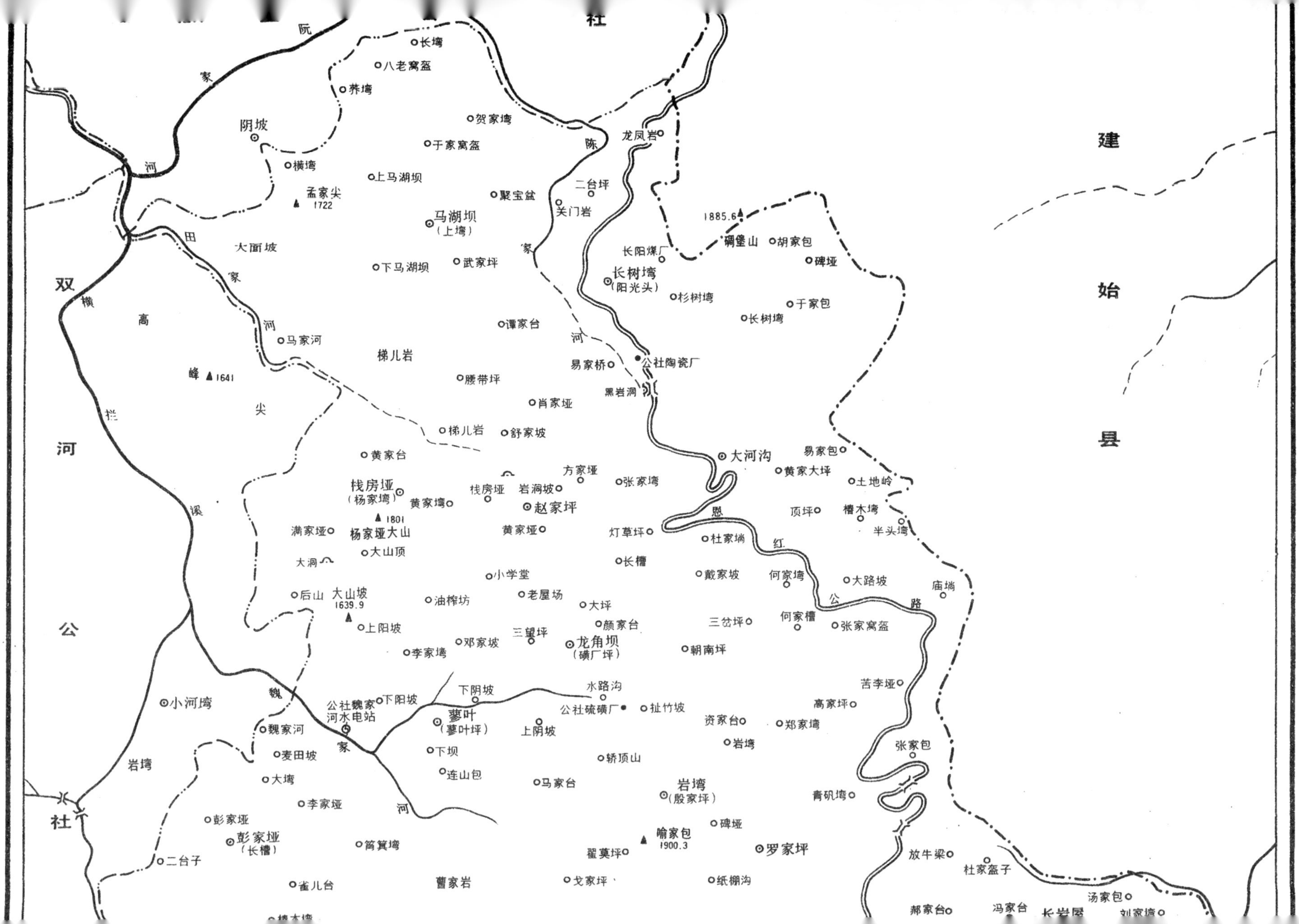

建
始
县
社
阮
家
河
田
家
河
陈
家
河
双
横
河
公
社
高
峰
尖
拦
溪
魏
家
河
恩
红
公
路
长塆
八老窝盔
荞塆
贺家塆
于家窝盔
阴坡
横塆
上马湖坝
孟家尖
1722
聚宝盆
马湖坝
（上塆）
大面坡
下马湖坝
武家坪
龙凤岩
二台坪
关门岩
1885.6
碉堡山
胡家包
碑垭
长阳煤厂
长树塆
（阳光头）
杉树塆
于家包
长树塆
谭家台
马家河
梯儿岩
易家桥
公社陶瓷厂
黑岩洞
1641
腰带坪
肖家垭
梯儿岩
舒家坡
黄家台
大河沟
易家包
黄家大坪
土地岭
方家垭
张家塆
栈房垭
（杨家塆）
黄家塆
栈房垭
岩洞坡
赵家坪
顶坪
槽木塆
1801
满家垭
杨家垭大山
黄家垭
灯草坪
杜家埫
半头塆
大山顶
大洞
长槽
小学堂
戴家坡
何家塆
大路坡
后山
大山坡
1639.9
油榨坊
老屋场
大坪
庙埫
上阳坡
三望坪
颜家台
三岔坪
何家槽
张家窝盔
李家塆
邓家坡
龙角坝
（磺厂坪）
朝南坪
下阳坡
水路沟
苦李垭
公社魏家
河水电站
下阳坡
蓼叶
（蓼叶坪）
公社硫磺厂
扯竹坡
高家坪
小河塆
魏家河
资家台
郑家塆
上阴坡
下坝
麦田坡
岩塆
张家包
轿顶山
大塆
连山包
马家台
岩塆
（殷家坪）
青矾塆
李家垭
彭家垭
彭家垭
（长槽）
碑垭
二台子
筲箕塆
喻家包
1900.3
罗家坪
翟莫坪
放牛梁
杜家盔子
雀儿台
曹家岩
戈家坪
纸棚沟
汤家包
郝家台
冯家台
长岩屋
刘家

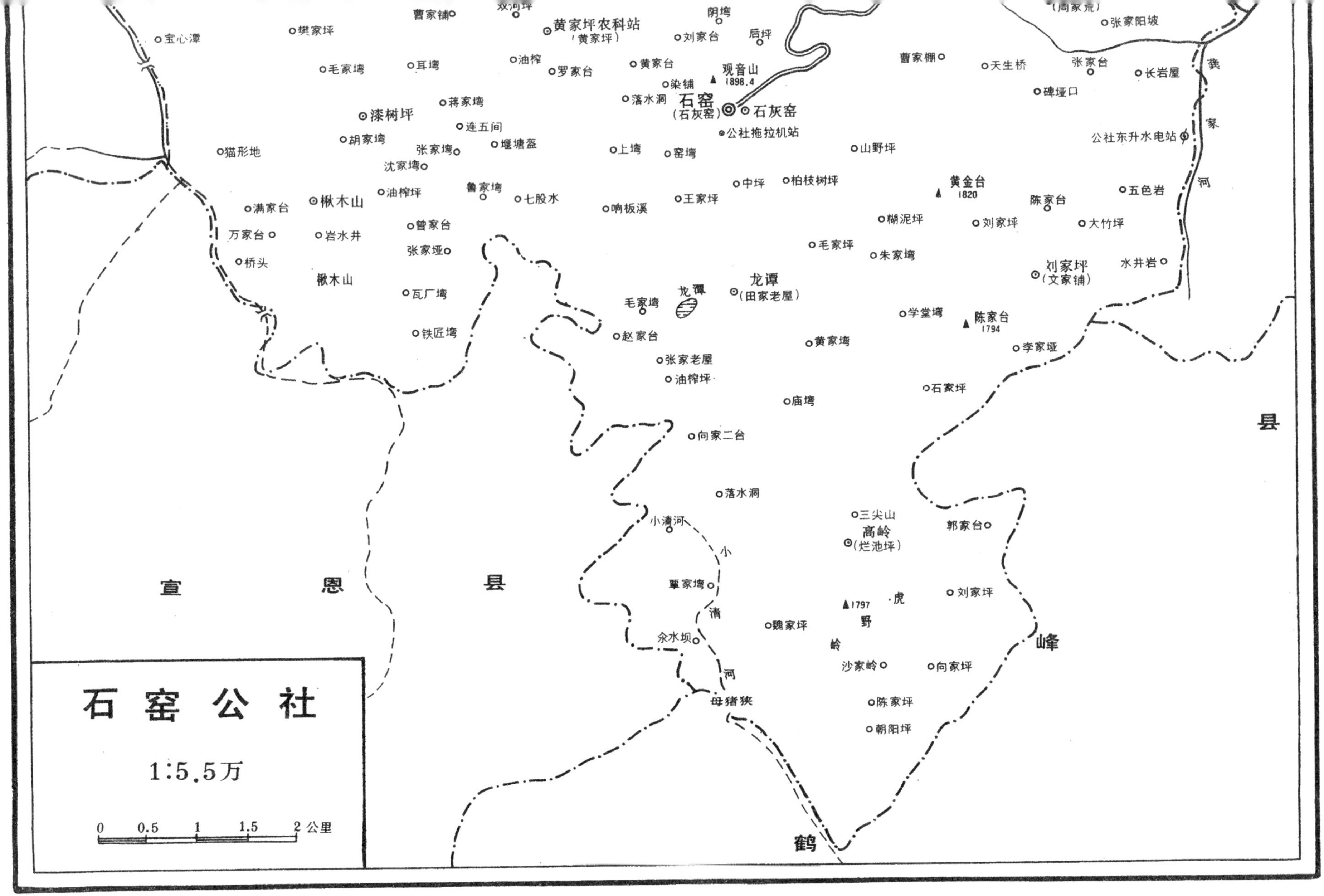
石窑公社
1:5.5万
0 0.5 1 1.5 2 公里
宣 恩 县
鹤 峰 县
龚家河
小清河
宝心潭
樊家坪
毛家塆
耳塆
曹家铺
油榨
罗家台
黄家坪农科站
（黄家坪）
刘家台
阴塆
后坪
黄家台
染铺
观音山
1898.4
落水洞
石窑
（石灰窑）
石灰窑
公社拖拉机站
蒋家塆
漆树坪
连五间
胡家塆
猫形地
张家塆
堰塘盔
沈家塆
上塆
窑塆
山野坪
满家台
楸木山
油榨坪
鲁家塆
七股水
响板溪
王家坪
中坪
柏枝树坪
万家台
岩水井
曾家台
张家垭
桥头
楸木山
瓦厂塆
铁匠塆
毛家塆
龙潭
龙潭
（田家老屋）
赵家台
张家老屋
油榨坪
庙塆
向家二台
落水洞
小清河
覃家塆
佘水坝
母猪狭
曹家棚
天生桥
张家台
长岩屋
碑垭口
公社东升水电站
张家阳坡
黄金台
1820
陈家台
五色岩
糊泥坪
刘家坪
大竹坪
毛家坪
朱家塆
刘家坪
（文家铺）
水井岩
学堂塆
陈家台
1794
黄家塆
李家垭
石家坪
三尖山
高岭
（烂池坪）
郭家台
1797
虎野岭
刘家坪
魏家坪
沙家岭
向家坪
陈家坪
朝阳坪

石窑公社概况

SHI YAO G0NG SHE GAI KUÁNG

石窑公社位于恩施县城东南部，处恩、建、鹤、宣4县交界之地。东与建始县竹园公社、枇杷埫公社及鹤峰土家族自治县的中营公社接壤，南与宣恩县椿木营公社毗邻，西与双河公社交界，北与红土公社相连，东西宽11公里，南北长17公里。公社驻地石灰窑，位于县城东偏北46公里，全社总面积109.32平方公里，耕地面积21502亩，其中水田46亩，林带面积14万亩。下辖3个管理区，18个大队，128个生产队，189个自然村，2693户，13500人，其中农业人口13110人。全社属多民族集居地区，大多数属300多年前从湖南迁居此地。土家族占31.21%，苗族182人。

石窑公社解放前为恩施县第二区石窑乡，下辖石窑、汆水坝、龙角坝、大河沟、长树塆、漆树坪、马湖坝、鱼塘8个保。解放初隶属红土区石窑乡，1952年将鹤峰县第十二区黍子乡并归石窑乡。1958年红土区改为公社，石窑改设管理区。1962年红土改社为区，石窑改为公社。1975年8月，撤区并社时，将原大河、石窑小公社合并为石窑公社。

石窑公社处恩施县东南边陲高山峻岭之中，平均海拔在1700米左右，最高点俞家堡海拔1900米，最低点马家河为海拔600米。海拔1500米以上的高山地区占83.5%。气候寒冷潮湿，春、夏、秋多雨，冬季雪大霜冻大。年平均气温在7.8℃左右，冬季气温(1月)为

-5℃，夏季气温(7月)为18℃。全年似无夏天，入冬期较早，持续寒冷期长，全年无霜期只有150天，常年降雨量平均在1900毫米以上，土壤湿度大，地温低，翌年3月底常有积雪冰冻，若遇连阴天，大雾弥漫终日不散。土壤性质为酸性偏中。其气候条件对粮食作物的生长不利，而适宜发展中药材生产和其它多种经济。由此，当归栽培历史悠久，并以个头肥大，品质优良，滋补性强而驰名中外，有“窑归”之称。年产量可达2500担。其次贝母、黄连、党参等也有一定产量。该公社区域辽阔，荒山面积大，既有丰富的草地，又有茂密的森林，是发展牧业和林业的好地方。每年都有骡马出售湖南、河南等省，该社还有丰富的自然资源，蕴藏有煤、磺、铁矿等。全社境内有长流河季节河共13条，已建成小水电站2座，装机容量280千瓦，基本上解决了全社的加工照明用电。粮食生产以玉米为主。1981年粮食总产量846.59万斤。总收入277.31万元。公社近年兴建了拖拉机站、煤厂、磺厂、农机修配厂、陶瓷厂、药材场等，全年总产值达23万元。

石窑具有光荣的革命历史。1933年至1934年贺龙同志率领工农红军转战此地，发动民众，打土豪，分田地，组织农会，扩大革命武装，创建了湘鄂西革命根据地。1933年4月下旬，湖北省“苏维埃”政府在石窑中坪正式成立。在观音山等地与反动武装进行过激烈的战斗。

解放后，石窑公社的交通、文教、卫生事业发展很快。过去，境内只有崎岖小路，交通不便，行走困难，进出物资除少数骡帮运输外，主要靠肩挑背驮。现在，不仅恩(施)—石(灰窑)公路已经通车，而且还修通了石灰窑至高岭、石灰窑至东升，以及公社至磺厂的机耕路，改变了过去靠人力运输的局面，加速了城乡物资交流。

解放初，全社只有小学8所，教师13人，学生127人，现已发展到高中1所，初中2所，小学17所，教职员工240人，在校学生2000多人，适龄儿童入学率达95%，医疗卫生方面，解放前只有1家私人诊所，医生3人，现除公社卫生院外，还有8个医疗站，国家、集体医生47人，赤脚医生18人，改变了过去缺医少药的状况，提高了群众的健康水平。公社现有文化站、电影放映队、广播站各1个。文化站经常组织业余创作活动，具有民族特色的傩戏，山民歌闻名恩施，电影放映队经常在各点巡回放映，丰富了群众的文化生活。

公社驻地——石灰窑，居住450人，位于恩施县城东偏南46公里。解放前是恩施通往鹤峰的要道，曾取名“施鹤要”，此地石灰岩遍地皆是，人们善筑窑烧石灰，故又喜称为“石灰窑”，加之与“施鹤要”字音相近，便称“石灰窑”。该集镇地处恩施、鹤峰、宣恩、建始四县交界之地，因此，它不仅为石窑公社政治、经济、文化中心，而且也是四县边区人民的贸易中心。整洁、闹热的街道代替了过去冷冷清清的“茅草街”，砖石结构的楼房代替了过去的竹楼草舍，逢农历双日赶集，远近乡民背挑着各种农副土特产品，汇聚此地，竞相交换，互通有无，别有一番土家赶集特色。

石窑公社行政区划、居民点名称

石灰窑集镇 Shí huī yáo jí zhèn 系石窑公社驻地，位于恩施县城东南46公里，海拔1740米。四周山峰环绕，集镇呈长方形，老式木房与新建砖石结构楼房错落间杂，一条小溪水沿街缓缓流过，终年不断。为恩施县最边远的高山集镇。

解放前是恩施通往鹤峰的要道，曾取名“施鹤要”，又因此地石灰岩丰富，人们善筑窑烧石灰，故又称为石灰窑；后人们惯称石窑至今。解放前隶属恩施县第二区石窑乡驻地。1938年只有20户人家，农历二、五、八赶集。解放初为第五区石窑乡驻地，1958年为恩施县红土区石窑公社驻地，1975年撤区并社后仍属石窑公社辖。

石灰窑具有光荣的革命历史。1929年至1933年，贺龙同志曾率领工农红军转战此地，创建了湘鄂西革命根据地。1933年4月下旬在石灰窑西南方0.5公里的中坪成立了省苏维埃政府。

解放后，石灰窑集镇发生了较大变化。两条街道并排，全长200米，宽10米，总面积8500平方米，人口450人，土家族占很大比例。街上设有公社机关、邮电所、供销社、粮油所、旅社等单位。该集镇处恩施、建始、鹤峰、宣恩4县的交界边境，自然形成了边区人民的闹集。逢农历双日赶集，洋芋、玉米、烟叶、猪、羊肉、核桃、芸豆、禽蛋沿街可见。此地还是恩施县药材生产基地，特产当归，其个头肥大，品质好，滋补性强，驰名中外，享有“窑归”之称。

【石灰窑大队】 shí huī yáo dà duì 驻石灰窑集镇，原名胜利大队，1981年9月1日按地名更名为石灰窑大队。辖6个生产队，11个自然村，166户，820人。耕地面积1338亩。主产玉米、薯类，特产当归、党参。

阴塆 Yīn wān 15人，石灰窑北偏西900米。村处山塆，蔽荫，故名。

刘家台 Liú jiā tái 25人，石灰窑西北900米。

后坪 Hòu píng 70人，石灰窑东北750米。村处山后坪地，故名。

黄家台 Huáng jiā tái 25人，石灰窑西北1.1公里。

染铺 Rǎn pù 20人，石灰窑西北800米。村中原邹姓开过染铺，故名。

落水洞 Luò shuǐ dòng 40人，石灰窑西偏北1.1公里。村中有个消水洞，故名。

上塆 Shàng wān 25人，石灰窑西南1.2公里。村处长山塆上部，故名。

窑塆 Yáo wān 50人，石灰窑西南800米。村处山塆，原烧过瓦窑，故名。

七股水 Qī gǔ shuǐ 40人，石灰窑西南2.3公里。村中有口井，由7股水汇集而成，故名。

王家坪 Wáng jiā píng 50人，石灰窑西南1.1公里。

响板溪 Xiǎng bǎn xī 40人，石灰窑西南1.6公里。村处溪旁，过去危害庄稼的野猪多。人们用竹子安装成一种响板，能发出声音驱赶野猪，故名。

【马湖坝大队】 Mǎ hú bà dà duì 驻上塆，石灰窑西北8.8公里。原名高峰大队，1981年9月1日按地名更名为马湖坝大队。辖9个生产队，13个自然村，155户，741人。耕地面积1367亩。主产玉米、薯类，特产当归、党参。

上塆 Shàng wān 60人，大队驻地，

石灰窑西北 8.8 公里。村处山塆上段，故名。

长塆 Cháng wān 55 人，上塆北偏西 1.9 公里。村处长山塆内，故名。

八老窝盔 Bā lǎo wō kuī 10 人，上塆西北 1.7 公里。村处窝坑，原有梅家 8 兄弟居住，故名。

荞塆 Qiáo wān 50 人，上塆西北 1.6 公里。村处山塆，产荞子，故名。

贺家塆 Hè jiā wān 30 人，上塆北偏东 1.1 公里。

于家窝盔 Yú jiā wō kuī 30 人，上塆北 800 米。

横塆 Héng wān 50 人，上塆西北 1.5 公里。村处山塆，横向，故名。

上马湖坝 Shàng mǎ hú bà 20 人，上塆西北 750 米。村处大坝，远看似马的腹部，名马腹坝，后惯称马湖坝，因村居马湖坝上，故名。

聚宝盆 Jù bǎo pén 70 人，上塆东北 700 米。村中多富裕、出人才，故名。

关门岩 Guān mén yán 60 人，上塆东 1.3 公里。村处山谷，山岩似门，故名。

武家坪 Wǔ jiā píng 90 人，上塆东南 500 米。

下马湖坝 Xià mǎ hú bà 20 人，上塆西南 750 米。村居马湖坝下，故名。

马家河 Mǎ jiā hé 35 人，上塆西南 2 公里。

【长树塆大队】 Cháng shù wān dà duì 驻阳光头，石灰窑集镇北偏西 7.8 公里。原名长阳大队，1981 年 9 月 1 日按地名更名为长树塆大队。辖 6 个生产队，8 个自然村，168 户，757 人。耕地面积 996 亩。主产玉米、薯类，特产当归、贝母、党参。

阳光头 Yáng guāng tóu 70 人，大队驻地，石灰窑集镇北偏西 7.8 公里。村处地势高，阳光充足，故名。

龙凤岩 Lóng fēng yán 35 人，阳光头东北 1.6 公里。相传，原人们路过此地时，常听见蝼蜂叫，故名蝼蜂岩，后因字音相近，惯称龙凤岩。

二台坪 Er tái píng 50 人，阳光头北 1 公里。村处二台坪地，故名。

胡家堡 Hú jiā bǎo 70 人，阳光头东北 1.7 公里。

长阳煤厂 Cháng yáng méi chǎng 12 人，阳光头东北 600 米。长阳大队在此原办有煤厂，故名。

碑垭 Bēi yā 50 人，阳光头东偏北 2.1 公里。村处垭口，有座大墓碑，故名。

杉树塆 Shān shù wān 40 人，阳光头东 600 米。村处山塆，杉树多，故名。

于家包 Yú jiā bāo 90 人，阳光头东南 1.85 公里。

长树塆 Cháng shù wān 70 人，阳光头东南 1.3 公里。村处山塆，原生长有棵高大的古树，故名。

【大河沟大队】 Dà hé gōu dà duì 驻大河沟，石灰窑集镇北 5.9 公里。原名永兴大队，1981 年 9 月 1 日按地名更名大河沟大队。辖 12 个生产队，21 个自然村，251 户，1238 人。耕地面积 1671 亩。主产玉米、薯类，特产生漆、当归、党参、黄连、贝母。

大河沟 Dà hé gōu 55 人，大队驻地，石灰窑集镇北 5.9 公里。村处山沟，原过路行人常捡此岩石打火，故名打火沟，因字音相近，后惯称大河沟。

易家包 Yì jiā bāo 50 人，大河沟东 1.2 公里。

方家垭 Fáng jiā yā 50 人，大河沟西 1.4 公里。

黄家大坪 Huáng jiā dà píng 20 人，大河沟东南 650 米。

张家塆 Zhāng jiā wān 20 人，大河沟西南 1 公里。

土地岭 Tǔ dì lǐng 40 人，大河沟

东偏南 1.3 公里。村处山岭，原有一土地庙，故名。

顶坪 Dǐng píng 35 人，大河沟东南 1.1 公里。村处山顶坪地，故名。

椿木塆 Chūn mù wān 65 人，大河沟东南 1.5 公里。村处山塆，椿树多，故名。

半头塆 Bàn tóu wān 50 人，大河沟东南 1.9 公里。村处山塆，原为郭、徐两姓各居半头，故名。

灯草坪 Dēng cǎo píng 35 人，大河沟西南 1.1 公里。村处坪抛，灯草多，故名。

杜家塆 Dù jiā tǎng 50 人，大河沟南 900 米。

戴家坡 Dài jiā pō 60 人，大河沟南 1.25 公里。

大路坡 Dà lù pō 35 人，大河沟东南 1.8 公里。村处坡地，大河沟至二合寺的大路经此，故名。

何家塆 Hé jiā wān 30 人，大河沟东南 1.4 公里。

庙塆 Miào tǎng 30 人，大河沟东南 2.8 公里。村处塆地，原有座庙，故名。

三岔坪 Sān chà píng 50 人，大河沟南 1.8 公里。村处坪地，三岔交汇，故名。

何家槽 hé jiā cáo 70 人，大河沟东南 1.9 公里。

张家窝盔 Zhāng jiā wō kuī 50 人，大河沟东南 2.1 公里。

朝南坪 Cháo nán píng 70 人，大河沟南偏西 2 公里。村处坪地，朝南，故名。

苦家垭 Kǔ jiā yā 60 人，大河沟东南 3 公里。村处垭口，原有颗大苦李子树，故名。

高家坪 Gāo jiā píng 70 人，大河沟东南 2.9 公里。

【栈房垭大队】 Zhàn fáng yà dà duì 主驻杨家塆，石灰窑集镇西北 6.5 公里。原名新农大队，1981 年 9 月 1 日按地名更名为栈房垭大队。辖 7 个生产队，9 个自然村，120 户，638 人。耕地面积 1079 亩。主产玉米、薯类，特产当归、贝母、生漆。

杨家塆 Yáng jiā wān 22 人，大队驻地，石灰窑集镇西北 6.5 公里。

黄家台 Yáng jiā wān 25 人，杨家塆西北 500 米。

栈房垭 Zhàn fáng yà 50 人，杨家塆东 900 米。村处垭口，原开有栈房，故名。

黄家塆 Huáng jiā wān 34 人，杨家塆东南 500 米。

满家垭 Mǎn jiā yā 44 人，杨家塆西南 750 米。

大山顶 Dà shān dǐng 50 人，杨家塆西南 750 米。村处山顶，故名。

后山 Hòu shān 75 人，杨家塆西南 1.5 公里。村居大山顶后，故名。

油榨坊 Yóu zhà fáng 60 人，杨家塆南偏东 1.2 公里。村中有一油榨房，故名。

上阳坡 Shàng yáng pō 50 人，杨家塆西南 1.5 公里。村处坡地上部，向阳，故名。

【赵家坪大队】 Zhào jiā píng dà duì 驻赵家坪，石灰窑集镇北偏西 5.8 公里，1981 年 9 月 1 日从永兴、长阳、高峰 3 个大队分出，名为赵家坪大队。辖 7 个生产队，10 个自然村，135 户，626 人。耕地面积 857 亩。主产玉米、薯类，特产白肋烟、当归。

赵家坪 Zhào jiā píng 40 人，大队驻地，石灰窑北偏西 5.8 公里。

谭家台 Tán jiā tái 44 人，赵家坪北 2 公里。

易家桥 Yì jiā qiáo 50 人，赵家坪东北 1.7 公里。山沟河上，由易姓修有一木桥，故名。

腰带坪 Yāo dài píng 90人，赵家坪西北1.5公里。村处山腰，有一台地，远看似条带子，故名。

肖家垭 Xiāo jiā yà 40人，赵家坪北1.1公里。

梯儿岩 Tī ér yán 40人，赵家坪西北1.2公里。村处山岩，有石梯路可上，故名。

舒家坡 Shū jiā pō 30人，赵家坪北偏西780米。

岩洞坡 Yán dòng pō 44人，赵家坪东偏北450米。村处坡地，有一岩洞，故名。

黄家垭 Huáng jiā yā 30人，赵家坪南偏东250米。

长槽 Cháng cáo 70人，赵家坪东南1.1公里。村处长山槽内，故名。

【龙角坝大队】 Lóng jiǎo bà dà duì 驻磺厂坪，石灰窑集镇西北4.3公里。原名立新大队，1975年分队时取名龙角坝大队。辖5个生产队，9个自然村，146户，701人。耕地面积1119亩。主产玉米、薯类。特产当归、党参、生漆。

磺厂坪 Huáng chǎng píng 80人，大队驻地，石灰窑西北4.3公里。村处坪地，办过硫磺厂，故名。

小学堂 Xiǎo xué táng 30人，磺厂坪西北1.1公里。村中原办有小学堂，故名。

老屋场 Lǎo wū chǎng 40人，磺厂坪西北750米。村中有栋房屋，历史久长，故名。

大坪 Dà píng 70人，磺厂坪东北500米。村处大坪地，故名。

颜家台 Yán jiā tái 40人，磺厂坪东北300米。

三望坪 Sān wàng píng 120人，磺厂坪西400米。村处地势高，可看见前山三重台地，故名。

水路沟 Shuǐ lù gōu 80人，磺厂坪东南600米。村处有条小路沿沟而下，故名。

扯竹坡 Chě zhú pō 120人，磺厂坪东南1公里。村坡较陡，早年坡路边长有冷竹子，人们上坡时扯竹攀登，故名。

上阴坡 Shàng yīn pō 80人，磺厂坪西南800米。村处山坡上部，蔽阴，故名。

龙角坝 Lóng jiǎo bà (片村)，石灰窑集镇西北4.3公里。包括龙角坝、栈房垭、蓼叶坪3个大队。村处坝地，原建有回龙寺庙宇，名龙角庙，因庙旁两侧各有岩石1座，似龙角，故名。

【蓼叶大队】 Liǎo yè dà duì 驻蓼叶坪，石灰窑集镇西北4.3公里。原名立新大队，1981年9月1日按地名更名为蓼叶大队。辖7个生产队，8个自然村，135户，660人。耕地面积1112亩。主产玉米、薯类，特产当归、白肋烟、生漆。

蓼叶坪 Liǎo yè píng 60人，大队驻地，石灰窑集镇西北4.3公里。村处坪地，蓼竹多，故名。

邓家坡 Dèng jiā pō 50人，蓼叶坪北900米。

李家塆 Lǐ jiā wān 70人，蓼叶坪西北800米。

下阳坡 Xià yáng pō 80人，蓼叶坪西北600米。村处上阳坡下，故名。

下阴坡 Xià yīn pō 100人，蓼叶坪东北450米。村处坡地下部，蔽阴，故名。

下坝 Xià bà 50人，蓼叶坪南350米。村处龙角坝的下半部，故名。

连山包 lián shān bāo 35人，蓼叶坪南500米。村周群山环包，故名。

【岩塆大队】 Yán wān dà duì 驻殷家坪，石灰窑集镇北2.5公里。原名长春大队，1981年9月1日按地名更名为岩塆大队，辖11个生产队，8个自然村，145户，

715 人。耕地面积 834 亩。主产玉米、薯类，特产当归。

殷家坪 Yīn jiā píng 50 人，大队驻地，石灰窑集镇北 2.5 公里。

资家台 Zī jiā tái 35 人，殷家坪东北 1.1 公里。

岩塆 Yán wān 20 人，殷家坪东北 850 米，村处山塆，两旁是悬岩峭壁，故名。

轿顶山 Jiào dǐng shān 80 人，殷家坪西北 750 米。村旁山顶形似轿子，故名。

马家台 Mǎ jiā tái 70 人，殷家坪西 1.3 公里。

碑垭 Bēi yā 20 人，殷家坪东南 600 米。村处山垭，立有界碑，故名。

翟莫坪 Zhái mò píng 60 人，殷家坪西南 750 米。此村坪曾居住有翟、莫两姓人户，故名。

戈家坪 Gē jiā píng 100 人，殷家坪西南 1.3 公里。

【罗家坪大队】 Luó jiā píng dà duì 驻罗家坪，石灰窑集镇北偏东 1.9 公里。原名长春大队，1981 年 9 月 1 日按地名更名为罗家坪大队。辖 5 个生产队，5 个自然村，118 户，560 人。耕地面积 646 亩。主产玉米、薯类，特产当归、黄连、贝母。

罗家坪 Luó jiā píng 80 人，大队驻地，石灰窑集镇北偏东 1.9 公里。

郑家塆 Zhèng jiā wān 80 人，罗家坪北 1.3 公里。

张家包 Zhāng jiā bāo 25 人，罗家坪东北 1.8 公里。

青矾塆 Qīng fán wān 70 人，罗家坪东北 1.1 公里。村处山塆，相传，原在此曾提炼过青矾，故名。

纸棚沟 Zhǐ péng gōu 100 人，罗家坪西北 500 米。村处沟边，原搭建草棚造纸，故名。

【彭家垭大队】 Péng jiā yà dà duì 驻长槽，石灰窑集镇西北 5.3 公里。原名星火大队，1981 年 9 月 1 日按地名更名为长槽大队。辖 9 个生产队，13 个自然村，146 户，695 人。耕地面积 1398 亩，其中水田 5 亩。主产玉米、薯类，特产当归、党参、贝母、生漆。

长槽 Cháng cáo 40 人，大队驻地，石灰窑集镇西北 5.3 公里。村处槽地，狭长，故名。

魏家河 Wèi jiā hé 50 人，长槽北 1.2 公里。

麦田坡 Mài tián pō 55 人，长槽东北 1 公里。村处坡地，盛产大麦，故名。

大塆 Dà wān 30 人，长槽东北 750 米。村处大山塆内，故名。

李家垭 Lǐ jiā yā 24 人，长槽东北 850 米。

彭家垭 Péng jiā yā 40 人，长槽西北 350 米。

筲箕塆 Shāo jī wān 120 人，长槽东 1.3 公里。村处山塆，形似筲箕，故名。

二台子 Er tái zi 50 人，长槽西南 750 米。村处第二台地上，故名。

雀儿台 Què ér tái 40 人，长槽东南 750 米。村处台地，远看形似雀儿，故名。

椿木塆 Chūn mù wān 24 人，长槽东南 900 米。村处山塆，椿树多，故名。

樊家坪 Fán jiā píng 80 人，长槽东南 1.2 公里。

宝心潭 Bǎo xīn tán 50 人，长槽西南 1.4 公里。村处洼地，有一水潭，阴阳先生说是块宝地，故名。

毛家塆 Máo jiā wān 40 人，长槽东南 1.8 公里。

【长岩屋大队】 Cháng yán wū dà

duì 驻周家荒，石灰窑集镇东北3.4公里。原名东升大队，1981年9月1日按地名更名为长岩屋大队。辖10个生产队，12个自然村，216户，1069人。耕地面积1669亩，其中水田25亩。主产玉米、薯类，特产白肋烟、当归、生漆。

周家荒 Zhōu jiā huāng 70人，大队驻地，石灰窑集镇东北3.4公里。

放牛梁 Fàng niú liáng 100人，周家荒西北2公里。村东南有一大山梁，是放牛的场所，故名。

杜家盔子 Dù jiā kuī zǐ 50人，周家荒西北800米。

汤家包 Táng jiā bāo 50人，周家荒东偏北1公里。

郝家台 Hǎo jiā tái 50人，周家荒西北900米。

冯家台 Féng jiā tái 40人，周家荒西北250米。

刘家塆 Liú jiā wān 50人，周家荒东1.3公里。

张家阳坡 Zhāng jiā yáng pō 60人，周家荒东南600米。

曹家棚 Cáo jiā péng 60人，周家荒西南1.2公里。

张家台 Zhāng jiā tái 30人，周家荒东南800米。

长岩屋 Cháng yán wū 180人，周家荒东南1.2公里。村处一长山岩下，系罩岩能避日遮雨，故名。

山野坪 Shān yě píng 70人，周家荒西南2.4公里。村处坪地，偏僻，故名。

【黄家坪农科站】 Huáng jiā píng nóng kē zhàn 驻黄家坪，石灰窑集镇西北2公里。1980年成立，1981年9月1日按地名取名黄家坪农科站。辖2个生产队，5个自然村，55户，276人。耕地面积326亩。主产玉米、薯类，特产当归、党参、贝母。

黄家坪 Huáng jiā píng 45人，农科站驻地，位于石灰窑集镇西北2公里。

双河坪 Shuāng hé píng 50人，黄家坪西北350米。村处坪地，有两河流汇集，故名。

曹家铺 Cáo jiā pù 40人，黄家坪西北1公里。

油榨 Yóu zhà 50人，黄家坪西南500米。村中原开过油榨坊，故名。

罗家台 Luó jiā tái 40人，黄家坪南400米。

【漆树坪大队】 Qī shù píng dà duì 驻漆树坪，石灰窑集镇西3.8公里。原名雄伟大队，1981年9月1日按地名更名为漆树坪大队。辖6个生产队，14个自然村，130户，723人。耕地面积933亩。主产玉米、薯类，特产当归、党参、生漆。

漆树坪 Qī shù píng 120人，大队驻地，石灰窑集镇西3.8公里。村处坪地，漆树多，故名。

耳塆 Er wān 50人，漆树坪东北750米。此村山塆，形似耳朵，故名。

蒋家塆 Jiǎng jiā wān 50人，漆树坪东偏北800米。

连五间 Lián wǔ jiān 50人，漆树坪东950米。村中有栋一连5间得房屋，故名。

胡家塆 Hú jiā wān 30人，漆树坪西南300米。

堰塘盔 Yàn táng kuī 25人，漆树坪东南1.35公里。村中有个堰塘，形似锅盔，故名。

张家塆 Zhāng jiā wān 40人，漆树坪东南1公里。

沈家塆 Shěn jiā wān 42人，漆树坪东南750米。

油榨坪 Yóu zhà píng 35人，漆树坪东南800米，村处坪地，开过油榨坊，故名。

鲁家塆 Lǔ jiā wān 40人，漆树坪东南1.5公里。

曾家台 Zēng jiā tái 20人，漆树坪东南1.2公里。

张家垭 Zhāng jiā yā 40人，漆树坪东南1.6公里。

瓦厂塆 Wǎ chǎng wān 40人，漆树坪东南1.8公里。村处山塆，开过瓦厂，故名。

铁匠塆 Tiě jiàng wān 80人，漆树坪东南2.3公里。村处山塆，开过铁匠铺，故名。

【楸木山大队】 Qiū mù shān dà duì 驻楸木山，石灰窑集镇西南4.3公里。原名雄伟大队，19811年9月1日按地名更名为楸木山大队。辖8个生产队，6个自然村，104户，556人。耕地面积834亩。主产玉米、薯类，特产当归、白肋烟。

楸木山 Qiū mù shān 100人，大队驻地，石灰窑集镇西南4.3公里。村边山上楸树成林，故名。

猫形地 Māo xíng dì 90人，楸木山西北1.1公里。村边有座山似虎，因本地称“虎”为“猫”，故名。

满家台 Mǎn jiā tái 30人，楸木山西650米。

岩水井 Yán shuǐ jǐng 85人，楸木山南400米。村中有口岩石井，故名。

万家台 Wàn jiā tái 90人，楸木山西南500米。

桥头 Qiáo tóu 60人，楸木山西南900米。村处一石拱桥头，故名。

【刘家坪大队】 Liú jiā píng dà duì 驻文家铺，石灰窑集镇东南3.5公里。原名常丰大队，1981年9月1日按地名更名为刘家坪大队。辖8个生产队，12个自然村，157户，839人。耕地面积1307亩。主产玉米、薯类，特产党参、当归、白肋烟。

文家铺 Wén jiā pù 50人，大队驻地，石灰窑集镇东南3.5公里。

天生桥 Tiān sheng qiáo 30人，文家铺北2.2公里。相传村中原有一天然桥，故名。

碑垭口 Bēi yā kǒu 35人，文家铺北1.9公里。村处垭口，立有石碑，故名。

五色岩 Wǔ sè yán 30人，文家铺东北1.2公里。村中有一山岩，呈白、黄、青、红、橙5种颜色，故名。

陈家台 Chén jiā tái 30人，文家铺东北700米。

糊泥坪 Hú ní píng 75人，文家铺西北1.6公里。村处坪地，黄泥路，下雨时一片稀泥糊，故名。

刘家坪 Liú jiā píng 100人，文家铺西北800米。

大竹坪 Dà zhú píng 45人，文家铺东700米。村处坪地，原竹子林茂，茎粗，故名。

朱家塆 Zhū jiā wān 14人，文家铺西北1.6公里。

水井岩 Shuǐ jǐng yán 50人，文家铺东1.25公里。村边山岩下，有一天然水井，故名。

学堂塆 Xué táng wān 70人，文家铺西南1.4公里。村处山塆，办过学校，故名。

李家垭 Lǐ jiā yā 15人，文家铺西南750米。

【龙潭大队】 Lóng tán dà duì 驻田家老屋，石灰窑集镇南1.9公里。原名燎原大队，1981年9月1日按地名更名为龙潭大队。辖8个生产队，12个自然村，170户，687人。耕地面积1387亩。主产玉米、薯类，特产当归、贝母。

田家老屋 Tián jiā lǎo wū 50人，大队驻地，石灰窑南1.9公里。

柏枝树坪 Bǎi zhī shù píng 25人，田家老屋东北1.2公里。村处坪地，柏枝树多，故名。

中坪 Zhōng píng 40人，田家老屋北1.1公里。村处柏枝树坪和王家坪中，故名。

毛家坪 Máo jiā píng 30人，田家老屋东北800米。

毛家塆 Máo jiā wān 30人，田家老屋西南1公里。

赵家台 Zhào jiā tái 30人，田家老屋西南1.3公里。

黄家塆 Huáng jiā wān 40人，田家老屋东南850米。

张家老屋 Zhāng jiā lǎo wū 30人，田家老屋西南1公里。

油榨坪 Yóu zhà píng 40人，田家老屋西南1.1公里。村处坪地，建过油榨坊，故名。

石家坪 Shí jiā píng 70人，田家老屋东南2.1公里。

庙塆 Miào wān 35人，田家老屋东南1.2公里。村处山塆，建过庙宇，故名。

向家二台 Xiàng jiā èr tái 20人，田家老屋西南1.5公里。

【高岭大队】 Gāo lìng dà duì 驻烂池坪，石灰窑集镇东南4.5公里。1956年办国营农场时按地名取名高岭农场，1969年改为大队。辖8个生产队，13个自然村，131户，709人。耕地面积1493亩。产玉米、薯类，特产当归、黄柏。

烂池坪 Làn chí píng 60人，大队驻地，石灰窑东南4.5公里。村处坪地，有个烂泥池，故名。

落水洞 Luò shuǐ dòng 40人，烂池坪西北1.4公里。村中有个洞，水流到此，进洞而下，故名。

三尖山 Sān jiān shān 25人，烂池坪北300米。村中有座大山梁，有3个小尖峰，故名。

小清河 Xiǎo qīng hé 60人，烂池坪西1.8公里。村处河边，水清澈，故名。

郭家台 Guō jiā tái 20人，烂池坪东1.3公里。

覃家塆 Qín jiā wān 30人，烂池坪西南1.6公里。

刘家坪 Liú jiā píng 40人，烂池坪东南1.1公里。

魏家坪 Wèi jiā píng 50人，烂池坪西南1.2公里。

氽水坝 Cuān shuǐ bà 80人，烂池坪西南1.8公里。村处坝地，河沟的水流到此便氽进小清河，故名。

沙家岭 Shā jiā lǐng 11人，烂池坪南1.25公里。

向家坪 Xiàng jiā píng 54人，烂池坪东南1.5公里。

陈家坪 Chén jiā píng 10人，烂池坪南1.6公里。

朝阳坪 Cháo yáng píng 60人，烂池坪南1.9公里。村处坪地，向阳，故名。

高岭 Gāo lǐng （片村），包括落水洞、三尖山、烂池坪、小青河4个自然村。村处山岭，地势高，故名。

石窑公社陶瓷厂 Shí yáo gōng shè táo cí chǎng 阳光头东南850米。1975年建厂，职工7人，产日用陶制品。

石窑公社硫磺厂 Shí yáo gōng shè liú huáng chǎng 石灰窑集镇西北3.4公里。1972年建厂，职工150人，年产硫磺600吨。

石窑公社魏家河水电站 Shí yáo gōng shè wèi jiā hé shuǐ diàn zhàn 石灰窑集镇西北5公里。1977年建成，装机容量28千瓦。

石窑公社东升水电站 Shí yáo gōng shè jí zhèn dōng 石灰窑集镇东4.5公里。1981年建成，职工25人，装机容量250千瓦。

石窑公社拖拉机站 shí yáo gōng shè tuō lā jī zhàn 石灰窑南200米。1972年设立，有中型拖拉机3台。

（上接第 368 页）

十、两个地名各取一字命名

行政区划的调整分合，历史上许多朝代经常进行，两个或两个以上政区合并，各取原名一字合为新名，古代和现代都有。湖北省此类地名有一县三市，即通山县、黄石市、襄樊市、武汉市。

通山县，据《十国春秋·地理志》：南唐置通山县。又据《通山县志》：旧有通羊、青山两镇，各取一字为名，前者取“通”字，后者取“山”字，因名通山。宋太平兴国二年(977)，一度改为羊山县，亦系各取一字命名，但不久又改为通山县。《湖北通志》谓“县城西南一里，有一两岸山，山有洞，深不可测，可通阳新县，因称通山”。通山属幕阜山脉，多石灰岩，有很多深而长的溶洞，这种现象是常见的，但通山并不是由地形特征命名。黄石市，由大冶县黄石港和石灰窑两个集镇合并而成，各取镇名第一字命名。襄樊市，由襄阳和樊城两镇合并而成，也是各取第一字命名。武汉市，由武昌、汉阳、汉口三镇合并组成，取武昌的“武”字，汉口、汉阳的“汉”字，合称武汉市。

十一、以政治原因而命名

属于此种类型的有红安县，红安原名黄安。《读史方舆纪要》：“本黄冈、麻城、黄陂三县地。嘉靖四十二年(1564)置今县，以地辟多盗也”。设县的目的，是为了加强统治，镇压农民起义。因为解放前黄安为革命老根据地，1952 年，改名红安，表示红色政权巩固，人民安居乐业之意。

十二、县市同在一地，以县名作为市名

设县在前，置市在后，而市又是从县分出的，即以县名为市名，属于这种类型的有随州、荆门、宜昌、鄂城、恩施 5 市。随州市由旧随州得名。荆门市由荆门县得名。宜昌市由宜昌县得名。鄂城市，1979 年新置，由鄂城县城关镇析置而得名。一地而有两个同级行政建制，用了相同的名称，在建市以后，多数县治就从市区迁到县境别的地方。恩施市将恩施县城关镇划出建市，即以县名为名。

（下转第 433 页）

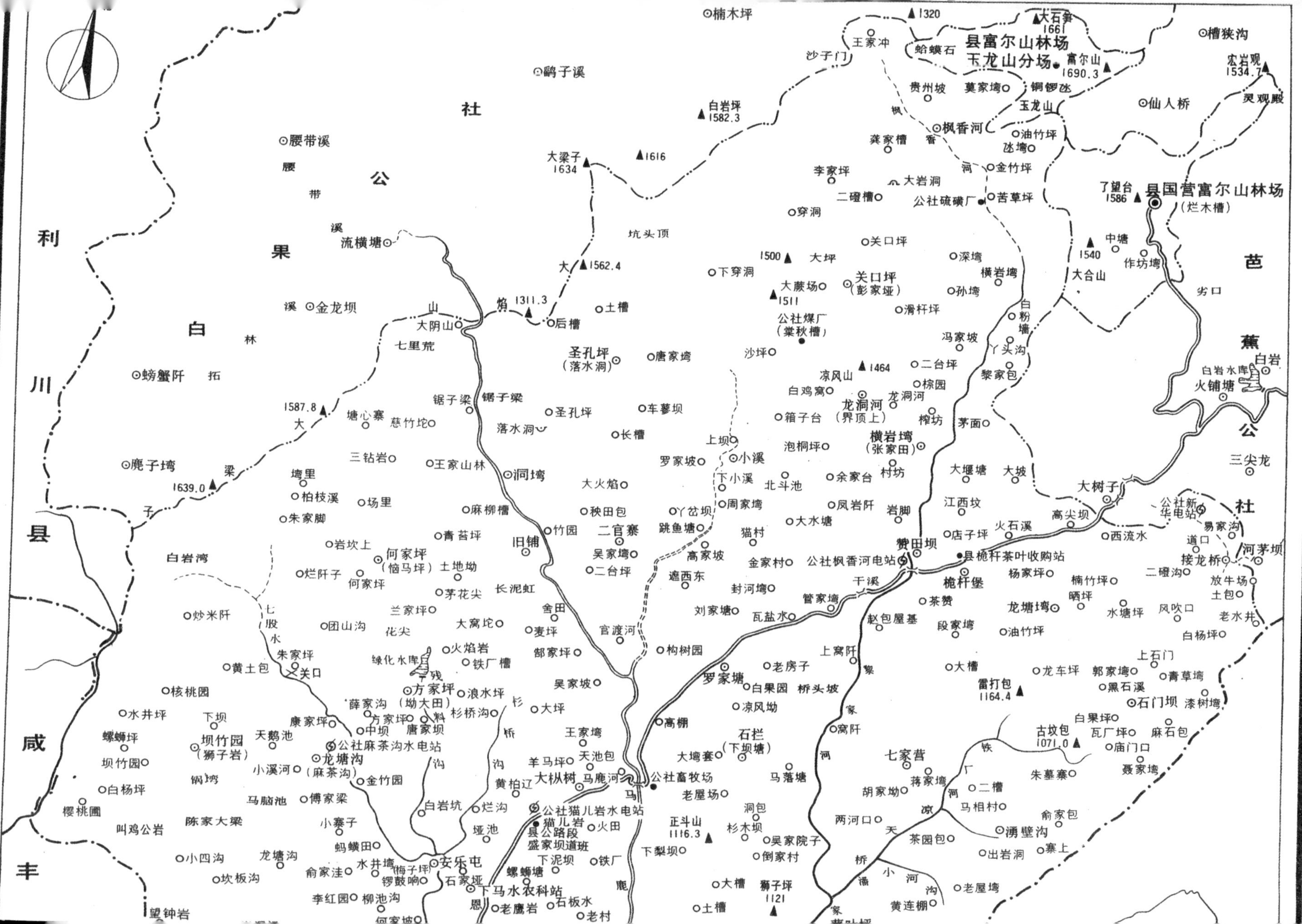
利
川
县
咸
丰
白
果
社
公
芭
蕉
公
社
县国营富尔山林场
(烂木槽)
了望台
1586
县富尔山林场
玉龙山分场
富尔山
1690.3
大石笋
1661
1320
楠木坪
王家冲
蛤蟆石
沙子门
槽狭沟
宏岩观
1534.7
灵观殿
仙人桥
铜锣凼
玉龙山
贵州坡
莫家塆
枫香河
龚家槽
油竹坪
冰塆
金竹坪
大岩洞
苦草坪
公社硫磺厂
李家坪
二碓槽
穿洞
鹞子溪
白岩坪
1582.3
1616
大梁子
1634
腰带溪
腰
带
溪
流横塘
坑头顶
大
1562.4
1311.3
后槽
土槽
大阴山
七里荒
金龙坝
螃蟹阡
拓
林
关口坪
1500
大坪
下穿洞
大蕨场
1511
关口坪
(彭家垭)
深塆
横岩塆
孙塆
滑杆坪
中塘
1540
作坊塆
大合山
劣口
公社煤厂
(棠秋槽)
沙坪
圣孔坪
(落水洞)
唐家塆
凉风山
1464
白鸡窝
箱子台
龙洞河
(界顶上)
龙洞河
榨坊
横岩塆
(张家田)
冯家坡
二台坪
棕园
黎家包
茅面
白岩
白岩水库
火铺塘
三尖龙
锯子梁
圣孔坪
车蓼坝
落水洞
长槽
1587.8
塘心寨
慈竹坨
三钻岩
王家山林
洞塆
鹿子塆
1639.0
塆里
柏枝溪
场里
朱家脚
麻柳槽
大火焰
秧田包
竹园
二官寨
吴家塆
二台坪
旧铺
上坝
小溪
罗家坡
下小溪
北斗池
周家塆
跳鱼塘
高家坡
余家台
凤岩阡
大水塘
泡桐坪
村坊
岩脚
大堰塘
大坡
江西坟
店子坪
火石溪
高尖坝
大树子
西流水
公社新华电站
易家沟
道口
接龙桥
河茅坝
赞田坝
公社枫香河电站
县梳杆茶叶收购站
梳杆堡
杨家坪
楠竹坪
二碓沟
放牛场
土包
老水井
晒坪
水塘坪
风吹口
龙塘塆
段家塆
油竹坪
白杨坪
岩坎上
何家坪
(恼马坪)
土地坳
烂阡子
何家坪
白岩湾
茅花尖
长泥虹
兰家坪
大窝坨
团山沟
花尖
舍田
麦坪
官渡河
遮西东
金家村
封河塆
刘家塘
瓦盐水
管家塆
干溪
茶赞
赵包屋基
构树园
部家坪
吴家坡
炒米阡
七股水
朱家坪
关口
黄土包
火焰岩
绿化水库
铁厂槽
方家坪
(坳大田)
浪水坪
杉桥沟
大坪
罗家塘
老房子
白果园
桥头坡
凉风坳
上窝阡
核桃园
水井坪
螺蛳坪
坝竹园
白杨坪
樱桃圃
叫鸡公岩
下坝
坝竹园
(狮子岩)
钢塆
陈家大梁
天鹅池
小溪河
马脑池
薛家沟
方家坪
中坝
唐家坝
公社麻茶沟水电站
龙塘沟
(麻茶沟)
金竹园
傅家梁
康家坪
王家塆
羊马坪
天池包
大枞树
马鹿河
公社畜牧场
黄柏辽
公社猫儿岩水电站
猫儿岩
火田
县公路段
盛家坝道班
高棚
大塆套
石栏
(下坝塘)
马落塘
老屋场
正斗山
1116.3
洞包
杉木坝
吴家院子
倒家村
下梨坝
七家营
蒋家塆
胡家坳
两河口
茶园包
大槽
雷打包
1164.4
龙车坪
郭家塆
黑石溪
上石门
青草塆
石门坝
漆树塆
白果坪
古坟包
1071.0
瓦厂坪
麻石包
庙门口
聂家塆
朱墓寨
二槽
马相村
俞家包
涌壁沟
出岩洞
寨上
老屋塆
黄连棚
小四沟
坎板沟
龙塘沟
蚂蟥田
小寨子
俞家洼
水井塆
梅子坪
锣鼓响
安乐屯
石家垭
下马水农科站
老鹰岩
石板水
老村
下泥坝
铁厂
螺蛳塘
白岩坑
烂沟
垭池
李红园
柳池沟
望钟岩
大槽
狮子坪
1121
土槽
窝阡

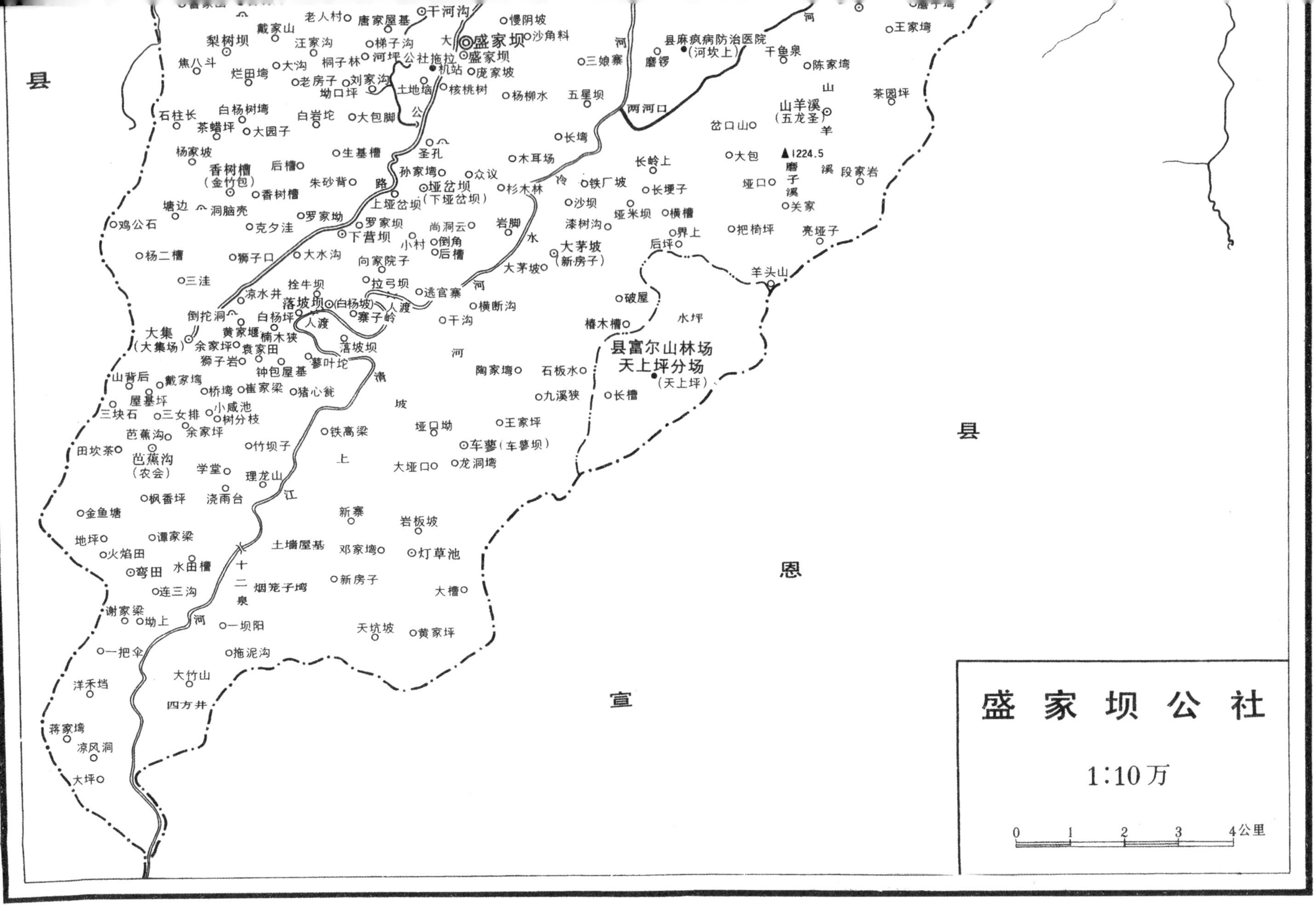
盛家坝公社
1:10万
0 1 2 3 4公里
县
恩
宣
县
盛家坝
公社拖拉机站
县麻疯病防治医院（河坎上）
县富尔山林场天上坪分场（天上坪）
两河口
1224.5
干河沟
慢阴坡
沙角料
老人村
唐家屋基
戴家山
梨树坝
汪家沟
梯子沟
河坪
焦八斗
烂田塆
大沟
桐子林
老房子
刘家沟
坳口坪
土地垴
核桃树
庞家坡
杨柳水
五星坝
三娘寨
磨锣
千鱼泉
陈家塆
王家塆
茶园坪
山羊溪（五龙圣）
岔口山
石柱长
白杨树塆
白岩坨
大包脚
茶蜡坪
大园子
长塆
杨家坡
生基槽
圣孔
木耳场
长岭上
大包
磨子溪
段家岩
香树槽（金竹包）
后槽
朱砂背
孙家塆
众议
铁厂坡
长埂子
垭口
香树槽
垭岔坝（下垭岔坝）
杉木林
沙坝
关家
上垭岔坝
垭米坝
横槽
塘边
洞脑壳
罗家坳
罗家坝
尚洞云
岩脚
漆树沟
鸡公石
克夕洼
下营坝
小村
倒角
后槽
界上
把椅坪
亮垭子
后坪
大茅坡（新房子）
杨二槽
狮子口
大水沟
向家院子
大茅坡
羊头山
三洼
拴牛坝
拉弓坝
逃官寨
凉水井
落坡坝（白杨坡）
横断沟
破屋
倒拕洞
白杨坪
人渡
寨子岭
干沟
水坪
椿木槽
大集（大集场）
黄家堰
楠木狭
余家坪
袁家田
落坡坝
狮子岩
蓼叶坨
钟包屋基
陶家塆
石板水
山背后
戴家塆
桥塆
崔家梁
猪心甃
九溪狭
长槽
屋基坪
小咸池
三块石
三女排
树分枝
王家坪
余家坪
铁高梁
芭蕉沟
垭口坳
田坎茶
竹坝子
车蓼（车蓼坝）
芭蕉沟（农会）
学堂
大垭口
龙洞塆
理龙山
枫香坪
浇雨台
金鱼塘
新寨
岩板坡
地坪
谭家梁
土墙屋基
火焰田
邓家塆
灯草池
弯田
水田槽
十二泉
烟笼子塆
新房子
连三沟
大槽
谢家梁
坳上
一坝阳
天坑坡
黄家坪
一把伞
拖泥沟
大竹山
洋禾垱
四方井
蒋家塆
凉风洞
大坪
河
大
公
路
冷
水
河
清
坡
上
江
河
山
羊
溪

盛家坝公社概况

SHÈNG JIA BA GONG SHE GAI KUÁNG

盛家坝公社位于恩施县城西南部，东和东南与宣恩县接壤，西和利川咸丰两县毗邻，西北靠白果公社和县富尔山林场，东北抵芭蕉公社。全社东西宽约 21 公里，南北长约 34 公里。恩(施)—大(集场)公路自北向南纵贯全境。公社驻地戏家坝集镇，北沿公路去县城 52 公里。

该社下辖石楠、二台、盛家、桅杆、关口、大集、车蓼 7 个管理区，39 个大队，1 个农科站，1 个畜牧场。3 个集镇。297 个生产队，385 个自然村。总面积 375.1 平方公里(包括境内县辖天山坪林场和县麻风病院)，是全县面积最大的一个公社。有耕地 71179 亩(水田 22780 亩，旱地 48399 亩)，可机耕地 8085 亩，林带面积约 23.3 万亩，荒山 91000 亩。

全社共有 7172 户，35137 人，其中非农业人口 1149 人。从业人口 10763 人。该社土家族占 56.49%，多是明末清初由贵州、湖南迁来此地。

该社地处鄂西南山地，系云贵高原的边缘部分。有低山、二高山和高山之分。低山占 9.5%，二高山占 64.1%，整个地形为西北和东南高，东北至西南一带偏低，全社形如一只两头翘的帆船。最高点在利川县毛坝公社和本县白果公社交界处的磨达界，海拔 1648.4 米。最低点是弯田大队大坪自然村坎下河边，海拔 578 米。社境内石灰岩分布广泛，溶岩地貌十分发育，多溶洞伏流。峰峦起伏，沟壑纵横，蜿蜒伸展，山槽平地交错其间，常有“大集是看山不走山”之说。

该社具有亚热带季风气候特征，夏凉冬温，降水丰富，风力微弱。年平均气温14.8℃，1月平均气温3.2℃，7月平均气温25℃，年降水量1423毫米。无霜期233天，水汽压为15.7毫巴，相对湿度为85%。

公社境内有枫香河、马鹿河、关口河3条主要河流，在公社东南部汇成清江河，流进咸丰县，最后注入四川黔江县的啊蓬江。人们利用丰富的水利资源，修渠筑库，蓄水灌溉，发展电力事业，全社共修建了枫香河、麻茶沟、猫儿岩、新华4座水电站，装机容量为1125千瓦，年发电量达45万千瓦时。现在已有25个大队，3个集镇通电。全社共修建了绿化、二官寨、风吹口、古家塘4座水库，蓄水160万立方米，各种小型堰塘100多处，蓄水30万立方米。电站、水库的配套水渠7条，总长42300多米。

解放前，属恩施县第三区盛家坝乡、大集乡、桅杆乡所辖。1952年，为恩施县第十四区，驻地在桅杆堡，下辖现公社区域及白果公社现在的见天、两河、金龙管理区和芭蕉公社的花场管理区，共26个乡，1954年，改名为大集区，区公所由桅杆堡迁到大集场，同时将见天两河、金龙乡划归白果区管辖。1956年，区址由大集场迁到盛家坝。1958年，大集区改名为光辉人民公社。1962年，复名为大集区，下设盛家、下云、车蓼、桅杆、二官、关口、石楠、花场、石门、大集10个小公社。1975年撤区并社时，将花场小公社划给芭蕉公社管辖，其余9个小公社合并成7个管理区，组成大集公社。1981年，恩施地区行署行文，将大集公社以其驻地更名为盛家坝公社。

该社以农为主，兼办工副业。主产水稻，玉米次之，还出产红苕、小麦、洋芋、秋荞、黄豆、高粱等。1981 年粮食总产 2808.6 万斤，其中水稻 1000 万斤，玉米 782 万斤，红苕 84 万斤。油料作物有油菜籽，1981 年总产 82.4 万斤。土特产品主要有生漆、茶叶、油菜籽、楠竹、白肋烟等，多种经济有花生、向日葵，药材有黄连、党参、白术、五棓子、丹皮、厚朴等。1981 年产茶叶 949 担，白肋烟 1701 担，生漆和茶叶，品质优更，享有盛名，畅销国内外。

公社境内山多林茂，森林覆盖面大，成材林集中，是恩施县的重要林业基地。木材蓄积量居全县第一位。主要树种有杉树、马尾松，华山松、柳杉、椿树、枫香、樟树、泡桐和栎类杂木。全社林业用地占总面积的 41%，成材林达 12.4 万亩，县林业局还在天山坪建立了林场，育林 1300 亩。

该社的地下矿藏以煤炭、硫磺的蕴藏量最大，年产硫磺 200 多吨。还有芭蕉沟的铜矿、枫香河的铁矿，清江河沿岸的石膏，尚未开采。

现在，全社拥有汽车 4 辆；大、中型拖拉机 24 台，手扶拖拉机 32 台等；农副产品加工机械 214 台，全社农业机械总动力达 2887 马力。

解放前，该社工业是一项空白。解放后，全社人民自力更生，从无到有，从小到大，充分利用本地资源，围绕生产、生活的需要，先后办起了硫磺厂、煤厂、水电站、农具厂、磷肥厂、木器厂、综合厂、拖拉机站、汽车队等 17 个企事业，年产值达 26.48 万元。

盛家坝公社在解放初期，运输全是人力挑、驮和少数骡马驮运。1957 年到 1958 年，政府集中力量修通了恩施至大集场的公路，全长 60.56 公里。北从高尖坝 (33 公里处) 入该社境，至大集场终点，在全社境内贯穿 9 个大队，计 28 公里。1975 年又修通了与恩大公路相接的 7 条简易公路，通往各大队。每天还有两班客车开至大集场和盛家坝集镇。

解放以来，全社的文教、卫生事业也有很大发展。解放初期，全社只有小学2所，学生90多人，教师5人，现已发展到高中1所，初中19所，小学51所，有公民办教师390多人。解放初期，全社只有1个诊所，4名医生。现在，有公社医院1所，分院3所，大队医务室33个，国家、集体医务人员75人，赤脚医生65人。公社办有1个电影队，建立有文化站、图书借阅处，照相馆，在盛家坝集镇修建有1200个座位的电影院，丰富了人民群众的文化生活。

公社驻地盛家坝，是该社的3个集镇之一，地处该社中部——平坝中，因坝内盛姓较多而得名。恩（施）—大（集场）公路从集镇穿过。有新街、老街各一条。设有供销、林业、粮食、财政、医院、拖拉机站、高中等社逋单位，逢农历五、十为集日，集镇上人来车往，川流不息，热闹异常，呈现一派山村集镇的欣欣向荣景象。

盛家坝公社行政区划、居民点名称

盛家坝集镇 Shèng jiā bà jí zhèn 位于恩施县城西南 36.5 公里，海拔 820 米。居住 1146 人，土家族占一定比例。

盛家坝集镇地处山丘围绕的平坝之中，地势开阔平坦。四周有成片的水田和旱地。因坝内盛姓较多而得名盛家坝。坝南北长约 1300 米，东西宽约 750 米，总面积约 1 平方公里。集镇辖区约 0.1 平方公里。

集镇中心有两条呈南北走向又平行排列的直街。东部为老街，长约 150 米，街道宽约 3 米，泥石路面，不通汽车，古老的房屋多为木瓦结构。西部为新街，为恩大公路的一段，长约 350 米，道宽 10 米，碎石泥结路面，社直各机关砖石结构的楼房排列在街道两旁。

据传，100 多年前，罗、陈、盛等姓最先来这里安居落业，久而久之，人户逐渐增多；形成小街，即现在的老街。解放前，这里已有集市贸易，但不兴隆。

解放前属恩施县第三区所辖。解放初期，隶属恩施县十四区(桅杆区)的盛家乡。1956 年，原大集区公所由大集场迁至盛家坝。此后，盛家坝一直为区、乡、公社、管理区驻地。1981 年 9 月，大集公社按驻地更名盛家坝公社。公社办公大楼建立在老街北部的台地上。

1958 年，恩大公路全线通车，傍老街自北向南通过。社直各机关和企事业单位相继建在公路沿线，逐渐形成新街。公路东侧，财政所、林业站、百货商店、生资门市部、医院、食品站、汽车队的楼房鳞次栉比。公路西侧，粮油所、邮电局、文具部、银行、旅社、水电管理站、木器厂、缝纫社、拖拉机站、农机公司等单位毗邻相接。集镇东南方的高中校园，背山临坝，风景优美。在公民点名社机关大院内，新修有 1200 个座位的电影院，办有文化站、图书借阅处，活跃了群众的文化生活，1975 年以来，集镇上又安装了自来水和电灯。

盛家坝原仅有一北通恩施城、南连大集场的人行大路的停宿点，人民所需的日常生活用品主要靠人力运输。恩大公路修通后，每日有两班客车开至该镇和大集场。满载着木材、山区土特产和外地的日用百货的汽车来往奔驰。经济建设的加速发展，促进了盛家坝集镇的日益繁荣。每逢农历五、十的集日，镇上人声鼎沸，车来人往，上市的各种农副产品主要有大米、玉米、茶叶、烟叶、生漆及肉禽类，木竹制品等，呈现出一派山乡集镇欣欣向荣的景象。

【盛家坝大队】 Shèng jiā bà dà duì 驻盛家坝集镇，位于恩(施)—大(集场)公路 52 公里处。原名光辉大队，1981 年 9 月 1 日按其驻地名更名为盛家坝大队。辖 7 个生产队，9 个自然村，287 户，1329 人，耕地面积 1779 亩，其中水田 697 亩。主产玉米、薯类、水稻，特产生漆、茶叶。

老鹰岩 Lǎo yīng yán 20 人，盛家坝东 1 公里处。此村后有块岩石，形如老鹰，故名。

慢阴坡 Màn yīn pō 100 人，盛家坝东北 1 公里处。村处缓坡(当地称慢坡)，日照时间短，故名。

沙角料 Shā jiǎo liào 100 人，盛家坝东 1 公里处。此村有块田，中间冒水，泥沙、杂物聚集一角，故名。

三娘寨 Sān niáng zhài 80 人，盛家坝东 2 公里处。相传，此村寨边山头上，每天清晨有 3 个女郎来此，故名。

庞家坡 Páng jiā pō 20 人，盛家坝

东南 1 公里处。

土地垴 Tǔ dì nǎo 30 人，盛家坝西南 1 公里处。此村原有座土地菩萨庙，当地称土地垴，故名。

五星坝 Wǔ xīng bà 100 人，盛家坝东南 2 公里处。村处平坝，周围有 5 个山头排列呈五角星状，故名。

核桃树 Hé táo shù 60 人，盛家坝西南 1 公里处。此村有棵大核桃树，故名。

杨柳水 Yáng liǔ shuǐ 130 人，盛家坝东南 1 公里处。此村有条溪沟，两岸长有杨柳树，故名。

【枫香河大队】 Fēng xiāng hé dà duì 驻枫香河，位于盛家坝集镇北偏东 17.5 公里处。原名红星大队，1981 年 9 月 1 日按其驻地名更名为枫香河大队。辖 10 个生产队，12 个自然村，204 户，931 人，耕地面积 2234 亩，其中水田 379 亩。主产玉米、薯类、水稻，特产生漆、茶叶，还产木材。

枫香河 Fēng xiāng hé 120 人，盛家坝东北 17.5 公里处，大队驻地。村处小河边，原两岸枫香树甚多，故名。

王家冲 Wáng jiā chōng 30 人，枫香河西北 2 公里处。

莫家塆 Mò jiā wān 60 人，枫香河东北 1.5 公里处。

贵州坡 Guì zhōu pō 167 人，枫香河西北 500 米处。村处山坡，且住户多是从贵州迁居而来，故名。

油竹坪 Yóu zhú píng 70 人，枫香河东 1.5 公里处。村处坪地，油竹甚多，故名。

凼塆 Dàng wān 50 人，枫香河东 2 公里处。村处山塆，地势低，易积水，故名。

龚家槽 Gōng jiā cáo 40 人，枫香河西南 800 米处。

金竹坪 Jīn zhú píng 30 人，枫香河东南 1.2 公里处。村处坪地，盛产金竹，故名。

苦草坪 Kǔ cǎo píng 80 人，枫香河西南 1.5 公里处。旧社会，此地十分贫穷，好似苦草，故名。

李家坪 Lǐ jiā píng 30 人，香树西南 2 公里处。

二磴槽 Er dèng cáo 20 人，枫香河西南 1.5 公里处。槽分两磴，该村在二磴，故名。

穿洞 Chuān dòng 50 人，枫香河西南 3 公里处。此村有一两头相通的山洞，故名。

【关口坪大队】 Guān kǒu píng dà duì 驻彭家埡，位于盛家坝集镇北偏东 14.5 公里处。原名红卫大队，1981 年 9 月 1 日按所辖自然村名更名为关口坪大队。辖 4 个生产队，7 个自然村，69 户，325 人，耕地面积 1545 亩，其中水田 63 亩。主产玉米、薯类，特产药材。

彭家埡 Péng jiā yà 10 人，位于盛家坝集镇北偏东 14.5 公里处，大队驻地。

关口坪 Guān kǒu píng 90 人，彭家埡北 1 公里处。村处坪地，有一隘口，故名。

深塆 Shēn wān 20 人，彭家埡东北 2 公里处。村处山塆，且有一很深的天坑，故名。

孙塆 Sūn wān 30 人，彭家埡东 2 公里处。

打蕨场 Dǎ jué chǎng 50 人，彭家埡西 1 公里处。此村是人们打蕨菜的场地，故名。

滑杆坪 Huá gān píng 30 人，彭家埡东南 1 公里处。此村原生长有棵大滑杆树，故名。

棠楸槽 Táng qiū cáo 30 人，彭家埡西南 1.5 公里处。村处山槽，原生长有棵大棠楸树，故名。

【龙洞河大队】 Lóng dòng hé dà duì 驻界顶上，位于盛家坝集镇东北13公里处。原名红旗大队，1981年9月1日按所辖自然村名更名为龙洞河大队。辖6个生产队，9个自然村，109户，537人，耕地面积1583亩，其中水田391亩。主产玉米、薯类、水稻，特产生漆。

界顶上 Jiè dǐng shàng 5人，位于盛家坝集镇东北13公里处，大队驻地。此村地势较高，且处各村交界处，故名。

二台坪 Er tái píng 70人，界顶上东北1公里处。枫香河从村东流过，河两岸各有一平台，故名。

沙坪 Shā píng 10人，界顶上西北1.8公里处。村处平地，沙砾多，故名。

白鸡窝 Bái jī wō 70人，界顶上西550米处。传说，村中小山包上曾飞出一对白鸡子，后不知去向。阴阳先生编有“头顶白鸡窝，脚踏小溪河，谁人识得破，子孙穿绫罗”顺口溜。故名。

龙洞河 Lóng dòng hé 60人，界顶上东南500米处。此村有条小河，源出于山洞，传说洞内有龙，故名。

箱子台 Xiāng zǐ tái 90人，界顶上西南1.5公里处。村处台地，地形似口箱子，故名。

泡桐坪 Pào tóng píng 50人，界顶上西南1.2公里处。村处平地，泡桐树较多，故名。

余家台 Yú jiā tái 20人，界顶上南1.8公里处。

北斗池 Běi dǒu chí 40人，界顶上西南2公里处。此村有丘水田被7个小土包围着，似“北斗七星”状，故名。

【圣孔坪大队】 Shèng kǒng píng dà duì 驻落水洞，位于盛家坝集镇北11.4公里处。原名云峰大队，1981年9月1日按所辖自然村名更名为圣孔坪大队。辖10个生产队，8个自然村，148户，698人，耕地面积1688亩，其中水田541亩。主产玉米、薯类、水稻，特产茶叶，生漆。

落水洞 Luò shuǐ dòng 20人，位于盛家坝集镇北11.4公里处，大队驻地。此村有个消水洞，故名。

下穿洞 Xià chuān dòng 80人，落水洞东北2.5公里处。此地有个穿洞，村处穿洞下方，故名。

土槽 Tǔ cáo 140人，落水洞西北1公里处。村处槽地，土多石头少，故名。

后槽 Hòu cáo 62人，落水洞西北1.25公里处。村处山槽，位于前槽后面，故名。

唐家塆 Táng jiā wān 30人，落水洞东北600米处。

车蓼坝 Chē liǎo bà 50人，落水洞东南1公里处。“车”土家语表示河，即为长有蓼草的河坝，故名。

圣孔坪 Shèng kǒng píng 260人，落水洞西南1.5公里处。此村坪有一出水洞。相传，很早以前洞内常有马出来吃谷子，人们在洞北边修了座菩萨庙，请菩萨显圣，再无马吃谷子了，故名。

长槽 Cháng cáo 30人，落水洞南1.2公里处。村处长山槽内，故名。

【横岩塆大队】 Héng yán wān dà duì 驻张家田，位于盛家坝集镇东北12.5公里处。原名幸福大队，1980年按所辖自然村名更名为横岩塆大从。辖6个生产队，7自然村，116户，530人，耕地面积1893亩，其中水田587亩。主产玉米、薯类、水稻、小麦，特产生漆、茶叶。

张家田 Zhāng jiā tián 170人，位于盛家坝集镇东北12.5公里处，大队驻地。

横岩塆 Héng yán wān 40人，张家田东北3.5公里处。此村塆内有块大岩石，像横放在塆内一样，故名。

白粉墙 Bái fěn qiáng 40人，张家田东北2.75公里处。此村住房大多是用石灰粉刷的石墙屋，故名。

丫头沟 Yā tou gōu 60人，张家田东北3公里处，村处大沟内。相传，有户富裕人家只有一丫头(女儿)继承父业，内外一把好手，比男人还要能干，故名。

冯家坡 Féng jiā pō 100人，张家田东北2公里处。

黎家包 Lí jiā bāo 110人，张家田东北2公里处。

棕园 Zōng yuán 50人，张家田西北1公里处。此村原长有成片的棕树，故名。

【小溪大队】 xiǎo xī dà duì 驻小溪，位于盛家坝集镇东北10公里处。原名红光大队，1980年冬按其驻地名更名为小溪大队。辖7个生产队，6个自然村，131户，610人，耕地面积1426亩，其中水田396亩。主产玉米、薯类、水稻，特产生漆、茶叶。

小溪 Xiǎo xī 110人，位于盛家坝集镇东北10公里处，大队驻地。村处小溪河边，故名。

上坝 Shàng bà 120人，小溪北300米处。村处平坝，位于小溪河上游，故名。

罗家坡 Luó jiā pō 110人，小溪西南500米处。

下小溪 Xià xiǎo xī 100人，小溪西南700米处。村处小溪河畔，且位于小溪村下方(西南)，故名。

周家塆 Zhōu jiā wān 120人，小溪南900米处。

高家坡 Gāo jiā pō 50人，小溪南1.75公里处 。

【接龙桥大队】 Jiē lóng qiáo dà duì 驻接龙桥，位于盛家坝集镇东北15公里处。原名新华大队，1981年9月1日按其驻地名更名为接龙桥大队。辖7个生产，6个自然村，164户，777人，耕地面积1696亩，其中水田631亩。主产玉米、薯类、水稻，特产生漆、茶叶。

接龙桥 Jiē lóng qiáo 50人，位于盛家坝集镇东北15公里处，大队驻地。此桥建于乾隆年间，“徛构名曰结龙桥”，后人们惯称接龙桥。

道口 Dào kǒu 40人，接龙桥西500米处。此村过去是野鹿经常出没的地方，猎手们常在此村口打猎，称鹿道口，后改称道口。

二磴沟 Er dèng gōu 40人，接龙桥西南750米处。村处山沟，地形似二蹬阶梯，故名。

土包 Tǔ bāo 50人，接龙桥南750米处。村处一小土包山上，故名。

老水井 Lǎo shuǐ jǐng 80人，接龙桥东南1.75公里处。此村有一水井，年代很久，天旱不干，故名。

白杨坪 Bái yáng píng 60人，接龙桥南1.5公里处。村处坪地，原白杨树较多，故名。

【洞塆大队】 Dòng wān dà duì 驻洞塆，位于盛家坝集镇北9.1公里处。原名光明大队，1981年9月1日按其驻地名更名为洞士弯大队。辖4个生产队，3个自然村，55户，250人，耕地面积645亩，其中276亩。主产玉米、薯类、水稻，特产生漆、茶叶。

洞塆 Dòng wān 110人，位于盛家坝集镇北9.1公里处，大队驻地。村处山湾，塆内有一大岩洞，故名。

大阴山 Dà yīn shān 100人，洞塆西北3公里处。此村山大，蔽阴，故名。

锯子梁 Jù zǐ liáng 110人，洞塆西北1.3公里处。此村处山峰多，连绵起伏，形似锯齿，故名。

【赞田坝大队】 Zàn tián bà dà duì 驻赞田坝，位于盛家坝集镇东北12.5公里处。原名幸福大队，1981年9月1日按其驻地名更名为赞田坝大队。辖5个生产队，8个自然村，186户，890人，耕地面积1243亩，其中水田469亩。主产玉米、小麦、水稻、薯类，特产生漆、茶叶。

赞田坝 Zàn tián bà 80人，位于盛家坝集镇东北12.5公里处，大队驻地。村坝中田土肥沃，传说曾受到朝廷官员的赞许，故名。

榨坊 Zhà fáng 90人，赞田坝北750米处。此村开过油榨坊，故名。

茅面 Máo miàn 110人，赞田坝东北2.75公里处。村处一面坡，以前长满茅草，故名。

村坊 Cūn fáng 80人，赞团坝西北1.7公里处。此村住房多、集中，象一小街巷，故名。

大堰塘 Dà yàn táng 70人，赞田坝东北1.5公里处。此村有口大堰塘，故名。

江西坟 Jiāng xī fén 70人，赞田坝东北1公里处。此村坟地里埋葬的多是江西人，故名。

岩脚 Yán jiǎo 130人，赞田坝西北600米处。村处一壁陡岩下，故名。

店子坪 Diàn zǐ píng 70人，赞田坝东北650米处。村处平地，以前开过店铺，故名。

【桅杆堡大队】 Wéi gān bǎo dà duì 驻桅杆堡集镇，位于盛家坝集镇东北11.4公里处。原名星火大队，1981年9月1日按其驻地名更名为桅杆堡大队。辖9个生产队，8个自然村，1个自然镇，202户，913人，耕地面积1730亩，其中水田492亩。主产玉米、薯类、水稻，特产茶叶。

桅杆堡 Wéi gān bǎo 150人，位于盛家坝集镇东北11.4公里处的恩大公路左侧，大队驻地。此村地形似只船，在土包上有棵直立的大杉树，形如船桅，故名。曾为区、乡、社机关驻地，设有供销、粮食、邮电等机构，三五日为一个场期。

大坡 Dà pō 45人，桅杆堡东北2公里处。村处大山坡上，故名。

高尖坝 Gāo jiān bà 98人，桅杆堡东北2公里处。村处平坝，四周高山耸立，故名。

火石溪 huǒ shí xī 70人，桅杆堡东北1公里处。村边有条小溪，过去，人们用溪边石头摩擦取火，故名。

茶赞 Chá zàn 70人，桅杆堡西南1公里处。此村地势向阳、日照时间长，种植的茶叶味美香浓，受到群众称赞，故名。

段家塆 Duàn jiā wān 30人，桅杆堡南1公里处。.

赵包屋基 Zhào bāo wū jī 80人，桅杆堡西南2公里处。村处山包，赵姓很早就来此开基建屋，故名。

大槽 Dà cáo 70人，桅杆堡南1.75公里处。村处大山槽内，故名。

上窝阡 Shàng wō qiān 80人，桅杆堡西南2.5公里处。此村岩石阡陌交错，坑坑洼洼，称为窝阡，且地势较高，故名。

【二官寨大队】 Er guān zhài dà duì 驻二官寨，位于盛家坝集镇北8.3公里处。原名红光大队，1981年9月1日按其驻地名更名为二官寨大队。辖6个生产队，7个自然村，1个片村，175户，841人，耕地面积1477亩，其中水田527亩。主产玉米、水稻、薯类，特产生漆、茶叶。

二官寨 Er guān zhài 120人，盛家坝集镇北8.3公里处，大队驻地。历史上，此村处利川、恩施两县界上，有吴、向两家为争地打官司，两县各派一县官到此调停，故名。

大火焰 Dà huǒ yàn 110人，二官寨北1公里处。此村过去为荒山野岭，人们开垦时，用火烧山，故名。

跳鱼塘 Tiào yú táng 60人，二官寨东北1.2公里处。此地原有一水塘，变天之时，塘内有鱼跃出水面，故名。

丫岔坝 Yā chà bà 50人，二官寨东北1.1公里处。村处平坝，西、南，北面是山，成一丫字形岔开，故名。

吴家塆 Wú jiā wān 110人，二官寨东南150米处。

二台坪 Er tái píng 110人，二官寨西南800米处。此村地形是一伸出的山咀，上有二个坪台，村处第二坪台，故名。

官渡河 Guān dù hé 140人，二官寨东南1.8公里处。传说，有县官曾在此涉水渡河，故名。

【龙塘塆大队】 Lóng táng wān dà duì驻龙塘塆，位于盛家坝集镇东北12.5公里处。原名光荣大队，1980年按其驻地名更名为龙塘塆大队。辖4个生产队，4个自然村，76户，329人，耕地面积852亩，其中水田187亩。主产玉米、薯类、水稻，特产茶叶。

龙塘塆 Lóng táng wān 50人，位于盛家坝集镇东北12.5公里处，大队驻地。村处山塆，有一池塘，传说塘里有龙，故名。

杨家坪 Yáng jiā píng 40人，龙塘湾西北600米处。

晒坪 Shài píng 70人，龙塘塘东400米处。村处坪地，有一大晒场，故名。

油竹坪 Yóu zhú píng 50人，龙塘塆西南1.1公里处。村处坪地，盛产油竹，故名。

【旧铺大队】 Jiù pù dà duì 驻旧铺，位于盛家坝集镇北7.8公里处。原名光明大队，1981年9月1日按其驻地名更名为旧铺大队。辖4个生产队，4个自然村，132户，606人，耕地面积694亩，其中水田343亩。主产玉米、薯类、水稻，特产茶叶、生漆。

旧铺 Jiù pù 90人，位于盛家坝集镇北7.8公里处，大队驻地。早年，一个被贬职回乡的官绅，在此开了个旧货铺，故名。

秧田包 Yáng tián bāo 60人，旧铺东北1.3公里处。此村山包上有几丘水田，历年在这几丘水田下稻秧，故名。

竹园 zhú yuán 80人，旧铺东北300米处。此村原有成片的竹林，故名。

舍田 shě tián 130人，旧铺东南1.3公里处。此村部分耕地受冷泉水影响，对农作物生长不利，收成低。称为可要可不要的田，故名。

【何家坪大队】 hé jiā píng dà duì驻恼马坪，位于盛家坝集镇西北7.8公里处。原名高峰大队，1981年9月1日按所辖自然村名更名为何家坪大队。辖1个生产队，16个自然村，209户，1022人，耕地面积3477亩，其中水田623亩。主产玉米、薯类、水稻，特产生漆。

恼马坪 Nǎo mǎ píng 30人，位于盛家坝集镇西北7.8公里处，大队驻地。传说，村中有块似马的岩石，田里的庄稼经常被它偷吃。村民们很恼火，做了块石碑堵住马嘴。从此无患，故名。

慈竹坨 Cí zhú tuó 40人，恼马坪东北2.5公里处。村处洼地(方言：窝坨)，原长有成片慈竹，故名。

塘心寨 Táng xīn zhài 40人，恼马坪西北2.5公里处。此村地形似塘堰，洼地中心有一大院子，故名。

三钻岩 Sān zuàn yán 50人，恼马坪北1.75公里处。此村原名岩蜂槽，后邰家、谭家争地界，县官断界后，就用钻子在岩上开凿了3条槽，故名。

王家山林 Wáng jiā shān lín 70人，恼马坪东北1.75公里处。此村山上的树林原为王家的产业，故名。

塆里 Wān lǐ 70人，恼马坪西北2公里处。原有两弟兄从贵州迁来，一住山塆里，一住山塆外，因此村集中点在塆里，故名。

麻柳槽 Má liǔ cáo 30人，恼马坪东北1.75公里处。此村槽内有较多的麻柳树，故名。

场里 Chǎng lǐ 60人，恼马坪西北1.25公里处。原来办过药材场，故名。

柏枝溪 Bǎi zhī xī 200人，恼马坪西北2公里处。村处溪边，原柏枝树较多，故名。

青苔坪 Qīng tái píng 60人，恼马坪东北1公里处。此村坪易长青苔，故名。

朱家脚 Zhū jiā jiǎo 70人，恼马坪西北1.75公里处。村处山脚，朱氏居住，故名。

岩坎上 Yán kǎn shàng 30人，恼马坪西1公里处。村处石板溪对面岩上，故名。

何家坪 Hé jiā píng 90人，恼马坪西南500米处。

烂阡子 Làn qiān zǐ 80人，恼马坪西南1.5公里处。此村到处都是烂岩阡，故名。

团山沟 Tuán shān gōu 90人，恼马坪西南1.5公里处。村中小山包上修有庙，庙的周围团转是小土包和冲沟，故名。

【石门坝大队】 Shí mén bà dà duì 驻石门坝，位于盛家坝集镇东北13公里处。原名新农大队，1981年9月1日按其驻地名更名为石门坝大队。辖9个生产队，16个自然村，385户，1776人，耕地面积26.66亩，其中水田953亩。主产玉米、薯类、水稻，特产茶叶。

石门坝 Shí mén bà 50人，位于盛家坝集镇东北13公里处，大队驻地。村处平坝，坝中有天然石门，故名。

西流水 Xī liú shuǐ 70人，石门坝西北3公里处。此村有股出水向西流去，故名。

楠竹坪 Nán zhú píng 40人，石门坝西北2.25公里处。村处平地，盛产楠竹，故名。

水塘坪 Shuǐ táng píng 60人，石门坝西北1.8公里处。村处坪地，有口大水塘，故名。

风吹口 Fēng chuī kǒu 120人，石门坝东北1.7公里处。村处风口，故名。

上石门 Shàng shí mén 200人，石门坝东北800米处。此村上方有块大岩石，岩石中间有一洞形似石门，故名。

郭家塆 Guō jiā wān 80人，石门坝北600米处。

青草塆 Qīng cǎo wān 60人，石门坝东北1公里处。此村塆原为水渍地，到处长着水灯草，一片青绿，故名。

漆树塆 Qī shù wān 40人，石门坝东北1.25公里处。村处山塆，漆树较多，故名。

龙车坪 Lóng chē píng 90人，石门坝西2公里处。"车"土家族语，意思为"河"，龙车坪，即意为此坪中有龙，故名。

黑石溪 Hēi shí xī 50人，石门坝西北500米处。此村有条小溪流经黑色岩石山沟，故名。

麻石包 Má shí bāo 30人，石门坝东1公里处。村处麻岩石山包，故名。

白果坪 Bái guǒ píng 60人，石门坝东南500米，此村坪原长有棵大白果树，故名。

瓦厂坪 Wǎ chǎng píng 30人，石门坝东南500米处。此村坪办过瓦厂，故名。

庙门口 Miào mén kǒu 60人，石门坝西南1公里。村处八角庙对面，故名。

聂家塆 Niè jiā wān 70人，石门坝东南1公里处。

【罗家塘大队】 Luó jiā táng dà duì 驻罗家塘，位于盛家坝集镇东北7.3公里处。原名太阳大队，1981年9月1日按其驻地名更为罗家塘大队。辖7个生产队，12个自然村，165户，737人，耕地面积

1672 亩，其中水田 360 亩。主产玉米、薯类、水稻，特产生漆。

罗家塘 Luó jiā táng 30 人，位于盛家坝集镇东北 7.3 公里处，大队驻地。

凤岩阡 Fèng yán qiān 80 人，罗家塘东北 3.5 公里处。此村岩阡(小石洞)多，传说出金凤凰，故名。

大水塘 Dà shuǐ táng 70 人，罗家塘北偏东 2.9 公里处。此村有口较大的天然水塘，故名。

猫村 Māo cūn 60 人，罗家塘北 2.3 公里处。此村地形似猫，故名。

金家村 Jīn jiā cūn 30 人，罗家塘北 2.25 公里处。

封河塆 Fēng hé wān 50 人，罗家塘东北 1.6 公里处。村塆处有条小河，未疏治前，小河流水不畅，故名。

遮西东 Zhē xī dōng 80 人，罗家塘西北 1.6 公里处。此村山高地狭，早上日出山影遮挡西面，下午日落遮挡东面，故名。

管家塆 Guān jiā wān 30 人，罗家塘东北 2.3 公里处。

瓦盐水 Wǎ yán shuǐ 20 人，罗家塘东北 1.6 公里处。此村有块似瓦片的石窝，冒水，味咸，故名。

刘家塘 Liú jiā táng 20 人，罗家塘北 1 公里处。

构树园 Gòu shù yuán 50 人，罗家塘西 1.25 公里处。此村原长有成片的构树，故名。

高棚 Gāo péng 50 人，罗家塘西南 1.7 公里处。相传，有外地人逃荒到此，在大树上搭棚居住，故名。

【方家坪大队】 Fāng jiā píng dà duì 驻坳大田，位于盛家坝集镇北 5.2 公里处。原名绿化大队，1981 年 9 月 1 日按所辖自然村名更名为方家坪大队。辖 7 个生产队，14 个自然村，202 户，964 人，耕地面积 1307 亩，其中水田 5.9 亩。主产水稻、玉米、特产生漆、茶叶。

坳大田 Ao dà tián 100 人，位于盛家坝集镇北 5.2 公里处，大队驻地。村处山坳，坳上有块面积约 5 亩的大田，故名。

土地坳 Tǔ dì ào 20 人，坳大田西北 2 公里处。很早前，人们在山坳上建有土地庙，故名。

茅花尖 Máo huā jiān 30 人，坳大田北 2 公里处。村处山尖上，到秋天满山开着茅草花，故名。

兰家坪 Lán jiā píng 20 人，坳大田北 1.35 公里处。

大窝坨 Dà wō tuó 80 人，坳大田东北 1.2 公里处。村处大洼地上(窝坨指洼地，方言)，故名。

麦坪 Mài píng 80 人，坳大田东北 1.5 公里处。村处坪地，盛产小麦，故名。

火焰岩 Huǒ yàn yán 30 人，坳大田东北 1.2 公里处。此村上下都是荒岩山，人们用刀耕火种方法开垦出此地，故名。

铁厂槽 Tiě chǎng cáo 90 人，坳大田东北 700 米处。村处山槽，原办过炼铁厂，故名。

唐家坝 Táng jiā bà 70 人，坳大田东南 500 米处。

方家坪 Fáng jiā píng 90 人，大田东南 200 米处。

薛家沟 Xuē jiā gōu 20 人，大田西南 800 米处。

康家坪 Kāng jiā píng 20 人，坳大田西南 1.35 公里处。

中坝 Zhōng bà 24 人，坳大西南 1.1 公里处。此地分上、中、下三坝，该村处中坝，故名。

天鹅池 Tiān é chí 20 人，坳大田西南 2.6 公里处。此村有几个土坑，坑内水常年不干。有个阴阳先生说此水所以不干，是因此坑为天鹅之澡池，故名。

【七家营大队】 Qī jiā yíng dà duì驻七家营，位于盛家坝集镇东北 8.9 公里处。原名齐峰大队，1981 年 9 月 1 日按其驻地更名为七家营大队。辖 5 个生产队，4 个自然村，99 户，452 人，耕地面积 1190 亩，其中水田 269 亩。主产玉米、薯类、水稻，特产生漆、茶叶。

七家营 Qī jiā yíng 60 人，位于盛家坝集镇东北 8.9 公里处。据传，此村最早是胡、莫、黄、周等 7 家人来此开发扎营，故名。

蒋家塆 Jiǎng jiā wān 40 人，七家营东南 500 米处。

胡家坳 Hú jiā ào 60 人，七家营南 750 米处。

两河口 Liǎng hé kǒu 100 人，七家营西南 1 公里处。村处铁厂河与小河沟汇合处，故名。

七家营 Qī jiā yíng （片村），位于盛家坝集镇东北 8.9 公里处。面积约 5000 亩，包括七家营、蒋家塆、胡家坳、两河口四个自然村，主产玉米、薯类、水稻，特产生漆、茶叶。

【石拦大队】 Shí lán dà duì 驻下坝塘，位于盛家坝集镇东北 6.3 公里处。原名东方红大队，1981 年 9 月 1 日按所辖地片名更名为石拦大队辖 8 个生产队，15 个自然村，1094 人，耕地面积 2542 亩，其中水田 848 亩。主产玉米、薯类、水稻，. 特产生漆、茶叶。

下坝塘 Xià bà táng 70 人，位于盛家坝集镇东北 6.3 公里处，大队驻地。村处平坝，在村子下边有口深塘，故名。

老房子 Lǎo fáng zǐ 100 人，下坝塘北 1.8 公里处。此村最早有杨、蒋 2 姓居住，建房年代久，故名。

白果园 Bái guǒ yuán 30 人，下坝塘北 1.3 公里处。原白果树较多，故名。

凉风坳 Liáng fēng ào 40 人，下坝塘西北 1.2 公里处。村处山坳，有座山洞，洞内有凉风吹出，故名。

窝阡 Wō qiān 90 人，下坝塘东北 1.75 公里处。村处洼地，四周岩阡多，故名。

大塆套 Dà wān tào 90 人，下坝塘西 200 米处。村处大山塆内，像套在里面一样，故名。

马落塘 Mǎ luò táng 30 人，下坝塘东 1 公里处。相传此村原有口深塘，有匹马落入塘中，故名。

老屋场 Lǎo wū chǎng 40 人，下坝塘西南 200 米处。

洞包 Dòng bāo 20 人，下坝塘东南 1 公里处。此村边有山包，包上有一大洞，故名。

杉木坝 Shā mù bà 110 人，下坝塘东南 1.5 公里处。此村坝生长有棵大杉树，故名。

吴家院子 Wú jiā yuàn zǐ 100 人，下坝塘东南 1.6 公里处。

倒家村 Dào jiā cūn 40 人，下坝塘东南 1.5 公里处。因村处山梁倒拐子弯，故名。

下梨坝 Xià lí bà 70 人，下坝塘西南 2 公里处。此村坝长有较多的梨树，故名。

大槽 Dà cáo 30 人，下坝塘西南 2.5 公里处。村处大山槽内，故名。

土槽 Tǔ cáo 30 人，下坝塘南 2.25 公里处。村处山槽，槽内旱田(方言称土)多，故名。

【涌壁沟大队】 Yǒng bì gōu dà duì 驻涌壁沟，位于盛家坝集镇东北 20 公里处。原名永兴大队，1981 年 9 月 1 日按其驻地名更名为涌壁沟大队。辖 6 个生产队，9 个自然村，133 户，624 人，耕地面积 1681 亩，其中水田 386 亩。主产玉米，薯类、水稻。

涌壁沟 Yǒng bì gōu 90 人，位于盛家坝集镇东北 20 公里处，大队驻地。村沟两侧岩壁陡峭，溪沟水奔流涌急，故名。

朱墓寨 Zhū mù zhài 70人，涌壁沟东北1.75公里处。此村寨上有朱氏祖坟，故名。

二槽 Er cáo 50人，涌壁沟西北1公里处。村处山槽，槽中间被隔断，形成两个槽，故名。

马相村 Mǎ xiāng cūn 160人，涌壁沟北500米处。在该村对面山上，看此村地形与马的形状相似，故名。

俞家包 Yú jiā bāo 150人，涌壁沟东北1公里处。

茶园包 Chá yuán bāo 40人，涌壁沟西南1公里处。村处山包上，且山包周围有较多的油茶树，故名。

寨上 Zhài shàng 50人，涌壁沟东南750米处。村处山梁上，似小寨子，故名。

出岩洞 Chū yán dòng 34人，涌壁沟西南400米处。村的尽头有个岩洞，早先常有人在洞内熬硝，称“去来洞”，后讹称为出岩洞。

老屋塆 Lǎo wū wān 30人，涌壁沟西南1.3公里处。朱氏最早建有祠堂，由于年代久了破旧不堪，故名。

【大枞树大队】 Dà cóng shù dà duì 驻大枞树，位于盛家坝集镇东北4公里处。原名东风大队，1981年9月1日按其驻地名更名为大枞树大队。辖8个生产队，15个自然村，194户，910人，耕地面积3337亩，其中水田816亩。主产玉米、薯类、水稻，特产生漆、茶叶。

大枞树 Dà cóng shù 80人，位于盛家坝集镇东北4公里处，大队驻地。早先此村长有一直径约一丈的大松树(方言称枞树)，故名。

郜家坪 Gào jiā píng 100人，大枞树北2.5公里处。

吴家坡 Wú jiā pō 20人，大枞树西北2公里处。

大坪 Dà píng 160人，大枞树西北1.5公里处。村处大平地上，故名。

王家塆 Wáng jiā wān 15人，大枞树西北750米处。

羊码坪 Yáng mǎ píng 70人，大枞树西北500米处。此村较平，地形似羊码(扛柴的木杈)，故名。

天池包 Tiān chí bāo 80人，大枞树东北200米处。此村山包上原有口天然池塘，故名。

马鹿河 Mǎ lù hé 50人，大枞树东北800米处。村处河边，河两岸为大山、峡谷，过去常有野马、鹿出现，故名。

黄柏辽 Huáng bó liáo 100人，大枞树西1公里处。此村原黄柏树多，地势高，视野宽阔(辽阔)，故名。

火田 Huǒ tián 80人，大枞树东南1公里处。此村水田中有一大石头，下大雪时，不垫雪而且冒热气，故名。

铁厂 Tiě chǎng 20人，大枞树东南1.3公里处。此村以前办过炼铁厂，故名。

下泥坝 Xià ní bà 40人，大枞树南1.5公里处。此村原为窝坑，被洪水冲下的泥填平成小坝，故名。

螺蛳塘 Luó shī táng 100人，大枞树南偏西2公里处。此村有口塘，产大螺蛳，故名。

石板水 Shí bǎn shuǐ 100人，大枞树南2.5公里处。此村处有块大石板，裂缝有泉涌出，故名。

老村 Lǎo cūn 70人，大枞树东南2.25公里处。此村开垦得早，且人户多集中，故名。

【龙塘沟大队】 Lóng táng gōu dà duì 驻麻茶沟，位于盛家坝集镇西北3.75公里处。原名光荣大队，1981年9月1日按所辖自然村名更名为龙塘沟大队。辖8个生产队，7个自然村，106户，519人，耕地面积1265亩，其中水田625亩。主产玉米、薯类、水稻，特产茶叶、生漆。

麻茶沟 Má chá gōu 40人，位于盛家坝集镇西北3.75公里处，大队驻地。村处山沟，起初人们在此放马，称“马扎沟”，后开垦出来，种植了麻、茶，故名。

小溪河 Xiǎo xī hé 30人，麻茶沟西南400米处。村处小溪河边，故名。

傅家梁 Fù jiā liáng 30人，麻茶沟南800米处。

龙塘沟 Lóng táng gōu 100人，麻茶沟南2.1公里处。村处山沟，有水塘，传说有龙卧于塘内，故名。

小四沟 Xiǎo sì gōu 130人，麻茶沟西南3公里处。此村地势低洼，且有4条小沟，故名。

坎板沟 Kǎn bǎn gōu 110人，麻茶沟西南2.9公里处。村处狭沟，沟边岩石陡峭，有一台一台的石坎，故名。

岩洞门 Yán dòng mén 100人，麻茶沟南偏西3.4公里处。村边石山上有一山洞，村位于洞门前，故名。

朱家坪 Zhū jiā píng 废村，麻茶沟西北1.7公里处。

【坝竹园大队】 Bà zhú yuán dà duì 驻狮子岩，位于盛家坝集镇西北6.3公里处。原名高潮大队，1981年9月1日按所辖自然村更名为坝竹园大队。辖8个生产队，10个自然村，170户，807人，耕地面积2233亩，其中水田494亩。主产玉米、薯类、水稻，特产茶叶。

狮子岩 Shī zǐ yán 30人，位于盛家坝集镇西北6.3公里处，大队驻地。此村有块岩石，形似狮子，故名。

炒米阡 Chǎo mǐ qiān 80人，狮子岩西北2.25公里处。此村有个大岩阡，乞丐住过，传说岩阡里每天出炒米，可供乞丐当天的口粮，故名。

黄土包 Huáng tǔ bāo 100人，狮子岩东北1.5公里处。村处山包，土质皆为黄色，故名。

核桃园 Hé táo yuán 50人，狮子岩西北1.25公里处。此村核桃树多，故名。

水井坪 Shuǐ jǐng píng 20人，狮子岩西偏北1.5公里处。村处坪地，有口水井，故名。

下坝 Xià bà 70人，狮子岩东北750米处。该地有块大平坝，有上、下坝之分，村处下坝，故名。

螺蛳坪 Luó shī píng 40人，狮子岩西南1.25公里处。村处坪地，出产螺蛳，故名。

坝竹园 Bà zhú yuán 80人，狮子岩西南1公里处。村处平坝，原是一片大竹园，故名。

白杨坪 Bái yáng píng 50人，狮子岩西南1.75公里处。此村坪原生长有棵大白杨树，故名。

樱桃圃 Yīng táo pǔ 70人，狮子岩西南2公里处。此村原长有较多的樱桃树，故名。

【安乐屯大队】 An lè tún dà duì 驻梅子坪，位于盛家坝集镇西北2公里处，原名曙光大队，1981年9月1日按所辖地片名更名安乐屯大队。辖12个生产队，12个自然村，338户，1496人，耕地面积2495亩，其中水田1109亩。主产玉米、薯类、水稻，特产茶叶、生漆。

梅子坪 Méi zǐ píng 20人，位于盛家坝集镇西北2公里处，大队驻地。村处坪地，梅子(杏子)树多，故名。

浪水坪 Làng shuǐ píng 90人，安乐屯北2.75公里处。此村坪原为大窝坑，坑底易积水，风一吹动，水便起波浪，故名。

杉桥沟 Shā qiáo gōu 50人，安乐屯东北2.75公里处。此村有条沟，沟上有座大杉树搭成的桥，故名。

金竹园 Jīn zhú yuán 80人，安乐

屯西北 1.3 公里处。此村原长有大片金竹，故名。

烂沟 Làn gōu 170 人，安乐屯东北 1.25 公里处。此村有条溪沟，沟内烂泥较深，故名。

白岩坑 Bái yán kēng 60 人，安乐屯西北 500 米处。此村地形为窝坑，村边有壁白岩，故名。

垭池 Yā chí 100 人，安乐屯东北 1 公里处。村处山垭，村内有口烂泥池，故名。

小寨子 Xiǎo zhài zǐ 40 人，安乐屯西 1.2 公里处。该村住户集中，形成小寨子，故名。

蚂蟥田 Mǎ huáng tián 30 人，安乐屯西 800 米处。此村水田里蚂蟥多，故名。

锣鼓响 Luó gǔ xiǎng 260 人，安乐屯南 1 公里处。此村有一山洞，传说,洞里有锣、鼓，村对面有龙王坝，坝上龙灯一亮，洞里锣鼓就响，故名。

水井塆 Shuǐ jǐng wān 40 人，安乐屯西南 2 公里处。村处山塆，有口水井，故名。

俞家洼 Yú jiā wā 80 人，安乐屯西南 1.5 公里处。

安乐屯 An lè tún （片村），位于盛家坝西北 2.2 公里处。包括白岩坑、烂沟等 7 个自然村，主产水稻、玉米，特产茶叶、生漆。据传，明朝时，由于土司统治厉害，当地人起来造反把土司赶跑了，于是有李、金、刘等 9 姓在此安居乐业下来，故名。

【蓼叶坪大队】 Liǎo yè píng dà duì 驻蓼叶坪，位于盛家坝集镇东北 7 公里处。原名永兴大队，1981 年 9 月 1 日按其驻地名更名为蓼叶坪大队。辖 4 个生产队，4 个自然村，63 户，303 人，耕地面积 994 亩，其中水田 179 亩。主产玉米、薯类、水稻，特产生漆、茶叶

蓼叶坪 Liǎo yè píng 60 人，位于盛家坝集镇东北 7 公里处，大队驻地。村处坪地，蓼叶多，故名。

黄连棚 Huáng lián péng 50 人，蓼叶坪东北 1.6 公里处。此村盛产黄连，四处搭有黄连棚，故名。

磨子塆 Mó zǐ wān 50 人，蓼叶坪东北 1 公里处。村处山塆，有块岩石形似磨子，故名。

王家塆 Wáng jiā wān 60 人，蓼叶坪东南 700 米处。

【下马水农科站】 Xià mǎ shuǐ nóng kē zhàn 驻下马水，位于盛家坝集镇北 1.6 公里处。原名大集公社农科站，1981 年 9 月 1 日按驻地更名为下马水农科站。辖 2 个生产队，2 个自然村，61 户，252 人，耕地面积 362 亩，其中水田 190 亩，主产玉米、水稻，特产生漆。

下马水 Xià mǎ shuǐ 120 人，位于盛家坝集镇北 1.6 公里处，站驻地。相传，古时有一当官的骑马路过此地时，下马让马饮水，故名。

石家坪 Shí jiā píng 110 人，下马水西北 600 米处。

【干河沟大队】 Gān hé gōu dà duì 驻干河沟，位于盛家坝集镇西北 900 米处。原名光辉大队，1981 年 9 月 1 日按所辖自然村名更名为光辉大队。辖 18 个生产队，15 个自然村，272 户，1303 人，耕地面积 2344 亩，其中水田 1199 亩。主产水稻、玉米、薯类，特产生漆、茶叶。

干河沟 Gān hé gōu 130 人，位于盛家坝集镇西北 900 米处，大队驻地。此村有条小河，由于上游河水沿途渗漏，此段河床无水流，遂成干河沟，故名。

李红园 Lǐ hóng yuán 130 人，干河沟西北 1.35 公里处。村处人行要道，原有名叫李红园的人在此开店，故名。

柳池沟 Liǔ chí gōu 90 人，干河沟西北 900 米处。此村有口池塘，塘外有沟，

沟边长有成片柳树，故名。

何家坡 Hé jiā pō 110 人，干河沟北 400 米处。

老人村 Lǎo rén cūn 120 人，干河沟西南 1.3 公里处。此村原有一大岩石，形似一老人，故名。

唐家屋基 Táng jiā wū jī 50 人，干河沟西南 600 米处。

梯子沟 Tī zǐ gōu 50 人，干河沟西南 1 公里处。此村有条溪沟，沟底象梯子一样，故名。

桐子林 Tóng zǐ lín 110 人，干河沟西南 1.3 公里处。此村桐子树较多，故名。

汪家沟 Wāng jiā gōu 30 人，干河沟西南 2 公里处。

坳口坪 Ao kǒu píng 60 人，干河沟西南 1.8 公里处。村处山坳，地势平坦，故名。

老房子 Lǎo fáng zǐ 110 人，干河沟三西南 2.5 公里处。

刘家沟 Liú jiā gōu 140 人，干河沟西南 1.7 公里处。

大包脚 Dà bāo jiǎo 30 人，干河沟西南 2.25 公里处。村处大山包脚下，故名。

白岩坨 Bái yán tuó 10 人，干河沟西南 3.75 公里处。此村有白色悬岩，岩下有一窝坑，故名。

生基槽 Shēng jī cáo 180 人，干河沟西南 3 公里处。很早前，有李氏生前就在此槽选好墓基，并立生碑，故名。

【山羊溪大队】 Shān yáng xī dà duì 驻五龙圣，位于盛家坝集镇东 6.5 公里处。原名东升大队，1981 年 9 月 1 日按所辖地片名更名为山羊溪大队。辖 11 个生产队，14 个自然村，159 户，739 人，耕地面积 2479 亩，其中水田 407 亩。主产玉米、薯类、水稻，特产茶叶飞生漆、棕片。

五龙圣 Wǔ lóng shèng 20 人，位于盛家坝集镇东 6.5 公里处，大队驻地。村旁山岭连绵，形如 5 条龙，传说，山上庙里的菩萨常显圣，故名。

干鱼泉 Gān yú quán 30 人，五龙圣西北 1.25 公里。此村有口泉出鱼，人们打鱼后就在泉边将鱼晒干，故名。

陈家塆 Chén jiā wān 20 人，五龙圣西北 1 公里处。

茶园坪 Chá yuán píng 60 人，五龙圣东北 1 公里处。村处坪地，盛产茶叶，故名。

岔口山 Chà kǒu shān 30 人，五龙圣西南 1.5 公里处。村边有 3 座山，山与山之间有沟分隔成岔口，故名。

大包 Dà bāo 30 人，五龙圣西南 2 公里处。此村有座较大的山包，故名。

段家岩 Duàn jiā yán 20 人，五龙圣东南 1.25 公里处。

垭口 Yà kǒu 30 人，五龙圣西南 1.75 公里处。村处山垭口，故名。

关家 Guān jiā 20 人，五龙圣西南 2 公里处。

亮垭子 Liàn yā zǐ 30 人，五龙圣南 2.25 公里处。村处垭口，旧时，当地人若给祖坟送亮(亮指灯)，必从此垭路过，故名。

把椅坪 Bǎ yǐ píng 60 人，五龙圣西南 2.75 公里处。村处坪地，三面均靠山坡，形似靠椅，故名。

界上 Jiè shàng 30 人，五龙圣西南 3.75 公里处。村处天上坪与山羊溪两地交界处，故名。

后坪 Hòu píng 30 人，五龙圣西南 3.5 公里处。此村坪处山羊溪后面(西南)，故名。

羊头山 Yáng tóu shān 10 人，五龙圣西南 3.25 公里处。此村边有座山，山头形似羊头，故名。

【梨树坝大队】 Lí shù bà dà duì 驻梨树坝，位于盛家坝集镇西5公里处。原名红光大队，1980年按其驻地名更名为梨树坝大队。辖6个生产队，8个自然村，171户，783人，耕地面积1412亩，其中水田676亩。主产玉米、水稻、薯类、小麦，特产桐子、生漆、茶叶。

梨树坝 Lí shù bà 120人，位于盛家坝集镇西5公里处，大队驻地。村处平坝，梨子树较多，故名。

望钟岩 Wàng zhōng yán 30人，梨树坝西北1.5公里处。相传，不知何时从何处飞来1口钟，挂在此村头岩上，从咸丰巴西坝去鲁家山的行人来往都要望岩上几眼，故名。

鲁家山 Lǔ jiā shān 20人，梨树坝西北1.25公里处。

戴家山 Dài jiā shān 100人，梨树坝东北1公里处。

大沟 Dà gōu 30人，梨树坝东南1公里处。此村有条大山沟，故名。

焦八斗 Jiāo bā dòu 70人，梨树坝南750米处。传说，此村原有一住户姓焦，家有8斗银子，故名。

烂田塆 Làn tián wān 70人，梨树坝东南750米处。村处山塆，有几丘烂泥水田，故名。

石柱长 Shí zhù cháng 60人，梨树坝西南1.5公里处。此村有根长石笋，立如石柱，故名。

【垭岔坝大队】 Yà chà bà dà duì 驻下垭岔坝，位于盛家坝集镇南3公里处。原名青绿大队，1981年9月1日按所辖地片名更名为垭岔坝大队。辖6个生产队，14个自然村，138户，614人，耕地面积1454亩，其中水田574亩。主产玉米、薯类、水稻，特产茶叶。

下垭岔坝 Xià yà chà bà 20人，位于盛家坝集镇南3公里处，大队驻地。此村处在3个岔口汇合的一个平坝上，因在垭岔坝下方，故名。

长塆 Cháng wān 40人，下垭岔坝东北2.5公里处。村处山塆较长，故名。

圣孔 Shèng kǒng 20人，下垭岔坝北800米处。相传，天干时，人们请巫师打洞(孔)求雨，当地称这样的洞为圣孔。

木耳场 Mù ěr chǎng 20人，下垭岔坝东北1.7公里处。原产木耳，人们在此办过木耳加工场，故名。

众议 Zhòng yì 50人，下垭岔坝东北900米处。此村人们由于没有文化，经大家商议后，遂兴办学校，故名。

孙家塆 Sūn jiā wān 20人，下垭岔北400米处。

杉木林 Shā mù lín 20人，下垭岔坝东北1.25公里处。此村过去杉木成林，故名。

尚洞云 Shàng dòng yún 30人，下垭岔坝东南1公里处。此村有个洞，过去有和尚庙，经常雾气腾腾，似云一般，故名。

岩脚 Yán jiǎo 20人，下垭岔坝西南1.5公里处。村处山岩脚下，故名。

小村 Xiǎo cūn 70人，下垭岔坝南950米处。村中住户少，故名。

倒角 Dào jiǎo 30人，下垭岔坝东南1.1公里处。此地有两小山塆，一条小沟，村处两塆所夹的倒角内，故名。

后槽 Hòu cáo 30人，下垭岔坝东南1.2公里处。村处槽地，位于倒角后面(东南)，故名。

向家院子 Xiàng jiā yuàn zǐ 60人，下垭岔坝西南1.75公里处。

逃官寨 Táo guān zhài 40人，下垭岔坝东南2公里处。传说,过去有两个县官逃到此村寨住过，故名。

【香树槽大队】 Xiāng shù cáo dà duì 驻金竹包，位于盛家坝集镇西南5公里处。原名胜峰大队，1981年9月1日按所辖自然村更名为香树槽大队。辖7个生产队，12个自然村，211户，876人，耕地面积3152亩，其中水田1396亩。主产玉米、薯类、水稻、小麦，特产生漆、茶叶。

金竹包 Jīn zhú bāo 80人，位于盛家坝集镇西南5公里处，大队驻地。村处山包，曾长有很多金竹，故名。

白杨树塆 Bái yáng shù wān 50人，金竹包北1.4公里处。村处山塆，原白杨树较多，故名。

大园子 Dà yuán zǐ 40人，金竹包北1.3公里处。村中有块大菜园，故名。

茶蜡坪 Chá là píng 80人，金竹包西北900米处。处坪地，原来茶蜡树较多，故名。

杨家坡 Yáng jiā pō 40人，金竹包西北700米处。

香树槽 Xiāng shù cáo 50人，金竹包东300米处。村处山槽，原香柏树较多，故名。

塘边 Táng biān 70人，金竹包西南1.1公里处。村处堰塘边，故名。

克夕洼 Kè xī wā 60人，金竹包东南1公里处。村处洼地，原来人们在此种植牛克夕(草药)，故名。

鸡公石 Jī gōng shí 40人，金竹包西南2.1公里处。此村有一石头，形似鸡公，故名。

狮子口 Shī zǐ kǒu 50人，金竹包东南1.25公里处。此村有座石山，形似狮子口，故名。

杨二槽 Yáng èr cáo 80人，金竹包西南2公里处。杨氏居住，排行第二，故名。

三洼 Sān wā 110人，金竹包西南2公里处。此村处有3个大洼坑，故名。

【大茅坡大队】 Dà máo pō dà duì 驻新房子，位子盛家坝集镇东南4公里处。原名青峰大队，1981年9月1日按所辖自然村名更名为大茅坡大队。辖6个生产队，11个自然村，124户，535人，耕地面积1888亩，其中水田397亩。主产玉米、薯类、水稻，特产生漆。

新房子 Xīn fáng zǐ 100人，位于盛家坝集镇东南4公里处，大队驻地。此村有栋在旧宅基上建起来的新房子，故名。

长岭上 Cháng lǐng shàng 20人，新房子东北2.5公里处。村处较长的山岭上，故名。

长埂子 Cháng gěng zǐ 60人，新房子东北1.75公里处。村处冷水河沿上，河沿埂(坎)较长，故名。

铁厂坡 Tiě chǎng pō 40人，新房子东北1.5公里处。村处山坡，原办过铁厂，故名。

垭米坝 Yà mǐ bà 60人，新房子东北1.75公里处。村处平坝，出产大米，故名。

横槽 Héng cáo 10人，新房子东北2.25公里处。从垭米坝去后坪，途中有山槽横跨大路，村处此槽，故名。

沙坝 Shā bà 20人，新房子北1.5公里处。此村原是冷水河的古河道，经多年淤积成沙坝，故名。

漆树沟 Qī shù gōu 40人，新房子东偏北1.25公里处。村处山沟，且漆树较多，故名。

大茅坡 Dà máo pō 90人，新房子西南250米处。村处坡地，原长满茅草，故名。

横断沟 Héng duàn gōu 30人，新房子西南1.75公里处。村中有条大沟横穿过，故名。

干沟 Gān gōu 40人，新房子西南2.5公里处。此村有条小沟，平时无水，故名。

破屋 Pò wū (废村)，新房子东偏南1.25公里处。此村住户迁居，遗弃破屋在此，故名。

【下营坝大队】 Xià yíng bà dà duì 驻下营坝，位于盛家坝集镇西南4公里处。原名胜利大队，1981年9月1日按其驻地名更名为下营坝大队。辖5个生产队，7个自然村，159户，693人，耕地面积1221亩，其中水田547亩。主产水稻、玉米、薯类，特产生漆。

下营坝 Xià yíng bà 170人，位于盛家坝集镇西南4公里处，大队驻地。村处平坝，传说,从前有军队在此扎营，故名。

后槽 Hòu cáo 50人，下营坝西北1.5公里处。村处山槽，位于生基槽村后面，故名。

朱砂背 Zhū shā bèi 20人，下营坝北1公里处。村处下营坝背(后)面，土质呈朱砂色，故名。

上垭岔坝 Shàng yà chà bà 120人，下营坝东北1.2公里处。村处平坝，位于垭岔坝上方，故名。

罗家坳 Luó jiā ào 100人，下营坝西北800米处。

罗家坝 Luó jiā bà 80人，下营坝东北300米处。

大水沟 Dà shuǐ gōu 50人，下营坝西南1公里处。村处一大水沟边，故名。

【落坡坝大队】 Luò pō bà dà duì 驻白杨坡，位于盛家坝西南5.5公里处。原名清江大队，1981年9月1日按所辖自然村名更名为落坡坝大队。辖7个生产队，9个自然村，111户，754人，耕地面积1803亩，其中水田904亩。主产水稻、玉米、薯类，特产生漆。

白杨坡 Bái yáng pō 20人，位于盛家坝集镇西南5.5公里处，大队驻地。村处山坡，原白杨树较多，故名。

拉弓坝 Lā gōng bà 110人，白杨坡东北1公里处。村处平坝，形似一张拉开的弓箭，故名。

拴牛坝 Shuān niú bà 70人，白杨坡西北250米处。村处以前是坝荒草，人们常把牛拴在此地放牧，故名。

寨子岭 Zhài zǐ lǐng 100人，白杨坡东500米处。村处山岭，住户集中，似山寨，故名。

白家坪 Bái jiā píng 60人，白杨坡西南200米处。

楠木狭 Nán mù xiá 100人，白杨坡西南1公里处。此村地形似狭谷，原楠木树较多，故名。

落坡坝 Luò pō bà 170人，白杨坡东南750米处。此村是滑坡后形成的平坝，故名。

钟包屋基 Zhōng bāo wū jī 70人，白杨坡西南1.25公里处。据碑文载，此山包由钟氏先来此开基建房，故名。

袁家田 Yuán jiā tián 70人，白杨坡西南1.5公里处。

【大集大队】 Dà jí dà duì 驻大集场(自然镇)，位于盛家坝集镇西南10公里处。1966年按其驻地名命名为大集大队。辖10个生产队，14个自然村，294户，1347人，耕地面积2287亩，其中水田899亩。主产玉米、水稻、小麦、薯类，特产生漆、茶叶。

大集场集镇 Dà jí chǎng jí zhèn 位于恩施县城西南47公里，恩(施)—大(集场)公路的终点，交通方便。海拔850米，居住120户，330人，其中非农业人口60人，土家族占有很大比例。

大集场地处山间槽地，四周有青山环抱。相传，此地原有1棵大树和几间茅屋，恩施、咸丰、宣恩3县途经此地的客商和农民，常在树下歇息乘凉，人们便称此地为大歇场。后来，商贾及行人频繁往返，房屋逐渐增多，形成集贸市场，人们又改称为大集场。

大集场原为两条小街相邻，中间一溪沟，搭有石板桥衔接两街。1945年，人们将桥拆除，在沟上修建了房屋，两街连成一条南北走向的直街。长约170米，街道宽约5米，泥石路面，集镇占地约50亩。房屋多属土木结构，青瓦飞檐，二层木楼，门前条石阶沿，别具一格。大集场历来是恩、咸、宣3县相通的门户和商旅云集之地。1938年这里只有30户人家，逢农历一、六赶场。解放前，这里的贸易也颇为兴盛，集镇上有7家客栈，布匹、杂货、饭馆、酒店、米行、茶馆、盐店等摊铺。每年农历六月二十四至七月初一，四乡五邻都来赶庙会。在禹王宫、忠陵宫、万寿宫3座寺庙内搭起戏台、设立供桌，让前来赶庙会的群众敬神敬祖。镇上的南戏班天天演出，龙灯、彩蓬船、蓬香等民间艺术竞相献技。人们相互交售各自的农副土特产品，购买生产生活物资，每天赶庙会的群众多达3000余人。解放后，赶庙会的活动才停止。

解放前，大集场隶属恩施县第三区大集乡。1952年，属恩施县十四区所辖。1954年至1956年为恩施县大集区驻地。1956年，大集区公所迁到盛家坝后，本集镇又为公社、管理区驻地。

解放以来，大集场的经济建设发展较快。镇上现设有供销社的5个门市部，1个旅社和饭馆。还设立了粮店、卫生院、邮电所、税所、食品站、银行、中小学、牲畜交易所、、缝纫社等单位。镇南有管理区机关。砖石结构和土木结构的房屋交错其间，毗邻相接。镇北的烈士陵园内，安葬着1951年在车蓼坝开展清匪反霸、减租减息工作中而壮烈牺牲的邱英杰等5位烈士。

如今的大集场，家家有电灯照明，用上了自来水，呈现一派兴旺景象。40多家缝纫、小吃、修补、理发、小百货、肉摊等店铺分布于街道两旁。每逢农历一、六为集日，赶集人数达2000人左右，各类农副产品应有尽有，日用百货齐全，大集场已成为3县边区土特产品和木材的重要集散地。

凉水井 Liáng shuǐ jǐng 90人，大集场东北1.1公里处。村中有口水井，水很凉，故名。

黄家堰 Huáng jiā yàn 20人，大集场东北1公里处。

余家坪 Yú jiā píng 20人，大集场东1公里处。

蓼叶坨 Liǎo yè tuó 90人，大集场东2.2公里处。村处洼地，原长有很多蓼叶，故名。

狮子岩 Shī zǐ yán 80人，大集场东南1公里处。村处山岩边，过去有两石匠，在这里打石狮子，故名。

猪心瓮 Zhū xīn wèng 110人，大集场东南2公里处。此村有个空心山包，里面有石笋向下吊着，似猪心，故名。

崔家梁 Cuī jiā liáng 60人，大集场东南1.25公里处。

戴家塆 Dài jiā wān 30人，大集场西南1.5公里处。

桥塆 Qiáo wān 30人，大集场东南1公里处。村处山塆，沟上架有木桥，故名。

山背后 Shān bèi hòu 30人，大集场西南1.5公里处。村处大集场小山背后，故名。

屋基坪 Wū jī píng 60人，大集场西南1.25公里处。200年前，此村坪有栋大房子，后来房主家境衰落，房子拆得只剩屋基，故名。

小咸池 Xiǎo xián chí 120人，大集场东南1.5公里处。此村池塘的水带咸味，故名。

三块石 Sān kuài shí 20人，大集场西南1.75公里处。此村山坡上有3块大青石，故名。

树分枝 Shù fēn zhī 30人，大集场东南1.5公里处。传说，村中原长有棵怪树，两根枝桠，树种各不同，故名。

【车蓼大队】 Chē liǎo dà duì 驻车蓼坝，位于盛家坝集镇东南7.1公里处。1980年冬按其驻地命名为车蓼大队。辖7

个生产队，10个自然村，113户，486人，耕地面积1960亩，其中水田300亩。主产玉米、水稻、薯类，特产药材、生漆。

车蓼坝 Chē liǎo bà 110人，位于盛家坝集镇东南7.1公里处，大队驻地。村处平坝，坝周围原长有很多蓼竹，故名。

椿木槽 Chūn mù cáo 20人，车蓼坝东北3.75公里处。村处山槽，原长有很多椿树，故名。

石板水 Shí bǎn shuǐ 60人，车蓼坝东北2.6公里处。该村有股水是从石板缝里流出来的，故名。

陶家塆 Táo jiā wān 50人，车蓼坝东北1.75公里处。

长槽 Cháng cáo 30人，车蓼坝东北2.75公里处。村处长山槽中，故名。

九溪狭 Jiǔ xī xiá 80人，车蓼坝东北1.6公里处。此村地形狭窄，且周围有9条小山溪，故名。

王家坪 Wáng jiā píng 30人，车蓼坝东北750米处。

垭口坳 Yà kǒu ào 40人，车蓼坝西北550米处。村处山坳，故名。

龙洞塆 Lóng dòng wān 40人，车蓼坝西南400米处。此村塆有一出水洞，传说洞内有龙，故名。

大垭口 Dà yà kǒu 90人，车蓼坝西南650米处。村处大山垭上，故名。

【芭蕉沟大队】 Bā jiāo gōu dà duì 驻农会，位于盛家坝集镇西南9.3公里处。原名中心大队，1981年9月1日按所辖自然村名更名为芭蕉沟大队，辖10个生产队，11个自然村，267户，1330人，耕地面积2242亩，其中水田1455亩。主产水稻、玉米、薯类，特产生漆、茶叶。

农会 Nóng huì 120人，位于盛家坝集镇西南9.3公里处，大队驻地。解放初，此村是农会驻地，故名。

三女排 Sān nǚ pái 30人，农会北500米处。此村有3个女孩同日死去，其坟并排而立，故名。

余家坪 Yú jiā píng 100人，农会东北500米处。

芭蕉沟 Bā jiāo gōu 150人，农会东北500米处。此村沟边原芭蕉树较多，故名。

竹坝子 Zhú bà zǐ 80人，农会东北1.75公里处。村处平坝，竹子多，故名。

田坎茶 Tián kǎn chá 200人，农会西南500米处。此村田坎上原栽有茶树，故名。

学堂 Xué táng 100人，农会东南1.25公里处。此村办过私学，故名。

理龙山 Lǐ lóng shān 70人，农会东南2公里处。此村山上原有座龙王庙，传说龙王很通情达理，故名。

浇雨台 Jiāo yǔ tái 100人，农会东南1.5公里处。此村处曾设有求雨台，故名。

枫香坪 Fēng xiāng píng 130人，农会东南1公里处。村处坪地，枫香树较多，故名。

金鱼塘 Jīn yú táng 100人，农会西南1.75公里处。此村原有口池塘，塘内原养过金鱼，故名。

【灯草池大队】 Dēng cǎo chí dà duì 驻灯草池，位于盛家坝集镇东南9.75公里处。原名红胜大队，1980年按其驻地名更名为灯草池大队。辖8个生产队，9个自然村，168户，740人，耕地面积2230亩，其中水田375亩。主产玉米、薯类、水稻，特产生漆、药材。

灯草池 Dēng cǎo chí 70人，盛家坝集镇东南9.75公里处。过去是冷水地，到处长着水灯草，故名。

铁高粱 Tiě gāo liáng 100人，灯草池西北2.5公里处。此村原种植一种杆硬、高、颗粒多的高粱，当地人称铁高粱，故名。

新寨 Xīn zhài 60人，灯草池西北1.25公里处。冷家迁来时，因人多，另修建有1个寨子，故名。

岩板坡 Yán bǎn pō 40人，灯草池北750米处。村处大坡，石板多，故名。

邓家塆 Dèng jiā wān 60人，灯草池西750米处。

新房子 Xīn fáng zǐ 60人，灯草池西南1.5公里处。此村在原来的房子基础上修有新屋，故名。

大槽 Dà cáo 40人，灯草池东南1公里处。村处大山槽内，故名。

黄家坪 Huáng jiā píng 40人，灯草池东南1.5公里处。

天坑坡 Tiān kēng pō 80人，灯草池西南1.75公里处。村处山坡，坡上有一天坑，故名。

【弯田大队】 Wān tián dà duì 驻弯田，位于盛家坝集镇西南11.5公里处。原名前进大队，1981年9月1日按其驻地名更名为弯田大队。辖12个生产队，17个自然村，289户，1296人，耕地面积2262亩，其中水田953亩。主产玉米、水稻、薯类，特产花生、姜等。

弯田 Wān tián 20人，位于盛家坝集镇西南11.5公里处。此村有丘大弯形田，故名。

谭家梁 Tán jiā liáng 30人，弯田东北750米处。

地坪 Dì píng 50人，弯田西北750米处。相传，很久以前，有几个放牛娃常在此地放牛》抓子(石子)玩，每次都说“这个地方还平”，久而久之，人们惯称为地坪。

水田槽 Shuǐ tián cáo 40人，弯田东北1.1公里处。村处山槽，水田较多，故名。

火焰田 Huǒ yàn tián 100人，弯田西北510米处。村处荒山，因放火开荒成田，故名。

连三沟 Lián sān gōu 40人，弯田东南510米处。此村有3条小沟相连，故名。

一坝阳 Yī bà yáng 50人，弯田东南1.8公里处。村处平坝，地势向阳，太阳出来，可照遍全坝，故名。

坳上 Ao shàng 30人，弯田东南850米处。村处山坳上，故名。

谢家梁 Xiè jiā liáng 20人，弯田南700米处。

拖泥沟 Tuō ní gōu 40人，弯田东南2.3公里处。此村原是块旱田，耕地时一铧要拖里把路，后被洪水冲成沟，故名。

一把伞 Yī bǎ sǎn 40人，弯田东南1.6公里处。此村有棵大树，形似雨伞，故名。

大竹山 Dà zhú shān 20人，弯田东南2.4公里处。村旁山上原长满竹子，故名。

四方井 Sì fáng jǐng 50人，弯田东南2.65公里处。此村有口正方形水井，故名。

洋禾垱 Yáng hé dàng 60人，弯田西南2.4公里处。村处窝垱(方言)，盛产洋禾，故名。

蒋家塆 Jiǎng jiā wān 20人，弯田西南2.3公里处。

凉风洞 Liáng fēng dòng 10人，弯田南3.5公里。该村边有一山洞，洞内有股泉水，伴有凉风吹出，故名。

大坪 Dà píng 50人，弯田南4公里处。村处大坪地上，故名。

盛家坝公社畜牧场 Shèng jiā bà gōng shè xù mù chǎng 位于盛家坝集镇东北5公里。1970年建厂，驻马鹿河村，职工6人。

盛家坝公社硫磺厂 Shèng jiā bà gōng shè liú huáng chǎng 在盛家坝集镇东北17公里。1979年3月建厂，驻苦草坪村，职工55人。年产硫磺200吨。

盛家坝公社煤厂 Shèng jiā bà gōng shè méi chǎng 在盛家坝集镇东北13.5公里。1980年3月建成，驻棠秋槽村，职工14人。

盛家坝公社枫香河电站 Shèng jiā bà gōng shè fēng xiāng hé diàn zhàn 位子盛家坝集镇东北13.3公里。1979年12月建成，装机容量800千瓦，职工29人。电站建于枫香河上，故名。

盛家坝公社麻茶沟电站 Shèng jiā bà gōng shè má chá gōu diàn zhàn 位于盛家坝集镇西北4.8公里。1977年10月建成，装机容量250千瓦，职工4人。电站建于麻茶沟，故名。

盛家坝公社猫儿岩电站 Shèng jiā bà gōng shè māo ér yán diàn zhàn 位于盛家坝集镇东北3.5公里。1977年8月建成，装机容量120千瓦。因建于猫儿岩山脚，故名。

盛家坝公社拖拉机站 Shèng jiā bà gōng shè tuō lā jī zhàn 位于盛家坝集镇西南900米。1970年成立，职工17人，大中型拖拉机8台，附设有面条、大米加工。

机构、建筑与地理实体

企事业、行政单位及专业部门

场所队

【恩施县大山顶药材场】En shī xiàn dà shān dǐng yào cái chǎng　驻大山顶公社子杉台，位于恩施城西北28公里。1955年建场，辖18个生产队，1个硫磺厂，35个自然村。全场有药农847人，其中国家职工298人。总面积有53859亩，其中耕地面积2111亩，主产党参、当归、黄连。

子杉台　Zǐ shān tái　30人，大山顶药材场场部驻地，位于恩施城西北28公里的恩(施)—沐(抚)公路旁。村处台地，原一片子杉林，故名。

皇经坪　Huáng jīng píng　80人，子杉台东北3.9公里。村处坪地，原建有一庙，道人成天诵颂皇经，故名。

潘家窝坑　Pān jiā wō kēng　10人，子杉台东北3.25公里。

覃家塆　Qín jiā wān　16人，子杉台西北4公里。

周家塆　Zhōu jiā wān　50人，子杉台西北4公里。

韭菜垱　Jiǔ cài tǎng 20人，子杉台东北3.7公里。村处垱地，长满韭菜，故名。

新屋场　xīn wū chǎng　10人，子杉台东北3.2公里。此村原为破旧老屋，后全部建成新屋，故名。

蒯家坪　Kuǎi jiā píng　30人，子杉台东北1.9公里。

贺家坪 Hè jiā píng　10人，子杉台东北2.6公里。

上五股　Shàng wǔ gǔ　30人，子杉台西北1.5公里。村中原有周姓人家，有10个儿子，分家时将田分成上、下各5股，因村居上五股，故名。

提厂　Tí chǎng　60人，子杉台东北2公里。村中原办过提炼石硝的厂，故名。

朝阳坪　Cháo yáng píng　10人，子杉台西北1.5公里。村处坪地，向阳，故名。

钟家坪　Zhōng jiā píng　10人，子杉台西北1.5公里。

板凳　Bǎn dèng　10人，子杉台西北2.8公里。村旁有条小路，有几级石梯似板凳，人们常在此歇息，故名。

牛贵坪　Niú guì píng　70人，子杉台东700米。村处坪地，曾有一位名叫牛贵的人在此首居，故名。

下五股　Xià wǔ gǔ　50人，子杉台西南1.4公里。居于下5股，故名。

老纸厂　Lǎo zhǐ chǎng　20人，子杉台西南3.7公里。村中办过纸厂，故名。

王家棚　Wáng jiā péng　30人，子杉台西南2.3公里。因王姓搭棚落居，故名。

青龙坪　Qīng lóng píng　15人，子杉台东1公里。村处坪地，传说百年前下暴雨时一青龙在此坪水中游动，故名。

干河沟　Gān hé gōu　60人，子杉台西南3.4公里。村有一河沟常年无水，故名。

转转河　Zhuàn zhuàn hé　30人，子杉台西南4.4公里，村中有一河，弯弯曲曲在几个山丘间转来转去，似蚯蚓蟠曲，故名。

石板水　Shí bǎn shuǐ　80人，子杉台西南1.6公里。村中有块大石板出泉水，故名。

枷档塆 Jiā dàng wān 30人，子杉台西南5.3公里。村处山塆，形似枷档，故名。

雷打树 Léi dǎ shù 10人，子杉台西南2.6公里。村中有棵树曾被雷打断，故名。

黄家垱 Huáng jiā tǎng 20人，子杉台西南1.8公里。

刘家塆 Liú jiā wān 60人，子杉台西南3公里。

偏岩子 Piān yán zǐ 10人，子杉台西南2.4公里。村边有一山岩倾斜较大，故名。

大岩塆 Dà yán wān 5人，子杉台西南3公里。村处山塆，有一壁大岩，故名。

沙锅洞 Shā guō dòng 30人，子杉台西南3.8公里。村中有一山洞，形似沙锅，故名。

锅底坑 Guō dǐ kēng 10人，子杉台西南4.2公里。村处窝坑，形似锅底，故名。

大槽 Dà cáo 20人，子杉台西南4.8公里。村处大山槽内，故名。

铁厂塆 Tiě chǎng wān （废村），子杉台东北2公里。此塆办过铁厂，故名。

苏符塆 Sū fú wān （废村），子杉台东北1.5公里。此塆原住苏、符二姓，故名。

樱桃坪 Yīng táo píng （废村），子杉台西偏南800米。该坪原长有很多樱桃树，故名。

滕家坡 Téng jiā pō （废村），子杉台南2.1公里。

【恩施县太山庙药材场】 En shī xiàn tài shān miào yào cái chǎng 恩施县城东南35公里，驻六角亭。下辖9个生产队，17个自然村，180户，818人。耕地面积1972亩，其中药材地1147亩，主产黄连、人参、党参、天麻、当归。

六角亭 Liù jiǎo tíng 130人，太山庙药材场场部驻地。位于城东南35公里。1958年村中建有六角凉亭，故名。

野鸡窝 Yě jī wō 10人，六角亭东北3.8公里。村中野鸡多，常在此做窝，故名。

大岩包 Dà yán bāo 10人，六角亭西北2.1公里。山上有一独立大岩石，故名。

岩口子 Yán kǒu zǐ 13人，六角亭西北2.2公里。村中有一山岩裂口，故名。

太山庙 Tài shān miào 100人，六角亭东北2.2公里。村中原建有庙，名太山庙，村名沿用。

铁厂坪 Tiě chǎng píng 70人，六角亭西北2.4公里。村处坪地，清朝末，唐国启在此开过铁厂，故名。

试验班 Shì yàn bān 80人，六角亭西北1.2公里。1971年种植天麻、黄连的试验班居此，故名。

亮垭子 Liàng yà zǐ 10人，六角亭西北3.3公里。村处垭口，光线好，故名。

长坪 Cháng píng 16人，六角亭东北2.5公里。村处长坪中，故名。

裴家塆 Péi jiā wān 22人，六角亭东北2.8公里。

窝坑 Wō kēng 40人，六角亭东2.7公里。村处窝坑，故名。

石板溪 Shí bǎn xī 110人，六角亭东1.4公里。小溪流的河床为石板，故名。

邓家塆 Dèng jiā wān 40人，六角亭东2.8公里。

刘家垭 Liú jiā yā 30人，六角亭南450米。

鄢家坪 Yān jiā píng 45人，六角

亭东南900米。

八仙桥 Bā xiān qiáo 70人，六角亭东南2.5公里。村中有条小河，传说有八个神仙曾踩水过河，后建桥，故名八仙桥。

营盘岭 Yíng pán lǐng 15人，六角亭南偏东850米。村处盘山岭，红军曾在此扎过营，故名。

【恩施县百户塆林场】 En shī xiàn bǎi hù wān lín chǎng 恩施县城北偏西32公里。场部设在铁厂河中游，海拔980米。东与太阳公社毗邻，南与龙马公社接壤，西北与四川奉节交界。全场为东北自西南走向的狭条状地形，长20公里，最宽处2公里，最窄处0.5公里。总面积30.86平方公里，其中有林地43103亩，荒山560亩，农田130亩，森林蓄积量32700立方米。全场总人数153人，其中干部9人，职工54人。

相传，清咸丰年间，此山塆一带分散居住有百户人家，故名百户塆。解放初期属恩施县太阳乡管辖，土地改革时期(1952)林地没有划归农民管理，成为无人管理区，人人都可进山伐木，砍柴、开荒种地。农业合作化初期(1956)，办过川湘农庄、劳改磺厂、区、社林场等。1971年，遵照《全国林业发展规划》的精神，由恩施县林业局在此筹建以营林为基础，采育结合的林业综合场。因场部设在百户塆，故取名为国营百户塆林场。

百户塆林场境内山峦起伏悬殊，地形错综复杂，沟壑纵横，山高坡陡，土壤肥沃，腐殖质厚，主要土壤为页岩组成的扁砂质土壤及冷气灰包土，适合栎类、枫香、青椆、花楸、椿树、杉树、华山松等针阔叶树的生长，这里还保存有珙桐、连香等树种，地被物及矿物、动物资源也较丰富。

百户塆林场，平均海拔1300公尺，最高点是牛鼻子，海拔1950米，最低点是铁厂河，海拔980米。场内气候寒冷，基本无夏，且雾大，雨、雪多，年平均气温7.8℃，最冷月(1月)平均气温-3℃，最热月(7月)平均气温20℃，无霜期170天(从5月下旬至10月下旬)。年平均降雨量1890毫米。林场境内有一较大的溪流铁厂河，流量0.2立方米/秒。从场部流过，1979年在铁厂河下游修建了1座引水式发电站，发电量为75千瓦。除供本厂木材加工和照明外，还供太阳公社中河大队，龙马公社红藤坝大队的照明和农副业产品加工用电。

百户塆林场下设青山和石乳关两个分场，场部设有财务后勤组、营林组、木材验收组、基建施工组，木材加工厂、水电站、森林派出所、供销点等机构，是全场政治、文化、卫生的中心。建场九年来植树造林25000亩，生产木材25931立方米，小规格材1405立方米，木柴1249万斤，木炭67万斤。现林场有解放牌汽车、武汉牌汽车和20型拖拉机各1辆，有75马力绞盘机2台，6.6马力轻型绞盘机1台，无动力索道2套，还有柴油机、电动机、大小机动圆盘锯组、平刨床、木工车床等。修筑有林区公路32公里，直接与白(杨坪)—奉(节)公路接线，交通方便。

百户塆林场有16毫米放映机1台，平均每月为职工放映4场电影。此外还开设有阅览室，购置有球类，棋类等文体活动用品，丰富了职工文化生活。场部还设有医务室，为防病治病，保护职工身体健康起到了一定的作用。

百户塆林场坚持“以营林为基础，采育结合，青山常在，永续利用”的方针，做到计划性砍伐、营造，并因地制宜，山上栽树，山下种茶，可谓林茂茶香，满目青山。

道路塆分场 dào lù wān fēn chǎng 驻道路塆，位于总场东北12.6公里。1976年设立，14人，其中国家职工7人，经营造林面积13000亩。

天生桥 Tiān shēng qiáo 26人，道

路塆东南2.5公里。经营造林面积1000亩，幼林管理4000亩。此地有一大岩石自然拱起形成桥，故名。

和尚包 Hé shàng bāo 11人，道路盘弯西南600米。经营幼林面积3000亩。原有一山包，光秃秃的，形似和尚头，故名。

石乳关分场 shí rǔ guān fēn chǎng 6人，驻石乳关，位于总场东北9公里。经营造林面积8000亩。

青山分场 qīng shān fēn chǎng 4人，驻青山，位于总场南偏西3.25公里。

【恩施县畜牧良种场】 En shī xiàn xù mù liáng zhǒng chǎng 驻七里公社磨刀石，位于恩施城东偏北7公里。1971年建场，属恩施县畜牧局辖，下有2个饲料队，2个畜牧组，1个林业组，1个酒厂，占地面积2500亩，职工172人。主要任务是繁殖推广畜牧优良品种。

磨刀石 Mó dāo shí 65人，恩施城东偏北7公里。村中出产磨刀石，故名。

后坪 Hòu píng 68人，磨刀石南偏西950米。村处山后的坪地，故名。

恩施地区红庙农业科学研究所 En shī dì qū hóng miào nóng yè kē xué yán jiū suǒ 驻红庙公社，距恩施县城北3.5公里。1949年10月建所，1959年以前名恩施专署农场，1960年后改为恩施地区原种场，恩施地区农科所；1969年后改为现名。下辖9个农业队，1个牧业队，1个工副业队，职工总人数361人，其中干部、科技人员30人，工人331人。总面积1.9平方公里，其中耕地面积1353亩、(水田844亩，旱地509亩)。房屋面积7338平方米。研究优良品种有油菜150(恩油1号)、73-76(恩油2号)、红苕73-60(恩薯1号)等。

【恩施地区天池山农科所】 En shī dì qū tiān chí shān nóng kē suǒ 驻三岔公社，位于恩施县城东北19公里。

该所建于1952年，因所在地名天池坝，而取其“天池”二字，命名为恩施地区天池山农科所，直属恩施地区农业局辖。

全所下设4股(科研股、生产股、机务股、后勤股)，4室(办公室、医务室、财务室、图书室)和1个供销合作社，9个农业生产队。还有1个酒厂和养猪场。有97户，425人，其中国家职工232人，农业人口113人。总面积为2.13平方公里，其中有耕地583亩，果茶林地42亩。

该所地处二高山、高山地带，二高山占70%左右，其南北长2.4公里，东西宽1.5公里，整个地势西北高，东南低，最高点天池山，海拔1310米，是三岔公社最高峰。西北边缘河谷幽深，森林繁茂；东南腹地阳光充足，农田遍布。这里的气候有湿润温凉的特点，全年无霜期约220天，年降雨量在1500毫米以上，适宜苞谷、洋芋的生长。该所以研究苞谷、洋芋新品种为主，其次是新品种的大面积繁殖推广。自建所以来，研制成功的新品种有玉米“恩单二号”“恩二×C103”和马铃薯“6-764”“双丰收”“新芋四号”“694-11”等，玉米“恩单二号”和马铃薯“694-11”曾荣获1977年全国科技大会科研成果奖，并被评为全国科研先进单位之一。

该所有公路通恩施城，交通便利。所内有大、小车各1辆，拖拉机6台，机耕路可通各生产队。该所除生产粮食以外，还生产茶、梨、苹果多种经济作物。该所有16毫米电影放映机1部，经常为职工放映新片，活跃了职工文化生活。

沙窝坑 Shā wō kēng 26人，天池山农科所驻地东南450米。村处窝坑，沙多，故名。

淹水塝 Yān shuǐ tǎng 45人，天池山农科所驻地西南400米。村处塝地，常淹水，故名。

恩施县良种场 En shī xiàn liáng zhǒng chǎng 驻红庙公社旗峰坝，位于恩施城北6.5公里。1952年建场，原名恩施县农场；1958年改名恩施县良种场。

属恩施县农业局辖，有职工50人，面积156亩，其中耕地面积134亩(其中水田110亩，旱地24亩)，主要任务是繁殖推广水稻优良品种。

【恩施县梨儿坪旱粮研究所】 En shī xiàn lí ér píng hàn liáng yán jiū suǒ 驻三岔公社梨儿坪，位于恩施城东偏北15公里。1979年设立。属恩施县农业局辖，有2个生产队，2个自然村，64户，265人，耕地面积386亩，主要任务是研究、繁殖、推广玉米等旱粮新品种。

大梨儿坪 Dà lí ér píng 153人，研究所驻地，位于恩施城东偏北15公里。村处大坪地，梨树多，故名。

小梨儿坪 Xiǎo lí ér píng 111人，大梨儿坪北偏东500米，村处小坪，梨树多，故名。

【恩施地区马铃薯无病毒原种场】 En shī dì qū mǎ líng shǔ wú bìng dú yuán zhǒng chǎng 驻双河公社，位于恩施城东南34.5公里。1976年建场，属恩施地区农业局辖。有5个生产队，5个自然村，51户，251人。耕地面积442亩，主要任务是给全地区提供马铃薯无病毒原种。

将军坪 Jiāng jūn píng 60人，原种场驻地，位于恩施城东南34.5公里。村处坪地，原建有一将军庙，故名。

三角点 Sān jiǎo diǎn 45人，将军坪西北1.3公里。村中设有三角控制点，故名。

龙家坪 Lóng jiā píng 50人，将军坪东南2.1公里。

金家塆 Jīn jiā wān 50人，将军坪南2公里。

马家塆 Mǎ jiā wān 50人，将军坪东南2.5公里。

【恩施县前山林场】 En shī xiàn qián shān lín chǎng 驻沐抚公社，位于恩施城西北29公里。1956年6月建场，隶属恩施县林业局辖。下有王海坝、四方坪、大山顶3个区队，共102人，其中国家职工48人。设有林区林警看守所。森林总面积为65000亩，主要树种有华山松、柳杉、大木漆、水东瓜、油松、水杉等。

王海坝 Wáng hǎi bà 20人，位于总场西偏北7.8公里。相传王、莫两姓争地，王姓得胜，当地称为“海了”，故名王海霸，后惯称王海坝。

蛮子沟 Mán zǐ gōu 20人，王海坝东南1公里。村处山沟，相传原此地人很野蛮，常打架，故名。

彭家塆 Péng jiā wān 王海坝南偏东1.5公里。海拔1700米。

四方坪 Sì fāng píng 总场西北1.5公里。村处坪地，呈四方形，故名。

王海坝区队 wáng hǎi bà qū duì 38人，其中国家职工16人，驻王海坝，位于总场西偏北7.8公里。1956年建场，有林地12000亩，主要树种有华山松、柳杉、杉树、油松。

四方坪区队 sì fāng ping qū duì 10人，驻四方坪，位于总场西北1.5公里。海拔1946米。林地面积10000余亩，主要树种华山松、柳杉。

大山顶区队 dà shān dǐng qū duì 20人，驻大山顶，位于总场东偏北13公里。

造林面积50000亩，全为华山松、油松。

恩施县西流水林场 En shī xiàn xī liú shuǐ lín chǎng 驻龙凤公社西流水，位于恩施城北偏西16公里。1952年建场，属恩施县林业局辖。总面积2.2平方公里，主要树种有杉木、马尾松、水杉、柳杉、桦木、喜树、椿树。

【恩施县铜盆水林场】 En shī xiàn tóng pén shuǐ lín chǎng 驻屯堡公社铜盆水，位于恩施城西12公里。1954年建场，属恩施县林业局辖。造林面积8813亩，主要树种有杉木、马尾松。下有庆平分场。

庆坪分场 qìng píng fēn chǎng 驻庆坪，铜盆水南偏西12.5公里。林地面积3000余亩，主要树种柳杉、杉木。

【恩施县富尔山林场】 En shī xiàn fù ěr shān lín chǎng 驻芭蕉公社富尔山，位于恩施城西南21公里。1958年建场，属恩施县林业局辖。下设玉龙山、天上坪分场，总人口194人，其中国家职工76人。林地面积29000亩，主要树种有柳杉、杉木、黄山松等。

烂木槽 Làn mù cáo 30人，场部驻地，位于恩施城西南21公里。村中原有一大木槽，后烂掉，故名。

中塘 Zhōng táng 120人，烂木槽西南850米。此地中间有一水塘，故名。

铜锣凼 Tóng luó dàng 30人，烂木槽西北2.7公里。此处有一水坑，传说有一打锣人路过此地，因口渴用铜锣去舀水，不慎将铜锣掉进水坑。后每逢人到水坑打水，便听见水坑里传出铜锣声，故名。

玉龙山分场 yù lóng shān fēn chǎng 30人，驻玉龙山，烂木槽西北3公里。海拔1455米，林地面积4000亩，均为幼林。

天上坪分场 tiān shàng píng fēn chǎng 10人，驻天上坪，烂木槽南偏西22.5公里。驻盛家坝公社境内。面积13000亩，主要树种有杉木、华山松、马尾松。

恩施地区畜牧良种场 En shī dì qū xù mù liáng zhǒng chǎng 驻恩施城内凤凰山。1952年建场，名恩施地区渔种畜牧场，1954年与渔种场分家，成立恩施专署畜牧场；1966年改名恩施地区畜牧良种场。有职工98人，主要出售良种仔猪、牛奶，另外还酿酒、粉条加工。

恩施县渔种场 En shī xiàn yú zhǒng chǎng 龙凤集镇南1.3公里。1975年建场，职工13人，面积85亩，主要为该县发展渔业提供种苗。

恩施地区渔苗渔种试验场 En shī dì qū yú miáo yú zhǒng shì yàn chǎng 驻土桥路6号，1952年建场，职工30人，水面面积44亩，下设有莲花池分场。

恩施地区渔种场莲花池分场 En shī dì qū yú zhǒng chǎng lián huā chí fēn chǎng 七里坪集镇东5.5公里。1956年建场，职工3人，主要负责莲花池70亩的养鱼。

台 站

恩施地区电视台天池山发射台 En shī dì qū diàn shì tái tiān chí shān fā shè tái 驻天池山农科所，位于恩施城东北 19.5 公里。1979 年 10 月建立，1981 年 4 月正式开始工作，有职工 10 人，发射功率 1 千瓦，主要转播中央电视台节目，接收线路为北京—宜昌磨基山—长阳青冈坪—秭归大井坪—巴东龙窝—建始岩渣山—天池山。

恩施县白杨坪竹木检查站 En shī xiàn bái yáng píng zhú mù jiǎn chá zhàn 驻白杨坪公社石桥子，位于恩施城东北 31.5 公里。1971 年设立，属恩施县林业局管辖。主要负责检查巴(东)—石(门坎)和白(杨)—奉(节)两条公路的竹木出口。有 3 名管理人员。

恩施县南里渡水位站 En shī xiàn nán lǐ dù shuǐ wèi zhàn 驻白杨坪公社南里渡，位于恩施城东北 32 公里。1970 年设立，有工作人员 1 人，主要观测南里渡河水位，收集有关水文资料。

恩施地区水文站 En shī dì qū shuǐ wén zhàn 驻恩施城内舞阳坝南 500 米。1964 年为地区水电局下设的水文科，系湖北省水文总站恩施分站，1966 年改为恩施地区水文站。有职工 76 人，下辖 14 个站，分布在恩施地区各县。

恩施水文测验方法实验站 En shī shuǐ wén cè yàn fáng fǎ shí yàn zhàn 驻恩施城小渡船。1939 年 6 月建站于城东门渡口，名江汉工程局恩施东门水文站，1949 年停测；1950 年 2 月恢复，1957 年迁至小渡船，改名为湖北省水利厅恩施水文站，1958 年改为湖北省水文总站恩施水文站，1980 年改为湖北省水文总站恩施水文测验方法实验站，属恩施地区水文站辖。有职工 6 人，主要任务是观测清江的水位、流量、雨量、气象、泥沙等情况。.

恩施地区剩口河水文站 En shī dì qū shèng kǒu hé shuǐ wén zhàn 驻恩施县芭蕉公社剩口河，位于大车坝西 650 米。1959 年建站，1963 年停办，1972 年恢复。观测员 1 人，主要任务是观测记载剩口河的水文、流量等情况。

恩施地区野鸡滩水文站 En shī dì q ū yě jī tān shuǐ wén zhàn 驻恩施县芭蕉公社野鸡滩，位于大车坝东北 500 米。1972 年建站，1 名观测员，主要观测记载野鸡滩附近雨量、水文、流量等资料。

恩施地区芭蕉水文站 En shī dì qū bā jiāo shuǐ wén zhàn 驻恩施县芭蕉集镇。1959 年建站，1963 年至 1972 年停办，1973 年恢复。有职工 3 人，主要观测记载芭蕉河的水文、流量、泥沙等资料。

恩施地区邮电局旗峰电台 En shī dì qū yóu diàn jú qí fēng diàn tái 位于红庙公社旗峰坝东北 850 米。1966 年建立，属地区邮电局管辖，职工 10 人，占地面积 1.5 亩。主要业务为收发报。

恩施地区广播事业局五峰山电视差转站 En shī dì qū guǎng bō shì yè jú wǔ fēng shān diàn shì chā zhuǎn zhàn 位于恩施城东五峰山，1979 年 3 月建立，5 人，主要转播天池山发射台接收的中央电视节目，为恩施城服务。

恩施地区中波转播台 En shī dì qū zhōng bō zhuǎn bō tái 位于红庙集镇西北 1.5 公里。1975 年建立，属恩施地区广播事业局管辖。有职工 26 人，有铁塔 4 座，每座高 76 米。

恩施地区客运站 En shī dì qū kè yùn zhàn 驻舞阳大街14号。1958年成立，属地区汽车运输局管辖。有职工180人，主要开展对各县及武汉、四川奉节等客运业务。

湖北省地震局恩施地震台 Hú běi shěng dì zhèn jú ēn shī dì zhèn tái 驻恩施城内土桥坝。1977年设立，有职工6人，安装有地震仪，主要监测地震发生情况。

恩施飞机场 En shī fēi jī chǎng 位于清江大桥北500米。东临清江，西靠航空路，南起县林业局，北抵县砖瓦厂。西南北三面有高2米的石围墙。

恩施飞机场建于1933年，1935年又建一停机库(俗称飞机壕)于后山塆处，至1938年才竣工落机。因机场处恩施城近郊，故名恩施机场。开始只能起落单引擎飞机，抗日战争时期，中、苏、美三国混合飞行大队驻扎在此，当时美国野马式大型轰炸机，在此降落过。

解放后，在原机场的基础上进行了扩建，并设立了恩施航空站，开办民航业务，有小型客机来往于恩施、宜昌、武汉之间。1975年对机场再次进行扩建，浇筑了长1700米，宽30米的混凝土跑道，使整个机场的占地面积达到0.88平方公里(长1760米，宽500米)，还对机场北方的山头，作了净空处理，使之能够起降双引擎的大型飞机，并对指挥台和候机室进行了改建。

恩施飞机场，除宽平的飞机跑道外，还有绿草如茵的空地。跑道中段西侧，有宽大的停机坪和造型优美的候机室。候机室外有一空旷水泥地场坝，中间嵌有花圃和渔池。现每日均有班机往返恩施、武汉之间，人们只要1个多小时便可到达武汉，彻底改变了过去只能乘坐水陆交通工具还要四五天才能抵达省会的落后状况。

恩施城人民公共汽车公司 En shī chéng rén mín gōng gòng qì chē gōng sī 位于恩施城北航空路，南邻恩施地区中医院，隶属恩施城建局所辖。

该公司成立于1980年1月，同年2月正式营业。现有职工50人，拥有8台640大型交通车(每车能载客90人)，共开4路客运班车。1981年运输总收入达22万元。

附公共汽车交通路线图：

一路：舞阳坝—龙凤坝。
停靠站：地区医院、土桥坝、三孔桥、木材厂、财干、朱家坳、黄泥坝、地区农科所、红庙、红庙道班、幺堰塆、桂花树、烂草塆、下烂草塆、潘家店、方家垭口，龙凤坝。

二路：舞阳坝—黄泥坝。
停靠站：货运站、飞机合作社、造纸厂、红江桥、县农机、黄泥坝。

三路：舞阳坝—毛巾厂。
停靠站：清江桥头、大十街、六角亭、南门车辆管理站、风吹垭、玻璃厂、月亮岩、橡胶厂、肥皂厂、高桥坝、毛巾厂。

四路：六角亭—三孔桥。
停靠站：大十街、清江桥头、舞阳坝、地区医院、渔种场、土桥坝、三孔桥。

渡　口

施南镇东门渡口　Shī nán zhèn dōng mén dù kǒu　位于施南镇东门外的东门渡口，是恩施城内仅存的一行人渡口。从开始设渡至今已有500余年的历史，现仍为沟通城乡的物资交流和摆渡行人的交通设施。

据《恩施县志》记载：明朝时，曾有张泰阳于此造桥，名清江桥(又称便圯)，冬设春撤，清嘉庆十六年(1811)有个叫康兴廉的人在此设义渡。东门渡口东连官坡，西至大十街。解放前历代钦命施州大员，自宜(昌)—恩(施)大道到官坡渡河，经城东门到衙(署)接任时，地方官宦、名儒、绅士均到官坡迎候，尔后同登渡船进城，故东门渡口古称官渡。

东门渡口现有1只木船摆渡。用枫香、椿木制作的渡船，两头尖翘，肚子宽大，一头似雀尾，名麻雀船。长3丈6尺，中间最宽处5尺2寸，能载客30余人，渡船在清澈的水面上穿梭往来，迎送着进城赶早市的乡民和上下班的工人、干部，除洪水时节不能摆渡外，每天要来回划渡70多次，乘舟径渡的人达1000人次以上。

浑水河渡口　Hún shuǐ hé dù kǒu　在恩施城东19公里。恩(施)—鹤(峰)公路30公里处。是恩施城通往新塘、红土、石窑、双河4个公社的必经渡口。海拔335米。

浑水河是清江河的一段，长约4公里。据传西岸河床上有一石灰岩溶洞，每逢久晴之后，大雨来临之时，从洞内冒出浑水，使此段清江水质浑浊，故名。

浑水河整个地形东高西低，河谷呈“V”字形，河水两旁山峰高达1000米以上，公路在此盘山上下。河床两岸地质构造系石灰岩。由于山溪水长期冲刷，引起滑坡，形成很多石槽和溶洞。渡口常年水宽60米，洪水期达100米，洪水期流量为4500立方米/秒，中水期流量为1000立方米/秒，枯水期流量为30立方米/秒。每逢上游下暴雨，渡口即淹没，车辆行人被迫停渡。

恩施县交通局于1966年11月在此修建渡口。渡船系本质结构，采用横空高架钢丝绳，牵挂船引绳，用人工拉引船绳的办法摆渡。为了安全，两岸设有固船的木桩。渡口分枯水和中水两级。枯水渡口东岸水深3米，西岸5米，中水渡比枯水渡平均高2米。渡口系水泥结构，西岸引道长90米，宽8米。1976年修通了恩(施)—鹤(峰)的公路，又改造船只，扩建渡口，成为恩施县第一个汽车渡口。虽经多次维修加固，还不能满足人民群众过渡和交通运输的需要。1982年又动工扩建，改为高水位和常水位渡口，水位差2米，用铁驳机动双车渡运，两岸改为水泥路面，共长150米，宽10～18米，除较大洪水外，基本上能保证交通畅通。在渡口上游100米处仍设有人渡。

浑水河渡口是通往东乡的要道，每日过往车辆平均达50辆次，旅客500人次，为彻底改变浑水河渡运问题，政府正在组织有关部门勘测，积极筹建浑水河大桥。

七渡河渡口　Qī dù hé dù kǒu　在沐抚集镇南5公里。七渡河为清江河上游一段，此渡是恩施、利川两县的边缘渡口，有木渡船1只。

香炉滩渡口　Xiāng lú tān dù kǒu　在屯堡新街东500米。清江上，处香炉滩，故名。木船1只。

臼石沟渡口　Jiù shí gōu dù kǒu　在屯堡大路上1.8公里的清江上，处臼石沟，故名。木船1只。

三簸箕渡口　Sān bò ji dù kǒu　在屯堡龙洞河西北500米的清江上，处三簸箕，故名。渡船1只。

小龙潭渡口 Xiǎo lóng tán dù kǒu 距龙凤坝集镇西南4公里。处带河小龙潭，故名，有渡船1只。

红河咀渡口 Hóng hé zuǐ dù kǒu 在大龙潭峡口大桥东南450米。处带河与清江汇合处。渡船1只。

牛渡口 Niú dù kǒu 在红庙西北1.5公里的清江。1942年设渡，木船1只。

红庙渡口 Hóng miào dù kǒu 在红庙集镇西北300米的清江上，设于红庙，故名，渡船1只，船工2人。

银钱沟渡口 Yín qián gōu dù kǒu 在沙子地集镇西北3.7公里的南里渡河上，处银钱沟，故名。木船1只。

渔滩口渡口 Yú tān kǒu dù kǒu 在沙子地集镇西北5公里的南里渡河上，处渔滩口，故名。是沙地，三岔、鸦鹊3社的交界之渡，木船1只。

老渡口渡口 Lǎo dù kǒu dù kǒu 在沙子地集镇西北2公里的南里渡河上，此渡设置时间长，故名。有木船1只。

绵羊口渡口 Mián yáng kǒu dù kǒu 在红土溪集镇北9.25公里的清江，处绵羊口，故名。木船1只。

大码驿渡口 Dà mǎ yì dù kǒu 在沙子地集镇东南9.2公里的清江，处大码驿，故名。木船1只。

新渡坝渡口 Xīn dù bà dù kǒu 在沙地蚂蟥溪南700米的清江，处新渡坝，故名。渡船1只。

木渡塘渡口 Mù dù táng dù kǒu 在沙子地集镇西南6公里的南里渡河，处木渡塘，故名。渡船1只。

中间河渡口 Zhōng jiān hé dù kǒu 在沙子地集镇南5.5公里的清江，处中间河，故名。渡船1只。

龟山河渡口 Guī shān hé dù kǒu 在沙子地集镇南7.6公里的清江，处龟山河，故名。渡船1只。

鲁家河渡口 Lǔ jiā hé dù kǒu 在新塘集镇西南1.28公里的清江，处鲁家河，故名。渡船1只。

拉弓坝渡口 Lā gōng bà dù kǒu 在盛家坝落坡坝东北1.1公里的冷水河，处拉弓坝，故名。渡船1只。

落坡坝渡口 Luò pō bà dù kǒu 在盛家坝落坡坝西南250米的冷水河，处落坡坝，故名。渡船1只。

道 班

恩施县公路段红庙道班 En shī xiàn gōng lù duàn hóng miào dào bān 在恩施城北7公里，设于1954年，按其驻地取名红庙道班。

红庙道班现有职工15人，其中临时工3人，房屋占地面积766平方米，拥有中型拖拉机及碎石机等筑路机械。管辖的路段有巴(东)—石(门坎)公路187.14公里至199公里，城关孤线从黄泥坝(198公里)起至三孔桥(201公里)，长为15.86公里，三级路面(沥青渣油路面)，所养护的路段，全部栽植行道树实行绿化。

恩施县公路段太阳河道班 En shī xiàn gōng lù duàn tài yáng hé dào bān 在太阳河东南1公里。1961年设立，名白奉公路西坪工区，1970年改为太阳河道班。职工10人，养护白(杨)—奉(节)公路67公里至91公里+400米的碎石路面，长24.4公里。

恩施县公路段九根树道班 En shī xiàn gōng lù duàn jiǔ gēn shù dào bān 在白杨坪西北6公里。1958年设立，职工7

人，养护白杨坪公社的石桥子至太阳公社马林光止，长 24 公里的路面。

恩施县公路段白杨坪道班 En shī xiàn gōng lù duàn bái yáng píng dào bān 在巴(东)—石(门坎)公路 16.2 公里处。1956 年设立，以其驻地取名。职工 9 人，养护骑羊坝至鲁竹坝，长 17 公里的路面。

恩施县公路段大山顶道班 En shī xiàn gōng lù duàn dà shān dǐng dào bān 在提厂南 950 米。1977 年设立，职工 7 人，养护恩(施)—沐(抚)公路自大山顶至沐抚境界，长 18 公里的路面。

恩施县公路段南里渡道班 En shī xiàn gōng lù duàn nán lǐ dù dào bān 在南里渡大桥西头。1979 年 10 月设立，职工 9 人，养护汉(口)—渔(泉口)公路 574 公里至 589 公里长 15 公里的路面。

恩施县公路段鸦鹊道班 En shī xiàn gōng lù duàn yā què dào bān 在鸦鹊水东北 650 米。1964 年设立，职工 4 人，养护汉(口)—渔(泉口)公路 558 公里至 574 公里，长 16 公里的路面。

恩施县公路段竹园道班 En shī xiàn gōng lù duàn zhú yuán dào bān 在龙凤坝集镇东北 4.5 公里。1964 年设立，职工 10 人，养护巴(东)—石(门坎)公路 174 公里至 184 公里+100 米的路面。

恩施县公路段吉心道班 En shī xiàn gōng lù duàn jí xīn dào bān 在龙凤坝集镇东北 3.8 公里。1979 年设立，职工 218 人，养护汉(口)—渔(泉口)公路 604 公里至 618 公里，长 14 公里的路面。

恩施县公路段水平道班 En shī xiàn gōng lù duàn shuǐ píng dào bān 在沙子地集镇北 4.2 公里。职工 7 人，养护鸦(鹊水)—沙(子地)公路，长 18 公里的路面。

恩施县公路段花石板道班 En shī xiàn gōng lù duàn shí bǎn dào bān 在屯堡集镇西南 4.8 公里。1962 年设立，职工 10 人，养护恩(施)—沐（抚）公路 22 公里至 37 公里，长 15 公里的路面。

恩施县公路段峡口道班 En shī xiàn gōng lù duàn xiá kǒu dào bān 在汉(口)—渔(泉口)公路 623 公里。1979 年设立，职工 12 人，养护长 15 公里的路面。

恩施县公路段旗峰坝道班 En shī xiàn gōng lù duàn qí fēng bà dào bān 驻红庙公社旗峰坝，1970 年设立。职工 8 人，养护恩（施）—沐（抚）公路长 13 公里的路面。

恩施县公路段锣针道班 En shī xiàn gōng lù duàn luó zhēn dào bān 在锣针田集镇东北 1.5 公里。1977 年设立，职工 10 人，养护汉(口)—渔(泉口)公路 635 公里至 651 公里，长 16 公里的路面。

恩施县公路段十字路道班 En shī xiàn gōng lù duàn shí zì lù dào bān 在锣针田集镇西 2.3 公里。1979 年设立，驻十字路，故名。职工 20 人，养护汉(口)—渔(泉口)公路 651 公里至 666 公里+100 米的路面。

恩施县公路段阳鹊坝道班 En shī xiàn gōng lù duàn què bà dào bān 在七里坪东北 4 公里。1960 年设立，驻阳鹊坝，故名。职工 12 人，养护恩鹤公路七里坪至打倒塆，长 15 公里的路面。

恩施县公路段三岔口道班 En shī xiàn gōng lù duàn sān chà kǒu dào bān 位于三岔口集镇西北 1 公里。1959 年设立，驻三岔口，故名。职工 8 人，养护恩(施)—鹤(峰)公路 18 公里至 37 公里，长 19 公里的路面。

恩施县公路段高桥坝道班 En shī xiàn gōng lù duàn gāo qiáo bà dào bān

在恩(施)—万(县)公路10公里处。1953年设立，驻高桥坝，故名。职工6人，养护长12公里的路面。

恩施县公路段新街道班 En shī xiàn gōng lù duàn xīn jiē dào bān 在恩(施)—万(县)公路27公里。1954年设立，驻新街，故名。职工15人，养护长15公里的路面。

恩施县公路段两河道班 En shī xiàn gōng lù duàn liǎng hé dào bān 在恩(施)—万(县)公路49公里，1954年设立，驻两河口，故名。职工15人，养护长16公里的路面。

恩施县公路段板板桥道班 En shī xiàn gōng lù duàn bǎn bǎn qiáo dào bān 在恩(施)—大(集场)公路5公里处。1968年设立，驻板板桥，故名。职工8人，养护长10公里的路面。

恩施县公路段大树子道班 En shī xiàn gōng lù duàn dà shù zǐ dào bān 在恩（施）—大（集场）公路33公里。1958年设立，驻大树子，故名。职工10人，养护20公里至40公里，长20公里的路面。

恩施县公路段盛家坝道班 En shī xiàn gōng lù duàn shèng jiā bà dào bān 在恩(施)—大(集场)公路49公里。1960年设立，驻盛家坝，故名。职工10人，养护41公里至61公里，长20公里的路面。

恩施县公路段柳树沟道班 En shī xiàn gōng lù duàn liǔ shù gōu dào bān 在巴(东)—石(门坎)公路220.4公里。1959年设立，驻柳树沟，故名。职工12人，养护白果树至九道水长12公里的路面。

企 业 单 位

恩施县化肥厂 En shī xiàn huà féi chǎng 位于龙凤集镇西南750米，处带河西岸，汉(口)—渔(泉口)公路自北向南从厂门前通过。1970年建厂时即取此名，隶属恩施县燃化局所辖。

该厂占地面积30663平方米，现有固定职工291人，临时工80人，1970年5月始建，1973年11月正式投产。现有锅炉、造气、碳化、合成、机电、煤加工6个车间和1个汽车队。主要产品有合成铵和碳酸氢铵，设计能力年产合成铵5000吨，碳酸氢铵2万吨。1981年年产合成铵3442吨，碳酸氢铵14000吨，全年总产值224万元，产品畅销地区各县农村社队。

为改善职工生活条件，厂内建有3座浴池，开办有幼儿园、医务室、小卖部。此外还设立有图书室，修建有篮球场，每个车间配有电视机，大大丰富了职工的文化生活。

恩施水泥厂 En shī shuǐ ní chǎng 位于龙凤坝集镇东偏北2公里的巴石公路边，其厂房和宿舍楼坐落在石桥河两岸。该厂于1970年开始建厂，1972年正式投产，现属县水电局管辖。1958年在该地办过地区水泥厂、陶瓷厂，1961年下马停办。

该厂现有职工155人，其中固定职工108人，临时工47人，占地总面积94.5亩(房屋占地约30亩)，下设有行政股、财务股、生产股、生产工艺股、设备股、劳资股、治保股。有生料、水泥、立窑、化验、机修5个车间。主要生产标号为400#的普通硅酸盐水泥，设计年产量7000吨，1981年产量达1万吨，总产值达85万元。

该厂近年又建起了新食堂、澡堂和可容800人的礼堂。厂内设有医务室，办起了职工幼儿园，有图书阅览室、电视室等。

恩施地区水电设备厂 En shī dì qū shuǐ diàn shè bèi chǎng 位于施南镇小渡船西800米处，隶属恩施地区工业局。该厂始建于1951年，取名专署农业科学研究所农具修理组，1952年成立地区农机厂，1954年与县手工业工厂合并为专署农具厂，1958年下半年改为专署通用机械厂，1959年改为专署第一机械厂，1962年改为专署农业机械制造厂，1980年7月改为地区水电设备厂。

该厂有职工433人，占地总面积59802平方米，共有加工、机修、铸造、水轮机、轴承5个车间，主要生产轴承、铸铁管、水轮机还经营农机修理和来料加工业务。1981年度年产轴承180万套，铸铁管400吨以及其它小件产品，年总产值达160万元，产品行销湖南、四川及湖北省各地。

厂内开办有图书阅览室，建有灯光球场、浴室、医务室、幼儿园。

恩施地区汽车运输局 En shī dì qū qì chē yùn shū jú 位于恩施城内清江桥头。该局1949年10月接管国民政府鄂西运输局巴咸段，成立省公路厅恩施运输管理处。1956年公私合营时，与私营和平运输公司合营，1958年由省汽车运输管理处和地区交通局合并为地区交通局，1959年改为省交通厅公路运输管理局恩施汽车总站，1964年改为湖北省交通厅汽车运输管理局恩施分局。1972年改为恩施地区汽车运输局。

该局现有6个汽车队，1个汽车修配厂和23个县、社客运站，职工1979人，拥有各种类型车辆427辆(其中客车142辆，东风牌140货车203辆，解放牌货车80辆，小车2辆)，相当于解放初的142倍，总吨位达1974吨。1981年工业总产值为142万元，完成运输吨位6090吨／公里，运输总收入达1292万元。

该局还建立有职工医院，幼儿园、洗澡堂，由待业青年开办有理发店，综合商店。工会俱乐部里设有图书室、电视室。

广兴机械厂 Guǎng xìng jī xiè chǎng 位于恩施城小渡船大庆路中段。该厂始建于1966年，原属四机部辖的军工厂，对外称为广兴机械厂(159信箱)。1970年迁至恩施，并开始生产零星产品。1970年后改属六机部管辖，1973年又由四机部管辖，现属电子工业部管辖，由恩施行署代管。

该厂占地总面积146亩，厂房和职工住宅建筑面积达5万平方米。现有职工1000余人，其中科技人员250人左右。有机械加工、表面处理、组装和总装车间5个车间，主要生产军工产品，供陆军和海军使用。主要生产中小型超短波无线电话机及配套产品。主要产品有固定式301、304、308机；大功率的基地电台302、306型，以及102、104、106型天线和602、603两种电源。所生产的产品多供交通部、林业部、公安部、石化部等部门使用，其产品质量好，精度高，使用效果好，在全国享有声誉。该厂产品畅销全国，部分产品供不应求。其中301型机、102天线为电子工业部和湖北省的优质产品。1981年总产值达1500万元，向国家上缴纯利润342万元。

该厂建有商店、煤球加工厂、供水塔，做到了水、煤自给。办有幼儿园、医院，露天电影院、工人俱乐部。

恩施县小渡船商场 En shī xiàn xiǎo dù chuán shāng chǎng 位于红江大桥西南160米。1979年将百货、纺织、食品、饮食等门市部合并而成。有职工89人。

恩施县大十商场 En shī xiàn dà shí shāng chǎng 驻解放路15号，1980年成立，属恩施县商业局管辖，下设15个柜组。职工138人。

恩施旅社 En shī lǚ shè 驻舞阳坝中心地，1975年建成，系4层楼房，属恩施县服务公司辖。有职工 12 人，铺位 250 张。年收入 6.84 万元。

恩施县中药材公司批发部 En shī xiàn zhōng yào cái gōng sī pī fā bù 驻后山塆书院，属恩施县中药材公司辖。有职工 17 人，主要业务是中成药、中药的批发。

恩施县桅杆茶叶收购站 En shī xiàn wéi gān chá yè shōu gòu zhàn 位于恩(施)—大(集场)公路 35 公里。1956 年设立，属恩施县烟麻茶公司管辖。职工 3 人。

恩施县汽车运输公司 En shī xiàn qì chē yùn shū gōng sī 位于恩施县城红江桥西南 960 米，1976 年由原恩施县马车队分出，成立恩施县汽车队，1979 年设立恩施县化肥厂、磷肥厂 2 个车队后，又组建成恩施县运输公司，属县交通局管辖。职工 197 人，汽车 56 辆。

恩施县太阳煤厂 En shī xiàn tài yáng méi chǎng 驻太阳公社道路塆，位于恩施县城北偏东 43 公里。1955 年建厂，为恩施地区劳改磺厂，1961 年改为恩施县太阳煤厂，属恩施县燃化局管辖。职工 155 人，年产原煤万余吨。

恩施县东风煤矿 En shī xiàn dōng fēng méi kuàng 位于龙凤镇东北 4.3 公里。1958 年将七里公社柳州城磨刀石几个小煤窑合并成立恩施专署东风煤矿，属专署地质冶金工业局管辖。1962 年搬迁到龙凤区的竹园坡，与区煤厂合并，改称县东风煤矿。现有职工 267 人，年产无烟灰煤 1 万吨左右。属恩施县燃化局管辖。

恩施县石油公司 En shī xiàn shí yóu gōng sī 驻恩施县黄泥坝，1981 年从县石油煤建公司分出设立。属恩施县商业局管辖。职工 92 人，建筑面积达 30001 平方米。

恩施县通用机械厂 En shī xiàn tóng yòng jī xiè chǎng 位于恩施县城小渡船西北 600 米，1956 年建厂，原名恩施县国营农机修造厂，1980 年改为恩施县通用机械厂。属恩施县工业局管辖。设有 4 个股 5 个车间，职工 189 人，占地面积 18047 平方米。具有机械制造、安装、修配的能力。

恩施县砖瓦厂 En shī xiàn zhuān wǎ chǎng 位于恩施县城小渡船南 200 米。1953 年建厂，原名恩施县建筑材料厂；1980 年改名恩施县砖瓦厂。下设修理、机砖、机瓦、轮窑 4 个车间。

恩施县红光轻工机械厂 En shī xiàn hóng guāng qīng gōng jī xiè chǎng 位于红江大桥西偏南 500 米。1954 年建厂，为红光五金合作社；1958 年改名为红光小五金，1975 年改为红光农机修配厂，1977 年改为恩施县红光轻工机械厂。属恩施县工业局管辖。职工 162 人，主要从事机械加工、安装、修配及生产皮鞋等产品。

恩施县陶瓷厂 En shī xiàn táo cí chǎng 驻航空路，1954 年建厂于柳州城，1965 年迁至现址。属恩施县工业局管辖。职工 62 人，主要生产陶瓷器具、耐火砖等。

恩施县为民家具厂 En shī xiàn wèi mín jiā jù chǎng 驻航空路，1954 年建厂，原名恩施县城关镇木器、油漆厂；1980 年木器与油漆分家，改名恩施县为民家具厂。职工 107 人，建房面积 3382.4 平方米。主要生产各式家具。

恩施县粮食加工厂 En shī xiàn liáng shi jiā gōng chǎng 位于栖凤桥东北 150 米，1952 年建厂，属恩施县粮食局管辖。职工 19 人，主要加工大米、玉米及酿酒。

恩施县食品公司冷冻厂 ēn shī xiàn shí pǐn gōng sī lěng dòng chǎng 驻后山塆路 22 号，1964 年建厂，为恩施县食品公司后山塆养猪场，1971 年建冷冻仓库，1975 年投产后改名冷冻厂。职工 75 人，占地面积 19222 平方米。建房面积 8364 平方米。

主要是加工猪、牛、羊肉等。一次冷冻储藏量为250吨。

恩施县毛巾厂 En shī xiàn máo jīn chǎng 位于恩施县城西5公里，1970年建厂，属恩施县工业局管辖。职工108人，占地面积21.1亩，主要生产毛巾、床单、浴巾等。

恩施县红旗橡胶厂 En shī xiàn hóng qí xiàng jiāo chǎng 位于恩施县城西2.25公里。1962年建厂，为恩施县皮鞋厂，1965年改名恩施县红旗橡胶厂。属恩施县燃化局管辖。职工268人，占地面积19.8亩。产品有解放鞋、全胶鞋、棉胶鞋、三角带及部分橡胶杂件。

恩施县玻璃厂 En shī xiàn bō lí chǎng 位于恩施县城西偏南800米。1958年建厂，名城关化工厂，1961年改为恩施县玻璃厂。属县工业局管辖。职工135人，设有制瓶、机修、配料、烤窑、熔炉、检验6个车间。主要生产药瓶、煤油灯罩等产品。

恩施县锅厂 En shī xiàn guō chǎng 在城南巴公溪桥东160米。1970年由县红光机械厂分出成立。属县工业局管辖。职工69人，占地面积6700平方米。主要生产铸铁锅。

恩施县化工厂 En shī xiàn huà gōng chǎng 位于恩(施)—大(集场)公路6.5公里处。1970年建厂于后山坍；1977年7月迁于芭蕉公社青枫树大队曾家坳。属县燃化局管辖。职工150人，主要产蚊香、油漆。

湖北省建工局恩施工程公司 Hú běi shěng jiàn gōng jú ēn shī gōng chéng gōng sī 位于施南镇东风大道86号。该公司成立于1953年12月，名湖北省人民政府恩施专署建筑工程办事处；1956年改为湖北省恩施专员公署建筑工程管理处；1958年为恩施专区建筑工程公司；1966年4月改属省辖企业，名湖北省建设公司恩施工程公司；1968年为湖北省建设公司恩施公司革命委员会；1972年为湖北省基本建设局恩施工程公司；1973年为湖北省革命委员会建委第三建筑工程局恩施工程公司；1974年为湖北省第三建筑工程局恩施公司革命委员会；1975年为湖北省第四建筑工程局恩施公司革命委员会；1978年为湖北省建工局恩施工程公司。

公司现有职工1031人，其中工程技术员26人，固定职要752人。下辖2个施工队，1个汽车队以及预制厂、机修厂、加工厂和一个机关。技术力量、建筑设备在恩施地区来说比较雄厚，拥有各种类型的施工机械、安装、运输及维修加工设备，能够承担较大型的建筑工程，自1973年以来完成的大型工程有宜昌510电缆厂厂房，恩施航空站候机楼及机场跑道扩建，利川县盐厂，恩施地区杨家垮火电厂及辅助性工程等。1981年，完成竣工面积为3.24万平方米。为支援第三世界的建设，还派20人出国到伊拉克实施援建工程。

该公司自设立以来，建立健全了职工福利设施，改善了职工生活住房等条件，现职工宿舍使用面积为1.12万平方米，人均达14.89平方米。建有3个食堂，1个澡堂和1个卫生所，1个幼儿园。

恩施地区化工厂 En shī dì qū huà gōng chǎng 在龙凤集镇南500米。1970年建厂，属恩施地区燃化局管辖，职工135人，占地面积61亩。原生产炸药、导火线，现生产涂料等。

恩施县芭蕉茶厂 En shī xiàn bā jiāo chá chǎng 驻芭蕉集镇，位于恩施县城南偏西18公里。1956年建厂，名湖北省茶叶公司恩施支公司；1977年4月下放，改为恩施县芭蕉茶厂，属县供销社管辖。职工80人，占地面积20000平方米，主产红茶，其它有珍眉、玉露等。

恩施地区茶厂 En shī dì qū chá chǎng 驻东风大道49号。1958年建厂，为湖北省恩施茶厂，1977年改名恩施地区茶厂。属地区供销社想。职工 92 人，下设精制、机务 2 个车间。

恩施县殡葬所 En shī xiàn bìn zàng suǒ 位于三孔桥东北 1.25 公里。1968 年建立，属县民政局管辖。职工 8 人，占地面积 3 亩，有火化炉 2 座。

恩施地区工具厂 En shī dì qū gōng jù chǎng 位于红江桥西 820 米，1968 年建厂，为恩施地区刃具厂；1976 年改为地区工具厂。职工 143 人，下设热加工，冷加工和后勤 3 个车间，主要生产钻头，刀具。

恩施地区电机厂 En shī dì qū diàn jī chǎng 在红江桥西 220 米。1968 年建厂，为恩施地区红江电机厂；1972 年改名恩施地区电机厂。下设电动机、发电机 2 个车间，职工 165 人。主要生产小型电动机、发电机。

恩施地区造纸厂 En shī dì qū zào zhǐ chǎng 在红江桥西南 320 米。1958 年建厂，为恩施专区土产公司造纸厂；1959 年改名恩施报社造纸厂；1963 年 3 月改为恩施专署造纸厂；1968 年改为恩施地区造纸厂。下设制浆、造纸、机修、动力 4 个车间，职工 145 人。主要产品有打字纸、有光纸、卫生纸、书写纸及瓦楞原纸。

恩施地区木材厂 En shī dì qū mù c ái chǎng 驻土桥坝黄家峁。1966 年建厂，为地区木材营业所；1972 年由舞阳坝迁驻现址，改为恩施地区木材厂。职工 146 人，主要业务是木材加工，生产纤维板。

恩施地区新华印刷厂 En shī dì qū xīn huá yìn shuā chǎng 驻工农路，位于红江桥西南 1.2 公里。1949 年建厂，为恩施报社印刷厂，1975 年与报社分家，改为恩施地区新华印刷厂。职工 145 人。有排字，机印、装订 3 个车间。

恩施地区轴承厂 En shī dì qū zhóu chéng chǎng 驻工农路，位于红江桥西南 1 公里。1968 年建厂，为恩施地区机床维修站 1970 年 10 月改为恩施地区轴承厂。下设有热加工、磨工、车工、机修 4 个车间，职工 272 人。主要生产轴承。

恩施地区水泥厂 En shī dì qū shuǐ ní chǎng 位于南门大桥南 250 米。1958 年建厂，为湖北恩施新生水泥厂；1970 年改为恩施地区水泥厂。职工 267 人，主产水泥。

恩施地区水泥制品厂 En shī dì qū shuǐ ní zhì pǐn chǎng 驻土桥坝。1979 年建厂，职工 43 人，生产水泥电杆、管道等。

恩施地区齿轮厂 En shī dì qū chǐ lún chǎng 驻东风大道 62 号。1969 年建厂，为恩施地区农机修配厂，1977 年改为恩施地区齿轮厂。职工 56 人，主要生产各种齿轮。

恩施地区自来水厂 En shī dì qū zì lái shuǐ chǎng 驻东风大道 57 号。1964 年建厂。职工 40 人，日产水 6000 吨。

恩施地区肥皂厂 En shī dì qū féi zào chǎng 位于恩(施)万—(县)公路 4 公里。1969 年建厂，占地 23.2 亩，职工 106 人，主要生产肥皂，甘油。

恩施地区火柴厂 En shī dì qū huǒ chái chǎng 位于恩施县城西偏南 900 米。1961 年 7 月建于白果坝集镇，为恩施专区地方国营火柴厂，1962 年迁至土桥坝，1964 年迁至现址；1968 年改为恩施地区火柴厂。职工 150 人。

恩施地区酒厂 En shī dì qū jiǔ ch ǎng 位于南门大桥西 250 米。1962 年建厂，占地面积 7 亩，职工 268 人，主要生产白酒和酒精。

恩施地区八一面粉厂 En shī dì qū bā yī miàn fěn chǎng 位于南门大桥南 150 米。1955 年建厂，占地面积 7500 平方米，职工 38 人，主要加工面粉，日加工量 3 万斤。

恩施新生砖瓦厂 En shī xīn shēng zhuān wǎ chǎng 位于红庙集镇西北 1 公里。1961 年由地区劳改科在此办厂，占地面积150亩。

恩施新生汽车修配厂 En shī xīn shěng qì chē xiū pèi chǎng 位于南门大桥西300米。1956年建厂，属恩施地区劳改科管辖。全厂干部66人，职工42人。

恩施地区公路总段机械工程队 En shī dì qū gōng lù zǒng duàn jī xiè gōng chéng duì 驻红江大桥东头，1973年迁至此地，为地区总段车队；1975年改为地区公路总段机械工程队。职工67人。

恩施地区林业车队 En shī dì qū lín yè chē duì 位于红江大桥南240米，1957年建立。职工330人，汽车92辆。主要运输木材。

恩施地区外贸车队 En shī dì qū wài mào chē duì 驻土桥二巷18号。1973年设立，职工42人，汽车20辆。主要担任地区出口商品的运输。

恩施地区农业机械公司 En shī dì qū nóng yè jī xiè gōng sī 驻东风大道63号，1967年设立。职工420人。

恩施地区供销合作社储运公司 En shī dì qū gōng xiāo hé zuò shè chǔ yùn gōng sī 驻东风大道60号。1975年建立，占地面积5500平方米，职工67人，汽车22台。

恩施地区烟麻茶公司 En shī dì qū yān má chá gōng sī 驻东风大道31号。1950年成立，为中国茶叶进出口公司恩施分公司；1970年改为恩施地区烟麻茶公司。职工58人。

恩施县供电所 En shī xiàn gōng diàn suǒ 位于龙凤集镇西南1.6公里。1980年建成，属恩施县水电局管辖。总设备量100千瓦，设计供电量为5500千瓦。龙王塘和喻家河电站在此并网。

恩施地区电力公司 En shī dì qū diàn lì gōng sī 驻挂榜岩，1979年成立，职工79人，属地区水电局管辖。主管市内供电。

事　业　单　位

恩施县第二中学 En shī xiàn dì èr zhōng xué 位于凤凰山东麓，地区医院北400米。1898年在康梁维新改革的影响下，废科举、兴学校，成立南郡书院。1925年改名南郡中学，1927年改为湖北省第十三中学，1933年改为湖北省立恩施初级中学，1938年改为湖北省联合中学；1946年改为恩施县初中；1954年从五峰山迁校于此，改为恩施县第二中学，俗称恩施二中。占地面积89亩，建筑面积8212平方米。设有高中班11个，初中班7个，教职工97人，学生1034人，系全日制学校。

恩施县小渡船中学 En shī xiàn xiǎo dù chuán zhōng xué 位于红江大桥西南860米。1964年兴办；原名红江中小学；1981年改为恩施县小渡船中学。教职工34人，设有高中班4个，初中班8个，学生600余人。

恩施县土桥中学 En shī xiàn tǔ qiáo zhōng xué 驻土桥坝下窑塆。1980年3月成立，教职工27人，设有初中班6个，高中班3个，学生420人。

恩施地区第一中学 En shī dì qū dì yī zhōng xué 驻段家塆12号。1938年12月建校，名湖北省第七高级中学；1950年改为恩施高中，1958年改为恩施第一中学；

1978年改为恩施地区第一中学。教职工114人，设有15个班，学生710人。

恩施县芭蕉师范 En shī xiàn bā jiāo shī fàn 驻芭蕉集镇以北1.3公里处，1972年建校，占地面积10亩，教职工238人，6个班，学生300人。

恩施师范专科学校 En shī shī fàn zhuān kē xué xiào 驻土桥路113号。1938年9月建校为省立联合中专乡村师范分校；校址在利川县城东门外岩洞寺。1941年改为省立第七师范学院，1945年迁于恩施舞阳坝展览馆，1947年改为省立恩施师范学校；1950年校址在现恩施地区制药厂，1958年改为省恩施专科学校，1959年迁于现址。1961年改为省恩施师范学校，1970年改为恩施地区师范学校；1977年11月改为华中师范学院恩施分院，1978年12月又改为恩施师范专科学校。教职工191人，占地面积35000平方米。开设中文、数学、物理、化学、外语5个专业，17个班。学生758人。

恩施地区农机学校 En shī dì qū nóng jī xué xiào 位于红庙集镇1.3公里。1976年建校，属地区农机局管辖。教职工31人，占地面积60亩，学生130余人，主要为本地区培养农业机械中等技术人员。

恩施地区中等农业学校 En shī dì qū zhōng děng nóng yè xué xiào 位于恩施县城北偏东6公里。1937年11月1日建校于武昌，1938年迁到恩施五峰山，1945年迁到金子坝。教职工127人，13个班，开有植保、农作、特产、畜牧等专业。占地面积160亩，有耕地面积71亩。主要为本地区培养中等农业技术人员。

恩施地区林业学校 En shī dì qū lín yè xué xiào 驻黄家岃，1979年11月建校，属恩施地区林业局管辖。教职工29人，占地面积28亩，1个班，主要是为本地区培养中等林业技术人员。

恩施地区财经学校 En shī dì qū cái jīng xué xiào 位于三孔桥西北550米。1949年建校，为湖北省会计训练班；1954年改为恩施专区财经干部学校；1960年分为财经干部学校和财贸学校。1972年改为恩施地区财经学校。教职工124人，占地面积15000平方米。设有11个班，学生608人。

恩施地区工业学校 En shī dì qū gōng yè xué xiào 驻段家塆117号。1978年建校，教职工105人，11个班，学生563人。

恩施地区医学专科学校 ēn shī dì qū yī xué zhuān kē xué xiào 驻舞阳大街141号。1958年建校时命名，1971年改为恩施地区卫校；1972年恢复为恩施地区医学专科学校。教职工290人，占地面积25000平方米。该校分大专班和中专班，开有医学、药剂、检验、中医等专业。

恩施地区人民医院附属护士学校 En shī dì qū rén mín yī yuàn fù shǔ hù shi xué xiào 驻上窑塆。1973年建校，教职工26人，4个班。

恩施地区供销技校 En shī dì qū gōng xiāo jì xiào 位于朱家坳东南300米。1979年8月建校，教职工25人，6个班，占地面积42亩。

恩施县人民医院 En shī xiàn rén mín yī yuàn 驻中山路41号。解放前为湖北省医院恩施分院，1951年分为地、县2个医院，名为恩施县卫生院，1959年改为恩施县人民医院。有职工10人，医护人员160人，下设门诊部、住院部。有病床138张。

恩施县麻风病防治医院 En shī xiàn má fēng bìng fáng zhì yī yuàn 位于盛家坝集镇东偏北4公里。1958年建院，属县卫生局管辖。医务人员14人，占地面积400亩。可容病员100人左右。县麻风病院隔离区设于磨锣，因山形似磨子和铜锣，故名。

恩施县防疫站 En shī xiàn fáng yì zhàn 驻土桥路112号。1951年建站，属县卫生局管辖。职工27人，主管全县卫生防疫工作。

恩施地区人民医院 En shī dì qū rén mín yī yuàn 驻舞阳大街141号。1951年建院，为恩施专区人民医院；1967年改为恩施地区人民医院。职工560人，病床300张。占地面积30000平方米。

恩施地区中医院 En shī dì qū zhōng yī yuàn 驻航空路。1978年2月建院，1980年8月开业，职工52人，占地面积12亩。

恩施县委党校 En shī xiàn wěi dǎng xiào 驻五峰山。1959年建校，教职工15人，主要培训党员干部。

恩施地委党校 En shī dì wěi dǎng xiào 位于窑塆大队部南140米。1953年建校，教职工44人，占地面积10亩。

恩施县林业科学研究所 En shī xiàn lín yè kē xué yán jiū suǒ 位于恩施县城西偏南5.75公里。1973年建于天桥，1978年搬迁到大心安。属县林业局管辖，职工10人，管辖面积3000余亩，主要为本县培育苗木和推广林业新技术。

恩施地区林业科学研究所 En shī dì qū lín yè kē xué yán jiū suǒ 驻凤凰山。1959年建所，属地区林业局管辖。职工37人，占地面积1000余亩。主要进行林业科研。

恩施县邮电局 En shī xiàn yóu diàn jú 驻人民路23号，解放前为恩施邮电局；1951年改为恩施专署邮电中心局；1956年改为恩施县邮电局。占地面积2500平方米，下设23个支局，4个邮电所。职工316人，其中县局职工60人。

恩施地区长途线务站 En shī dì qū cháng tú xiàn wù zhàn 驻后山塆路4号。1953年设立，为恩施邮电局线务站；1954年改为宜昌中心线务站恩施第七线务段；1961年改为湖北省长途线务总站恩施线务站；1969年12月改为恩施地区电信局长途线务站，1974年1月改为现名。职工78人，下设恩施、建始、宣恩3个线务段。

恩施县消防中队 En shī xiàn xiāo fáng zhōng duì 驻航空路，1975年4月成立。属县公安局管辖，有消防干警26人，消防车3辆。

恩施地区水利水电工程团 En shī dì qū shuǐ lì shuǐ diàn gōng chéng tuán 位于恩施至屯堡公路1公里处。1979年成立，职工115人，占地面积9.5亩，属地区水电局管辖。

恩施地区公路总段 En shī dì qū gōng lù zǒng duàn 驻土桥路27号。解放初名恩施地区养路工程段，1958年改为恩施交通运输管理局养护工程处；1959年改为恩施公路养护工程处；1960年改为湖北省恩施养路总段，1970年改为现名。职工80人。

恩施地区收容遣送站 En shī dì qū shōu róng qiǎn sòng zhàn 位于七里坪集镇东南1公里。1963年设立，职工15人，主要负责社会流窜人员的收容、审查、遣送。

恩施地区体育运动委员会 En shī dì qū tǐ yù yùn dòng wěi yuán huì 驻舞阳三巷12号，1955年成立，职工21人，体育场宽100米，长300米，有灯光篮球场2个。

恩施地区行署招待所 En shī dì qū xíng shǔ zhāo dài suǒ 驻舞阳大街16号，1958年建，属恩施地区行政公署管辖。职工63人，床铺600张。

恩施地区基本建设委员会 En shī dì qū jī běn jiàn shè wěi yuán huì 驻东风大道6号。1953年建立，名恩施建筑公司办事处，1956年改为恩施建筑工程管理处；1958年改为恩施地区建设局；1961年撤销。1974年恢复为恩施地区建设局，1978年改为恩施地区基本建设委员会，职工282人。

恩施地区文工团 En shī dì qū wén gōng tuán 驻解放路102号。1959年成立，名为恩施地区歌舞团；1969年改为现名。职工121人，剧院1所，可容观众915人。

湖北省地质局第二地质大队 hú běi shěng dì zhì jú dì èr dì zhì dà duì 驻土桥路26号。1957年在咸丰县成立，1959年迁至恩施。职工731人，主要任务探矿。

湖北省江汉石油管理局第二勘探指挥部 Hú běi shěng jiāng hàn shí yóu guan lǐ jú dì èr kān tàn zhǐ huī bù 驻土桥坝黄家峁，1966年迁到恩施。职工256人。

【湖北省农业科学院中药材研究所】 Hú běi shěng nóng yè kē xué yuàn zhō ng yào cái yán jiū suǒ 1979年建立，位于双河公社中坪集镇西北2.8公里。全所辖3个生产队，3个自然村，142人，其中国家职工80人。耕地240亩，主要种植黄连、党参、贝母，研究高山药用植物。

龙桥溪 Lóng qiáo xī 中坪西北2.8公里。44人，村中小溪南面有一山脊，形似龙背，溪上建有小桥，过桥可到龙背，故名。

扇子垮 Shàn zǐ wān 32人，龙桥溪东北1.2公里。村处山垮，形似扇子，故名。

杨家垱 yáng jiā tǎng 60人，龙桥溪东北250米。

行 政 单 位

恩施县人民政府 En shī xiàn rén mín zhèng fǔ 驻施南镇公园街13号，下设政府办公室及政法、工交、财贸、农林水、文教卫、综合、党政群战线，辖部、委、办、局50余个。1949年底，成立恩施县人民政府；1954年改为恩施县人民委员会；1968年改为恩施县革命委员会；1981年1月改为恩施县人民政府。

恩施地区行政公署 En shī dì qū xí ng zhèng gōng shǔ 驻舞阳大街一巷13号。1950年为湖北省人民政府恩施专区专员公署，1968年更名为湖北省恩施地区革命委员会；1979年改为恩施地区行政公署。

恩施县林业局 En shī xiàn lín yè jú 驻清江路1号，1950年为县建设科(包括农、林、水，电)，1956年分出为林业科；1957年改为林业局；1969年改为林业科；1972年改为林业特产科，同年11月改为林业科，1979年又改为林业局。有职工42人，下辖县木材公司、带锯厂、林科所及百户垮、铜盆水、西流水、前山、富尔山等林场。

恩施县畜牧局 En shī xiàn xù mù jú 位于航空站西北约500米。1980年10月从县农业局分出成立，有职工33人。下辖县养蜂场、畜牧良种场及各公社畜牧兽医站。

恩施地区畜牧局 En shī dì qū xù mù jú 位于土桥坝东南300米。1978年从农业局分出成立。有职工35人。

恩施地区商业局 En shī dì qū shāng yè jú 位于清江大桥东端200米，1951年设立，为恩施专署工商科；1956年改为商业局。有职工42人。

恩施县公安局 En shī xiàn gōng ān jú 位于南门大桥东北300米。1950年成立，有职工140人。下辖交通中队、收容站、看守所。

恩施地区行政公署公安处 En shī dì qū xíng zhèng gōng shǔ gōng ān chù 驻舞阳大街93号。1950年成立，有职工80

人。

恩施县公安局交通中队 En shī xiàn gōng ān jú jiāo tóng zhōng duì 驻沿江路24号，1976年建队。有职工13人。

恩施县人民检察院 En shī xiàn rén mín jiǎn chá yuàn 位于南门车管站东北280米。1955年10月1日成立，1968年实行军管与法院合并；1978年12月恢复。有职工49人。

湖北省人民检察院恩施分院 En shī xiàn rén mín jiǎn chá yuàn ēn shī fēn yuàn 位于栖凤桥东北500米。1955年成立，1967年撤销，1978年恢复。有职工45人。

恩施县人民法院 En shī xiàn rén mín fǎ yuàn 驻解放路153号。1949年年底成立，为恩施县司法科，1954年改为恩施县人民法院。有职工25人。

恩施县物资局 En shī xiàn wù zī jú 驻人民路42号。1962年成立，为县物资管理局，1971年改名县物资公司，1973年改名恩施县物资科，1978年又改名县物资局。有职工49人。下辖机电设备、金属化建、生产资料服务3个公司和1个车队。

恩施地区物资局 En shī dì qū wù zī jú 驻东风大道50号。1961年成立.有职工162人。

恩施县水利电力局 ēn shī xiàn shuǐ lì diàn lì jú 驻人民路40号，1970年从县农水局分出成立，为恩施县水利电力局；1973年改为恩施县水电科，1978年恢复原名。有职工33人。下辖县供电所、龙王塘电站、水泥厂、渔种场。

恩施县对外贸易局 En shī xiàn duì wài mào yì jú 位于六角亭西南300米。1976年由恩施县供销社外贸股分出成立。有职工27人。

恩施地区对外贸易局 En shī dì qū duì wài mào yì jú 驻东风大道23号，1954年成立，为湖北省恩施地区外贸畜产支公司，1957年撤销，改为恩施专员公署外贸办事处；1960年合到商业局。1961年又分开为外贸办事处，1970年又合入商业局；1973年恢复成立恩施地区对外贸易局。有职工85人。

恩施地区科学技术委员会 En shī dì qū kē xué jì shù wěi yuán huì 位于清江桥南500米的桔园，1951年成立。职工16人。下辖科学技术情报所、恩施地区计量所、代管恩施地震台，共3个单位。

恩施地区广播事业局 En shī dì qū guǎng bō shì yè jú 位于东风大道与舞阳大街交叉口南450米。1970年成立，名恩施地区广播电视领导小组办公室，1975年3月改为今名。有职工25人。

恩施地区气象局 En shī dì qū qì xiàng jú 位于航空站西北200米，1951年成立，名湖北省恩施军分区气象站，1954年改为恩施地区气象站，同年7月改为气象台，1959年改为恩施地区气象局。有职工65人。

恩施地区车辆监理所 En shī dì qū chē liàng jiān lǐ suǒ 驻挂榜岩44号，1951年成立。有职工73人。

恩施地区交通局 En shī dì qū jiāo tóng jú 驻后山塆路3号，1954年成立，名恩施专署交通科。1958年改为交通局。有职工27人。

恩施地区农业机械局 En shī dì qū nóng yè jī xiè jú 驻东风大道64号。1967年1月从农业局分出成立。有职工22人。

湖北省总工会恩施地区办事处 Hú běi shěng zǒng gōng huì ēn shī dì qū bàn shì chù 驻东风大道15号，1952年设立。有职工15人。

站库公路建筑

水库

响板水库 Xiǎng bǎn shuǐ kù 恩施县城东北25公里。东北距张家槽和汉(口)—渔(泉口)公路3.5公里。海拔905米。因水库建在熊家公社响板溪不远，故命名为响板水库。

该水库1971年1月由原白杨区始建，1975年撤区并社后交熊家公社续建，1977年1月初步竣工。原设计坝高45米，分2期施工，第一期完成30米高的黏土心墙坝，第二期用黏土斜墙加到45米高，目前坝高33米，总库容357万立方米，死库容9万立方米，正常水位30.5米时，可蓄水360万立方米，坝顶长107米，底长34米，坝顶宽5米，底宽170米。迎水坡为1∶4～1∶2.5，背水坡1∶2.5。坝基左岸为1米直径的钢筋混凝土圆涵，长160米。在涵管中间设有2米直径的钢筋混凝土放水塔，进水口装有直径为700毫米的圆筒活塞闸门。在大坝左岸设有侧槽式溢洪道和消力池。计划渠道总长34公里，已衬砌石渠15公里。干渠长8公里，为底宽1.2米，高0.8米，边坡0.25米的砌石梯形渠道，通过每秒1.5公方的流量。设计灌田15000亩，目前已灌溉600余亩。该水库建有坝后式电站1座，装机150千瓦。设计在12公里渠道处，修建1500千瓦的张家槽电站1座。

该库建在二叠系上统的结核灰岩和泥质页岩上，属三岔小客坊背斜构造，库尾又出现煤层，未发现溶岩溶洞现象，是恩施县修建成功的1座较大水库。库区地势平坦，为蜿蜒曲折的狭长山沟，森林密布。9.16平方公里的承雨面积，全年可来水1100万立方米。因此水源充沛，加上居高临下，对熊家公社的农田灌溉将起决定性的作用。该水库建成后又使下游东卜龙150多亩平坝免受洪水淹没。水库配有10多人管理，已放养鱼20万尾。故该水库是一个具有防洪、发电、养殖、灌溉等多种效益的骨干工程。

车坝一级水库 Chē bà yī jí shuǐ kù 恩施县城西16.5公里。干名溪中游，海拔670米，东北4公里为锣针公社驻地。干名溪下游，自锣针田到车坝河段，也有称为车坝河的。1967年在干名溪与清江河的汇合处车坝，建有1座装机容量为4000×3千瓦的水电站，水电部门称为车坝三级电站。在其上游曾动工修建车坝二级电站水工建筑物，类推为一级水库，故名。

该水库以拦河筑坝蓄水发电为主，同时兼顾灌溉防洪，养殖等综合利用。它的尾水可为下游马鞍槽水电站、车坝三级电站、龙王塘电站所起调节利用。

该水库为沥青混凝土斜墙代料坝，坝顶高程为740米，坝顶长300米，坝顶宽7米，坝高66.2米。水库以上集雨面积为213.6平方公里，多年平均降雨量1548.6毫米，多年平均流量6.98立方米/秒。水库正常水位738.5米，相应库容5970万立方米，有效库容为5700万立方米。千年一遇的洪水使库内水位上升到738.5米高度，淹没面积达4004亩，下泄流量为1725秒立方米。溢洪采用陡槽式溢洪道，堰顶高程为726.5

米，设计3扇10×11.2米的直臂弧形闸门放水，用连续式鼻坎挑流。在坝下埋管设置引水道式电站，设计水头为43米，最大水头56.13米，最小水头30.13米，发电死水位710.5米，相应库容1100万立方米。可装机1250×4千瓦最大引用流量15.32立方米/秒。多年平均发电量2065万千瓦时，保证出力(P=90%)1600千瓦，年利用小时4130小时。

汉(口)—渔(泉口)公路从水库北面穿过，在里程桩652+155的猪嘴岩左侧，接有一长2.5公里的简易公路通到水库。从恩施至车坝一级水库有40公里长的公路，有班车每天往返其间，交通方便。

该工程于1977年年初动工，预计1984年可竣工。

车坝三级电站渠道 Chē bà sān jí diàn zhàn qú dào 1968年动工修建，1970年竣工。全长4.7公里，宽2.8米，深2.7米，流量6立方米/秒。

响板水库渠道 Xiǎng bǎn shuǐ kù qú dào 1973年动工，1979年竣工。计划长34公里，已衬砌15公里，深0.8米，梯形断面，设计过水流量1.5立方米/秒。

新开渠 xīn kāi qú 板桥集镇南，1979年12月建成。全长3780米，宽8米，深3.5米，能通过最大流量20立方米/秒。因新建，故名。

西水东调渠道 Xī shuǐ dōng diào qú dào 红庙集镇西北，因引猫子洞（西）的水至金子水库(东)，故名。全长12公里，流量0.2～0.3立方米/秒。灌溉面积4800亩。

绿化水库 Lǜ huà shuǐ kù 盛家坝公社坳大田北500米。1966年动工，1971年竣工，按当时大队名命名。大坝长156米，高26米，顶宽4米。承雨面积2.31平方公里，最大蓄水量89万立方米，灌溉面积2000亩。

白岩水库 Bái yán shuǐ kù 芭蕉公社板栗塆，1973年建成，因处白岩塆，故名。原设计蓄水量50万立方米，因地质差，蓄水量减少，灌溉面积只500亩。

苍桑水库 Cāng sāng shuǐ kù 七里公社九岭缸西北1.6公里。1970年建成，取名苍桑水库。库容30万立方米。

东风水库 Dōng fēng shuǐ kù 七里公社柳州城西南2.2公里。1975年建成，按当时大队名命名。设计库容30万立方米。

湖坪水库 Hú píng shuǐ kù 红土溪东南2.1公里。1959年建成，依当地名命名。承雨面积120亩，最大蓄水量约205万立方米。但因承雨面小，装不满。

柳家沟水库 Liǔ jiā gōu shuǐ kù 白果公社老棚子东南1公里。1980年建成，因处柳家沟，故名。坝高20米，长25米，属浆砌块石重力坝。库容20万立方米，渠道长800米，灌溉面积900亩。

岸云水库 An yún shuǐ kù 白果坝集镇北1.7公里。1975年建成，因当地名得名。库容70万立方米，坝长30米，顶宽4.5米，水深29米，承雨面积16平方公里。可灌溉、养鱼、发电综合利用。

山溪沟水库 Shān xī gōu shuǐ kù 红庙公社方家坝西南1公里。1974年1月建成，因建在山溪沟，故名。库容40万立方米，坝高25米，承雨面积1.9平方公里。灌溉面积700亩。

金子水库 Jīn zǐ shuǐ kù 红庙公社金凤山西北800米。1954年建于金子坝，故名。坝高13米，承雨面积0.3平方公里。设计库容40万立方米。可灌溉、养殖。

金马水库 Jīn mǎ shuǐ kù 红庙集镇东1公里。1975年建，按当时大队名命名。承雨面积0.3平方公里。坝高18米，设计库容120万立方米。可灌溉和养殖。

寨沟水库 Zhài gōu shuǐ kù 七里公社寨沟东南1.4公里。1970年修建，设计库容70万立方米。

鲌甲沟水库 Bó jiǎ gōu shuǐ kù 在七里公社阳鹊坝道班东北2.5公里。1975

年建成，按当地名命名。设计库容 30 万立方米。

盘龙水库 Pán lóng shuǐ kù 沙子地集镇东北 3 公里。1959 年始建，1976 年竣工，因建在盘龙溪，故名。水渠长 8.8 公里。设计蓄水 70 万立方米，可灌溉、养殖。

沙龙水库 Shā lóng shuǐ kù 屯堡公社沙龙西南 300 米。1958 年建成，因建于沙龙大队，故名。承雨面积 75 亩，设计库容 32 万立方米，灌溉面积 1000 亩。

永丰水库 Yǒng fēng shuǐ kù 龙马公社驻地西南 2.3 公里。坝长 180 米，高 20 米，库容 27 万立方米，灌溉面积 1500 亩。按当时永丰大队取名。

七里沟水库 Qī lǐ gōu shuǐ kù 在龙凤坝集镇东北 7.7 公里。1970 年始建，1977 年竣工，以地名命名。承雨面积 40000 平方米。坝高 23 米，长 60 米，库容约 63 万立方米。干渠长 13.6 公里，可灌溉、发电。

石桥子水库 Shí qiáo zǐ shuǐ kù 白杨坪西北 2.2 公里。1971 年建成，因处石桥子，故名。容量 15 万立方米。

电　站

恩施县龙王塘水电站 En shī xiàn lóng wáng táng shuǐ diàn zhàn 位于恩施县城西北 15.5 公里。处屯堡公社境内，海拔 450 米。

该电站坐落在清江上，因清江流至此形成一个大湾潭，清江迂回曲折，形似一条巨龙，故人们称之为龙湾潭，由于字音近，日久讹称为龙王塘。1979 年电站建于此地，命名龙王塘水电站。隶属恩施县水电局辖。

龙王塘水电站，始建于 1970 年 7 月，1978 年 12 日并网发电。安装 2、3 号机组，1980 年，1 号机组安装试车。系坝后式隧洞引水低水头大流量的发电站。在清江转弯处筑有浆砌石拦河大坝，腰斩清江河水。坝长 284 米，底宽 37.6 米，顶宽 5 米，高 25.5 米。流量达 20 立方米/秒，库容 240 万立方米。设计水头 21.4 米，最大水头 21.9 米，最小水头 17.9 米。坝西侧开凿的隧洞全用钢筋混凝土衬砌成圆弧形，高 3.2 米，长 293 米。隧洞出口处装有钢筋混凝土压力管，长 48.25 米，直径 3.05 米，接于钢筋混凝土结构的调压塔。塔高 37.6 米，内径 8 米。机房紧靠塔下，泥石、钢筋混凝土结构的 3 层楼房，四壁上截全为玻璃窗，装有混流式发电机 3 组(水轮机为 HL260-TH-120 型，发电机为 TSN-1250-8)，总容量 3×1250 千瓦，日发电量可达 9 万千瓦时。设计年发电 1436 万千瓦时，年利用 4500 小时，总产值最高可达 100 万元。机房占地 26×9 平方米，停机房 26×6 平方米。 电站新建砖石结构的职工宿舍、办公楼、水泥球场、图书室、电视室等楼房占用面积约 22.5 亩。共有职工 51 人。该电站，是恩施县所辖的最大电站，也是境内清江上段第一座电站。

恩施地区骑羊坝火电厂 En shī dì qū qí yang bà huǒ diàn chǎng 位于白杨坪集镇东北 3.7 公里。1974 年建成投产，依驻地命名。职工 93 人，发电量 1500 千瓦，为调剂电站。

恩施地区电力公司高月发电站 En shī dì qū diàn lì gōng sī gāo yuè fā diàn zhàn 建于高桥坝、月亮岩两处，故名。有正式职工 44 人，高桥电站 1959 年 8 月建成，发电机组 3 台，发电量 650 千瓦。月亮岩电站发电量 1010 千瓦。

恩施地区车坝三级电站 En shī dì ç̣ū chē bà sān jí diàn zhàn 位于恩施县城西偏北 16 公里。1970 年建成，因建于车坝，故名。装机容量 4000 千瓦，有职工 40 人。

公　路

巴石公路(恩施县境段) Bā shí gōng lù (En shī xiàn jìng duàn)　从巴东县城信陵镇经巴东茶店子、绿葱坡、建始的龙坪、茅田、建始县城、恩施的骑羊坝、白杨坪、龙凤坝、施南镇、干溪、宣恩的椒园、晓关、咸丰县城，到川鄂两省交界的石门坎的公路，称为巴石公路，全长337.5公里。在恩施县境，从骑羊坝(里程桩158+656)经白杨坪、龙凤、红庙、施南、干溪等5个社、镇到恩施、宣恩交界的枪木垭(里程桩230+220)，全长71.56公里。

1935年至1936年期间，国民政府修建此路，为单车道，最大纵坡19%，桥涵为半永久性和临时性建筑。从海拔120米的巴东信陵镇到海拔1800米的长岭岗，路窄视距短，坡陡弯急，常发生车祸，平均时速限制在15公里／小时。1950年到1958年改善部分桥涵、驳岸，增设安全设施。1959年到1960年对路基窄、视距差的地段进行截弯取直，加固桥涵，使车速达到20公里／小时。

经交通部门多年改善和养护，(实际投资165.6万元，每公里造价2.33万元)如今从150公里到184公里属4级路，184公里到205公里属3级路，205公里到230.22公里为等外级。从龙凤坝到巴公溪铺设21公里的渣油路面(即里程桩185+385—185+940，187+400—205+030)，一般厚14厘米～20厘米。现在平曲线最小半径12米，最大纵坡10%，视距小于20米的12处，计485米，回头弯最小半径10米。路基宽度一般7米，最大10米，最小5.5米，单车道有50.56公里，双车道21公里，为过渡式泥结碎石路面，约24公分厚。有大桥2座244米，中桥1座41米，小桥9处221.7米，涵洞161处，已植行道树62.68公里。黄泥坝(里程桩197+960)到后山垮(里程桩204+484)为3级复线，最大路基宽12.6米，最小9.5米，一般11米。

红江大桥(里程桩199+296)为单跨100米的石拱桥全长154米，车道宽7米，人行道各宽1.25米，桥高20米，1970年12月建成。境内设有竹园，红庙、施南镇，谭家坝、柳水河等6个道班，51人参加养护。

巴石公路为恩施地区物资吞吐主要运输线，从巴东进口水泥，钢材、食盐、机械、百杂货；出口粮食、木材、茶叶、生漆、药材等。年运量达203491吨，平均行车达165车辆／昼夜。

汉(口)—渔(泉口)公路(恩施县境段) Hàn (kǒu) -Yú (quán kǒu) gōng lù (En shī xiàn jìng duàn)　自汉口到利川与四川省石柱县交界的渔泉口的公路叫汉渔公路。汉渔公路恩施地区段在1975年12月由地区组织8县民兵和干部近5万人，动工兴修，到1979年12月全部完工交付使用。原计划将四川的天然气用高压合金管道输送到武汉，供工业之用。为铺设此天然气管道而沿着管道走向修建了一条供施工、维修的公路。初定名为川汉气管公路，后来由于不铺设天然气管道，才改名为汉渔公路。在恩施地区段东起巴东八字岭(450公里处)与宜昌地区长阳县相连，西到利川县渔泉口(765公里处)，长315.027公里。该公路沟通利川、恩施、建始、巴东4县的16个公社的60多个大队，成为恩施地区通往省会——

武汉市的一条运输大动脉。

汉渔公路从恩施县崔家坝公社的百步梯(558+447 公里)到锣针公社的大垭口(668+870 公里)全长 110.423 公里。途经崔家坝、鸦鹊水、南里渡、熊家岩、龙凤坝、大龙潭、锣针田等地，贯通 6 个公社。

该公路工程在恩施县境内开挖土方 76 万立方米，石方 269 万立方米，石箱涵 288 处 3160.3 米，石拱涵 41 处 516.7 米，混凝土涵管 21 处 232.8 米，大桥 3 座，长 373.53 米，中桥 6 处 353.5 米，小桥 10 座 250 米，平曲线和回头线最小半径为 20～25 米，7～8%的纵坡 63 处 11340 米，6%～7%纵坡 64 处 12402 米，4%～6%纵坡 33621 米。为 3 级公路，泥结碎石路面宽 6 米，厚 23～32 公分，路基宽 7.5 米以上。在猪嘴岩、锣针田、肖家坳、熊家岩等地，地下水位高，地质复杂，形成了较大的滑坍体，增加了养护工程量。

此公路在恩施县境内修有锣针田大桥、峡口大桥、南里渡大桥。1977 年竣工的锣针田大桥(650+315 公里)为钢筋混凝土双曲拱桥，3 孔全长 148.18 米，建筑高度 33 米，桥面净宽 7 米，人行道各宽 1 米。1976 年 7 月开工，1977 年 9 月竣工的峡口大桥(625+165 公里)，为钢筋混凝土双曲拱桥，单跨 70 米，桥长 88.7 米，高 14 米，净宽 7 米，人行道各 1 米。1977 年 10 月竣工的南里渡大桥(桩号 583+693 公里)为石拱桥，4 孔，全长 136.648 米，桥高 16.6 米，净宽 7 米，人行道各宽 0.79 米。

这条公路的建成，对恩施县交通运输的改善有着重要意义。一是改善交通缩短了恩施至巴东的距离；二是改善了恩施至武汉的交通状况；三是增加了恩施至锣针、车坝一级水库的公路线；四是解决了崔家坝、熊家、沙地 3 个公社的交通。在没修建此公路和南里渡大桥之前，从恩施到崔家坝、沙地两公社必须经白杨坪，绕道建始县河水坪、红岩寺后，才能到达。若遇马水河水上涨，就不能通车，影响交通。原来熊家公社不通车，该公路从熊家公社境内穿过，解决了部分大队的交通问题。现有武汉与恩施的对开客车，两天可到达，改变了过去四五天时间才能到达的状况。

恩万公路(恩施县境段) En wàn gōng lù (ēn shī xiàn jìng duàn) 自恩施县城经利川县城到四川省万县市的一条公路，称为恩万公路。中间经过恩施白果坝、两河口，利川的清水洞、元堡咀、利川城、凉雾山、汪营、谋道、太平、四川万县龙驹坝、赶场、长滩井、沱口等地，全长 246 公里。在恩施县境内主要经过高桥坝(4.3 公里)，下村坝(18 公里)，白果坝(19.4 公里)，新街(30.6 公里)，两河口(46.3 公里)，桂花桥(52.5 公里)，到与利川县交界的长岩屋，共长 54 公里。

该公路 1954 年动工，1955 年完工，属等外级公路。最大纵坡大于 8%的有 33 处，计 1755 米长；平曲线半径小于 25 米的 23 处，计 775 米长；回头曲线 22 处，最小半径 9.6 米；小桥 12 座长 194.1 米，涵洞 161 道；路基平均宽 6 米，最大 8.5 米，最小 5.6 米，路面宽 3 米，属单车道。

从书院开始到出水洞(8 公里)，为渣油路面，厚 30 公分。此段路基宽 7.1 米～9 米，路面宽 5.4 米～6 米。除此以外，其余路面均为泥结碎石路面。在恩施县境内设有高桥、新街、两河 3 个道班养护路面，已植行道树 52 公里。

恩万公路是恩施县西部的主要干线，主要解决了红庙公社部分大队的交通运输，并从白果公社全境穿越，成为该公社的主要交通命脉，在这条路上每昼夜有 80 车次经过，是恩施通向利川和四川万县以及衔接长江水运的纽带。

白奉公路 Bái fèng gōng lù 从恩施城东北方 43 公里的白杨坪公社石桥子起，即巴(东)—石(门坎)公路 161+320 桩号，向西北方接有通向四川省奉节县的公路，称白奉公路。

1958 年开始修筑的 170 公里长的白奉公路，在恩施县境内长 14.75 公里，(即从白杨坪石桥子到川鄂两省交界的石乳关)。1960 年建成通车。该公路所经地段大部分为石灰岩和泥质页岩构造，从海拔 750 米的石桥子，经过海拔 900 多米的九根树，然后波浪起伏在崇山峻岭之中，过海拔 1050 米的梭步垭后，山路逶迤，行道树密集，弯道半径小，通视条件差。下到海拔 750 米的太阳河后，又开始连续爬坡到海拔 1900 米的石乳关，然后下到四川三角坝。在太阳公社的石桥子(即 23+000 里程桩)向西接有通向县百户塆林场的林区公路，长 21 公里。在 35 公里的放马场向东北接有通向县太阳煤厂的 5 公里长的简易公路。

该公路平曲线最小半径为 13 米，最大纵坡 10%，小于 20 米的视距有 295 米，回头曲线最小半径 10 米，路基宽 5～6 米，路面宽 3 米，厚 6 公分，为泥结碎石路面。有小型桥 2 座，涵管 108 道，已植行道树 36 公里。在太阳河上，1960 年川鄂两省人民修建有 1 座 2 孔跨径为 10.6 米，长 35.5 米的石拱桥，取名为“友谊桥”，并刻有碑文纪念。该桥车道宽 4 米，人行道各宽 1.5 米，全宽 7 米，桥高 6 米。此路设有九根树、太阳两个道班养护。属等外级公路。

白奉公路是沟通川鄂两省的交通要道，每天有客车在恩施与奉节之间对开，大大方便了群众。同时对沟通太阳公社和白杨坪公社的部分大队的交通起了重要作用。太阳的煤，白杨坪的磷矿，百户塆的木材和太阳的生漆、茶叶等土特产，以及恩施县的工业用煤和人民生活用煤都源源不断地从这条公路运输出来。

恩鹤公路 En hè gōng lù 1958 年县委调集万人上马修建自恩施经土桥坝、七里坪、阳鹊坝、三岔、浑水河、峁子山、长塆、双河、太山庙到宣恩县椿木营进入鹤峰县的恩鹤公路，是恩施地区计划干线公路之一，也是恩施通鹤峰县的捷径。全长为 176 公里，在恩施县境内长 94.61 公里。1958 年通车 30 公里到浑水河，1966 年千人专班续修 16 公里至长塆。1975 年到 1976 年又修到双河公社，1978 年初步通车到太山庙。

该公路平曲线最小半径 14 米，回头弯最小半径 7.6 米，最大纵坡 11.9%，路基最小宽度 5.5 米，最大宽度 9 米，路面有 2.5～4.5 米宽，为泥结碎石路面，厚 20 公分，有小桥 15 座，涵管 101 道。设有阳鹊坝、三岔、峁子山 3 个道班和浑水河渡班，是单车道等外级公路。在 22+360 公里接有通向天池山农科所的公路，在 54+000 公里的新塘公社长塆接有通向新塘、红土、石窑 3 个公社的公路，长约 88 公里。

从海拔 420 米的恩施城，在 2+120 桩号以 8.5%的坡度上到七里坪，然后有很大一段缓坡起伏地段，过莲花池后，在 15+000 公里处以 7%～10%的坡度爬上小王坡到三岔，在 30+040 公里处又开始大下坡，平均纵坡在 11.9%，直到浑水河渡口。过浑水河渡口后，公路开始上坡，自 37+920 桩号起(以 6%～11.9%)到 149+820 公里桩号止。到双河公社后，已是海拔 1470 米，然后以连续回头弯上到 1880 米高度的太山庙。该公路所经之处大都为石灰岩和泥质页岩，只是在上太山庙时为坡积地带，因此常出现滑坡。

该公路经常受到山洪暴发的威胁，加上浑水河渡口用人力摆渡，水大水小都有影响，所以每年平均有 50 天左右的时间影响通车。新塘、红土、双河、石窑 4 个公社的人民，迫切盼望修建浑水河大桥，以便交通常年无阻。石窑的“窑归”和其他公社的土特产，全靠这条公路运输。目前这几个公社都通客车，彻底改变了过去那种肩挑背驮和艰难步行的状况。

恩大公路 En dà gōng lù 恩施县城到盛家坝公社大集场的公路称为恩大公路。途经高拱桥(11 公里处)，芭蕉(19 公里处)，桅杆堡(35.5 公里处)，罗家塘 (41.8 公里处)，盛家坝(52 公里处)，到大集场，全长 60.56 公里。

1957 年由林业部门投资，交通部门主办，县委调集 2000 余人上阵施工，1958 年 7 月 1 日通车。

该公路为等外级，纵坡在 8%以上的 44 处，计 6870 米，最大纵坡达 12.5%；平曲线半径小于 25 米的 24 处，计 720 米长，最小半径为 11 米；回头曲线有 20 处，最小半径 7.6 米，小于 20 米视距的有 47 处，1500 米。全线中小桥 12 座，计 279.6 米，涵洞 167 道，路基最大宽度 9 米，最小 3.7 米，路面宽 2.3 米～3.5 米。有盛家坝、大树子、板板桥 3 个道班，有养护工人 31 人。为泥结碎石路面，已植行道树 20.43 公里。

此路是恩施通往咸丰的捷径，从大集场到咸丰黄金洞只 20 公里，如修通后便可大大缩短公路里程。该路每昼夜行车 60 车次以上，是恩施县芭蕉公社茶叶出口，盛家坝公社木材集运外地的唯一途径。

恩沐公路 En mù gōng lù 恩施城西北方通向沐抚公社的公路称恩沐公路。此公路经红庙、屯堡、大山顶 3 个公社到沐抚公社，是沟通恩施县西北方向高山公社的主要交通枢纽。

该公路全长 77.5 公里，由恩施城向北 9.62 公里经过大龙潭，由大龙潭向西北 22.24 公里到花石板，自花石板往北 19.92 公里可到大山顶公社，从大山顶公社转向西南 17.12 公里便到木贡，过木贡朝北 8.6 公里终止沐抚公社。本公路在 8+620 与汉渔公路重合，在 9+620 分开。在屯堡公社驻地 20+220 里程桩处有一支线通车坝和锣针公社，长 13 公里。在大山顶公社驻地提厂 51+780 处接有通向恩施县板桥公社和四川大河中心坝的 29.71 公里长的公路。在沐抚公社向北有 6 公里乡间公路通向沐抚公社的大庙大队。

1958 年动工修建这条公路，自海拔 420 米的县城通过海拔 1800 米的大山顶，再降到 1100 米的沐抚公社，相对高差大。一般在当年 11 月至次年 3 月间大雪封山，影响交通，加上在屯堡要穿越清江河，只靠船渡是不适应交通运输事业发展的。因此于 1974 年修建屯堡大桥，解决了汽车过河问题。此桥长 176 米，为石肋双曲拱桥，车道宽 7 米，人行道两边各宽 1.5 米，桥面宽 10 米。其他还有中桥 1 座长 30 米，小桥 7 座长 176 米，涵洞 332 处。此公路坡陡弯急，平曲线最小半径 15 米，最大纵坡为 12.5%，回头曲线最小半径 9 米，小于 20 米的视距 22 处 900 米，路基最大宽度 10 米，最小 5 米，路面 2.4 米～4.0 米宽，为泥结碎石路面，属等外级公路。有屯堡、花石板、大山顶、黄宝元等 4 个道班养护。

为了解决冬季因雪封山影响交通的矛盾，目前已修通屯堡公社花石板至沐抚公社马鞍龙的公路，彻底改变了恩沐公路因穿越高山受到冰雪阻碍而影响通车的状况。(因海拔高度下降了一半，只从 900 多米的马者一带通过，还可减少绕道 19 公里，使恩沐公路缩短 19 公里)。

恩施客车站逢双日有开往板桥的客车，逢单日有开往沐抚的班车，通向锣针、屯堡的客车也都是当日往返。沐抚的硫磺，板桥的“板党”，大山顶的药材，都从这条公路源源不断地运往外地。工业原料和农业生产资料以及人民生活用品都靠这条公路运输。

五峰公路 Wǔ fēng gōng lù 1958 年修建，因环绕恩施城郊的五峰山，故名。全长 6 公里，宽 3 米，泥石路面。

恩红公路 En hóng gōng lù 恩施城至新塘、红土公社的公路，名为恩红公路。从红土溪集镇接有公路通向石窑公社，长 33 公里。1974 年始建，1978 年年底竣工，1979 年 1 月正式通车。全长 110 公里，宽 7 米，碎石路面。在 54 公里前与恩鹤公路为同一条路，实际里程只 56 公里。

鸦沙公路 Yā Shā gōng lù 崔家坝公社的鸦鹊水至沙子地的公路名为鸦(鹊)—沙(地)公路。1964年始建，1967年竣工，长17公里，宽6米，泥结碎石路面。

双龙公路 Shuāng lóng gōng lù 龙凤坝至龙马的公路，名为双龙公路。1979年通车，全长20公里，宽7米，泥石路面。

百石公路 Bǎi shí gōng lù 太阳公社的石桥子，也就是白奉公路23公里处接有通向县百户塆林场的公路，名为百石公路。1970年动工，1973年竣工。全长21公里，宽6米，泥结碎石路面。

（上接第380页）

十三、因表示吉祥意义和皇帝恩赐而得名

此类县名，多为颂美吉祥之词，有武昌、钟祥、光化、保康、建始、咸丰、咸宁、远安、宣恩、恩施等县。

武昌县秦为鄂县，属南郡。《水经注·江水三》引《九州记》：“鄂、今武昌也，孙权以魏黄初二年自公安待此。”取“以武而昌”之义，改曰武昌县。《宋史·地理志》：“以武昌山为名，孙权所都。”但《舆地纪胜·卷八十一》：“武昌山在本县南有九十里，高百丈，周八十里。”旧云：“孙权都鄂，易名武昌，取以武而昌，故因名山。”辛亥革命后，改江夏县为武昌县，鄂城仍恢复旧名。钟祥县，南宋置县，西魏改为长寿县。据《钟祥县志》，谓明世宗以藩王从长寿封地继承皇位，为了纪念这件大事，把安陆州改为承天府，取“祥瑞钟聚”之义，改长寿为钟祥。光化县，南齐武帝置，初名安化，西魏改新化，北周改光化。宋乾德二年(1062)置光化军，割谷城三乡，置乾德县。熙宁五年(1038)，省光化县入随县，改乾德县为光化县，虽沿旧名，实系新地，盖“光大王化”之意。保康县，本房县属，宏治十一年析置。以宋尝升房州为保康军，因以名县。建始县，晋置。据《晋书·地理志》：“建平郡统八县，建始居其一”，取“建县伊始之意。咸宁县，据《太平寰宇记》，五代南唐保大十三年(955)以江夏南境三乡升永安县，宋景德四年，避永安陵名，改为咸宁县，盖取“万国咸宁”之意。远安县，据《隋书·地理志》：旧名高安，后周明帝武成六年(559年)，改高安为远安。万历《湖广总志·荆州沿革》：“县初以建治在阜曰高，寻以猺近置之日安。”希望汉族与少数民族和平相处之意。

（下转第488页）

桥梁、古迹、游览地

桥　梁

清江大桥　Qīng jiāng dà qiáo　清江自北向南纵贯恩施县城，将县城分为东西两半。为连接两岸交通，在宽约百米的江面上架设了1座公路人行桥，因架在清江上，故名清江桥，海拔420米。

过去在县城东门和北门均设有义渡，摆渡来往行人；枯水期间搭有木桥，在上游小渡船处设有木船式的车渡口，洪水期间都不能乘渡，严重影响两岸交通运输。国民党省政府迁来恩施后，1941年开始筹建该桥，1942年11月动工，1943年元旦竣工通车。当时取名行易桥，后改名为中正桥，解放后更名为清江桥。

该桥初建时，为六孔浆砌石墩木板平桥，桥上部盖有瓦面，像古时的凉桥，后改为木桁架平桥，能载重15吨，可通汽车。有边桥墩2个，中桥墩5个均为纺梭形，砌石1549方，用木料1500根。车行道宽3.2米，人行道各宽1.2米。桥面高出最低水位10米，高出洪水位1.5米，每孔跨长20米，桥长120米，仅供单车行驶。

清江桥历经沧桑40多年，几次毁坏几次修复。1969年7月11日的特大洪峰出桥面1.5米，将桥面和上部木桁架全部冲走，仅留石墩于江中，致使两岸交通中断，恩施城内交通往来受到严重影响。中共恩施地、县委于当年10月决定重建此桥，经工程技术人员和广大民工的一致努力，在1970年7月1日将桥重建通车。该桥在原址重建时，将原2号、4号桥墩加固升高，护基处理，改为钢筋混凝土空腹式双曲拱桥，由主桥和引桥两部分组成，主桥为两墩三孔，每孔净跨37米，矢高比1/6，其拱为等截面悬链式。引桥在东岸为一孔，净跨18米，为等截面圆弧形，与沿江路立体交叉，和舞阳大街相连，西岸为二孔，每孔净跨30米，为等截面悬链式，与清江路立体交叉，和挂榜岩下相连。桥面为渣油沥青护面，悬臂挑梁上设置左右人行道，装有水泥花栏杆，并有7对钢管式的路灯伫立在两旁。桥东高西低缓缓下降，全长223.2米，车行道宽7米，人行道各宽1.5米。清江桥重建后比原来桥面升高5米多，能载重汽-15-拖60，可并行2辆汽车，加大了运输过桥能力。

重建后的清江桥，气势磅礴，雄伟壮观，是连接恩施城东西两岸和沟通恩施地区南北交通的纽带，对发展恩施地区交通、经济、文化起了重大作用。

南里渡大桥　Nán lǐ dù dà qiáo　南里渡大桥位于恩施县城东北31公里，在白杨坪公社与崔家坝公社交界处的南里渡河上。西岸是白杨坪公社，东岸是崔家坝公社，海拔450米。南里渡河源出于建始县，自北向南穿山越谷急流直下至沙地公社的两河口注入清江。

南里渡原是恩施至宜昌的老大路(俗称北大路)上的一个重要渡口，过往的官人，商贾频繁。其名称来源有几种传说。据《恩施县志·地理志·卷一》记载，“南里渡在城东八十五里，旧志载南陵渡，里字即陵字之讹”。又相传说，此渡口摆渡的是白杨坪的杨氏两兄妹，因水流湍急，摆渡时，船需从西北岸向东南岸奋力划动顺流而下1里之远才能到达对岸，故此得名南里渡。另因方言所致，有叫“南里渡”为“烂泥渡”的。1977年大桥建成，即依其地名取名南里渡大桥。古人有诗曰：“与人指翠微，前路清溪漭。到见隔岸山，弥高不可仰。一叶渡中流，手掬尘襟爽。昨夜梦归家，从此泛双桨。”（《施南府志·诗文卷》）可见南里渡山峦青翠，河流漭漭，地势险要，风景幽美。真是“意外见琉璃，放舟南里渡。四山屏障开，一水醍醐注。”（《恩施县志·艺文志》）。

1975年12月鄂西南山区交通大动脉川汉天然气管道公路[现为汉(口)—渔(泉口)公路]动工兴建，为穿越南里渡河而建南里渡公路桥。经过建桥工人和工程技术人员的努力，只用了1年零9个月时间便建成通车。南里渡大桥全长137米，桥面宽7米，两条人行道各宽0.79米，可并排行驶两辆汽车，大桥主孔跨度70米，桥面比河床高23米，载重汽-15挂-80。整个大桥是用本地天然石料(石灰岩大块石)及钢筋混凝土构成，造型大方，结构紧密。桥身腾空飞架，桥面光滑平坦，两旁配以水泥花栏杆，把南里渡大桥装点得更加好看。

锣针田大桥 Luó zhēn tián dà qiáo 在汉(口)—渔(泉口)公路650+315里程桩处，为跨越干名溪而修建了1座大桥，因地处锣针田集镇西南方1.6公里，故名锣针田大桥。此桥位于县城西偏北方向15公里，公路里程为32.62公里，海拔约650米。

此桥座落在干名溪哨步口上，为等截面悬链线钢筋混凝土双曲拱桥，3孔跨径为30+70+20米，全长148.18米，建筑总高33米，桥面净宽7米，人行道各宽1米。整座桥4个桥墩，1号桥墩基础为溶岩，最深的达10米以上，用50方混凝土作了灌浆处理。2号桥墩高大，底部为15×16.6米，顶部为1.95×8.78米，高33米。仅此桥墩就回填片石1168立方米，浆砌片石182立方米，用混凝土2585立方米。

该工程于1976年4月29日开始清基，1977年7月28日进入吊装阶段，同年10月15日完成桥面铺装工程，到10月23日竣工。整座桥梁工程挖土方8240立方米，浇灌混凝土5871立方米，干砌片石2176立方米，用钢筋54吨。

该工程在施工中，未搭拱桥，采用钢丝索缆绳吊装施工。70米跨度的主拱圈，只用钢索缆绳吊装，大大节约了木料，加快了速度，主拱圈矢长70米，拱高10米，拱圈厚1.32米，拱脚距桥墩基础21米，比常年洪水位高15米，所以特大洪水对此桥威胁不大。

此桥是干名溪河上第一座大桥，对恩施地区车坝一级水库和锣针公社马鞍槽水电站的施工以及缩短恩施至利川距离，沟通两县公社集镇的交通起了重要作用。

云龙桥 Yún lóng qiáo 云龙桥座落在沐抚集镇西南面约2.5公里处，在沐抚公社云龙和枫香两个大队为界的云龙河上，海拔810米。

在前山和后山之间缓坡平坝的南边沿，云龙河如利斧将石灰岩地层劈出一条深57.1米，宽17.5米，北起大庙南侧，南至两河口，长约10公里的裂缝，河水深嵌于底。两岸人民“对面可说话，握手得一天”。清光绪末年，为变“天堑”为通途，由当地余姓人民出面筹集资财，初建1座木桥。传说，架桥时，有百余人用直径3公分的缆绳数十根，将粗约0.8米、长19.5米的坚实杂木的一端捆着，奋力向对岸横搁时，因力不从心，而斜插对岸腰间一小石包上，百余人数次挪动也无济于事，人们正在发愁时，突然，河面腾起一股似龙飞舞的大雾，笼罩着架桥工地，不一会雾散桥成，人们说是龙变云雾显圣架桥，故名云龙桥。

云龙桥，原仅用3根直径约0.8米，长19.5米的坚实杂木横搁东西两岸而成，无桥墩。自始建至今有90余年的历史。由于木梁腐朽，曾经4次维修，前3次维修均按原样。1963年在沐抚区委的直接领导下进行了第四次维修改建，桥容大变。现桥由5根直径0.6米，长18.1米的坚实杂木组装而成。桥面上空装有天窗式的顶棚，桥面铺装杂木寸板，左右两侧安装高1米的木栏杆，栏杆内侧安有高0.5米的简易木条凳，供过往行人歇息。桥全长18.1米，面宽2.9米，河面至桥面高57.1米，似一木质走廊。颇具山乡民间建筑物的特色。

桂花桥 Guì huā qiáo 在白果公社的西部，恩(施)—万(县)公路53公里处，有1座小石拱桥，名桂花桥。它坐落在山涧峡谷之中，南面是悬崖峭壁，西北面距700米是见天坝集镇，西面1.3公里是利川县境。该桥是贯穿白果公社东西的交通要道，利川进入恩施的首要门户。

桂花桥架在见天坝和清水洞两条小河的汇合处，桥下溪水潺潺，两岸山峦起伏，树木郁郁葱葱，山青水秀。

据考证，大约距今170多年，为交通之便，当地人民筹钱建筑了1座小石桥(现遗址尚存)，结构简单，小巧玲珑，具有典型的地方特色。桥长6米，宽2米，河床中间有一小石墩，桥面用6块大石板搭成。人们为图吉利，要让新人第一个踩桥命名。桥建成后，刚好有位新娘出嫁经过此桥，人们就在桥头拦住花轿，请新娘下轿踩桥命名。新娘下轿后，在桥上走了两趟，随即启动红唇曰：“新人踩新桥，新桥万年牢，我叫桂花女，桥叫桂花桥”。故名。

解放前，见天坝的集市已初具规模，外地客商和赶集的人都要经此桥进入见天坝。在桂花桥的南头原有1栋乡公所的大木房，来往行人都喜欢在此休息。曾有人出了这样一副对联，上联是“桂花桥，桥上荞，风吹荞摇，桥不摇”。下联是“枫香河，河中鹤，浪打鹤飞，河不飞”。(枫香河发源于白果金龙坝的柘林溪，流入大集公社境内称枫香河)。此对联被当地人们视为绝句，广为传颂，曾镌刻成石碑，立于桂花桥头(现已无存)。

解放后，1954年修筑恩(施)—万(县)公路时，在桂花桥的西南25米处，又建有1座长15米，宽7米的单跨石拱公路桥。1954年因山洪暴发，将桂花桥冲垮，后将新桥也叫桂花桥。从见天坝修有简易公路与恩万公路在新桥头接连，来往的行人车辆均从新桥通过。

红江大桥 Hóng jiāng dà qiáo 位于恩施县城西北角，东西横跨清江两岸，是连通巴(东)—石(门坎)公路的1座重要桥梁。在未建大桥以前，此处设有小木船往返摆渡过江的客人，故得名小渡船。1967年大桥建成后，渡口即废，取名红江大桥。

雄伟壮观的红江大桥，长160米，宽7米，高21米，人行道各宽1.2米，载重-20。为单孔石砌拱形桥，孔径100米，是当时我国石桥建造史上名列前茅的单跨度桥梁。桥身矫健，凌空飞架多拱形桥面，雕花石栏，给人以明快舒适之感；桥下清江奔腾，桥上人来车往，一片繁忙景象。

南门大桥 Er nán mén dà qiáo 明朝成化三年(1467)由指挥使唐贵始修为木桥，名成志桥。万历六年(1578)周汲原改修为石桥。康熙九年(1670)守备贾进才、齐文胜再修。乾隆51年(1786)张姓补修。嘉庆21年(1816)宣恩县朱宏加修，更名便冬桥，同治年代改称现名。初为人行桥，后为巴石公路桥，因常受洪水威胁，1968年将桥面升高重建石拱桥。1970年建成，因处恩施城南门外，故名。桥孔净跨47米，全长65.5米，车道宽7米，人行道各宽1.5米，桥高8.7米，载重汽-18，为石砌单孔跨拱桥。

蒿坝大桥 Hāo bà dà qiáo 板桥集镇南偏东5公里，1976年建成，因位于蒿坝，故名。单面石拱桥，长27米，宽6米，跨径20米。为恩施城通向板桥的公路桥。

骑羊坝大桥 Qí yáng bà dà qiáo 1973年建成,因处骑羊坝,故名。位于巴(东)—石(门坎)公路158+656里程桩。全长73米，宽8.6米，为钢筋水泥混合石拱桥。载重量汽-20挂-100。

凉水桥 Liáng shuǐ qiáo 沐抚公社大庙东偏北500米。长10米，宽2米，为石墩木面桥，不通车。因桥下水较凉，故名。

平安桥 Píng ān qiáo 汉(口)—渔(泉口)公路567公里处，长23米，宽8米，载重量为汽-20挂-100。此桥原为木桥，后改建成石拱桥，为图吉利命名平安桥。

龙凤大桥 Lóng fèng dà qiáo 1970年建成，长74米，宽10.5米，为汉渔公路桥，能承重60吨。因建在龙凤坝集镇街头，故名。

屯堡大桥 Tún bǎo dà qiáo 屯堡集镇西北200米，为浆砌双曲拱桥，长168米，宽8米，能承重60吨。1975年10月建成，为恩沐公路桥，因建在屯堡集镇街头，故名。

锣针田中桥 Luó zhēn tián zhōng Qiáo 为汉渔公路桥，在锣针田集镇东北800米，1977年建成，为石拱桥，全长54米，净宽7+2×0.75米，净跨1～20米，载重量汽-15挂-80。

桥墉中桥 Qiáo wān zhōng qiáo 为汉渔公路桥，在锣针田集镇西南1.2公里。1977年7月建成，为石拱桥，全长83米，净宽7+2×0.75米，净跨1-20米，载重量汽-15挂-80。

三孔桥 Sān kǒng qiáo 在恩施城土桥坝街头北1公里。清朝时，在此建有三孔石桥，故名。1937年改为巴石公路桥；1974年在旧桥下游100米建新桥，为三孔双曲拱桥。

凉桥 Liáng qiáo 在新塘集镇东北700米。木质结构，全长8米，宽3米。1974年建成，因桥旁有一洞，凉风吹拂，故名。

飞桥 Fēi qiáo 在恩(施)—红(土)公路74公里处。水泥料石结构。长33米，宽7米，载重量15吨。1975年动工，1979年建成，桥似飞架空中，故名。

高拱桥 Gāo gǒng qiáo 在恩（施）—大（集场）公路11公里处。全长46米，宽7.5米。早在光绪戊子年(1888)，就建有一石拱桥，名为高拱桥，后改建，其名沿用。

石板溪桥 Shí bǎn xī qiáo 在巴(东)—石(门坎)公路226.9公里处。为石墩水泥结构，长25米，宽8米，高6米，载重汽-15挂-80。1938年始建，1973年改建，因横跨石板溪，故名。

九道水桥 Jiǔ dào shuǐ qiáo 在巴(东)-石(门坎)公路227.9公里处。单拱石桥，长22.4米，宽8米，高10米，载重汽-15挂-80。1973年改建成，因在九道水河上，故名。

凉天桥 Liáng tiān qiáo 在盛家坝公社七家营，石拱桥，长10米，宽2米。因桥建在两山之间，形如天桥，故名。

其他建筑物

体育场 Tǐ yù chǎng 在恩施城栖凤桥东偏南400米。长180米，宽100米，面积18000平方米，跑道宽10米。1956年建成，属地区体委管辖。

靶场 Bǎ chǎng 位于恩施城飞机大队驻地西北680米。长350米，宽40米，面积14000平方米。

了望台 Liáo wàng tái 在芭蕉公社富尔山烂木槽山顶。为护林防火而建。

水塔 Shuǐ tǎ 在恩施城凤凰山南端，塔高4米，直径8米，圆柱体形，钢筋水泥结构，蓄水200吨。1964年建成。

恩施地区展览馆 En shī dì qū zhǎn lǎn guǎn 位于舞阳大街中段，西北距舞阳坝闹市区100米，该馆于1968年4月动工兴建，1969年年底基本建成，为4栋1院的四合院式展览馆，取名毛泽东思想万岁展览馆。不久改名恩施地区展览馆。1973年4月与地区文化馆合并，1977年8月与文化馆分开，又改名恩施地区农业学大寨展览馆，1979年4月又恢复原名恩施地区展览馆。

该馆有职工31人，全馆占地总面积6500平方米，其中展室占地面积为2400平方米，有展室31间，可同时举办三四个小型展览。

古迹、游览地、纪念地

连珠塔 Lián zhū tǎ 连珠塔，位于施南镇东南方1公里处，清江东岸海拔约540米的五峰山顶。

五峰山由5个山峰相连而得名。其圆圆的山顶，状若连珠，故又名连珠山。古时称第一峰为龙首山，清道光十二年(1832)在山顶建成七级石塔，即取名连珠塔。城乡人民惯称宝塔。为恩施地区重点保护文物之一。

连珠塔，占地约225平方米，共分7层，高34.8米，系砖石结构，有石梯129级。塔顶由7颗大锡珠重迭而成。宝塔各层均为八角锥顶形，各层之间有螺旋阶梯相通。塔正门朝西北方向开。在第一层大门前5米处，立有石坊，由4根方石柱及石板组成，分3扇，中间大，两旁小。中门高3米，宽1.8米，两旁的小门高2米，宽1米。石柱及门额上雕刻有花纹图案及小塑像。中门门额正面镌刻有“揽胜”，反面刻有“钟灵锦绣”6个草楷大字。塔外8个角上的浮雕人像，栩栩如生。

第一层塔，只有一扇拱形大门，高约4.5米，宽2米。进门处有3步石梯，门两旁及门额上雕刻有麒麟、龙、凤、渔、人像等图案花饰，镌刻有一对联，上联“七级壮严人际风云瞻气象”，下联：“五峰卓秀大开图画助文明”(道光十一年岁辛卯七月，施南府知事吴式敏撰并书)。整个塔第一层最高大，下半部及基脚全为大青石砌成，内径约3.5米，高约7米，圆锥顶上印有花饰图案。原内供有菩萨坐像，今已无存。

从第一层起至第七层分别以23级、29级、22级、18级、16级、15级石梯相通。从第一层的上半部起均采用长30厘米，宽15厘米，厚10厘米的青砖砌成。内径分别3.5米、3.1米、2.8米、2.6米、2.26米、2米，1.67米。除第五层只有3个门外，其他各层均有 4 个高 1.8 米、宽 0.6 米的拱形门，朝着东南、东北、西南、西北 4 个方向开。第七层中央有一长 4 米，围圆 1 米的大木柱，将塔顶锡珠顶起。

连珠塔建成距今已有 150 年历史。据《恩施县志》载，最先在此建塔是清朝乾隆辛卯年，即公元 1771 年。由太守张应桃主持建造七级佛塔，周旋数次，没有成功。事过 60 年，即道光十一年(1831)蜀人姒朝绾(县令)，鼓舞绅庶，捐募筹款，仅造七级之二而终止。道光十二年(1832)，知县陈肖仪同淮贡生、朱荣录、杨联绶、李大魁等“锐意成之民意，即同志气”续修该塔并竣工。知府王协梦有序载，尚存。道光十三年(1833)至十五年(1835)，又在塔门前建立石坊，周围建花墙、院门，将塔团团围住。今花墙均废，院门残存。上面用隶书镌刻的对联仍可辨析，“秀挺五峰奎壁灿，灵钟三邑冕裳新”，横批“山辉川媚”。所存石坊也残破不全，石狮、石盘等倒于乱草丛中。

连珠塔虽经 150 年的风雨侵蚀，但古塔雄姿犹存。每逢节假日，人们纷纷上五峰，登宝塔欣赏古代建筑艺术，观看恩施山城风光。站立塔顶，恩施全城尽收眼底，只见清江环绕山脚，大桥飞架东西，楼房林立，车水马龙，令人心旷神怡，确有“欲穷千里目，更上一层楼”之感。古代有诗赞曰“连珠东望与天齐，佛塔孤高出小溪。四面烟云空依傍，一城楼廓认高低。盘旋石磴携娇女，指点峰鬟话老妻，无数好山看不厌，归车已趁夕阳西”。

文昌祠　Wén chāng cí　文昌祠亦名文昌宫，位于施南镇原老城内鳌脊山(旧名龟山)上，其地处海拔 449.8 米，东南与五峰山连珠塔隔清江相峙，西与象牙山上烈士塔相望，南与柿子坝毗连于山麓。

据《恩施县志》记：施郡文昌祠原建于南门外卫学旧址，年久倾圮，奎星无阁。清嘉庆三年(1798)署恩施知县尹英图主迁文昌祠于鳌脊山上，右设奎星阁(又名奎星楼)。原建山顶之城隍庙移建于祠后。

文昌祠东西长 25 米，南北宽 15 米，占地 375 平方米。祠坐西朝东，祠面石门高 2.4 米，宽 1.63 米，上作二龙戏珠和龙云石雕。有两级角爪花饰，第一级中高 9 米。祠分前、中、后三进，前为天井，中为过厅，后为正殿。天井中原有戏台，台顶高 7.5 米，宽 8 米，台深 7 米，两边靠门墙各有后室一间，为解放前演唱南戏的主要场所。沿天井左右边墙各上石阶 5 级(石级高 0.2 米，宽 0.3 米)到过厅，厅高 4.5 米，深 7.5 米，有木质圆柱四列八柱，直径均为 0.45 米。由过厅再上石阶 2 级到正殿，正殿高 10 米，殿深 8.5 米，内有圆柱 6 列 24 根。殿后正中有圆门一道，直径 2.1 米通连城隍庙。右有侧门可至桂香殿和奎星阁。正殿有瓦面两级，级间 2 米，下级左右后三方瓦面挑出。屋脊瓦角均以花砖嵌成。瓦角前梢为铁筋泥作龙头雕饰并佩挂风铃，尹英图等人曾为建祠而撰文，均载于《恩施县志・艺文》内，称“城为舟形祠为桅，桅必举，船始通”。以赞誉此地景物之美妙。

解放前，奎星阁、城隍庙尽废，均改为平房，仅文昌祠尚存。曾为国民党县参议会和县政府驻地。从恩施解放至 1952 年，先后为恩施县人民政府，中共恩施地委会，恩施地区文工团驻地，1953 年后，恩施县文化馆、图书馆陆续迁驻于此。

旧建文昌祠，其地空高文静，是恩施城内群众工余读书、下棋、看戏、听书的主要文化娱乐活动场所。1958 年，县文化馆曾将文昌祠作县管文物单位报省文化局批示未复。1961 年，县文化馆对文昌祠作了局部修缮，新换抬梁站柱 14 根和大部椽子瓦面，过厅地面升高与殿地平齐。其余屋脊角爪等无资修完，是年 12 月维修即止。1964 年原建戏台朽废，文化馆仅对殿后第二级瓦与宿舍瓦面作了相连接的处理。1981 年，恩施县文化局暂迁文昌祠于过厅中右边砌墙隔屋两间办公。并出资对祠作了水泥地坪和站柱的油漆等小型修饰。自文昌祠建祠至今历时183年，其完好程度仍是恩施老城所仅有。但今人多只知奎星楼(阁)而不知文昌祠。奎星楼已废年久，却仍以无物之楼(阁)名取代于现存的文昌祠，实属对地方风物掌故的不解所误，当予修正。

洗马池 Xǐ mǎ chí 施南镇老城洗马池，地处西门城垣，西北与麟溪书院相望，与县洗马池招待所毗连，海拔446米。

洗马池，池门向北，池大42平方米，深1.5米，为马队净马而设。系清朝光绪十二年(1892)副将、施南府协台熊朝鉴主修并题谢“洗马池”3字。其池今废，尚有碑字嵌在宽3米，高3.5米砖石结构门墙上的四分之一处。碑志石长1.3米，宽0.6米。洗马池三字各大0.15米。碑石前半段由右向左横排，马字下面4点书刻成3点。后半段为直排撰文和题款。全碑皆以真字书刻，其志录后：

“洗马池

古人云：晚凉看洗马，亦军中要务也，署前旧有池，淤废日久。今特浚而新之，庶马政复修蕃，鹿因之而兆兹，当春日融和，桃柳掩映，见二三良马腾骧其中，洵有一洗空凡之象而乐。

国家之升平焉故识之

光绪壬辰春日

楚南熊朝鉴题(下为两行直排篆刻朱文方印)”

旧时设池，意在强兵。帝制破，其协台马政与池尽废。解放后，改作县商业局幼儿园的清时兵局，在60年代中期与洗马池一起废除，改为居民住地。门墙前原有两级角爪花狮均被捣剥不全，唯碑志幸存至今，是古城洗马池的唯一佐证。其所在街道18户仍然以洗马池为名称。碑石字迹虽风蚀年久，仍清晰历目一一可辨，古香古色吸引着不少游人到此，以求鉴赏之乐。

麟溪书院 Lín xī shū yuàn 麟溪书院位于施南镇老城西门外城下的书院大队范围内，距施南镇人民政府机关西偏南750米处，后山塆路31号。书院门前是恩(施)—万(县)公路起始点，东临恩施地区中药材公司仓库，药水溪环绕书院缓缓流过，在书院南500米处汇入麒麟溪(现名高桥河)。整个书院坐落于风吹垭口下，是清朝时官府培养文武生员的县办学府。

据《恩施县志》载，本邑旧无书院，大清同治二年(1863)署恩施知县许光曙劝捐4千并军需余项共8千缗，于是年4月动工，11月竣工，创建书院于麒麟溪上，计有讲堂3楹，讲舍14间；西为花厅，后为讲师游息之所；环以仓厨，共建屋38间，占地2000平方米，均为木质结构平房，许光曙撰有创建书院碑志，知府夏锡麒跋文均载于《恩施县志·艺文》之内。

麒麟溪，现名高桥坝河，发源于出水洞，相传宋雍熙中(985)有麒麟出此而得名。后同治二年（1862）建书院于蜞麟溪上游，而取名麒麟书院。由于书院位于城西临水，故又名西津书院。

抗日战争时期，书院作过伤兵医院，以后为国民党恩施团管区接运兵丁的住所。解放后，书院被用作荣复退伍转业军人接待站和接兵站。1961年为恩施县中药材公司仓库和加工厂厂房，经过连年翻修扩建，原书院建筑全无遗存。新建房舍依势呈三级梯形向上伸到风吹垭口，共占地6500平方米。

书院旧址经不断兴建，楼房林立，面貌更新。每当夏日，凉风诱人，临晚，游者结伴林下，漫步溪边，尽消一日辛劳，欣赏山花野景，观看朱霞暮色。

官坡 Guān pō 官坡位于龙洞河的下游，恩施城东门外东南500米处，南连恩施地区园艺场，东北分别有石梯路到五峰山的大、小垭口，由官坡街口过小石桥可直桥梁，其他达恩施闹区——舞阳坝。

此地是大垭口下由东向西斜的一个坡道(坡度约38°)，帝制时代，官坡上街右侧置一房，有中厅旁厢3间，前有过街凉亭。《恩施县志》记此为迎候之所，俗称迎官厅，即迎官接诏的地方。各代钦命施州大员，宜(昌)—施(州)大道(旧称官道)来官坡渡河，经城东门到衙(署)接任时，原地方官宦，名儒、绅士均迎候此厅，故官坡、官道、官坝街等名，均因此派生而出。

官坡街分上官坡和下官坡，街呈东西走向，长200米，宽3米，青石板和泥石街面。

上官坡有11台85级石梯，下官坡为长110米的坡道。土木结构的房屋依山而建，当街的一面均为铺面，住户多为农户，约200多人，县酱品厂坐落于此。

龙洞 Lóng dòng 龙洞是龙洞河的发源处之一，位于施南镇东北5.5公里，从三孔桥起沿龙洞河左岸的简易公路而上可直达龙洞。海拔440米。

龙洞是由二叠系石灰岩发育的溶洞，内出清泉。据《恩施县志》记载："大龙洞在城东十五里，内有澄潭，每日子午泛潮，声闻数里，通潮溪的发源处，岁旱祷雨多应。"人们传说，"洞中藏有龙，子午泛潮，是龙戏水所致。"故龙洞之名由此而来。

龙洞背靠青山，现属红庙公社龙洞大队所辖。其洞坐落于半山腰的岩坎之中，四周翠竹丛生，松柏葱郁。洞前是一块块山间坪坝，历来是农耕良田。低矮的红砂岩山连绵起伏，蜿蜒数里。龙洞按其地势的高低可分为干洞、出水洞、过水洞3个洞。

干洞居于最上方，洞口呈葫芦状，高3米，宽1.5米，洞内有宽1米的过道，斜下伸延15米后便是一个大坑，坑内有水，与出水洞相通，黑咕隆冬，阴森可怖。干洞洞壁重迭起伏，锅底状的大石窝一个连着一个，溜光圆滑，呈现出一条条紫红色的花纹。在其两壁有游人留下的摩岩诗赋数十首，赞美龙洞的自然风景。"有龙则灵，洞瀑如虹，潮来子午，响彻石钟"的诗句，便是一个叫觉云的人留在洞口左壁的。

干洞的左下侧10米处是出水洞，坐东朝西，洞口高6米，宽3米，顶呈拱状。洞内石笋矗立，石乳悬垂，滚滚清泉从洞深处涌出，常年流量0.35立方米/秒。泉水冬暖夏凉，清澈明净，香醇可口，却不知源于何处。

泉水从出水洞涌出后，随即又漫过高3米的堤坝，倾泻入过水洞。洞南端是进水口，北端是出水口，洞长25米。沿渠道可从出水口进入洞内，其空间开阔，宽敞明亮；咆哮的山泉震耳欲聋，雾滴弥漫，凉气袭人。而洞内北侧的一个小叉洞，一潭死水。整个过水洞内，容貌千姿百态，石乳丛生，怪石嶙峋，琳琅满目。有的似蝙蝠倒挂欲飞；有的象猿猴攀壁了望；有的状若绣球悬吊洞顶。尤其是洞门顶上边缘的一大石乳，粗约0.3米，长2米，向上曲曲伸出洞外，前端尖斜，有头有嘴，极似蟒蛇出洞，栩栩如生，形象动人。

泉水穿过水洞后即飞流而下，形成高悬30多米的瀑布，水声如涛，山壑回响。由于水流长年冲击，使瀑布下落之处，形成一个面积为1200平方米的水潭，中央有泥、砂石堆积成的浅滩，绿水青山，相映增辉。泉水从潭西侧流出100米后，便汇沙河成龙洞河向南奔流，在县城东门渡口注入清江。

1940年抗日战争时期，曾被湖北省政府主席陈诚看中，并修建公寓及亭台楼阁。蒋介石也曾来此休养。现陈诚公馆旧址尚存，已作民房。解放后，人们在龙洞附近建起了榨油、面条加工厂。在出水洞正前方20米，建有前池和渠道，引水发电，装机3组，容量375千瓦，年发电量达65万千瓦时。龙洞这一风景绮丽的游览胜地，现已造福于人民。

大龙潭 Dà lóng tán 在恩施城的北方，逆清江而上9公里，有处山青水秀，风景如画的地方，叫大龙潭。

大龙潭地处龙凤、红庙两公社交界的清江中游，大部分属红庙小村、枫香坪两大队管辖，海拔419米。此地正是清江出大龙潭峡谷后与带河的交汇处，山谷豁然开朗，河床宽阔，水流平缓。清江穿越的这段300多米的峡谷，悬崖陡峭，高达100米以上，江面仅40米宽左右，水深碧绿，象一潭死水。传说过去是龙的藏身之潭，故得名大龙潭。出峡口后的宽阔的江面与附近农村均以大龙潭著称。

1966年在其下游1公里地方，建有一座高5米，宽267米的拦河大坝，安装了水轮泵和125千瓦容量的发电机。由于建坝使水位壅高，形成约1平方公里多的人工湖，碧波倒影，湖光山色，更增添了大龙潭的美姿。

大龙潭两岸地质构造各不相同，东岸为低矮的红砂岩山丘，山丘之间坐落着星罗棋布的稻田和农舍，西岸是峰峦重叠的石灰岩，一座更比一座高，宛若云梯。北面有绿草如茵的河滩，西边的沙滩是人们开辟的良好建筑材料场所。有一小舟摆渡过往客人，农家渔船在江中撒网打渔，农民在田里辛勤耕种，一派山区水乡泽国的农村风貌。

汉(口)—渔(泉口)公路上的峡口大桥，飞渡清江。1977年8月建成，具有民族特色的双曲单孔钢筋混凝土公路桥，高出水面24米，净跨70米，像一条巨链将幽静的峡谷锁住。大桥东北岸桥头纪念碑傲然矗立，像护桥的卫士，叫人肃然起敬。站在大龙潭东岸，可见大桥倒映在江中，桥背后峡口的两壁，似两扇张开的巨大铁门把碧绿的江水从深山峡谷中放流出来。

这块自然和人工交织的风景地，越来越多地吸引着不辞辛苦前来游览赏光的人们。

天桥 Tiān qiáo 恩施县城南方8公里的巴(东)—石(门坎)公路线上，有一久负盛名，由石灰岩自然形成的拱桥，高跨耸立在恩施县红庙公社与干溪公社交界的芭蕉河悬崖峭壁上，这便是数百年来被人们赞不绝口的“天桥”。

天桥北望清江，南仰天桥小街，海拔420米。

此地原是一马鞍形山梁，由于芭蕉河水长年累月的冲刷。切割，将山梁下面溶穿，才使河水归入清江。从此，这条山梁下断上连，凌空飞架，形似单拱石桥，古往今来，以它独特奇丽的景色，吸引着慕名而至的游人。

据《施南府志》载：明嘉靖三十八年(1559)六月十六日李谦然题有二律赞天桥，诗云：

抡材徂署入天桥，悬壁清幽午更饶。
流水弹琴如宓子，雁门鸣剑有嫖姚。
崖藏鼯燕飞惊突，石幻象狮卧欲摇。
……
冈龙横出跨溪头，底石中间巧引流。
谷口藤枝迎旧客，洞门风蹬讶新秋。
莓台就席情真朴，波光侵杯酒共浮。
……

天桥西方约25米处，有一朝南的白色明岩，成斜形，高约6米，宽7米，中部凿有一长方形石碑，长3米，宽1米，碑中自右至左镌刻“天桥”两个大字，每字约1平方米，苍劲有力，舒展大方。两字左边刻有五绝一首：“碧水跨长虹，群仙从此过。跌岩天门开，万山来朝贺”。系桂林太守顾椿于清道光壬寅年(1842)正月题并书“天桥”二字。

天桥溶洞有南北两个洞口，北洞口高约20米，宽约17米。南洞口高约30米，宽约15米，底部河床宽约8米，枯水季节水深约80厘米，洞底的河长约50米，略成弧形。清澈的河水由南向北穿洞而过。洞顶至公路面厚约13米。在北洞口正中顶端公路边，有棵高约7米，胸径22厘米的伞形楝树，婷婷玉立，形如守桥卫士，迎送着南来北往的车辆和行人。

北洞口上方，藤蔓悬垂，迎风飘拂似珠帘。据传，南、北两洞口上部原各有一岩石突出，犹如龙头龙尾，洞内顶部倒挂一把宝剑，名“宰龙剑”，现两岩石和宝剑已无可查寻。

洞中部较两出口窄，约14米。洞两壁下方，有一台阶，立于台阶翘首仰望，只见顶部和两壁，各种形状的钟乳石倒垂，有的像莲花，有的像石笋尖，有的像珊瑚，有的像飞禽走兽，欲动似摇，千姿百态。西壁有一小石碑，由于长期的风化和河水冲刷，碑文已荡然无存。小碑南边有大小两个孪生又互通的小溶洞，可谓“洞中有洞”。大洞口约5平方米，小洞口约2平方米，洞口均朝东。小碑北边，壁缝中有两股泉水挤出，清甜可口。东壁陡如刀削，无可登之路，西壁的小台阶，由于长年累月的滴水侵蚀，形成无数个坑凹，成波浪状起伏不平。每逢夕阳透射，弧形溶洞倒映河水中，波光洞影，两相辉映。

多少年来，历代的文人墨客，无不以到此一游为快。游人至此，感慨万端，触景生情，争相吟诗赞“桥”。据《恩施县志》云：清咸丰乙卯年(1855)秋太守陈毒图题天桥曰：

……

中有一桥跨天半，天然炼石娲皇补。
影娥洞里日倒影，凌空疑有神仙武。
虎头颜额曰天桥，桥边廿字轩轩举。
……

在天桥东端南部500米的山间，有一集镇，因天桥名胜，也得名“天桥”。民国二十六年(1937)属恩施县第三区所辖，居住50多户。当时逢农历一、四、七的集日，贸易颇盛。巴石公路未通以前，天桥和天桥集镇是恩施通往宣恩、来凤、咸丰的必经之地，过往的客商官人，游客络绎不绝。当地老百姓就在桥西头20米的转弯处的小沟上搭起木桥，设立茶店，供行人歇息、小酌、观赏天桥胜景。民国二十四年(1935)修建巴东至咸丰石门坎公路时，又选择这天然形成的跨河溶洞作公路桥，将桥西的木桥和茶店拆除。重建两层接桩式木架旱桥，长63米，宽7米，高13米，9孔桥架。以后由于木料腐朽，民国三十年（1941）八月至三十一年（1942）四月改为驳岸路堤，用水泥、石灰、桐油作路面，民国三十二年（1943）元旦通车。解放后，天桥集镇设立的供销社、粮站、学校等单位相继迁至山脚的公路边，集镇的贸易也就日趋衰落。

天桥，历经沧桑，经受了大自然的风雨剥蚀，仍巍然屹立，景不减色，成为恩施山区土家族、苗族、汉族人民的骄傲，这座历史名“桥”，今天仍然是贯穿鄂西南的交通咽喉之一，对疏通南北，沟通城乡物质交流，发展工农业生产起着越来越重大的作用。

出水洞 Chū shuǐ dòng 恩施县城西偏南5.5公里的山脚下，哗哗流水从洞内奔腾而出，形成高桥河(古名麒麟溪)，出水洞之名由此而来。

出水洞由二叠系石灰岩发育而成，它是阴河的出口处，洞口形似蛤蟆的嘴，半张开着，洞底宽40米，洞口高30米。洞壁凹凸不平，有许多形如贝壳的窝坑，还遍布着石笋和石钟乳，琳琅满目，形状多样。在出水口的上方有一石笋，象古骑士的方天画戟，直刺水面；右方一石笋状如小水牛，正在水边舔饮。水的常年流量为0.8立方米/秒，水出洞后滚过堤坝形成高约15米的瀑布，飞流直下，气势磅礴，向四周飞溅着白色的雾花，日照生虹，幻化琉璃。

1957年在洞口修筑了高10米的堤坝和宽3米的引水渠道，将一部分水引流至高桥坝和月亮岩水库蓄水发电。两个电站的装机容量为1660千瓦。在高桥河的下游还建有断龙山电站，发电量为50千瓦，成为恩施城主要电源之一。由于修筑了堤坝，使洞内右侧成为一块长30米，宽6米的小坪台(曾做过榨油房，现还存有一石碾盘)。

出水洞右侧岩壁上次生有两个小洞，两洞口的大小一般，中间有一下垂的石柱相隔，洞内相通，就象一座宫殿。中央有一石柱将洞撑起。在石柱的右侧有一石笋，象矗立的山峰，拔地而起。洞内石乳石笋较多。两洞口的前方，有一向前伸出的石台，正位于大洞水面上方，酷似跳水台，陡峭的岩壁上，藤萝漫布，随风飘摇。一些不知名的小草和野花生长于岩缝中，显示着它们强大的生命力，也将出水洞点缀得生气勃勃。在出水洞正前方50米处，恩(施)—万(县)公路8公里上1座石拱桥(长16米，宽7米)横跨瀑布，来往旅客，从车窗中便可看见出水洞美景。

出水洞之水冬暖夏凉，由此形成的高桥河，古称麒麟溪，《恩施县志》上有明确记载："麒麟溪在城西半里，发源自西山，至夏极冷，一名冷水河，绕城东入清江，俗传宋壅熙中(985)有麒麟出此因名。同治二年(1863)建麒麟溪书院其上。(书院遗址尚存)。古代的麒麟溪现在的高桥河，是恩施城西郊最大的溪流。它沿着恩(施)—万(县)公路旁的红砂岩山丘蜿蜒东流，西岸是平整的稻田，矗立有毛巾厂、肥皂厂、橡胶厂等工厂。

周家墓 Zhōu jiā mù 周家墓位于恩施县城北10公里，紧邻峡口大桥北200米处。明嘉靖年间，墓主周心宇在恩施继父任官(千户侯)。崇祯四年(1631)七月十二日病逝，葬于此地，故称周家墓。此墓于1974年在龙凤公社明城大队熊廷玉屋后出土。在挖出的棺木中没发现尸骨；唯有一块长宽为1.6尺，厚0.15尺的石碑，碑上用隶字镌刻有"明诰封明威将军周公心宇墓志"的碑头和900余字的碑文，记载了墓主的生平和家族境况。从碑文上看，墓主的"始祖周能以武功于洪武调醛施州卫正千户侯"，墓主则"生于嘉靖癸丑年(1553)二月十一日丑时，卒于崇祯四年(1631)七月十二日亥时，享年八十岁……"。"奕奕周公 由文之武 帜树词坛 泽流桑土 笃生三嗣 雾豹雨乱 大光家谱 先德可酬 天生佳城 厚土家岗 龙首中藏 胤祚繁昌"。

此碑是考察和研究恩施历史文化的重要资料。1980年11月19日将此碑收藏于县文化馆。

方家坝 Fāng jiā bà 恩施县城西北6公里。是红庙公社5个大坝之一，也是昔日国民党恩施集中营所在地。因方氏人家最早来此垦荒居住，故名。整个大坝呈东北—西南走向长条状地形，西高东低，海拔在550米左右。土壤为黄泥土和红砂土，山水田各半，总面积约1平方公里。主产水稻、玉米，有少许水果、烟叶等经济作物。

方家坝南北两头分布着村坊和方家坝两个大的自然村，两村相距400米，有4个生产小队，160余户，1000多人。村坊的民房分散掩映在茂密的树木和竹林中，潺潺的清溪从五道涧经村中缓缓流过，风景秀丽。而方家坝有一小街，长约150米，宽2米，泥石路面，土木房屋。解放前这里是恩施城通往屯堡、利川的要道，过往行人甚多，街上设有五、六家栈房，有经营盐、布、针线和卖肉的店铺等，曾有比较兴旺的集市。后因抗日战争爆发，武汉沦陷，省政府迁至恩施。方家坝驻扎的国民党军队，迫害民众、扰乱市场，从此集市冷落衰退。而村坊在抗日战争时期(即1941年)，国民党第六战区长官司令部司令长官兼湖北省主席陈诚在此设立过反革命的恩施集中营。

方家坝有着光荣的革命斗争历史。中共鄂西特委书记何功伟同志和特委妇女部部长刘惠馨同志，生前经常在这里开展革命活动，宣传党的抗战方针和政策。刘惠馨同志还经常路经此地翻山越岭到屯堡女子中学从事地下工作，发展党的组织，并在屯堡建立了中共屯堡区委员会，下设有4个支部。1941年6月20日，由于叛徒的出卖，何、刘二同志不幸被捕，囚禁在村坊集中营达8个月之久。他们坚持共产主义真理，宁死不屈，拒不投降，显示了共产党员的崇高革命气节和坚强意志。当年何功伟同志被秘密囚禁在杨齐发家中的谷仓里，在这阴暗潮湿、狭小的天地里，何功伟同志写出了充满激情的“狱中歌声”“奴隶恋歌”“清江颂”等诗篇；写出了气壮山河的“革命气节教育提纲”；写下了情深志壮的给父亲的遗书，唱出了“清江水，浪滔滔，壮士横眉仰天啸”这样石破天惊的“清江大合唱”。1941年11月18日何功伟、刘惠馨同志在村坊五道涧山地里壮烈牺牲，为党为人民献出了他们宝贵的生命。真可谓“忠贞哪惜头颅掷，含笑刑场典范留”。

1949年10月方家坝解放，30年来经过广大社员的辛勤耕耘，昔日阴暗恐怖的情景已荡然无存，如今呈现在我们面前的是一片欣欣向荣的新景象。每逢清明节，人们纷纷到此参观悼念何功伟、刘惠馨烈士。在烈士牺牲地五道涧建立了纪念碑，以表示山区人民对烈士的深切怀念。

中国人民解放战争革命烈士纪念碑 Zhōng guó rén mín jiě fāng zhàn zhēng gé mìng liè shì jì niàn bēi　在恩施城内象牙山上，海拔465米。

据《恩施县志》载：象牙山原名象耳山，明朝天顺年间建玄妙观于上，学使吴白华改为今名。解放前玄妙观早废，国民党曾建忠烈祠于原址，解放后即被除弃。1951年8月1日在象牙山上建成纪念碑，并命名为“中国人民解放战争革命烈士纪念碑”。

纪念碑高11米，碑面向南，主体为钢筋水泥结构，呈直径为1.5米立式圆柱形，碑正面以0.3米大的隶字直排镌刻着“中国人民解放战争革命烈士纪念碑”15个金色大字。碑下方嵌有高1米，宽0.6米的碑石。以宋体字直排刻着碑志。全文如下：

“中国人民解放战争革命烈士纪念碑

恩施地区人民和全国人民一道，在中国共产党和毛泽东主席的英明领导下，经过长期艰苦的斗争，摧毁了帝国主义、封建主义和官僚资本主义的黑暗统治，建立了人民民主制度，建设着自由幸福的生活。这一伟大的胜利是和无数的先烈前仆后继，抛洒热血和头颅分不开的。全区人民以无限的感激之情，永远地追念着先烈们及其英雄事迹。

三年以来，在恩施地区人民解放战争和人民革命斗争中英勇牺牲的人民英雄们永垂不朽！

三十年以来，在恩施地区人民革命斗争中英勇牺牲的人民英雄们永垂不朽！

数百年以来，在历次革命斗争中英勇牺牲的人民英雄们永垂不朽！

一九五一年八一建军节立”

此碑于1979年4月进行过维修，原水泥结构的铁链围栏改为石栏，在石栏进口的两个方形石柱的前后及对面，增刻有“发扬革命传统，争取更大光荣”“中华人民共和国万岁，中国人民解放军万岁”“中国共产党万岁！毛泽东思想万岁”标语3幅。

碑基用条石嵌成直径6米的圆形台面，环以石阶5级；左右各有一绣花圃地，配有石桌、石凳。碑体四周有1米高的石栏杆，四角设有5米高的灯柱，石栏围地面积为100平方米。栏外占地面积为1800平方米的园林地，种植有松柏、香樟、女贞、夹竹桃、石榴、菊花、兰草等30余种花木，枝繁叶茂，鸟语花香。每逢节假日，象牙山烈士纪念碑例行为瞻仰的人们开放。

五峰山烈士陵园 Wǔ fēng shān liè shì líng yuán　恩施城东北五峰山田家峁

上，龙洞河自北向南经陵园山脚缓缓流去，五峰山至土桥坝的简易公路从陵园前横穿而过。

陵园始建于1950年，因坐落在五峰山上，故名五峰山烈士陵园。其地是一小山峁，海拔高528.9米，南与五峰山连珠塔相对，东、北与地区医院卫校相邻，西望恩施城于山脚下，山城美景尽收眼底。陵园墓地前沿有水泥结构围栏，高0.5米，长18米。正前方有石梯与公路相通。整个陵园东西长250米，南北宽200米，占地面积50000平方米，从陵园建成至今，总计有墓葬108座。

陵园正中墓地，安葬着抗日战争时期我党在鄂西从事地下斗争被捕牺牲的何功伟、刘惠馨烈士的遗骨，以及为革命积劳成疾而病逝的周敬学、石源同志。其余墓葬分散掩埋在主墓的后侧。主墓坐东朝西，墓为椭圆形混凝土建筑物。正前方立有高3.2米，宽0.8米的四方柱棱锥顶的墓碑，碑体四方均镌刻有碑志，记载了烈士们的生平事迹。

陵园墓地，绿草如茵，柏树常青，象征着先烈们为人民英勇献身的革命精神永世长存。每年清明时节，人们都要成群结队前来扫墓瞻仰，缅怀革命前辈的英雄业绩。

柳州城 Liǔ zhōu chéng 位于七里坪东偏南4公里，海拔980米。现属七里公社柳州城大队管辖。

柳州城是恩施城郊东边较高的山头，也是七里公社中部最高点，其主峰海拔1001.5米。山体呈南北走向，南部是平地，北部是缓坡；东西两面较陡，有一段呈悬崖峭壁。南北长4公里，东西宽800米，面积3.2平方公里。山顶有大小山峰20余座，山峦起伏绵延，泉水沟溪众多，现在山顶建有东风水库和椅子山水库。

柳州城原名椅子山，山顶中间低平，四周较高，形如一把大圈椅，故名。此山居高临下，地形险要，易守难攻，大有“一人把关，万夫莫开”之势。据《恩施县志》载：“南宋开庆初(1259)郡守谢昌元移州于此，以据险要，亦名州基山，俗名旧州城，讹呼柳州城，土器皿多出其地。”由此可见现名柳州城为讹呼所致。相传在移州选址时，曾将恩施城、大龙潭、柳州城的土各挖1升(量具)，进行称重比较，结果恩施城的土比大龙潭、柳州城的土都重，加之临清江，故城未完全建成就停建，并于宋咸淳二年(1266)又迁城于现址。现南面建筑的城墙、饮马池，山顶的校场和将军台，东面的城门旧址尚可辨析。

柳州城风景优美，陶土、砂石资源丰富，享有盛名的有陶土、耐火石、翻砂和煤、磨刀石、磨子石，山上植被茂密，华山松、马尾松，油松、水杉、楠木等郁郁葱葱。在柳州城的南头坐落有恩施县畜牧良种场。如今的柳州城，盘山公路直达山顶，古城旧貌，焕然一新。

施王屯遗址 Shī wáng tún yí zhǐ 位于恩施县城西2公里处，北临月亮岩水库，东挨高桥河，现属红庙公社瓦店子大队管辖。古时这里是土家族首领屯居之地。据《恩施县志·地理志·卷一》记载：“东晋末桓元子诞窜蛮中，自称施王，筑城临施水，号施王，子孙袭王至后周保定初年始平之，以其地置施州……”。故名施王屯，因古时对土家族冠以侮辱性的族名，称为“蛮”，所以施王屯又名蛮王寨。可见桓元子在此筑城称施王，距今已有1400多年的历史了，近几年曾出土了大量瓷片、陶片、铁器等。

施王屯遗址坐落于山间坪坝之中，它的东、南、北三面环山，西面临施水有一出口，像只撮箕。其山如刀削，两相倾斜，形如一天然城墙，易守难攻，地形险要。山体为红砂岩构造，海拔高450米，岩壁高30余米，坪坝面积约30亩。为抵御外强，保存自身，故选择此地安营扎寨。在西面出口扎寨门，山梁上设有哨栅，现搭过哨栅的基脚窝仍依稀可辨。山的东南角有一人工凿梯通向山顶，要想上山，身体必须紧贴岩壁，手足并用，攀登而上，可谓惊险，没有一定的勇气和胆量是上不了山顶的。站在山顶，极目远望，无数美景尽收眼底。只见西面群山绵亘，蜿蜒曲伸；东面连珠塔傲然屹立；北面月亮岩水库，波光粼粼，清澈如镜，红砂梁上，青草葱郁，松树点缀，景象壮观。

腰牌 Yāo pái 恩施县城东北43公里，原是宜昌到恩施的必经之地，历来过往客商频繁。人行大路边有一平坝，在坝旁的洼地处终年积水，往来行人途经此地时，常在水里洗去沾在脚上的泥巴，故称洗泥坝。清嘉庆二年(1797)，白莲教起义军在此宿营时，被当地土司打死了七八人，激起了白莲教起义军的义愤，便将土司衙门和一条小街纵火焚毁。施南府闻讯，派兵包围，起义队伍因寡不敌众只好撤退。士兵们撤退时，遗失了一佩戴在身的“腰牌”，当地老百姓拾到后不敢声张，便挂在大路边的树上，从此，人们便称这里为腰牌。现为崔家坝公社腰牌大队驻地。

腰牌地处南北走向的山槽地，海拔930米。东有海拔1348米的羊儿山作屏，西依马鞍山和尹家坡两座小山。窑塆河从村东来，绕南境向西南流去。汉渔公路由北向南纵贯全境，交通十分便利。公路两边，梯田连绵延伸。

山峰山谷

山、山峰

五堡山 Wǔ bǎo shān 恩施县城东31公里，主峰海拔1618米。

五堡山，由5座较大的山头并列组成，构成了一道天然的屏障，形似五座堡垒，故名五堡山。它除东南面为缓坡段外，其他几面均为悬崖峭壁，比山下丘陵地高出四五百米。

五堡山呈纺梭形，它西北起麻柳洞、旗山，东南至小堰塘、八石坪，全长约4.5公里，宽2.5公里，总面积约11.25平方公里，绵延在新塘公社五堡山大队境内。该山呈东南至西北走向，山形各异，有的浑圆秃顶，有的凹凸卵状。山体构造为二叠系石灰岩，经过长期侵蚀切割，山势陡峭，山顶有大致齐一的峰顶线。

高峰尖 Gāo fēng jiān 恩施县城东偏南39公里。南北长约2.5公里，东西宽约2公里。隶属双河公社小河塆大队。

高峰尖，山顶有两座南北并列的山峰，海拔分别为1641米和1600米。山的东麓有田家河，西麓有横栏溪自北向南环流山脚，河面与山顶相对高差达1000余米，故此山显得孤立高大，加之峰顶尖削，不易攀登，故名高峰尖。

高峰尖呈西北至东南走向，总面积约4.5平方公里。山体系二叠系石灰岩构造，土壤为山地棕壤。自然植被繁茂，松杉及阔叶林木生长旺盛，杂草灌木丛生。此山海拔较高，气温低凉，雨水丰富。

麻山 Má shān 恩施县东部双河公社中坪集镇西南2.8公里，为双河公社和县太山庙药材场的界山，以西北坡半山腰为界，上为太山庙药材场管辖，下为双河公社车营大队所辖，最高点海拔1981.3米。

据传，此山中生长很多野毛竹，人们利用它作麻片，尔后作成草纸，故人们称之为“麻山”。

麻山呈东北至西南走向，东西长3.2公里，南北宽1.8公里，面积约5.76平方公里。此山系泥盆纪石英砂岩母质结构，多为山地棕壤，整个山体，北坡和西北坡较陡，南坡、东坡及山顶平缓。山上植被丰富，针阔叶林混交，1958年飞机播种造林的华山松、油松已连片成林。麻山还出产黄连、天麻和其他多种药材，是恩施县药材生产的基地之一。

龙角山 Lóng jiǎo shān 恩施县城东偏北35公里。山势呈南北走向，东西宽500米，南北长750米，总面积0.38平方公里。

龙角山南望清江，由10多个从半坡中伸出的独立高耸的石灰岩石柱和东西两道起伏的白色岩壁组成，主峰海拔达1412米。600多年前，黄姓祖人发现此处位置恰似城塆转角一般，从东西两侧看去，石柱象龙角直立于山中。相传，东北、西南的两道岩壁是两条青龙相会后留下的化身多两壁相连的山，就是龙头所现。人们称赞此地是吉祥之地，便取名为龙角山。山的西北是大花被地片，东南是小花被地片，因此，人们又习惯将这一带合称龙角花被。现属沙地公社双垭岭大队所辖。

白岩寨 Bái yán zhài 恩施县城东偏北31公里，清江北岸，西南距沙子地集镇2.5公里，白岩寨为一东北至西南走向的石灰岩壁，长320米，高200米，是沙地公社制高点之一，海拔高1590米，地理位置十分重要。

明洪武年间，白莲教起义军西进四川，途经此地，见此岩壁险峻，固守有利，自然形成“一夫当关，万夫莫开”之势，即在绝壁下扎置营寨。并从岩壁下半部凿出1条宽约3米，长750米的横路堑壕，派兵把守，控制东、南、西面。真可谓“屏山高万丈，自古兵家邦”。因岩壁为白色，人们便称之为白岩寨。现属沙地公社白岩寨大队所辖。

尖冈山 Jiān gang shān 熊家公社集镇东北偏西5.6公里。因其山冈尖削，形如驼峰，故名。山呈东南至西北走向，山体不大，石灰岩地质构造，海拔高788.5米，山尖独立拔起高约30米。东西长500米，宽250米，总面积约0.13平方公里。山顶有一约625平方米的小坪地，长有两株四季常青树(小叶香樟)，树干并生，粗细一般，高约12米，胸径50厘米，树冠约70平方米，形如一把大伞，绿树青山，浑然一体，远看似山峰，近看是大树。

大山顶 Dà shān dǐng 恩施县城西北32.5公里。大部分区域为大山顶公社和大山顶公社药材场管辖。相传，明朝末年，从湖南、荆州等地迁居而来的人，居住于大山之顶，故名大山顶。

大山顶整个山体呈南北走向，南北长约15公里，东西宽8公里，总面积约110平方公里。四邻低矮，西、南与沐抚、屯堡公社交界处均为悬岩陡壁。大山顶的平均海拔在1600米以上，其中海拔在2000米以上的山峰有12座，最高峰石门子海拔2078米，是恩施县境内的最高点。大山之间是起伏不大的山丘，清溪缓流，牧草丰盛，肥沃的草甸土分布在山间，是发展畜牧业的理想之地。此外，这里气候潮湿、寒冷，一年四季，春秋相连，基本无夏，年降雨量均在1800毫米以上，适宜发展高山药用植物及林业生产。此地出产的党参、天麻、黄连等名贵药材畅销全国。飞机造林的桦山松、柳杉和栎类阔叶林木生长茂盛，呈现出一派生机勃勃的景象。

猫儿山 Māo ér shān 锣针公社集镇西南3.8公里。主峰海拔1080米，山顶有东西对峙的两座山峰相隔约60米，高出山梁15米，东端山峰形似猫头，西端山峰形如猫尾，山梁形如猫身，全貌恰似一雄猫捕鼠之势，故得名猫儿山。

猫儿山为东西走向，长400米，南北宽200米，面积0.08平方公里。石灰岩构造，山预陡峭，岩石裸露，山岩之间有肥厚的大泥土层，植被较茂密，生长着马尾松、杉木、栎类阔叶林木及杂灌木。猫儿山东面是直立如墙的绝壁悬岩，地势险恶。西面离恩施与利川县的界山石板顶不远，两山之间是大缓坡，地面较平，广布良田。

笔架山 Bǐ jià shān 恩施县城西偏北10公里。白果公社和锣针公社以其分水岭为界。

笔架山，呈南北走向，顶峰有3个山头排列，山峰之间各距1公里，形似笔架，故名。左边山头海拔1584.2米；中间山头海拔1330.9米；右边山头海拔1549.5米。山体南北跨度4公里，东西约2公里。面积8平方公里。

笔架山系二叠系石灰岩结构，溶岩相当发育且多裸露，历经风化溶蚀，山脊陡峭，土壤贫乏，植被稀疏，只有少许灌木，蓼叶丛生而无人居住。

牛鼻子 Niú bí zǐ 恩施县城北偏西36公里。最高峰海拔1960米，主体呈东北至西南走向，长约1.2公里，宽约1公里，面积约1800余亩。因山头形如牛鼻子，故名。牛鼻子山顶峰线为湖北省恩施县与四川省奉节县的分界线，东为湖北，西为四川。山上植被茂密，土壤疏松肥沃，大多为黄壤、棕壤。牛鼻子山是龙马河和太阳河的发源地，龙马河发源于牛鼻子西南山脚八大股山沟，太阳河发源于东北山麓。

马鬃岭 Mǎ zōng lǐng 白杨坪公社

集镇西北3.7公里。呈东北西南向，海拔1000米，面积约800亩。生长有松、杉树等。因山脊似马鬃，故名。

金峰山 Jīn fēng shān 白杨坪公社白马塘西北2.3公里。呈南北向，海拔1124米。传说山中有匹金马，故名。

白岩观 Bái yán guan 崔家坝公社大坪西北1.3公里。东西长4公里，南北宽1公里。海拔1024.3米，荒山。山峰西侧为白色悬岩，原建有庙宇于山顶，故名。

鸡公岭 Jī gōng lǐng 沐抚公社榨坊西北3.5公里。海拔1987.3米。山岭形如鸡公，故名。

凤凰台 Fèng huáng tái 沐抚公社榨坊西北1.5公里。海拔1949米，传说山下藏有一只凤凰，故名。

摩天岭 Mó tiān lǐng 大山顶公社子杉台西南3.2公里。海拔2003米。因山顶高耸多雾，似能摩天，故名。

尖山 Jiān shān 屯堡公社集镇东北5.2公里，海拔1160米。山峰尖削，故名。

紫云观 Zǐ yún guàn 红庙公社大坪东南400米，海拔1120米。山顶原建有庙，名紫云观，山名沿用。

火焰山 Huǒ yàn shān 白果公社集镇西南1公里，海拔1087米。原森林密茂常起火，且山尖形，如火矩一样，故名。

金字山 Jīn zì shān 白果公社白岩坝西偏北1公里，海拔1634.8米。山体高大，山头凸出，像“金”字一样，故名。

中山界 Zhōng shān jiè 白果公社马池东南1.6公里，主峰海拔1421.8米。山梁与两河口交界，故名

高尖山 Gāo jiān shān 芭蕉公社朱砂溪西南2.1公里，海拔840米。南北向，主峰高而尖，故名。

大峰尖 Dà fēng jiān 新塘公社新田坪南1.5公里。西偏南是一面坡，南是悬崖峭壁，海拔1460米。产松、杉树。山峰高大尖耸，故名。

金鳌山 Jīn áo shān 白果公社见天坝西1.25公里，海拔1220.6米。山高而尖，、过去庙顶上的装饰象鳌尾形状，为吉利，取名金鳌山。

鸡尾峰 Jī wěi fēng 芭蕉公社剩口河南1.1公里，海拔940米。山峰形状似鸡尾，原名鸡屁股梁子，1980年地名普查时，更名为鸡尾峰。

夜壶井 Yè hú jǐng 芭蕉公社烂木槽西北1.7公里，海拔1272米，属富尔山林场辖。山顶有一出水洞，形似夜壶，故名。

七里荒 Qī lǐ huāng 盛家坝公社洞塆西南3公里，主峰海拔1000米。为荒山坡，东西长约7华里，故名。

正斗山 Zhèng dǒu shān 盛家坝公社石栏南面2公里，海拔1216.8米。传说，谭、杨两姓争地，各修一庙宇，名“魁星北斗” “正斗娘娘”，山名借用。

死人坝 Sǐ rén bà 户塆林场境内，太阳公社集镇北6.7公里。海拔1920米，面积1500亩。生长有油松、柳杉、华山松等。传说，八大王入川时有个叫张四贵的大王，将坝内人全部杀死，故名。

火石坡 Huǒ shí pō 太阳公社集镇东北，海拔1600米，面积1500亩，荒山。此坡火石渣多，故名。

板壁岩 Bǎn bì yán 太阳公社集镇东北，海拔1800米，面积500亩，灌木丛生。此山有壁陡岩，形如板壁，故名。

冯家坡 Féng jiā pō 太阳公社集镇西，海拔1600米，面积1000亩，生长有柳杉树。

钟包 Zhōng bāo 板桥公社集镇东北，与四川省交界，海拔1195米，产木材。传说，此山埋有一金钟，故名。

庙包 Miào bāo 板桥公社集镇东北方，海拔1720米，山上为薪炭林。山包上

建过庙，故名。

鸡公梁 Jī gōng liáng 太阳公社集镇东北，面积约200亩，海拔1600米，用材林地。此山梁形如鸡公，故名。

阳坡 Yáng pō 板桥公社大石包东北1.5公里。山坡向阳，故名。

碑坪包 bēi píng bāo 板桥公社大石包西北，海拔1660米，山上灌木丛生。山腰平地中有块大石碑，故名。

公山 Gōng shān 太阳公社集镇东500米，海拔1060米，面积约150亩，杉树多。此山过去为黄氏家族公用坟地，故名。

棋盘梁子 Qí pán liáng zǐ 板桥公社长心槽东北1.9公里。海拔1880米，灌木林。山梁上有块石头，上端有象棋盘的图案，故名。

牛鼻子塆 Niú bí zǐ wān 百户塆林场境内，面积3000亩，海拔1420米，林木茂盛。此山塆似牛鼻子，故名。

牛鼻子 Niú bí zǐ 川鄂两省界山，百户塆林场境内，海拔1960米，面积2250亩，已营造杉木林。此山似牛鼻子，故名。

青苔坡 Qīng tái pō 太阳公社集镇西南，海拔1300米，面积300多亩，生长有漆树、杉树。此坡上青苔多，故名。

鸡冠梁子 jī guān liáng zǐ 板桥公社集镇西南2.4公里，海拔1972米，薪炭林地。此山形象鸡冠，故名。

八大股 Bā dà gǔ 百户塆林场境内，海拔1920米，面积1425亩，其中已造林1000亩。传说，从湖南迁来落户的人家，将此山梁分成8股(份)，1户1股，故名。

岩塆 Yán wān 板桥公社集镇西南，海拔1956米。塆悬壁陡，成半圆形，故名。

狮子包 Shī zǐ bāo 板桥公社集镇东南方，海拔1749.6米，灌木丛生。此山形似狮子，故名。

黑山包 Hēi shān bāo 板桥公社集镇西面，海拔1960米，灌木丛生。此山原森林密茂，光线黑暗，故名。

覃家山 Qín jiā shān 太阳公社集镇西方，海拔1459.2米，面积约1000亩，生长杉木、漆树。

李家塆 Lǐ jiā wān 太阳河公社苦草塘东南1.4公里。面积500亩，海拔1100米，灌木丛生。

土地梁子 tǔ dì liáng zǐ 川鄂两省界山，百户塆林场境内，海拔1882米，营林面积1000亩。此山曾建土地庙，故名。

万寿山 Wàn shòu shān 板桥公社长心槽南2.1公里。海拔1480米，生长有马尾松、杉木。传说，此山建过龙庆寺，庙里和尚整天念经，以祝清福万寿，故名。

兵营包 Bīng yíng bāo 板桥公社许家槽西北1.5公里。主峰海拔1920米，杂木林。传说，三国时刘备带兵在此山包上扎过营，故名。

雀儿尾 Què ér wěi 百户塆林场境内，海拔1740米，面积1643亩，已营林1063亩。此梁似雀儿尾巴，故名。

锅厂塆 Guō chǎng wān 百户塆林场境内，海拔1400米，面积1000亩，已营林。此塆办过锅厂，故名。

皇梁子 Huáng liáng zǐ 川鄂两省界山，百户塆林场境内，海拔1793米，面积500亩，柳杉、杂木成林。传说，清乾隆四十年（1775）帝在山梁上修路立碑，故名。

笔架山 Bǐ jià shān 太阳公社集镇东南，海拔1380米，面积约500亩，产木材、生漆、药材。此山并排有5个山峰，形似放笔的架子，故名。

五溪塆 Wǔ xī wān 百户塆林场境内，海拔1300米，面积1000亩，已营林。此地有5个山塆，故名。

擦耳岩 Cā ěr yán 白杨坪公社坟前坝西南，荒山。两山岩之间很窄，途经此地时需擦耳而过，故名。

凤凰包 fèng huáng bāo 板桥公社八个垛南 1.4 公里，海拔 1836 米，为薪炭林。此山形似凤凰，故名。

梯耳岩 Tī ěr yán 白杨坪坟前坝东南 1 公里。此岩陡峭，有条窄石梯路，故名。

四溪塆 Sì xī wān 百户塆林场境内，海拔 1380 米，面积 1000 亩，已营林。此塆为第四塆，故名。

三溪塆 Sān xī wān 百户塆林场境内，海拔 1400 米，山林面积 1000 亩，已成林。此塆为第三塆，故名。

狮子包 Shī zǐ bāo 前山林场境内，王海坝东北 2 公里。海拔 2080 米，山呈南北走向，华山松成林。此山包象狮子，故名。

阴坡 Yīn pō 白杨坪公社九根树正西 3 公里。海拔 1211 米，灌木丛生。此坡背阴，故名。

二溪塆 Er xī wān 百户塆林场境内，面积 1000 亩，海拔 1400 米，全部为成林。此塆为第二塆，故名。

狮子岩 shī zǐ yán 太阳公社秋谷坪西北 1 公里，海拔 1400 米，面积约 800 亩，山上有松、杉。此岩形似狮子，故名。

沈家塆 Shěn jiā wān 龙马公社苦草埫西北 2.7 公里，海拔 1600 米，山林面积 3500 亩。

一溪塆 Yī xī wān 县百户塆林场境内，海拔 1400 米，面积 500 亩，已营林。此溪塆为第一塆，故名。

锅碥岩 Guō biǎn yán 龙马公社苦草埫西北 3.4 公里，海拔 1600 米，面积约 800 亩，山林茂盛。此岩象锅底，故名。

老鸹岭 Lǎo guā lǐng 白杨坪公社九根树东南 1.5 公里，海拔 940 米，面积约 400 亩，山呈南北走向，马尾松多。此岭上原老鸹多，故名。

骑羊坡 Qí yáng pō 白杨坪公社火石坡东 2 公里，面积约 300 亩，有茶树、木梓。此坡处骑羊坝西北方，故名。

高岩子 Gāo yán zǐ 白杨坪公社石桥子北 1.5 公里，海拔 820 米，呈西北至东南走向。此岩高耸，故名。

九拐子 Jiǔ guǎi zǐ 龙马公社苦草埫西北 3 公里，海拔 1600 米，山林面积 450 亩。山上有条 9 道拐的小路，故名。

金峰山 Jīn fēng shān 太阳公社麻塆洞东北 1.2 公里，主峰海拔 1083 米，面积约 2 平方公里，以松、杉树为主。山上建过庙，太阳照射到顶上一片金光，故名。

斑竹园 Bān zhú yuán 板桥公社王家坪西北约 1.1 公里，海拔 1620 米，薪炭林。山上原有片斑竹，故名。

中山包 zhōng shān bāo 板桥公社下坝东北 1.6 公里，海拔 1700 米。此山居中坝正中，故名。

长槽 Cháng cáo 白杨坪公社东岳宫西北 1.2 公里，槽长约 500 米。此槽狭长，故名。

菜油家塆 Cài yóu jiā wān 龙马公社苦草埫西 3.5 公里，海拔 1700 米，山林面积 1500 亩。此塆内原开过榨油坊，故名。

高云荒 Gāo yún huāng 龙马公社红藤坝东南 3 公里，海拔 1600 米，面积约 600 亩，生长有杉树、灌木。此山高，云雾环绕山腰，且荒坡多，故名。

大梁子 Dà liáng zǐ 大山顶公社中躺西北 900 米，海拔 1931 米，面积 3 平方公里。此山梁大且长，故名。

易家岭 Yì jiā lǐng 龙马公社撒谷坝北 2.6 公里，海拔 1000 米，山林 200 亩，全为杉树。

牛皮寨 Niú pí zhài 龙马公社纸厂河北 4.5 公里，海拔 1100 米，山上杉树多。似牛颈项的背部，故名。

牛角塆 Niú jiǎo wān 龙马公社苦草埫西南 3.8 公里，海拔 1400 米，面积 500

亩，杉树多。此塆地形似牛角，故名。

漆树槽 Qī shù cáo 龙马公社苦草埫西南4.5公里，面积约450亩，灌木丛生。此槽漆树多，故名。

龙家包 Lóng jiā bāo 龙马公社后河西北1.9公里，海拔1418米，杉树多。

鸡公岭 Jī gōng lǐng 别名刀背梁子，太阳公社干树垭南300米，海拔960米，生长有松、杉、阔叶杂木等。此山形似鸡公，故名。又因山岩两面陡削似刀背，故有别名。

石门子 Shí mén zǐ 该县最高山峰。在大山顶药材场子杉台西北4公里，海拔2078米，面积约1000亩，特产党参、当归。此山岩似道门，故名。

罐顶山 Guàn dǐng shān 龙马公社中坝西750米，海拔1340米，面积750亩，杉树多，山顶上有块似罐子的岩板，故名。

长岭山 Cháng lǐng shān 白杨坪公社找龙坝东北2.5公里。长约2公里，面积约0.75平方公里，主峰海拔740米，山体呈西南东北走向，荒山。此山岭狭长，故名。

回龙观 Huí lóng guàn 白杨坪公社枫香坪北，海拔760米，长1公里，面积约0.26平方公里，南北走向，荒山。此山原建庙宇名回龙观，山名借用。

扇子排 Shàn zǐ pái 龙马公社中坝东南2公里。海拔1460米，面积300亩，松树成林。山形似一排扇子，故名。

伞把树 Sǎn bǎ shù 又名百步梯，太阳公社干树垭南1.6公里，面积800亩，海拔900米，杉、松树成林。山顶有棵大树，象一雨伞，故名伞把树。因有400步石梯上山，又名百步梯。

五里坡 Wǔ lǐ pō 大山顶公社子杉台西北4公里，海拔1900米，面积约2000亩，华山松多。此坡约有5里长，故名。

九股梁子 Jiǔ gǔ liáng zǐ 大山顶公社子杉台东北3.2公里，海拔1983米，面积1.5平方公里，荒山。此山有9个山梁，故名。

高洞子岩上 Gāo dòng zǐ yán shàng 板桥公社姚家坪南3.7公里，海拔1870米，灌木丛生。有一山洞在高岩上，故名。

大岩阡 Dà yán qiān 沐抚公社凉水桥东北1.5公里，面积约0．4平方公里。此处悬崖峭壁，人行道险要，故名。

半边岩 Bàn biān yán 太阳公社大坪东南1公里，面积约0.3平方公里，产煤。因涨大水冲刷，此地只剩半边岩，故名。

二台坪 Er tái píng 龙马公社中坝西南4.8公里，海拔1400米，面积800亩，灌木林。此山有二台平地，故名。

连塆坡 Lián wān pō 龙马公社中坝西南4.1公里，海拔1352米，面积7000亩，杉树成林。此坡上连着有几个山塆，故名。

独寨子 Dú zhài zǐ 大山顶公社中埫南2.1公里，海拔1800米，面积200亩，荒山。山上有一独立的石墩，象座寨子，故名。

红石梁子 Hóng shí liáng zǐ 白杨坪集镇南1.5公里，海拔800米，面积0.8平方公里，东北西南走向。此山全是红砂石，故名。

牛拦门 Niú lán mén 龙马公社大坡东北2公里，海拔1100米，面积250亩。两山相近，只要架几根木柴就能将牛拦住，故名。

前山 Qián shān 沐抚公社三家坪东北3.5公里，海拔1932米，呈东西走向，面积约2平方公里，杂灌林。此山居它山之前，故名。

朱朱山 Zhū zhū shān 龙马公社新屋里西北2.5公里，海拔1855米，灌木林面积约3000亩。传说，有两户姓朱的争占此山，后讲和平分此山，故名。

大窑塆 Dà yáo wān 龙马公社中坝西南5公里，海拔1200米，面积150亩，灌木林。此塆办过窑厂，故名。

大山 Dà shān 白杨坪公社集镇西偏南10公里，海拔900米，东西走向。此山高大，故名。

大山顶 Dà shān dǐng 大山顶公社子杉台西北3公里，海拔2040米，已飞播造林华山松。山居群山之上，建过庙，故名。

郭老方 Guō lǎo fāng 龙马公社中坝南2.8公里，海拔1286.8米，面积3500亩，杉树成林。传说，有两位老人，一姓郭，一姓方，和睦相处，死后都葬于此，后人称郭老方。

余栏山 Yú lán shān 又名佛来山，龙马公社集镇西北1.5公里，海拔1215.3米，面积2000亩，为灌木林。传说，此山建过庙，竣工时从天降一鸾鸟于庙顶，人们信为佛来了，故名佛来山，后惯称余栏山。

岩口子 Yán kǒu zǐ 龙马公社大坡西1.1公里，海拔912米，面积约50亩，为灌木林。此山有一岩口，故名。

揸口石 Zhā kǒu shí 龙凤公社树林子东北500米，海拔860米，面积0.3平方公里。此岩中间有裂口，人称揸口石。

干沟坡 Gān gōu pō 白杨坪公社输家塆东北1.3公里，海拔900米，面积130亩，西北至东南向，为荒山。此坡沟里常年无水，故名。

落圈岩 Luò quān yán 沐抚公社大坝东南1.2公里，海拔1500米，面积约0.5平方公里。传说，此地岩石下陷而形成半圆形坑，故名。

刀背梁子 Dāo bèi liáng zǐ 龙马公社麻园槽西北1公里，海拔1228米，山上以松树为主。山梁两面很陡，形状象刀背，故名。

老火山 Lǎo huǒ shān 龙马公社新屋里东北1公里，海拔1200米，有耕地55亩，山林350亩。此山原常起山火，故名。

手扒岩 Shǒu bā yán 龙马公社集镇西北1.3公里，海拔700米。此岩陡，行走的人只有用手扒岩而过，故名。

哨楼子 Shào lóu zǐ 龙马公社麻园槽东北1.1公里，海拔1228米，为灌木林。山上修过哨楼，故名。

傅家岩 Fù jiā yán 白杨坪公社施谭坝西北700米。

牛鼻子塆 Niú bí zǐ wān 大山顶公社子杉台东南800米，海拔1900米，面积约1500亩，为荒山。此山塆似牛的鼻子，故名。

清明山 Qīng míng shān 龙马公社集镇东南1公里，海拔800米，有耕地500亩。每年清明节，山上一片青，故名。

夹埫塆 Jiá tǎng wān 沐抚公社龙池塘东2.5公里，海拔1800米，面积约0.5平方公里。此塆为两山所夹，故名。

青龙观 Qīng lóng guān 龙凤公社长坝北1.5公里，海拔750米，面积约0.4平方公里，长有马尾松。山上原建庙宇为青龙观，山名借用。

义顶山 Yì dǐng shān 白杨坪公社施谭坝西南800米，海拔700米，面积100亩，南北走向。山顶较平，原是块义地(墓地)，故名。

分水岭 Fēn shuǐ lǐng 崔家坝公社阳河淌南1公里，海拔1500米，面积1.5平方公里。此山是3条溪沟的分水岭，故名。

和尚岩 Hé shang yán 沐抚公社榨房西北2.1公里，海拔1900米，面积0.5平方公里。岩光秃似和尚头，故名。

九十六包 Jiǔ shí liù bāo 大山顶公社铁厂坝西北1.6公里，主峰海拔1940米，面积约1平方公里。此山大小有96个山包，故名。

罗家山 Luó jiā shān 龙凤公社向家坡南偏东650米，海拔850米，面积约0.7平方公里。生长松、杉，柏树。

后山 Hòu shān 沐抚集镇东北3公里，海拔1826米，杉木成林。此山位于沐抚背后，故名。

硝洞坡 Xiāo dòng pō 大山顶公社榨坊坪西北1.2公里，海拔1700米，面积0.7平方公里，系荒山。此坡山洞内产硝，故名。

狮子岩 Shī zǐ yán 熊家公社赵家屋场西南1.1公里，海拔800米，油茶成林。此岩形似狮子，故名

长岭岗 Cháng lǐng gǎng 沐抚公社集镇西北700米，海拔1200米，面积0.5平方公里，出产硫磺矿。因岭岗狭长，故名。

七峰岭 Qī fēng lǐng 沐抚公社安乐坪西南1.1公里，海拔1840米，面积1平方公里。此山有大小7座山峰，故名。

大岩 Dà yán 沐抚集镇东1.8公里，海拔1500米。此山有壁大岩，故名。

大楼门 Dà lóu mén 沐抚公社安乐坪东南1公里，海拔1700米。此地悬崖峭壁，仅有两条小道可上，两面岩壁形似楼门，故名。

大中山 Dà zhōng shān 屯堡公社烧域北偏西1公里，海拔1100米，南北走向，面积0.25平方公里，以松、杉树为主。此山因大且居中，故名。

北向坡 Běi xiàng pō 龙马公社佐家坝西南1.7公里，海拔1204米，面积150亩，多为灌木林。传说，有位道人经过此坡，挥笔题写“北向坡”3字，故名。

花栎梁子 Huā lì liáng zǐ 龙马公社榨坊西北1.3公里，海拔1200米。此山梁花栎树多，故名。

鹰咀岩 Yīng zuǐ yán 白杨坪公社小茶园西南1.5公里，无植被。山岩似鹰咀，故名。

月壁观 Yuè bì guān 龙马公社何家槽南600米，海拔1100米，面积约800亩，为灌木林。传说，有位书生在山顶饮酒赏月，欣然题字曰“月壁观”，故名。

华山 Huá shān 龙凤公社杉木坝西2公里，海拔991米，面积1平方公里，生长有马尾松、柏树、杉树。传说，华陀在此山采过药，故名。

马鞍山 Mǎ ān shān 熊家公社沈金塘南1公里，东南西北走向，海拔924米，为马尾松林。

罐顶山 Guàn dǐng shān 沐抚公社槽坊东北2公里，面积约300亩，海拔1340米。此山顶形如土罐，故名。

麻山 Má shān 大山顶公社榨坊坪东南650米，海拔1829米，面积约1000亩，为荒山。此山油竹丛生，可作造纸的原料，当地称竹麻，故名。

白岩头 Bái yán tóu 熊家公社大坪东南800米，海拔700米。此岩呈白色，故名。

锁山 Suǒ shān 龙凤公社店子槽北1.1公里，海拔1120米，面积约0.5平方公里，生长有松、杉树。山路狭长似锁，故名。

枫香树槽 Fēng xiāng shù cáo 熊家公社太阳塆东北1公里，海拔920米，产黄连。此槽长有枫香树，故名。

金甲山 Jīn jiǎ shān 龙马公社斑竹园东南1.2公里，海拔967.1米。传说，外地迁来的刘姓人，曾挖出1件金甲，故名。

团包山 Tuán bāo shān 熊家公社蒿枝堝西南900米，海拔1120米。此山团圆，故名。

吴家塆 Wú jiā wān 龙马公社榨坊西南1.5公里，海拔1000米，有耕地35亩，杉树林250亩。百年前因有吴姓安居，故名。

长梁子 Cháng liáng zǐ 龙马公社斑竹园西南1.5公里，海拔1100米，面积1平方公里，为灌木林。因山梁狭长，故名。

挂子山 Guà zǐ shān 沐抚公社营上东南1公里，主峰海拔1509米，面积约5000亩，产木材。此山坡陡，象挂在岩上一样，故名。

楠木坡 Nán mù pō 熊家公社集镇东北1公里，海拔600米，面积约0.9平方公里。此坡原有棵大楠木树多，故名。

马鞍山 Mǎ ān shān 熊家公社太阳塆西南1.3公里，海拔1040米，漆树多。此山似马鞍状而，故名。

纱帽山 Shā mào shān 熊家公社瓦儿岭东北1.3公里，面积500亩，已营林。此山形状象古时官人带的纱帽，故名。

五峰岭 Wǔ fēng lǐng 沐抚公社大树子西1.8公里，海拔1544米。此山岭有5座山峰，故名。

西流水 Xī liú shuǐ 龙凤公社龙凤坝西北7.6公里，海拔1461米，东西走向，面积约2平方公里，为杉、松林。此山有条溪流，自东向西流去，故名。

青草山 Qīng cǎo shān 熊家公社下羊角坝东北1.8公里，已开垦成田。此地原是青草地，故名。

小白岩 Xiǎo bái yán 龙凤公社双堰塘西北1.3公里，海拔840米，面积0.3平方公里，生长有茶树、杉、松树。此岩为白色，故名。

马鞍龙 Mǎ ān lóng 沐抚公社恩（施）—沐（抚）公路74公里处，海拔1000米，面积约400亩，系乱石山。山形似马鞍，传说藏有龙，故名。

垭活龙 Yǎ huó lóng 龙凤公社后山坡西北1公里，海拔700米，南北走向，面积0.4平方公里。传说，此地有条龙，尾在峨嵋山，头在金龙坝，此垭正压住龙，故名。

长冲岭 Cháng chōng lǐng 熊家公社瓦儿岭西南500米，呈西北东南向。因此岭狭长，故名。

大梁子 Dà liáng zǐ 沙地公社樟木坝东1.2公里。海拔高1140米，为杉树林。因此山梁高大，故名。

手扒岩 Shǒu bā yán 大山顶公社秦家塆南1公里，海拔高1800米，灌木丛生，此岩上有一小路，人过需用手扒着，故名。

令牌山 Lìng pái shān 沐抚公社搬木水东南1公里，面积0.3平方公里。山形似端公的令牌，故名。

雾笼山 Wù lóng shān 大山顶公社插条岭东1公里，海拔1700米，面积约1800平方米，产木材、生漆。此山常被雾笼罩，故名。

马鞍山 Mǎ ān shān 熊家公社大转拐西南1.5公里，灌木丛生。山形似马鞍，故名。

横南山 Héng nán shān 龙凤公社窝坑西南2.8公里，海拔1554米，南北走向，面积1.5平方公里。此山为南北向，横贯西流水，故名。

长梁子 Cháng liáng zǐ 熊家公社大坝北2.3公里。因此山梁狭长，故名。

两扇门 Liǎng shàn mén 龙凤公社炭塆西南1.8公里，海拔1000米，面积0.3平方公里，为乱石山。岩似两扇门，故名。

黄家梁子 Huáng jiā liáng zǐ 沙地公社小槽西北1.8公里，海拔1540米，生产有松、杉、杂木。

覃家山 Qín jiā shān 沙地公社集镇东北，主峰海拔1330.5米，面积1平方公里，为杉、松林。

薄刀梁子 Báo dāo liáng zǐ 沙地公社苏麻庄东北2.5公里，主峰海拔1680米，面积约1.5平方公里，系杂灌林。山梁尖削，象刀背，故名。

马鞍山 Mǎ ān shān 沙地公社安乐寺东南13公里，主峰海拔1200米。山形似马鞍，故名。

鹰子岩 Yīng zǐ yán 熊家公社大坝西南，海拔1020米。山岩似老鹰头，故名。

邱家山 Qiū jiā shān 沙地公社集镇东北3.8公里，主峰海拔1380米，面积约2平方公里，松、杉树多。

大寨岩 Dà zhài yán 沙地社风包岭西北2公里，海拔1441米，地形险要。此山岩象座大寨子，故名。

猴栗树 Hóu lì shù 铜盆水林场东北3.7公里，主峰海拔1142.4米，系杉树林、杂木。此山猴栗树较多，故名。

轿顶山 jiào dǐng shān 屯堡公社集镇南偏东3.5公里，海拔1360米，面积1.2平方公里。此山顶有一大石头，形似轿子顶，故名。

鹰咀岩 Yīng zuǐ yán 屯堡公社选仨村南1公里，海拔1084米，面积约300亩，植被有松、杉树。山岩似鹰咀，故名。

回龙寺 Huí lóng sì 三岔公社水洞东北2.3公里，海拔1020米，面积0.5平方公里。山上建过回龙寺，其名沿用。

三步岩 Sān bù yán 红庙公社下村坝500米，海拔500米，秃山。山岩上有3个高磴，像3步石梯，故名。

二龙寺 Er lóng sì 七里公社集镇东北8.8公里，海拔800米，面积0.3平方公里，荒山。此山一面红砂岩、一面是青石山，形似麻龙和青龙，后建庙宇，取名二龙寺，山名借用。

天池山 Tiān chí shān 三岔公社口集镇东北8公里，海拔1310米，面积约1平方公里，出产梨、苹果。此山西北有一坝名"天池坝"，1952年设地区农科所于此，借用"天池"二字，故名。

铜盆水 Tóng pén shuǐ 屯堡公社集镇南偏西5.6公里，海拔1364米，面积8813亩，为杉木林基地，属县铜盆水林场辖。此地有口水井似铜盆，故名。

凳子山 Dèng zǐ shān 沙地公社双垭岭下西南2.5公里，海拔1480米，面积1平方公里，植被茂密，有松、杉、黄连。传说，此山是用凳子置换来的，故名。

天池岭 Tiān chí lǐng 七里公社集镇东南3.4公里，海拔800米，面积0.8平方公里，有茶园500亩。此岭高耸，有口天然水池，故名。

九岭冈 Jiǔ lǐng gāng 红庙公社出水洞东南，长约2公里。此山岭较长，有9道冈，故名。

五峰山 Wǔ fēng shān 施南镇东，呈东南西北走向，海拔5.78米，面积约0.1平方公里。此山有5座并连的山峰，故名。

墓岭山 Mù lǐng shān 七里公社马鞍山西北850米，海拔580米，面积400亩，植被有松树等。山岭洞内埋有坟墓，故名。

二磴岩 Er dèng yán 红庙公社头道水西北3.5公里，海拔600米，生产有松树。此处有两个岩磴，故名。

硲硲石 Qià qià shí 白果公社十字路南偏西2公里，无植被。此山岩狭窄，故名。

双包子 Shuāng bāo zǐ 锣针公社枣树坪东南1.3公里，海拔980米，面积500平方米，产木材。此地有两个圆形山包，传说是仙女下凡丢的奶包，故名。

黑塆 Hēi wān 白果公社杉木堡西偏南2.4公里。此山塆原森林密茂，光线黑暗，故名。

东门关 Dōng mén guān 三岔公社胡家台南1.5公里，海拔800米，产木材。形似门一样的关口，其东面为清江，故名。

猫儿山 Māo ér shān 三岔公社老村南2.2公里，海拔1232.2米，山南面是悬崖，北面是坡。传说山里有两只金猫，故名。

天车坡 Tiān chē pō 红庙公社黄土坎西北1.6公里，海拔550米，松树多。此山在本地最高，象架风车，故名。

白鹤山 Bái hè shān 白果公社白岩坝北1公里，海拔1649米，产木材、生漆、木耳。传说，龚姓人在迁坟时，挖出1对白鹤，飞落到此山，故名。

鸭杆坡 Yā gǎn pō 白果公社白岩坝东北1.5公里，海拔1482米。约在150年前，此地马褂树多，当地叫鸭蛋楸，此处是坡地，且有根光杆树，故名。

姚家包 Yáo jiā bāo 锣针公社蒲家垭西南700米，海拔1517米，面积约0.5平方公里，产木材。

九岭缸 Jiǔ lǐng gāng 七里公社黄家槽西南1.5公里，海拔1161.5米，面积约2平方公里，产木材。此山有9座山峰，从南数第三峰上有座似水缸的岩石，故名。

郑家界 Zhèng jiā jiè 白果公社乌池坝北1公里，海拔1340米，面积0.5平方公里。

九拐子 Jiǔ guǎi zǐ 白果公社乌池坝西北1.6公里。此山通向中塘的小路有9道拐，故名。

孟家尖 Mèng jiā jiān 石窑公社上塆西1.6公里，海拔1722米，东南西北走向，面积约250亩，长有漆树、厚朴、黄柏。

老山 Lǎo shān 白果公社乌池坝西2公里，主峰海拔1673米。此山原为万山老林，故名。

鸡公石 Jī gōng shí 白果公社苏家河坝东北1.5公里。此处为独立石，形如鸡公，故名。

大面坡 Dà miàn pō 石窑公社上塆西偏南2公里，主峰海拔1730米，呈西北东南走向，面积1500亩，产木材。此山为一面大坡，故名。

碉堡山 Diāo bǎo shān 又名黑山上，石窑公社集镇北8公里，海拔1885.6米，呈东北至西南走向，面积150亩。原此处烧过黑炭，故名黑山。后山上建起碉堡，又名碉堡山。

鲁家坡 Lǔ jiā pō 白果公社梁家垭北偏西3.5公里，海拔1542米。

北界梁子 Běi jiè liáng zǐ 新塘公社舒家台西南1.75公里，主峰海拔1476米，南北走向，面积约1.2平方公里。传说，有位姓柳的员外，其土地均在山梁北，故名。

白岩塆 Bái yán wān 白果公社乌池坝西偏南2.8公里。此塆半山腰有块白岩，故名。

大尖山 Dà jiān shān 白果公社河坎上东南1.7公里，东西走向，海拔1430米，面积0.5平方公里，产木材。因山大峰尖，故名。

分水岭 Fēn shuǐ lǐng 双河公社中坪东北3.8公里，东西走向，主峰海拔1750米，面积0.4平方公里，产黄连、天麻。此岭正是分水处，故名。

望城坡 Wàng chéng pō 红庙公社大坪西南，海拔1165米，面积3公里，植被茂密。站立此坡可望见恩施城，故名。

东窝包 Dōng wō bāo 锣针公社龙神堂东南1.5公里，海拔1172米，面积30亩。此处有一大窝坑，由东迁来的人在此居住，故名。

黄草坡 Huáng cǎo pō 锣针公社土鱼河东北2公里，此坡茅草多，冬季一片枯黄，故名。

黄土坡 Huáng tǔ pō 锣针公社土鱼河东北1.5公里。此坡全是黄泥土，故名。

石场塆 Shí chǎng wān 三岔公社前村西南1.8公里，海拔960米，面积1850亩，为荒山。此塆原是采石场，故名。

庙梁上 Miào liáng shàng 七里公社大拱桥东北1.7公里，海拔700米，面积100亩，为荒山。此山梁曾建过太山庙，故名。

顺风坪 Shùn fēng píng 红庙公社姚家寨西北1.2公里，海拔1000米，山中有块平地，处顺风走向，故名。

大寨包 Dà zhài bāo 沙地公社大块田西南 1.4 公里，海拔 809.8 米，秃山。此地为一圆形山包，传说，白莲教在此扎过营寨，故名。

太阳坪 Tài yáng píng 锣针公社集镇南偏东 1 公里，海拔 1015 米，面积 1.5 平方公里，长有松、杉树。山顶有块大平地，日照时间长，故名。

峁子山 Mǎo zǐ shān 红土公社集镇东北 4.5 公里，海拔 1180 米，面积 0.5 平方公里，南北走向，灌木丛生。因山顶圆，故名。

猫儿山 Māo ér shān 锣针公社鲁家垭口西南 800 米，海拔 1072 米，面积为 0.8 平方公里，长有松、杉树。此山原老虎多，当地称老虎为猫，故名。

中山梁子 Zhōng shān liáng zǐ 红庙公社姚家寨西南 1.5 公里，海拔 1300 米，东西走向，全长 2.2 公里。此山梁与中山相连，故名。

中山 Zhōng shān 白果公社天蒜园东北 2.7 公里，主峰海拔 1300 米，面积 0.2 平方公里。此山居中，故名。

椅子坪 Yǐ zǐ píng 锣针公社大塥西 600 米，海拔 1002 米，面积约 0.5 平方公里，长有松、杉树。此山四周高，中间平，象把坐椅，故名。

啄头山 Zhuó tóu shān 三岔公社燕子坝东 1.5 公里，海拔 1151.5 米，面积 0.5 平方公里。因山顶象啄木鸟的嘴，故名。

白云冠 Bái yún guàn 锣针公社浮萍滩东北 2 公里，海拔 1062 米，面积 1 平方公里。此山常年白云缭绕，象顶白帽，故名。

五龙观 Wǔ lóng guàn 三岔公社大端东 1.5 公里，海拔 1021.5 米，面积 0.3 平方公里。传说，此山有 5 条龙，后修庙宇，取名五龙观，山名借用。

笔架山 Bǐ jià shān 新塘公社集镇东北 2.5 公里，主峰海拔 1100 米，面积 0.4 平方公里。此山峰形似笔架，故名。

旗山 Qí shān 新塘公社集镇东 3.1 公里，主峰海拔 1448 米，面积 0.37 平方公里。山较高，勘测队在此插过旗帜，故名。

梯儿岩 Tī ér yán 石窑公社上塆南 1.5 公里，主峰海拔 1600 米，面积约 1800 亩，产漆。此岩上人工开凿有梯子，故名。

岩塆 Yán wān 白果公社梁家垭北偏西 2.5 公里。此岩下是一大塆，故名。

小寒婆垭 Xiǎo hán pó yā 芭蕉公社苏家寨子东北 2.8 公里，海拔 650 米，产木材。人们过去在此给寒婆贡柴，故名。

文家包 Wén jiā bāo 双河公社中坪集镇东北 3.8 公里，海拔 1600 米，南北走向，面积约 0.3 平方公里，为荒山。

铁家山 Tiě jiā shān 双河公社中坪集镇东北 4.8 公里，海拔 1632 米，南北走向；面积约 0.5 平方公里，产木材、药材。

轿顶山 Jiào dǐng shān 双河公社中坪集镇东北 56 公里，海拔 1600 米，南北走向，面积 1 平方公里，产药材、木材。此山顶形似轿子，故名。

关家坪 Guān jiā píng 白果公社乌池坝西南 2.2 公里，主峰海拔 1443 米，东西走向，产木材。

长岭岗 Cháng lǐng gǎng 中坪集镇西北 3.7 公里，海拔 1690 米，东西走向，面积约 1 平方公里，产药材。此山岭狭长，故名。

莫家坡 Mò jiā pō 双河公社中坪集镇东北 5.5 公里，海拔 1600 米，面积约 0.4 平方公里，产木材、药材。

狮子包 Shī zǐ bāo 双河公社中坪集镇东北 3.5 平方公里，海拔 1600 米，东西走向，面积约 0.2 平方公里，产木材。因山形似狮子，故名。

圆子包 Yuán zǐ bāo 双河公社中坪集镇东南 3.2 公里，海拔 1600 米，东西走向，面积约 0.2 平方公里。此山包呈圆形，故名。

杨家垭大山 Yáng jiā yà dà shān 石窑公社杨家塆西南500米，海拔1801米，面积约1500亩，南北走向，长有松、杉。

朱家包 Zhū jiā bāo 中坪集镇东北1公里，海拔1660米，南北走向，面积约0.3平方公里。

大山坡 Dà shān pō 石窑公社杨家塆南1公里，主峰海拔1801米，东北西南走向，面积约1800亩，产生漆、药材。此坡高大，故名。

东阳山 Dōng yáng shān 又名都阳山，芭蕉公社曹家塆西北2.5公里，海拔927.1米，面积1200亩，南北走向，长有松、杉。此山向阳，故名。

鸡公岭 Jī gōng lǐng 芭蕉公社曹家塆东1.25公里，海拔4899米，东西走向。此山岭形如鸡公，故名。

扯根坡 Chě gēn pō 双河公社中坪集镇西4公里，海拔1625米，南北走向，面积约0.7平方公里，产木材、药材。此坡长，有一小路从山顶扯到山脚，故名。

花栎山 Huā lì shān 双河公社村坊东北2.5公里，海拔1060米，东西走向，面积1.2平方公里，产木材。山上花栎树多，故名。

马鬃岭 Mǎ zōng lǐng 白果公社水田坝西1.5公里，东西走向，主峰海拔1433.8米，植被有杉木、柳杉。9座山岭相连似，形似马鬃，故名。

磨子塆梁子 Mó zǐ wān liáng zǐ 芭蕉公社曹家塆北，海拔491.5米，东西走向。山梁下山塆形似磨子，故名。

大石笋 Dà shí sǔn 富尔山林场境内，东西走向，海拔1661米，面积800亩，杉木林地。山峰屹立，形如大石笋，故名。

肖家坡 Xiāo jiā pō 芭蕉公社曹家塆东南1公里，海拔560米，西南至东北走向。

岩塆 Yán wān 双河公社左家坪东南1.3公里，东西走向，产木材。此塆上是悬岩，故名。

大架山 Dà jià shān 干溪公社集镇东北8.5公里，海拔1183米，东北西南走向，面积约4000亩，长有松、杉树。因此山高大，故名。

罗家界 Luó jiā jiè 白果公社两河口东南2公里，东西走向，海拔1320米，产木材。

牛角塆 Niú jiǎo wān 白果公社水田坝西南1.5公里，长1.5公里，宽500米。此塆形似牛角，故名。

和尚岩 Hé shang yán 白果公社两河口东南2.5公里。此岩光秃，形似和尚头，故名。

狗脑岩 Gǒu nǎo yán 白果公社杨昌隆北偏东2公里，海拔1500米。此岩形似狗脑，故名。

宏岩观 Hóng yán guān 芭蕉公社小宏岩西南1.5公里，海拔1534.7米，南北走向，面积约7000亩。此岩宏伟，曾建有庙，故名。

香场坪 Xiāng chǎng píng 芭蕉公社小宏岩西南1.2公里，海拔1237米，长有松、杉树。原到此坪烧香拜佛的人多，故名。

蛤蟆石 Há má shí 又名岳家岩，富尔山林场烂木槽西北5.1公里，海拔1538米，东北至西南走向，面积500亩，长有松、杉树。山顶岩石象蛤蟆，故名。

灵观殿 Lǐng guàn diàn 富尔山林场烂木槽东北2.7公里，海拔1530米，面积1000亩，东北西南走向，松、杉林地。传说，有一病人用此山上的土治好了病，后建庙于此，取名灵观殿，山名借用。

富尔山 Fù ěr shān 富尔山林场烂木槽西北2.6公里，海拔1690.3米，西南东北走向，。此山形似老虎的耳朵，故名虎耳山，后讹称富尔山。

喻家包 Yù jiā bāo 石窑公社集镇西

北 2.5 公里，海拔 1900 米，东北至西南走向，面积 800 亩，产生漆、黄连、厚朴。

拴马岭 Shuān mǎ lǐng 干溪公社叫花坪西南 1.5 公里，东北至西南走向，海拔 690 米，面积 2500 亩，生长有马尾松。传说，清兵追赶太平军时，在此拴过马，故名。

沙坡 Shā pō 双河公社三梨树西北 1.6 公里，海拔 1050 米，东西走向，面积约 0.8 平方公里。此坡沙土多，故名。

大片 Dà piàn 双河公社村坊东南 1.6 公里，海拔 1200 米，东西走向，面积约 1 平方公里。此山为大片荒地，故名。

长梁子 Cháng liáng zǐ 芭蕉公社集镇西北 3 公里，海拔 940 米，面积 3000 亩，南北走向，长有松、杉、栎类林木。此山梁因长，故名。

曹家岩 Cáo jiā yán 石窑公社集镇西北 3.5 公里，海拔 1800 米，西南至东北走向，面积 500 亩，长有漆树、松、杉树。

茶园梁子 Chá yuán liáng zǐ 芭蕉公社大车坝西南 1.6 公里，南北走向，海拔 645 米，面积 800 亩。此山梁茶树多，故名。

老场塆 Lǎo chǎng wān 双河公社长岭岗西南 1.3 公里，东西走向，面积 1 平方公里，产木材。此塆老住户，在此开办木场，故名。

荒土梁子 Huāng tǔ liáng zǐ 白果公社杨昌隆东北 1.5 公里，东西走向乡海拔 1535.3 米，长有杉树，产木耳。此山梁荒野，故名。

玉龙山 Yù lóng shān 富尔山林场烂木槽西北 3 公里，海拔 1600 米，西南，东北走向，面积 2000 亩，为松、杉木林。此山形如龙，原建庙宇名玉龙庙，故名。

麻布岭 Má bù lǐng 双河公社三梨树东北 1.5 公里，面积约 0.8 平方公里。此山原野麻多，人们常用来织粗布，故名。

大阴坡 Dà yīn pō 石窑公社集镇东北 2.5 公里，海拔 1893 米，东西走向，面积约 0.3 平方公里，产天麻、黄连。此坡大，背阴，故名。

猪圈门 Zhū juàn mén 白果公社杨昌隆东 2.4 公里。此地有块岩石象猪圈门栏，故名。

狮子包 Shī zǐ bāo 太山庙药材场六角亭东北 2.3 公里，海拔 1840 米，面积 100 亩，为油松林地。此山包形似狮子，故名。

杉树塆 Shā shù wān 白果公社杨昌隆东偏北 900 米，海拔 1316 米。此塆内杉树多，故名。

大股子 Dà gǔ zǐ 白果公社院子里南偏西 1.25 公里。此山为一大股，故名。

脉坪 Mài píng 双河公社将军坪西北 400 米，海拔 1970 米，面积 0.5 平方公里，为荒山。传说，有位叫唐志礼的阴阳先生看地，说各条山脉都汇总于此坪，故名。

刘家塆 Liú jiā wān 双河公社干坪西北 600 米，东西走向，面积约 4 平方公里，产生漆、厚朴。

观音山 Guān yīn shān 石窑公社集镇北 500 米，海拔 1898 米，面积 150 亩，东北至西南走向，产厚朴、生漆。此山上建过观音庙，故名。

半坡 Bàn pō 白果公社杨昌隆西 1.2 公里。此地处半山坡，故名。

弓背岭 Gōng bèi lǐng 芭蕉公社张家塆东南 1 公里，海拔 893 米，西南至东北走向，面积 800 亩。山岭形似驼背，故名。

天边塆 Tiān biān wān 白果公社腰带溪西北 2.2 公里，主峰海拔 1241.3 米，产木材。此塆位置高，远看和天相连，故名。

白岩坪 Bái yán píng 白果公社杨昌隆东 3.4 公里，主峰海拔 1582.3 米，林木茂盛。此坪中岩石呈白色，故名。

大土 Dà tǔ 白果公社杨昌隆东偏南 2.3 公里。此地面积大，故名。

燕子岩 Yàn zǐ yán 富尔山林场烂木

槽西北800米，主峰海拔1560米，东北至西南走向，面积1300亩，马尾松、杉树林地。此岩形如燕展翅，故名。

大岩上 Dà yán shàng 芭蕉公社坟前坝东500米，海拔830米，面积1200亩，东西走向，为荒山。此山岩高大，故名。

杉木梁 Shā mù liáng 富尔山林场烂木槽西1.7公里，海拔高1520米，西北东南走向，面积300亩，为杉木林。此山梁上遍是杉木树，故名。

大众包 Dà zhòng bāo 芭蕉公社坟前坝东南1.5公里，海拔807米，东北至西南走向，面积约400亩，为荒山，此山包早年为郑、杨、李3户共有，故名。

望乡台 Wàng xiāng tái 双河公社干坪南500米，面积约0.5平方公里。此台地高，站此可望见很多乡村，故名。

黄金台 Huáng jīn tái 石窑公社集镇东南2公里，主峰海拔1840米，东南至西北走向，面积约0.2平方公里，产生漆、厚朴、天麻、党参。此台地较大，传说过去建庙时，有人赠过黄金，故名。

九拐子 Jiǔ guǎi zǐ 双河公社干坪西南1.1公里，东西走向，面积约0.7平方公里。此地人行道有9个拐，故名。

大梁子 Dà liáng zǐ 白果公社杨昌隆东南2.1公里，东西走向，海拔1631米，面积1平方公里，长有杉木树。此山梁高大，故名。

青岩塆 Qīng yán wān 双河公社三梨树东南2公里，面积1平方公里，东西走向，此塆为青岩石，故名。

宏岩山 Hóng yán shān 芭蕉公社坟前坝南1公里，海拔962.5米，南北走向，面积约500亩，为荒山。此山比周围山高，看去很宏伟，故名。

大合山 Dà hé shān 富尔山林场烂木槽西南2公里，海拔1460米，呈东北西南走向，面积300亩，为松、杉木林。此山由9座山丘合成，故名。

三尖岩 Sān jiān yán 双河公社茶园西南3.8公里，海拔1842米，南北走向面积1.1平方公里。此山上有3个尖山峰，故名。

楸木山 Qiū mù shān 石窑公社集镇西南4.4公里，海拔1760米，东北至西南走向，面积150亩。山上原楸树多，故名。

炕头顶 Kàng tóu dǐng 盛家坝公社落水洞北2.5公里，东西走向，海拔1500米，面积400亩，已封山育林。此山高，象住户家里的炕头，故名。

老山 Lǎo shān 双河公社三梨树西南3.2公里，东西走向，海拔1440米，面积约0.5平方公里。此山无人住，原为深山老林，故名。

陈家台 Chén jiā tái 石窑公社文家铺西南800米，东北至西南走向，海拔1874米，面积300亩，产天麻。

大坪 Dà píng 盛家坝公社彭家垭西北800米，海拔1500米，面积约450亩，无人居住。此坪较大，故名。

垭口梁子 Yà kǒu liáng zǐ 芭蕉公社岩上东南1公里，呈西南东北走向，海拔836.4米，面积约500亩，为荒山。此山梁位于垭口之上，故名。

岩坡 Yán pō 双河公社肖家河西北2.3公里，南北走向，海拔1300米，面积约1.2平方公里。此坡上全是岩石，故名。

火焰山 Huǒ yàn shān 白果公社流横塘东2.4公里，东西走向，海拔1113米。此山中常发生火灾，故名。

凉风山 Liáng fēng shān 盛家坝公社界顶上西北500米，海拔1410米，南北走向，面积约500亩，此山有一凉风洞，故名。

黑山 Hēi shān 芭蕉公社龙潭沟东南1公里，海拔968米，呈南北走向，长有杉树及杂灌木，故名。此山原森林密茂，光线黑暗，故名。

青龙山 Qīng lóng shān 干溪公社黄

泥塘东北 2.3 公里，海拔 960 米，东北至西南走向，面积 1 平方公里，为马尾松、柏树林。此青石山形如龙，故名。

虎野岭 Hǔ yě lǐng 石窑公社烂池坪南 800 米，海拔 1797 米，东北至西南走向，面积 400 亩，松、杉成林。此岭上原老虎、野猪多，故名。

锯子梁 Jù zǐ liáng 盛家坝公社洞塆北偏西 1.5 公里，海拔 1000 米，西南东北走向，面积 800 亩。此山梁有高有低，形如锯齿，故名。

母猪狭 Mǔ zhū xiá 石窑公社烂池坪西南 2 公里，面积 1500 亩，植被密茂。此地狭窄，原野猪多，故名。

大梁子 Dà liáng zǐ 盛家坝公社脑马坪西北 3.2 公里，海拔 1648 米，南北走向。此山梁高大，故名。

茅花尖 Máo huā jiān 盛家坝公社坳大田北 2 公里，主峰海拔 1364.4 米，东北西南走向，面积 200 亩。山尖茅草多，秋天开花，故名。

长泥虹 Cháng ní hóng 盛家坝公社坳大田东北 2.3 公里，面积 1000 亩，东西走向。此山坡长，泥土颜色似天上彩虹，故名。

白岩塆 Bái yán wān 盛家坝公社狮子岩西北 3.3 公里，海拔 1648.4 米，东北至西南走向，100 余亩，产药材。此塆有壁岩，呈白色，故名。

雷打包 Léi dǎ bāo 盛家坝公社石门坝西 1.5 公里，100 亩，南北走向。传说此包上原有棵大树被雷打断，故名。

桥头坡 Qiáo tóu pō 盛家坝公社下坝塘东北 2 公里，面积约 400 亩，为荒山。此坡位于一桥头旁，故名。

古坟包 Gǔ fén bāo 盛家坝公社石门坝西南 1.2 公里，海拔 1007 米，南北走向，面积约 1100 亩，植被有杉树。此山包上旧坟多，故名。

花尖 Huā jiān 盛家坝公社坳大田西北 1 公里，海拔 1329 米，面积 80 余亩。此山上野花常开，故名。

天鹅池 Tiān é chí 盛家坝公社坳大田西南 2.6 公里，海拔 1371.2 米，东南至西北走向，杉树多。山上有口水池，传说曾有天鹅栖息，故名。

大坡 Dà pō 盛家坝公社梅子坪北 1.8 公里，面积 100 亩，马尾松多。此坡高大，故名。

猫儿岩 Nāo ér yán 盛家坝公社，恩施至大集公路 49 公里处，海拔 1011.8 米，南北走向，面积约 300 亩，系荒山。此高岩形如猫，故名。

锅厂塆 Guō chǎng wān 盛家坝公社坝竹园南 750 米，海拔 1300 米，东南至西北走向，面积约 300 亩，植被有杉树。此塆内有一山洞，传说常闹鬼，后人们用很多铁锅将洞封住，因锅很多，象是开的锅厂，故名。

马脑池 Mǎ nǎo chí 盛家坝公社麻茶沟西南 1.2 公里，海拔 1000 米，面积 500 亩，为灌木林。此地形象口池子，形似马脑壳，故名。

陈家大梁 Chén jiā dà liáng 盛家坝公社麻茶沟西南 2 公里，海拔 1300 米，东南西北走向，面积 1000 亩。

狮子坪 Shī zǐ píng 盛家坝公社蓼叶坪西北 1.5 公里，面积约 750 亩，海拔 1121 米，呈南北走向，为荒坡。此山峰形似狮子，故名。

叫鸡公岩 Jiào jī gōng yán 盛家坝公社狮子岩西南 1.8 公里，海拔 1300 米，东北西南走向，面积 1 平方公里。传说，山中常听见鸡公叫，故名。

凤凰山 Fèng huáng shān 施南镇栖凤桥西，呈南北走向，主峰高 492 米，山上松林茂密，风景秀丽，山下龙洞河环绕。此山峰形似凤凰，故名。

将军山 Jiāng jūn shān 施南镇窑塆大队境内，海拔 500 米，南北走向，面积

100 亩。传说 200 多年前，此山住过一位将军，故名。

泡桐树梁子　Pào tóng shù liáng zǐ　施南镇大官山北 2.2 公里，海拔 484 米，呈南北走向，植被有马尾松。此山梁上原有棵泡桐树，故名。

大坡顶　Dà pō dǐng　施南镇桐子塆西南 550 米，海拔 550 米。此顶高大，故名。

鹞子岩　Yào zǐ yán　施南镇大官山北 1.8 公里，海拔 481 米，南北走向，面积 5600 平方米，植被有马尾松。此岩形似鹞子，故名。

芝麻塆梁子　Zhī ma wān liáng zǐ　施南镇大官山西北 1.8 公里，海拔 476 米，南北走向，面积约 3000 平方米，长有马尾松。此梁子下为芝麻塆，故名。

张嘴梁子　Zhāng zuǐ liáng zǐ　施南镇大官山北 1.7 公里，海拔 465 米，南北走向，红砂岩地质，长有马尾松。此山梁上有一岩口形似张开的嘴，故名。

下梁子　Xià liáng zǐ　施南镇大官山北 1.6 公里，长有马尾松。此梁比其他山梁要低，故名。

上梁子　Shàng liáng zǐ　施南镇大官山北 1.6 公里，为马尾松林。此梁比下梁子高，故名。

庙梁子　Miào liáng zǐ　施南镇大官山北 1.5 公里，海拔 468 米，东西走向，面积 4500 平方米，植被有马尾松。此梁上建过庙，故名。

挂榜岩　Guà bǎng yán　施南镇内，海拔 470.7 米，南北走向。此岩陡峭，红砂岩地质，远看似一大红榜，传说，清朝时参加官考的考生，若被录取，此岩上可现出名字，象揭榜一样，故名。

离儿坡　Lí ér pō　施南镇大官山西北 1.5 公里。主峰海拔 472 米，南北走向，面积 30 亩，长有马尾松。传说，曾有一妇女因生活困难，将所生之子放于此坡，让别人捡去喂养，故名离娘坡，后称离儿坡。

扇面山　Shàn miàn shān　施南镇大官山北 1.2 公里，主峰海拔 450 米，南北走向，面积 4000 平方米，为柑橘林。此山峰形似一面扇子，故名。

钟家坡　Zhōng jiā pō　施南镇桐子塆南偏西 1.4 公里，海拔 555 米，南北走向，产蔬菜、柑橘。

田家峁子　Tián jiā mǎo zǐ　施南镇窑步弯大队境内，海拔高 543 米，建有五峰山烈士陵园。

摩天岭　Mó tiān lǐng　施南镇内，海拔 514 米，南北走向，长有樟树，桉树。此山岭高耸，形如摩天，故名。

龙洞梁子　Lóng dòng liáng zǐ　施南镇大官山北 950 米，主峰海拔 458 米，南北走向，长有马尾松。此山梁下有个洞出清泉，故名。

回龙山　Huí lóng shān　施南镇内，主峰海拔 471.3 米，东北西南走向，长有松、樟树。此山峰形似一回头观望的巨龙，故名。

擦耳岩　Cā ěr yán　施南镇内，海拔高 488 米，面积 18000 平方米，产蔬菜、茶叶。此岩边有条小路，人行擦耳而过，故名。

月亮岩　Yuè liàng yán　施南镇大官山西北 1.1 公里，主峰海拔 480 米，南北走向，长有马尾松。此岩凹陷成半圆，恰似一轮半月，故名。

张家山　Zhāng jiā shān　施南镇大官山北 500 米。主峰海拔 468.2 米，南北走向，产蔬菜。

兔子山　Tù zǐ shān　施南镇内，海拔 465.1 米。此山形如兔子，故名。

皂角树　Zào jiǎo shù　施南镇大官山西北 500 米，海拔 455 米，产蔬菜。此山原有几棵大皂角树，故名。

长岭冈　Cháng lǐng gāng　施南镇大官山西偏北 800 米，海拔 454 米，南北走向，面积 11000 平方米，产蔬菜。此山岭较长，故名。

大官山 Dà guān shān 施南镇内，主峰海拔 460 米，东西走向，产蔬菜、柑橘，此山解放前是葬人的公山，属官方管理，故名。

盘龙石 Pán lóng shí 施南镇内，海拔 540 米，产柑橘、蔬菜。山上石头，形如盘龙卧此，故名。

板壁岩 Bǎn bì yán 施甫镇内，海拔 456 米，南北走向。此岩似板壁，故名。

欧家峁 Ou jiā mǎo 施南一镇内，海拔 545 米，面积 10 亩。

操场峁 Cāo chǎng mǎo 施南镇内，海拔 437 米，南北走向，产茶叶、柑橘、蔬菜。此峁曾做过操场，故名。

水井梁子 Shuǐ jǐng liáng zǐ 施南镇连珠塔东南 900 米，海拔 538 米，东西走向，产柑橘、蔬菜。此山梁上有口泉水井，故名。

沙梁子 Shā liáng zǐ 施南镇内，山梁上全是沙子，故名。

山 口

风吹口 Fēng chuī kǒu 恩施县城西南 25 公里，海拔 976 米。此地两山对峙，形成垭口，空气对流快，常有风吹拂，故名。

风吹口地势较高，最高点天落圣海拔 1100 米，东西是悬崖峭壁，其他几面。属溪沟，槽地。建有风吹口水库，蓄水 40 万立方米。

石乳关 Shí rǔ guān 恩施县城西北 39 公里，山体呈东北至西南走向，宽 200 米，长 500 米，总面积约 0.1 平方公里。东南山峰海拔 1910 米，垭口处 1730 米。

石乳关山势高峻，它比周围地势高出 700～1200 米。以峰顶线为界，东南面是湖北恩施县，西北面是四川奉节县。此地生长有杉树、柳杉、椿树、梓树、黄杨木、白鸽树(珙桐)，还蕴藏有煤、硫磺等。

据《恩施县志·建置志》记载，石乳关为恩施县四大关口之一，是四川奉节进入恩施的重要关口。因垭口边有 3 座高耸的山峰，形如乳头，故名石乳关。相传，在清乾隆年间，川湖两省划分边界时，湖北施南府和四川云阳府分别委派 6 位县官来此争界订约。界线划定后，两府的 12 个县官签订界约，并立土地庙为证(解放后修公路时毁掉)，故又叫十二官。

汪家垭 Wāng jiā yā 太阳公社集镇东北 7.6 公里。海拔 1700 米，植被有油松、柳杉、华山松，产煤、硫磺。

小阡口 Xiǎo qiān kǒu 太阳公社集镇西北 6.7 公里。海拔 1620 米。山口狭窄，小道崎岖险恶，故名。

大阡口 Dà qiān kǒu 太阳公社集镇西 7.3 公里，海拔 1680 米。地势险要道路崎岖，且山口大于小阡口，故名。

高垭口 Gāo yà kǒu 板桥集镇西南 1.4 公里。垭口地势高，故名。

碑垭口 Bēi yà kǒu 太阳公社宝塔岩西北 600 米，海拔 1400 米。垭口处立有指路碑，故名。

朱家垭口 Zhū jiā yà kǒu 板桥公社老鸹石西南 2.1 公里。与四川省交界，板桥至新田的公路从垭口通过。

杉树垭口 Shān shù yà kǒu 太阳公社双河岭西南 1.4 公里。垭口杉树丛生，故名。

林家垭口 Lín jiā yà kǒu 板桥公社老鸹石西南 3 公里。西北与四川省交界，有公路通至新田。

六尺坳 Liù chǐ ào 板桥公社八个垛西南1公里。山坳中有条小道，约6尺宽，故名。

土地垭口 Tǔ dì yà kǒu 板桥公社下坝北1.2公里。垭口上原建有土地庙，故名。

古树垭 Gǔ shù yà 白杨坪公社火石坡西南400米。原有棵古树长于垭上，故名。

大垭口 Dà yà kǒu 龙马公社苦草垴附近，海拔1300米。此垭口高大、陡峭，故名。

大垭口 Dà yà kǒu 别名连三包，太阳公社秋谷坪南1公里，海拔1550米。垭口高悬，故名。

小垭口 Xiǎo yà kǒu 龙马公社苦草垴东南400米，海拔1300米。垭口小，故名。

锁口 Suǒ kǒu 龙马公社后河北750米。地处两山之间，形似锁口，故名。

大楼门 Dà lóu mén 大山顶公社子杉台西南4.3公里，海拔1900米。山口陡高，形似楼门，故名。

岩口子 Yán kǒu zǐ 大山顶公社红椿坝东北500米，海拔1500米。山口岩石嶙峋，故名。

出风口 Chū fēng kǒu 崔家坝公社下村西北2公里。山口常吹风，故名。

小楼门 Xiǎo lóu mén 沐抚公社安乐坪南2.8公里。悬崖口似门，小路径上，形如楼梯，故名。

卡防 Qiǎ fáng 龙凤公社古长坝南1.4公里。是通往杉木坝的要道。旧时此地设有哨卡，故名。

石梯子 Shí tī zǐ 屯堡公社沙龙河北偏东2.5公里，海拔1700米。山垭处有一石梯路通往大山顶，故名。

锁口岩 Suǒ kǒu yán 熊家公社响板溪东南1.4公里。垭口狭窄，形如铁锁笼头，故名。

凉风垭 Liáng fēng yà 沙地公社麦子垴北2.3公里。海拔1430米，山口常吹凉风，故名。

下楼门 Xià lóu mén 大山顶公社红椿坝东南3.3公里。海拔1459米，因处大楼门下，故名。

路过垭 Lù guò yà 熊家公社集镇西南2公里。有条十字路通过垭口，故名。

高垭 Gāo yà 崔家坝公社杨杈水西1.14公里，海拔1710.5米。此山垭为该公社最高点，故名。

九盘垭 Jiǔ pán yà 沙地公社蔡家垭东北1公里，海拔1520米。山垭处小道弯曲盘旋有九个拐，故名。

岩口子 Yán kǒu zǐ 沙地公社小槽北1.4公里。垭口处岩的顶端，狭窄，故名。

黄岩子 Huáng yán zǐ 沙地公社小槽东北2.1公里。垭口处岩石为黄色，故名。

小风口 Xiǎo fēng kǒu 沙地公社苏麻庄东南400米，海拔1570米。是一“丁”字形的要道隘口，西南通沙子地，东北通麦子垴，东南通花被，且垭口较小，常吹风，故名。

寒婆坳 Hán pó ào 屯堡公社铜盆水东北2.7公里，海拔1240米。山坳以寒婆取名。

桥口 Qiáo kǒu 沙地公社花被东北2公里处的岩坎上。因有道路口似桥，故名。

三步岩 Sān bù yán 沙子地北1.8公里。山口道路有3步岩坎，故名。

阴塆岩口 yīn wān yán kǒu 沙地公社小槽南1.3公里，海拔1180米。山口狭长，背阴，故名。

黑槽 Hēi cáo 沙地公社双垭岭下西南1.3公里。此槽高狭，背阴，故名黑槽。因两山如关闭的门，又名关门峡。

玉峰山 Yù fēng shān 沙地公社东南2.5公里。山口旁有3个山峰，白岩如玉，故名。

沙子门 Shā zǐ mén 锣针公社龙神堂东南2公里。山垭形状似门，坡地沙子多，故名。

青龙观 Qīng lóng guān 沙地公社东南1.8公里。山口处有块青岩，形如龙头，此地建过庙，取名青龙观。

郭家垭口 Guō jiā yà kǒu 锣针公社泡桐坪南偏东1公里。

城墙口 Chéng qiáng kǒu 红土公社毛坝塆西北750米，海拔600米。山口形如城塆，故名。

小老林口 Xiǎo lǎo lín kǒu 白果公社十字路东北2公里。山口森林茂密，比老林口小，故名。

老林口 Lǎo lín kǒu 白果公社十字路东偏北800米。山口处原为一片老树林，故名。

毛家垭口 Máo jiā yà kǒu 白果公社五石坪西2.1公里。

马路口 Mǎ lù kǒu 新塘公社卜塘北1.9公里。山口狭窄，骑马路过要下鞍，故名。

土地垭 Tǔ dì yā 白果公社李家老屋北500米。垭口上原有土地庙，故名。

猩猩垭口 Xīng xing yā kǒu 白果公社李家老屋东南1公里。传说常有猩猩从垭口路过，故名。

敞垭口 Chǎng yā kǒu 白果公社白岩坝东北3公里。此垭口宽敞，故名。

炭厂塆 Tàn chǎng wān 白果公社乌池坝北偏西1.5公里。此处办过炭厂，故名。

天鹅池 Tiān é chí 白果公社肖家坪北偏东2.4公里。山口处有口塘，阴阳先生看地时说是天鹅抱蛋，故名。

寒婆坳 Hán pó ào 白果公社乌池坝西偏南1.2公里。山坳处原有座庙，是为纪念寒婆婆修的，故名。

茶树垭口 Chá shù yà kǒu 白果公社乌池坝西南1.6公里。此垭口茶树多，故名。

小坳 Xiǎo ào 白果公社乌池坝西南2.2公里。因山口窄小，故名。

苲水坳 Zhǎ shuǐ ào 白果公社唐家院子东南1.8公里。山坳中常积水，故名。

砂梁子 Shā liáng zǐ 白果公社水田坝南偏西2公里。山口沙子多，故名。

砂子门 Shā zǐ mén 白果公社院子里东偏南2.6公里。地处两山之间，形如门，砂子多，故名。

劣口 Liè kǒu 芭蕉公社火铺塘西北2公里。海拔1460米，因山口地形险恶，故名。

关口 Guān kǒu 盛家坝公社坳大田西2.2公里。海拔1000米，山口陡狭，为要道口，故名。

马鞍山 Mǎ ān shān 施南镇桐子塆东南100米。山口形似马鞍，故名。

山 洞

通天洞 Tóng tiān dòng 恩施县城东1公里，海拔480米。

通天洞系一天然石灰岩大溶洞，坐东朝西。洞体形似张开的蛤蟆口。洞门呈半圆形，高30米，宽40米，洞底部有两个小洞口可供出入，洞顶正中有一直径约2米的窍孔直通山顶可见云天，故得名通天洞。古诗中“一窍中通小有天，旁开门户揖群仙”

(《恩施县志卷十一·诗》)就是对通天洞的真实写照。

通天洞左侧有清泉涌出，涓涓泉水长年不干，洞内修筑有一长70米，宽50米，深2米的蓄水池。

通天洞造型奇特，结构紧密，犹如人工雕凿一般。古时就已盛名在外，不少游人前来参观，题诗咏物，写下了一首首赞美通天洞的诗篇，明朝诗人沈庆题诗道：

胜日寻芳迹，山中洞府宽。
碧桃千树古，流水一溪寒。
火伏丹应结，云凝龙尚蟠。
登天知有路，即此跨青鸾。

将军洞 Jiāng jūn dòng 恩施县城北偏西21公里，龙马公社集镇西偏北1公里，洞置海拔620米。

将军洞其名来源甚久，并且有传奇性的色彩。相传在600多年前龙马一带由姓黄的霸主统治，而新迁来的一红面人不服他的剥削压榨，从而造反，自称将军。该将军因寡不敌众，躲进山谷中，恰逢前有大山挡路(此山得名马难上，即现在的马栏山)后有追兵逼近，他只好退居峡谷中。但因峡谷悬岩峭壁，无路脱身，于是他拍动战马，飞腾而起，闯进山腰一洞中，困死于内。人们为纪念他，取名将军洞。

将军洞为石灰岩发育的溶洞，洞口似鹅卵形，高6米，宽4米，洞深约1000余米。现洞为一干洞，洞内宽2～3米，像坑道一样，弯弯曲曲，高低不平，石乳石柱较多，洞深处石沙间杂，有小块的沙坪，可见此洞原有流水。

穿洞子 Chuān dòng zǐ 恩施县城北偏西36公里，海拔1400米，为东西走向的石灰岩溶洞，两端各有一洞口平直对穿，通风敞亮，故名穿洞子，大山顶至板桥公路从洞内穿过。

穿洞子东端洞口高约20米，宽25米；西端洞口高约40米，宽约20米；洞长约50米，均宽22米，可并驶4辆大卡车，可谓天生隧洞。洞顶呈拱形，厚约8米。有条小溪从洞中穿流。

金子洞 Jīn zǐ dòng 崔家坝公社集镇东北1.1公里，海拔960米。

金子洞坐北朝南，洞口似拱形圆门，宽5米，高6米，洞深约100余米。在民间流传着许多有关此洞的神话，说是洞内藏有金银财宝，人们烧香求拜，要啥有啥，都是金子做的东西，故得名金子洞。

金子洞有4个下陷溶洞与主洞彼此相通。进洞后10余米，即分左右岔洞。左洞斜下延伸多右洞空旷宽大，入右洞朝左可见3级石台，形似3层楼房，内生形态各异的石柱、石笋。

凉风洞 Liáng fēng dòng 恩施县城东22.5公里，海拔637米。原称凉风洞为“五十坎大岩洞”，后因一人户迁居洞内，常感到洞内有股凉风吹出，故取名凉风洞。

凉风洞壁峰高峻，断岩千尺，洞口上壁尘烟厚积，漆黑一团。洞内宽40米，长100米，最高处20米，总面积约4000平方米。洞中有洞，狭矮不平，约进4～5米有一水井。属新塘公社所辖。

双燕洞 Shuāng yàn dòng 板桥公社集镇东北4公里。洞口向东，高12米，宽16米；深1000余米，洞内宽8米，高5米。洞内年年有燕子栖息，故名。

硝洞遍 Xiāo dòng biàn 板桥公社大石包东北1公里。此遍(方言，指坡地)上洞中有硝土，故名。

寨子洞 Zhài zǐ dòng 板桥公社龙桥坪西北500米。洞高5米，宽2米。原人们常住此洞以躲避土匪抢劫，故名。

大窑洞 Dà yáo dòng 板桥公社老鸹石东北2.5公里。此洞形似大窑，故名。

蛤蟆咀 há ma zuǐ 板桥公社集镇南4.4公里。洞口向东，洞深300余米，高25米，宽40米，洞内有出水。洞口似蛤摸咀，故名。

大天坑 Dà tiān kēng 板桥公社八个垛东3.2公里。此洞为大天坑，故名。

黑洞 Hēi dòng 板桥公社八个垛西2公里。洞门朝西，洞内出水，宽30米，高40米。洞处黑岩下方，故名。

大雁洞 Dà yàn dòng 龙马公社下伍园西北3.3公里。洞内可容千余人。传说，洞中有大雁出入，故名。

螺蛳洞 Luó shī dòng 龙马公社红藤坝东南2公里。海拔1300米，洞深300米，出螺蛳，故名。

八仙洞 Bā xiān dòng 板桥公社横店子东南2.6公里。洞高20米，宽15米。传说洞中出过八仙，故名。

老熊洞 Lǎo xióng dòng 板桥公社王家坪东北1.3公里。洞高3米，宽2米。洞中原为老熊窝，故名。

红石嘴岩洞 Hóng shí zuǐ yán dòng 龙马公社苦草塘西南2.5公里。海拔1100米。洞前有块红色岩石，形似嘴，故名。

石碓窝洞 Shí duì wō dòng 板桥公社大树子西南5公里。洞口朝西，深约5000米，宽20米，高10米。洞形似石碓窝，故名。

落水洞 Luò shuǐ dòng 白杨坪公社集镇西北2.7公里。洞口朝天，水消落洞内，故名。

风洞槽 Fēng dòng cáo 大山顶公社子杉台北2.6公里。洞处槽旁，洞内有凉风吹出，故名。

岩屋坪 Yán wū píng 大山顶公社提厂西北1.5公里。洞门朝西，洞深300米，高2.5米，宽8米。明末，周氏人户在洞门口坪地上建有房屋居住，故名。

四方洞 Sì fāng dòng 龙马公社后河东南2公里。洞处陡峻的岩壁上，深20米，曾供有泥塑神像。因洞呈四方形，故名。

仙人洞 Xiān rén dòng 白杨坪公社施谭坝东北1.5公里。洞高10～30米，宽2～3米，洞底是阴河。原人们常在洞中烧香拜佛，故名。

落水洞 Luò shuǐ dòng 白杨坪公社集镇南偏西3.5公里。水流落洞，故名。

响水洞 Xiǎng shuǐ dòng 白杨坪公社蓼叶坪村西北650米。洞口高3.5米。洞内流水声响，故名。

风洞 Fēng dòng 龙马公社东4.35公里。海拔700米。洞内常年有风吹出，故名。

穿洞子 Chuān dòng zǐ 白杨坪公社施谭坝南500米。此洞中有块约1800多平方米的平坝，并有3个岔洞，熬过硝。洞南北对穿，故名。

万人洞 Wàn rén dòng 沐抚公社安乐坪东北1公里。洞内面积大容人多，故名。

龙洞 Lóng dòng 龙马公社龙洞槽南500米。洞门高5米，宽8米，洞内又有一小洞。洞形似龙头，有水流出，故名。

婆婆洞 Pó pó dòng 白杨坪公社施谭坝南偏东1公里。海拔740米，传说，原洞中有个白发苍苍的老太婆，常给人施舍，要什么借什么，故得名婆婆洞。

婆婆洞为石灰岩大溶洞，洞口朝北，呈三角形，中间有根直径为0.5米，高2米的石笋将洞体分为两段。前段长8米，宽3.5米，高约3米。后段黑暗潮湿，狭窄斜下，深不可测，只听得滴水叮当作响。

大天坑 Dà tiān kēng 大山顶公社铁厂坝东南1公里。面积约50平方米，为天然大坑，故名。

沙锅洞 Shā guō dòng 大山顶公社子杉台西南4.5公里。洞深200米，宽3米，高2米，面积600平方米。洞形似沙锅，故名。

倒洞子 Dào dòng zǐ 熊家公社太阳坍东北角1.3公里。洞内出水，因洞口朝下，故名。

母猪龙 Mǔ zhū lóng 沐抚公社安乐坪西南4公里。洞高约15米，宽10米，洞内水深3米。传说，洞内有只金母猪，很凶猛，不亚于神龙，故名。

三眼洞 Sān yǎn dòng 屯堡公社集镇东北4公里。此处有3个洞，故名。

猫子洞 Māo zǐ dòng 大山顶公社插条岭西北800米。洞宽20米，长30米。传说，洞中常有猫子(老虎)出入，故名。

神仙洞 Shén xiān dòng 大山顶公社红椿坝南2公里。传说，洞内住有神仙，曾给办红白喜事的人户借家具碗盏，故名。

穿岩洞 Chuān yán dòng 龙凤公社金龙坝西北1.6公里。高32米，宽10米，深30米。洞处半山岩壁中，故名。

神仙洞 Shén xiān dòng 三岔公社磨子堉东北1公里。传说，洞内住过神仙，故名。

鱼洞山 Yú dòng shān 大山顶公社插条岭西南2.5公里。洞内出水，有鱼，故名。

仙人洞 Xiān rén dòng 沙地公社麦子堉东南1公里。洞内有水，人们认为洞中有仙，求过佛水，故名。

鱼仙洞 Yú xiān dòng 龙凤公社五谷庙北偏西1.1公里。洞高4米，宽3米，洞中常出浑水和鱼，故名。

硝洞坡 Xiāo dòng pō 沙地公社小槽西南800米。洞处坡地，出硝，故名。

大龙洞 Dà lóng dòng 红庙公社下村坝西南750米。有大小2个洞，雨季大洞内出水，人们说是龙打滚，故名。

落水洞 Luò shuǐ dòng 三岔公社马头沟东800米。水流到此，落入洞中，故名。

杉木洞 Shā mù dòng 锣针公社鲁家垭口西南1公里。洞顶山峰似纱帽，故名纱帽洞，后惯称杉木洞。

猫子洞 Māo zǐ dòng 红庙公社姚家寨东南1公里。高2米，宽1.5米，深3米。洞内有一石笋，形似猫，故名。

穿洞 Chuān dòng 红庙公社集镇南偏西4.5公里。洞西头出口相通，故名。

麻柳洞 Má liǔ dòng 新塘公社集镇东2.8公里。洞内泉水长流，洞门椭圆。原洞门长有一大麻柳树，故名。

出水洞 Chū shuǐ dòng 七里公社集镇西南2.8公里。洞高10米，宽5米。洞内出水，故名。

河茅洞 Hé máo dòng 新塘公社集镇西偏南2.8公里。洞处清江河南岸，原洞门长满芭茅草，故名河茅洞。洞门高100米，宽80米。

落水洞 Luò shuǐ dòng 七里公社集镇南2.3公里。此洞消水，故名。

大岩洞 Dà yán dòng 新塘公社集镇西偏南3公里。洞口高15米，宽30米，深100米。洞旁全是大岩石，故名。

猴儿洞 Hóu ér dòng 白果公社三岔口东偏北1.1公里。洞内原常有猴子栖息，故名。

落水洞 Luò shuǐdòng 新塘公社集镇西南3.7公里。洞内出水下落，故名。

三岩洞 Sān yán dòng 红庙公社头道水西3.7公里。山岩中并生有3个洞，故名。

檐老鼠 Yán lǎo shǔ 新塘公社集镇西南5.2公里。洞口高6米，宽12米，深120米。洞内檐老鼠多(蝙蝠)，故名。

大洞坪 Dà dòng píng 白果公社苏家河坝东北2.8公里。洞前有块大坪地，故名。

黑岩洞 Hēi yán dòng 石窑公社大河沟西北1公里。洞顶通公路，洞内可容千人。岩洞前原被一片树林遮住，光线暗，故名。

岩洞坡 Yán dòng pō 石窑公社集镇

西北 5.7 公里。洞宽 30 米，高 15 米，深不可测。洞处坡半腰，故名。

落水洞 Luò shuǐ dòng 盛家坝公社圣孔坪西南 2 公里。洞下陷消水，故名。

洞脑壳 Dòng nǎo ké 盛家坝公社香树槽西南 1 公里。洞门高 70 米，宽 14 米，内有块台地可容几百人。洞顶有条人行道，故称洞脑壳。

倒坨洞 Dào tuó dòng 盛家坝公社大集场集镇东北 900 米。传说，此地原是一大堆泥坨，后倒塌下陷成洞，故名。

斑鸠洞 Bān jiū dòng 施南镇森林宫东北 750 米。洞深 10 米，宽 1.5 米，洞内泉水长流。因洞前竹林内常有斑鸠栖息，故名。

山　谷

深沟 Shēn gōu 太阳公社集镇东北东 6.5 公里。长约 7.5 公里。因沟槽狭长，故名。

峡口 Xiá kǒu 板桥公社鹿院坪东南 1.5 公里，因处中间河出口，地形狭窄 6.5 公里。

天　然　桥

天生桥 Tiān shēng qiáo 恩施县城北 20 公里，海拔 520 米。

天生桥实际是一个喀斯特发育的大溶洞，由于长年流水的冲击，形成下断上连的天然拱桥，洞顶桥面是龙马至杉木坝的人行大道，故称之为天生桥。

天生桥有南北相通的两个洞口，南面的洞口大，高 20 米，宽 16 米，洞深 140 米。走入洞内有一块约 100 平方米的长方形平坝，可容 1500 余人。洞顶与路面厚 30 米。

河 水 地 片

河 溪

清江 Qīng jiāng 清江在鄂西南境内是最大的支流，也是湖北省境内最大河流之一。古称夷水，又名盐水。据《恩施县志》记载，“廪君乘土船从夷水至盐阳(今施州)……水色清照十丈分沙石蜀人见其澄清因名清江”，故清江之名来源甚早。

清江发源于利川县海拔1600米的齐岳山龙洞沟，流经利川县城、恩施县城、建始县景阳、巴东县泗淌、长阳县城，在宜都县城汇入长江，全长423公里。该河在利川落水洞进入约10公里长的伏流，从黑洞冒出，然后在恩施县沐抚公社进入县境，经12个公社后，于红土公社绵羊口流进建始县界，在恩施县内长约127公里。恩施县城以上的流域面积为3174平方公里，整个流域面积为16742平方公里。河床平均宽为洪水期120米，枯水期60米。常年水深在恩施城附近为1.5米。总落差为1430米，整个河流平均坡度1.91‰，恩施城以上为上游，长153公里，落差1070米，纵波6.5‰，恩施至资丘为中游，长160公里，落差280米，纵坡1.8‰，资丘至宜都为下游，长110公里，落差80米，纵坡0.74‰。清江河的支流众多，流短坡陡，与干流构成羽状水系。恩施县1个流量以上的河流有马尾沟、伍家河、太阳河、巴溪河、云龙河、带河、龙桥河、干名溪等均注入清江。流域面积在500平方公里的支流有忠建河、马水河、野三河、龙王河、招徕河、丹水、渔洋河等。整个流域呈狭长形，东西长，南北短，地势西高东低。流域内除利川、恩施、建始3个较大盆地，以及河口附近有少数丘陵平原外，其余均为高山，山区占80%以上。山区地势陡峻，河谷深切，个别河谷深达1000米左右。

流域内各时代的灰岩分布较广，其次是碎屑岩。恩施以上构造线为东北向，中下游呈东西向。河谷阶地为砂质黏土及砂砾层所组成，河床砂卵石堆积不厚。流域内岩溶发育，形态颇多，往往以组合形式出现，如残丘、洼地、坡、干谷等，多分布在清江南北两侧分水岭上，溶洞、落水洞等自河谷至两侧分水岭上均有出露。

清江河谷基本上由灰岩、砂岩等坚硬岩体组成，对建坝有利。清江流域的地震烈度按《中国地震烈度区划图》，除恩施、长阳附近为6度外，其余地区均小于6度。

清江位于副热带季风气候区，多年平均温度15℃～17℃，最高27℃～30℃，最低为2℃～8℃，绝对最高44.9℃，绝对最低-12.3℃。多年平均相对湿度为70%～80%，冬季大于夏季。多年平均年蒸发量为720毫米，7～8月较集中，占33%。霜期平均约4个半月，最早始于11月上旬，最迟终于4月上旬。多年平均降水量约1400毫米，中下游北面次之，为1300毫米，干流中游有一小块河谷地区较少，但也有1100毫米。

多年平均年径流深870毫米，其分布上游大于中下游，丰水期4～9月占75%，枯水期10月～次年3月占25%，全年7月最大，1月最小，清江河口多年平均流量为464立方米／秒。鄂西暴雨区，多在恩施与长阳附近。该河流为山溪性河流，集流迅速洪峰陡涨陡落，年最大洪峰6～7月占63%，在恩施城200年一遇的洪水达5400立方米/秒，1980年8月4日，实测为3820立方米/秒，1969年7月12日下游搬渔咀站实测洪峰流量18900立方米/秒，1952年1月23日搬渔咀最枯流量27.5立方米/秒，比值为690倍。恩施城1969年6月5日最枯流量仅3.18立方米/秒，比值在千倍以上。

清江的含沙量较长江的其他支流小，多年平均输沙量为114万吨。1950年输沙量为32.2万吨，由于域内森林植被遭到破坏，1970年输沙量猛增到141.4万吨，是解放初期的4倍多。

该流域包括恩施、建始、利川、巴东、宣恩、咸丰、鹤峰、长阳、五峰、宜都等11个县、市，共有400多万人，土家族占一定比例。耕地600多万亩，年产粮食27亿斤，以稻谷、玉米为主，特产茶叶、桐、木梓以及贵重药材。恩施的“板党”“窑归”，利川的“坝漆”，宜都、鹤峰的“宜红茶”，以及各地小溪河的“娃娃渔”(即大鲵)，在国内外颇享盛名。森林资源仅次于神农架而居全省第二位，有林地1296.4万亩，储量1842.2万立方米，年伐量12.9万立方米。利川的水杉，恩施的银杏、金钱松，鹤峰、长阳的珙桐、水青、连香、黄杉等都是极珍贵树种，也是考古的活化石。

矿以煤、铁、磷最多，石煤、石灰石、白云石遍布清江中、上游地区，铜、锰、铅、锌、汞、金以及重晶石、钾、石棉等矿产都有一定储量。煤有2.7亿吨储量，铁有16.8亿吨储量，鹤峰磷矿为我国四大磷矿之一，储量达11.7亿吨。

清江河段呈自然状态，仅局部河段通航。中游桃符口至南潭河15公里可通2～3吨机动船，茅坪至资丘31公里，季节性通20吨木船。其进出口物资主要通过巴东与宜都两港口转运，域内无铁路，交通不便，全依靠公路运输。上游恩施飞机场与武汉、宜昌有航空业务往来，少量旅客与恩施地区报纸邮件靠航空运输。以恩施为中心有公路通该地区8个县；在清江干流上架设了利儿东门大桥，恩施屯堡、峡口、小渡船、清江等4座桥梁，还有宜都大桥等，对沟通清江两岸交通起了很大作用。下游以长阳为中心，通宜昌、红花套、火烧坪、宜都、松木坪以及五峰的渔洋关等地。汉(口)—渔(泉口)公路修起后，自利川、恩施、建始、巴东，长阳，宜都顺清江而下，直通省会，对发展山区经济、文化起了重要作用。

清江流域水力资源理论蕴藏量250.42万千瓦，年电能220亿度，可开发的水电站511座，总装机177.2万千瓦，年电量为90.6亿度，只占理论的41.2%。

恩施城以上干流可分10级开发，最上一级是1962年建成的三渡峡电站，其次可按黑洞、姚家坪，七渡河、天楼地枕、龙王塘，大龙潭、红庙等梯级开发。恩施城以下可分四级开发，约200万千瓦。若梯级开发后，航运改观，可承担60%的进出口物资运输任务，同时开展发电、防洪、航运以及灌溉、养殖综合利用。支流在1万千瓦以上的38条，其中5万千瓦蕴藏量的有忠建河、马水河、野三河、渔洋河。

恩施县城以上虽然有不少厂矿企业，但一般对废水都进行过处理，因此清江水质尚好，污染未超过国家标准。

早在公元前1000年左右，巴人就在这一带活动频繁，对这一带的政治、文化、经济开发起了重要作用。长阳县大堰公社钟家塆出土的化石“长阳人”，是旧石器时代中期人类在这一地区活动的佐证。在中国革命历史时期，贺龙同志带领红军，与国民党反动派周旋了多年，建立了革命根据地。如长阳县麻池公社是第二次国内革命时期苏维埃政府所在地。鹤峰满山红烈士陵园建有革命先烈段德昌、王炳南、贺英等同志墓碑，恩施五峰山烈士陵园也葬有鄂西特委书记何功伟、妇女部长刘惠馨等先烈。

由于清江水力资源的开发，电力的发展给山区“五小工业”带来了可喜的变化，使水泥、化肥、化工、农机采煤、橡胶、玻璃、医药、造纸、印刷、建筑材料、茶叶加工、汽修、轻纺、陶瓷、皮革、家具等工业，大大发展。

随着清江流域的进一步开发利用，将给鄂西山区的四化建设以及人民生活水平的提高，起到一定的促进作用。

太阳河 Tài yáng hé 位于恩施城北方36公里处，是一条自西向东流的常流河。相传以前该河上游森林茂盛，人们都在那里烧炭，炭窑特别多，因而取名炭窑河。后讹称“太阳河”。

太阳河发源于恩施县东北方百户塆林场海拔1500米的牛鼻子，经舌头嘴、太阳集镇、鹿子渡、骑羊坝，后与马水河汇合，全长46.5公里。在鹿子渡前约有2.8公里长的河段为恩施与建始的分界线，过鹿子渡后直到出口约22公里是县界。在舌头嘴以上纵坡为14.2%，以下为6.7%～18.2%落差大，流量稳定。此河经太阳、白杨坪两个公社的14个大队，给这两个公社的水利电力建设，提供了丰富的水力资源。

流域面积为202平方公里，中下游平均流量为1.5立方米/秒左右。有10余条小溪汇入太阳河，较大的有发源于四川边界上的汪家垭，全长9公里，纵坡为11.5%的麻园塆河及发源于深沟长约8公里纵坡为9%的李爸沟河。这两条小河落差大，流量在0.2～0.5立方米/秒左右，常年稳定，是建水电站的好地方。在麻园塆河上已建有装机125千瓦的建丰电站和570千瓦的太阳公社电站(即太阳河一级站)。从太阳河一级站尾水到太阳集镇还有130多米落差可利用（规划为太阳河二级电站）。李爸沟河上游狭窄坡陡，可建电站，下游开阔出口较窄，是建水库的好地方。在鹿子渡已建1一座120千瓦的电站。太阳河的水利资源蕴藏量在6000千瓦以上。

太阳河水深0.2～1米左右，宽从10米～40米左右，坡陡水急。除太阳集镇和鹿子渡、骑羊坝一带为开阔地外，其余均狭窄，两岸悬崖峭壁，交通不便。太阳集镇坐落在太阳河与麻园塆河汇合处，是太阳公社所在地，也是该公社政治、文化、经济的中心。有白奉公路(恩施白杨坪到四川奉节)从该镇通过，在河上由川鄂两省人民共同修建了一座2孔长33.5米、宽7米、高6米的石拱桥，取名为“友谊桥”，并有碑文纪念。这里两岸多为连丘的水田，是该公社水稻主产区。鹿子渡是白杨坪公社的低山平坝产粮区，原设过小公社，现为管理区所在地，人户较集中。从白奉公路10.3公里右侧接有一条简易公路到鹿子渡，今后还可通到建始县城。河在此处突然开阔，形成较肥沃的三、四千亩河滩田，宜种双季稻。骑羊坝为河谷平坝，建有地区骑羊坝火电厂。这里是巴石公路进入恩施县的咽喉地带，并建有跨越太阳河的第二座车行桥。骑羊坝以下两岸峻峭，河床纵坡变缓，不易开发利用。整个河流无通航运输价值，只能用来发电灌溉。

巴公溪 Bā gōng xī 在恩施县城南偏东1公里处有一山，隔清江与五峰山相对峙，名巴公山，海拔485米。巴公山西山坡下驻有恩施地区水泥厂，恩施县锅厂，并有一小溪自南折西会麒麟溪后注入清江峡口。此溪即名巴公溪，讹称“八公溪”。

巴公溪源于白果公社三叉溪，上游分段又称两汉河，头道水，下游沿红庙公社瓦店子、石家坡两大队边界经巴公墓汇入清江，全长15公里，平均宽14米，深0.2米，河床为红砂岩石灰岩交错而成。据《恩施县志》记“昔有巴国大栅王世葬于此，历年虽多，累累可辨”。巴公溪，巴公山皆因此故名。

巴(东)—石(门坎)公路从巴公山下南

北通过，巴公墓前建有石桥于巴公溪上。明代万历年间(1611～1620)有木造“济政桥”于此；清嘉庆十四年(1809)改为宽6米，高5.63米，长24.3米的石造“丰乐桥”。1939年巴(东)一石(门坎)公路通车后填升桥头路面以通行车辆。1971年在桥西侧加宽拱面2.5米扩建桥面。巴公溪原建“丰乐桥”，桥头立有碑志。据官坡73岁老人金满绪回顾，忆原碑志有诗一首录后：

一字成南路，此溪第一桥。
红岩开虎榜，青石接龙腰。
共入清江浦，同归大海潮。
巴公忠烈在，万古圣名标。

有关巴公墓的神话流传于乡里的还有，巴公死，棺到墓地，雷雨突至。雷雨止，人复聚，见棺在穴中，土壅其上。故当地人又称巴公墓为“天赐坟”。巴公墓因建厂修路毁掉，现无形可辨。唯有巴公溪水，老颜千秋，清澈见底，仍徐流漫淌于巴公山下。

转转河 Zhuàn zhuàn hé 恩施县西北部大山顶上，距提厂集镇2公里。

地处海拔1820米的高山沼泽地带，四周群山环绕，灌木丛生。河床两岸是大片的草甸地，绿草如茵，牛羊成群。弯弯的河水，犹如一条大蟒蛇，曲曲延伸，在其山间转来转去，状如蚯蚓盘曲，故名转转河。

转转河流域不大，南北长1公里，东西宽700米，总面积约1000余亩，是高山放牧的好地方。转转河是季节性河，无雨时流水枯小，仅只一小沟水，而每逢大雨，山洪暴发时，河水猛涨，形成一天然湖泊。居高视之，像是一颗明亮的宝珠镶嵌在大山之顶，闪烁着粼粼波光。

马水河 Mǎ shuǐ hé 太阳公社集镇东南7.8公里，发源于猫儿洲，全长2公里，河床均宽约30米，常年流量0.2立方米/秒。以马水河自然村地名命名。

长偏河 Cháng piān hé 沐抚公社集镇西北9.7公里，发源于利川县，境内长约4公里，河宽约3.5米。因河处长偏坡山脚下，故名。

找龙坝河 Zhǎo lóng bà hé 白杨坪公社集镇西偏南8公里，由马老池河，白马塘河汇合而成，在白杨坪公社境内长5.25公里，河床均宽10米，枯水流量0.5立方米/秒，洪峰流量60立方米/秒。河水流经找龙坝，故名。

南里渡河 Nán lǐ dù hé 白杨坪公社谭家村坊东北2.2公里。在该社境内长约5公里，河对岸为崔家坝公社。河床均宽20米，枯水季节流量0.2立方米/秒，洪水高峰时约150立方米/秒。因流经南里渡，故名。

涂家河 Tú jiā hé 龙马公社集镇南偏东2公里。上游为纸厂河，下游称喻家河，此段长约7.5公里。河床宽约40～50米水深约0.3～0.4米。一般流量0.8立方米/秒。此河段住有十几户涂姓人家，故名。

弯滩河 Wān tān hé 发源于太阳公社，流经龙凤公社杉木坝、长坝等大队，长约8公里。河床宽约50米，平均流量0.3立方米/秒。此河流域，滩多弯急，故名。

俞家河 Yú jiā hé 发源于龙马公社，流经龙凤公社新桥、双堰塘、衣角坝大队，长约8.1公里。河床宽50米，平均流量为0.5立方米/秒。此河两岸俞姓住户多故名。

刷把溪 Shuā bǎ xī 龙凤公社集镇北2公里。流经双堰塘、衣角坝、三龙坝大队，长5公里。河床宽约50米，平均流量为0.5立方米/秒。因流水湍急，河床冲刷严重，故名。

浑水河 Hún shuǐ hé 龙凤集镇东北3公里。是弯滩河下游，流经竹园坡、衣角坝、三龙坝大队，长5公里。河床宽30米，平均流量0.7立方米/秒。因河流经处有一山洞冒浑水，故名。

巴溪河 Bā xī hé 沙地公社东北边境，发源于建始县花坪公社境内，全长18.5公里。宽2.5米，洪水流量4立方米/秒。建有沙地和凤凰两个电站，共530千瓦。河流经三溪口，因有岩石形似人的下巴，故名。

七渡河 Qī dù hé 沐抚公社集镇南5公里。为清江的一段，因设有渡口，从上至下序数为七，故名。

带河 Dài hé 龙凤公社境内由俞家河、浑水河、任家河汇流而成，在大龙潭汇入清江，全长7.2公里，河床宽60米，平均流量0.8立方米/秒。因河环流似带，故名。

伍家河 Wǔ jiā hé 红土公社集镇东北7.5公里。长约8公里，河床宽20米，一般流量2立方米/秒。

龙洞河 Lóng dòng hé 发源于龙洞，流经龙洞、金子、火场坝及恩施城关土桥坝、栖凤桥至官坡汇入清江，长约10公里。河床宽7米，流量0.4立方米/秒。因河源于龙洞，故名。

干名溪 Gān míng xī 发源于利川县清水洞，在锣针公社境内长28.3公里，河床宽约25米，平均流量10立方米/秒。建有车坝、马鞍槽电站，发电量1万多千瓦。在锣针公社西600米有一坪地，水淹不到，故名干坪溪，后讹称干名溪。

马尾沟 Mǎ wěi gōu 红土公社集镇西偏北5.3公里。发源于宣恩县椿木营，全长约28公里，宽约25米，一般流量为2～3立方米/秒。上游出水洞呈马尾状，故名。

天桥河 Tiān qiáo hé 发源于芭蕉公社朱砂溪，流经高拱桥、天桥、马路口汇入清江，流量0.5立方米/秒，河长(干溪公社境内)约4公里。河床平均宽8米，深0.5米。此河流经天桥故名。是芭蕉河的下游段。

横拦溪 Héng lán xī 双河桥东偏北6.7公里。发源于宣恩椿木营，流经石窑、双河、红土、新塘等公社，全长60公里，平均流量2.5立方米/秒。溪水曲流横拦山谷，故名。

芭蕉河 Bā jiāo hé 发源于芭蕉公社洞塆，全长18.5公里，河床平均宽25米，流量0.5立方米/秒。因河源于芭蕉，故名。

马鹿河 Mǎ lù hé 盛家坝公社大枞树东南1.5公里，发源于白果公社大渔泉。境内长30公里，流经旧铺、洞塆、小溪、二官寨、落坡坝、塆田大队。河宽20米，流量0.5～1立方米/秒。河岸原常有马、鹿出没，故名。

冷水河 Lěng shuǐ hé 盛家坝公社新房子西北，发源于白果金龙坝，长约20公里，河宽20米，流量1.5～2立方米/秒。河水四季冰冷，故名。

铁厂河 Tiě chǎng hé 百户塆林场境内，长4公里，宽8米，最小流量为0.1立方米/秒。下游建有75千瓦的水电站1座。原在河边办过铁厂，故名。

刘廖河 Liú liào hé 板桥公社姚家坪西，长4公里，宽4米，平均流量0.5立方米/秒。河边早先住有刘、廖两姓人家，故名。

郑家河 Zhèng jiā hé 龙马公社红藤坝东500米。

伍家沟 Wǔ jiā gōu 白杨坪公社寨子上东北2.8公里。

杨家河 Yáng jiā hé 发源于白杨坪公社朱家塆，全长4.5公里，宽2米，一般流量0.01立方米/秒。在骑羊坝汇入太阳河。

麻塆阡 Má wān qiān 板桥公社集镇西南9公里，长约4公里，宽6米，一般流量0.5立方米/秒。板桥公社电站建于该河中游。此地原为成片森林，处乱石山沟，故名。

薛家河 Xuē jiā hé 龙马公社红藤坝南 2.5 公里。

青岭沟 Qīng lǐng gōu 白杨坪集镇西北 3.5 公里。建有水渠引水至白杨坪集镇钟鼓楼水塔。因水发源于青山故名。

茶园沟 Chá yuán gōu 龙马公社集镇西北 2.5 公里。长 2.5 公里，宽 2 米。沟两旁长满山茶树，故名。

白马塘河 Bái mǎ táng hé 白杨坪公社境内。长 3.75 公里，宽 4 米，枯水流量 0.05 立方米 / 秒，洪水流量 10 立方米 / 秒。建有小型电站 1 座。传说，有匹白马，常偷吃庄稼，后被人赶到河塘中不见了，故名。

太平河 Tài píng hé 板桥公社姚家坪东南方，全长 4 公里。居住在河边的人户，从未受过水灾，故名太平河。

伍家河 Wǔ jiā hé 龙马公社撒谷坝东北，长约 5 公里，宽 6 米。源于洞香河和郑家河汇合处。

中间河 Zhōng jiān hé 板桥公社河坪西南，长约 4 公里。河水从鹿院坪中间流过故名。

汇水河 Huì shuǐ hé 太阳公社汇水东南 100 米，长约 4 公里，宽 15 米，平均流量 0.2 立方米 / 秒。此河由两条小溪汇合而成，故名。

石笋沟 Shí sǔn gōu 大山顶公社中端南 2 公里，长约 1.5 公里，宽 3 米。沟边有根独立的大石笋，故名。

马家沟 Mǎ jiā gōu 龙马公社中坝东南 1.1 公里，长约 1 公里，宽 2 米。

大河沟 Dà hé gōu 龙马公社集镇西 10 公里，发源于大山顶中端，长约 4 公里，宽 10 米，一般流量 0.3 立方米 / 秒。

母猪沟 Mǔ zhū gōu 沐抚公社大坝西南 1.5 公里，长 2 公里。传说沟中藏有金母猪，故名。

香林沟 Xiāng lín gōu 龙马公社碾盘西南 1.4 公里。沟边长满香桂子树，故名。

长坝河 Cháng bà hé 熊家公社沈金塘北 500 米，发源于白杨坪公社鸭塘，长约 3 公里，宽 5 米，平均流量 0.1 立方米 / 秒。因河流经一块长坝，故名。

马尿溪 Mǎ niào xī 龙马公社新屋里西南 2.5 公里，长约 4 公里，宽 5 米，平均流量 0.3 立方米 / 秒。人们形容此溪水象马尿，故名。

细沙河 Xì shā hé 龙马公社何家槽西南 1 公里，全长约 4 公里，宽 16 米，常年流量 0.3 立方米 / 秒。河底沉积的细沙多，故名。

洋渔沟 Yáng yú gōu 崔家坝公社窑坪西 2.8 公里，长约 7 公里，宽 10 米，平均流量 0.1 立方米 / 秒。溪沟内出洋渔，故名。

云龙河 Yún lóng hé 沐抚公社境内，发源于四川省，上游分段称麻塆阡，刘廖河、朱家河、邬家河，此段长 9 公里，宽 10 米，平均流量 0.5 立方米 / 秒。因河流经云龙桥，故名。

麻园沟 Má yuán gōu 沐抚公社高台北，长 4 公里，宽 3 米。沟两旁原为苎麻地，故名。

马家河 Mǎ jiā hé 龙凤公社窝坑东南 1.8 公里。发源于谭三坝，长约 2 公里，宽 10 米。

龙桥河 Lóng qiáo hé 屯堡公社集镇东北，发源于大山顶公社中端，长约 20 公里，宽 20 米，常年流量 1.2 立方米 / 秒。在下游落业坝建有 100 千瓦电站一座。河流经龙桥，故名。

三龙溪 Sān lóng xī 屯堡公社集镇东北 4 公里，长约 5 公里。溪水穿流峡谷，远看山相互靠拢，故名山拢溪，讹称三龙溪。

麻扎沟 Má zhā gōu 沙地公社圆宝山西北 900 米，发源于桥塆。枯水季节，河沟裸露，麻麻扎扎，故名。

楠木沟 Nán mù gōu 熊家公社大石板南1.1公里，长3公里。沟两旁长有楠木树，故名。

大沟 Dà gōu 红庙公社下村坝西北900米，长约200米。因沟较大，故名。

土渔河 Tǔ yú hé 锣针公社境内，发源于笔架山西北山麓，长约12公里，宽5米，常年流量0.3立方米/秒。河中产土渔，故名。又因“土”“出”音相近，故又名出渔河。

桥头河 Qiáo tóu hé 沙地公社天飞石东南，长约7公里，一般流量0.3立方米/秒。河上建有石拱桥，故名。

寨沟 Zhài gōu 三岔公社前村西南2公里。上游建有水库，蓄水50万立方米。沟里原扎过寨子，故名。

孙家沟 Sūn jiā gōu 沙地公社西岭上西北，长4.5公里，宽12米。

姚家沟 Yáo jiā gōu 红土公社集镇东北6.5公里，长约4.9公里，宽7米，流量0.1立方米/秒。

盐水溪 Yán shuǐ xī 红庙公社汪家寨北2公里，长约3公里，宽2米。溪沟旁有口盐井，故名。

茅坝河 Máo bà hé 七里公社集镇东北5.5公里。长约17公里，平均宽15米，流量0.5立方米/秒。河流经茅坝，故名。

芋河沟 Yù hé gōu 红庙公社骡马巷东南，长约2公里，平均宽1.5米。河沟边长有许多野芋头，故名。

夹沟 Jiá gōu 三岔公社阳天坪、东北2公里，沟为两大山相夹，故名。

牧场沟 Mù chǎng gōu 红土公社集镇东北4.5公里，长约5.1公里，宽7米，流量0.1立方米/秒。沟旁牧草丰富，是一牧场，故名。

综合沟 Zōng hé gōu 新塘公社集镇东2公里，长约5公里，最大洪水流量20立方米/秒，枯水流量1立方米/秒。此沟由3条小溪汇合而成，故名。

保水溪 Bǎo shuǐ xī 新塘公社集镇东500米，长约5公里，河床宽10米，最大洪水流量20立方米/秒，平均流量1～2立方米/秒。溪水四季不干，保证农田灌溉，故名。

卜塘河 Bǔ táng hé 此河为新塘、红土、双河3个公社的界河，新塘境内长约10公里，河床宽7米，最大流量33立方米/秒，枯水流量2立方米/秒。该河为马尾沟的一段，因流经卜塘，故名。

洞儿沟 Dòng ér gōu 新塘公社小古龙西1.6公里，长约8公里，河床宽4米，平均流量3立方米/秒。沟两旁大小溶洞多，故名。

河塆 Hé wān 白果公社李家老屋西南3.25公里，长约750米。山塆内一条小河沟，故名。

两叉河 Liǎng chā hé 红庙公社头道水西北，全长约10公里，宽5米，流量0.5立方米/秒。此河由两条小河交汇而成，故名。

三岔溪 Sān chà xī 白果公社罗家坳东北3公里。3条小溪交汇，故名。

长腰沟 Cháng yāo gōu 白果公社白岩坝东北3.5公里，长约4公里。此河沟似长腰带，故名。

磨子溪 Mò zǐ xī 白果公社白岩坝西北1.75公里。传说溪沟中有块石头，形似磨子，故名。

阮家河 Ruǎn jiā hé 红土公社把持东南，长4公里，宽5米，源于石窑公社，平均流量2立方米/秒。

龟二溪 Guī èr xī 红庙公社黄土坎东1公里，长约5公里，宽约2米，流量0.2立方米/秒。两条溪沟汇合处有块石头像乌龟，故名。

两叉河 Liǎng chā hé 白果公社罗家坳东南1.7公里。长约4公里，宽2米。两条小河交汇，故名。

陈家河　Chén jiā hé　石窑公社阳光头西500米，河宽7.8米，长约3.5公里，流量0.2立方米/秒。

田家河　Tián jiā hé　石窑公社集镇西北9.4公里。发源于建始县白岩溪，境内长3公里，宽10米，流量0.5立方米/秒。

东流河　Dōng liú hé　发源于白果公社堰头溪，长约5.5公里，宽4米，流量0.1～0.2立方米/秒。因河水东流，故名。

朱砂溪　Zhū shā xī　发源于白果公社，上游称凉桥河，长约10.5公里，河宽10米，流量0.3立方米/秒。溪中泥砂似朱色，故名。

凶滩　Xiōng tān　芭蕉公社凉桥河上游，流量0.1～0.2立方米/秒。因滩多流急，原又淹死过人，故名。

凉桥河　Liáng qiáo hé　发源于白果公社，在芭蕉公社境内长约5公里，河宽2米，流量0.1～0.2立方米/秒。河上建过凉桥，故名。

魏家河　Wèi jiā hé　石窑公社集镇西北5.9公里，一般流量0.3立方米/秒。

土渔泉　Tǔ yú quán　白果公社东向坪东北2.3公里。传说泉水中出土渔，故名。

小河沟　Xiǎo hé gōu　白果公社境内，由鹞子溪、楠木坪两条小溪汇合。

剩口河　Shèng kǒu hé　源于芭蕉公社周家坡北，长约5公里，河宽4米，流量0.1～0.3立方米/秒。河中有两块巨石，无论涨多大的水，都淹没不了，总剩有岩尖露出水面，故名。

干溪河　Gān xī hé　发源于芭蕉公社，干溪公社境内长约14公里，河宽均约8米，流量0.5立方米/秒。河流经干溪公社大部，故名。

木栗河　Mù lì hé　双河公社中坪西南11公里，发源于宣恩县椿木营，上游称河溪，境内长约8公里，一般流量1立方米/秒。河边板栗树多，故名。

枫香河　Fēng xiāng hé　盛家坝公社东北面，发源于王家冲和虎耳山，流经枫香河、横岩塆、赞田坝、桅杆堡汇入干溪、河，长约20公里，宽15～20米，在赞田坝建有750千瓦的电站1座。河两岸枫香树多，故名。

龚家河　Gōng jiā hé　石窑公社集镇东4.6公里，发源于鹤峰水井岩，境内长约3公里，河宽约17米，一般流量1立方米/秒。

腰带溪　Yāo dài xī　白果公社境内，发源于二台坪、砂子门两地，时令河。此小溪像腰带环绕山间，故名。

马河滩　Mǎ hé tān　发源于芭蕉公社，干溪公社境内长9.8公里，河床宽8米，流量0.2立方米/秒。此河中、下游建有小型电站两座。河滩边有座山，形似马，故名。

河溪　Hé xī　双河公社中坪西南8公里，发源于宣恩县椿木营，境内长约12公里，河宽20米，一般流量1立方米/秒。此河段有许多小溪汇流，故名。

黄连溪　Huáng lián xī　芭蕉公社境内，下游称芭蕉河，长约5公里，河床宽约20米，流量0.4立方米/秒。溪边生长有许多黄连，故名。

纸坊溪　Zhǐ fang xī　芭蕉集镇南3.5公里，长约9.5公里，下游称干溪河，河床宽约5米，流量0.1～0.2立方米/秒。

柘林溪　Zhè lín xī　白果公社金龙坝中部，发源大渔泉，下游称枫香河、马鹿河，河宽约15米，流量0.7立方米/秒。溪边原长满柘木树，及杂灌林木，故名。

小清河　Xiǎo qīng hé　石窑公社烂池坪西南1.5公里，长约2.5公里，宽10米，一般流量0.3立方米/秒。溪水清澈，比大清河小，故名。

干溪　Gān xī　盛家坝公社罗家塘东

北3公里，长约2.5公里。时令河，晴天干枯，故名。

黎家河 Lí jiā hé 盛家坝公社桅杆堡西南3公里，在桅杆堡大队，长约4.5公里，河宽10米。

七股水 Qī gǔ shuǐ 盛家坝公社狮子岩东北2.5公里，流量0.2～0.3立方米/秒。此溪由七股水汇流而成，故名。

残料沟 Cán liào gōu 盛家坝公社梅子坪东北3公里，长约7公里，宽3米。沟上有座杉木桥，此处常堆残料，故名。

小河沟 Xiǎo hé gōu 发源于铁厂河，在盛家坝公社蓼叶坪东北1.5公里，长约10公里，河床宽10米。

潘家河 Pān jiā hé 盛家坝公社蓼叶坪西北100米，长约4公里，河宽16米，流量0.5立方米/秒。

关口河 Guan kǒu hé 盛家坝公社西北方，上游称七股水，此段长约7公里，河宽16米，流量0.3立方米/秒。河两岸山势陡峭，出口狭窄，故名。

山羊溪 Shān yáng xī 盛家坝公社县麻风病院东南3公里。此处地形似山羊，故名。

磨子溪 Mó zǐ xī 盛家坝公社县麻风病院东南3公里。地形似磨子，溪水环流，故名。

蔡家河 Cài jiā hé 施南镇东南900米，长约3公里，河宽15米，流量0.3～0.5立方米/秒。

泉 水

狮子阡 Shī zǐ qiān 沐抚公社集镇西侧老街尾，公社机关大楼左侧，海拔1100米。

相传，在狮子阡泉眼内，常有一种动物出没，形状奇特，嘴像石鸡嘴，头象狮子头，故人们称此泉为狮子阡。

狮子阡是地下河的一个出口处，50年前此洞有一高约3米，宽2米的洞口，后因水流冲刷，洞口塌方，逐渐形成一个泉眼，口约1公尺大小，清清的泉水常年涌出，流量为0.05立方米/秒，可供集镇居民和机关职工饮用。解放后为改善用水条件，减少疾病，对泉水口作过多次整修。1980年在泉眼口处依地势用条石筑起3个阶梯式蓄水池，分别为吃水、洗衣、牲畜饮水池。紧靠水池下方修建一大蓄水池和50米长的引水渠道，建起一座小电站，发电量为24千瓦，供集镇机关居民照明和加工用电。在狮子阡最上面的水池中央，有一直径为1米高出水面1.5米的石笋。石笋上生长1株“千年矮”(黄杨)树，树高1米，盘根错节，四季常青。

大渔泉 Dà yú quán 恩施县城西南35公里，海拔880米。

大渔泉，因水流量大，常有红色土渔从泉中涌出故名。地处石灰岩深山河谷地区，四周被森林茂密陡峻高大的山岭包围，来水面积大，泉水从王家堡山脚溶洞中流出，常年流量0.7立方米/秒。出水口已用大青石砌成石坝，围成一井台，长10米，宽5米，深3米。清清的泉水从坝上漫出，四季长流，汇柘林溪，形成马鹿河。流经白果公社金龙坝、流横塘大队后入盛家坝公社，洪水季节可放木排。

渔泉洞 Yú quán dòng 恩施县城南19公里，紧靠马河滩河南岸的椭圆形山包下，石板溪至黄泥塘的简易公路从洞门前穿过，现属干溪公社石板溪大队管辖。此泉是阴河的出口处，清水长流，洞中还常有细鳞黑背白肚皮的大渔涌出(本地叫洋渔)，故名。

该洞有两个彼此相通的洞口，一在山腰，一在山脚，口大底小形如方柱体。洞口朝天，长35米，宽26米，洞壁陡峭，页岩地质。水位最深时可达40米。丰水季节，滚滚洪水从洞的右侧漫过；顺山势泻入马河滩河，成为天然的溢洪道。

山脚的洞坐南朝北，洞内深处与山腰的底部相沟通，泉水从洞内流出，未修电站前人们常进洞取水酿酒。水的常年流量0.6立方米／秒。底洞口呈半圆形，洞底宽23米，高18米，洞壁皱褶，层层相叠；洞顶倒垂着许多石钟乳。

1966年经县水电部门勘测设计在渔泉洞修过泵站，串联安装了5台30-6型水轮泵，将水泵上山顶灌溉农田。1978年又改建成水电站，将底洞原出水处用土石木料以及钢筋混凝土堵住，从旁打一深20米的隧道，连通山腰的大洞引水发电。在洞门前建机房，安装容量为160千瓦的发电机组两台(因漏水，现未发电)。在机房对面修有3个宽12米，长20米，深2米的蓄水池，蓄水池前面是一块约600平方米的河滩。马河滩河自西向东缓缓流过，在渔泉洞下游建有马河滩电站，发电量为75千瓦，使渔泉洞的水利资源得到了充分的开发和利用。

落锅井 Luò guō jǐng 板桥公社王家坪东北1.1公里。井底形状似锅，故名。

凉水井 Liáng shuǐ jǐng 白杨坪公社大沙坝西南1公里。井口1平方米，供食用。井水清凉，故名。

自古水 Zì gǔ shuǐ 沙地公社大块田西南300米。流量0.2立方米／秒，可灌田饮用。泉水自古都有，故名。

一碗水 Yī wǎn shuǐ 红庙公社旗峰坝南2.1公里。供过往行人饮用。泉水源于沙岩缝中，岩壁有个水窝，只有碗大，故名。

响水洞 Xiǎng shuǐ dòng 锣针公社浮萍滩东北1.5公里。该洞出水口下是陡坎，水流响声大，故名。

锣鼓水 Luó gǔ shuǐ 锣针公社浮萍滩东750米。传说，每逢天气变化时，泉眼便传出似锣鼓敲响的声音，故名。

大渔泉 Dà yú quán 锣针公社蒋家垭口西南1.8公里。流量0.5立方米／秒，干名溪发源处。泉水里常有渔涌出，故名。

白水泉 Bái shuǐ quán 白果公社乌池坝东1.6公里。因泉水含盐重，故名。

十二泉 Shí èr quán 盛家坝公社弯田东1.9公里。此泉处清江边，有12个小泉眼，故名。

水　潭

龙潭 Lóng tán 恩施县城东南48公里，石窑公社龙潭大队二小队境内，海拔1670米。

此潭为一高山淡水湖泊，水面呈椭圆形，面积约60亩，潭的西边有一喷泉口，是龙潭水源之一，称为小龙潭。逢枯水季节水位下落可见到两个水潭。平均水深约60米，最深处达133米，容量约240万立方米。

相传，此地原是一块肥沃的田坝，坝中有个方圆3米的深坑(当地称气眼)。某年春耕时节，农民带着午饭到此耕种，中午吃完饭后，突然天气骤变，下起倾盆大雨。人们忙着避雨而顾不上放在坑旁的锅碗了，雨停后，只见放锅的地方已成一片汪洋，年复一年就凹陷成了既大又深的水潭。人们迷信是龙作怪而形成了大潭，故称为龙潭。解放后，国家有关部门对龙潭的地质结构及形成进行过勘察，认为潭的形成是因地壳震动造成局部凹陷而形成。

河塘湖 Hé táng hú 沐抚公社沙塆阡东300米，湖面呈椭圆形，面积约60亩，一般水深约2米，最深处约5米。此湖处清江边，故名。

坨子窝坑 Tuó zǐ wō kēng 沙地公社麦子埫南3公里。面积约50亩。传说，窝坑中有个拳头大的气眼，冒水，而当地称“拳头”为“坨子”，故名。

地片 盆地

倒龙 Dào lóng 恩施县沙地公社东北部，西距麦子埫集镇4公里。全地片由社林、四方丘、倒龙、干沟、柑子坪5个自然村组成。居住500余人，土家族占多数。总面积1.8平方公里，其中耕地1250亩，平均海拔650米。

倒龙地处河谷中的平缓坡地，相对而言有小块的平坝地，故当地又称倒龙坝。由于当地方言对“倒”“刀”二字的读音混淆，将“倒龙”叫成了“刀龙”。可是当你问起“刀龙”的含义时，人们又肯定地说应是倒龙，不是刀龙，并绘声绘色地讲述倒龙的来历。

倒龙名称的由来有两种传说：一是说从前的一天清晨，大雾笼罩着此地，突然，人们看见一条发亮的金龙，正在浓雾中腾跃，头朝地，尾朝天，很快又消失在雾中，人们便叫它倒龙；二说在古时候的一天，从四方丘方向飞来一条龙，又是头向下，尾向上，片刻，化为一条长石。至今仍有一象龙的石灰岩长石横卧在四方丘旁，栩栩如生，人们便将此地称倒龙，地名沿用。

倒龙远近闻名，土壤肥沃，气候温和，风景秀丽，物产丰富，有许多优美的民间故事广为流传。相传，倒龙的中部水田大坝，曾有棵半夜子时开花的腊梅树；四方丘旁的长石，是龙的化身；倒龙的北部，11根(现存6根)树龄在500年以上的香檀古树挺拔屹立，恰似卫兵据守着这块宝地。古树旁，原建有何姓祠堂，每年秋社，何姓家族在此集社祭祖，人们称此处为社林。社林的西北方，有一高登的岩壁，岩壁东北部有突兀的岩峰，犹如神女探身，观音坐莲，故叫观音岩。岩峰西边有个小溶洞，常年流水不断。观音岩的西南侧，从岩壁上飞流直下一瀑布，高约30米，水珠飞溅，在阳光下象彩虹般绚丽。社林的东面生有一岩石，形似雄狮。前面不远的地方，传说是出倒龙的地点，叫出龙口。社林东北方的河东岸，有一鹤立状的石峰，像只雄鹰，正向倒龙俯视，人们叫它金鹰。社林东南方的河边，从土中冒出一块状如小兔的白色石头，惹人注目，传说是金鹰追赶出的一只玉兔。古往今来，许多人吟诗赞美倒龙，民间流传着“倒龙一支仙梅开，石龙赶猪来怀胎；祠堂设起祭祀台，龙潭水绕观音岩；狮子吐雾出龙口，金鹰赶出玉兔来”民谣，将倒龙的自然景物描绘得淋漓尽致。

倒龙夏热冬温，雨水充沛，东、西、北方有绵长的大山、峭拔的峰峦阻挡冷空气的侵入，无霜期长达300天以上。各类农作物和亚热带水果生长良好。主产水稻，其次是玉米、红苕、洋芋。经济林以木梓为主，梨、桃、柿、葡萄、李子等水果都有出产。

从倒龙旁流过的巴溪河落差大，水利资源较为丰富。目前，在倒龙北部的水井塆，建有沙地公社水电站，装机容量410千瓦。使全公社大部分社队用上了电灯。在倒龙南方，建始县凤凰公社建有两座水电站，装机720千瓦。由于建电站使水位抬高，倒龙水田获得得天独厚的灌溉条件。

恩施盆地 En shī pén dì 恩施县城周围，东距省会武汉市684公里。东抵七里公社莲花池，西止笔架山，北达龙凤公社衣角坝，南至干溪公社石堰塘，南北长40公里，东西宽24公里。

恩施盆地形成于中生代白垩纪。在地质年代的三叠纪晚期(2亿年左右)海水退得厉害，大部地区脱离了海侵。到了白垩纪(1.37亿年)由于燕山运动，发生大的褶皱、断裂，使大脉龙至洞下槽与恩施盆地西缘大断层之间地层下陷，形成局部陷落盆地。新生代的喜马拉雅山运动又在原地貌轮廓上加工，第三纪(7000万～2500万)的初期，盆地相对下沉，边缘则相对上升，这一形势一直延续到第四纪，称之为湖相沉积。所以盆地内主要构造为第三系红砂岩，经过风化侵蚀，山峦沟槽纵横交错，连绵起伏如波，清江自北向南横贯盆地的中部，北方有带河，东部有周家河、龙洞河；西南有高桥河、芭蕉河等几条较大的河流汇合到清江，清江及支流沿岸，形成冲积小平坝，沉积了大量第四系冲积物质和近代河流冲积物。盆地的边缘分布有少量寒武、石炭，二叠系石灰岩和第三系砂砾岩，地势相对开阔平缓，平均海拔450米，相对高度一般为50米左右。

恩施盆地范围包括红庙、干溪公社和龙凤、芭蕉、七里公社的大部分以及施南镇，共计94个大队，总面积548平方公里，其中耕地面积150182亩，总人口19万人，其中城镇人口6万人，土家族汉族聚居，因盆地处恩施县境中部，故名恩施盆地。

恩施盆地开发甚早，据《恩施县志》载，古代巴人(土家族先祖)乘船逆清江而上至此，叩石垦荒，生殖繁衍，使盆地逐步得到了开发利用。1400多年前就有桓元子在盆地中部筑城称王，名施王屯(又名蛮王寨)后周平定施王屯置施州。隋朝时在现今象牙山下设夔州路清江县，后历代朝廷都在此设立管理机构，并逐渐成为统辖建始、利川等县首府之地。

恩施盆地形似一船形，北到龙凤，南到芭蕉，南北长，东西窄，地势西北和西南高，中部低平。盆地处低山河谷，四周又有高山屏障，故气候温和，空气湿润，无霜期长，雨量充沛，但春末夏初多连阴雨。年平均气温16.4℃，最冷月1月4℃(平均)，最热月7月27.2℃(平均)，年平均降雨量1424.8毫米，无霜期长达320天，有利于农作物的生长，适宜发展农业生产和多种经济。盆地内土壤包括黄壤、水稻土、潮土3个土类，黄壤中红砂岩黄壤最多，主要分3种类型：一种第四纪沉积平原型，(包括金子坝、下大堰、枫香坪、黄泥坝等)，地势平坦，土层深厚，土质肥沃；二种近代河流冲击坪坝型，分布于清江及支流沿岸坪坝(包括旗峰坝、下官田、大小龙潭、高桥坝等)，因河流冲积物多，故质地适中，水源条件好；3种红砂塆槽型，分布红砂岩区，地形特殊，塆槽内为水田，山上多为旱地，马尾松林。恩施盆地是恩施县水稻和茶叶的主要产区，水田面积62324亩，水稻产量达3434万斤，占全县水稻产量的40%，茶叶产量6500担，占全县67%，芭蕉、五峰山茶叶还闻名全国，远销欧亚。此外还盛产柑橘、梨、桃等水果，现已将盆地划为恩施县粮食经济作物区。

恩施盆地经过劳动入民辛勤耕耘，得到了很好的开发利用，农业、工业、交通、文教卫生事业都有了飞跃发展。盆地中心施南镇已成为恩施地区政治、经济、文化、交通的中心，也是鄂西南山区的重镇。如今镇内高楼大厦鳞次栉比，工厂马达轰鸣，机声隆隆，宽平的公路上车水马龙，一片繁忙，交通极为方便，在盆地内还分布有五峰山、连珠塔、龙洞、天桥、大龙潭等著名风景区。

土桥坝 Tǔ qiáo bà 施南镇东北部，

距舞阳坝东北 1.5 公里。巴(东)—石(门坎)公路自北向南穿过，土桥路与土桥街相平行而成“月”字形。龙洞河自东北折西南从坝中缓缓流过。

土桥坝山谷开阔，地势较为平坦。平坝东西宽 800 米，南北长 1 公里，总面积 0.8 平方公里。早年在恩施地区渔种场至段家塆入口处，原有条小溪横流，溪上用木料搭成小桥，上用土覆盖，取名土桥(现无存)，其东北紧连大坝，故而称此地为土桥坝，一直沿用。

解放前，土桥坝隶属恩施县七里乡十四保管辖，此地原是一片荒丘。抗日战争以前，只有 3 家远路来的客商，设有店铺，招徕过往顾客，生意颇为兴隆，故此地曾叫店子坪。抗日战争爆发后，难民纷纷从外地迁至恩施，在土桥坝一带落居。国民党湖北省政府四大厅，八大处也迁至此。房屋突增，入口集居，使土桥坝逐渐形成街道，后又发展成为恩施城郊最大的集贸市场。

土桥坝现属施南镇管辖，驻有地、县、镇学校、企事业单位 100 多个，人口约 7000 人。从地区渔种场起至三孔桥止，为土桥路，全长 1.5 公里，宽 7 米，沥青渣油路面，可通行汽车。从施南镇副食门市部起至土桥豆作社止，为土桥街，两端与土桥路相连，全长 360 米，宽 4 米，混凝土路面，不通汽车，是土桥坝集市贸易的主要区域，在土桥路和土桥街上，驻有省地质局第二地质队，县农机公司，县直商业供销各类门市部，地区外贸车队，地区医专门诊部等单位。在周围山包上，分布有恩施师专、恩施一中、土桥高中、地区财贸、商业、林业、农业、工业等中等专业学校，成了施南镇的文教区域。

土桥坝的集市，每逢农历双日赶集，它以物资丰富，品种多样而远近闻名。赶集之日，人们争相出售自己生产加工的各种农副产品。参加集市的人约 5000 余人，集市高潮时，土桥街拥挤得水泄不通。农贸市场上出售的农产品有粮食，牲畜，肉类、蔬菜以及烟、茶、麻、漆，桐油等土特产品和时令水果。沿街开设的国营商店和私营小吃摊生意兴旺，一片繁忙，集市成交额达数万元之多。

土桥坝交通方便，车辆来往频繁，舞阳坝至龙凤坝的公共汽车路经于此。在土桥街头，恩(施)—鹤(峰)公路由此向东延伸。

金子坝 Jīn zǐ bà 红庙集镇东南 2 公里，平均海拔 460 米。

该坝中部有一小山包，周围是一块低平的大坝，为恩施盆地的中心地带，多为海相沉积，土层中有很多的鹅卵石，属红色大泥土，土质肥沃，盛产水稻。每当谷黄季节，尤如金子一般的色彩，故名金子坝。

金子坝由南向北伸延，长约 4 公里，南部低，北部稍高。其东西两侧是起伏连绵、高低不平的红砂岩山，宽约 1 公里，总面积 4 平方公里。有耕地 5312 亩(水田 4328 亩)，为红庙公社金子、耿家坪、金凤山 3 个大队所辖。居住 1253 户，5447 人。抗日战争时期，在此坝设过湖北省报社和国民党武汉战区司令部。

金子坝地处低山丘陵，气候温和，雨量充沛，土壤肥沃。多水田，少山地，农作物以水稻、玉米、小麦、油菜为主；经济作物有茶叶、苎麻、花生以及柑橘、梨等水果。水稻平均亩产 800～1000 斤，居全县领先地位。

1958 年后，分别在坝的北部修建了金子、金马两座水库和许多堰塘，配套了灌溉系统，保证了大部分农田的灌溉。

在金子坝的中部有 1 条小街，为红庙公社金子管理区驻地。街道呈南北走向，长 80 米，宽 5 米，泥石路面，为木瓦结构房屋。设有百货、生资日杂门市部以及缝纫、农副产品加工等企业单位。街两旁坐落有县农业学校，金子坝中学。街头有恩施地区农业学校。简易公路在三孔桥与巴(东)—石(门坎)公路相通，沟通了城乡物资交流。

让水坝 Ràng shuǐ bà 沐抚公社大石包北，包括让水坝大队 14 个生产队。此地地势低，能让水消退，故名。

大窝坑 Dà wō kēng 板桥公社八个垛东北 2.9 公里，面积约 0.5 平方公里。此地为一窝坑，面积较大，故名。

西埫 Xī tǎng 板桥公社老鸹石东南 1.3 公里，面积约 0. 3 平方公里。此埫当西晒，故名。

丰竹梁 Fēng zhú liáng 板桥公社横店子南 2 公里，面积约 1050 亩。山梁上原长有很多丰竹，故名。

大埫 Dà tǎng 板桥公社八个垛西南 3 公里，面积约 300 亩。此地是个大埔，故名。

青堡 Qīng bǎo 又名青圃，龙马公社苦草埫西南 1.5 公里，面积 2250 亩。传说，300 年前，此地是一片榨草坝，有位姓黄的人从川东迁居此地，用 3 匹青布换下了这块草坝，故名青布，后讹称青堡。

孙家大塆 Sūn jiā dà wān 板桥公社王家坪南 1.4 公里，面积约 9000 亩。

孔家塆 Kǒng jiā wān 龙马公社后河西北 2 公里，面积约 3000 亩。

老林塆 Lǎo lín wān 龙马公社后河西北 2 公里，面积约 300 亩。山塆内原森林茂密，当地称老林，故名。

铁厂塆 Tiě chǎng wān 龙马公社后河西北 2.9 公里，面积约 350 亩。塆内办过铁厂，故名。

淹水坝 Yān shuǐ bà 沐抚公社榨坊东北 2 公里。因坝常遭水淹，故名。

二岩 Er yán 龙马集镇西 9 公里，面积约 2 平方公里。此山岩被大河沟和马家沟二沟夹持，故名。

三岔槽 Sān chà cáo 白杨坪公社施谭坝东南 1.5 公里，面积约 300 亩。此槽有 3 个岔口，故名。

皮家塆 Pí jiā wān 龙马公社榨坊西北 1.9 公里。

鼓井坡 Gǔ jǐng pō 熊家公社大坪西南 900 米，面积约 1500 亩。山坡上有口井，形状象鼓，故名。

铜钱沟 Tóng qián gōu 熊家公社集镇东北 2.2 公里，面积 1050 亩。沟中原住有铜匠，故又名铜匠沟。

枷档塆 Jiā dàng wān 龙凤公社竹园坡东北 2.445 里，面积约 750 亩。此塆地形似牛身上带的枷档，故名。

长风槽 Cháng fēng cáo 熊家公社响板溪东 1.3 公里，面积约 200 亩。此槽较长，常受风灾，故名。

烂泥塆 Làn ní wān 熊家公社下羊角坝西 800 米。山塆内有几丘烂泥田，故名。

向阳槽 Xiàng yáng cáo 大山顶公社插条岭东 2.5 公里。海拔 1800 米，面积约 500 亩。此槽因向阳，故名。

太和观 Tài hé guàn 熊家公社大石板东北 1.5 公里，面积约 750 亩。此地早年修有小庙，名徐家观。倒后由崔、谭、杨 3 姓合修此庙，取名太和观，地名沿用。

庙坡 Miào pō 熊家公社大石板东北 900 米。坡地上原建有庙，故名。

长脚坡 Cháng jiǎo pō 沙地公社集镇西北，面积约 1.5 平方公里。因坡长难走，故名。

马家坪 Mǎ jiā píng 红庙公社幺堰塆西南 1.3 公里。

姜家槽 Jiāng jiā cáo 沙地公社双垭岭下南 1.3 公里。面积约 750 亩。

犀河坝 Xī hé bà 红庙公社集镇西南 1.5 公里。面积约 450 亩，坝处河边，传说常有犀牛来此喝水，故名。

北路坡 Běi lù pō 三岔公社一碗水西北 1.8 公里。面积约 1.5 平方公里，山腰处有条往北的大路，故名。

堂塆 Táng wān 红土公社集镇北偏西 6 公里。山塆较长，初名长塆，因“长”“堂”音近，谐成“堂”塆。

洞塆 Dòng wān 红土公社集镇西北5公里。面积约1.5平方公里。此塆上部有个山洞，故名。

二磴岩 Er dèng yán 三岔公社集镇东北9.5公里，面积约2平方公里。此地为台地，上为高耸的长岭，下为悬岩，故名二磴岩。

黄草坡 Huáng cǎo pō 沙子公社集镇东南，面积约8000亩。原坡地为一片茅草，秋冬季一片枯黄，故名。

二斗槽 Er dòu cáo 红庙公社汪家寨南1.1公里，面积约450亩。槽内水田多，收获时要两架板斗打谷，故名。

两河口 Liǎng hé kǒu 三岔公社二磴岩西南2公里，面积约300亩。该地是龟山河与清江河的汇合处，故名。

岩塆 Yán wān 红土公社凉水井东南1.5公里，面积约750亩。此塆两旁为悬岩，故名。

魏家塆 Wèi jiā wān 白果公社五石坪西北1公里。

放马坪 Fàng mǎ píng 白果公社十字路西南1.1公里。此坪水草丰富，是放马的场所，故名。

夹沟 Jiá gōu 锣针公社杉树坝南1公里，面积450亩。此沟被两山所夹，故名。

腰带坪 Yāo dài píng 白果公社白岩坝东北5公里。此坪地象条腰带缠绕于山间，故名。

龙家坪 Lóng jiā píng 白果公社白岩坝北偏东1.8公里。

三十六塆 Sān shí liù wān 红土公社西南部，面积约2.5平方公里。此地山连山，塆连塆，大小山塆36个，故名。

两河口 Liǎng hé kǒu 三岔公社二房东南2.5公里，面积约450亩。此地处清江河与宣恩石心河汇合处，故名。

龙埫塆 Lóng tǎng wān 红庙公社黄土坎西3公里。面积约900亩，塆内地形似龙，又有个埫，故名。

马路塆 Mǎ lù wān 白果公社下村坝南偏东2公里。此塆原有条大道通芭蕉，故名。

白庙子 Bái miào zǐ 白果公社乌池坝东北1.8公里。此池原有座白色墙壁的小庙，故名。

雷打石 Léi dǎ shí 白果公社集镇西南4.2公里。此石块为打雷时从山上滚下来的，故名。

长塆 Cháng wān 白果公社乌池坝东北800米，山塆因长故名。

丁家坪 Dīng jiā píng 双河公社中坪集镇北偏西3.5公里。面积约300平方米。

马家塆 Mǎ jiā wān 白果公社乌池坝东南2.5公里。

兰家塆 Lán jiā wān 双河公社中坪集镇北偏东2.2公里。面积约750亩。

丝茅坡 Sī máo pō 白果公社乌池坝南2.1公里，面积约40亩。山坡上长满丝茅草，故名。

旗树坪 Qí shù píng 芭蕉公社小宏岩东北3公里。坪中原有棵大松树，象竖立的旗杆，故名。

浮塘坪 Fú táng píng 白果公社集镇西南24.75公里。此坪原水塘中泥巴多故名。

龙家塆 Lóng jiā wān 白果公社见天坝集镇西偏北2.25公里。面积约280亩。

淹水塘 Yān shuǐ táng 白果公社两河口东南2.2公里。此地原有小塘，常淹水，故名。

梁家槽 Liáng jiā cáo 干溪公社镰刀塆东北2.5公里。面积约500亩。

东瓜溪 Dōng guā xī 富尔山林场烂木槽西北800米。面积约600亩，地形似东瓜，有条小溪，故名。

上坝塆 Shàng bà wān 白果公河社杨昌隆东南1.6公里。此塆位于坪坝上方，故名。

长槽塆 Cháng cáo wān 干溪集镇北1公里。塆槽狭长，故名。

大槽 Dà cáo 芭蕉集镇西南7公里。面积约1500亩，山槽面积大，狭长，故名。

火铺塘 Huǒ pū táng 芭蕉公社恩(施)大(集场)公路29.5公里。面积约600亩，百余年前有人在此加工火炮，屋后有口塘，故称火炮塘，后讹称火铺塘。

河坪 Hé píng 又名河坝，盛家坝集镇西南1.2公里，面积约1500亩。此坪临河，故名。

两河口 Liǎng hé kǒu 盛家坝公社磨锣西南1.5公里。面积约450亩，此地处两条小河汇合处，故名。

河坡上 Hé pō shàng 盛家坝公社境内，面积约1万亩，因处河边坡地上，故名。

土墙屋基 Tǔ qiáng wū jī 盛家坝公社灯草池西2公里。此地原是田家的土墙屋基，故名。

烟笼子塆 Yān lóng zǐ wān 盛家坝公社弯田东2.5公里。面积50亩，此地处河边，常被雾笼罩，故名。

西塆 Xī wān 施南镇航空站西南900米。此塆位于槽地西段，故名。

东塆 Dōng wān 施南镇航空路西南920米。此塆位于槽地东段，故名。

麻柳冲 Má liǔ chōng 施南镇大官山北，此冲(塆)内长有成片麻柳树，故名。

雷打石 Léi dǎ shí 施南镇航空路西南1公里。此石为雷击碎，故名。

芝麻塆 Zhī ma wān 施南镇大官山西北1.8公里。此塆原产芝麻，故名。

五斗塆 Wǔ dòu wān 施南镇大官山北1.5公里。面积约1000平方米。山塆水田原只产五斗谷，故名。

鲤鱼背 Lǐ yú bèi 施南镇窑塆西南1.1公里。此地有条小河，河床似鲤鱼背，故名。

康家塆水井梁子 Kāng jiā wān shuǐ jǐng liáng zǐ 施南镇大官山北1.4公里，面积约4500平方米。山梁下有口水井，原此地为康家所有，故名。

庙塆 Miào wān 施南镇大官山北1.4公里，面积约2000平方米。山塆内建过庙，故名。

戴家塆 Dài jiā wān 施南镇大官山西北1.4公里，面积5000平方米。

卧虎石 Wò hǔ shí 施南镇窑塆西南1.5公里。此地有块石头，形似卧虎，故名。

鬼打塆 Guǐ dǎ wān 施南镇大官山西北1公里。山塆处坟墓多，故名。

月亮岩塆 Yuè liàng yán wān 施南镇大官山西北1公里。此塆处月亮岩下，故名。

墓坟塆 Mù fén wān 施南镇大官山西北800米，面积约6000平方米。此塆内坟墓多，故名。

水井塆 Shuǐ jǐng wān 施南镇大官山东北850米，面积2500米。山塆内有口水井，故名。

三丘田 Sān qiū tián 施南镇大官山西北900米。此塆内有3丘水田，故名。

破堰 Pò yàn 施南镇大官山西600米，面积约3000平方米。此地修过堰塘，因漏水，故名。

纸厂沟 Zhǐ chǎng gōu 施南镇森林宫东600米，面积约1万平方米。沟内办过纸厂，故名。

财神庙 Cái shén miào 施南镇森林宫西南380米。此地建过庙，供有财神菩萨，故名。

庙儿槽 Miào ér cáo 施南镇森林宫西南500米。此槽内建过庙，故名。

王字沟 Wáng zì gōu 沙地公社黄广田东北，面积约200亩，地形象王字，有条溪沟，故名。

消坑 Xiāo kēng 白果公社白岩坝东北 2 公里。此坑消水，故名。

窝麻埫 Wō má tǎng 白果公社苏家河坝东北 2.2 公里。传说，此地盛产天麻，一窝有好几斤，故名。

（上接第 433 页）

因取义皇帝恩赐而得名的有宣恩、恩施、咸丰等 3 县。宣恩县，雍正十三年（1735）改土归流，据《宣恩县志》：“当时迈柱奏请皇帝钦定县名：国朝威德兼施”，苗疆向化，因命名为宣恩县，表示皇帝恩赐之意。恩施县，原名清江县，雍正六年(1728)改名恩施县，据同治《恩施县志》：“明设施州卫，雍正六年，称施县，雍正七年，改为恩施县，恩施，即皇帝赐恩施县之意。”咸丰县亦同时命名。盖取“咸庆丰年”之意。

另外，还有宜城、宜昌、宜都 3 县，虽建置、沿革可考，但命名含义，尚难确指，姑举所知，聊供参考。宜城县，据《水经注·沔水注》：“城故鄢郢之故都，秦以为县。汉惠帝三年，改为宜城。”据 1976 年宜城县楚皇城出土“汉夷邑君印”或系“夷宜谐音，以宜代夷之意”。宜昌县，战国楚地，《史记·楚世家》：“楚顷襄王二十一年，秦将白起伐楚，拔郢焚彝陵。”秦始皇二十六年，行郡县制，改彝陵，置巫县。汉灭秦，改置夷陵县。建安十四年，孙权表刘备为荆州牧，备分南郡立宜都，领夷道、佷山、宜昌、夷陵 4 县。宜昌之名始此。历代更名频繁，至清雍正十三年，以夷陵州为宜昌府，立东湖县(县东有东湖故名)。辛亥革命后，改称宜昌县。县名宜昌，或取“应当昌盛”之意。宜都县，据《太平寰宇记》，宜都县旧名夷道。清《宜都县志》：“汉昭烈帝章武元年(221)，置宜都郡。”宜都之名始此。《宋书·州郡志》“陆逊别取宜都，获秭归、枝江、夷道县。”《隋书·地理志》：“隋改宜都为宜昌，乃移宜昌于宜都。”唐改夷道县曰宜都县。县名宜都，或系取义“人物昌盛，宜于建都”之意。宜昌原名夷陵，宜都原名夷道，后均改“夷”为“宜”，或系避免歧视少数民族嫌疑，而改取吉祥之词。以上系间接推论，有待进一步探索。

（转载《武汉师范学院学报》1982 年第二期，有删节）

附　　录

国务院关于地名命名、更名的暂行规定

(1979 年 12 月 25 日)

第一章　总　则

第一条　为了加强对全国地名的统一管理，做好地名的命名、更名工作，以利于社会主义现代化建设，特制定本规定。

第二条　地名的命名、更名工作，关系到国家领土主权和国际交往，关系到国家的经济建设和国防建设，关系到民族团结和人民的日常生活，是一项政治性、政策性、科学性都很强的工作。必须严肃对待，认真做好。

第三条　地名是历史形成的，应当以历史唯物主义的观点正确对待，以保持地名的稳定性。地名的命名、更名要慎重对待，要从实际出发，深入调查研究，充分走群众路线，严格履行审批手续，不得擅自决定。

第四条　本规定适用于地理实体名称、居民地名称、行政区划名称和各专业部门使用的台站港场名称。

第二章　地名的命名

第五条　地名的命名，要注意反映社会主义革命和建设的成就，反映当地历史，文化和地理特征。

第六条　一般不以人名作地名。禁止用国家领导人的名字命名地名。

第七条 省以下各级行政区划的名称，各专业部门使用的台站港场名称一般要与当地地名统一，派生地名一般要与主地名统一。

第八条 全国县以上名称、一个地区内公社名称、一个县内生产大队名称不重名，一个市内的街道、胡同不重名。在上述范围内，避免用同音汉字命名地名。

第九条 公社、生产大队、生产队的名称一般按照当地地名命名，不用序数命名(一个自然村内有数个大队、生产队的情况例外)。

第十条 地名命名要简明确切。不用生僻字和字形、字音容易混淆的字。

第三章 地名的更名

第十一条 凡属于下列情况的地名，必须予以更改:

(1) 有损我国主权和民族尊严的;

(2) 带有民族歧视性质、妨碍民族团结的;

(3) 带有侮辱劳动人民或极端庸俗性质的;

(4) 其他违背国家方针政策的。

第十二条 凡不符合本规定第七、八、九、十条精神的，原则上应予更名。

第十三条 一地多名，一名多写以及少数民族地区的地名音译不准(译名还不稳定)、用字不当的，应予调整。

第十四条 纪念革命先烈，一般不更改地名。但已用烈士名字命名的地名，并履行了一定审批手续，群众称呼已成习惯的，仍可沿用。

第十五条 对于不是明显属于上述范围的可改可不改的地名，一律不要更改。

第四章　地名命名，更名的审批程序和权限

第十六条　地理实体名称的命名更名按下列程序办理:

(1)凡位处边疆地区的或在国内外著名的山脉、河流、湖泊、岛屿，海湾，海峡等名称，由有关省、自治区、直辖市人民政府提出具体意见，报国务院审批，同时抄送中国地名委员会、民政部和外交部。

(2)涉及两个或两个以上的省、自治区、直辖市范围的山脉、河流、湖泊等的名称，由有关省、自治区、直辖市人民政府单独或共同报国务院审批，同时抄送中国地名委员会和民政部。

(3)位于一个省、自治区、直辖市范围内不属于本条(1)款情况的山脉、河流、湖泊等的名称，由所在省、自治区、直辖市人民政府审批；并抄送中国地名委员会和民政部。

第十七条　行政区划名称的命名、更名，按照行政区划变动的审批程序和权限办理，同时抄送中国地名委员会。

新中国成立以来还未签定新的边界条约的边境地区县、市以下地名的命名和更名，由有关省、自治区人民政府提出意见报国务院审批。

第十八条　各专业部门使用的台站港场名称，由各专业部门征求所在地县、市以上人民政府和所在省、自治区、直辖市地名领导小组的意见后，提出适当名称，报各专业部门的上级主管部门审批；并由主管部门定期汇总抄送中国地名委员会。

第十九条　各级人民政府和各专业部门在报批上述地名时，应将命名、更名理由，包括拟废止的旧名和拟采用的新名的涵义、来源等加以说明。

第二十条　认真做好更改旧名、启用新名的宣传教育工作，并将

所命名，更名的地名及时通报有关部门。有些新改的地名群众不熟悉时，可加注旧名，作为过渡。

第五章　附　　录

第二十一条　各省、自治区、直辖市人民政府，可以根据本规定，结合本地区的实际情况，制定具体实施办法，并抄送中国地名委员会。

第二十二条　本规定在实施中遇到的具体问题，由中国地名委员会会同有关部门研究答复。

第二十三条　本规定自颁发之日起实行。过去有关规定与本规定不符的，以本规定为准。

中国地名汉语拼音字母拼写法

中国文字改革委员会
中华人民共和国国家测绘总局　1976年9月修订

一、用汉语拼音字母拼写中国地名，汉语地名按照普通话拼写，少数民族语地名按照《少数民族语地名汉语拼音字母音译转写法》转写。

二、汉语地名中专名和通名分写，村镇名称不区分专名和通名，各音节连写。

例如　黑龙江/省　通/县　台湾/海峡　泰/山，福海/林场　周口店　旧县三村　西峰镇　大虎山　大清河

三、汉语地名中的附加形容词一般作为专名和通名的构成部分。

例如　西辽/河　新沂/河　潮白/新河

四、少数民族语地名中的专名和通名一般分写。

五、少数民族语地名中的通名和附加形容词，习惯上意译或音译的，或音译后又重复意译的，一般都按照汉语习惯拼写。意译的部分按汉字注音，音译的部分按民族语转写。

六、地名的头一个字母大写。地名分写为几段的，每段的头一个字母都大写。

七、特殊的地名作特殊处理。

湖北省地名领导小组文件

鄂地〔1980〕016号

关于转发《城市街道名称拼写规则（草案）》的通知

各地、市、县地名领导小组，各有关单位:

现将中国地名委员会〔1980〕中地字第15号“关于印发《城市街道名称拼写规则(草案)》的通知”（以下称《通知》)转发给你们，请参照执行。我省印发的《地名普查有关规定》中有关内容与《通知》不符的，以《通知》为准。

1980年9月4日

抄送：省地名领导小组各成员

中 国 地 名 委 员 会 文 件

〔1980〕 中地字第15号

关于印发《城市街道名称拼写规则（草案）》的通知

各省、市自治区地名领导小组，各有关单位：

为了配合全国地名普查工作的进行，根据《全国地名普查若干规定(试行)》第二十七条要求，经与有关单位共同研究，特制定《城市街道名称拼写规则(草案)》，现印发给你们，望在城市地名普查中参照执行。

1980年8月22日

抄送：中国地名委员会各委员同志、顾问同志。

城市街道名称拼写规则(草案)

一、专名和通名分写。

中山/路　和平/里　榆关/道　文昌/街　门框/胡同　崔府/夹道　宫/巷　横/街

二、由两个或两个以上的词组成的专名或通名按词分写。

天宁寺/西里/一巷　南马路/南街　广安门/车站/东街　广渠/南水关/胡同　宣武门/东河沿/街　永定门/西滨河/路

三、专名或通名的单音节修饰词一般不单独分写。修饰专名的与专名连写，修饰通名的与通名连写。

西长安/街　东总布/胡同　东长沿/路　南羊市口/街　朝阳门内/大街　前兵马/街　东直门外/斜街　东直门/南顺城/街

光明/中街　枣林/斜街　东环/北路　西四/南大街　德外/东后街　广渠门/南小街　造币/左路　清波门/直街

四、专名和通名不易区分的按下例分写。

东/中街　下/斜街　南/马路　新/中街　南横/东街

五、以人名命名的地名，姓与名连写。

王光明/路　张之洞/路　王佐/胡同

六、以数字命名的带有序数性的地名，拼音时数字用阿拉伯字母书写，数字与其相关词之间加短横。非序数性的以及以日期命名的地名，数字一律拼音。

大川淀一巷	Dà chuān diàn 1-Xiàng
横二条	Héng 2-Tiáo
新安中里二巷	Xīn ān Zhōng lǐ 2-Xiàng
八纬路	8-Wěi lù
第二小学路	Dì-2 Xiǎo xué Lù
一号路	1-Hào Lù
槐柏树街北二条	Huái bǎi shù jiē Běi 2-Tiáo
小黄庄南街七巷	Xiǎo huáng zhuāng Nán jiē 7-Xiàng
五马路	5-Mǎ lù

五四大街	Wǔ sì Dà jiē
二七剧场路	Er qī Jù chǎng Lù
三里河路	Sān lǐ hé Lù

七、以文言、成语命名的地名或难于分写的地名连写。

三潭印月　柳浪闻莺　双龙夺珠　百花深处

八、地名拼写时，分写各段的第一个字母大写。

九、凡属 a、o、e 开头的非第一音节，用隔音符号隔开。

十、地名的正规拼写应按普通话标注声调。特殊情况以省略式处理，可不标声调，如地图、路牌等的拼写。

中国地名委员会

1980 年 8 月

恩施县革命委员会办公室

恩县革办字〔1980〕23号

关于举办全县地名普查培训班的通知

各公社(镇)革委会:

经县地名领导小组决定，9月27日举办全县地名普查培训班，时间7天，9月26日在县招待所报到。各公社(镇)派1名革委会副主任和工作人员(民政、水电、林业及具有测绘、地理、历史、汉语拼音、写作方面知识的同志)3～5人参加。

参加培训的同志，经过学习以后，应从事地名普查工作，不得随意变动。

恩施县革命委员会办公室(盖章)

1980年9月3日

抄送：地区地名办公室、县直各办、委、局

恩施县县长胡元春同志在县地名普查骨干培训会上的讲话

1980年10月14日

同志们：

遵照上级关于开展地名普查工作的指示精神，经县委研究同意，我们举办了这次各公社地名普查工作骨干培训会议。参加这次培训的有公社革委会的负责同志，武装部门的干部，公社农业、水利工作的技术人员，以及民政工作干部和文教战线的干部，共计99人。培训工作从10月8日开始，到14日结束，共7天时间。主要有以下几点收获：

一、培训中，我们学习了国务院1979年颁发的305号文件，学习了国家地名委员会、省地名领导小组以及地区地名领导小组等领导同志的讲话，在地名普查工作方面，进行了必要的专业技术培训，组织同志们到红庙公社光明大队进行了地名普查工作野外作业的实习。尽管我们参加培训的同志来自各公社、各个部门和各条战线，文化水平、专业技术水平参差不齐，但由于大家努力学习，认真钻研，互相帮助，取长补短，使我们的培训工作取得了一定的成绩，达到了预期的目的。

二、提高了对地名普查工作的思想认识。培训前，同志们普遍存在的一个问题就是对地名工作缺乏必要的认识和思想准备。有的准备到县开个会，回去汇报就散伙，有的认为地名普查很简单，就是大队改个名。通过学习，同志们把地名普查工作和“四化”建设联系起来，把我们当前的工作和国家长远的建设规划联系起来，把公社这个局部和全省、全国联系起来，较好地认识到地名普查工作的重要意义。从而，把对地名工作的漫不经心，换成了十分关心；把这次培训骨干视为开会出差、简单从事，换成了肩负重任、认真负责，尽自己最大的力量把普查工作搞好。

三、基本上掌握了地名普查工作的业务技能。这次培训虽然内容多、时间短，但多数公社都较好地做到了吃透精神，掌握重点，明确了地名普查工作的范围，初步弄清了各类地名在地形图上标示和标注的方法，基本上熟悉了地名类别的划分，学会了公社有关地名表、卡的填写，以及有关地名普查工作的调查和要求，初步掌握了地名普查外业工作的技能。从这次组织的野外实习情况看，多数公社做得不错。这就为我们下一步全面开展地名普查工作打下了基础。

四、树立了搞好地名普查工作的信心。这次培训中，同志们基本上经过了一个对地名工作由不认识到初步认识的过程。地名工作是一项政治性、政策性、技术性很强的工作，时间紧、要求高，完成任务信心不足。通过学习，同志们看国务院有文件，国家、省、地、县有要求，各级党委比较重视，地名普查工作也不是高不可攀，只要我们回去认真汇好报，取得公社党委支持，组织力量，一鼓作气，地名工作是可以搞好的。

所以总的说，我们这次骨干培训是有成绩的。当然，也存在一些问题，如我们对培训的准备工作不够细致，有关材料、必要的器材不充分，内容多，消化时间少，加上地名普查工作是一项新的工作，过去没有搞过，有关业务技能我们也不精通，在一定程度上给这次培训工作带来缺陷，这是我们工作中的问题。

这次培训，上级领导很重视，地区地名办公室派谭队长自始至终参加了我们的会议，亲自给同志们讲课，给我们培训及时帮助和指导，我们表示感谢。

培训结束后，同志们将要回到本公社去，对下一步工作，我讲几点意见：

一、认真学习、大力宣传地名工作的重要意义，提高对地名普查工作的认识。

地名普查工作，是一项政治性、政策性和科学性很强的工作。地名工作不仅直接关系到国家的尊严、国家领土主权、民族团结，关系到国际交往，同时，它与“四化”建设和人民的日常生活也有十分密切的联系。从国民经济建设上看，我们规划一项工程，建立一个重要的工业、农业生产基地，首先要求我们提出一个准确的地名，地名不准，对建设的规划、设计就会带来很大的困难，从国防建设上看，军队打仗，地名不准确，就会直接影响军队的军事行动。特别是处在海陆边疆地区，地名不准，更会直接影响到我们国家领土完整、国家的尊严。现在，我们国家在国际上的作用和威望越来越高，我们要团结第三世界各国人民，增进与友好国家的往来，我们还有许多侨居国外多年的华侨、爱国人士，他们迫切要求寻找自己的故乡和亲人，如果我们的地名工作不搞好，也势必造成很大影响。我们是山区，比较偏僻，但这两年来也有外事工作。如今年，就来过外国专家参观和研究我们县的洋芋，香港有一位商人还到恩施城关订货购买我们城关生产的窗帘。此外，我们还有芭蕉的茶叶、石窑的当归、板桥的党参等土特产在国际上也享有一定的声誉。这一切，都要求我们有一个准确的地名资料，地名工作混乱，就会直接影响我们的外事活动，给国家造成不必要的损失。所以，地名工作决不是可有可无、无关紧要的工作，而是一项非搞不可，非常重要的工作，是“四化”建设的基础。

对于地名工作的重要意义，我们不仅要认真学习，还要大力宣传。要运用广播、报刊等宣传工具以及各种会议等多种形式，广泛宣传地名普查工作的重要意义，发动广大干部和群众关心和支持地名普查工作。

二、加强对地名普查工作的领导，建立一个专门的工作班子。

地名普查工作是全党的一项重要工作，国务院有文件，国家成立了地名委员会，省、地、县各级建立了地名领导小组及其办事机构。各级党委对这一工作十分重视。我们县委对这一工作认真作了研究，并分工副书记徐国钦同志担任县地名领导小组组长，管这项工作，徐国钦同志代表县委多次在会议上对地名普查工作落实人员，成立专班作了强调，最后在召开各公社的电话会议上又提出了要求。我们各级党委都要认真把这项工作列入党委议事日程，当作重要工作来抓。要认真研究，根据本公社的具体情况，组织专门班子，落实专人，开展工作，负责到底。参加这次县培训的各公社的技术骨干，各公社一定要考虑地名普查工作的任务，使他们保持相对稳定，个别公社力量不够的，还要认真充实。大家回去后，要认真向党委汇报，并拿出切实可行的普查工作方案，提请党委讨论。

各部门要树立一个全局观念。全局就是整体，局部是整体的不可分割的一部分，局部必须服从全局。地名工作意义深远，涉及面广，与各条战线各行各业都有密切的关系，我们各个部门，各条战线都要支持这一项工作。当前，我们各项工作都很多，各部门都显得人员紧张。今年雨水多，灾情重，抗灾救灾工作的面大，武装部门即将开展征兵工作，民政部门的救济工作和优抚工作也将来临。这些工作固然要安排，要做好，但地名普查工作决不能放松，更不能丢。从当前地名普查工作开展情况看，全省是我们地区开展迟，我们地区是我们恩施县开展得迟，省和地区要求我们今年年底前一定要完成普查的外业工作，如果我们工作不抓紧，不按时搞好，就会影响全地区任务的完成，以致拉了全省、全国地名普查工作的后腿。所以，对于地名普查工作，我们各级党委都要下决心，认真安排好，落实好，保证按时保质保量完成上级交给的光荣工作任务。

三、高标准、严要求，确保地名普查工作的质量。

当前，我们在地名这个工作上，存在着不少问题，特别是文化大革命的十年浩劫，林彪、“四人帮”的严重干扰，造成地名混乱。我们县仅红旗大队、红心大队就各有数十个，500 多个大队有 100 多个大队重名。此外，我们现行使用的地名普查工作地形图，也存在不少图上注记的地名与实地名称不符等错注、漏注等问题。这些问题，我们必须在这次普查工作中认真逐一地进行解决。因此，对图上和实地上的每一条地名都要认真进行调查研究，运用历史唯物主义和辩证唯物主义的观点和实事求是的精神，根据地名普查工作的规定去处理，防止“一听就信，一写就定”，草率从事的作风，对需要更名、命名的地名更要持慎重态度，非改不可的一定要改，可改可不改的地名一律不改，并严格按上级有关规定办事。

为了保证地名普查工作的质量，各公社可考虑首先集中力量在一个大队进行普查试点，进一步熟悉普查中各项工作，取得经验，然后铺开。

同志们，地名普查工作，是一项十分重要，十分细致的工作，地名普查的各项成果，是上级编写《地名录》《地名辞典》《地名历史沿革图集》等的重要依据，是国家一项重要的基础资料。我们参加地名普查的同志都肩负着这一光荣而艰巨的任务。为了搞好地名普查工作，我们一定要有一个高度的政治责任感和事业心，既要有脚踏实地、艰苦深入的工作作风，又要有头脑清醒、严密慎重的科学态度，高标准、严要求的搞好地名普查工作，为“四化”建设做出贡献。

关于地名普查工作的经费问题，我们准备研究一下，多少总要解决一点。大家知道，我们国家财政上有困难，经费少，我们一定要本着勤俭办一切事业的原则，搞好地名普查工作。

恩施县召开地名普查成果验收会议

11 月 21 日至 23 日，恩施县在芭蕉公社召开了地名普查成果验收会议，县地名办公室和各公社地名普查小组的同志参加了会议。芭蕉公社党委副书记、公社地名普查小组组长罗万荣同志代表公社党委发了言，副组长王基广同志介绍了全社地名普查工作开展情况。到会的同志共同对芭蕉公社普查成果进行了检查验收，审核了他们标示标注的地形图，填写的地名卡片、文字概况材料以及地名命名更名报告附表，实地检查核对了红英、火花两个大队地名普查成果。全上，各公社还就本社地名普查开展情况互相交流了经验，大家一致反映：这次会议开得好，统一了认识，统一了标准。通过这次会议，必将进一步推动全县地名普查工作的开展。

一、拿出样板　有了标准

芭蕉公社共有 23 个大队、360 个生产队。公社以上的厂矿企事业单位共 19 个，在公社党委统一部署下，12 人的专班经过 1 个多月的努力，基本上完成了公社级地名普查工作任务。这次验收分室内和野外两部分进行。室内验收经过标示、标注的地形图 1 份，填写的地名卡片 392 张；重要地名文字概况材料 3 份。验收后，大家一致认为：地名图颜色、符号符合验收规定，卡片内容填写比较齐全，分类符合实际，行政区划等级隶属关系交代较清楚，重要地名文字概况材料比较详细。图、表、卡基本一致，字迹较工整、符合验收规定和要求。但也存在一些问题。主要有：只注重于行政区划、自然村、公社以上厂矿企事业单位的调查，忽视了对重要自然地理实体的调查，因而在标示和标注的地形图上出现疏密不均，特别是部分地处高山，人烟稀少的地域，图上缺少必要的标示和标注。

在实地，验收了红英、火花两个大队的地名普查成果，共核实地名 17 条，其中与原调查情况一致，名称准确的 15 条，名称含义及历史沿革不准或有待进一步弄清的有两条，自然村及其它地名在图上定位准确和比较准确的 12 个，占检查总数的 71%。

通过检查验收，同志们说：芭蕉公社地名普查工作抓得扎实，成绩显著，提供的验收成果为我们作出了榜样，统一了标准。回去后，一定要像芭蕉公社那样，拿出合格的地名普查成果来。

二、交流经验　互相促进

会上，各公社地名普查工作组的同志，不但参加了对芭蕉公社地名普查成果的验收，也认真联系实际，互相交流了地名普查工作中的经验和体会，从各公社的工作情况来看，凡是搞得比较好的，都做到了以下几个方面：

(1)有稳定的地名普查工作班子

有没有稳定的专门的普查工作班子，是能不能搞好地名普查工作的关键。白果、锣针、沙地、城关等公社(镇)开展地名普查工作以来，一直保持 5～7 人的专班，工作进展顺利，目前已基本上完成了野外普查工作任务，他们坚持做到了人员稳定、班子不散，坚持始终。这对于人员不落实、班子不健全，地名普查行动迟缓、进展不快的少数公社是有力的鞭策，这些公社的同志表示；回去后一定认真向党委汇报，采取措施，补充人员，使地名普查工作迅速跟上来。

(2)有艰苦深入的工作作风

地名是在一定的历史条件下形成的，为了搞清一个准确的地名，普查中必须反复调查核实，决不能“一听就信，一写就定”，更不能主观臆造。屯堡公社在普查中处理一个地名叫“罗家山”(图上名称)，当地群众也多称罗家山。但在进一步调查中发现，该地并无姓罗人户，“罗家”二字含义不妥，普查人员不放过任何一个疑点，经反复调查才弄清该山常因风化剥蚀造成滑坡，故取名为“落架山”。为了进一步搞准确，他们还认真查看了该地地形，分析了近年来屯堡公社部分山地还有滑坡垮山现象才最后定名。白果公社在处理桂花桥一地名称时，也是几经周折。他们开始调查桂花桥名称含义时，群众都说桂花桥周围没有桂花树，后经多次调查，才弄清该桥完工时，有一新娘踩桥取名。新媳妇小名叫桂花，该桥即得名桂花桥。屯堡、白果公社普查工作的体会，使大家进一步认识到，搞好地名普查工作，必须要有高度的责任感和事业心，坚持艰苦深入的工作作风和实事求是的精神。

(3)要反复学习地名普查工作有关规定

看了芭蕉公社接受验收的图、表、卡，到会的某些公社的同志感到自己所在公社的图、表、卡完成得不好，多数不符合验收的规定和要求。其根本原因是，学习地名普查的有关规定不够，对规定“一知半解”。三岔、干溪等公社谈到他们在普查过程中，开始把生产队和自然村的概念混为一谈，地片和群村的界限划分不清，地名卡片填写不符合“规定”的要求。他们深有体会地说：地名工作是一门新课题，一定要认真学习，把学习“规定”贯穿地名普查工作的始终。

三、明确任务 树立信心

目前，全县 24 个公社级单位，多数抓得较紧，但发展不够平衡，特别是对完成任务的标准定在哪里不够明确，有的公社工作进度较快，认为普查任务基本完成了，只等县里来人验收好“交票”。个别公社甚至放松了工作，拆散了班子，只留少数人“守屋”，进展慢的公社也认为还有时间，赶得上，来得及。看了芭蕉公社的成果，对照验收的标准，这些公社的同志说，普查任务不是基本完成了，而是还有很多工作要继续做，完成任务的时间不是“来得及”而是“紧得很”。他们表示，回去后，一定加倍努力，高标准，严要求地搞好普查工作，用合格的成果迎接验收。

增强了搞好地名工作的信心，开展地名普查工作以来，有的公社对搞好地名普查存在畏难情绪，对完成任务信心不足，一是埋怨县里没有统一组织搞，公社人员抽不齐；二是地名形成历史久，一时摸不清，定不准；三是技术骨干力量薄弱。在这次会议上，各公社的同志通过互相交流经验，对照芭蕉公社的情况，受到了启发，对完成地名普查工作任务增强了信心。他们说，地名工作不是上级不重视，主要是我们思想未跟上，宣传鼓动工作做得差；不是地名定不准，主要是调查工作未做到家，只要把兄弟单位的经验带回去，学到手，定能把地名工作任务完成好。

恩施县人民政府文件

恩县政字〔1981〕84号

关于社队命名、更名的通知

各公社管委会、城关镇人民政府、县直各单位：

县人民政府同意县地名办公室“关于社、队命名、更名的请示报告”。现即公布执行，并作如下通知：

一、在今后一段时间内，各单位文件、报表凡涉及更名的大队，应在新名后面加注旧名。以防错乱。

二、为了保持行政区划名称的准确性和稳定性，对社、队名称的书写与汉语读音应按本文件规定执行，不准乱用未公布的简化字、自造字。例如“干溪”不能写成“甘溪”，“大集”不能写成“大吉”，“湾”与“塆”不能乱用，“槽”不能写成“塧”等。

三、鸦鹊、大集、白杨、城关等社(镇)所属大队公章暂不更换，待行署对4个公社(镇)名称批复后，再同公社(镇)公章一并更换。

四、未更名的公社所属大队名称与本文件公布的名称有出入的，一律以本文件为准。请各地加强宣传工作，最好将新名称按照本文件公布的书写法，写在木牌上，并立于交通要道，广泛向群众宣传，做到家喻户晓。

五、更名的大队要立即更换新公章，1981 年 9 月 1 日起，旧公章一律作废。

恩施县人民政府(盖章)

1981 年 7 月 24 日

抄送：省地名办公室，省民政局、省测绘局，恩施地区行署办公室、行署地名办公室，县委各部、县人大常委会、县人武部、县法院，县检察院，利川、咸丰、宣恩、鹤峰、建始、奉节等县人民政府及边界区、社。

恩施县大队命名、更名一览表

施南镇(城关镇)大队命名、更名一览表(驻地：420)

现行名称	驻 地	海拔高度	批复名称	汉语注音
东方红	大官山	415	书 院	Shūyuàn
胜 利	桐子塆	480	窑 塆	Yáowān
灯 塔	森林宫	540	五峰山	Wǔfēngshān
飞 机		420	飞 机	Fēijī

红庙公社大队命名、更名一览表(驻地：430)

现行名称	驻 地	海拔高度	批复名称	汉语注音
公社农科站	黄泥坝	425	黄泥坝农科站	Huángníbànóngkēzhàn
枫 香	幺堰塆	450	枫香坪	Fēngxiāngpíng
金 马	耿家坪	470	耿家坪	Gěngjiāpíng
金 子	骡马巷	450	金 子	Jīnzi
龙 洞	蛤蟆石	440	龙 洞	Lóngdòng
土 桥	火场坝	440	土 桥	Tǔqiáo
谭 家	谭家坝	580	谭家坝	Tánjiābà
五 一	杨家山	560	田家塆	Tiánjiāwān
鲜 明	黄土坎	455	黄土坎	Huángtǔkǎn

红庙公社大队命名、更名一览表(驻地：430)

现行名称	驻　地	海拔高度	批复名称	汉语注音
旗　峰	旗峰坝	435	旗　峰	Qífēng
小　村	下村坝	425	小　村	Xiǎocūn
方　家	方家坝	550	方　家	Fāngjiā
望　城	大　坪	1065	望　城	Wàngchéng
金　库	金凤山	460	金凤山	Jīnfèngshān
红　旗	高桥坝	430	高　桥	Gāoqiáo
红　日	出水洞	435	出水洞	Chūshuǐdòng
红　山	姚家寨	640	猫子洞	Māozǐdòng
红　星	穿　洞	430	穿　洞	Chuāndòng
陡　坡	陡　坡	550	陡　坡	Dǒupō
红　卫	汪家寨	462	汪家寨	Wāngjiāzhài
石家坡	石家坡	580	石家坡	Shíjiāpō
光　明	头道水	425	头道水	Tóudàoshuǐ
沙　河	八斗丘	440	沙　河	Shāhé
光　明	瓦店子	430	瓦店子	Wǎdiànzǐ
恩施地区红庙农业科学研究所		450		Enshīdìqūhóngmiào Nóngyèkēxuéyánjiūsuǒ
恩施县良种场	旗峰坝	430		Enshīxiànliáng Zhǒngchǎng

龙凤公社大队命名、更名一览表(驻地：440)

现行名称	驻　地	海拔高度	批复名称	汉语注音
群　益	后山坡	500	后山坡	Hòushānpō
曙　光	小龙潭	440	小龙潭	Xiǎolóngtán
东　红	麻园塆	450	三十六荒	Sānshíliùhuāng
新　民	炭　塆	980	杉树塆	Shānshùwān
新　华	五谷庙	460	五谷庙	Wǔgǔmiào
金　星	向家村	530	向家村	Xiàngjiācūn
前　光	石关口	560	竹园坡	Zhúyuánpō
衣角坝	杨柳槽	480	衣角坝	Yījiǎobà
红　旗	双堰塘	650	双堰塘	Shuāngyàntáng
前　进	干溪头	880	店子槽	Diànzǐcáo
幸　福	穿洞	610	杜家坝	Dùjiābà
七　龙	二　坡	740	二　坡	Erpō
胜　利	鹿池塘	780	鹿池塘	Lùchítáng
三　红	古长坝	640	古长坝	Gǔchángbà
民　利	杉木坝	657	杉木坝	Shāmùbà
和　平	长　坎	750	长　坎	Chángkǎn
燎　原	向家坡	610	新　桥	Xīnqiáo
齐　心	树林子	740	七里沟	Qīlǐgōu
红　星	三龙坝	510	三龙坝	Sānlóngbà
幸　福	桂花坝	610	桂　花	Guìhuā
公社农科站	八龙坪	450	八龙坪农科站	BālóngpíngNóngkēzhàn

龙凤公社大队命名、更名一览表(驻地：440)

现行名称	驻　地	海拔高度	批复名称	汉语注音
吉　心	鸡心店	800	吉　心	Jíxīn
椿　木	唐家坪	1220	椿　木	Chūnmù
太　阳	龙洞塆	450	太　阳	Tàiyáng
金　龙	金龙坝	450	金　龙	Jīnlóng
西　流	窝　坑	1185	西　流	Xīliú
公社林场	凉风垭	910	凉风垭林场	LiángfēngyàLínchǎng
大团堡林茶场	大团堡	1100	大团堡林茶场	DàtuánbǎoLíncháchǎng
恩施县渔种场	三合水库	465	恩施县三合水库渔场	EnshīxiànSānhéshuǐkùYúchǎng
恩施县西流水林场	西流水	1200		EnshīxiànXīliúshuǐLínchǎng

七里公社大队命名、更名一览表(驻地: 520)

现行名称	驻地	海拔高度	批复名称	汉语注音
新光	七里坪	520	七里坪	Qīlǐpíng
前进	洗脚溪	430	洗脚溪	Xǐjiǎoxī
红旗	石场坝	510	猫儿槽	Māoércáo
洲城	马鞍山	690	柳州城	Liǔzhōuchéng
周河	洞 塆	520	周家河	Zhōujiāhé
高兴	瓦庙子	530	瓦庙子	Wǎmiàozi
核桃	姚家坪	530	核桃坝	Hétaobà
同裕	瓦屋槽	570	老 岩	Lǎoyán
兴隆	兴隆槽	740	兴隆槽	Xīnglóngcáo
莲花	围子台	610	莲花池	Liánhuāchí
枫香	天池岭	800	天 池	Tiānchí
光明	金盆丘	640	马尾坝	Mǎwěibà
九岭	黄家槽	880	九岭缸	Jiǔlǐnggāng
长堰	长堰塘	540	长堰塘	Chángyàntáng
民主	鸭子塘	540	鸭子塘	Yāzitáng
东风	把 耍	590	鸭溪渡	Yāxīdù
双河	大拱桥	520	茅 坝	Máobà
红十月	寨 沟	540	寨 沟	Zhàigōu
公社农科站	熊家大塆	470	熊家大塆农科站	XióngjiādàwānNóngkēzhàn
茶场	天池岭	800	天池岭茶场	TiānchílǐngCháchǎng
同裕	石门塥	600	仙女洞	Xiānnǚdòng
核桃	黄家村坊	570	鲌甲沟	Bójiǎgōu
核桃	阳鹊坝	520	阳鹊坝	Yángquèbà
恩施县畜牧良种场	磨刀石	900		EnshīxiànXùmùLiángzhǒngchǎng

三岔公社大队命名、更名一览表(驻地：920)

现行名称	驻　地	海拔高度	批复名称	汉语注音
红　星	大　埫	920	三岔口	Sānchàkǒu
红　阳	阳天坪	960	阳天坪	Yángtiānpíng
高　潮	一碗水	970	一碗水	Yīwǎnshuǐ
先　锋	前　村	1000	鸦沐羽	Yāmùyǔ
高　峰	杉木岭	1180	杉木岭	Shāmùlǐng
新　华	三元坝	860	三元坝	Sānyuánbà
五　星	设塘坪	780	设塘坪	Shètángpíng
东　风	老　村	1020	梨子坝	Lízǐbà
金　星	二　房	620	二　房	Èrfáng
朝　阳	胡家台	900	胡家台	Hújiātái
园　艺	浑水河	400	浑水河	Húnshuǐhé
友　爱	三角两岔	1020	叶家台	Yèjiātái
燕　子	燕子坝	890	燕子坝	Yànzibà
马　头	马头沟	880	马头沟	Mǎtóugōu
照　耀	和　塆	800	和　塆	Héwān
太　阳	二磴岩	600	二磴岩	Erdèngyán
中　心	水　洞	900	水　洞	Shuǐdòng
民　主	回　坝	620	回　坝	Huíbà
红　光	磨子埫	1060	分　水	Fēnshuǐ
青　松	青峰寺	1080	青峰寺	Qīngfēngsì
红　旗	打断碑	1070	打断碑	Dǎduànbēi
公社农科站	四方碑	880	四方碑农科站	Sìfāngbēi Nóngkēzhàn
恩施县旱粮所	大梨儿坪	1030	恩施县梨儿坪旱粮研究所	Enshīxiàn Líérpíng Hànliáng Yánjiūsuǒ
恩施地区天池山农科所	胡家坪	1250		Enshīdìqū Tiānchíshān Nóngkēsuǒ

新塘公社大队命名、更名一览表(驻地：790)

现行名称	驻 地	海拔高度	批复名称	汉语注音
绿 水	茶 盘	800	茶 盘	Chápán
绿 水	横背山	940	横背山	Héngbèishān
红 旗	峁子山	1050	峁 山	Mǎoshān
红 江	黄 村	800	黄 村	Huángcūn
先 锋	水井塆	1150	龚家坪	Gōngjiāpíng
前 进	中 村	850	天生桥	Tiānshēngqiáo
幸 福	舒家台	1330	北 界	Běijiè
椿 木	铁厂坝	1280	椿木槽	Chūnmùcáo
新 林	新田坪	1300	新田坪	Xīntiánpíng
新 农	青龙垭	1520	青龙垭	Qīnglóngya
新 生	大古龙	1050	大古龙	Dàgǔlóng
卜 塘	卜塘村	550	卜 塘	Botáng
新 花	八个塆	680	山花嘴	Shānhuāzuǐ
胜 利	挖断山	880	挖断山	Wāduànshān
保 卫	独家庄	1250	八石坪	Bāshípíng
快 乐	上 房	910	上 房	Shàngfáng
创 造	板耳龙	690	龙家台	Lóngjiātái
大 发	白 路	1470	五堡山	Wǔbǎoshān
龙 潭	衙门村	800	衙门村	Yáméncūn
公社农科站	保水溪	800	保水溪农科站	Bǎoshuǐxī Nóngkēzhàn
高 潮	新 塘	820	新 塘	Xīntáng
红 岩	红岩嘴	660	红花埫	Hónghuāchǒng
东方红	小古龙	960	小古龙	Xiǎogǔlóng

新塘公社大队命名、更名一览表(驻地：790)

现行名称	驻 地	海拔高度	批复名称	汉语注音
友 爱	木厂沟	1210	杉木辽	Shāmùliáo
金 星	村 坊	840	麻柳洞	Máliǔdòng
联 盟	白果坪	1160	董家塆	Dǒngjiāwān
健 康	三角桩	1440	三角桩	Sānjiǎozhuāng
青 山	迎宾村	770	迎宾村	Yíngbīncūn
红 旗	干 沟	480	干 沟	Gāngōu
红 旗	茶园坪	1020	茶园坪	Cháyuánpíng
幸 福	果梨垱	1300	果梨垱	Guǒlítǎng
下塘坝	下塘坝	800	下塘坝	Xiàtángbà
卜 塘	船 舱	620	船 舱	Chuáncāng

双河公社大队命名、更名一览表(驻地：1500)

现行名称	驻 地	海拔高度	批复名称	汉语注音
反 修	大溪场	1376	大溪场	Dàxīchǎng
友 好	教场坝	1340	校场坝	Jiàochǎngbà
丰 收	中 岭	1450	中 岭	Zhōnglǐng
大 风	瓦厂塆	1450	上 坝	Shàngbà
风 光	村 坊	750	木栗园	Mùlìyuán
晨 光	三梨树	940	上 台	Shàngtái
红 星	肖家河	980	肖家河	Xiāojiāhé
红 光	河 溪	850	河 溪	Héxī
三 合	岭 岗	1550	车 营	Chēyíng
下 坝	凉亭子	1450	下 坝	Xiàbà
甘 坪	干 坪	1390	干 坪	Gānpíng
长岭岗药材场	银家坪	1670	长岭岗药材场	Chánglǐnggǎng Yàocáichǎng
公 社农科站	双河桥	1450	双河桥农科站	Shuānghéqiáo Nóngkēzhàn
红 南	上大坪	1180	上大坪	Shàngdàpíng
红 南	桂花园	1130	桂花园	Guìhuāyuán
红 南	小河塆	940	小河塆	Xiǎohéwān
白 岩	周家台	1500	白岩塆	Báiyánwān
茶 园	茶 园	1010	六石坪	Liùdànpíng
恩施县太山庙药材场	六角亭	1860		Enshīxiàn Tàishānmiào Yàocáichǎng
湖北省农业科学院中药材研究所	龙桥溪	1680		Húběishěng Nóngyèkēxuéyuàn Zhōngyàocáiyánjiūsuǒ
恩施地区马铃薯无病毒原种场	将军坪	1880		Enshīdìqū Mǎlíngshǔ Wúbìngdú Yuánzhǒngchǎng

石窑公社大队命名、更名一览表(驻地：1740)

现行名称	驻　地	海拔高度	批复名称	汉语注音
长　阳	阳光头	1630	长树塆	Chángshùwān
高　峰	上　塆	1500	马湖坝	Mǎhúbà
永　兴	大河沟	1590	大河沟	Dàhégōu
星　火	长　槽	1600	彭家垭	Péngjiāè
雄　伟	漆树坪	1650	漆树坪	Qīshùpíng
雄　伟	楸木山	1550	楸木山	Qiūmùshān
胜　利	石灰窑	1750	石灰窑	Shíhuīyáo
长　春	罗家坪	1790	罗家坪	Luójiāpíng
长　春	殷家坪	1810	岩　塆	Yánwān
燎　原	田家老屋	1750	龙　潭	Lóngtán
常　丰	文家铺	1670	刘家坪	Liújiāpíng
东　升	周家荒	1700	长岩屋	Chángyánwū
高　岭	烂池坪	1700	高　岭	Gāolǐng
公　社 农科站	黄家坪	1670	黄家坪 农科站	Huángjiāpíng Nóngkēzhàn
新　农	杨家塆	1500	栈房垭	Zhànfángyā
立　新	磺厂坪	1500	龙角坝	Lóngjiǎobà
高　原	赵家坪	1680	赵家坪	Zhàojiāpíng
立　新	蓼叶坪	1300	蓼　叶	Liǎoyè

红土公社大队命名、更名一览表(驻地：1350)

现行名称	驻 地	海拔高度	批复名称	汉语注音
一 心	黄家台	740	董家河	Dǒngjiāhé
团 结	天落水	860	天落水	Tiānluòshuǐ
经 丰	铁厂坝	1000	铁 厂	Tiěchǎng
齐 心	梅子坪	500	郭家坝	Guōjiābà
新 村	毛坝垴	710	赵 村	Zhàocūn
新 农	乌鸦坝	710	乌 鸦	Wūyā
新 民	陶家岭	940	陶家岭	Táojiālǐng
新 华	石板场	680	石板场	Shíbǎnchǎng
五 爱	金塘水	840	金塘水	Jīntángshuǐ
乐 园	石拱垴	770	稻 池	Dàochí
四 新	枞 林	1200	望月垴	Wàngyuèchǒng
红 卫	峁子山	940	峁子山	Mǎozǐshān
公 社 农科站	杉树垴	910	杉树垴 农科站	Shānshùtǎng Nóngkēzhàn
前 锋	前 塘	680	前 塘	Qiántáng
东 风	花 园	760	后 塘	Hòutáng
永 丰	小 垮	830	下米托	Xiàmǐtuō
金 星	赵家垮	620	赵家垮	Zhàojiāwān
长 青	土地堂	980	老 村	Lǎocūn
红 武	拴虎坪	1120	核桃树坪	Hétáoshùpíng
同 心	鸡公梁子	1240	八斗田	Bādòutián
前 进	凉水井	1370	茅 田	Máotián
五 星	帅家垭	1250	帅家垭	Shuàijiāyā
联 红	黄家垭	1320	笋子垴	Sǔnzitǎng

红土公社大队命名、更名一览表(驻地：1350)

现行名称	驻　地	海拔高度	批复名称	汉语注音
红　星	红土溪	1350	红土溪	Hóngtǔxī
红　丰	魏家塆	1530	白果坪	Báiguǒpíng
红　光	车路塆	1530	龙洞塆	Lóngdòngwān
红　岩	阴坡垭	1300	阴　坡	Yīnpō
红　岩	把　持	1280	把　持	Bǎchí
红　旗	三汊溪	1240	三汊溪	Sānchàxī
红　湖	纸蓬沟	1450	湖　坪	Húpíng
红　霞	阳　坡	1420	鱼塘坪	Yútángpíng
红　阳	路铺子	1200	老塆冲	Lǎowānchōng
前　锋	枫树包	800	桑　园	Sāngyuán

沙地公社大队命名、更名一览表(驻地：980)

现行名称	驻　地	海拔高度	批复名称	汉语注音
金　星	罗家塝	1030	沙　地	Shādì
东　升	五　房	760	五　房	Wǔfáng
同　升	犀牛水	730	大池坝	Dàchíbà
红　山	向家村坊	850	人山岭	Rénshānlǐng
红　江	中间坪	505	中间坪	Zhōngjiānpíng
红　星	神堂里	1470	神　堂	Shéntáng
前　锋	把月池	550	把月池	Bǎyuèchí
杨　柳	团　井	500	杨　柳	Yángliǔ
花　坪	花　被	970	花　被	Huābèi
花　坪	上瓦仓	1120	白岩寨	Báiyánzhài
前　进	大墓埫	1010	龙　角	Lóngjiǎo
五　丰	西岭上	680	西　岭	Xīlǐng
幸　福	大块田	720	楠木园	Nánmùyuán
同　进	小花被	720	小花被	Xiǎohuābèi
金　盆	天飞石	970	金　盆	Jīnpén
联　盟	蚂蟥溪	591	铺　子	Pùzi
偏　南	风包岭	590	偏　南	Piānnán
落　都	圆宝山	1020	圆宝山	Yuánbǎoshān
落　都	安乐寺	880	落　都	Luòdōu
金　龙	社　林	740	倒　龙	Dǎolóng
正　光	茶园坡	1000	鹤峰口	Hèfēngkǒu
金　塔	樟木坝	1200	樟木坝	Zhāngmùbà
和　平	麦子埫	1420	麦子埫	Màizitǎng

沙地公社大队命名、更名一览表(驻地: 980)

现行名称	驻 地	海拔高度	批复名称	汉语注音
和 平	梁子垭	1410	长 槽	Chángcáo
金 山	小 槽	1310	夏村坝	Xiàcūnbà
胜 利	双垭岭下	1400	双垭岭	Shuāngyālǐng
丰 庄	苏麻庄	1470	小风口	Xiǎofēngkǒu
双 龙	坪 槽	1210	盘龙溪	Pánlóngxī
友 谊	黄广田	1000	黄广田	Huángguǎngtián
中 心	黄家垭	1010	黄家垭	Huángjiāyā
新 生	朱家坪	610	朱家坪	Zhūjiāpíng
黄 金	瓦屋桥	1220	耍龙坝	Shuǎlóngbà
公社农科站	青龙冠	1050	青龙冠农科站	Qīnglóngguàn Nóngkēzhàn

崔家坝（鸦鹊）公社大队命名、更名一览表(驻地：880)

现行名称	驻　地	海拔高度	批复名称	汉语注音
灯　塔	崔家坝	890	崔　坝	Cuībà
胜　利	鄢家塆	1560	马跑山	Mǎpǎoshān
光　芒	水窝垱	1120	水窝垱	Shuǐwōtǎng
红　光	郭家坡	780	三堰坝	Sānyànbà
照　耀	香炉坝	870	香炉坝	Xiānglúbà
新　建	大　坪	960	獐虎山	Zhānghǔshān
永　兴	水田坝	880	水田坝	Shuǐtiánbà
高　潮	马家坡	520	马家坡	Mǎjiāpō
幸　福	大天坑	935	腰　牌	Yāopái
齐　心	孟家梁子	750	社　垱	Shètǎng
云　峰	响盆水	1040	贺家村	Hèjiācūn
红　旗	黄石板	870	新垱坪	Xīntǎngpíng
前　进	张桑田	770	公龙坝	Gōnglóngbà
五　一	施家梁子	700	施家梁子	Shījiāliángzǐ
曙　光	张家槽	910	田竹园	Tiánzhúyuán
曙　光	侯家塆	870	沙子岭	Shāzilǐng
前　锋	下竹园	730	洋伞坝	Yángsǎnbà
东方红	凉水井	710	焦　桩	Jiāozhuāng
国　光	严家坪	560	严家坪	Yánjiāpíng
红　星	洞　塆	700	九步梯	Jiǔbùtī
红　花	谢家塆	670	芭蕉园	Bājiāoyuán
鲜　花	杨家包	730	铺子房	Pùzifáng
绿　花	陈家榨房	700	张家台子	Zhāngjiātáizi

崔家坝（鸦鹊）公社大队命名、更名一览表(驻地：880)

现行名称	驻 地	海拔高度	批复名称	汉语注音
高 照	长 槽	1150	卖铧沟	Màihuágōu
永 进	向家塆	930	向家塆	Xiàngjiāwān
东 升	青草堝	760	大地龙	Dàdìlóng
红 日	茅坎山	870	滚龙坝	Gǔnlóngbà
春 景	尖龙坪	950	尖龙坪	Jiānlóngpíng
中 心	鸦鹊水	890	鸦鹊水	Yāquèshuǐ
光 明	岩蜜窝	1240	五垭坪	Wǔyāpíng
明 月	小 河	1190	车 河	Chēhé
燎 原	扬杈水	1570	扬杈水	Yángchāshuǐ
明 星	下 村	1190	茅田坪	Máotiánpíng
火 花	窑 坪	1150	龙潭坪	Lóngtánpíng
民 主	天主堂	870	谌家垭	Chénjiāyā
洞 门	张家坡	720	洞 门	Dòngmén
白 果	瓦屋场	650	白 果	Báiguǒ
尖 山	口子上	1460	尖 山	Jiānshān
马 田	下马田	1090	马 田	Mǎtián
中 村	三尖角	870	中 村	Zhōngcūn
分水岭	阳河堝	1330	分水岭	Fēnshuǐlǐng
刘家河	刘家河	1210	刘家河	Liújiāhé
云 台	易家垭	1250	云 台	Yúntái
公社农科站	桅子岭	926	桅子岭农科站	Wéizǐlǐng Nóngkēzhàn
林 场	前山坡	1080	前山坡林场	Qiánshānpō Línchǎng

熊家公社大队命名、更名一览表(驻地：820)

现行名称	驻　地	海拔高度	批复名称	汉语注音
双　河	大竹园	780	大竹园	Dàzhúyuán
先　锋	大　坪	630	白岩头	Báiyántóu
红　星	黑林坝	730	黑林坝	Hēilínbà
新　华	黑石槽	820	花石板	Huāshíbǎn
天　星	鲁竹坝	580	鲁竹坝	Lǔzhúbà
五　星	赵家屋场	620	淹水坝	Yānshuǐbà
正　光	麻竹园	650	麻竹园	Mázhúyuán
沈　金	沈金塘	680	沈　金	Shěnjīn
公　社 农科站	石磙垱	570	石磙垱 农科站	Shígǔntǎng Nóngkēzhàn
群　英	韭菜坡	670	马石坝	Mǎshíbà
熊　家	屋场坝	830	熊　家	Xióngjiā
农　乐	猪蹄坝	630	獐角坝	Zhāngjiǎobà
新　村	大转拐	750	大转拐	Dàzhuǎnguǎi
群　力	下羊角坝	750	羊角坝	Yángjiǎobà
红　山	红砂坡	660	红砂坡	Hóngshāpō
前　进	桥头坝	620	桥头坝	Qiáotóubà
祥　丰	太阳塆	860	张家槽	Zhāngjiācáo
东　风	蒿枝垱	990	蒿枝垱	Hāozhītǎng
胜　利	响板溪	870	响板溪	Xiǎngbǎnxī
长　春	瓦儿岭	1070	长　春	Chángchūn
光　明	大石板	650	洞下槽	Dòngxiàcáo
二　龙	大　坝	880	大宝坪	Dàbǎopíng
金　华	董家店	620	董家店	Dǒngjiādiàn

白杨坪（白杨）公社大队命名、更名一览表(驻地：715)

现行名称	驻　地	海拔高度	批复名称	汉语注音
白　杨	白杨坪	710	白杨坪	Báiyángpíng
建　福	坟前坝	640	张　庙	Zhāngmiào
建　新	大　塆	830	大　塆	Dàwān
鸿　建	洞子溪	580	麂子渡	Jǐzǐdù
富　裕	九根树	820	九根树	Jiǔgēnshù
富　饶	田竹园	840	香树坪	Xiāngshùpíng
健　康	火石坡	920	火石坡	Huǒshípō
红　旗	寨子上	760	白马塘	Báimǎtáng
星　光	漂石沟	830	大沙坝	Dàshābà
星　丰	石桥子	750	石桥子	Shíqiáozǐ
红　花	冷家垭口	720	三溪口	Sānxīkǒu
火　花	谭家坝	790	铁角坝	Tiějiǎobà
高　丰	雷显坪	730	东岳宫	Dōngyuègōng
黎　明	刘家老屋	780	把东狭	Bǎdōngxiá
金　龙	找龙坝	580	找龙坝	Zhǎolóngbà
康　家	康家坝	630	康家坝	Kāngjiābà
金　丰	白砂铺	630	白砂铺	Báishāpū
红　火	枫香坪	690	回龙观	Huílóngguān
同　心	峁子山	740	石槽水	Shícáoshuǐ
白　果	观音寺	770	观音寺	Guānyīnsì
菊　花	大坡脚下	770	大　坡	Dàpō
红　金	芭蕉塆	750	百草地	Bǎicǎodì
和　平	漆树塆	690	四耳湖	Sìěrhú

白杨坪（白杨）公社大队命名、更名一览表(驻地：715)

现行名称	驻 地	海拔高度	批复名称	汉语注音
云 丰	学堂塆	615	撒毛塆	Sămáowān
三 丰	谭家村坊	770	蓼叶湖	Liǎoyèhú
建 筑	塘 包	610	朝阳坡	Cháoyángpō
红 耀	打河包	610	施谭坝	Shītánbà
红 光	输家塆	930	桑树埫	Sāngshùtǎng
民 生	蓼叶村	770	蓼叶村	Liǎoyècūn
长 合	小茶园	670	十楼门	Shílóumén
金 星	樟树坪	800	堰塘塆	Yàntángwān
公社林场	十里牌	680	十里牌林场	Shílǐpái Línchǎng
公社农科站	九家塆	790	九家塆农科站	Jiǔjiāwān Nóngkēzhàn

太阳公社大队命名、更名一览表(驻地：750)

现行名称	驻 地	海拔高度	批复名称	汉语注音
东方红	黄土包	1070	黄土包	Huángtǔbāo
红 卫	太阳河	750	太阳河	Tàiyánghé
红 阳	白果树坪	1090	白果树坪	Báiguǒshùpíng
红 旗	磨齿沟	890	头茶园	Tóucháyuán
高 丰	犁耙沟	850	李爸沟	Lǐbàgōu
建 丰	放马场	1180	放马场	Fàngmǎchǎng
五 星	双河岭	820	双河岭	Shuānghélǐng
胜 利	曾家塆	960	曾家塆	Zēngjiāwān
绿 化	安 营	1270	安 营	Anyíng
合 心	宝塔岩	1420	宝塔岩	Bǎotǎyán
和 平	小 沟	1230	中 河	Zhōnghé
永 丰	横 槽	1340	横 槽	Héngcáo
丰 富	秋谷坪	1150	秋谷坪	Qiūgǔpíng
永 红	茅湖塃	1240	茅湖塃	Máohútǎng
友 谊	长瓦屋	1300	后 坪	Hòupíng
五 一	小溪源	980	小溪源	Xiǎoxīyuán
红 星	刘三垭口	1120	石 龙	Shílóng
群 力	干树垭	640	干树垭	Gānshùyā
前 锋	柿子坪	840	柿子坪	Shìzipíng
先 锋	大 坪	630	马鹿池	Mǎlùchí
金 星	麻塆洞	920	金 峰	Jīnfēng
民 丰	马水河	630	马 水	Mǎshuǐ
裕 丰	梭布垭	1130	梭布垭	Suōbùyā

太阳公社大队命名、更名一览表(驻地：750)

现行名称	驻 地	海拔高度	批复名称	汉语注音
云 丰	穿洞子	910	大 块	Dàkuài
保 丰	羊角山	1140	羊角山	Yángjiǎoshān
光 明	深 沟	1030	稀 坪	Xīpíng
幸 福	苦草塘	1040	苦草塘	Kǔcǎotáng
汇 河	汇 水	750	汇 河	Huìhé
楠 木	楠木桥	880	楠 木	Nánmù
公社农科站	官 坝	760	官坝农科站	Guānbà Nóngkēzhàn
五五林场	大 坪	1230	云台观林场	Yúntáiguān Línchǎng
恩施县 百户塆林场	铁厂河	1220		Enshīxiàn Bǎihùwān Línchǎng

龙马公社大队命名、更名一览表(驻地：580)

现行名称	驻 地	海拔高度	批复名称	汉语注音
村 坊	龙 马	580	龙 马	Lóngmǎ
村 坊	纸厂河	660	纸厂河	Zhǐchǎnghé
保 扎	下保扎	740	保 扎	Bǎozhā
永 丰	佐家坝	790	佐家坝	Zuǒjiābà
龙 洞	龙洞槽	880	龙洞槽	Lóngdòngcáo
公社农科站	村 坊	600	村坊农科站	Cūnfáng Nóngkēzhàn
猫 子	麻园槽	850	猫子山	Māozǐshān
友 谊	三块田	600	柑子坪	Gānzipíng
光 明	小楠木桥	930	楠木桥	Nánmùqiáo
群 力	大 坡	820	冉家村	Rǎnjiācūn

龙马公社大队命名、更名一览表(驻地: 580)

现行名称	驻　地	海拔高度	批复名称	汉语注音
东　风	撒谷坝	670	撒谷坝	Sǎgǔbà
东　风	下伍园	770	下伍园	Xiàwǔyuán
金　红	红藤坝	1280	红藤坝	Hóngténgbà
青　山	苦草埫	1250	茶园沟	Cháyuángōu
青　堡	中　坝	1080	青　堡	Qīngbǎo
水　漕	婚姻洞	1180	水　槽	Shuǐcáo
后　河	后　河	950	后　河	Hòuhé
麦　李	中　坝	940	煤泥坝	Méiníbà
碾　盘	碾　盘	1000	碾　盘	Niǎnpán
二　岩	新屋里	1000	二　岩	Eryán
碾盘二大队	榨　房	720	黄　丝	Huángsī
新　街	何家槽	960	何家槽	Héjiācáo
永　兴	斑竹园	710	金甲山	Jīnjiǎshān
林　场	团　包	770	团包林场	Tuánbāo Línchǎng

干溪公社大队命名、更名一览表(驻地：460)

现行名称	驻　地	海拔高度	批复名称	汉语注音
白　果	白果树	600	白果树	Báiguǒshù
桂　花	马路口	550	马路口	Mǎlùkǒu
尖　山	叫花坪	610	尖山坪	Jiānshānpíng
卫　星	四方坪	550	四方坪	Sìfāngpíng
红　星	学堂包	530	大　坳	Dàào
小　河	冉家垮	390	小　河	Xiǎohé
明　星	古　寨	470	古　寨	Gǔzhài
群　力	王家村	490	王家村	Wángjiācūn
先　锋	马河滩	460	马河滩	Mǎhétān
黄　金	黄泥塘	510	黄泥塘	Huángnítáng
新　华	青龙山	830	青龙山	Qīnglóngshān
前　进	小石堰	810	石堰塘	Shíyàntáng
高　潮	二峰岩	650	二峰岩	Erfēngyán
和　平	石板溪	560	石板溪	Shíbǎnxī
兴　隆	红茶园	700	红茶园	Hóngcháyuán
民　主	皂角垮	500	皂角垮	Zàojiǎowān
幸　福	镰刀垮	560	杨家垮	Yángjiāwān
美　满	柳树沟	560	柳树沟	Liǔshùgōu
公社农科站	干　溪	460	干溪坝农科站	Gànxībà Nóngkēzhàn

屯堡公社大队命名、更名一览表(驻地：500)

现行名称	驻　地	海拔高度	批复名称	汉语注音
晨　光	大路上	510	屯　堡	Túnbǎo
红　旗	选住村	750	选住村	Xuǎnzhùcūn
红　旗	林家塆	700	林家塆	Línjiāwān
红　星	白果树	590	龙溪河	Lóngxīhé
红　光	石院墙	780	石院墙	Shíyuànqiáng
红　光	龙湾潭	640	龙塆潭	Lóngwāntán
红　卫	大场坝	730	杨家山	Yángjiāshān
红　武	半云庵	610	半云庵	Bànyúnān
红　春	李子埫	790	落业坝	Luòyèbà
仓　坪	仓　坪	780	仓　坪	Cāngpíng
中　村	中　村	880	向家坝	Xiàngjiābà
马　者	马　者	920	马　者	Mǎzhě
马　者	桥　坡	680	桥坡河	Qiáopōhé
沙　龙	沙龙河	1170	沙　龙	Shālóng
田　塆	田　塆	980	田　塆	Tiánwān
新　华	新　街	480	新　街	Xīnjiē
新　华	桃树坪	610	桃树坪	Táoshùpíng
新　坪	大　坪	900	大　坪	Dàpíng
新　坪	烧　城	910	烧　城	Shāochéng
新　建	龙神庙	950	卢家塆	Lújiāwān
新　星	田　坝	620	滴水岩	Dīshuǐyán
新　星	王家嘴	550	王家嘴	Wángjiāzuǐ
新　星	大石板	640	三龙溪	Sānlóngxī
黄安路	黄家塆	1140	黄岩路	Huángyánlù

屯堡公社大队命名、更名一览表(驻地：500)

现行名称	驻 地	海拔高度	批复名称	汉语注音
五 一	龙洞河	440	鸭松溪	Yāsōngxī
新 民	郭家塆	750	花枝山	Huāzhīshān
新 农	金龙桥	630	黄草坡	Huángcǎopō
恩施县 铜盆水林场	铜盆水	1260		Enshīxiàn Tóngpénshuǐ Línchǎng

沐抚公社大队命名、更名一览表(驻地：110)

现行名称	驻 地	海拔高度	批复名称	汉语注音
前 山	榨 坊	1620	新开塆	Xīnkāiwān
百 里	大树子	980	麦 李	Màilǐ
银 上	营 上	960	营 上	Yíngshàng
团 结	团 井	1030	团 井	Tuánjǐng
云 龙	云龙桥	860	云 龙	Yúnlóng
高 台	槽 坊	920	高 台	Gāotái
木 贡	木 贡	970	木 贡	Mùgòng
河 塘	沙塆阡	680	河 塘	Hétáng
枫 香	枫香坪	960	枫 香	Fēngxiāng
搬木水	搬木水	820	搬木水	Bānmùshuǐ
堰 塘	大堰塘	850	堰 塘	Yàntáng
梨 树	沙 坝	900	梨 树	Líshù
木 楠	木楠坝	1290	木 楠	Mùnán
龙 塘	龙池塘	1410	龙池塘	Lóngchítáng
安乐坪	安乐坪	1520	安乐坪	Anlèpíng
大 坝	大 坝	1240	大 坝	Dàbà

沐抚公社大队命名、更名一览表(驻地：110)

现行名称	驻　地	海拔高度	批复名称	汉语注音
三家坪	三家坪	1780	三家坪	Sānjiāpíng
大　庙	凉水桥	1150	大　庙	Dàmiào
公社农科站	祖坟坝	1000	七渡农科站	Qīdù Nóngkēzhàn
沐　抚	沐　抚	1095	沐　抚	Mùfǔ
恩施县前山林场	前　山	1860		Enshīxiàn Qiánshān Línchǎng

大山顶公社大队命名、更名一览表(驻地：1850)

现行名称	驻地	海拔高度	批复名称	汉语注音
铁厂坝	铁厂坝	1730	铁厂坝	Tiěchǎngbà
榨坊坪	榨坊坪	1570	榨坊坪	Zhàfāngpíng
茶条岭	插条岭	1560	插条岭	Chātiáolǐng
秦家塆	秦家塆	1820	秦家塆	Qínjiāwān
红椿坝	红椿坝	1730	红椿坝	Hóngchūnbà
青　年	中　埫	1760	中　埫	Zhōngtǎng
公社农科站	瓦屋坪	1570	瓦屋坪农科站	Wǎwūpíng Nóngkēzhàn
恩施县大山顶药材场	子杉台	1880		Enshīxiàn Dàshāndǐng Yàocáichǎng

板桥公社大队命名、更名一览表(驻地: 1380)

现行名称	驻　地	海拔高度	批复名称	汉语注音
烽　火	大石包	1380	让水坝	Ràngshuǐbà
雄　心	长心槽	1400	蒿　坝	Hāobà
光　辉	老鸹石	1520	老鸹石	Lǎoguāshí
照　耀	龙桥坪	1390	老板桥	Lǎobǎnqiáo
青　春	线杨坝	1500	线杨坝	Xiànyángbà
华　光	王家坪	1460	三　埫	Sāntǎng
风　光	许家槽	1650	大　木	Dàmù
新田一大队	姚家坪	1640	新　田	Xīntián
新田二大队	下　坝	1590	中　坝	Zhōngbà
洛　阳	河　坪	1210	鹿院坪	Lùyuànpíng
星　火	大树子	1700	大　树	Dàshù
星　火	龙洞坪	1580	龙　坪	Lóngpíng
星　火	长　槽	1550	穿洞子	Chuāndòngzi
公社农科站	横店子	1350	横店子农科站	Héngdiànzǐ Nóngkēzhàn
恩施县前山林场				Enshīxiàn Qiánshān Línchǎng
王海坝区队	王海坝	1940		Wánghǎibàqūduì

锣针公社大队命名、更名一览表(驻地：800)

现行名称	驻　地	海拔高度	批复名称	汉语注音
新　春	扭洞阡	700	坎家村	Kănjiācūn
先　锋	蒲家垭	1400	蒲家垭	Pújiāyā
联　盟	袁家坪	1050	田凤坪	Tiánfèngpíng
中　心	垭口坪	1220	沙　坪	Shāpíng
五　四	杉树坝	1100	杉树坝	Shānshùbà
跃　进	垮岩塆	980	垮岩塆	Kuăyánwān
五　星	枣树坪	730	枣树坪	Zăoshùpíng
民　主	浮萍滩	900	浮萍滩	Fúpíngtān
齐　心	大　塄	760	大　塄	Dàtăng
茶　园	土鱼河	740	土鱼河	Tŭyúhé
清　江	车　坝	500	车　坝	Chēbà
和　平	龙神堂	790	军　寨	Jūnzhài
友　谊	祖坟坝	1040	祖坟坝	Zŭfénbà
同　升	锣针田	770	锣　针	Luózhēn
东方红	鲁家垭口	1010	猫儿山	Māoérshān
光　华	蒋家垭口	950	白龙坝	Báilóngbà
五　一	水柳坝	760	水柳坝	Shuĭliŭbà
公　社 农科站	泡桐坪	970	泡桐坪农科站	Pāotóngpíng Nóngkēzhàn
恩施县铜 盆水林场 庆坪分场	庆　坪	1570		Shīxiàn Tóngpénshuĭ Línchăng Qìngpíng Fēnchăng

白果公社大队命名、更名一览表(驻地：784)

现行名称	驻 地	海拔高度	批复名称	汉语注音
前 进	河坎上	790	瓦厂坝	Wǎchǎngbà
青春林场	杉木堡	1120	北坡林场	Běipō Línchǎng
光 辉	李家老屋	1310	雨 笼	Yǔlóng
光 芒	十字路	1290	茅坝槽	Máobàcáo
明 星	罗家坳	750	罗家坳	Luójiāào
和 平	三岔口	580	桑树坝	Sāngshùbà
燎 原	肖家坪	700	肖家坪	Xiāojiāpíng
红 光	柑子坪	1070	鹿 山	Lùshān
光 明	梁家埡	1330	天 台	Tiāntái
光 荣	乌池坝	1020	乌池坝	Wūchíbà
同 心	麂子塆	1010	麂子塆	Jǐziwān
银 河	流横塘	860	流横塘	Liúhéngtáng
齐 心	伍家院子	900	腰带溪	Yāodàixī
东 风	东向坪	1060	东向坪	Dōngxiàngpíng
红 星	见天坝	900	见天坝	Jiàntiānbà
幸 福	苏家河坝	1420	油竹坪	Yóuzhúpíng
黎 明	大树子	980	黎家坪	Líjiāpíng
新 胜	杨昌隆	880	鹞子溪	Yàozixī
新 街	老棚子	980	龙潭坝	Lóngtánbà
民 爱	唐家院子	890	唐家院子	Tángjiāyuànzi
金 龙	大鱼泉	890	金龙坝	Jīnlóngbà
白 果	白果坝	784	白果坝	Báiguǒbà
光 荣	渡口河	880	渡 口	Dùkǒu
竹 园	五石坪	900	竹 园	Zhúyuán

白果公社大队命名、更名一览表(驻地：784)

现行名称	驻 地	海拔高度	批复名称	汉语注音
中 塘	白岩坝	1275	中 塘	Zhōngtáng
高 峰	北 坡	1190	吊脚楼	Diàojiǎolóu
下 村	下村坝	750	下 村	Xiàcūn
下 村	长鹰坝	750	长鹰坝	Chángyīngbà
水 田	水田坝	1030	水 田	Shuǐtián
两 河	两河口	860	两 河	Liǎnghé
三 元	天蒜园	1420	天蒜园	Tiānsuànyuán
八 一	茶 庄	970	茶 庄	Cházhuāng
白 丽	白牛坡	820	白牛坡	Báiniúpō
联 合	毛面子	1170	螃蟹阡	Pángxièqiān
持 久	院子里	1210	楠木坪	Nánmùpíng
同 升	姚家河	1050	姚家河	Yáojiāhé

芭蕉公社大队命名、更名一览表(驻地：520)

现行名称	驻 地	海拔高度	批复名称	汉语注音
永 兴	张家塆	650	大鱼龙	Dàyúlóng
新 华	小龙神坳	480	寒婆岭	Hánpólǐng
黎 明	白果坝	450	高拱桥	Gāogǒngqiáo
明 星	铁家坝	600	黄连溪	Huángliánxī
明 星	三尖龙	880	三尖龙	Sānjiānlóng
明 星	河茅坝	630	河茅坝	Hémáobà
前 锋	洞 塆	1010	大树子	Dàshùzǐ
先 锋	火铺塘	1060	火铺塘	Huǒpūtáng

芭蕉公社大队命名、更名一览表(驻地：520)

现行名称	驻 地	海拔高度	批复名称	汉语注音
友 谊	坟前坝	580	坟前坝	Fénqiánbà
红 山	小宏岩	1020	小宏岩	Xiǎohóngyán
红 山	茅坝槽	1320	仙人桥	Xiānrénqiáo
红 山	槽狭沟	880	槽狭沟	Cáoxiágōu
红 英	芭 蕉	520	芭 蕉	Bājiāo
胜 利	朱砂溪	490	朱砂溪	Zhūshāxī
胜 利	剩口河	530	剩口河	Shèngkǒuhé
火 花	杉木坝	520	草子坝	Cǎozǐbà
东 升	大车坝	480	野鸡滩	Yějītān
金 星	香树岭	650	灯笼坝	Dēnglongbà
前 农	二台坪	730	二台坪	Ertáipíng
新生活	龙潭沟	600	龙潭沟	Lóngtángōu
新高潮	后 池	570	后 池	Hòuchí
新 春	青枫树	470	青枫树	Qīnggāngshù
新 民	苏家寨子	540	苏家寨	Sūjiāzhài
群 兴	岩 上	770	苦竹龙	Kǔzhúlóng
红 旗	曹家塆	480	浪 坝	Làngbà
公 社 农科站	大 坝	520	寨子上 农科站	Zhàizishàng Nóngkēzhàn
白 岩	板栗塆	1030	白 岩	Báiyán
茶 园	谢家坡	670	茶 园	Cháyuán
茶 山	上戽口	620	戽 口	Hùkǒu
茶 山	桐麻园	800	羊毛山	Yángmáoshān
茶 山	铜车坝	620	铜车坝	Tóngchēbà
恩施县富尔山林场	烂木槽	1470		Enshīxiàn Fùěrshān Línchǎng

盛家坝（大集）公社大队命名、更名一览表(驻地：840)

现行名称	驻　地	海拔高度	批复名称	汉语注音
清　江	白杨坡	710	落坡坝	Luòpōbà
中　心	农　会	660	芭蕉沟	Bājiāogōu
胜　峰	金竹包	830	香树槽	Xiāngshùcáo
胜　利	下营坝	828	下营坝	Xiàyíngbà
青　绿	下埡岔坝	830	埡岔坝	Yàchàbà
光　辉	干河沟	790	干河沟	Gànhégōu
光　辉	盛家坝	840	盛家坝	Shèngjiābà
曙　光	梅子坪	810	安乐屯	Anlètún
东　风	大枞树	850	大枞树	Dàcōngshù
光　荣	麻茶沟	900	龙塘沟	Lóngtánggōu
绿　化	坳大田	970	方家坪	Fāngjiāpíng
高　峰	何家坪	1220	何家坪	Héjiāpíng
光　明	旧　铺	880	旧　铺	Jiùpū
高　潮	狮子岩	1170	坝竹园	Bàzhúyuán
光　明	洞　塆	800	洞　塆	Dòngwān
云　峰	落水洞	1280	圣孔坪	Shèngkǒngpíng
红　光	二官寨	1010	二官寨	Erguānzhài
红　光	小　溪	840	小　溪	Xiǎoxī
永　兴	涌壁沟	960	涌壁沟	Yǒngbìgōu
永　兴	蓼叶坪	1100	蓼叶坪	Liǎoyèpíng
幸　福	张家田	1020	横岩塆	Héngyánwān
幸　福	湛潭坝	850	赞田坝	Zàntiánbà
星　火	桅杆堡	1000	桅杆堡	Wéigānbǎo
新　农	石门坝	920	石门坝	Shíménbà

盛家坝(大集)公社大队命名、更名一览表(驻地: 840)

现行名称	驻 地	海拔高度	批复名称	汉语注音
新 华	接龙桥	610	接龙桥	Jiēlóngqiáo
齐 峰	七家营	1070	七家营	Qījiāyíng
红 星	枫香河	1110	枫香河	Fēngxiānghé
红 卫	彭家垭	1470	关口坪	Guānkǒupíng
红 旗	界顶上	1360	龙洞河	Lóngdònghé
东方红	下坝塘	1000	石 拦	Shílán
太 阳	罗家塘	940	罗家塘	Luójiātáng
大 集	大集场	850	大 集	Dàjí
车 寮	车蓼坝	1260	车 蓼	Chēliǎo
红 胜	灯草池	1200	灯草池	Dēngcǎochí
公 社 农科站	下马水	820	下马水 农科站	Xiàmǎshuǐ Nóngkēzhàn
红 光	梨树坝	925	梨树坝	Líshùbà
前 进	弯 田	770	弯 田	Wāntián
青 峰	新房子	1020	大茅坡	Dàmáopō
东 升	五龙圣	840	山羊溪	Shānyángxī
关 荣	龙潭塆	1050	龙塘塆	Lóngtángwān
恩施县富尔山林场天山坪分 场	天上坪	1470		Enshīxiàn Fùěrshān Línchǎng Tiānshānpíng Fēnchǎng

备 注:

1. 本文件发出后,个别公社及大队名称根据实际情况又更名了一次。为了使资料更加完整,经县人民政府办公室同意,收编成册时,我们对文件作了补充和修改。

2. 原件中无海拔高度,为了反映山区地势对各方面的影响,我们增加了公社、大队、场圃驻地的海拔高度。以国家统一的黄海高程系统为准,单位以米计。

恩施县人民政府文件

恩县政字〔1981〕50号

关于鸦鹊、大集、白杨三个公社要求更名的请示报告

恩施地区行政公署:

根据国务院〔1979〕305号文件第九条“公社、生产大队、生产队的名称一般按照当地地名命名……”的规定，经我县地名普查办公室提供资料，有3个公社需要更名，即:

鸦鹊公社驻地在崔家坝，与鸦鹊水相距12.5公里以上，给外来人员在地名概念上造成混乱，同时也不符合地名标准化的要求。经该公社管委会申请，我们意见将鸦鹊公社更名为崔家坝公社。

大集公社驻地在盛家坝，距大集场10公里以上，与公社驻地名称不符，造成地名混乱。为此我们也拟将大集公社更名为盛家坝公社。

白杨公社与利川柏杨公社系同音字命名，按照恩地名办〔1981〕第1号通知精神，经该公社管委会申请，要求更名为白杨坪公社。

以上报告，当否?请批示。

恩施县人民政府(盖章)

1981年5月8日

抄送：行署地名普查办公室，县委办公室。

恩施县人民政府文件

恩县政字〔1981〕85号

关于城关镇更名的请示报告

恩施地区行政公署:

我县城关镇与恩施地区其它7个县镇重名，都叫“城关镇”，为了不在地名上造成混淆，根据国务院〔1979〕305号文件第八条“……一个地区内公社名称，一个县内生产大队名称不重名……”的规定，“城关镇”属公社级行政区划，应予更名。

我县城关镇是历史上“施南府”的所在地，具有悠久的历史，经与城关镇人民政府研究，拟将我县“城关镇”更名为“施南镇”。

特此申报，望予批复。

恩施县人民政府(盖章)

1981年7月22日

抄送：行署地名办公室，县委办公室。

恩施县人民政府文件

恩县政字〔1981〕49号

关于转发地区行署《关于恩施县鸦鹊等公社和城关镇更名的批复》的通　知

各公社管委会、城关镇人民政府、县直各单位：

我县鸦鹊、大集、白杨3个公社和城关镇分别更名崔家坝人民公社、盛家坝人民公社、白杨坪人民公社和施南镇，已经恩施地区行署批准，现将恩地行文〔1981〕33号文件转发给你们，请向广大干部、群众公布。县政府已将4单位新公章刻好，请派员持旧公章前来领取新公章。

特此通知

恩施县人民政府办公室(盖章)

1981年9月17日

抄送：县委各部、办、县人大办、县政协、人武部、县检察院、各人民团体。

湖北省恩施地区行政公署

恩地行文〔1981〕33号

关于恩施县鸦鹊等公社和城关镇更名的批复

恩施县人民政府:

1981年5月8日和7月22日报告收悉。根据国务院国发〔1979〕305号文件的有关精神，同意鸦鹊人民公社更名为崔家坝人民公社、大集人民公社更名为盛家坝人民公社，白杨人民公社更名为白杨坪人民公社，城关镇更名为施南镇。

湖北省恩施地区行政公署(盖章)

1981年9月1日

抄送：略

恩施县地名普查工作小结

湖北省地名委员会：

根据国务院、省、地的指示精神，为完成对地名普查工作的任务，我县于1980年7月11日发了“恩县革字〔1980〕068号”文件，成立了恩施县地名普查领导小组，领导小组由下列成员组成：

组 长：徐国钦(原县委副书记，现任市委书记)

副组长：谢正明(县人武部部长)

孟郁成(县人大常委会副主任)

成 员：廖品三(县政府办公室副主任) 姚昌荣(县民政局副局长) 江 簧(县人武部军事科副科长) 陈启椿(县邮电局副局长) 王茂业(县水电局局长) 李 英(县交通局局长) 杨兴和(县林业局局长) 姚 诚(县文化局副局长) 敖胜德(县教育局副局长) 王启彦(县人大副主任)

领导小组下设办公室，江簧兼任办公室主任，姚昌荣、王长春任副主任。

为了更进一步的加强对地名普查工作的领导，善始善终地搞好我县地名普查工作，1981年6月13日，经县政府研究决定，发出了“恩县政字〔1981〕66号”文件，对县地名普查领导小组成员作了如下调整和增补。

副组长：杨乾之(原副县长，现任县委组织部部长)

成 员：石渊(工程师，原县建委副主任，现任市城建局副局长)

主 任：王长春(工程师，县建委设计室主任)

副主任：谭洪武(县民政局农救股股长)

恩施县地名办公室，设在恩施市区象牙山烈士塔下，现有工作人员5人，详细情况见《湖北省地名普查人员登记表》。地名办公室常设编制情况，现在尚未研究，待地名工作结束后，再行安排。目前属恩施县人民政府办公室领导。

自开展地名工作以来，除省拨8800元地名工作经费外，县政府拨了8000元经费用于地名工作(不含出版地名志费用)。我县条件差，房屋紧张，没有专设地名档案和配备档案管理人员，现档案工作由地名办公室副主任谭洪武同志代理。档案建有专柜，并分门别类，用档案夹装订成册，各册内都附有文件目录。地名原始卡片和正式地名表、卡都用档案袋分公社妥善保存。

我县参加这次地名普查的公社以上干部50多人，公社一级普查员135人，直接参加地名普查的其他人员30人。

自地名工作开展以来，所开地名领导小组会议10余次，主要研究地名普查情况，研究贯彻省、地地名工作会议精神，以及商议怎样编纂好《恩施县地名志》等。县地名办召开公社一级普查员会议3次。1980年10月7日在县政府举办了全县地名普查培训班，参加培训的达99人。1980年11月在全县地名普查外业工作期间，县地名办公室又在芭蕉公社召开了地名普查成果验收会议，到会人员共计 72 名(包括县地名办公室的同志)。

在地名普查工作中，共收集有《中国古今地名大词典》《中国历史纪年表》《辞海》《辞源》《新华字典》《现代汉语词典》《恩施县土壤普查报告》《恩施县人口普查资料》《湖北地名》《地名知识》《康熙字典》等资料。查阅了恩施县水文地质、历史文物、农、林、牧、副、渔、特、工的历年统计，水利电力资料、《恩施县志》《施南府志》《湖北通志》，以及交通电讯，公路大桥和房屋建筑设施资料等。

《恩施县地名志》预计 8 月底印刷，16 开本，预计出 1500 套(上、下两卷共计 3000 册)。《恩施县地名志》约 70 万字。在地名工作中，还绘制了恩施市行政区划图，恩施县行政区划图，恩施县 1∶50000 分幅图，恩施县施南镇地名图，恩施县 1∶50000 拼接图，以及各公社地名图等图纸。

通过这次地名普查，共普查了 7926 条地名(已填地名卡片)。共发现大队重名 9 个，自然村重名 801 个，自然地理实体重名 57 个，片村重名 1 个，共计 868 个。文化大革命期间，约 33.6%的大队被乱改了名字。通过地名普查和规范化处理，已纠正错误地名 2039 个，图上增注 4552 个(增加了自然地理实体 283 个)。恩施县地方方言用字 4 个，即垱（tang）表示四周较高，中间低洼的平地。矿(GUANG)当地将铁矿(KUANG)石，以及其它矿石统称为(GUANG)。当地把“松树”称为“枞树”，即(CONG)。当地把“柏树”叫为“香树”。生僻字 8 个，即金寸、笮、垧、弭、旮、揸、石木石、木石木，含义不妥的地名 6 个，即放牛塆、厦石龙、放牛场、把耍、夜壶井、鸡屁股梁子。通过对地名标准化处理，共命名 42 条地名，更名 451 条地名。其中公社命名两个。即原鸦鹊公社命名为崔家坝公社，大集公社命名为盛家坝公社。更名 2 个公社和 1 个镇。即白杨公社更名为白杨坪公社，城关镇更名为施南镇(现恩施市区)。大队命名 40 个(包括药林场)，更名 449 个。共标绘标准地名图 18 幅(1∶50000)，恩施县地形图(1∶100000)1 幅，施南镇地名图(1∶5000)1 幅，恩施县地图(1∶100000)1 幅，恩施县地形图(1∶50000)4 幅，城关镇地名图(1∶2000)22 幅，施南镇地名图(1∶2000)23 幅，恩施县拼接图(1∶50000)1 幅，龙凤镇地形图(1∶10000)1 幅，恩施县历史图(1∶200000)1 幅，恩施县各公社地形图(1∶25000)23 幅，恩施县行政区划图(1∶100000)1 幅，恩施市行政区划图(1∶25000)1 幅，芭蕉公社地名图(1∶50000)1 幅，恩施县行政区划图(1∶400000)1 幅。

填写《地名表》3 套，每套 450 张。

填写《地名卡片》3 套，每套 7926 张，行政区划占 644 张，自然村 6047 张，自然镇 30 张，街巷 35 张；企事业单位，专业部门 294 张，纪念地名胜古迹 5 张，人工建筑 63 张，自然地理实体 700 张，古遗址 2 张，片村 106 张。

地名概况文字材料 137 篇，共计 15 万字。

《湖北省地名普查人员登记表》附后。

恩施县地名办公室

1983 年 3 月 26 日

抄送：地区地名办公室。

湖北省地名普查人员登记表

恩施地区恩施县　　　　共2页　第1页

姓　名	性别	年龄	文化程度	工作单位	职　务	职　称	专　长	在地名工作机构任职	在地名办公室主要承担何项工作	地名工作时间	备　注
王长春	男	43	大　学	恩施县建委设计室	主　任	工程师	测绘、设计	主　任	审核、主编	1980.7—1983	*仍在办公室
谭洪武	男	49	初　小	恩施县民政局农救股	股　长		会　计	副主任	审核表、卡、文	1980.7-1983	*
刘恩全	男	25	中　专	恩施县人民政府办公室	干　部		森　保		撰写、副主编	1980.7-1983	*
胡自清	男	23	中　专	恩施县人民政府办公室	打字员	技术员	农　学		撰写、编纂志书	1981.6-1983	*
刘伯仲	男	26	中　专	恩施县农业办公室	干　部		农　机		填写地名表、卡	1980.7-1983	*
崔安辉	男	32	中　专	恩施县教研室	教　师	教研员	语　文		撰写地名概况	1980.7-1982.4	
韩云忠	男	25	中　专	恩施县粮食局	储运员		会　计		同　上	1981.6-1981.12	
刘德松	男	42	高　中	恩施县民政局火葬场	工　人		习　作		同　上	1981.6-1982.2	
吉　鸣	男	25	中　专	恩施县农机局	技　干	技术员	农　机		审　图	1980.10-1981.10	
梁俐娥	女	27	中　专	恩施县建委设计室	预算员		营　林		拼音编索引	1980.10-1982.8	
廖华荣	男	29	高　中	恩施县建委设计室	设计员		设计描图		绘　图	1980.10-1982.8	
黄　鹤	男	28	中　专	恩施县外贸局	干　部		书　写		填写地名表卡	1981.6-1982.12	
姚敏杰	女	21	高　中	恩施县委党校	打字员		书　写		填写地名卡	1981.6-1982.2	
陈远明	男	35	高　中	恩施县邮电局	线务工		外业调绘		审　卡	1981.6-1981.12	
陈中玉	男	44	初　中	七里公社经营管理站	干　部		书　写		填　卡	1980.10-1982.8	

湖北省地名普查人员登记表

恩施地区恩施县　　　　共2页　第2页

姓　名	性别	年龄	文化程度	工作单位	职　务	职称	专　长	在地名工作机构任　职	在地名办公室主要承担何项工作	地名工作时间年月一年月	备　注
毛德福	男	32	高　中	恩施县人武部军事科	参　谋		电　讯		审图填表卡	1981.6-1982.10	
吕先奕	男	47	高　中	恩施县建委建工股	临时工		外业调绘		外业调绘	1980.10-1982.7	
黄爱群	男	21	高　中	恩施县工艺美术社	美工		美　术		填　卡	1981.6-1981.12	
江　篑	男	39	中　专	恩施县人武部军事科	副科长		测　绘	领导小组成员	曾担任过主任	1980.7-1981.5	
廖品三	男	46	初　中	恩施县人民政府办公室	副主任			领导小组成员		1980.7-1983	

1983年3月26日填

恩施县公社（镇）参加地名普查主要人员名单

姓　名	工作单位	职　务	备　注
柳维胜	沐抚公社办公室	主　任	撰写地名材料初稿
谢宏林	沐抚公社农机站	技术员	
杨　廷	龙马公社	水电技术员	现在武汉水利电力学院学习
张自洲	板桥公社林业站	临时工	
陈洪喜	锣针公社	水电技术员	
李正菊	锣针公社农技站		（女）
郑绍安	锣针公社文教组		撰写地名材料初稿
方烈轩	白果公社武装部		
李宗祝	白果公社教育站	站　长	撰写地名材料初稿
陈儒柏	新塘公社武装部		
袁永奎	新塘公社林业站		撰写地名材料初稿
尹绍安	红土公社教育站		
黄其友	双河公社农技站	技术员	
高清明	太山庙药材场	工　人	现调县畜牧良种场
刘克寿	干溪公社教育站		
毛英和	干溪公社农技站		
黄亚发	同　上		
王基广	芭蕉公社教育站	站　长	
郑从本	芭蕉公社文化站	管理员	撰写地名材料初稿
邓和云	盛家坝公社	水电技术员	(女)现调县水电局工作
吴承忠	熊家公社林业站		
冉崇志	同　上		
黄金瓶	崔家坝公社	副主任	撰写地名材料初稿
宗自源	白杨坪公社	宣传委员	同上
周甲松	大山顶公社管委会	副主任	

恩施县公社（镇）参加地名普查主要人员名单

姓　名	工作单位	职　务	备　注
黄必昊	屯堡公社农技站	技术员	撰写地名材料初稿
廖大吉	屯堡公社	水电助理工程师	
谢明祥	沙地公社武装部	干　事	撰写地名材料初稿
吕宗浩	沙地公社农技站		
金华清	红庙公社	助理工程师	
向绍兴	红庙公社教育站		
毛启录	太阳公社水电站	站　长	
李仁仲	太阳公社农技站		
张希清	三岔公社武装部		
黄显贵	三岔公社		
黄光明	龙凤公社管委会	副主任	
代　华	龙凤公社农技站		
梅平玖	石窑公社		撰写地名材料初稿
刘　兵	施南镇人民政府	副主任	
程明泉	施南镇团委	书　记	撰写地名材料初稿
何永元	施南镇	水利员	

恩施县土家族语地名简况

恩施县是以土家族、侗族为主的少数民族聚居区。根据第三次人口普查，全县共有9个民族，汉族384899人，占总人数的68.8%，少数民族174554人，占总人口的31.2%。在少数民族人口中，其中土家族164820人，占全县人口的29.46%。侗族8763人，占全县人口的1.57%；苗族939人，占全县人口的0.17%；还有彝、壮、满、蒙古、回等族32人。

土家族是个历史悠久的民族，他们没有文字，但有自己独特的语言。土家语言作为交际的工具，虽然在现实生活中未被采用，但在地名中还保留着许多难以理解的称呼。这些地名有些是纯土语的，有些是土家语和汉语相结合的。现就我们收集的资料，将全县地名中初步认为是土家语地名的列举出来，以供大家研究参考。

需要说明的是，我们原在地名普查中，因缺乏对土家语的认识，对有些地名的含义未弄准确，有的是顾名思义，有的是误传讹称，牵强附会，没有说服力。后经调查和与土家语对照，才得知属土家族语地名。特请在地名使用中注意。(土家语注音为汉语译音，如“车che”)。

“车”(che)“者”(Zhe)：土家语含义为“水、河”的意思。如锣针公社的“车坝”是“河坝”；屯堡公社的“马者”是牧马的河。此外还有车沟、车河、车营坪、车蓼坝、车盆坝、车路塆、铜车坝、香车沟等。

“湖”(虎、胡、糊)(Hu)；土家语的含义为：这些地方都是旱地或大山。(大坡间凸出来的小平地或小斜坡地，无水、无池、更无湖)。全县有湖坪、茅湖埫、刘湖槽、河塘湖、上马湖坝、下马湖坝、茅糊、大虎头、马虎岭、马胡盐等。

“苦”(Ku)：土家语含义为“山”。全县有苦竹龙、苦李垭、苦草坪、苦草埫、苦荞塆、苦草塘、苦桃坪。

“垴”(脑、恼)(Nao)：土家语含义为“一个”。全县有岩垴上、牛脑壳包、岩脑壳上、狗脑岩、恼马坪、洞脑壳。

“黑”(Hei)：土家语含义为“漏”的意思。全县有黑山、黑洞、黑塆、黑槽、黑山子、黑山包、黑石头、黑石包、黑石垭、黑石溪、黑石槽、黑沟头、黑林坝、黑岩洞、黑塆垭口。这些叫黑的地方其共同的特点是该地均为石灰岩溶洞、溶洼密布的地方，装不住水，而不是黑暗，也不是黑色。

“里”(Li)：土家语含义为“地”的意思。全县有里坝、里头坪、里头槽、屋基里、烂塆里，神堂里、砂桥里、瓦屋里、七里荒、七里碥、九里塆、三里场、三里坡、三里荒、大河里、天井里、五里坡。

全县还分布有少量零散的土家语地名。如“撒纳河”，土家语“撒纳”是接起来的意思，河是汉语，即为接起来的河。

“马石格”土家语是牧马的地方。“牛石格”是养牛的地方。还有些土家语地名解释不了。如“多布弄”“下米多”(下米托)、“胆大湖”(胆大妇)、“扯大湖”(扯大户)、“楂布朗”“啊盖章”等。

以上列举的一些土家语地名，仅仅是恩施县土家语地名中的一部分，由于我们认识水平有限，对土家语地名挖掘得不深，还有许多土家语地名未被我们认识，进一步地去努力探索。

《恩施县地名志》编辑人员名单

主　编：王长春（恩施县建委设计室主任、工程师）

副主编：刘恩全（恩施县政府办公室秘书科干部）

编　辑：谭红武（恩施县民政局农救股股长）

　　　　刘伯仲（恩施县政府农业办公室干部）

　　　　胡自清（恩施县政府办公室干部）

图八十五　　红土革命烈士纪念碑

向登权　摄

图八十六　　恩施城西门城门洞

谌贻亮　摄

图八十七

长篇小说《清江壮歌》的作者马识途（右五）率女儿、孙女（左四、五、六）来恩施五峰山烈士陵园为刘惠馨烈士扫墓时与恩施地区领导同志合影

黎志祥　摄

图八十八

恩施城西郊风景——出水洞

方维先　摄

图八十九　　龙洞出水形成的小瀑布

全　平　摄

图九十　　恩施城郊龙洞胜景

全　平　摄

图九十一

峡口大桥落成纪念碑（远处是停靠在清江边的游艇）　全　平　摄

图九十二　本县出土的汉代铜洗　李世华　摄

图九十三　本县出土的明代冰裂瓷瓶　李世华　摄

图九十四　本县出土的清代青花瓷瓶　李世华　摄

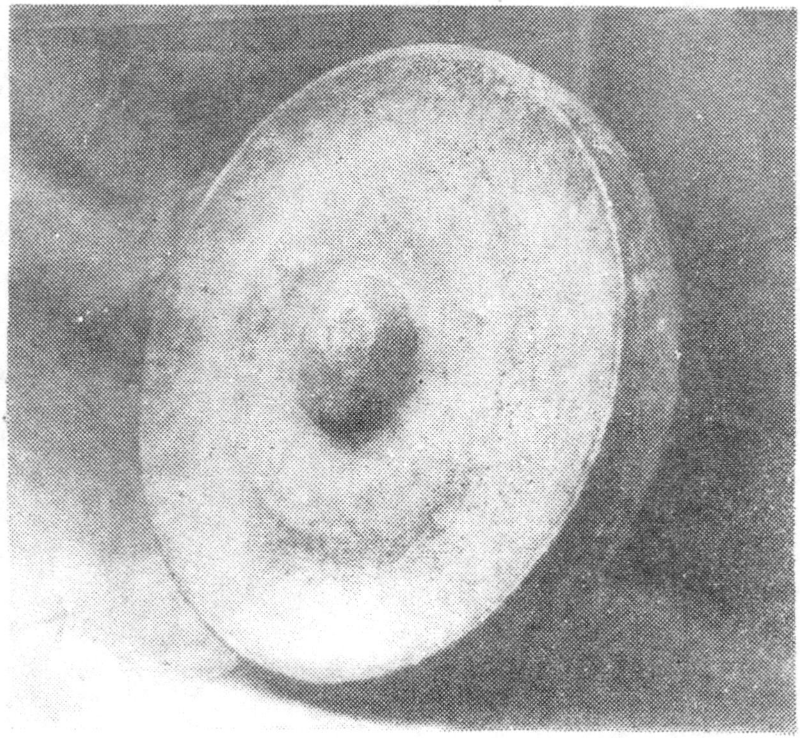

图九十五　红土公社少数民族乐器——铓锣　李世华　摄

图九十六　修复后的连珠塔

全　平　摄

图九十七

奇特的穿洞子（恩施至板桥公路从洞中穿过）

全　平　摄

图九十八　风景秀丽的大龙潭　　全　平　摄

图九十九 恩施城南一景——天桥

陈声瑄 摄

图一〇〇 恩施盆地内的河谷平地风光（该河为清江）

全平 摄

图一〇一

红庙公社枫香坪的大枫香树有500多年的历史，高35米，胸径1.74米

李世华　摄

图一〇二↓

恩（施）沐（抚）公路边拔地而起，直插云端的大石笋

黎志祥　摄

图一〇三

新塘集镇马路口上的“人头树”

图一〇四

沐抚集镇上的大泉眼——狮子阡

全 平 摄

图一〇五　大山顶草甸土上形成的转转河　　全 平 摄

图一〇六　龙凤集镇街头一景，图中大桥为横跨带河的龙凤大桥

全　平　摄

图一〇七　远近闻名的石乳关（又名十二官）

蔡学让　摄

图一〇八　巍巍五堡山　　蔡学让　摄

图一〇九 天池山电视转播台

蔡学让 摄

图一一〇 新塘公社河茅洞水电站厂房

全平 摄

图一一一 在太阳公社的灯盏窝有一尊悬臂页岩，凌空飞悬，令人惊叹，但站岩下却安然无恙。在岩下留个影，别有风趣。

李高轩、张永科 摄

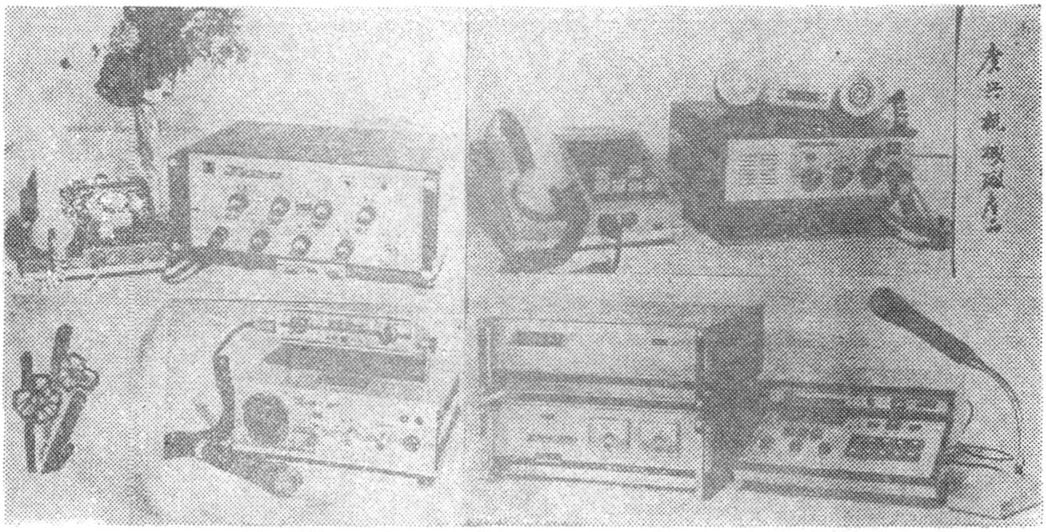

图一一二　　广兴机械厂产品　　　　　　　　　　　　全述章　摄

图一一三　　位于干溪公社白果树大队巴石公路旁的白果树王胸径1.9米，高30米，树上栖息有八哥、啄木鸟、喜鹊、猫头鹰等鸟类。

李世华　摄

图一一四　位于红土公社赵村大队境内的姊妹树

陈秀汉　摄

图一一五　山区特产——螃螃（学名棘胸蛙）　全平　摄

图一一六　清江流域特产——大鲵（娃娃鱼）　黎志祥 摄

图一一七

本县出产的板党、天麻、贝母、黄连

黎志祥 摄

图一一八

双河公社社员正在晾制白肋烟

李世华 摄

图一一九　中国名茶——恩施玉露　黎志祥　摄

图一二〇　别具风格的铜铃舞　黎志祥　摄

图一二一　土家族的摆手舞　黎志祥 摄

图一二二　土家族的《耍耍》优美动人　黎志祥 摄

图一二三

县委、县人大、县政府主要领导同志和地名办公室的同志一起在审定《恩施县地名志》初稿　　全　平　摄

图一二四

县地名办公室工作人员正在讨论《恩施县地名志》初稿

全　平　摄

县委、县人大、县政府、县政协主要领导同志与地名办公室人员合影

恩 施 县 地 名 志

恩 施 县 地 名 办 公 室 编

《鄂 西 报》印 刷 厂 印 刷
266×190毫米 1/16　25印张
800千字　印数：2000册
1983年12月第1版（精装本）
出 版 时 间：1984年 2 月

后　　记

后　记

本书能与读者见面，承蒙恩施地区报社印刷厂的大力支持。

我们在撰写初稿和收集资料的过程中，曾多次得到省、地两级地名办公室的具体指导。尤其是省地名办公室孙永志、张国宝和省地名辞典编辑部陶农等同志，提出了不少宝贵的指导性意见；各公社和县直单位参加地名普查的工作人员，提供了大量的资料，在此一并致谢！

县建委设计室廖华荣同志负责地名图的绘制，梁俐娥同志担负汉语拼音和词目索引的编排；恩施舞阳商场周杰敏同志设计封面；恩施市文化馆吴法乾同志为封面书字；方维先、黎志祥、魏泉如、李世华、全平、陈声瑄等同志拍摄了大量的照片；撰写文字材料初稿的还有县教研室崔安辉、县粮食局韩云中、县文化馆邹燕飞等同志；负责校对本书的有报社印刷厂廖丽华、王清平、尤连荣等同志。

恩施县行政区划图和公社地名图，均由省测绘局综合队编绘，该局印刷厂印刷，由于审校不严，难免出现一些错误。如果图中与志中地名书写有矛盾时，一律以志中标准名称为准。

原计划将书装帧为上、下两册，并附彩色照片 10 余张，因排版用字、行列、纸张等原因，同时考虑到读者使用方便，还是装订为一册好；彩色照片在本地制版有困难，虽经与外地联系多方努力，未能如愿。特敬请读者多加谅解。

《恩施县地名志》的出版，标志着历时 3 年多的地名普查工作，在我县告一段落。鄂西土家族苗族自治州成立后，“恩施县、市”行政区划即将合并。今后虽然“恩施县”这个行政名称取消了，但作为地名的演变，应当写入历史。故《恩施县地名志》记载了“恩施县”这个地名存在 254 年的历史，这历史的扉页会永远留在人们的记录之中。因此，我们将这本书奉献给读者，更具有极珍贵的收藏价值。

1983 年 11 月

修订后记

为加强古籍整理，继承传统文化，根据省人民政府办公厅《关于进一步加强古籍保护工作的通知》（鄂政办发〔2008〕80号）文件精神和省、州地方志主管部门要求，适值第二次全国地名普查之时，为搞好全市地名志修订工作的衔接与统一，2016年初，市地方志编纂委员会办公室，市史志办公室决定将《恩施县地名志》（1984年版）修订、再版。即在原《恩施县地名志》基础上，根据市人民政府办公室关于印发《〈恩施市地名志〉修订方案》的通知（恩市政办发〔2014〕22号）要求，对原志文本进行文字录入和图片扫描，并完全按照原有排版格式进行审定、修订、印刷、出版，重点对错误之处予以修改。

1月22日，市史志办公室向市政府呈报《关于翻印〈恩施县地名志〉进入询价程序的请示》（恩市史志文（2016）5号），获准进入询价程序。2月下旬开始，经与市采购中心协商，拟定询价方案、邀请政府采购目录印制企业参与询价。3月10日，最终有5家企业参与询价，恩施雨田印务公司在标准和质量条件相等的前提下，以稍低价取得承印资格。4月1日，市史志办公室与市民政局联合成立《恩施县地名志》修订编辑部，整个修订工作正式启动。同时，雨田印务公司即组织专班录入、校对、排版，打印清样送审。鉴于原为翻印再版，后改为修订再版，印刷要求相应提高，7月初，雨田印务聘请专业校对人员进行校对、修改，并再次输出清样送市政府审定和方志出版社审批。8月30日，市委副书记、市长、市地方志编纂委员会主任苏勇为之作序。10月底，方志出版社批准同意印刷、出版、发行。

《恩施县地名志》（2016年版），印刷规模为2000本，文字约110万字，开本787mm×1092 mm1/16，印刷标准为70克印刷纸，弧形脊背，绸布封面并实行薄膜封塑，硬精装。与原志相比，封面装帧进行了重新设计，原行政区划图进行了更换、调整，古县图、古城图和抗日战争时期县地图因《恩施县志》（1840-1982）勘印时有刊载则进行了删除。本次修订主要是对原志书中文字、数字书写不规范之处和明显的常识性错误之处予以订正、修改，并对机构、建筑与地理实体归属实行适当地调整。

值得说明的是，本次修订，文字部分实行全文录入，并按原志书格式排版，文字内容与页码编排不变（词条与原志保持在同一页面），因此未作大的调整；图片部分实行全文扫描，按原位置设置，但扫描分辨率不及原图，从而对整个新版志书整体效果稍有影响。但总体来说，通过方志出版社和主编的悉心校审，以及雨田印务的精心编辑，印刷格式与质量标准基本达到了设计美观、款式新颖、印制精良、装订齐整的出版质量要求。

《恩施县地名志》修订出版，得到了市委、市政府的重视，得到了市民政局、市财政局等市直有关部门的支持，也得到了社会有关人士的关注。在此，谨向为编纂出版付出辛勤劳动的所有人士致以由衷的感谢！由于编者史学素养和地理知识有限，加之时间紧迫，修订后的《恩施县地名志》仍难免出现疏漏和错误之处，恳请读者斧正。

主　编

2016年10月